World Vision Deutschland e.V. (Hrsg.)

Kinder
in Deutschland 2018
4. World Vision Kinderstudie

World Vision Deutschland e.V. (Hrsg.)

Kinder

in Deutschland 2018

4. World Vision Kinderstudie

Konzeption & Koordination:
Sabine Andresen,
Sascha Neumann &
Kantar Public

BELTZ

Autorinnen und Autoren:
Sabine Andresen, Universität Frankfurt
Dilan Çınar, Universität Frankfurt
Melanie Kuhn, Pädagogische Hochschule Heidelberg
Sascha Neumann, Universität Luxemburg
Monika Pupeter, Kantar Public
Ulrich Schneekloth, Kantar Public
Sabine Wolfert, Kantar Public

Zitation der Kapitel – Beispiel:
Pupeter, M./Schneekloth, U. (2018): Familie: Vielfältige Hintergründe und unterschiedliche Lebenslagen. In: World Vision Deutschland (Hrsg.) (2018): Kinder in Deutschland 2018. 4. World Vision Kinderstudie. Weinheim/ Basel: Beltz, S. 54–75.

MIX
Papier aus verantwortungsvollen Quellen
FSC www.fsc.org FSC® C089473

Dieses Buch ist erhältlich als:
ISBN 978-3-407-25770-3 Print
ISBN 978-3-407-29561-3 E-Book (PDF)

1. Auflage 2018

in der Verlagsgruppe Beltz · Weinheim Basel
Werderstraße 10, 69469 Weinheim

Lektorat: Heike Gras
Layout/Reihenkonzept: glas ag, Seeheim-Jugenheim
Umschlaggestaltung: Michael Matl
Umschlagabbildung: © Alistair Berg; Hill Creek Pictures; Getty Images

Herstellung: Michael Matl
Satz: Markus Schmitz, Altenberge
Druck und Bindung: Beltz Grafische Betriebe, Bad Langensalza
Printed in Germany

Weitere Informationen zu unseren Autoren und Titeln finden Sie unter: www.beltz.de

Inhalt

Geleitwort von World Vision Deutschland e. V.

Kindern eine Stimme geben, ihnen auf Augenhöhe begegnen und die Voraussetzungen dafür schaffen, dass sie als gleichberechtigte Mitglieder der Gesellschaft behandelt werden – das sind die übergeordneten Ziele, die wir mit den World Vision Kinderstudien verfolgen. Diese Anliegen sind eng mit unserem Verständnis von tätiger Nächstenliebe verknüpft: Zu einer ganzheitlichen Hilfe für Kinder weltweit gehört nicht nur die Sicherstellung von materieller Versorgung und Betreuung. Ganz im Sinne der UN-Kinderrechtskonvention ist Kindeswohlbefinden, insbesondere die Partizipation von Kindern, ein zentraler Aspekt unserer Arbeit als internationale Hilfsorganisation. Partizipation heißt in diesem Zusammenhang: Kinder müssen die Möglichkeit haben, die eigene Meinung frei zu äußern und sich bei Entscheidungen, die ihre Lebenswelt betreffen, aktiv einzubringen. Eine solche Partizipation gehört zu den wichtigsten Voraussetzungen einer stabilen Persönlichkeitsentwicklung. Wenn Kinder vertrauensvoll ihre Wünsche und Hoffnungen, aber auch ihre Ängste und Sorgen äußern können und dabei von Erwachsenen respektiert und ernst genommen werden, steigert dies ihr Wohlbefinden und ihr Selbstvertrauen. So trägt Partizipation zum Erwerb all jener Fähigkeiten bei, die Kinder für eine autonome Lebensführung brauchen: kritische Reflexion, Problemlösung, Übernahme von Verantwortung sowie der Umgang mit negativen Erfahrungen werden auf diese Weise ganz natürlich erlernt. Kinder, die diese Fähigkeiten dank Partizipation früh und nachhaltig ausbilden können, sind resilienter und besser ausgestattet für ein selbstbestimmtes und zufriedenes Leben.

Vor gut zehn Jahren publizierten wir die 1. World Vision Kinderstudie – und füllten damit eine Forschungslücke. Bis zu ihrer Veröffentlichung im Jahr 2007 fehlten zu unserer eigenen Überraschung fundierte Erkenntnisse zu Kindern unter 12 Jahren. So leisteten wir Pionierarbeit: Anknüpfend an die Shell Jugendstudien, die bereits eindrucksvoll die Lebenssituation junger Menschen im Alter von 12 bis 25 Jahren beleuchteten, erarbeiteten wir gemeinsam mit der Universität Bielefeld und TNS Infratest Sozialforschung (heute Kantar Public) einen Forschungsbeitrag, der die Wahrnehmung der eigenen Lebenswelt sowie das Wohlbefinden von Kindern in Deutschland zwischen 8 und 11 Jahren in den Blick nahm. Die Ergebnisse und die öffentliche Resonanz auf die Studie überzeugten uns, aus der Publikation eine fortlaufende und kontinuierlich weiterentwickelte Reihe erwachsen zu lassen. In der 2. Studie (2010) gelang es uns, das Alter der befragten Kinder auszuweiten: Seither kommen in unseren Studien Kinder von 6 bis 11 Jahren zu Wort. Zudem vertieften wir den Fokus auf die subjektiv wahrgenommene Lebensqualität der Kinder und legten großen Wert auf das Konzept der Selbstwirksamkeit: Dieses steht in enger Beziehung zur Partizipation und stellt einen zentralen Grundpfeiler von kindlichem Wohlbefinden und gesunder Persönlichkeitsentwicklung dar. Nachdem in den ersten beiden Studien deutlich geworden war, dass das Wohlbefinden von Kindern eng mit ihrer Wahrnehmung von Gerechtigkeit, Chancengleichheit und Gleichbehandlung verbunden ist, erhoben wir dieses Thema zum Schwerpunkt der 3. World Vision Kinderstudie (2013).

Die vorliegende 4. World Vision Kinderstudie baut konsequent auf den Erkenntnissen der Vorgängerstudien auf. In über 2.500 Interviews beleuchten wir auch in dieser Publikation die Einstellung der befragten Kinder zu ihrer Lebenssituation, ihrem Wohlbefinden und zum Grad ihrer Selbstbestimmtheit im Alltag. So lassen sich – mittlerweile über einen Zeitraum von mehr als zehn Jahren – nicht nur punktuelle Schlüsse über Kinder in Deutschland ziehen, sondern auch Trends und Veränderungen über die Jahre darstellen und analysieren. In zwölf qualitativen Portraits von Kinderpersönlichkeiten gehen wir zudem in die Tiefe und ermöglichen detaillierte Einblicke in die Lebenswelten von Kindern in ganz unterschiedlichen Umfeldern. Gleichzeitig knüpft die Studie direkt an die Sonderstudie »Angekommen in Deutschland« an, die wir 2016 gemeinsam mit der Hoffnungsträger Stiftung veröffentlichten und in der wir – ganz im Sinne der »großen« World Vision Studien – nach Deutschland geflüchtete Kinder nach ihren Wünschen, ihrem Erleben und ihrem Alltag befragten. Verknüpft mit dem Thema »Gerechtigkeit« aus der 3. World Vision Kinderstudie ergab sich für uns hier die Chance, die Perspektive von schon länger in Deutschland lebenden Kindern auf Flucht und Geflüchtete zu erfragen. Wie nehmen Kinder hierzulande geflüchtete Menschen wahr? Was wissen sie über Flucht und Fluchtursachen? Welche Erfahrungen haben sie in ihrem Alltag bislang mit geflüchteten Menschen gemacht? Empfinden sie es als wichtig, richtig, gerecht, Menschen in Not zu helfen?

Das Thema Flucht verdeutlicht auf eindringliche Art und Weise, dass Armut und Benachteiligung längst nicht mehr nur Themen des globalen Südens sind. Im Sinne einer ganzheitlichen, auf Kinder fokussierten tätigen Nächstenliebe möchten wir von World Vision der Öffentlichkeit vor Augen führen, dass Benachteiligung nicht an Landesgrenzen haltmacht – und weit über materielle Not hinausgeht. Wir hoffen, mit der 4. World Vision Kinderstudie erneut einen weithin wahrgenommenen Beitrag dazu zu leisten, dass Kinder gehört, ernst genommen und respektvoll an unserem gesellschaftlichen Leben beteiligt werden – und das nicht nur von Eltern und Pädagoginnen und Pädagogen, sondern insbesondere auch in Politik, Medien und Wissenschaft.

Wir danken den an der 4. World Vision Kinderstudie beteiligten Forscherinnen und Forschern für die erneut hervorragende Zusammenarbeit und wünschen allen Leserinnen und Lesern viel Freude und spannende Erkenntnisse bei der Lektüre.

Ihr Christoph Waffenschmidt
Vorstandsvorsitzender World Vision Deutschland e.V.

Vorwort zur 4. World Vision Kinderstudie

Eine Studie wie diese gibt es kaum noch einmal auf der Welt. Hier werden in regelmäßigen Abständen von etwa drei Jahren die 6 bis 11 Jahre alten Kinder direkt nach ihren Einstellungen und Meinungen gefragt. Die Angehörigen der jüngsten Generation werden genauso ernst genommen wie alle anderen Bürgerinnen und Bürger in Deutschland.

Das war von Anfang an die Philosophie der vorliegenden Studie. Als im Jahr 2006 das Kinderhilfswerk World Vision Deutschland e.V. auf der Suche nach einer besseren Sichtbarkeit seiner Aktivitäten war, gehörte ich zu denen, die um Anregungen gebeten wurden. Mein damals sehr kühner Vorschlag, eine Studie nach dem Muster der Shell Jugendstudie durchzuführen, fiel zu meiner eigenen Überraschung bei den Verantwortlichen von World Vision sofort auf fruchtbaren Boden. Die Shell Jugendstudien konzentrieren sich seit 1953 auf die 12 bis 25 Jahre alten Jugendlichen und jungen Erwachsenen und finden in der Öffentlichkeit jeweils eine große Resonanz. Was aber jahrelang fehlte, war das Pendant einer Kinderstudie. World Vision Deutschland nahm diese Idee sofort auf.

Schon ein Jahr später, im Jahr 2007, konnte die erste Studie vorgelegt werden. Für die wissenschaftliche Leitung konnte ich meine damalige Bielefelder Kollegin Sabine Andresen gewinnen, die Erhebungs- und Auswertungsarbeiten wurden von den Fachleuten von TNS Infratest Sozialforschung (heute Kantar Public) übernommen. Seitdem hat es bereits zwei weitere Ausgaben der Kinderstudie gegeben.

Auch über zehn Jahre nach der 1. Kinderstudie steht World Vision Deutschland zu seinem Engagement und legt hier die vierte Untersuchung in Serie vor. Das ist für einen gemeinnützigen Verein mit vielfältigen Verpflichtungen im Inland und vor allem im Ausland alles andere als selbstverständlich. Eine Nichtregierungsorganisation leistet hier einen gesellschaftlich relevanten Beitrag zur öffentlichen Sozialberichterstattung. World Vision als zivilgesellschaftliche Akteurin kann, wie die Erfahrungen von uns als Autorinnen und Autoren der Studien zeigen, eine unabhängige und neutrale Förderung von öffentlich relevanten Studien und Untersuchungen garantieren – in einer Weise, wie es etwa Ministerien oder Behörden im öffentlichen Verantwortungsbereich nicht sicherstellen können. Die stehen nämlich allzu oft unter politischem Zugzwang und sehen sich gezwungen, in die Erhebung und vor allem in die Auswertung und Interpretation der Daten der Untersuchung gezielt einzugreifen, um Missverständnisse zu vermeiden.

Das ist bei einer Organisation wie World Vision nicht der Fall. Sie kann garantieren, dass das Wissenschaftlerteam und das professionelle Forschungsinstitut völlig unabhängig und nach rein fachlichen Kriterien alle Schritte, von der Untersuchung bis hin zu den Schlussfolgerungen, unbehelligt vom Auftraggeber ausarbeiten können.

Die Leistung von World Vision Deutschland ist deshalb nachdrücklich zu würdigen. World Vision macht sich durch dieses Engagement sowohl um die unabhängige, angewandte Forschung als auch um das Wohl der Kinder verdient. Denn das ist die eigentliche Zielsetzung dieser Studie, den Kindern eine öffentliche Stimme zu geben, also eine Untersuchung vorzulegen, die wie ein Sprachrohr für die jüngste Generation wirken kann. Die Studie soll zwar wissenschaftlich bestens abgesichert sein, aber sie ist nicht für ein wissenschaftliches Publikum gedacht. Vielmehr sind die wichtigsten Adressaten alle die Akteure und Organisationen im politischen und pädagogischen Raum, die tagtäglich mit Kindern zu tun haben und/oder Entscheidungen für sie zu treffen haben. Sie benötigen für ihr Handeln genaue Informationen darüber, was die jüngste Generation bewegt und welche Sorgen und Ängste sie hat.

Wie wir schon im Vorwort zur ersten Studie geschrieben haben, ist es das Ziel, ein repräsentatives Bild von der Lebenssituation und den Wünschen, Bedürfnissen, Interessen und Ängsten der jüngsten Generation in Deutschland zu gewinnen. Wir schrieben damals: »In einer Gesellschaft, die immer mehr von älteren Bevölkerungsgruppen dominiert wird, möchten wir uns der Möglichkeit der Forschung bedienen, um ein unvoreingenommenes Porträt der jüngsten Generation zu zeichnen.« Diese Aussage gilt heute genauso wie 2007. Auch die zweite Feststellung, die wir damals trafen, ist unverändert gültig: »Wir wollen das Potenzial von Kindern als genauen Kennern ihrer eigenen Lebenslage aufgreifen und ihre Sichtweisen für die Gewinnung von Erkenntnissen der Kindheit und Kindsein nutzen.« Beide Aussagen gelten auch für die vorliegende Studie.

Wie vorab im Team vereinbart, habe ich mich für die 4. Kinderstudie aus der aktiven wissenschaftlichen Leitung zurückgezogen, um jüngeren Kollegen Platz zu machen und ihnen Gelegenheit zu geben, neue Akzente zu setzen.

Auch die vorliegende Studie zeigt wieder: Kinder sind sensible und wache junge Gesellschaftsmitglieder, die tastend, aber durchaus selbstbewusst eigene Lebensperspektiven entwickeln. Im Zeitalter der Digitalisierung ist ihre Lebensphase durch den direkten Anschluss an alle Ereignisse und Erlebnisse des täglichen Lebens gekennzeichnet. Als Angehörige der jüngsten Generation wachsen sie mit digitalen Geräten und der Verfügbarkeit von Informationen im Internet vom ersten Tag an auf. Unvermeidlich prägt das ihre Wahrnehmung und ihre Verhaltensweisen. Sie sind oft besser und schneller informiert als Ältere und entwickeln klare Perspektiven für ihr eigenes Handeln. Aber in Familie, Kindergarten und Schule, in den Freizeiteinrichtungen und Medien sowie in der Politik werden ihre Wünsche und Bedürfnisse oft übersehen. Diese Studie kann dazu beitragen, das zu ändern.

Ich wünsche der 4. World Vision Kinderstudie, dass sie wieder die gleiche große Aufmerksamkeit erfährt wie die drei vorangegangenen Studien und dazu beiträgt, Kinder in Deutschland einfühlsam zu verstehen und die richtigen Entscheidungen für sie und mit ihnen zu treffen.

Professor Dr. Klaus Hurrelmann
Hertie School of Governance Berlin

Zusammenfassung

Kinder in Deutschland nehmen ihre Umwelt sensibel wahr und haben schon ein gutes Gespür für Fragestellungen, die sich darauf beziehen, wie man in unserer Gesellschaft miteinander umgeht. Die Frage »Was ist los in unserer Welt?« beschäftigt sie: sei es in Bezug auf die große »globale« Welt und auf die Dinge, die dort vorgehen, oder sei es in Bezug auf ihr unmittelbares Lebensumfeld im Alltag.

Befragt haben wir die 6- bis 11-Jährigen in der World Vision Kinderstudie 2018 auch zum Thema »Geflüchtete«, also zu ihren Einstellungen zu Menschen, die Schutz suchen und die in der jüngeren Vergangenheit in größerer Zahl nach Deutschland gekommen sind. Hierbei ging es uns vor allem um das Verhältnis zu den geflüchteten Kindern. Die Ergebnisse zeigen, dass Kinder dann, wenn sie in Kontakt miteinander kommen, bereit sind, geflüchtete Kinder einzubeziehen. Der für Kinder charakteristische Wunsch nach »Fairness« schließt geflüchtete Kinder mit ein. Prägend für ihre Haltung ist vor allem Mitgefühl. Distanzierendes und Ausgrenzung findet sich hingegen nur bei einem vergleichsweise kleinen Teil der Kinder.

Auch in der neuen Kinderstudie bleibt auffällig, dass sich die »Herkunftsschicht« noch immer wie ein roter Faden durch die Lebenssituation der Kinder und die damit verbundenen Teilhabechancen zieht. Die große Mehrheit fühlt sich sehr wohl und kann bei uns auf vielfältige Angebote zurückgreifen und diese je nach Fähigkeit und Neigung nutzen. Etwa ein Fünftel der Kinder muss allerdings mit Armut leben und bleibt deshalb im Alltag an vielen Stellen ausgeschlossen. Diese Kinder sind vielfältig benachteiligt: in der Schule, in der Freizeit und auch im Freundeskreis, obwohl sie selber »unverschuldet« in diese prekäre Lage gekommen sind und in der Regel noch über keine eigenen hinreichenden Möglichkeiten verfügen, dieser zu entkommen.

Im Folgenden werden die wichtigsten Repräsentativbefunde der World Vision Kinderstudie 2018 zusammengefasst.

Die Datenerhebung erfolgte im Jahr 2017. Daher ist bei der Bezugnahme auf konkrete Daten sowie beim Vergleich mit Daten aus den Vorgängerstudien immer vom Jahr 2017 die Rede.

Aus Gründen der Lesbarkeit wird an einigen Stellen auf die Formulierung der weiblichen Schreibweise verzichtet. Grundsätzlich sind jedoch stets beide Geschlechter gemeint.

Familie

Vielfältige Formen

Kinder wachsen in vielfältigen Familienformen auf. Neben den klassischen Kernfamilien sind dies vor allem Familien mit einem Elternteil sowie rekombinierte Familien mit »neuen« Elternteilen. Mit 70 % wächst die Mehrheit der Kinder im Alter von 6 bis 11 Jahren zusammen mit beiden leiblichen und miteinander verheirateten Elternteilen auf. Dabei kommen Kernfamilien mit zwei Kindern im Haushalt am häufigsten vor; dies ist die Familienform von etwa einem Drittel aller 6- bis 11-jährigen Kinder in Deutschland. In Kernfamilien mit verheirateten Eltern, jedoch ohne Geschwister im Haushalt leben etwa 13 % der Kinder. Mehr als jedes fünfte Kind in Kernfamilien hat mehr als ein Geschwister. Der Anteil der Kinder mit Eltern in nicht ehelichen Lebensgemeinschaften liegt bei 7 %. 18 % der Kinder leben in Alleinerziehenden-Familien, 4 % in Familien mit einem Stiefelternteil und 2 % in Drei-Generationen-Familien.

Weiterhin Rückgang des klassischen »Ein-Mann-Versorger«-Modells

Familien mit Kindern im Alter von 6 bis 11 Jahren leben in sehr unterschiedlichen Erwerbsarrangements. Bei 6- bis 11-jährigen Kindern sind am häufigsten Mutter und Vater erwerbstätig, und zwar entweder beide in Teilzeit oder ein Elternteil Vollzeit und das andere Teilzeit. Der Anteil der Familien, in denen nur ein Elternteil erwerbstätig ist, geht weiter zurück. 28 % der Kinder leben in Familien mit diesem klassischen Erwerbsarrangement. Die Variante »beide Eltern Vollzeit erwerbstätig« ist nach wie vor mit 14 % nicht sehr weit verbreitet.

Im Vergleich der Bundesländer scheinen Unterschiede in der Arbeitsmarktsituation sowie kulturelle Unterschiede bei der Erwerbsorientierung durch. In den neuen Bundesländern sind fast dreimal so oft beide Eltern erwerbstätig. Außerdem ist das »Ein-Ernährer«-Modell im Osten (ohne Berlin) (16 %) nur halb so oft anzutreffen wie im Westen (30 %).

Mehr als ein Drittel der Kinder in Deutschland haben einen Migrationshintergrund

In Deutschland liegt der Anteil der Kinder mit Migrationshintergrund bei Kindern im Alter von 6 bis 11 Jahren bei 36 %. Viele ihrer Familien leben schon in der 2. oder 3. Generation in Deutschland. Entsprechend hat auch ein großer Teil der Kinder die deutsche Staatsbürgerschaft. Bezogen auf alle 6- bis 11-Jährigen gehören 28 % von ihnen zur Gruppe der Kinder mit Migrationshintergrund und deutscher Staatsangehörigkeit (teilweise zusätzlich zu einer ausländischen Staatsangehörigkeit) und 8 % zur Gruppe ohne deutsche Staatsangehörigkeit.

Der Anteil von in Deutschland lebenden Migrantinnen und Migranten ist bis heute regional sehr unterschiedlich, so verteilen sich auch die Kinder mit Migrationshintergrund unterschiedlich auf die Regionen. Die überwiegende Mehrheit der Kinder mit Migrationshintergrund lebt in den alten Bundesländern bzw. in Berlin (41 %) im Vergleich dazu leben 12 % in den neuen Bundesländern (ohne Berlin). In der (Groß-)Stadt ist der Anteil von Kindern mit Migrationshintergrund höher (54 %) als im ländlichen Raum (20 %).

41 % der Kinder mit Migrationshintergrund sprechen zu Hause eher die Muttersprache der Eltern. Kommen beide Elternteile aus einem anderen Land, liegt der Anteil sogar bei 65 %. Dies kann auf einen spezifischen Förderbedarf hinweisen, aber auch das Potenzial der Mehrsprachigkeit sollte mit berücksichtigt werden.

Schicht als Herkunftshintergrund

Für die World Vision Kinderstudie haben wir einen Schichtindex entwickelt. Die Zuordnung zur sozialen Herkunftsschicht der Kinder erfolgt anhand des elterlichen Bildungshintergrundes und anhand der materiellen Lage des Haushaltes. Mit diesen beiden Dimensionen werden damit die für die Kinder zentralen häuslich-materiellen Start- und Rahmenbedingungen abgebildet. Empirisch stützen wir uns auf die Elternangaben zu deren Schulabschlüssen, ergänzt um die im Rahmen der Kinderbefragung erhobene Einstufung zur Zahl der Bücher im Haushalt, auf die elterliche Bewertung der finanziellen Lage und auf den Wohnstatus.

2017 ließen sich 19 % der Kinder der Oberschicht zuordnen, 30 % der oberen Mittelschicht, 27 % der Mittelschicht, 15 % der unteren Mittelschicht und 9 % der unteren Schicht. Im Trend ist über die Jahre eine leichte Verschiebung in Richtung obere Schichten zu sehen. Die untere Schicht scheint von dieser Entwicklung ausgenommen und der Anteil der Kinder aus sozial benachteiligten Elternhäusern mit geringeren Einkommen bleibt bei 9 %.

Elterliche Zuwendung

Kinder finden aktuell etwas häufiger als in den vergangenen Befragungen, dass ihre Mütter genügend Zeit für sie haben (2017: 66 %, 2010 und 2013: jeweils 64 %). Der etwas höhere Wert (67 %) im Jahr 2007 resultiert aus dem anderen Alterszuschnitt der 1. Kinderstudie; hier wurden 8- bis 11-jährige Kinder befragt. Und ältere Kinder stufen tendenziell die Zeit der Mutter eher als genügend ein.

Ein ähnliches Muster zeigt sich bei der geäußerten Zuwendung der Väter. Insgesamt sind die Kinder jedoch unzufriedener mit der zur Verfügung stehenden Zeit der Väter. 2017 stufen 36 % der 6- bis 11-jährigen Kinder die Zeit, die ihre Väter mit ihnen verbringen, als ausreichend ein. 44 % antworten »mal so, mal so« und 13 % bewerten die Zeit der Väter als unzureichend.

Erwerbsbeteiligung der Eltern geht nicht mit Defiziten bei der Zuwendung einher

Kinder, die ein Zuwendungsdefizit benennen, kommen seltener in Zwei-Eltern-Familien mit Erwerbsbeteiligung vor. Jeweils 7 % der Kinder in Familien, in denen nur ein Elternteil erwerbstätig ist bzw. in denen ein Elternteil Vollzeit und eines Teilzeit oder beide Teilzeit arbeiten, beklagen ein Zuwendungsdefizit. Sind beide Eltern Vollzeit beschäftigt, so liegt der Anteil bei 8 %. Eine andere Situation liegt bei Familien mit erwerbstätigen Alleinerziehenden vor. Hier klagen 34 % der Kinder über zu wenig Zeit der Eltern. Auch die dazugehörigen alleinerziehenden Elternteile berichten, dass Familie und Beruf mittelmäßig (33 %) bzw. nur (sehr) schwer (10 %) unter einen Hut zu bringen sind.

Schule

Soziale Herkunftsschicht bestimmt über Bildungschancen

Beim Besuch der weiterführende Schule zeigen sich deutliche Unterschiede nach sozialer Herkunftsschicht: Kinder der unteren Schicht und der unteren Mittelschicht besuchen deutlich seltener ein Gymnasium (2 % und 5 %) als Kinder der oberen Mittelschicht und insbesondere der Oberschicht (13 % und 24 %) dies tun.

Wie geht es den Kindern in der Schule?

Wir haben die Kinder nach verschiedenen Aspekten des Schullebens und ihrer Zufriedenheit mit diesen gefragt. Am wohlsten fühlen sich die Kinder mit ihren Mitschülerinnen und Mitschülern, 50 % wählen bei ihrer Antwort den zufriedensten von fünf Smileys. Ihre Zufriedenheit mit den Lehrerinnen und Lehrer bewerten 49 % der Kinder und ihr Gefallen am Unterricht 46 % sehr positiv.

Mit zunehmendem Alter nimmt die anfängliche Begeisterung der Kinder für die Schule ab: Der Anteil derjenigen, denen der Unterricht sehr gut gefällt, fällt von 61 % bei den 6- bis 7-Jährigen auf 33 % bei den 10- bis 11-Jährigen. Ein ähnliches Bild zeigt sich bei der Zufriedenheit mit den Lehrern (64 % und 37 % »sehr zufrieden«). Deutlich stabiler bleibt der Anteil derjenigen, die sich mit den anderen Kindern sehr wohl fühlen (54 % und 45 %).

In allen drei bewerteten schulischen Bereichen sind die Mädchen zufriedener als die Jungen. Vor allem den Unterricht (51 % zu 41 % »sehr gut«) und die Lehrer (55 % zu 45 % »sehr zufrieden«) sehen sie positiver. Mit den anderen Kindern in der Klasse fühlen sich 52 % der Mädchen und 48 % der Jungen »sehr wohl«. Dass die Mädchen mit dem Unterricht und den Lehrer zufriedener sind, hängt sicherlich mit ihrer Selbsteinschätzung bezüglich ihrer Schulleistung zusammen: Die Mädchen denken eher von sich, eine »sehr gute« oder »gute« Schülerin zu sein als dies die Jungen in Bezug auf ihre Person tun.

Von allen 6- bis 11-Jährigen haben 3 % »sehr oft« und 15 % »öfter« Kopf- oder Bauchschmerzen. Je älter die Kinder sind, desto häufiger empfinden sie diese Stress-Symptome. Die Mädchen sind etwas häufiger betroffen als die Jungen.

Bildungsaspiration: Mädchen und Kinder in der Stadt äußern häufiger das Ziel »Abitur«

Auf die Frage, welche weiterführende Schule die Kinder nach der Grundschule besuchen möchten bzw. welchen Schulabschluss sie anstreben, können 43 % aller 6- bis 7-Jährigen noch keine Antwort geben, von den 8- bis 9-Jährigen sind es 20 % und von den 10- bis 11-Jährigen 9 %. Mit zunehmendem Alter nimmt vor allem das »Abitur« als Ziel zu (34 % der 6- bis 7-Jährigen und 58 % der 10- bis 11-Jährigen), aber auch der Realschulabschluss wird umso häufiger genannt, je älter die Kinder sind. Nur der Hauptschulabschluss ist bei Jüngeren und Älteren gleich unbeliebt (zwischen 5 % und 6 % der Kinder geben dieses Ziel an). Die Mädchen zeigen eine höhere Bildungsaspiration, sie äußern häufiger, dass sie Abitur machen wollen als die Jungen (50 % zu 44 %).

In Städten und deren Randlagen ist der Anteil der Kinder, die Abitur machen wollen höher als auf dem Land (51 % und 49 % zu 39 %). In ländlichen Regionen ist der Ruf der Hauptschule besser als in der Stadt, hier geben die Kinder häufiger an, dass sie auf die Hauptschule möchten bzw. den Hauptschulabschluss machen wollen (10 zu 3 %).

Bildungsaspiration: Die Ziele der Kinder sind maßgeblich von ihrer sozialen Herkunftsschicht bestimmt

Den stärksten Einfluss auf die Bildungsaspiration der Kinder hat ihre soziale Herkunftsschicht: 72 % der Kinder aus der Oberschicht geben »Abitur« als ihr schulisches Ziel an, aber nur 17 % der Kinder aus der unteren Schicht. Die Faktoren »Migrationshintergrund« und »finanzielle Ressourcen der Familie« besitzen in der multivariaten Analyse keine zusätzliche Erklärungskraft – mögliche Effekte werden von denen des Merkmals »Bildungshintergrund« überlagert.

Kinder aus der Oberschicht, die sich selbst nicht als gute Schüler sehen, möchten dennoch zu 66 % Abitur machen. Das sind doppelt so viele, wie Kinder aus der unteren Schicht, die ihre eigenen Schulleistungen als gut oder sehr gut beurteilen (29 %).

Ganztagsschule und institutionelle Betreuung am Nachmittag

73 % der 6- bis 11-Jährigen haben uns gesagt, dass sie eine Halbtagsschule besuchen, 26 % gehen auf eine Ganztagsschule. In den neuen Bundesländern besuchen mit 43 % deutlich mehr Kinder eine Ganztagsschule als in den alten Bundesländern (inkl. Berlin) (24 %).

Im Gegensatz zu Schulen, die am frühen Nachmittag enden, sollen Ganztagsschulen zum einen die Vereinbarkeit von Familie und Beruf für die Eltern verbessern. Zum anderen ist ihr Ziel, die zusätzliche Zeit, die die Kinder an den Schulen verbringen, für deren Förderung nutzen – insbesondere im Hinblick auf Kinder aus benachteiligten Familien.

In unseren Untersuchungsergebnissen der letzten zehn Jahre lässt sich der Anstieg der Kinder, die eine Ganztagsschule besuchen, nachvollziehen: 2007 besuchten 13 % der 8- bis 11-Jährigen eine Ganztagsschule, inzwischen liegt der Anteil in dieser Altersgruppe bei 28 %. Dass diese Werte unter den Zahlen liegen, die der Bildungsbericht veröffentlicht, liegt vermutlich daran, dass wir uns auf die Angaben der befragten Kinder beziehen. Eine Einordnung der Schulart und die Abgrenzung von Halbtagsschulen mit zusätzlichen Betreuungsangeboten am Nachmittag dürften für einige Kinder nicht so einfach sein.

Dass 73 % aller 6- bis 11-Jährigen auf eine Halbtagsschule gehen, heißt nicht, dass sie alle am frühen Nachmittag zu Hause wären: Von ihnen besuchen zwar 51 % eine Halbtagsschule ohne zusätzliche institutionelle Betreuung am Nachmittag, aber weitere 10 % gehen in den Hort, 9 % in eine Mittagsbetreuung und 3 % in eine sonstige Gruppe. Der Anteil der Kinder, die nach der Halbtagsschule institutionell betreut werden, hat sich in den letzten zehn Jahren nahezu verdoppelt.

Was denken die Halbtagsschüler über ein Ganztagskonzept? Dazu haben wir die Kinder, die auf Halbtagsschulen gehen (unabhängig davon, ob sie zusätzlich institutionell betreut werden), nach ihrer Meinung zu verschiedenen Angeboten gefragt, die an ihrer Schule nachmittags angeboten werden könnten. Die meiste Zustimmung erhalten Sportangebote (77 % »fände ich gut«), aber auch Kunst- bzw. Theater-AGs oder Projekte (jeweils 57 %). Auch eine Hausaufgabenbetreuung fänden 45 % der Halbtagsschüler gut. Die Vorstellung, normalen Unterricht am Nachmittag zu erhalten, gefällt allerdings nur 19 % aller Halbtagsschüler. Bemerkenswerterweise zeigen sich hier Kinder der unteren Schicht zu einem höheren Anteil interessiert, von ihnen fänden 56 % Hausaufgabenbetreuung und 30 % normalen Unterricht am Nachmittag gut. Sie scheinen selbst einen Ausgleich zu suchen, wenn sie im Elternhaus weniger Unterstützung im schulischen Bereich erhalten.

Mitbestimmung in der Schule

Unsere Ergebnisse zeigen, dass die Mitbestimmungsmöglichkeiten in der Schule auf niedrigem Niveau verharren. Mit 25 % am häufigsten sagen die 6- bis 11-Jährigen, dass sie bei der Wahl ihres Sitznachbarn »oft« mitreden können, 45 % sagen »manchmal«. Interessanterweise dürfen auch nur 24 % »oft« und 35 % »manchmal« bei der Aufstellung der Klassenregeln mitbestimmen. Noch etwas weniger Mitspracherechte haben die Kinder bei der Gestaltung des Klassenzimmers (22 % »oft«) sowie der Schulfeste (20 % »oft«) und bei der Auswahl der Schulausflugs-Ziele (15 % »oft«). Schlusslicht ist das Aufstellen der Tische, bei dem nur 11 % »oft« mitentscheiden dürfen.

Je höher die Klassenstufe, desto mehr Mitsprache wird den Schülern gewährt: Während von den 6- bis 7-Jährigen nur 37 % in mindestens einem der aufgeführten sechs Bereiche oft mitbestimmen dürfen, sind es bei den 8- bis 9-Jährigen 53 % und bei den 10- bis 11-Jährigen 73 %.

Auch beim Thema Mitsprache zeigt sich, dass Ganztagsschulen besser dastehen: 10 % aller Ganztagsschüler dürfen in mehr als drei Bereichen mitreden, bei den Halbtagsschülern liegt dieser Anteil bei 6 %.

Wir haben die Kinder auch nach dem Aspekt des selbstbestimmten Lernens gefragt, d.h. ob sie sich in der Mathematik- oder Deutschstunde manchmal aussuchen dürfen, welche Aufgaben sie bearbeiten. 7 % der Kinder dürfen dies »oft«, 32 % »manchmal«. Auch hier geben Schüler an Ganztagsschulen häufiger an, dass sie mitentscheiden dürfen: 10 % von ihnen dürfen sich »oft« und 36 % »manchmal« aussuchen, welche Aufgabenstellungen sie bearbeiten.

Freizeit

»Freunde treffen« geht zurück

Innerhalb der letzten zehn Jahre stellt sich das Freizeitverhalten stabil dar, allerdings treffen die Kinder heute etwas seltener ihre Freunde als im Jahr 2007: Damals gaben 68 % der 8- bis 11-Jährigen an, dass sie ihre Freundinnen oder Freunde in ihrer Freizeit »sehr oft« treffen, 2017 sagen das 56 %. Ein ganz ähnlicher Rückgang ist auch für die 6- bis 7-Jährigen (für die erst ab 2010 Daten vorliegen) zu beobachten. Dass diese Entwicklung auf eine zunehmende Mediennutzung zurückgeht, können die Untersuchungsergebnisse unserer Studie nicht bestätigen, weder das Spielen mit digitalen Medien noch der Fernsehkonsum ist bei der Zielgruppe in dieser Zeit angestiegen.

»Freunde treffen« wichtiger in den alten Bundesländern

Die 6- bis 11-Jährige in den alten Bundesländern (inkl. Berlin) berichten häufiger als ihre Altersgenossen in den neuen Bundesländern, dass sie sich in ihrer Freizeit »sehr oft« mit ihren Freundinnen oder Freunden treffen (55 % zu 47 %).

Die Kinder im Westen geben auch häufiger an, dass sie »sehr oft« Sport treiben (54 % zu 48 %) und draußen auf der Straße spielen (33 zu 26 %). Umgekehrt verbringen die Kinder in den neuen Bundesländern ihre Freizeit eher im familiären und häuslichen Umfeld: Sie unternehmen häufiger etwas mit der Familie als die Kinder in den alten Bundesländern (38 % zu 28 % jeweils »sehr oft«), spielen häufiger zu Hause mit Spielzeug und beschäftigen sich deutlich häufiger mit der Natur oder Tieren.

»Vielseitige Kids« vor allem bei den Mädchen

Die in der 1. Kinderstudie 2007 entwickelte Freizeittypologie veranschaulicht die unterschiedlichen Lebenswelten der Kinder in ihrer Freizeit: 25 % aller 6- bis 11-Jährigen lassen sich den »Vielseitigen Kids« zuordnen. Diese Kinder verbringen ihre Freizeit mit mehr und vielfältigeren Aktivitäten als ihre Altersgenossen. Auf der anderen Seite der Typologie stehen die »Medienkonsumenten«, 27 % der Kinder gehören zu dieser

Gruppe: Sie sehen besonders oft fern, schauen YouTube oder Filme und spielen an Computer, Konsole oder im Internet. Mit 48 % gehört knapp die Hälfte aller Kinder zu der dritten Gruppe, den »Normalen Freizeitlern«.

Vergleicht man Mädchen und Jungen, so stellt sich ihre Zugehörigkeit zu den drei Freizeittypen fast spiegelbildlich gegensätzlich dar: 41 % der Mädchen und 10 % der Jungen gehören zu den Vielseitigen Kids, 41 % der Jungen und 11 % der Mädchen lassen sich den Medienkonsumenten zuordnen.

Soziale Lage und Freizeitverhalten

Ein bildungsfernes Elternhaus und konkretes Armutserleben in der Familie verringern die Chancen von Kindern auf eine vielseitige Freizeitgestaltung deutlich: Während 39 % der Kinder aus der Oberschicht Vielseitige Kids und 16 % Medienkonsumenten sind, sind von den Kindern aus der unteren Schicht 9 % Vielseitige Kids und 45 % gehören zur Gruppe der Medienkonsumenten. Kinder, die nicht in Armut aufwachsen, gehören zu 28 % zu den Vielseitigen Kids, bei Kindern mit konkretem Armutserleben liegt dieser Anteil bei 13 %.

Auch die Aktivität der Kinder in institutionellen Freizeitangeboten lässt auf den familiären Hintergrund schließen: Fast jedes Kind aus der Oberschicht (96 %), aber nur vier von zehn Kinder aus der unteren Schicht (37 %) sind in mindestens einem Verein bzw. einer außerschulischen Gruppe aktiv, bildungsnahe Eltern fördern ihre Kinder deutlich mehr.

Diese unterschiedliche Teilhabe ist nicht nur bei bildungsorientierten Angeboten mit möglicherweise hohen Mitgliederbeträgen, sondern auch bei niedrigschwelligen Angeboten wie Sportvereinen sichtbar: 77 % der Kinder aus der Oberschicht sind in (mindestens) einem Sportverein, aber nur 24 % der Kinder aus der unteren Schicht.

Handy und Internet: Wichtige Bestandteile der Kinderwelt

Inzwischen haben 45 % aller 6- bis 11-Jährigen ein eigenes Handy. 2010 waren es noch 36 % und 2013 40 %. Von den 10- bis 11-Jährigen sind sogar 82 % Besitzer eines Handys. Wie bei den Erwachsenen sind Besitzer von Tastenhandys in der Minderheit: 80 % der 6- bis 11-Jährigen mit einem Handy haben ein Smartphone.

Stärker noch als der Besitz eines Handys ist bei den Kindern in den letzten sieben Jahren die Nutzung des Internets angestiegen: 38 % der 6- bis 11-Jährigen sind regelmäßig unter der Woche online, in den Erhebungsjahren 2010 und 2013 lag dieser Anteil jeweils bei 18 %. Von den 10- bis 11-Jährigen nutzen 67 % regelmäßig unter der Woche das Internet.

Bei vielen in der Kinderstudie dargestellten Befunden spielen die unterschiedlichen Herkunftsschichten der Kinder eine bedeutsame Rolle – hinsichtlich des Handybesitzes stellen sich diese Unterschiede vergleichsweise gering dar. Lediglich die Kinder aus der unteren Schicht sind etwas schlechter ausgestattet, von ihnen haben nur 35 % ein eigenes Handy, bei den Kindern aus den anderen Schichten bewegt sich der Anteil zwischen 44 % und 49 %. Auch unterscheiden sich die Kinder aus den unterschiedlichen sozialen Herkunftsschichten bezüglich ihrer Internetnutzung nur geringfügig.

Bücher: Mädchen nach wie vor die »Leseratten«

16 % der 6- bis 11-Jährigen lesen täglich in einem Buch (bzw. »schauen sich täg-

lich ein Buch an« – so wurde die Frage bei den 6- bis 7-Jährigen formuliert). 29 % lesen mehrfach wöchentlich, 20 % einmal pro Woche, 23 % eher selten und 10 % so gut wie nie. Mädchen gehören mit 20 % deutlich häufiger zu den »Leseratten«, die täglich in einem Buch lesen, als die Jungen (13 % lesen täglich). Seit 2007 ist nach den Ergebnissen unserer Studie die Häufigkeit des Bücherlesens sowohl bei den Mädchen als auch den Jungen leicht zurückgegangen.

Zufriedenheit mit der Freizeit

65 % der 6- bis 11-Jährigen sind mit ihrer Freizeit äußerst zufrieden. Interessanterweise nimmt bei den Mädchen die Zufriedenheit mit dem Alter ab, während sich ein solcher Effekt bei den Jungen nicht zeigt. 75 % der 6- bis 7-jährigen Mädchen sind äußerst zufrieden mit ihrer Freizeit, 68 % ihrer 8- bis 9-jährigen und 57 % ihrer 10- bis 11-jährigen Geschlechtsgenossinnen.

Kinder mit vielfältigen Freizeitaktivitäten sind zufriedener mit ihrer Freizeit: So äußern sich diejenigen, die in mindestens einem Verein oder einer außerschulischen Gruppe sind, zu 70 % äußerst zufrieden mit ihrer Freizeit, Kinder ohne feste Freizeitaktivität zu 50 %. Vielseitige Freizeitaktivitäten bedeuten gesellschaftliche Partizipation und erweitern den Erfahrungshorizont. Die unterschiedlichen Voraussetzungen der Kinder aus verschiedenen sozialen Herkunftsschichten manifestieren sich auch in diesen Zahlen: 72 % der Kinder aus der Oberschicht, aber nur 45 % der Kinder aus der unteren Schicht sind sehr zufrieden mit ihrer Freizeit.

Freunde

Kinder brauchen Freundschaften

Freundschaften sind für das Wohlbefinden von Kindern ein wichtiger Faktor, viele Freunde zu haben steht für viele Kinder für ein gutes Leben. 36 % der 6- bis 11-Jährigen haben zehn oder mehr Freunde, 23 % haben sechs bis neun Freunde, 25 % haben vier bis fünf Freunde. 13 % haben nur zwei bis drei Freunde und 2 % nur einen Freund. Je älter die Kinder, desto mehr Freunde haben sie: 26 % der 6- bis 7-Jährigen, 33 % der 8- bis 9-Jährigen und 46 % der 10- bis 11-Jährigen sagen, dass sie zehn oder mehr Freunde haben. Fragt man nach den »richtig guten« Freunden antworten 4 %, dass sie zehn oder mehr richtig gute Freunde haben, 9 % sechs bis neun, 23 % vier oder fünf und 50 % zwei oder drei richtig gute Freunde. 12 % berichten von nur einem richtig guten Freund und 1 % von keinem richtig guten Freund.

Freundschaften Ost und West – unterschiedliche »Kulturen«?

In den alten Bundesländern (inkl. Berlin) sprechen die Kinder häufiger von einem großen Freundeskreis als in den neuen Bundesländern (37 % der Kinder im Westen und 27 % im Osten haben zehn oder mehr Freunde). Ähnliche Unterschiede zeigen sich bei der Frage nach den »richtig guten« Freunden (23 % der Kinder im Westen und 15 % der Kinder im Osten haben fünf oder mehr »richtig gute« Freunde).

Unterschiedliche »Kulturen« zwischen Ost und West werden auch sichtbar, wenn man die Kinder fragt, wie häufig sie Besuch von Freunden erhalten oder umgekehrt ihre Freunde besuchen: 63 % der Kinder in den alten Bundesländern erhalten mindestens mehrmals die Woche Besuch und besuchen ebenso häufig Freunde, in den neuen Bundesländern sind es 46 % bzw. 44 %. Diese beobachteten Unterschiede sind nicht ausschließlich auf die in alten und neuen Bundesländern ungleiche Verbreitung von Schularten zurückzuführen.

Je nach Herkunftsschicht ungleiche Bedingungen für soziale Integration

Verschiedene Faktoren erschweren die Situation von Kindern aus benachteiligten Elternhäusern: Eltern aus den unteren Herkunftsschichten verfügen meist über weniger finanzielle Ressourcen, die ihren Kindern eine vielseitige Freizeit ermöglichen könnten. So sind Kinder aus den unteren sozialen Herkunftsschichten signifikant seltener Mitglied in institutionellen Freizeitangeboten. Kinder, die in einem oder mehreren Vereinen (oder anderen festen außerschulischen Gruppen) aktiv sind, berichten häufiger von einem großen Freundeskreis: 41 % der 6- bis 11-Jährigen, die in mindestens einem Verein sind, haben zehn oder mehr Freunde. Von den Kindern, die in keinem Verein Mitglied sind, sagen das nur 20 %.

Oftmals sind es die Eltern aus den oberen sozialen Herkunftsschichten, die sich aktiv um die soziale Einbindung ihrer Kinder kümmern. 51 % der Kinder aus der Oberschicht berichten von zehn oder mehr Freunden, nur 18 % der Kinder aus der unteren Schicht haben einen ebenso großen Freundeskreis. In der Oberschicht haben alle Kinder mindestens einen Freund, lediglich 1 % nennt nur einen Freund. Von den Kindern aus der unteren Schicht hat 1 % keinen Freund und 7 % nur einen Freund.

Kommen Mädchen aus einer sozial benachteiligten Familie, beeinträchtigt sie das im Hinblick auf Freundschaftsbeziehungen offenbar stärker als die Jungen: Mädchen aus der Oberschicht sprechen fast fünfmal so häufig von zehn oder mehr Freunden als Mädchen aus der unteren Schicht (57 % zu 12 %). Jungen aus der Oberschicht haben doppelt so häufig einen so großen Freundeskreis wie Jungen aus der unteren Schicht (45 % zu 22 %).

Drei Viertel der Kinder aus der Oberschicht (74 %) erhalten mindestens mehrmals die Woche Besuch von Freunden, 71 % besuchen ihre Freunde ebenso häufig zu Hause. In der unteren Schicht stellt sich dies ganz anders dar, hier sagen dies nur 40 bzw. 42 % der Kinder. Ein Faktor, der hier sicher eine entscheidende Rolle spielt, sind ungleiche Wohnverhältnisse: 92 % der Kinder aus der Oberschicht haben ein eigenes Kinderzimmer, von den Kindern aus der unteren Schicht sind es 53 %.

Fast die Hälfte der 10- bis 11-Jährigen treffen ihre Freunde mehrmals die Woche online

Das Internet hat inzwischen auch für Kinder eine hohe Bedeutung für ihre Kontakte mit Gleichaltrigen. Von allen 6- bis 11-Jährigen treffen 2017 20 % ihre Freunde nahezu täglich oder mehrmals die Woche online, im Jahr 2013 lag der Anteil noch bei 9 %. Interessant ist hier ein Blick auf die verschiedenen Altersgruppen: Während von den 6- bis 7-Jährigen lediglich 1 % mindestens mehrmals die Woche das Internet nutzt, um Freunde zu treffen, hat sich bei den 8- bis 9-Jährigen dieser Anteil innerhalb der letzten vier Jahre fast verdreifacht (2013: 3 %; 2017: 10 %). Bei der ältesten Altersgruppe, den 10- bis 11-Jährigen, hat sich der Anteil mehr als verdoppelt – von 21 % im Jahr 2013 auf 45 % im Jahr 2017.

Virtuelle Kontakte und »echte« Freundschaften

Unsere Untersuchungsergebnisse lassen nicht darauf schließen, dass das Kommunizieren mit Freunden im Internet persönliche Freundschaften verdrängt. Von den 10- bis 11-Jährigen (die das Internet besonders intensiv nutzen) scheinen diejenigen mit besonders häufigen Online-Kontakten zu Gleichaltrigen ihre Freundschaften sowohl im Netz als auch im realen Leben zu führen.

Kinder brauchen in ihrer Wohngegend Gleichaltrige und Spielmöglichkeiten

Die Antworten der Kinder verdeutlichen, dass die Kinder aus den unteren Herkunftsschichten in deutlich ungünstigeren Wohnumfeldern leben: mehr Autoverkehr, mehr Furcht vor aggressiven Jugendlichen und Erwachsenen in der Nachbarschaft, häufiger schimpfende Nachbarn. Der für Kinder aber besonders wichtige Aspekt, dass im Wohnumfeld genügend Freunde wohnen, ist unabhängig von ihrer sozialen Herkunftsschicht erfüllt: Gut zwei Drittel aller 6- bis 11-Jährigen (67 % der Kinder aus der Oberschicht und 65 % der Kinder aus der unteren Schicht) sagen, dass das eher zutrifft.

Vor allem für die jüngeren Kinder, deren Aktionsradius noch gering ist, ist es wichtig, dass Spielfreunde in ihrer Nähe wohnen, damit sie sich mit ihnen treffen können. Entsprechend sagen 80 % der Kinder, die in ihrer Nachbarschaft genügend Freunde haben, dass sie diese häufig (nahezu täglich oder mehrmals wöchentlich) draußen (auf der Straße, auf einem Spielplatz oder im Hof) und 66 % bei sich zu Hause treffen. Bei Kindern, in deren Wohngegend nicht genügend Freunde wohnen, trifft das nur zu 57 % bzw. 49 % zu.

Große Zufriedenheit mit dem Freundeskreis

Gefragt nach ihrer Zufriedenheit mit ihrem Freundeskreis wählen 72 % der Kinder als Antwort den zufriedensten von fünf Smileys. Wenig überraschend angesichts der bisher dargestellten Ergebnisse sind Kinder aus bildungsfernen Elternhäusern oder mit Armutserleben weniger zufrieden mit ihren Freundschaftsbeziehungen als Kinder aus nicht benachteiligten Familien.

57 % der Kinder aus der unteren Schicht und 77 % der Kinder aus der Oberschicht sind äußerst zufrieden mit ihren Freundschaftsbeziehungen, 57 % der Kinder mit Armutserleben und 76 % der Kinder aus nicht von Armut betroffenen Familien.

Selbstbestimmung

Selbstbestimmung im Alltag steht in Zusammenhang mit Alter und sozialer Herkunftsschicht

Die große Mehrheit der Kinder kann zu Hause im Alltag der Familie Dinge mitbestimmen. Bei der Hälfte der von uns abgefragten Selbst- und Mitbestimmungsbereichen (10 Bereiche) sagen mindestens 80 % der 6- bis 11-Jährigen, dass sie eher selbstbestimmen können. So entscheidet der Großteil der Kinder selbst, mit welchen Freunden sie sich treffen (89 %), was sie in ihrer Freizeit machen (85 %) und welche Kleidung sie anziehen (82 %). Mitbestimmen, was als Familie in der Freizeit gemacht wird und was es zu essen gibt, tun jeweils 80 % der Kinder.

Etwas weniger groß sind die Anteile in den anderen Bereichen. So sagen 74 % der Kinder, dass sie selbst entscheiden, ob sie ohne Erwachsene draußen spielen. Es folgen: »entscheiden, wofür das Taschengeld ausgegeben wird« (74 %), »ohne Erwachsene zur Schule gehen« (70 %), »wie viele Freundinnen oder Freunde nach Hause mitgebracht werden dürfen« (49 %) und »wann Hausaufgaben gemacht werden« (36 %).

Je älter die Kinder sind, desto mehr Entscheidungen fällen sie selbst. Altersunterschiede in allen Bereichen erweisen sich als bedeutsam mit Ausnahme der Aussage, »wie viele Freunde mit nach Hause gebracht werden dürfen«. In diesem Fall spielt das Alter keine Rolle. Die größten Differenzen zwischen den Jüngeren und den Älteren zeigen sich bei »ohne Erwachsene draußen spielen« und »ohne Erwachsene zur Schule gehen«. Diese beiden Punkte stellen für 10- bis 11-Jährige kaum mehr eine Einschränkung dar. 90 % bzw. 91 % bestimmen hier eher selbst.

Kinder aus der Oberschicht berichten am häufigsten über Mitbestimmungsmöglichkeiten im Alltag, die Kinder aus der unteren Herkunftsschicht hingegen am seltensten. Generell gilt: Je höher die Herkunftsschicht, desto größer sind die Mitbestimmungsmöglichkeiten.

Was selbstbestimmte Kinder anders machen

Die Selbstbestimmungsmöglichkeiten im Alltag der Kinder gehen mit unterschiedlichem Freizeitverhalten einher. So zählen durchgängig selbstbestimmte Kinder häufiger zu den Vielseitigen Kids, die in verschiedenen Bereichen, insbesondere auch im musisch-kulturellen, aktiv sind (31 %). Bei Kindern mit geringen Selbstbestimmungsmöglichkeiten ist der Anteil der Vielseitigen Kids nur etwa halb so groß und liegt bei 17 %.

Ebenso ist der Freundeskreis bei Kindern im Alter von 6 bis 11 Jahren, die durchgängig selbst Entscheidungen treffen können, deutlich häufiger größer (43 % haben zehn oder mehr Freunde) als bei Kindern mit häufigen (36 %) und geringen Selbstbestimmungsmöglichkeiten (24 %). Ein wichtiger Grund hierfür dürfte in dem bereits angesprochenen vielseitigen Freizeitverhalten dieser Kinder liegen. Vielseitige Kids haben mehr Gelegenheiten, Freundschaften zu schließen. Eine weitere Ursache dürfte aber auch in der größeren sozialen Kompetenz dieser Kinder bestehen, die eine größere Selbstbestimmung im Alltag in der Regel mit sich bringt. Selbstbestimmte Kinder lernen besser, sich selber zu organisieren und Gestaltungsspielräume auszuhandeln. Insbesondere letzteres führt dazu, dass es selbstbestimmten Kindern leichter fallen kann, sich in Gruppen von Gleichaltrigen zu bewegen, Freundschaften zu schließen und auch zu pflegen.

Selbstbestimmte Kinder profitieren auch in der Schule. Berichten Kinder von durchgängigen Selbstbestimmungsmöglichkeiten, korreliert dies häufig mit einer positiven Wahrnehmung als (sehr) gute Schülerin oder (sehr) guter Schüler. 67 % schätzen sich entsprechend ein, während Kinder mit geringen Selbstbestimmungsmöglichkeiten zu 46 % angeben, nur eine mittelgute oder eine nicht (so) gute Schülerin bzw. ein mittelguter oder nicht (so) guter Schüler zu sein. Auch hier ist von wechselseitigen Effekten auszugehen.

Die eigene Meinung zählt – aber nicht immer gleich viel

Am häufigsten sagen die befragten Kinder, dass ihre Meinung bei ihrer besten Freundin oder ihrem besten Freund zählt. 68 % geben an, dass er oder sie eher viel Wert auf ihre Meinung legt (23 % »mal so, mal so«, 6 % eher wenig, 3 % »weiß nicht«/»keine Angabe«).

Zwei Drittel der Kinder im Alter von 6 bis 11 Jahren sehen ihre eigene Meinung durch ihre Mutter wertgeschätzt. 24 % berichten hier »mal so, mal so«, 6 % äußern sich explizit negativ mit »eher wenig« und 4 % machen keine Angabe. Die Wertschätzung des Vaters erfährt über die Hälfte der Kinder. 55 % antworten mit »eher viel«, 25 % mit »mal so, mal so«, 10 % mit »eher wenig« und weitere 10 % wissen es nicht oder geben keine Antwort.

Fast ein Drittel der Kinder gibt an, dass ihre Klassenlehrerin bzw. ihr Klassenlehrer eher viel Wert auf ihre Meinung legt (»eher viel« 32 %, »mal so mal so« 32 % und »eher wenig« 26 %, »weiß nicht«/»keine Angabe« 10 %). Geht ein Kind am Nachmittag in den Hort oder die Mittagsbetreuung, zeigen sich bei der Wertschätzung der eigenen Meinung durch die Betreuerinnen und Betreuer vergleichbare Angaben: »Eher viel« sagen 33 %, »mal so, mal so« 32 %, »eher wenig« 26 % und 9 % wissen es nicht oder machen keine Angabe.

Im Gegensatz zur Einschätzung der eigenen Meinung durch beste Freunde, Mutter und Vater, hängt die Wertschätzung der eigene Meinung durch die Klassenlehrkraft in geringerem Maße vom Alter der Schülerinnen und Schüler ab. Nur 30 % der 6- bis 7-Jährigen und 34 % der 10- bis 11-Jährigen geben eine hohe Wertschätzung durch die Klassenlehrerinnen und Klassenlehrer an.

Während die empfundene Wertschätzung durch die Eltern und Freunde über die Jahre stetig zugenommen hat, unterliegt die Wertschätzung durch die Klassenlehrerin oder den Klassenlehrer zwar leichten Schwankungen, zeigt sich aber weitgehend stabil. Somit bleibt die Wertschätzung durch die Klassenlehrkraft auf konstant niedrigem Niveau. Die Situation bei der Beachtung der eigenen Meinung durch die Betreuerinnen und Betreuer in institutionellen Einrichtungen ist vergleichbar. Der Teil der Kinder, die hier Wertschätzung erfahren, ist gering und hat sich in den letzten Jahren nicht vergrößert.

Wertschätzung der eigenen Meinung und Selbstbestimmungsmöglichkeiten im Alltag hängen zusammen und bedingen sich wechselseitig

Wir unterscheiden in der World Vision Kinderstudie zwischen Kindern mit »durchgängigen Selbstbestimmungsmöglichkeiten« (28 %), »häufigen Selbstbestimmungsmöglichkeiten« (53 %) und »geringen Selbstbestimmungsmöglichkeiten« (19 %).

Wertschätzung der Meinung durch Eltern und ein hohes Maß an Selbstbestimmung im Alltag treten gemeinsam auf. Kinder, die eher viel Wertschätzung der eigenen Meinung durch die Mutter empfinden, erfahren bedeutend häufiger durchgängige Selbstbestimmung im Alltag (34 %). Häufigere Selbstbestimmung liegt bei 52 % der Kinder von wertschätzenden Müttern vor, wenig Selbstbestimmung bei 14 %. Ebenso gilt andersherum: Kinder, die angeben, dass die Mutter eher wenig Wert auf die eigene Meinung legt, geben weniger Handlungsspielräume in ihrem Alltag an: Nur 13 % nehmen ihre Selbstbestimmungsmöglichkeiten als durchgängig wahr, häufige Selbstbestimmung wird von etwas mehr als der Hälfte der Kinder geäußert und als wenig selbstbestimmt empfinden 34 % der Kinder ihren Alltag.

Was Kindern Angst macht

Die abgefragten Ängste lassen sich thematisch in zwei Gruppen einteilen: individuelle Ängste, die den unmittelbaren Alltag betreffen und die unmittelbar Einfluss auf das Leben der Kinder haben, sowie Ängste in Bezug auf globale, gesellschaftliche Themen, die bedrohlich wirken und die als potenzielle Gefahr wahrgenommen werden. Bei den individuellen Ängsten zeigt sich eine weitgehende Stabilität der Anteile, nur die Angst vor der Arbeitslosigkeit der Eltern ist in den Jahren seit 2010 rückläufig. Während 2010 noch fast ein Drittel der Kinder (31 %) befürchteten, dass ihre Eltern keine Arbeit haben könnten, sind es aktuell 23 %. Dieser Anteil erhöht sich auf 38 %, wenn man nur Kinder betrachtet, deren Eltern angaben, in den letzten zwei Jahren arbeitslos gewesen zu sein.

Bei Ängsten mit Bezug zur Gesellschaft hat die 2017 neu aufgenommene Kategorie »Angst vor Terroranschlägen« mit zusammengenommen 58 % die meisten Nennungen. Die Hälfte der Kinder hat Angst vor dem Ausbruch eines Krieges. Damit ist dieser Anteil deutlich höher als in den letzten Studien (2010: 43 %, 2013: 39 %).

Bei älteren Kindern ist die Angst vor einem Terroranschlag am höchsten (73 %), aber auch die Angst, in der Schule nicht mehr mitzukommen bzw. schlechte Schulnoten zu bekommen (58 %), ist hoch. Ebenfalls über die Hälfte der 10- bis 11-Jährigen fürchtet sich vor einem Kriegsausbruch (57 %) und macht sich Sorgen um die wachsende Umweltverschmutzung (56 %).

Kinder der unteren Schicht haben generell vermehrt mit Ängsten zu kämpfen; insbesondere individuelle Ängste sind ein Thema. So sagen Kinder der unteren Schicht überdurchschnittlich oft, dass sie »sehr oft« und »manchmal« Angst vor schlechten Schulnoten haben (67 %), Angst davor, bedroht oder geschlagen zu werden (55 %), Angst vor Ausgrenzung durch andere Kinder (42 %) und Angst vor der Arbeitslosigkeit der Eltern haben (47 %).

Die Angst vor einem plötzlichen Ausbruch eines Krieges zieht sich hingegen gleichermaßen durch alle Herkunftsschichten und wird jeweils von etwa der Hälfte der Kinder geäußert.

Diskriminierung im Alltag: Ein Thema für Kinder mit Benachteiligungen

Die Mehrheit der 6- bis 11-Jährigen fühlt sich im Alltag nicht benachteiligt. 60 % der Kinder geben bei sechs abgefragten Bereichen keine Hinweise auf Benachteiligung, weder in der Ausprägung »oft« noch »ab und zu«. Insgesamt 23 % fühlen sich aufgrund ihres Alters benachteiligt (2 % »oft«, 21 % »ab und zu«). 12 % sagen, dass sie sich aufgrund ihres Geschlechts benachteiligt fühlen. Hiervon fühlen sich Mädchen stärker betroffen (18 %) als Jungen (7 %). Jeweils 11 % der Kinder bekunden eine Benachteiligung wegen ihres Äußeren, oder weil ihre Eltern nicht genügend Geld haben. Benachteiligungserfahrungen, weil die Eltern nicht zusammenleben, geben 8 % an und 6 %, weil die Eltern nicht aus Deutschland stammen.

Mobbing: Wer wird gemobbt? Und wo?

Fast jedes fünfte Kind gibt an, selbst Erfahrungen mit Ausgrenzung zu haben oder gemobbt zu werden. Dabei gibt es kaum Unterschiede zwischen Jungen und Mädchen. Hingegen sagen 6- bis 7-Jährige eher als ältere Kinder, dass sie »ab und zu« gemobbt oder ausgegrenzt werden (18 % im Vergleich zu 14 % bei den 10- bis 11-Jährigen). Dass sie »oft« von Ausgrenzung betroffen sind, geben über alle Altersgruppen hinweg nicht mehr als 2 % der Kinder an.

Ein Drittel der Kinder aus der unteren sozialen Herkunftsschicht fühlt sich mindestens ab und zu ausgegrenzt (»ab und zu« oder »oft«: 32 %). Bei Kindern aus der unteren Mittelschicht sind es 20 % und in der Mittelschicht 17 %. Dagegen fühlen sich nur 15 % der Kinder aus der oberen Mittelschicht und 13 % der Kinder aus der Oberschicht mindestens ab und zu gemobbt. Je niedriger die Herkunftsschicht, desto stärker das Empfinden, im Alltag ausgegrenzt oder gemobbt zu werden.

Meist findet Ausgrenzung in der Schule statt (16 %), deutlich seltener im Freundeskreis (2 %) oder anderswo (auf der Straße, draußen oder in der Familie: 1 %). Nur 1 % der befragten Kinder berichtet über entsprechende Erfahrungen im Internet. Auch wenn man sich nur auf die Altersgruppe der 10- bis 11-Jährigen konzentriert, bei der Internet als Freizeitgestaltung eine zunehmende Rolle spielt, liegt der Anteil der berichteten Mobbing-Erfahrungen im Internet bei nicht mehr als 1 %.

Armut

Kinder mit »konkretem Armutserleben«

In der Kinderstudie haben wir die Kinder auch nach ihren eigenen Erfahrungen mit Mangel und Armut befragt. Zum einen orientieren wir uns an der von den Kindern wahrgenommenen finanziellen Situation der Familie (»allgemeine finanzielle Indikatoren«), zum anderen erfragen wir wichtige Teilhabemöglichkeiten für die Kinder ab (»konkrete Armutsindikatoren«).

Insgesamt 79 % der Kinder haben der Aussage zugestimmt »Wir haben genügend Geld für alles, was wir brauchen«. 15 % haben dies verneint und 6 % haben hier keine Antwort gegeben. Der Aussage »In unserer Familie ist das Geld öfter knapp« haben 22 % der Kinder zugestimmt, 63 % haben dies verneint und 15 % haben keine Antwort gegeben.

13 % berichten, dass sie in der Regel aus finanziellen Gründen keine Urlaubsreisen unternehmen können. 9 % geben an, dass sie aus finanziellen Gründen so gut wie nie ins Kino oder ins Freibad gehen können. Bei 8 % können sich die Familien keine Vereinsmitgliedschaft oder sonstigen Aktivitäten leisten, wie etwa ein Musikinstrument zu lernen. Ebenfalls 8 % berichten, dass sie keine Freundinnen oder Freunde zu sich nach Hause zum Spielen oder zum Essen einladen können. 4 % sagen, dass sie nur selten Kindergeburtstag feiern können. Auch 4 % geben an, dass manchmal nicht genügend Geld da ist, um Sachen für die Schule zu kaufen, zum Beispiel Hefte oder Stifte. 3 % der Kinder konnten aus finanziellen Gründen schon einmal nicht an einer Klassenfahrt teilnehmen. Lebensmittel von der »Tafel« benötigen 3 % der Kinder. Jeweils 1 % berichten, dass es ihnen manchmal im Winter an warmer Kleidung fehlt und dass sie nicht täglich ein warmes Essen erhalten.

Nimmt man die eben genannten konkreten Armutsindikatoren zusammen, so berichten 19 % aller 6- bis 11-Jährigen, dass sie im Alltag mindestens bei einem der abgefragten Statements entsprechende Erfahrungen in ihrer Familie gemacht haben. Bei dieser Gruppe handelt es sich demnach um Kinder, die in ihrer eigenen subjektiven Wahrnehmung Armut erleben.

Armutserleben – etwas häufiger im Osten und auch bei Kindern mit Migrationshintergrund: Ausschlaggebend ist eine fehlende Erwerbsbeteiligung der Eltern

Kinder mit konkretem Armutserleben finden sich mit 23 % etwas häufiger im Osten als mit 18 % im Westen (inkl. Berlin). Kinder mit Migrationshintergrund berichten mit 24 % ebenfalls häufiger über Armutserleben als 16 % der Kinder ohne Migrationshintergrund. Beides dürfte wenig überraschen, da die durchschnittlichen Einkommen in den neuen Bundesländern nach wie vor niedriger ausfallen als in den alten Ländern. Analoges gilt für Kinder mit Migrationshintergrund, deren Familien ebenfalls im Durchschnitt weniger Einkünfte haben.

Wie nahezu alle Studien zeigt auch unsere Erhebung, dass zwei Familienformen besonders betroffen und Kinder in diesen Familien strukturell erheblich benachteiligt sind: Kinder, die mit einem alleinerziehenden Elternteil zusammenleben, verweisen zu 35 % auf konkretes Armutserleben. Kinderreiche Familien haben ebenfalls ein deutlich höheres Armutsrisiko (drei und mehr Kinder im Haushalt: 25 %).

Ausschlaggebend ist zudem die Erwerbsbeteiligung der Eltern. Ist ein Elternteil oder sind ggf. sogar beide arbeitslos, dann berichten 75 % der Kinder über ein konkretes Armutserleben. Sind hingegen beide Elternteile erwerbstätig (Vollzeit oder auch einer oder beide in Teilzeit), dann verweisen nur 8 % der Kinder darauf. Ist nur eines von zwei Elternteilen erwerbstätig, dann sind es 19 %. Ist der Elternteil alleinerziehend und erwerbstätig, dann steigt der Anteil bei den Kindern auf 28 %. Sind beide Elternteile (oder bei Alleinerziehenden der Elternteil, bei dem das Kind lebt) aus sonstigen Gründen nicht erwerbstätig oder atypisch, zum Beispiel nur geringfügig beschäftigt, dann berichten 40 % der Kinder über Armutserleben.

Konkretes Armutserleben geht bei Kindern mit Defiziten in der elterlichen Zuwendung einher

Bemerkenswerterweise klagen Kinder mit konkretem Armutserleben zu 18 % über ein Zuwendungsdefizit (ein Elternteil hat zu wenig Zeit, das andere mal so, mal so) und weitere 11 % zumindest bezüglich eines Elternteils über ein Defizit (ein Elternteil hat zu wenig Zeit, das andere hat genügend Zeit). Bei Kindern ohne Armutserleben trifft ein Zuwendungsdefizit, trotz der hier deutlich höheren Erwerbsbeteiligung der Eltern, nur auf 9 % und ein Defizit bezüglich eines Elternteils auf weitere 6 % zu.

Konkretes Armutserleben geht ebenfalls mit einem geringeren Selbstvertrauen in die Schulleistung und mit einer geringeren Bildungsaspiration einher

Auch das Selbstvertrauen in ihre Schulleistungen ist bei Kindern in Armut nicht so ausgeprägt wie bei Kindern ohne Armutserfahrung. 17 % der Kinder mit konkretem Armutserleben sagen über sich selbst, dass sie überhaupt nicht gute oder nicht so gute Schülerinnen oder Schüler sind (Kinder ohne Armutserleben: 3 %). 41 % halten sich für mittelgut (Kinder ohne Armutserleben: 31 %) und nur 40 % für gute oder sehr gute Schülerinnen oder Schüler (Kinder ohne Armutserleben: 64 %).

Analoges gilt für die Bildungsaspiration. Hier geben 29 % der Kinder mit Armutserleben an, dass sie das Gymnasium/das Abitur anstreben. 38 % verweisen auf die Realschule (10. Klasse)/die mittlere Reife und 11 % auf eine Mittelschule oder ähnliches (ehem. Hauptschule)/einen Abschluss nach der 9. Klasse. 23 % sind unschlüssig. Kinder ohne Armutserfahrung streben hingegen zu 51 %

das Gymnasium/das Abitur an, 22 % die Realschule/die mittlere Reife und nur 4 % benennen eine Mittelschule/einen Abschluss nach der 9. Klasse. Unschlüssig sind auch hier 23 % der Kinder ohne Armutserfahrung.

Darüber hinaus sind Kinder mit konkretem Armutserleben gegenüber Kindern ohne Armutserleben auch in schulischen Belangen materiell benachteiligt. Etwa jedes vierte Kind, das über Armutserleben berichtet (23 %), benennt, dass es sich die Familie nicht immer leisten kann, benötigte Sachen für die Schule zu kaufen (Hefte, Stifte etc.). Fast jedes fünfte Kind (18 %) meint, dass es schon mal bei einer Klassenfahrt nicht mitfahren konnte, weil die Familie hierfür nicht das benötigte Geld hatte.

14 % der Kinder mit Armutserleben verfügen über kein eigenes Kinderzimmer (alleine oder auch zusammen mit einem Geschwister). In der Folge verweisen 11 % der Kinder mit konkretem Armutserleben im Vergleich zu 3 % derjenigen ohne Armutserleben darauf, dass sie zu Hause keinen Platz haben, wo sie ungestört Hausaufgaben machen können.

Kinder mit konkretem Armutserleben gehen weniger vielfältigen Freizeitaktivitäten nach und gehören häufiger zu den Medienkonsumenten

Kinder mit erlebter Armut sind in ihren Freizeitaktivitäten deutlich eingeschränkter. Nur 13 % von ihnen zählen zu den Vielseitigen Kids. Diese zeichnen sich, wie dargestellt, dadurch aus, dass sie vielfältigen Freizeitaktivitäten in unterschiedlichen Bereichen nachgehen (Bewegung und Sport, Kultur und Musik, Aktivitäten mit anderen Kindern, Musik hören, Lesen etc.). Kinder mit konkretem Armutserleben gehören hingegen überdurchschnittlich häufig zu den Medienkonsumenten (36 %). Diese gehen in ihrer Freizeit weniger unterschiedlichen Aktivitäten nach und beschäftigen sich deutlich häufiger mit Fernsehen, Video, Filme schauen (YouTube) oder auch mit Computerspielen.

Kinder mit konkretem Armutserleben sind deutlich seltener in Vereinen

Bei fast der Hälfte der Kinder mit Armutserleben geben die Eltern an, dass die Kinder keinem Verein angehören oder bei keiner weiteren Gruppe mit dabei sind (47 %). Bei Kindern ohne Armutserfahrung trifft dies nur für 19 % zu. In Musikschulen oder in Tanz- oder Ballettgruppen sind Kinder mit konkretem Armutserleben nur sehr selten vertreten: weniger als jeweils 10 % dieser Kinder nutzen derartige Angebote. Deutlich weniger häufig gehören sie aber auch einem Sportverein an (36 % im Vergleich zu 63 % bei Kindern ohne Armutserleben).

41 % der Kinder mit erlebter Armut verweisen unmittelbar darauf, dass sie aufgrund fehlender finanzieller Möglichkeiten in keinem Verein mitmachen oder zum Beispiel ein Instrument lernen können.

Ein Spielplatz oder eine freie Wiese ist für die (große) Mehrheit der Kinder (90 %) fußläufig zu erreichen. Kinder mit konkretem Armutserleben (86 %) und ohne Armutserfahrung (91 %) unterscheiden sich an dieser Stelle nicht übermäßig, wenn man dabei einmal mögliche Qualitäts- und Größenaspekte außer Acht lässt. Auffällig ist dann allerdings, dass Kinder mit Armutserleben zu 45 % über zu viel (Auto-)Verkehr im Wohnumfeld klagen. Bei Kindern ohne Armutserfahrungen trifft dies nur für 27 % zu. Sogar noch deutlicher werden die Benachteiligungen, wenn man danach fragt, ob sich die Kinder vor aggressiven Jugendlichen oder Erwachsenen aus der Nachbarschaft fürchten. Dies bejahen mit 32 % doppelt so viele Kinder mit Armutserleben im Vergleich zu 16 % der Kinder ohne Armutserleben.

Kinder mit konkretem Armutserleben fühlen sich häufiger ausgegrenzt und klagen auch häufiger über Mobbing

Als benachteiligt, weil die Eltern nicht so viel Geld haben, fühlen sich 8 % der Kinder mit konkretem Armutserleben »oft« und weitere 36 % »ab und an«. Zusammen genommen sind es 44 %, die aufgrund von fehlenden finanziellen Möglichkeiten Benachteiligungen beklagen. Bei Kindern ohne Armutserleben trifft dies nur für 3 % »ab und an« zu. Bemerkenswert an dieser Stelle ist vor allem die Größe des Unterschieds.

28 % der Kinder mit Armutserleben berichten (25 % »ab und zu«, 3 % »oft«), ausgegrenzt oder schon mal gemobbt worden zu sein. Bei Kindern ohne Armutserleben sind es im Vergleich nur 15 % (14 % »ab und zu«, 1 % »oft«).

Fasst man die Beschreibung der Kinder in Armut zusammen, zeigt sich, dass sie in nahezu allen Lebensbereichen benachteiligt sind. Sie haben nicht die gleichen Chancen auf Teilhabe und Beteiligung wie Kinder ohne Armutserfahrung. Armut gehört auch in einem so reichen Land wie Deutschland trotz der Fülle an familienpolitischen Leistungen nach wie vor zur gesellschaftlichen Wirklichkeit.

Thema Geflüchtete

Erfahrungen mit geflüchteten Kindern

Zusammengenommen gibt fast jedes zweite der von uns befragten Kinder im Alter von 6 bis 11 Jahren an (45 %), dass geflüchtete Menschen auch im eigenen Wohnumfeld untergebracht oder zugezogen sind. 20 % verweisen auf Gemeinschaftsunterkünfte und weitere 30 % auf Wohnungen, in denen geflüchtete Menschen leben (Mehrfachantworten möglich). Etwa 15 % sind sich nicht sicher und geben hierzu keine Antwort, während 40 % die Frage mit »Nein« beantworten. Im Vergleich berichten Kinder im Westen deutlich häufiger über Geflüchtete, die in der Nachbarschaft untergebracht sind oder wohnen (alte Bundesländer inkl. Berlin: 47 %, neue Bundesländer: 36 %), ebenso erzählen deutlich häufiger Kinder mit konkretem Armutserleben (60 %) sowie Kinder mit Migrationshintergrund (51 %) darüber.

Fragt man nach möglichen Kontaktgelegenheiten, dann wird von den Kindern der Altersgruppe von 6 bis 11 Jahren am häufigsten die Schule benannt (Schulhof/Schulgelände: 63 %, eigene Klasse: 41 %). Auf einen Spielplatz, ein Jugendzentrum o. Ä. verweisen 42 % der Kinder. Eine Hort- oder eine Mittagsbetreuung benennen 22 % und weitere 15 % einen Verein oder eine sonstige Gruppe. Bezieht man sich nur auf diejenigen Kinder, die in einem Verein oder einer Gruppe sind (76 %), so ergibt sich ein Wert von nur 19 % der Kinder, die selber in Vereinen oder in sonstigen Gruppen mitmachen und dort mit Geflüchteten in Kontakt gekommen sind. 7 % verweisen auf Kontakte in der Familie.

Als weitere relevante Gelegenheiten, bei denen Kinder mit geflüchteten Menschen, sowohl mit Kindern als auch gegebenenfalls mit Erwachsenen, zusammentreffen können, werden typische Alltagstreffpunkte benannt: 58 % berichten schon mal »beim Einkaufen« und weitere 57 % »in der Stadt/im Bus (oder ähnlichem)« geflüchtete Menschen getroffen zu haben. 27 % verweisen ganz allgemein auf »ihre unmittelbare Nachbarschaft« und weitere 33 % auf »Sonstwo«. »Nichts davon«, sprich bisher noch nie geflüchtete Menschen getroffen zu haben, benennen nicht mehr als 13 % der Kinder.

Etwas mit geflüchteten Kinder zusammen machen: Deutlich häufiger im Westen und ebenfalls häufiger bei Kindern mit Migrationshintergrund

Fragt man danach, ob man im Alltag »ab und an« etwas mit geflüchteten Kindern zusammen macht«, so antwortet darauf knapp ein Drittel der Kinder (30 %) mit »Ja«. 55 % antworten mit »Nein«. Die restlichen Kinder hatten entweder bisher keine Kontaktgelegenheiten (13 %) oder können hierzu keine Antwort geben (»weiß nicht«/»keine Angabe«: 2 %).

Auffällig ist, dass mit 32 % deutlich mehr Kinder im Westen (inkl. Berlin) als mit nur 19 % im Osten darüber berichten, zumindest ab und an etwas zusammen zu machen. Zwei von drei Kindern im Osten beantworten diese Frage abschlägig. Darauf, dass sich bisher keine Gelegenheit für Kontakte ergeben habe, verweisen mit 13 % und 14 % hingegen gleich viele Kinder im Westen wie auch im Osten. Bemerkenswert ist ebenfalls, dass mit 35 % auch häufiger Kinder mit Migrationshintergrund, und dabei sogar 53 % der Kinder ohne deutsche Staatsangehörigkeit, auf entsprechende soziale Interaktionen verweisen. Ähnliches gilt für Kinder mit Armutserleben: Von ihnen sagen 39 %, dass sie ab und an etwas zusammen mit geflüchteten Kindern machen.

Kontakte zwischen einheimischen und geflüchteten Kindern: Zuerst einmal eine Frage der Gelegenheit

Fasst man die verschiedenen Befunde zur Art des Kontakts bezogen auf alle 6- bis 11-jährigen Kinder zusammen, so kann festgehalten werden, dass die Mehrheit der Kinder in Deutschland Geflüchtete schon einmal irgendwo getroffen hat, wobei aber mehrheitlich angegeben wird, bislang im Alltag eher nichts mit geflüchteten Kindern zusammen zu machen (55 %).

Bei denjenigen, die etwas zusammen mit geflüchteten Kindern machen, gehören diese dann allerdings häufiger bereits zum Freundeskreis. Insgesamt, also bezogen auf alle 6- bis 11-jährigen Kinder, trifft dies auf 19 % zu, während weitere 11 % angeben, ab und an etwas mit geflüchteten Kindern zu machen, ohne dass welche von ihnen bereits zum eigenen Freundeskreis gezählt werden. Bisher keine Geflüchteten getroffen und damit keine Gelegenheit für Kontakte haben 13 % der Kinder. Für die restlichen 2 % der befragten Kinder liegen hierzu keine Angaben vor.

Die Art und die Intensität des Kontakts zwischen einheimischen und geflüchteten Kindern sind zuerst einmal durch die Gelegenheiten geprägt. Dort, wo sich Kontaktmöglichkeiten ergeben und wo diese zu Interaktionen führen, werden geflüchtete Kinder trotz ihrer häufig prekären Lage und auch unabhängig von vorhandenen sprachlichen Barrieren, in die soziale Netze von einheimischen Kindern integriert. So berichtet immerhin jedes zweite Kind, das angibt, dass im eigenen Wohnumfeld geflüchtete Menschen in Wohnungen leben, mit diesen etwas zusammen zu machen (ab und an etwas zusammen machen: 18 %, Geflüchtete gehören zu meinem Freundeskreis: weitere 33 %). Wird über eine Gemeinschaftsunterkunft im Wohnumfeld berichtet, so trifft dies immerhin noch für 36 % zu (ab und an etwas zusammen machen: 13 %, Geflüchtete gehören zu meinem Freundeskreis: weitere 23 %). Leben hingegen keine geflüchteten Menschen im Wohnumfeld, so berichten nur 19 % darüber etwas mit geflüchteten Kindern zu machen (ab und an etwas zusammen machen: 7 %, Geflüchtete gehören zu meinem Freundeskreis: weitere 12 %).

Mehrheitlich positive Bewertungen: Kinder mit Migrationshintergrund berichten sogar noch positiver über ihre Kontakte zu Geflüchteten

Die überwiegende Mehrheit der Kinder, die schon einmal Geflüchtete getroffen haben, berichtet über positive (38 %) bis sehr positive Erfahrungen (26 %), die sie mit geflüchteten Kindern oder auch Erwachsenen gemacht haben. Weder positiv noch negativ geben 27 % an. Negativ oder sehr negativ äußern sich nicht mehr als zusammengenommen 6 %.

Auffällig sind auch hier wieder die Ost-West-Unterschiede: Positiv oder sehr positiv äußern sich im Westen 66 %, hingegen im Osten nur 56 %. Ebenfalls positiver bewerten Kinder mit Migrationshintergrund ihre Erfahrungen (68 %) im Vergleich zu Kindern ohne Migrationshintergrund (63 %). Etwas häufiger positiv oder sehr positiv berichten Jungen (68 %) im Vergleich zu Mädchen (61 %).

Interessant an dieser Stelle ist auch die Differenzierung nach der Herkunftsschicht. Je gehobener die Herkunftsschicht, desto eher berichten die Kinder positiv. Noch differenzierter wird dieser Effekt dann, wenn man hierbei nur Kinder ohne Migrationshintergrund betrachtet. Vor allem bei Kindern aus der unteren Mittelschicht und auch aus der Mittelschicht reduziert sich die positive Bewertung in diesem Fall um einige Prozentpunkte.

Grundsätzlich gilt aber auch an dieser Stelle: Je enger der Kontakt, desto positiver bewerten Kinder ihre Erfahrungen mit Geflüchteten. Oder anders ausgedrückt: Je positiver die Bewertungen, desto häufiger macht man was zusammen oder zählt Geflüchtete sogar mit zum eigenen Freundeskreis.

Fast jedem Kind in Deutschland tun geflüchtete Kinder leid, fast jedes Kind spricht sich dafür aus, etwas abzugeben

Die Einstellungen der Kinder zu den geflüchteten Kindern haben wir anhand von neun Aussagen untersucht, denen die Kinder zustimmen (»eher ja«) oder die sie ablehnen konnten (»eher nein«). Die Liste haben wir für die aktuelle Kinderstudie neu entwickelt. Abgefragt werden hierbei einige aus unserer Sicht besonders relevante Haltungen.

82 % der Kinder tun geflüchtete Kinder leid (Jungen: 81 %, Mädchen: 84 %) und sogar 85 % stimmen der Aussage zu, dass man für die geflüchteten Kinder etwas abgeben sollte (Jungen: 84 %, Mädchen: 86 %).

79 % finden, dass es mit geflüchteten Kindern, wenn man sich erst kennengelernt hat, auch nicht anders als mit anderen Kindern sei (Jungen: 80 %, Mädchen: 78 %) und 66 % stimmen sogar grundsätzlich zu, das geflüchtete Kinder gar nicht so anders seien (Jungen: 68 %, Mädchen: 64 %).

Dass es Spaß macht, geflüchtete Kinder kennenzulernen, sagen 59 % (Jungen: 60 %, Mädchen: 58 %).

Ebenfalls 70 % stimmen der Aussage zu, dass es schwierig ist, dass geflüchtete Kinder nicht so gut Deutsch sprechen (Jungen und Mädchen jeweils 70 %).

Ein eher geringer Anteil von Kindern spricht davon, dass es häufig Streit mit geflüchteten Kindern gäbe (27 %, Jungen und Mädchen jeweils 27 %), dass geflüchtete Kinder eigentlich keinen Kontakt wollen (13 %, Jungen: 12 %, Mädchen: 13 %). Dass geflüchtete Kinder hier eigentlich nicht hingehören, sieht nur eine kleine Minderheit so (10 %, Jungen: 11 %, Mädchen: 9 %).

»Offen und einbeziehend« sind häufiger Kinder mit Migrationshintergrund, »Distanzierende« sind etwas häufiger aus den neuen Bundesländern

Zwei von drei Kindern – und damit die große Mehrheit (67 %) – lassen sich anhand der von uns vorgelegten Aussagen zu geflüchteten Kindern als primär »mitfühlend« charakterisieren. Von ihnen stimmen so gut wie alle (95 %) der Aussage zu, dass ihnen geflüchtete Kinder leidtun. 93 % stimmen zu, dass man für geflüchtete Kinder etwas abgeben sollte. 86 % meinen allerdings auch, dass es schwierig sei, dass geflüchtete Kinder nicht so gut Deutsch sprechen. 29 % stimmen der Aussage zu, dass es häufig Streit mit geflüchteten Kindern gäbe. Dass geflüchtete Kinder eigentlich keinen Kontakt wollen, sagen 11 %.

Jedes fünfte Kind (22 %) ist primär »offen und einbeziehend«. Der Aussage, dass es Spaß macht, geflüchtete Kinder kennenzulernen, stimmen von dieser Gruppe 82 % zu. Ebenfalls 90 % sagen auch hier, dass man geflüchteten Kindern etwas abgeben muss. Dass es schwierig ist, dass geflüchtete Kinder nicht so gut Deutsch sprechen, sehen nur 21 % so und auf häufigen Streit verweisen nicht mehr als 5 %. Der Aussage, dass geflüchtete Kinder eigentlich keinen Kontakt wollen, stimmt nur 1 % zu.

Etwa jedes zehnte Kind (11 %), und damit nur eine Minderheit, lässt sich hinsichtlich der eigenen Haltung zu geflüchteten Kindern als primär »distanzierend« charakterisieren. Auch von ihnen geben etwa 50 % an, dass ihnen geflüchtete Kinder leidtun. Nur 49 % sehen es so, dass man geflüchteten Kindern etwas abgeben müsse. 84 % betrachten es als schwierig, dass geflüchtete Kinder nicht so gut Deutsch sprechen, 69 % verweisen darauf, dass es häufig Streit mit geflüchteten Kindern gäbe und 47 % sind der Meinung, dass diese eigentlich keinen Kontakt wollen. 58 % stimmen der Aussage zu, dass geflüchtete Kinder hier eigentlich nicht hingehören. Vor allem an dieser Stelle unterscheidet sich diese Gruppe von den beiden anderen: Von den Angehörigen dieser beiden Gruppen stimmt so gut wie niemand der Aussage zu.

Untersucht man, welche soziodemografischen Merkmale im statistischen Zusammenhang betrachtet signifikant häufiger auftreten, dann gilt auch an dieser Stelle, dass vor allem Kinder mit Migrationshintergrund häufiger zu den »Offenen und Einbeziehenden« gehören (26 %). Selbiges gilt auch für Kinder aus der Oberschicht (25 %). Andere Merkmale, wie etwa Alter und Geschlecht, sind hier nicht signifikant. »Mitfühlende Kinder« stellen hingegen quer über die verschiedenen soziodemografischen Gruppen überall die Mehrheit. »Distanzierende« finden sich deutlich und signifikant häufiger bei Kindern aus dem Osten (19 %) sowie generell häufiger bei Kindern aus der unteren Mittelschicht (16 %). Bei Kindern aus der untersten Schicht wird der Effekt hingegen durch den hier höheren Anteil an Kindern mit Migrationshintergrund kompensiert.

Fast jedes zweite Kind in Deutschland benennt die Angst vor zunehmender Ausländerfeindlichkeit

45 % benennen als Angst, dass immer mehr Menschen in Deutschland gegen Ausländer sind (35 % »manchmal« und 10 % »sehr oft«). Insgesamt rangiert dies in etwa gleichauf mit der Angst vor Armut, vor Umweltverschmutzung und auch vor schlechten Schulnoten. Terror-

gefahr und Angst davor, dass bei uns ein Krieg ausbrechen könnte, werden von jedem zweiten oder sogar mehr als jedem zweiten Kind und damit bei den von uns abgefragten Ängsten auch insgesamt am häufigsten benannt. Fast jedes fünfte Kind in Deutschland gibt sogar an, dass es »sehr oft« Angst vor diesen Dingen hat. Vor immer mehr Ausländern, die nach Deutschland kommen, fürchten sich hingegen nur 28 %, damit allerdings etwas mehr als zuletzt 2013 (19 %). Im Vergleich sorgen sich Kinder demnach deutlich häufiger um Ausländerfeindlichkeit als um einen wachsenden Zuzug.

Es überrascht natürlich nicht, dass diejenigen, die eine distanzierende Haltung gegenüber geflüchteten Kindern haben, weniger häufig die Sorge vor zunehmender Ausländerfeindlichkeit benennen, dafür aber mehrheitlich die vor Zuzug. Ähnliches gilt auch generell für Kinder aus dem Osten. Hier überwiegt ebenfalls knapp die Angst vor weiterem Zuzug (West: 25 %, Ost: 45 %) gegenüber der Angst vor zunehmender Ausländerfeindlichkeit (West: 45 %, Ost: 42 %).

Interesse an Politik: Bei Kindern noch eher mäßig, bei den etwas älteren aber tendenziell ansteigend

Als politisch interessiert bezeichnen sich 12 % der Kinder. Bei Kindern aus den gehobenen Herkunftsschichten trifft dies etwas häufiger zu (»interessiert oder stark interessiert«: unterste Schicht 7 %, untere Mittelschicht 6 %, Mittelschicht 9 %, obere Mittelschicht 14 %, Oberschicht 22 %). 27 % der Kinder können mit dem Begriff »Politik« nichts anfangen und daher keine Antwort geben. Alles in allem scheinen sich zumindest bei den älteren Kindern gewisse Anzeichen eines ansteigenden politischen Interesses zu finden. Bei den 10- bis 11-Jährigen ist der Anteil derjenigen, die sich selber als politisch interessiert bezeichnen, auf inzwischen 18 % angestiegen.

Keine Veränderungen ergeben sich bei der Frage, ob Kinder glauben, dass »Politiker auch viel an Kinder denken, also daran, was sie tun müssen, damit es Kindern gut geht«. 28 % glauben dies, 35 % eher nicht, 25 % sind unentschieden und 12 % geben hierauf keine Antwort (alle Prozentangaben beziehen sich nur auf Kinder, die mit dem Begriff »Politik« etwas anfangen konnten). Ähnliche Ergebnisse fanden sich auch in den letzten Kinderstudien.

Methode

World Vision Kinderstudie 2018

Die 4. World Vision Kinderstudie stützt sich auf eine deutschlandweit repräsentative Stichprobe von 2.550 Kindern im Alter von 6 bis 11 Jahren. Die Kinder wurden persönlich-mündlich auf Basis eines hierfür entwickelten vollstandardisierten Erhebungsinstruments zu Hause befragt. Zusätzlich wurde ein Elternteil um ergänzende Auskünfte zu Herkunft und sozialer Lage der Familie gebeten. Die Befragung dauerte durchschnittlich 34 Minuten und fand im Zeitraum von Ende Januar bis Ende März 2017 statt.

Der qualitative Teil der Studie stützt sich auf 12 Interviews mit Kindern dieser Altersgruppe. Diese dauerten im Schnitt etwa eineinhalb Stunden. Die Befragungen wurden offen anhand eines hierfür ebenfalls gesondert entwickelten Leitfadens durchgeführt. Die im qualitativen Teil einbezogenen Kinder werden in Portraits ausführlich vorgestellt.

Sabine Andresen/Sascha Neumann

1 Die 4. World Vision Kinderstudie: Konzeptionelle Rahmung und thematischer Überblick

Seit bereits mehr als 10 Jahren gehören die World Vision Kinderstudien zum kleinen Kreis jener Untersuchungen, die in regelmäßigen Abständen und in umfassender Weise über die Lebensverhältnisse von Kindern im Alter von 6 bis 11 Jahren in Deutschland Auskunft geben. Auch diesmal wurden wieder die Kinder direkt befragt – und zwar sowohl im Rahmen einer repräsentativen Erhebung mittels eines standardisierten Fragebogens als auch in Form ein- bis zweistündiger Leitfadeninterviews. Diese Daten bieten eine eindrucksvolle Basis – nicht nur für eine wissenschaftlich fundierte Einschätzung der Verhältnisse, unter denen Kinder in Deutschland derzeit aufwachsen, sondern auch, um ihnen selbst als Expertinnen und Experten ihrer Lebenswelt sowie ihrer Meinungen, Gefühle und Erlebnisse Gehör zu verschaffen.

1.1 Child Well-Being und die Sichtweise der Kinder

Die World Vision Kinderstudien haben sich von Anfang an im Kontext der Forschung zu Child Well-Being verortet. Mit dem Konzept des Wohlbefindens – diese Übersetzung von Well-Being verwenden wir hier – soll das Leben der Kinder in einer Region oder einem Land möglichst umfassend beschrieben und bewertet werden. Diese Bewertung zielt auf die sozialen Rahmenbedingungen des Aufwachsens für Kinder unterschiedlicher Herkunft, und zwar ausgehend von den Einschätzungen und Perspektiven der Kinder selbst.

Das Wohlbefinden von Kindern wird meist als multidimensionales Konzept verstanden und im Lichte mehrerer Faktoren wie etwa Bildung, materielle Lage, Gesundheit, Qualität von Beziehungen oder Sicherheit bestimmt. Diese Herangehensweise soll der Komplexität der Lebensbedingungen von Kindern und ihres Alltags Rechnung tragen. Hierüber können dann auch verschiedene soziale Bedingungen der Herkunft berücksichtigt und über geprüfte Indikatoren die Qualität unterschiedlicher Lebensbedingungen gemessen werden. Darüber hinaus geht es aber auch insbesondere um den Versuch, das subjektive Empfinden und Wahrnehmen von Heranwachsenden zu erfassen. Diese doppelte Perspektive – erstens die Beschreibung, Analyse und Bewertung objektiver Rahmenbedingungen des Aufwachsens sowie zweitens die Erfassung der subjektiven Befindlichkeit von Kindern – ist die zentrale Besonderheit der internationalen Studien zum Wohlbefinden.

Child Well-Being Studien bewegen sich häufig im Schnittfeld von Wissenschaft, Politik und Fachpraxis. Gleichwohl sind sie dadurch nicht zwangsläufig einer nationalen oder gar internationalen Sozial- und Bildungsberichterstattung zuzuordnen. Im Unterschied zur herkömmlichen Sozial- und Bildungsberichterstattung werden Kinder nicht lediglich als Angehörige von Eltern und Familien oder als Adressatinnen und Adressaten kindspezifischer Institutionen wie etwa der Schule oder der Kinder- und Jugendhilfe betrachtet, obschon sie für deren lebensweltliche Erfahrungen eine zentrale Rolle spielen (können). Vielmehr geht es darum, Kinder und ihre Kindheiten als einen spezifischen Gegenstandsbereich aufzufassen, der nur vor dem Hintergrund jener Erfahrungen angemessen verstanden werden kann, die Kinder selbst machen und artikulieren. Nationale Studien wie das LBS Kinderbarometer (PROKIDS 2016), der Survey »Aufwachsen in Deutschland: Alltagswelten (AiD:A)« des Deutschen Jugendinstituts (DJI) (Walper/Bien/Rauschenbach 2015) oder unsere World Vision Kinderstudien grenzen sich in dieser Hinsicht von der herkömmlichen Sozial- und Bildungsberichterstattung ab, denn bereits die Herangehensweise, Kinder selbst zu befragen, ist hier bislang nicht *state of the art*.

Gleichwohl lassen die Kinderstudien auch Rückschlüsse auf sozialpolitische Rahmenbedingungen des Aufwachsens zu, weil die Lebenswirklichkeit der Kinder nicht unabhängig davon zu betrachten ist und sich die Folgen bildungs- und sozialpolitischer Entscheidungen und Veränderungen gerade auch in den Erfahrungen der Kinder niederschlagen. Die meisten Studien zum Wohlbefinden bieten daher aufgrund ihrer Offenheit gegenüber fachpraktischen und sozialpolitischen Fragen eine Reihe von Informationen für Politik und Fachpraxis. Deren vertiefte Analyse könnte im Kontext der Sozialberichterstattung dazu beitragen, Lebensbedingungen von Kindern und Jugendlichen unterschiedlichen Alters, bestimmte Institutionen wie die Kinder- und Jugendhilfe oder die Schule kritisch zu beleuchten oder lokale Bemühungen um eine stärkere Beteiligung von Heranwachsenden gezielter auszurichten. Insbesondere für die World Vision Kinderstudien ist die Einordnung markanter empirischer Befunde in sozial-, kinder-, bildungs- und familienpolitische Diskussionen der Gegenwart daher auch ein zentrales Anliegen.

Die World Vision Kinderstudien sehen sich darüber hinaus der sozialwissenschaftlichen Kindheitsforschung verpflichtet. Diese ist in Theoriebildung, empirischen Zugängen und Gegenstandsbezogenheit allerdings keineswegs homogen. Sie ist als Forschungsfeld interdisziplinär ausgerichtet und es zeigen sich unterschiedlich ausgeprägte Bezüge zu wissenschaftlichen Einzeldisziplinen und sozial- oder kulturwissenschaftlichen Theorien und Methodologien (Andresen/Künstler 2015; Betz et al. 2018; Qvortrup/Corsaro/Honig 2009). Wer sich auf die Kindheitsforschung beruft, versteht sich allerdings jenseits der jeweiligen eigenen disziplinären Verankerung in der Soziologie, Erziehungswissenschaft, Psychologie, Geschichts- oder Rechtswissenschaft als allgemein kindheitstheoretisch orientiert, verfolgt einen spezifischen Zugang zum Kind, zur Kindheit und zur Generationenordnung und beansprucht meist eine kritische Herangehensweise an erwachsenenzentrierte Forschungsperspektiven. Zu den Verdiensten der sozialwissenschaftlichen Kindheitsforschung der letzten Jahrzehnte gehört u.a., die Eigenaktivitäten, die Handlungsfähigkeit und die Eigenmächtigkeit von Kindern als Akteure ihres Alltags sichtbar gemacht zu haben (Corsaro 1996; Honig 2009). Die Perspektive auf die Hervorbringung und Reproduktion von generationalen Ordnungen, die historische-gesellschaftliche Formierung von Kindheit in der Spannung zur Adoleszenz oder der Phase der Erwachsenen ist konzeptionell und empirisch äußerst fruchtbar gewesen. Und nicht zuletzt lässt sich die Adressierung des Kindes als »sozialer Akteur« als wichtige Intervention der Kindheitsforschung in die Pädagogik, Sozialisationsforschung und Entwicklungspsychologie sowie in die deterministische und stets defizitäre Betrachtung des Kindes als nicht erwachsenen Menschen begreifen. Damit hat die sozialwissenschaftliche Kindheitsforschung zum Teil unmittelbar an die 1989 beschlossene und 1992 von Deutschland ratifizierte UN-Kinderrechtskonvention angeschlossen (Alderson 1995; Wyness 2011). Sie weist dem Well-Being von Kindern in der Gestalt von Beteiligungs-, Schutz- und Förderrechten den Status eines universellen Grundrechts zu.

Die Geschichte der sozialwissenschaftlichen Kindheitsforschung, die sich bereits im ersten Drittel des zwanzigsten Jahrhunderts in Ansätzen international entfaltet (Eßer 2014; Kirchner/Andresen/Schierbaum 2018 i.E.), kennt eine Reihe von Kontroversen über die Rolle der Kinder im Forschungsprozess. Das Motiv jedoch, Kinder nicht lediglich als Forschungsobjekte zu verstehen, sondern auch ihre eigenen Sichtweisen systematisch zur Geltung zu bringen, war von Beginn an zentral (James/Prout 1997; Honig/Lange/Leu 1999a). Auch in der vierten World Vision Kinderstudie haben 6- bis 11-Jährige die Rolle, Auskunft über die von ihnen erfahrene Lebenswirklichkeit zu geben.

Seit zehn Jahren sammelt das Team Erfahrungen mit den quantitativen und qualitativen Befragungsinstrumenten und hat sich dabei immer auch von Einschätzungen der Kinder leiten lassen. Indirekt haben Kinder demnach einen Einfluss auf die konzeptionelle Anlage der Befragung und die Ausgestaltung von Fragebogen und Interviewleitfaden. Die beteiligten Forscherinnen und Forscher sind davon überzeugt, dass es wichtig ist, mit Kindern zu sprechen, ihre Erfahrungen, Wahrnehmungen, Sichtweisen zu kennen, einzubeziehen und sich darüber zu informieren. Dem Sprechen *mit* Kindern folgt im Rahmen der Studie jedoch stets ein Sprechen *über* die von uns befragten Kinder und Kinder in Deutschland allgemein. Es wäre daher missverständlich zu behaupten, dass wir die Kinder unmittelbar selbst zu Wort kommen lassen. Vielmehr sprechen wir in diesem Buch über unsere Erkenntnisse als Forscherinnen und Forscher und hoffen, dass dies auch im Interesse der Kinder ist. Dieses advokatorische Sprechen setzt ethisch bei dem Gedanken an, dass sowohl die Art und Weise des Sprechens als auch die damit verbundenen Intentionen oder Forderungen sowohl aktuell von den Kindern als auch später noch zustimmungsfähig sind (Brumlik 1992).

In einem solchen Vorgehen mag man mittlerweile eine traditionelle Herangehensweise erkennen. Kinder werden im Rahmen der World Vision Kinderstudien nämlich nicht gleichberechtigt in den gesamten Forschungsprozess einbezogen, wie dies im Kontext der partizipativ ausgerichteten Kindheitsforschung radikal gefordert, aber auch hinsichtlich der damit verbundenen Ambivalenzen kritisch diskutiert wird (Christensen 2004; James 2007; Spyrou 2011). Gleichwohl lassen sich die Erfahrungen, die wir mit unseren Studien machen, auch für die Entwicklung partizipativer Ansätze nutzen. Sie verweisen nämlich zugleich auf die

Möglichkeiten und Grenzen einer Forschung über Kinder, die diese selbst als Expertinnen und Experten ihrer Lebenswelt adressiert.

1.2 Internationale Forschung zum Wohlbefinden von Kindern: Die World Vision Kinderstudie im Kontext

Well-Being – eine soziale Bewegung?

Asher Ben-Arieh (2008; 2010) attestiert der internationalen Forschung zu Child Well-Being den Charakter einer »Bewegung«. Als ausschlaggebende Gründe für diese Charakterisierung nennt Ben-Arieh markante Neupositionierungen (shifts) innerhalb der Forschungen über Kinder und Kindheit seit den 1960er Jahren, so etwa die von der Zukunftsorientierung hin zur Wertschätzung von Kindheit im Hier und Jetzt oder das Interesse an den Perspektiven von Kindern selbst und nicht nur an denen von Erwachsenen. Darüber hinaus macht der Ausdruck »Bewegung« deutlich, dass dieses Forschungsfeld sich selbst in einem noch andauernden Prozess der Veränderung und notwendigen Weiterentwicklung begriffen sieht. Verbunden damit sind sowohl das Versprechen als auch die Anerkennung des Bedarfs eines Fortschritts. Dies gilt zugleich für die Konzeptualisierung und die indikatorenbasierten Messung des Konstrukts.

Der Einschätzung Ben-Ariehs kann nicht uneingeschränkt zugestimmt werden. Sie beschreibt eher die Emphase der neueren Forschung zum Wohlbefinden von Kindern und der sich formierenden Bereitschaft, Kinder in die Forschung einzubeziehen, zunächst primär als Informationsgebende, keinesfalls als umfassend Beteiligte. Dabei ist insbesondere das Innovationsversprechen kritisch zu hinterfragen, denn bereits im Kontext der Reformpädagogik, der methodischen Diskussionen in der frühen internationalen Kinderforschung oder der Jugendkulturbewegung zu Beginn des zwanzigsten Jahrhunderts zeigen sich ähnliche programmatische Ausrichtungen. So hat Florian Eßer (2014) Well-Being und Kindheit aus einer historisch-systematischen Perspektive betrachtet und kommt zu dem Schluss, dass auch im frühen Wohlfahrtsstaatsdenken die Orientierung am Wohlergehen von Kindern bzw. ihrem Well-Being eine wichtige Rolle spielte. Seine Analyse einschlägiger historischer Fachzeitschriften zeigt, »dass ›Glück‹ bei der Begründung eines Well-Being von Kindern als anthropologische Annahme über die ›Natur‹ von Kindern, zur Beschreibung eines angemessenen Moratoriums von Kindheit und zur Rechtfertigung einer hierarchischen generationalen Ordnung relevant wurde« (Eßer 2014, S. 508).

Die historische Kontextualisierung von Eßer verdeutlicht exemplarisch den Ertrag einer geschichtsbewussten Reflexion und kritischen Prüfung der Voraussetzungen, Implikationen und Grenzen der aktuellen Forschung zum Wohlbefinden. Zu überprüfen ist dabei vor allem auch die These, es handle sich bei dieser Forschungsrichtung um eine Bewegung, denn eine solche Charakterisierung unterstellt eine Einheitlichkeit des Forschungsfeldes, die seiner tatsächlichen Heterogenität nicht gerecht wird. Um die spezifische und gewachsene Herangehensweise der World Vision Kinderstudien in der internationalen Forschung zum Wohlbefinden von Kindern einzuordnen, bedarf es daher einer differenzierteren Betrachtung, welche einzelne Ansätze im Hinblick auf ihre Voraussetzungen und Erkenntnisinteressen voneinander abgrenzen kann.

Eine Typologie der Ansätze

Die Zielsetzung der nationalen und internationalen Child-Well-Being-Forschung ist zwar mehrdeutig, aber viele Akteure in der Forschung hoffen auch, Wissen hervorzubringen, das für die Verbesserung der Lebenssituation von Kindern eingesetzt werden kann. Vor diesem Hintergrund möchten wir versuchen, die Forschungslandschaft in einem Überblick darzustellen und zu ordnen. Hierfür haben wir in Anlehnung an Andresen (2018 i.E.) drei Typen der konzeptionellen Umsetzung des Konzepts in der empirischen Forschung herausgearbeitet. Diese lassen sich nicht trennscharf voneinander beschreiben, die Grenzen sind nicht eindeutig und es zeigen sich Überschneidungen und gemeinsame Bezugspunkte. Gleichwohl halten wir angesichts der Entwicklungen des Forschungsfeldes eine solche Heuristik für hilfreich, um die World Vision Kinderstudien selbst einordnen zu können.

Ein *erster Typus* zielt auf der Basis großer Datenmengen und mit dem Vergleich zwischen einzelnen Staaten primär auf die Aufmerksamkeit politischer Akteure. Damit verortet sich dieser Typus im Kontext nationaler und supranationaler Steuerungsinteressen. Exemplarisch für diesen Typus stehen die UNICEF-Studien zu »Child poverty in perspective: An overview of child well-being in rich countries« (UNICEF 2007). Die Studie von 2007 hatte eine Art Initiationswirkung für die Verbreitung des Konzepts auch in anderen Studien und sie zielte mit der Aufbereitung großer vorliegender Datensätze wie denjenigen der HBSC-Studien (Health Behaviour in School-Aged Children; Inchley et al. 2016) auf einen politischen Diskurs über Well-Being und vor allem Kinderarmut auch in reichen Wohlfahrtsstaaten bzw. Industrienationen.

Die national angelegten World Vision Kinderstudien (2007; 2010; 2013) lassen sich als beispielshaft für einen *zweiten Typus* identifizieren. Auch von einem internationalen Kinderhilfswerk in Auftrag gegeben, schloss die erste Studie 2007 offensiv an das Konzept von UNICEF an, aber sie verortete sich explizit in der sozialwissenschaftlichen Kindheitsforschung. Die World Vision Studien fokussieren seither die Notwendigkeit, Kinder als Expertinnen und Experten ihres Alltags und ihres Kindseins ernst zu nehmen. In unseren Studien kritisieren wir maßgeblich die Konzentration auf eine von Erwachsenen dominierte Diskussion der Lebenslagen von Kindern und greifen dafür seit 2007 die Denkfigur vom »Kind als Akteur« systematisch auf. Forschungspraktisch wird die Denkfigur in die direkte Befragung von Kindern übersetzt und mit dem Erkenntnisinteresse verknüpft, Befunde über die Wahrnehmung und Perspektive von Kindern ermitteln zu können. Dies geht mit der Zielsetzung einher, der Expertise von Kindern über ihre eigene Lebenswirklichkeit auch methodologisch Rechnung zu tragen. Zudem setzt sich die erste Studie (2007) mit der wissenschaftlichen Kritik an der Validität von Aussagen und Angaben von Kindern auseinander und argumentiert für die Möglichkeit, auch junge Kinder zu befragen.

Ein *dritter Typus* der Forschung zum Wohlbefinden von Kindern steht der Sozialberichterstattung deutlich näher als die ersten beiden genannten Typen, weil er sich auf primär politisch bestimmte Indikatoren stützt. Dabei geht es, wie etwa in der Berichterstattung zur Kinder- und Jugendhilfe, um die Erfüllung eines gesetzlich festgelegten Auftrags. In diesem Zusammenhang wird ebenfalls gelegentlich auf das Konzept Child Well-Being Bezug genommen. So basiert etwa die im 14. Kinder- und Jugendbericht vorgenommene Sekundäranalyse zur Beschreibung gegenwärtiger Kindheiten auf dem Konzept des Child Well-Being (BMFSFJ 2013).

Als gemeinsames Merkmal aller Child Well-Being Studien kann hervorgehoben werden, dass das Wohlbefinden von Kindern prinzipiell als multidimensionales Konzept verstanden wird (Minkkinen 2013). Entsprechend werden bei der Erhebung und Bewertung des Wohlbefindens unterschiedliche Lebensbereiche und -erfahrungen berücksichtigt, die zum Beispiel materielle Ressourcen, Bildung, Gesundheit, Teilhabemöglichkeiten oder die Qualität von Beziehungen umfassen können. Während die Dimensionen das Konzept des Wohlbefindens definieren und systematisch rahmen, dienen einzelne Indikatoren der Konkretisierung und der methodischen Messung von Wohlbefinden. So ist ein möglicher Indikator für Bildung zum Beispiel der Anteil der 15-Jährigen eines Landes an der höchsten Schulform. O'Hare und Gutierrez (2012) haben in einer Metaanalyse die vielfältige Verwendung des multidimensionalen Konzepts nachgewiesen. Unterschiede hängen u.a. mit Forschungsfragen und -methoden, Erkenntnisinteressen und Altersgruppen zusammen. Ein markanter Grund für die vielfältige Verwendung des Konzepts liegt im politischen Interesse an praktisch verwertbaren Erkenntnissen und Aussagen. Vor diesem Hintergrund lässt sich die hier vorgenommene Typologisierung noch zuspitzen. Befragt man nämlich die vorliegenden Studien nach ihren primären Intentionen und Erkenntnisinteressen, so lassen sich vorwiegend politisch motivierte Studien von solchen unterscheiden, die sich in erster Linie im Feld der internationalen sozialwissenschaftlichen Kindheitsforschung verorten.

Intentionen der Studien

Studien mit primär politischen Intentionen (1): Die bereits benannte UNICEF Studie »Child poverty in perspective: An overview of child well-being in rich countries« von 2007 verfolgte auch das Ziel, Kinderarmut auf die politische Agenda in Industriestaaten zu bringen. Dabei wurden die armutsrelevanten Indikatoren in das multidimensionale Konzept des Wohlbefindens eingebettet. Somit handelt es sich nicht um eine Armutsstudie im engeren Sinne, sondern um eine Untersuchung, in der auch die Frage geprüft werden kann, wie sich Armutslagen in der Kindheit auf einzelne Dimensionen oder das gesamte Wohlbefinden von Kindern in reichen Ländern auswirken. Im Rahmen der Studie wurden für fünf Dimensionen internationale Datensätze herangezogen. Die Dimensionen waren: materielle Situation, gemessen u.a. an relativer Einkommensarmut, Arbeitslosigkeit der Eltern; Gesundheit, gemessen u.a. an der Impfquote und der Säuglingssterblichkeit; Bildung, gemessen u.a. an der Quote des erweiterten Schulbesuchs; Beziehung zu Eltern und Gleichaltrigen, gemessen u.a. an der Gestaltung des Familienalltags; Lebensweisen und Risiken, gemessen u.a. an Erfahrungen mit Gewalt. Die sechste Dimension ist als Erfassung des subjektiven Well-Being zu verstehen. Hier liegt eine Anlehnung an die Kindheitsforschung vor, weil damit die subjektive Einschätzung von Kindern und Jugendlichen in die Untersuchung Eingang fand. 2013 wurden von UNICEF weitere Daten zum Wohlbefinden in den reichen Gesellschaften in der so genannten Report Card 11 vorgelegt (Bradshaw et al. 2013). Diese Studie hat mit der Integration eines Deprivationsindex' eine systematische Erweiterung der Armutsforschung vorgenommen. Schließlich sind auch die jährlichen Berichte zum *State of the World's Children* von UNICEF zu nennen (z.B. UNICEF 2016). Sie gehen auf Aspekte des Wohlbefindens in allen Regionen der Welt und auch in verschiedenen Lebenslagen ein, 2013 beispielsweise auf Kinder mit Behinderungen (UNICEF 2013).

UNICEF greift für die Analysen insbesondere auf die vorhandene Large Scale-Studie HBSC (Health Behaviour in School-aged Children) zurück. Dieser Survey erhebt in der Rahmung von Well-Being soziodemografische Angaben u.a. zu Geschlecht, Alter, Familienstruktur, Herkunft/Migrationshintergrund, familiärem Wohlstand und legt einen Schwerpunkt auf Gesundheit. Dabei geht es um allgemeine Gesundheitsindikatoren wie etwa Selbsteinschätzung der Gesundheit, Beschwerdelast, Lebenszufriedenheit, um Gesundheits- und Risikoverhalten zum Beispiel bezogen auf Substanzkonsum, körperliche Aktivität, Mediennutzungsverhalten, Ernährungsverhalten, Mobbing, um soziale Ressourcen und Unterstützungssysteme (u.a. Familie, Schule, Gleichaltrigengruppe und Selbstkonzept).

Eine aufschlussreiche neuere Entwicklung im Bereich der Bildungsberichterstattung liegt mit den aktuellen PISA-Daten (OECD 2017) vor. Den Verantwortlichen geht es nunmehr auch um eine Anerkennung der Gegenwart von Kindern und Jugendlichen neben ihrem zukünftigen, auf Bildung basierenden Potenzial als Erwachsene. Damit werden Heranwachsende nicht mehr ausschließlich als künftige Erwachsene adressiert. Zugleich aber macht die Studie die Bedeutung von Entwicklungspotenzialen in der Lebensphase und die darauf bezogene Zukunft stark. Beides nicht gegeneinander auszuspielen, ist das artikulierte Interesse. Damit schließt die PISA-Studie an die Perspektive der UN-Kinderrechtskonvention an. Folglich zielt PISA auf eine konzeptionelle Verschränkung von *Well-Being* (im Hier und Jetzt) und *Well-Becoming* (bezogen auf Leistungen und Kompetenzen von Heranwachsenden in der Zukunft). PISA erhebt dabei Daten auf drei Dimensionen: Auf der Dimension der Persönlichkeit, der nahen Netzwerke und Ressourcen sowie auf der politischen Makroebene.

Studien mit einer kindheitstheoretischen Rahmung bzw. einer Verortung im Bereich der Kindheitsforschung (2): Auch wenn hier wiederum nicht trennscharf unterschieden werden kann, so lassen sich dennoch Studien ausmachen, die nicht primär politisch motiviert sind, sondern sich hinsichtlich ihres Erkenntnisinteresses, ihrer Methodologie und ihrer theoretischen wie thematischen Reichweite vor allem an der Fachdiskussion im Feld der sozialwissenschaftlichen Kindheitsforschung orientieren. Dazu gehören in Deutschland die World Vision Kinderstudien (2007; 2010; 2013), das LBS Kinderbarometer (PROKIDS 2016), das DJI-Kinderpanel (Alt et al. 2004; Alt 2005; 2008), die AID:A Studien (Walper/Bien/Rauschenbach 2015) sowie weitere, teils regional bezogene Studien wie die »Dresdner Kinderstudie« (Lenz/Schlinzig 2013). Auch in anderen Ländern finden sich vergleichbare Surveys, so etwa »The Good Childhood Report« der englischen NGO »The Children's Society« (2016), der bereits zum fünften Mal in Folge erschienen ist.

Eine international und global vergleichende Studie liegt mit der »Children's Worlds« Studie (Rees/Main 2015; Andresen/Wilmes 2016; Andresen 2018 i.E.) vor. In einer ersten repräsentativen Erhebung in 15 Ländern wurde das subjektive Wohlbefinden von Kindern zwischen 8 und 12 Jahren erhoben und einem systematischen internationalen Vergleich unterzogen. Die Studie basiert theoretisch konzeptionell auf Prinzipien der sozialwissenschaftlichen Kindheitsforschung, verortet sich normativ im Kontext der Kinderrechte und fokussiert neben alltagsbezogenen Domänen die subjektive Zufriedenheit von Kindern. Vor dem Hintergrund der nationalen und internationalen Forschungsentwicklungen ist auch die 4. World Vision Kinderstudie zu sehen.

Betrachtet man die Entwicklung des internationalen Forschungsfeldes zum Wohlbefinden von Kindern, so zeichnet sich ein Trend besonders deutlich ab: In den vergangenen zehn Jahren zeigen sich insgesamt in vielen Child-Well-Being-Arbeitskontexten intensive Bemühungen um die Messung des subjektiven Wohlbefindens als eine wichtige Dimension. Hier wird auch an psychologische Forschungen etwa in Anlehnung an das Konzept »Quality of Life« angeschlossen. In zahlreichen Studien geht es dabei primär um die Erfassung der subjektiven Zufriedenheit. So arbeiten auch die UNICEF-Studien mit dieser Dimension und haben diese in der neuen Veröffentlichung der Report Card 11 vertieft analysiert. Grundlage ist ein Index, der subjektives Wohlbefinden möglichst breit erfassen soll. Zu diesem Index gehören allgemeine Zufriedenheit mit dem eigenen Leben, Beziehungen zu Familie und Freunden, allgemeines Wohlbefinden in der Schule und subjektiv empfundene Gesundheit. Eine weitere hier zu nennende Diskussion zeigt sich zudem in der Frage, ob ein Gesamtindex entwickelt werden kann, der möglichst für alle Kinder, unabhängig davon wo sie aufwachsen, Gültigkeit hat (O'Hare/Gutierrez 2012).

Insgesamt lässt sich vor dem Hintergrund der skizzierten Typisierung für die zukünftige Weiterentwicklung des Forschungsfeldes Folgendes konstatieren: Nach wie vor ist dieses Forschungsfeld hinsichtlich der eingeschlagenen methodologischen Vorgehensweisen, hinsichtlich der Erkenntnisinteressen, der beforschten Altersgruppen wie auch der thematischen Bezugspunkte in sich heterogen. Zwischen den einzelnen Typen der Forschung zum Wohlbefinden von Kindern bestehen aber auch unübersehbare Interferenzen. Die einzelnen Studien informieren und inspirieren sich wechselseitig und treiben methodische Entwicklungen sowie thematische Erweiterungen voran, die dann wiederum in anderen Untersuchungen aufgegriffen werden. Insofern lässt sich zum gegenwärtigen Zeitpunkt von einem dynamischen, aber in sich noch keineswegs geschlossenen und scharf konturierten Forschungsfeld sprechen. Die Typologie in Kapitel 1.2 mit ihren Beispielen verdeutlicht daher auch, dass bislang noch ein systematischer Klärungsbedarf besteht, der es erforderlich macht, die Varianten analytisch in den Blick zu nehmen und nicht primär mit einer Gegenüberstellung von Kindheitsforschung hier und Sozial- bzw. Bildungsberichterstattung dort zu arbeiten. Dadurch kommen die Überschneidungen und wechselseitigen Beeinflussungen nicht in den Blick und auch das Potenzial ebenso wie die Grenzen des Konzepts lassen sich nur ungenau bestimmen. Für diese Perspektive bedarf es einer zukünftig weiter auszudifferenzierenden systematischen Ordnung der Herangehensweisen, Erkenntnisinteressen und Fragestellungen sowohl bezogen auf nationale als auch auf international vergleichende Studien zu Child Well-Being.

1.3 Das Well-Being-Konzept der World Vision Kinderstudien

Die World Vision Kinderstudien schlossen 2007 zwar an das Well-Being-Konzept von UNICEF an, folgen aber mit ihrer Verortung in der sozialwissenschaftlichen Kindheitsforschung der Einsicht, dass Kinder als Expertinnen und Experten über Wissensbestände und Erfahrungen verfügen, die mit denjenigen Erwachsener nicht einfach gleichzusetzen sind. Zudem unterscheiden sie sich im methodischen Vorgehen von anderen Surveys, weil neben quantitativen Befragungen auch qualitative Interviews mit Kindern erhoben werden. Der qualitative Zugang lehnt sich dabei ebenfalls an das Well-Being-Konzept an. 2007 erfolgte dies erstmals über die Analyse des psychosozialen Netzwerkes der Kinder und ihren darin enthaltenen Möglichkeiten der Selbstbestimmung und 2010 über die Rekonstruktion der Vorstellungen vom guten Leben in Anlehnung an den Capability Approach. In der dritten Studie von 2013 wurde im Rahmen des Schwerpunkts zum Gerechtigkeitsempfinden der 6- bis 11-Jährigen stärker triangulativ vorgegangen und qualitative und quantitative Daten bei der Erkenntnisgenerierung aufeinander bezogen.

Während Wohlbefinden bereits in der ersten Studie 2007 anhand von drei Dimensionen, nämlich der Zufriedenheit mit der Freiheit, die Eltern gewähren, der Zufriedenheit mit der Anzahl der Freunde und der Qualität der Freundschaften sowie dem allgemeinen Wohlbefinden in der Schule, definiert wurde, erfolgte in der Studie von 2010 die systematische Rahmung über den Capability Approach. Ausgehend von der Idee des »guten Lebens« und was nötig ist, ein solches zu führen, wie sie die US-amerikanische Philosophin Martha Nussbaum als maßgebliche Vertreterin des Ansatzes entwickelt hat, ließ sich ein erweitertes Konzept erarbeiten (Andresen/Hurrelmann/Fegter 2010; Fegter/Richter 2013). Der Capability Approach zielt auf Verwirklichungschancen und Handlungsmöglichkeiten von Menschen in ihren höchst unterschiedlichen sozialen Kontexten. Da es um die Frage der Fähigkeiten und Möglichkeiten zu einem selbstbestimmten Handeln geht und dies auch eine Frage von Kindern zwischen 6 und 11 Jahren ist, wurde dieser Ansatz zugrunde gelegt. Dies hat sich im Fragebogen etwa darin niedergeschlagen, dass Kinder nach ihrer Selbstwirksamkeit – als zentrale Grundlage für Handlungsfähigkeit – befragt wurden. In den qualitativen Einzelinterviews wurden die Kinder am Ende gebeten, fünf Dinge zu nennen, die für jedes Kind, egal wo es aufwächst, zu einem guten Leben gehören. Dieser theoretische Rahmen zum Wohlbefinden war äußerst ertragreich. So konnte ein enger Zusammenhang nachgewiesen werden zwischen einer hohen Selbstwirksamkeit und der Erfahrung in Elternhaus, Schule und Freundeskreis, dass die Meinung des Kindes bei Entscheidungen einbezogen wird. Bei der Konzeption des kindlichen Wohlbefindens der World Vision Studie 2013 wurde an die beiden früheren Studien angeschlossen, aber auch Weiterentwicklungen aus der nationalen und internationalen Diskussion um Child Well-Being aufgenommen.

In Anlehnung an die 2013 erschienene 3. World Vision Kinderstudie wurden auch diesmal die folgenden Dimensionen für das Konzept des Wohlbefindens zugrunde gelegt:

- Fürsorge durch die Elternteile/Eltern, gemessen an der Zeit, die sie für die Kinder da sind
- Anerkennung und Mitbestimmung, gemessen daran, wer nach der Erfahrung der Kinder ihre Meinung respektiert und wie sie in Alltagsentscheidungen einbezogen werden
- Generelle Zufriedenheit mit den Institutionen, gemessen an der Zufriedenheit mit Schule, Unterricht und Lehrpersonen sowie bezogen auf das Wohlbefinden in der Klasse
- Freizeit, gemessen an der Zufriedenheit mit den Freizeitmöglichkeiten
- Freundschaften zu anderen Kindern, gemessen an der Zufriedenheit mit dem Freundeskreis
- Subjektives Wohlbefinden, gemessen an der generellen Lebenszufriedenheit

Die grundsätzliche Orientierung der hier vorgenommenen Konzeptualisierung von Child Well-Being an den Prämissen und Erkenntnisinteressen der sozialwissenschaftlichen Kindheitsforschung zeigt sich an folgenden systematischen Schnittpunkten, die auch im Rahmen der vorliegenden 4. WorldVision Kinderstudie besonders gewichtet worden sind:

- an der Orientierung am Alltag von Kindern und den dafür zentralen Orten (vgl. Kapitel 2, 3, 4),
- im Horizont der Einbettung von Kindern in die generationale Ordnung – hier fokussiert auf die Beziehungen zu Erwachsenen (vgl. Kapitel 2, 3, 4 sowie 8),
- der Orientierung an Peer-Beziehungen innerhalb von Kindergruppen – hier fokussiert auf Freundschaften und Einstellungen bezogen auf geflüchtete Kinder (vgl. Kapitel 5, 8 und 9),
- an der Orientierung an Entscheidungs- und Handlungsfähigkeit und dafür notwendigen Spielräumen der Teilhabe von Kindern (vgl. Kapitel 6),
- an der normativen Orientierung an Kindern als Trägerinnen und Trägern von Rechten (vgl. Kapitel 5 und 10),
- sowie nicht zuletzt an der Vielfalt des methodischen Forschungszugangs (siehe Anhang A 1), der Indikatoren und subjektiven Sichtweisen.

Orte, Beziehungen und Spielräume: Thematische Bezugspunkte der 4. World Vision Kinderstudie

Das forschungspraktische Vorgehen der World Vision Kinderstudie wie auch der Aufbau der Publikation orientieren sich in erster Linie an Orten, Menschen und Beziehungen, die regelmäßig im Alltag von Kindern eine wichtige Rolle spielen. Diese Orientierung kommt auch darin zum Ausdruck, dass die Kinder in ihrem gewohnten häuslichen Umfeld aufgesucht und interviewt werden. Verbunden mit dieser vor allem forschungspraktisch bedeutsamen Ausrichtung haben wir inhaltlich bei der quantitativen wie auch der qualitativen Befragung unsere Aufmerksamkeit – wie in den Vorgängerstudien – auf die alltäglich relevanten Orte gerichtet. Insbesondere die Kapitel zu Familie, Freizeit und Schule geben darüber Auskunft.

Zentral für die standardisierte Befragung ist dabei nicht zuletzt die Einschätzung der familiären Beziehungen, des familiären Alltags, der Lebensformen, der materiellen Ausgangslage und des Erziehungsstils etwa bei religiösen Praktiken oder der Gewährung von Mitbestimmungsmöglichkeiten (Kapitel 2 und 6). Wir erhalten dabei Informationen über die unterschiedlichen Familienformen, über die Erwerbsarbeit der erwachsenen Mitglieder, über den Migrationshintergrund, über religiöse Alltagspraktiken, über die Umgangssprache zu Hause, über Schichtzugehörigkeit und schließlich über Zeit und Zuwendung wichtiger Bezugspersonen. Ergänzend zum standardisierten Fragebogen bietet wiederum die qualitative Befragung den Kindern offen die Möglichkeit, ihr psychosoziales Netzwerk darzulegen und für sie wichtige Orte und Personen zu benennen (Kapitel 9). Ein besonderes Augenmerk richten wir im qualitativen Teil der vorliegenden Studie auf die Unterschiede zwischen Kindern, die in städtischen und eher ländlichen Umgebungen aufwachsen. Damit gewichten wir die Möglichkeiten und Barrieren der unterschiedlichen Wohnumgebungen und Sozialräume. Für ein solches Vorgehen sprechen auch Befunde aus der internationalen Forschung. So ist in der Children's Worlds Studie im Vergleich der beteiligten europäischen Länder deutlich geworden, dass bei Kindern mit einem eingeschränkten Wohlbefinden die Sicherheit und die Ressourcen der Nachbarschaft, also des Wohnquartiers entscheidend sind (Andresen/Wilmes 2015).

Freizeit wird in unserer Studie als Möglichkeit des Bildungserwerbs an unterschiedlichen Orten verstanden. Kinder suchen solche Orte in ihrer Freizeit auf: Sportvereine, Musikschulen oder die Feuerwehr bieten nicht nur Gelegenheiten, mit Gleichaltrigen zusammen zu sein, sondern sie haben meist das Potenzial informeller Bildung (BMFSFJ 2005). Darum spielt Freizeit im Alltag von Kindern und damit auch als Dimension für Wohlbefinden eine zentrale Rolle (Kapitel 4).

Zu den bedeutsamen Orten des Aufwachsens, an denen 6- bis 11-Jährige mit die meiste Zeit verbringen, gehört insbesondere die Schule (Kapitel 3). Dies gilt nicht nur im Hinblick auf die Erfahrungen von Kindern mit formaler Bildung, sondern auch mit Blick auf Beziehungen zu anderen Kindern und Erwachsenen. Schule als Ort der Begegnung ist auch für gemeinsame Erfahrungen zwischen geflüchteten Kindern und den von uns befragten Kindern zentral (Kapitel 8 und 9). Gleichzeitig hat der Besuch der Schule weitreichende Folgen für die zukünftigen Lebenschancen von Kindern und wirkt sich somit auch auf das Wohlbefinden in der Gegenwart aus, weil hier die ersten Selektionen erfolgen. Sie hängen nicht allein von der individuellen Leistung ab, sondern auch – wie die bildungssoziologische Forschung seit Jahrzehnten immer wieder belegt – von der sozialen Herkunft, dem Geschlecht und den damit einhergehenden Bildungsaspirationen der jeweiligen Kinder und ihren Familien. Deswegen gehören diese Faktoren zu den wichtigsten Parametern, um eine angemessen differenzierte Einschätzung zum Wohlbefinden von Kindern in der Schule zu ermitteln. Damit schließen die World Vision Kinderstudien an einschlägige Befunde aus der Bildungsforschung an und verschieben deren Perspektive vom Bildungserfolg auf das Wohlbefinden von Kindern.

Neben den unterschiedlichen Orten, die als Erfahrungsräume für Kinder von zentraler Bedeutung sind, nimmt die World Vision Kinderstudie in umfassender Weise auch die nicht in erster Linie materiell bedingten Dimensionen des Wohlbefindens in den Blick (insbesondere Kapitel 7). Dazu gehören neben den

Beziehungen auch die *Spielräume* von Kindern für eigene Entscheidungen und selbst bestimmtes Handeln.

In allen Vorgängerstudien wie auch in der internationalen Forschung zeigen sich interessante Hinweise, die Perspektiven von Kindern auf Beziehungen mit Erwachsenen und Gleichaltrigen zu verstehen (z.B. Rees/Main 2015). Darüber hinaus ergeben sich wiederum entlang markanter sozialer Unterschiede auch höchst unterschiedliche Erfahrungen. Kinder erleben Beziehungen in der Familie, dem erweiterten Familienkreis, mit Gleichaltrigen, vor allem ihren Freundinnen und Freunden, in der Schule und anderen Bildungs- und Freizeitinstitutionen auch mit Erwachsenen wie Lehrerinnen oder Trainern. Beziehungen sind durch jeweils spezifische Nähe- und Distanzrelationen gekennzeichnet. Die Beziehungen in der Familie sind in der Regel durch Nähe charakterisiert, was sie besonders einflussreich für das Wohlbefinden von Kindern macht. Doch auch innerhalb der Familie kann die Nähe zwischen den Familienmitgliedern variieren. Insbesondere bei Kindern mit drei und mehr Geschwistern und einem erweiterten Verwandtenkreis bieten sich mehrere Beziehungsoptionen an. Ein Indikator, die Qualität der Beziehung zu den Elternteilen zu messen, ist auch in dieser Studie die Bewertung der verfügbaren Zeit, die etwa die Mutter oder der Vater für die Kinder haben.

In den qualitativen Interviews benennen Kinder zentrale Orte und die darin befindlichen wichtigen Bezugspersonen. Hier haben wir etwa in der Studie 2007 Beziehungsdimensionen erarbeitet, die über die Frage, wer jeweils bestimmt, rekonstruiert wurden. Ebenso bietet sich über die qualitative Befragung die Möglichkeit, die persönliche Verortung gegenüber der Familie oder im Freundeskreis zu thematisieren. In der fachlichen Diskussion, vor allem vor dem Hintergrund der intensivierten Auseinandersetzung mit der frühen Kindheit, dominiert eine theoretische Rahmung: die psychoanalytische Bindungstheorie. Entwickelt wurde sie in den 1950er Jahren, historisch gesehen also in einer Epoche, in der die so genannte »familialisierte Kindheit« in den westlichen Industrienationen für kurze Zeit so etwas wie das gesellschaftlich verallgemeinerte Muster des Aufwachsens darstellte (Honig/Ostner 2014). Dass die Mutter in der Bindungstheorie einen zentralen Stellenwert für die Entwicklung des Kindes einnimmt, ist daher nicht nur eine wissenschaftliche Erkenntnis, sondern entspricht auch den Normalitätsvorstellungen der damaligen Zeit. Ohne Zweifel hat die Bindungstheorie für die Kindheitsforschung ihr spezifisches Potenzial, aber es ist zu fragen, welche theoretischen Zugänge zu den Beziehungen von Kindern, zumal im Alter zwischen 6 und 11 Jahren, im Rahmen unserer Studie aussagekräftiger sind.

Die Beziehungsqualität wurde entsprechend nicht als Bindungsqualität konzeptualisiert, sondern u.a. an der Zeit gemessen, die Kinder mit ihren beiden Elternteilen verbringen, an der Wertschätzung, die Kinder von ihren Müttern und Vätern und anderen Familienangehörigen erfahren, und daran, wie sie in Entscheidungen einbezogen werden (Kapitel 6). Gleichzeitig wird den Beziehungen zu Freunden ein erheblicher Stellenwert eingeräumt (Kapitel 5). Die Fragen zu den Freunden adressieren vor allem die Anzahl der Freunde und die Unterschiede entlang verschiedener Differenzkategorien. So legen wir beispielsweise ein Augenmerk darauf, in welchen Regionstypen Kinder mehr Möglichkeiten haben, Freundschaften zu schließen und zu pflegen. Ein wichtiges Thema sind hier die Auswirkungen von Benachteiligungsdimensionen wie Armut, Geschlecht und Migrationshintergrund auf Freundschaften. So ist eine Erfahrung von Kindern in Armutslagen, dass sie weniger Möglichkeiten haben, Freundschaften zu pflegen (Kapitel 7). Sie können seltener Freunde nach Hause einladen oder Geburtstag feiern. Für diese Kinder ist wiederum die Schule ein wichtiger Ort, Freundinnen und Freunde zu treffen.

Der südkoreanische Child-Well-Being-Forscher Bong Jo Lee hat auf der Basis des gesamten Datensatzes der Children's Worlds Studie herausgearbeitet, welche Dimensionen und Indikatoren sich kaum auf die allgemeine Zufriedenheit von Kindern und Jugendlichen auswirken und welche besonders ins Gewicht fallen (Lee/Yoo 2017). Interessant ist, dass sowohl materielle Bedingungen als auch Familienkonstellationen als Erklärungsgröße für Variationen wenig ergiebig sind. Stattdessen sind die Auswirkungen des Selbstbildes (self) und die Freiheit, wählen zu können (freedom to chose), besonders einflussreich, neben einem Faktor, den Bong Jo Lee als »the unexplained« bezeichnet. Es gibt folglich neuere empirische Analysen und theoretische Diskussionen, die darauf hindeuten, dass Wahlmöglichkeiten und Entscheidungsfreiheiten auch für das Wohlbefinden von Kindern entscheidend sind. Schon in der 3. World Vision Kinderstudie haben wir die Fragen nach Mitbestimmungsmöglichkeiten in der Schule und in der Familie erweitert und den Kindern unterschiedliche Optionen vorgegeben (World Vision 2013). Darum haben wir diese Dimension auch in der 4. Studie noch einmal mit besonderem Interesse in den Blick genommen.

1.4 Schwerpunktsetzung der World Vision Kinderstudie 2018: Perspektiven auf Flucht im Fokus

Jede World Vision Kinderstudie hat bislang einen spezifischen inhaltlichen Akzent gesetzt und sich dabei auch von aktuellen gesellschaftspolitischen Herausforderungen inspirieren lassen. Ein wesentliches Motiv dabei ist es, herauszufinden, wie Kinder aktuelle und in der öffentlichen Diskussion einflussreiche Themen wahrnehmen.

Diese Akzentuierungen haben immer wieder auch die nachfolgenden Kinderstudien beeinflusst, indem aufgegriffene Themen und Fragestellungen anschließend weiterverfolgt oder nochmals vertieft worden sind. So wurden etwa in der Kinderstudie 2007 die Armutslagen von 8- bis 11-Jährigen herausgearbeitet und die daraus resultierenden Ergebnisse auch in den Medien stark diskutiert. Das hat in der zweiten Studie mit dazu beigetragen, dem Armutserleben differenzierter nachzugehen und hier einen thematischen Schwerpunkt zu setzen. Die Betroffenheit von Armut wird in den World Vision Kinderstudien inzwischen durchgängig erhoben und dabei auch an die aktuellen Befunde der Kinderarmutsforschung angeschlossen. Mittlerweile können hier auch Trendabbildungen vorgenommen werden.

In der Studie 2010 führte die theoretische Vertiefung des Child-Well-Being-Konzepts zu einer Anlehnung an den Capability Approach (World Vision 2010). Diese Diskussion hat schließlich zu der Verschränkung mit gerechtigkeitstheoretischen Überlegungen in der Studie von 2013 geführt. Dabei wurde in der dritten Studie ein seinerzeit neuer, nunmehr aber auch in der vierten Studie konsequent weitergeführter Themenschwerpunkt hinzugezogen: die Frage nach dem Gerechtigkeitsempfinden der Kinder (Andresen/Schneekloth 2014). Unter anderem ging es um die Einschätzung der Kinder zu einem gerechten Umgang mit bestimmten Personengruppen wie älteren Menschen oder Menschen in Armut in der Gesellschaft, um Fragen von Ungleichheit sowie um ihre persönlichen Erfahrungen mit Benachteiligung. Bis dahin existierten bis auf die bedeutsamen Piaget-Studien und neuere experimentelle Forschungen aus der Verhaltensökonomie (Fehr/Bernhard/Rockenbach 2008) kaum Untersuchungen zu dieser Thematik. Einen Teil der Fragen und Fallvignetten haben wir dieses Mal erneut aufgegriffen. Dies dient auch dazu, ausgewählte Trends abbilden zu können.

Die Ergebnisse, ihre Analysen und die offenen Fragen der ersten Studien führen auch vor Augen, dass eine systematische Emotionsforschung innerhalb der Kindheitsforschung ertragreich sein könnte. So haben eigene Vertiefungen etwa wichtige Anhaltspunkte zum Beispiel zu dem Gefühl von Angst bei Kindern in Armutslagen (Andresen 2015) sowie zu dem Gefühl von Sicherheit und Verunsicherung (Andresen/Wilmes 2015) geliefert. An diese Ansätze und an Diskussionen auch der historischen und erziehungswissenschaftlichen Emotionsforschung (Frevert 2013; Magyar-Haas 2017) knüpft der aktuelle Schwerpunkt an.

Die vorliegende Studie greift das Thema Flucht auf. Es geht um die Frage, wie Kinder das Phänomen »Flucht« und die damit verbundenen Ereignisse der letzten Jahre, die Migrationsbewegungen und die in vielen Städten und Regionen Deutschlands ankommenden und schutzsuchenden Menschen wahrnehmen, damit verbundene Begegnungen und Erlebnisse einschätzen sowie im Hinblick auf Gerechtigkeitsfragen gewichten.

Der Ausgangspunkt dafür war zunächst der Sachverhalt, dass spätestens im Herbst 2015 niemand in Deutschland die Augen davor verschließen konnte, dass so viele Menschen aus den Kriegsregionen der Welt auf der Flucht sind. Klar wurde, dass viele Menschen, egal welchen Alters, keine Perspektive in ihren Herkunftsländern haben und teils lebensgefährliche Fluchtwege auf sich nehmen müssen, um Schutz und Aufnahme in Europa zu finden. Die medialen Bilder an europäischen Grenzen, die Aufnahmen aus großen Lagern in den Kriegsregionen und von heillos überfüllten kleinen Schiffen auf dem Mittelmeer, die Nachrichten von ertrunkenen Menschen, Kindern, Jugendlichen, Frauen und Männern und das Pressefoto des an den Strand gespülten Kinderleichnams des syrischen Jungen Alan Kurdi haben Flucht und Migration zu einem sehr präsenten Thema in Deutschland gemacht.

Damit waren Bilder und Berichte, Erfahrungen und Eindrücke von Bahnhöfen in Deutschland, ersten spontanen Willkommensaktivitäten und zahlreichen großen und kleinen Gesten der Hilfe, Anteilnahme, der Unterstützung und strategischen Versorgung verbunden. Bei der Planung der Studie standen auch die beteiligten Forscherinnen und Forscher unter diesen Eindrücken, aber haben auch die kritischen, teils sehr aufgeladenen Debatten und Demonstrationen etwa von Pegida gegen Zuwanderung diskutiert.

Wie die empirische Sozialforschung generell hat auch die Kindheitsforschung realisieren müssen, dass sie vergleichsweise wenig zu Flucht und über die Situation geflüchteter Menschen in den Ankunftsländern weiß. Es lagen kaum systematische und aktuelle empirische Daten vor, auch die Sozial- und Bildungsberichterstattung hat keine Informationen aufbereitet. Nicht zuletzt dies hat das Team bewogen, einen Forschungsbeitrag zu leisten und die Frage zu stellen, wie Kinder in Deutschland diese Situation wahrnehmen und was wir über deren Erfahrungen und Reaktionen wissen. Damit wollen wir auch die gesamtgesellschaftliche Auseinandersetzung mit Fluchtursachen, -bewegungen und die damit verbundenen Herausforderungen vor Ort, also in Kommunen, in Kindertagesstätten oder Schulen zumindest adressieren.

Einen ersten Zugang zu den Wahrnehmungen und Erfahrungen der befragten Kinder, die keine eigenen Fluchterfahrungen haben, aber von denen viele einen Migrationshintergrund aufweisen, bietet zunächst das bislang erarbeitete Wissen über geflüchtete Kinder und Familien in Deutschland. Wir werden hierzu kurz den Forschungsstand skizzieren. Daran anschließend wird die Relevanz der Thematik für die Kindheitsforschung mit Blick auf den spezifischen Fokus der hier vorgelegten Studie diskutiert. Das konkrete Vorgehen bei der Befragung wird an anderer Stelle ausgeführt.

Flucht und Kindheit als Thema der Forschung

Noch nie wurden so viele Menschen durch Verfolgung, Krieg und Armut aus ihrer Heimat vertrieben wie heute: Nach dem Jahresbericht des Flüchtlingskommissariats UNHCR von 2016 sind es über 65 Millionen Menschen. 2015 kamen 890 000 Asylsuchende nach Deutschland. Auch wenn die Zahlen 2016 stark zurückgegangen sind, werden Flucht und die Versorgung von geflüchteten Familien mit Kindern weiterhin eine gesellschaftliche Herausforderung bleiben. Dies gilt zum einen mit Blick auf die Diversität auf der Ebene der Ursachen für Flucht, der Erfahrungen im Herkunftsland, der Fluchtrouten, des Bildungsstandes, der Generationen- und Geschlechterbilder u.a.m, mit der institutionell umgegangen werden muss. Zum anderen gilt dies mit Blick auf die Alterszusammensetzung der schutzsuchenden Menschen. Im Jahr 2015 waren mehr als ein Drittel (36 %) aller Geflüchteten Kinder und Jugendliche unter 18 Jahren, ein Großteil davon in Begleitung von Familienangehörigen (UNICEF 2014). Die Kinder- und Jugendhilfe trägt eine besondere Verantwortung dafür, die Rechte und Belange von Kindern und Jugendlichen zu berücksichtigen, Familien nach der Ankunft in Deutschland zu unterstützen und Benachteiligungen abzubauen (Jugendhilfereport 2016).

Forschung über die Lebenssituation geflüchteter Menschen ist ein interdisziplinärer Teilbereich der in den letzten 30 Jahren stark angewachsenen Globalisierungs- und Migrationsforschung. Obschon Flucht historisch betrachtet eine wesentliche Ursache von Migrationsprozessen ist, war die Forschung über geflüchtete Menschen in Deutschland bis vor wenigen Jahren kaum entwickelt. Ähnliches gilt mit Blick auf die Situation und die Erfahrungen von schutzsuchenden Kindern in Deutschland, auch wenn im Bereich der internationalen Kindheitsforschung durchaus Studien zu dieser Thematik vorgelegt worden sind (für einen Überblick Watters 2008). Vor allem Familien mit jungen Kindern und deren Versorgung im Ankunftsland sind in der Vergangenheit nur selten Thema wissenschaftlicher, politischer und medialer Diskurse gewesen. Dies zeigt auch eine internationale Recherche etwa im »Journal of Refugees Studies« (auch Watters 2014; Eisenhuth 2015). Kleinere Studien nehmen Kinder in Begleitung ihrer Familien erst jüngst in den Blick. Bislang liegen daher wenige Befunde vor, die den Erfahrungen von geflüchteten Kindern nachgehen. Das belegt die UNICEF-Studie »In erster Linie Kinder« von 2014. Darin wurden auch empirische Befunde publiziert, die auf die spezifische Situation von geflüchteten Kindern aufmerksam machen (UNICEF 2014).

Franziska Eisenhuth hat eine qualitative Studie zu »Struktureller Diskriminierung von Kindern mit unsicherem Aufenthaltsstatus« (2015) vorgelegt, welche die Fremd- und Selbstpositionierung von Kindern auf der Basis von Interviews analysiert. In der Studie »Angekommen in Deutschland« (World Vision 2016) wird eindrücklich herausgearbeitet, wie Kinder ihre Vorstellungen von Zukunft thematisieren. Die nahe Zukunft, etwa die mögliche Abschiebung, als auch weiter entfernt liegende Pläne, wie ein Schulabschluss oder eine Berufsqualifikation, sind sehr relevant und belegen, dass das Recht des Kindes auf den heutigen Tag mit ihrem Bedürfnis nach Zukunftsplänen korrespondiert. Solche Befunde erzeugen Fragen auch nach der Passung von Konzepten, die aus unterschiedlichen Denktraditionen kommen: Wie passen Trauma und das kindheitstheoretische Konzept von Vulnerabilität zusammen, wie verhalten sich die Forschungen zu Bindung und Wohlbefinden?

In der international vergleichenden Studie »Children's Worlds« wurden Kinder in so unterschiedlichen Ländern wie Nepal und Äthiopien, Israel und UK oder Norwegen zu ihren Erfahrungen mit Wahlmöglichkeiten (choice), eine Stimme haben und gehört werden (voice) sowie zu Zugängen zu Versorgung und Bildungsangeboten (access) und zu ihrer Sicherheit (safety) befragt. Das heißt, Forschungen zu Migration und Flucht mit Blick auf Akteure müssten auch die Frage nach Befunden aus den Herkunftsländern stellen oder an Studien dazu anschließen. Sicherheit und Wahlmöglichkeiten etwa werden von Kindern zwischen 8 und 12 Jahren in nahezu allen Ländern und in verschiedenen Milieus in den Ländern sehr hoch gewichtet (Gerarts/Andresen 2016).

Das Thema Flucht ist nach wie vor sehr präsent in politischen und öffentlichen Diskursen. Häufig beschränkt sich der Diskurs allerdings auf Erwachsene und sogenannte unbegleitete Minderjährige. Kinder, die in Begleitung von Familienangehörigen in Not- und Gemeinschaftsunterkünften leben, ihre spezifischen Bedürfnisse, mögliche Belastungen, wie zum Beispiel Trauer über den Verlust von Vertrautem oder die Verarbeitung erlebter Traumatisierungen und existenzieller Unsicherheiten, geraten dabei seltener in den Blick (UNICEF 2014; Eisenhuth 2015). Von den Restriktionen des Asyl- und Aufenthaltsrecht, die in hohem Maße die Rechte von Kindern (UN-Kinderrechtskonvention) beschneiden, sind Kinder in besonderem Maße betroffen, denn sie verfügen in der Regel noch weniger als Erwachsene über Handlungs- und Interventionsmöglichkeiten. Die Unterbringung in Gemeinschafts- und Notunterkünften entspricht, so die berechtigte Kritik von Kinderschutz- und Flüchtlingsorganisationen, in keiner Weise den Standards kindgerechter Unterbringung und Versorgung (UNICEF 2014; Gerarts/Andresen 2016). Ein sehr beschränkter Zugang zu Freizeit- und Bildungsangeboten erschwert das Ankommen in Deutschland für Familien und Kinder. Vor dem Hintergrund allerorts formulierter Forderungen nach der Integration von geflüchteten Kindern und Jugendlichen in Schule und Kindergarten stellt sich die Frage, warum die Ermöglichung von gesellschaftlicher Teilhabe nicht von Anfang an in den Blick genommen wird.

In den wenigen vorliegenden Studien wird insgesamt deutlich, wie wichtig es ist, Kindern so schnell wie möglich Zugang zu Bildungs- und Betreuungseinrichtungen zu gewähren (Riedel/Lüders 2016). Wo dieser Zugang ermöglicht wird, treffen die schutzsuchenden Kinder und Familien auf andere, bereits hierzulande lebende Kinder. Es ist daher auch mit Blick auf die für die 4. World Vision Kinderstudie relevante Altersgruppe davon auszugehen, dass sie über alltägliche Erfahrungen in der Begegnung mit schutzsuchenden Kindern und Familien verfügt. Dies ist womöglich sogar wahrscheinlicher als für erwachsene Mitglieder der Gesellschaft in Deutschland. Daran knüpfen wir mit dem Schwerpunkt »Perspektiven auf Flucht« im Rahmen der 4. World Vision Kinderstudie an. Dabei geht es nicht um die Befragung von Kindern, die eine Flucht erlebt haben, sondern um Erfahrungen, Wahrnehmungen, Einschätzungen und Deutungsmuster von Kindern in Deutschland zu dem Phänomen Flucht, zu Deutschland als Ankunftsland und damit verbundenen Erlebnissen und Gerechtigkeitsfragen. Diese Aspekte sind bislang weder im Kontext der Migrationsforschung noch durch die Kindheitsforschung systematisch thematisiert und untersucht worden.

Die Perspektive der Kinder auf Flucht

Die sozialwissenschaftliche Forschung in Deutschland hat sich bislang kaum mit der Thematik Flucht befasst und wie gesehen liegen insgesamt nur wenige empirische Befunde zu diesem Themenkomplex vor. Das trifft auch auf eine kindheitstheoretische Diskussion zu. Zwar gibt es, wie weiter oben aufgezeigt, einige kleinere empirische Studien – meist initiiert von NGOs – zu geflüchteten Kindern und Familien. Auch hat es in den vergangenen zwei Jahren einige wissenschaftliche und praxisnahe Beiträge gegeben, welche die Versorgung, Betreuung und Bildung von geflüchteten Kindern thematisieren. Außerdem gibt es größere Vorhaben, geflüchtete Familie in bestehende Erhebungen wie etwa das SOEP-Panel zu integrieren. Erkenntnisse auf der Basis empirischer Studien, wissenschaftlicher Evaluationen und von Praxisprojekten in den verschiedenen Handlungsfeldern sind aber erst in den nächsten Jahren zu erwarten. So werden derzeit Kinder und Familien mit Fluchthintergrund und die Passung von Angeboten etwa der Frühen Hilfen, der Kinderbetreuung und der unterschiedlichen Formen der Beschulung genauer untersucht.

Doch für eine kindheitstheoretische Verortung des Phänomens Flucht in seinen unterschiedlichen Facetten liegt es nahe, es im Horizont der Vielfalt und der Ungleichheit von Kindheiten zu betrachten, Kinder dabei auch als Akteure in den Blick zu nehmen und die Interaktionen zwischen geflüchteten und bereits in Deutschland lebenden Kindern zu fokussieren. Zugleich bietet sich das Thema an, um Rückfragen an etablierte Konzepte und Topoi der sozialwissenschaftlichen Kindheitsforschung zu stellen: Wie verschieben sich generationale Ordnungen im Kontext des Phänomens Flucht, was bedeutet die Diversität von Kindheiten, wenn man dazu vorliegende Befunde mit den Lebensverhältnissen geflüchteter Kinder und Familien konfrontiert, was heißt in diesem Zusammenhang Verletzlichkeit? Es stellen sich folglich eine Reihe systematischer Fragen an die Kindheitsforschung. Hier versucht die vorliegende Studie einen Beitrag zu leisten, indem sie Kinder in die Situation bringt, sich zu positionieren und über Erfahrungen mit geflüchteten Menschen zu berichten. Dabei interessiert uns auch, ob sich die Kinder in die Lebenssituation der geflüchteten Gleichaltrigen hineinversetzen und ob sie auch Schwierigkeiten thematisieren.

Somit geht es im Rahmen dieser Studie nicht um die Lebenssituation von geflüchteten Kindern selbst, sondern um die Erfahrungen von hierzulande bereits lebenden Kindern im alltäglichen Umgang mit Schutzsuchenden. Auch wenn man dies als eine Einschränkung der Untersuchungsreichweite betrachten könnte, eröffnet die 4. World Vision Kinderstudie damit wertvolle Einblicke in die aktuelle gesellschaftliche Realität und deren Wahrnehmung unter dem Eindruck krisenbedingter Schicksale durch die Notwendigkeit, die Heimat zu verlassen und sich auf eine oft sehr gefährliche Flucht zu begeben.

Um diese Erfahrungen von Kindern mit dem Phänomen Flucht zu erheben, haben wir uns – wie in der Studie insgesamt – wieder am Alltag von Kindern und den dafür zentralen Orten (familiäres Umfeld/Wohnumgebung, Schule/Freizeit) orientiert. Allerdings haben wir sowohl bei der Fragebogenuntersuchung als auch im qualitativen Interview Flucht in einem gesonderten Teil gezielt thematisiert. Im Vordergrund standen dabei zunächst die alltäglichen Begegnungen zwischen den in Deutschland lebenden und den hierzulande schutzsuchenden Kindern und Familien. Machen Kinder solche Begegnungen, wo kommen sie vor und wie häufig sind sie? Schließlich geht es dann vor allem um die damit verbundenen und von den Kindern artikulierten Erfahrungen. Wie werden die Begegnungen mit geflüchteten Menschen von Kindern erlebt, resultieren daraus stabile Beziehungen, vielleicht sogar Freundschaften? Wie verständigt man sich überhaupt untereinander? Daneben hat uns auch interessiert, inwieweit Kinder selbst in Hilfs- und Unterstützungsleistungen für geflüchtete Menschen involviert waren. Und nicht zuletzt ging es uns auch um Fragen der Bewertung solcher Erlebnisse und Erfahrungen. Wie sehen Kinder das, vor allem auch mit Blick auf Herausforderungen, Probleme im Umgang oder Fragen der gerechten Behandlung in Schule und Unterricht.

Diese Einblicke sind allein deswegen von Interesse, weil die Frage der Integration von schutzsuchenden jungen Menschen nicht zuletzt davon abhängt, inwieweit sie tragfähige soziale Beziehungen – insbesondere auch zu Gleichaltrigen – entwickeln können. Berührt dies noch in erster Linie ein integrationspolitisches Interesse, so sind die Einblicke gleichzeitig auch von Bedeutung für die sozialwissenschaftliche Kindheitsforschung im engeren Sinne. Einerseits werfen sie ein Schlaglicht auf die lebensweltlichen Erfahrungen von Kindern mit geflüchteten Menschen und zeigen, ob bzw. wie sie mit schutzsuchenden Kindern in Kontakt kommen und in welcher Weise und wie intensiv Kinder im Alltag mit dem Phänomen Flucht konfrontiert sind. Daraus lassen sich wiederum Rückschlüsse darauf ziehen, wie prägend das Thema Flucht für das Alltagserleben von Kindern überhaupt ist. Gleichzeitig geben die aus den Befragungen gewonnenen Daten auch zu erkennen, inwiefern hierzulande lebende Kinder die geflüchteten Kinder überhaupt als »Andere« wahrnehmen. So dies der Fall ist, zeigen die Ergebnisse dann auch, wie Kinder jene »andere« Kindheiten erleben, die nicht dem »normativen Muster« der langen und behüteten Kindheit (Bühler-Niederberger 2011) entsprechen, das in den westlichen Industrienationen dominiert und von dort im Sinne einer »westernization of childhood« globale Ausstrahlung erlangt hat.

Damit eröffnet die Studie eine erweiterte Perspektive auf den in der deutschsprachigen und internationalen Kindheitsforschung immer wieder bemühten Topos von den »vielfältigen« (Neumann 2011) und »ungleichen Kindheiten« (Betz 2008). Dies geschieht in zweierlei Hinsicht: Zum einen mit Blick auf eine spezifische Gruppe von Kindern in Deutschland, die bislang nicht systematisch im Fokus der Forschung stand, wie auch zum anderen aus der Perspektive jener Kinder, die in ihren Alltagskontexten – wenngleich selbst nicht von Flucht betroffen – mit derlei Phänomenen in Berührung kommen. Man könnte in diesem Zusammenhang auch von einer Kindheitsforschung sprechen, die der vielbeschworenen Rede von der »Perspektive des Kindes« eine andere Akzentuierung verleiht: Sie lässt nicht Kinder über sich selbst, sondern Kinder über Kinder sprechen, um so erwachsenenzentrierte Wahrnehmungen gesellschaftspolitisch relevanter Phänomene zu verschieben und zu irritieren.

Monika Pupeter/Ulrich Schneekloth

2 Familie: Vielfältige Hintergründe und unterschiedliche Lebenslagen

Die Familie bietet Kindern nach wie vor sowohl die notwendige alltägliche Versorgungsgrundlage als auch Beziehungsqualität, emotionale Sicherheit und Rückzugsmöglichkeiten (Schneewind 2008). Familien sind dabei über ihr besonderes soziales Kapital gekennzeichnet, den sogenannten »strong ties«, also den starken, engen und emotional gesteuerten Beziehungen zwischen den Angehörigen (Coleman 1988). Familie ist demnach dort, wo Kinder und Erwachsene mit einer starken emotionalen Bindung miteinander interagieren.

2.1 Vielfältige Familienformen

Kinder wachsen, von sehr wenigen Ausnahmen abgesehen, in Familien auf. Die Familienformen können, wie bereits in den drei vorherigen Kinderstudien dargestellt, allerdings sehr unterschiedlich sein. In einer Familie können sowohl ein Kind als auch mehrere Kinder leben. Familie kann ein Elternteil umfassen oder mehrere Erwachsene einbeziehen. Die Eltern können miteinander verheiratet sein oder aber in einer nicht ehelichen Lebensgemeinschaft zusammen sein; sie können getrennt leben und die Kinder gemeinsam erziehen oder auch alleinerziehend sein, und schließlich kann es sich sowohl um leibliche Eltern als auch um Stiefeltern oder Stiefelternteile handeln. Was gesellschaftlich unter Familie verstanden wird, ist einem ständigen Wandel unterlegen. Anfang der 1970er Jahre bestand für einen Großteil der Bevölkerung in Deutschland eine ideale Kernfamilie aus miteinander verheirateten Eltern und ihren meist zwei Kindern. Im Laufe der Zeit veränderte sich das Verständnis und weitere Formen des Zusammenlebens mit Kindern wurden als Familie gesehen, so zum Beispiel wenn Kinder in Haushalten mit Alleinerziehenden leben oder mit unverheirateten Eltern. In neuerer Zeit weitet sich der Familienbegriff weiter aus, so dass inzwischen auch homosexuelle Paare mit ihren Kindern von der breiten Bevölkerung als Familie anerkannt werden (Bundesinstitut für Bevölkerungsforschung 2013).

Für die World Vision Kinderstudie haben wir die Familienformen, wie auch in den Vorgängerstudien, anhand der folgenden Merkmale typisiert:

- »Familienstand der Eltern«
- »Zusammensetzung«, sprich Ein- oder Zwei-Elternteilfamilie mit leiblichen oder mit Stiefelternteilen

Abb. 2.1 **In welchen Familienformen Kinder aufwachsen**

»Bitte sage mir anhand dieser Liste, welche Personen bei Dir zu Hause wohnen.«

Elternauskunft: »Ich bin verheiratet.« »Ich bin nicht verheiratet, betreue mein Kind aber zusammen mit meinem Partner/meiner Partnerin.« »Ich bin alleinerziehend.«

Basis: Kinder im Alter von 6 bis 11 Jahren (2007: 8 bis 11 Jahre) in Deutschland (Angaben in %)

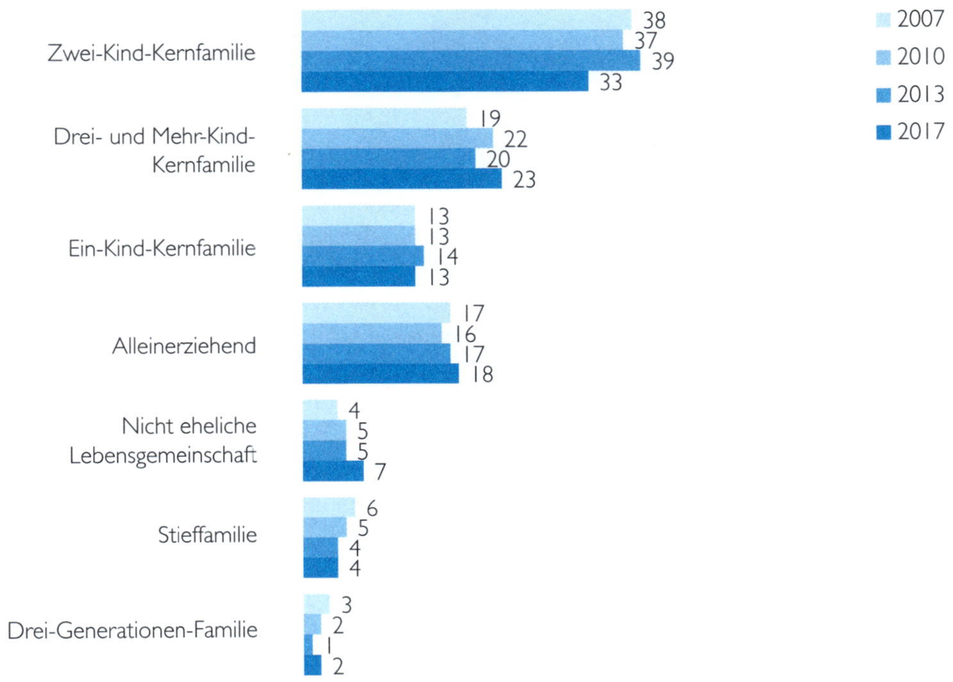

- »Größe«, also die Anzahl der im Haushalt lebenden Kinder sowie die Anzahl der Generationen

Auch heute noch wächst die Mehrheit der Kinder im Alter von 6 bis 11 Jahren in so bezeichneten Kernfamilien auf, also gemeinsam mit beiden, miteinander verheirateten Eltern. Dies trifft auf etwa 70 % unserer Kinder in der World Vision Kinderstudie zu und wird in Abbildung 2.1 differenziert nach der Zahl der Geschwister im Haushalt dargestellt. Dabei kommen Kernfamilien mit zwei Kindern im Haushalt am häufigsten vor; es ist die Familienform von etwa einem Drittel aller 6- bis 11-jährigen Kinder in Deutschland. Der Anteil der Kinder, die in Kernfamilien ohne Geschwister leben, liegt bei etwa 13 %. In Drei- und Mehr-Kind-Kernfamilien leben 23 % der Kinder.

Familien heute: Vielfalt in den Lebensformen

Unabhängig von der Zahl der Geschwister lebt fast ein Fünftel der Kinder in einer Alleinerziehenden-Familie und damit mit nur einem Elternteil zusammen. Kinder, die bei Eltern in nicht ehelichen Lebensgemeinschaften aufwachsen, machen einen Anteil von aktuell 7 % aller 6- bis 11-Jährigen aus. Der Anteil der Kinder in Stieffamilien, in denen das Kind mit

Tab. 2.1 **Geschwister im Haushalt im Trend**

Basis: Kinder im Alter von 6 bis 11 Jahren (2007: 8 bis 11 Jahre) in Deutschland (Angaben in %)

Spalten in %	2007	2010	2013	2017
Geschwister im Haushalt				
Ohne Geschwister	24	25	27	27
Ein Geschwister	50	48	49	43
Zwei Geschwister	18	21	17	21
Drei u. mehr Geschwister	8	6	7	9

einem nicht leiblichen Elternteil zusammenlebt, liegt bei 4 %. Kinder in Drei-Generationen-Familien sind mit 2 % die Minderheit (Abb. 2.1).

Seit der ersten Kinderstudie 2007 vor zehn Jahren ist die Verteilung der Kinder auf die verschiedenen Familienformen vergleichsweise konstant geblieben. Es zeigt sich ein leichter Anstieg von Kindern mit Eltern in nicht ehelichen Lebensgemeinschaften von 4 % im Jahr 2007 auf aktuell 7 %. Ebenso ist ein längerfristiger Rückgang von Mehr-Generationen-Familien erkennbar.

Hingegen sind sich abzeichnende Veränderungstrends von 2013 auf 2017 bei Zwei-Kind-Kernfamilien, der Anteil hat in der Stichprobe abgenommen, und Drei- und Mehr-Kind-Kernfamilien, der Anteil steigt an, wohl eher auf fallzahlbedingte Stichprobeneffekte zurückzuführen und sollten deshalb nicht überbewertet werden.

Betrachtet man die Zahl der Geschwister unabhängig vom Familienstand der Eltern so leben fast drei Viertel der Kinder im Alter von 6 bis 11 Jahren gemeinsam mit mindestens einem Geschwisterkind in der Familie. Die meisten haben ein Geschwister (43 %), ein Fünftel hat zwei Geschwister und fast jedes zehnte Kind lebt in großen Haushalten mit drei und mehr Geschwistern. Ohne Bruder oder Schwester im Haushalt leben 27 % der Kinder unserer Kinderstudie. In dieser Gruppe ist seit 2007 ein leichter Anstieg zu erkennen (Tab. 2.1).

2.2 Die eigenen Wurzeln: Kinder mit und ohne Migrationshintergrund

Grundgesamtheit der 4. World Vision Kinderstudie sind alle Schulkinder, die zwischen 6 und 11 Jahren alt sind und die in Deutschland leben, unabhängig von deren Staatsangehörigkeit, dem Bildungshintergrund der Eltern oder von sonstigen sozialen oder persönlichen Merkmalen.

64 % der befragten Kinder haben sowohl die deutsche Staatsbürgerschaft als auch Eltern, die in Deutschland geboren wurden und ebenfalls über die deutsche Staatsbürgerschaft verfügen. 28 % der Kinder haben die deutsche Staatsbürgerschaft, jedoch mindestens ein Elternteil, das nicht in Deutschland geboren wurde oder über keine deutsche Staatsangehörigkeit verfügt (Kinder mit Migrationshintergrund und deutscher Staatsangehörigkeit). Weitere 8 % der Kinder haben selbst keine deutsche Staatsbürgerschaft. In der Gruppe »Kinder mit Migrations-

hintergrund und deutscher Staatsangehörigkeit« verfügen die Kinder teilweise zusätzlich auch über eine weitere ausländische Staatsbürgerschaft (doppelte Staatsangehörigkeit).[1] Insgesamt hat ein Anteil von 36 % der Kinder einen Migrationshintergrund[2] im Vergleich zu 64 % ohne Migrationshintergrund (Abb. 2.2).

Die Angaben zum Migrationshintergrund der Kinder stammen aus der begleitenden schriftlichen Elternbefragung. Hier wurden die Eltern gebeten, einige Hintergrundinformationen anzugeben. Ebenfalls im Elternfragebogen wurde sowohl für den Auskunftsgeber wie auch für dessen Partner die Staatsangehörigkeit wie das Geburtsland erfragt. Aus diesen Angaben wurde der Migrationshintergrund des Kindes konstruiert, der sich vorrangig auf die Herkunft der Eltern, aber auch auf die Staatsangehörigkeit des Kindes bezieht.

Der Anteil der Kinder mit Migrationshintergrund in der World Vision Kinderstudie entspricht den Angaben des Mikrozensus, der für 2015 einen Anteil von etwa 35 % an Kindern mit Migrationshintergrund in der entsprechenden Altersgruppe ausweist (Statistisches Bundesamt 2017a).[3] Der Anteil der Kinder ohne deutscher Staatsangehörigkeit kann für unsere Altersgruppe auch in der amtlichen Statistik nur näherungsweise bestimmt werden und variiert daher je nach Quelle zwischen 7 % und 9 % (Statistisches Bundesamt 2017b; Statistisches Bundesamt 2017c), sodass wir die Kinder ohne deutsche Staatsangehörigkeit in der World Vision Kinderstudie mit 8 % sehr gut abgebildet haben.[4]

Das vom BMFSFJ-Beirat für Familienfragen 2016 vorgelegte Gutachten »Migration und Familie« dokumentiert als eine Haupterkenntnisse, dass es »die« zugewanderte Familie nicht gibt (BMFSFJ 2016). So stehen auch in der World Vision Kinderstudie hinter dem Begriff »Migrationshintergrund« eine Vielzahl unterschiedlicher Herkunftsländer und -kulturen sowie unterschiedliche Migrationserfahrungen und -geschichten, die wir in unseren Analysen allerdings nur an wenigen Stellen auffächern können.

Bei unseren Analysen zum Migrationshintergrund unterscheiden wir zum einen zwischen Kinder ohne und Kindern mit Migrationshintergrund. Letztere differenzieren wir nochmals in »Kinder

1 Kinder mit doppelter Staatsangehörigkeit wurden je nach Geburtsland und Staatsangehörigkeit der Eltern der entsprechenden Hintergrundsgruppe (Land) zugeordnet.

2 Mit unserer Konstruktion des Migrationshintergrundes lehnen wir uns an die Definition des Statistischen Bundesamtes an. Es ordnet hier Menschen zu, die »nach 1949 auf das heutige Gebiet der Bundesrepublik Deutschland [zugewandert sind] […], sowie alle in Deutschland geborenen Ausländer und alle in Deutschland als Deutsche Geborene mit zumindest einem zugewanderten oder als Ausländer in Deutschland geborenen Elternteil«.

3 Die amtlichen Zahlen für das Jahr 2016 waren zum Zeitpunkt der Erhebung noch nicht verfügbar. Daher ist davon auszugehen, dass der Anteil an ausländischen Kindern befördert durch den Zuzug von Schutzsuchenden auch in der amtlichen Statistik noch steigen wird.

4 Methodisch möchten wir anmerken, dass 2017 wie erstmals auch 2013 im Rahmen der Stichprobenbildung das Merkmal »Migrationshintergrund« kontrolliert wurde. In den Studien 2007 und 2010 wurde bei der Stichprobenbildung stattdessen die »Staatsangehörigkeit des Kinders« (deutsch – nicht deutsch) geprüft. In unserer ungewichteten Stichprobe haben wir aktuell 7 % Kinder ohne deutsche Staatsangehörigkeit sowie zusammengenommen 31 % mit Migrationshintergrund repräsentiert. 2013 lag dieser Anteil in der ungewichteten Stichprobe noch niedriger bei 25 %. Damit ist die aktuelle Stichprobe an dieser Stelle »besser« als in früheren Jahren.

Abb. 2.2 **Migrationshintergrund**

Elternauskunft: »Ich bin/mein Partner/meine Partnerin ist geboren in …«, »Meine gegenwärtige Staatsangehörigkeit/gegenwärtige Staatsangehörigkeit meines Partners/meiner Partnerin …«, »Welche Staatsangehörigkeit hat ihr Kind?«

Basis: Kinder im Alter von 6 bis 11 Jahren in Deutschland (Angaben in %)

Kinder mit Migrationshintergrund	
Türkei	24 %
Ex-Sowjetunion	14 %
Sonst. Osteuropa	14 %
Westeuropa	10 %
Arabische Welt	9 %
Ex-Jugoslawien	9 %
Afrika	5 %
Sonstiges	14 %

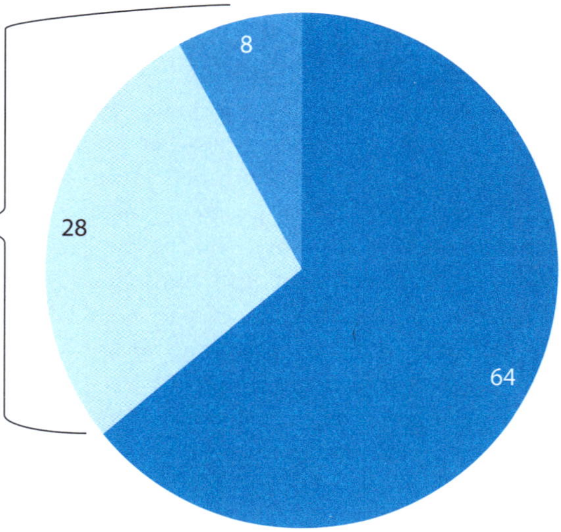

■ Ohne Migrationshintergrund
■ Mit Migrationshintergrund und deutscher Staatsangehörigkeit
■ Ohne deutsche Staatsangehörigkeit

mit deutscher Staatsangehörigkeit und Migrationshintergrund« sowie in »Kinder ohne deutsche Staatsbürgerschaft«.

In der World Vision Kinderstudie hat knapp ein Viertel aller Kinder mit Migrationshintergrund türkische Wurzeln, d.h. ein Elternteil oder beide kommen aus der Türkei. Jeweils 14 % der Kinder mit Migrationshintergrund haben Eltern, die aus der ehemaligen Sowjetunion oder aus einem anderen osteuropäischen Staat (Ukraine, Polen, Rumänien) zugewandert sind. Aus Westeuropa stammen knapp 10 % der Eltern von Kindern mit Migrationshintergrund und aus den Ländern des ehemaligen Jugoslawien weitere 9 %. Knapp 10 % der 6- bis 11-Jährigen mit Migrationshintergrund haben einen arabischen Hintergrund und weitere 5 % kommen aus Afrika, während sich die restlichen 14 % auf andere Länder verteilen.

Von allen Kindern mit Migrationshintergrund haben fast 78 % einen deutschen Pass, dabei spielt es keine Rolle, ob die Kinder ausschließlich die deutsche Staatsangehörigkeit besitzen oder eine doppelte Staatsbürgerschaft. Vergleichsweise selten über die deutsche Staatsbürgerschaft verfügen Kinder mit Migrationshintergrund, deren Eltern aus der arabischen Welt und Afrika sowie aus osteuropäischen Staaten zugewandert sind. Einen deutschen Pass besitzen 38 % der Kinder, deren Familien aus der arabischen Welt zugewandert sind, und jeweils 66 % der Kinder mit einem Migrationshintergrund aus Afrika und dem sonstigen Osteuropa. Von allen Herkunftsgruppen ist der Anteil der Kinder mit deutscher

Abb. 2.3 **Familienformen von Kindern mit und ohne Migrationshintergrund**

»Bitte sage mir anhand dieser Liste, welche Personen bei Dir zu Hause wohnen.«

Elternauskunft: »Ich bin verheiratet.«, »Ich bin nicht verheiratet, betreue mein Kind aber zusammen mit meinem Partner/meiner Partnerin.«, »Ich bin alleinerziehend«

Basis: Kinder im Alter von 6 bis 11 Jahren in Deutschland (Angaben in %)

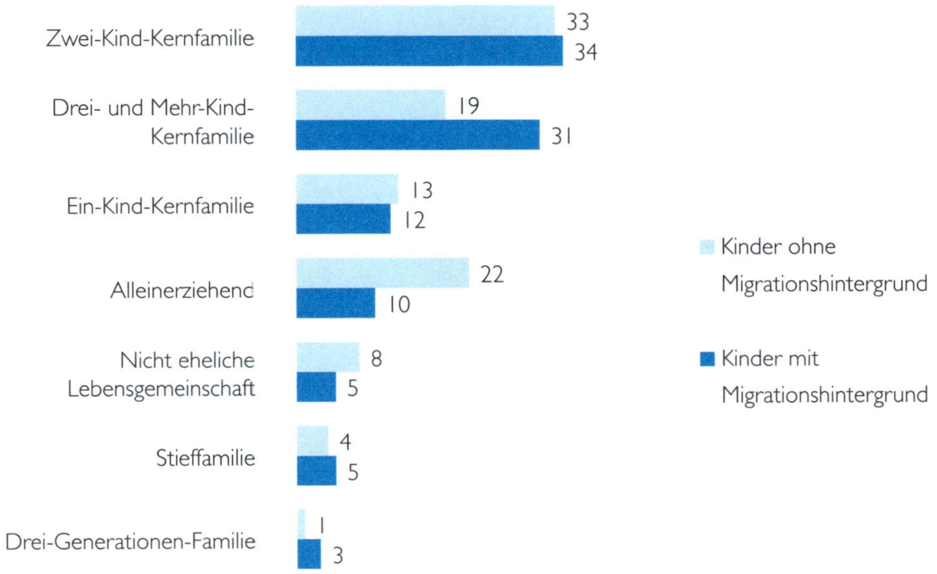

Staatsangehörigkeit mit 91 % bei Kindern, deren Familien aus der Türkei stammen, am höchsten, gefolgt von Kindern aus der ehemaligen Sowjetunion (89 %), deren Familien häufig als Spätaussiedler nach Deutschland kamen. Kinder mit türkischen Wurzeln leben hingegen mit ihren Familien meist in der 2. oder 3. Generation in Deutschland. Seit der Änderung des Staatsbürgerrechts im Jahr 2000 erhalten Kinder ausländischer Eltern bei Geburt in Deutschland in Kombination mit weiteren Bedingungen einen deutschen Pass.[5] Und dies trifft eben auch auf viele Kinder mit türkischem Migrationshintergrund zu.

Der Anteil von in Deutschland lebenden Migrantinnen und Migranten ist bis heute regional sehr unterschiedlich verteilt. Dies spiegelt sich auch in der Verteilung der Kinder mit Migrationshintergrund wider. So lebt die überwiegende Mehrheit der Kinder mit Migrationshintergrund in den alten Bundesländern bzw. in Berlin. Der Anteil beträgt in diesem Fall 41 % im Vergleich zu 12 % in den neuen Bundesländern (ohne Berlin).

5 In Deutschland erwirbt ein Kind die Staatsangehörigkeit nach dem Abstammungsprinzip. Das Kind erhält die Staatsangehörigkeit seines deutschen Elternteils. Zudem ist ein nach dem 1. Januar 2000 in Deutschland geborenes Kind, dessen Eltern beide Ausländer sind, Deutscher, wenn ein Elternteil zum Zeitpunkt der Geburt seit acht Jahren seinen gewöhnlichen rechtmäßigen Aufenthalt in Deutschland hat und ein unbefristetes Aufenthaltsrecht besitzt (§ 4 Abs. 3 StAG).

Tab. 2.2 **Konfession der Eltern**

Basis: Kinder im Alter von 6 bis 11 Jahren in Deutschland (Angaben in %)[1]

Spalten in %	Mutter	Vater
Konfession		
Katholisch	29	24
Evangelisch	27	20
Andere christliche Religion	5	3
Islam	12	12
Andere nicht christliche Religion	1	1
Konfessionslos	24	24
Mutter/Vater nicht im Haushalt	2	16

1 Angaben inkl. Stiefeltern und Partner der Eltern im Haushalt

Ebenfalls ein ungleiches Bild zeigt sich bei der Stadt-Land-Verteilung. In Städten hat mit 54 % über die Hälfte der 6- bis 11-Jährigen einen Migrationshintergrund, während ihr Anteil im Verdichtungsraum bei 34 %, in Randlagen von (Groß-)Städten bei 23 % und im ländlichen Raum nicht über 20 % liegt.

Kinder mit Migrationshintergrund leben häufiger in größeren Familien

Die Familienformen, in denen Kinder mit und ohne Migrationshintergrund leben, unterscheiden sich wenig. Ein paar Unterschiede gibt es dennoch zu berichten. Kinder mit Migrationshintergrund leben häufiger in größeren Familien. Der Anteil bei Drei- und Mehr-Kind-Kernfamilien ist mit 31 % bei ihnen um die Hälfte höher als bei Kindern ohne Migrationshintergrund, ebenso ist der Anteil an Drei-Generationen-Familien höher (3 %, Abb. 2.3). Dagegen lebt jedes fünfte Kind ohne Migrationshintergrund in einer Alleinerziehenden-Familie, bei Kindern mit Migrationshintergrund ist es jedes zehnte.

Gelebte Religiosität

Die Mehrheit der Bevölkerung in Deutschland gehört einer der beiden großen christlichen Religionsgemeinschaften an. Bezieht man sich auf die Elternangaben, so ergibt sich für die Familien der World Vision Kinderstudie folgendes Bild: Die meisten Kinder in Deutschland leben in christlichen Elternhäusern. So sind 29 % der Mütter und 24 % der Väter, die mit Kindern der World Vision Kinderstudie in einem Haushalt leben, katholisch. Mit 27 % bei den Müttern bzw. 20 % bei den Vätern sind fast genauso viele Eltern evangelisch (Tab. 2.2). Die Konfessionslosen bilden mit 24 % bei Müttern wie bei Vätern die drittgrößte Gruppe. Dem islamischen Glauben rechnen sich 12 % der Mütter und 12 % der Väter zu.

Betrachtet man die Konfessionszugehörigkeiten von Mutter und Vater gemeinsam, zeigt sich, dass fast zwei Drittel der 6- bis 11-Jährigen in einem Elternhaus aufwachsen, in dem mindestens ein Elternteil eine christliche Religionszugehörigkeit hat. Während dies auf 71 % der Kinder in den alten Bundesländern (inkl. Berlin) zutrifft, sind es in den neuen Bundesländern nur 28 %. In unserer Kinderstudie leben 13 % der Kinder in einem Elternhaus, in dem mindestens ein Elternteil dem islamischen Glauben zuzurechnen ist. Unter den Kindern mit Migrationshintergrund trifft dies auf 36 % der Kinder zu. Differenziert man hier weiter und bezieht sich nur auf Kinder ohne deutsche Staatsangehörigkeit, so liegt der Anteil der muslimischen Elternhäuser bei 47 %. Bei Kindern ohne Migrationshintergrund ist dieser Anteil sehr gering und liegt unter 1 %. Insgesamt betrachtet, rechnet sich in einem Fünftel der Elternhäuser keines der Elternteile einer Religionsgemeinschaft oder Kirche zu, wobei dieser Anteil in den neuen Bundesländern weitaus höher liegt (68 %).

Auch im Rahmen der 4. World Vision Kinderstudie fragten wir die Kinder, wie für sie Religion in ihrem Alltag erlebbar ist. Wir wollten wissen, ob die Kinder regelmäßig in eine Kirche oder Moschee (oder ein anderes Gotteshaus) gehen und wie oft sie zu Hause beten. 2017 berichten insgesamt 9 % der Kinder jede Woche und 15 % der Kinder ab und an im Monat eine Kirche oder Moschee zu besuchen. 28 % sind selten in einem Gotteshaus und fast die Hälfte der Kinder nie (Tab. 2.3). Auf die Frage, ob sie zu Hause beten, geben die 6- bis 11-Jährigen folgende Antworten: 12 % der Kinder beten »sehr oft« und 19 % »manchmal«. Weitere 10 % meinen dies »fast nie« zu tun, während 58 % angeben zu Hause nie zu beten.

Der Besuch eines Gotteshauses und die Tatsache, ob Kinder zu Hause beten, steht in engem Zusammenhang. Kinder, die zu Hause nie beten, geben zu 70 % an, »nie oder so gut wie nie« in die Kirche oder Moschee zu gehen. Weitere 21 % dieser Gruppe machen dies »selten«. Das heißt aber auch, dass Kinder, die »zu Hause nicht beten« zu 8 % mindestens »ab und an im Monat« ein Gotteshaus besuchen. Andersherum geben bei Kindern, die zu Hause (sehr) oft beten, 13 % an »nie oder so gut wie nie« bzw. 17 % »selten« ein Gotteshaus zu besuchen.

In der Kinderstudie 2010 haben wir von drei Kulturen gesprochen: religionsferner Osten, eher pluraler Westen und religiös geprägte Ausländer (Schneekloth/Pupeter 2010a, S. 72 f.). Vergleichbare Tendenzen zeigen sich auch bei der aktuellen Kinderstudie. In den neuen Bundesländern sagt mit 84 % die große Mehrheit der Kinder, dass sie zu Hause nicht beten, mindestens »manchmal« beten 12 % der Kinder im Osten. Im Westen ist der Anteil der Kinder, die zu Hause sehr oft und manchmal beten, wesentlich höher (zusammen 34 %). Von Kindern ohne Migrationshintergrund geben 25 % an, zu Hause zu beten, während es bei Kindern mit Migrationshintergrund 45 % sind. Schaut man hier wieder nur auf Kinder ohne deutsche Staatsangehörigkeit, so sagen 66 %, dass sie zu Hause manchmal bzw. sehr oft beten.

Auch beim Besuch eines Gotteshauses liegen die Anteile in den neuen Bundesländern niedriger als in den alten. Nimmt man beim Besuch eines Gotteshauses »jede Woche« und »ab und an im Monat« zusammen, so trifft dies auf 11 % der Kinder im Osten und auf 26 % der Kinder im Westen zu. Bei Kindern mit Migrationshintergrund liegt der Anteil höher als bei Kindern ohne Migrationshintergrund (29 % vs. 21 %) (Tab. 2.3). Bezieht man sich an dieser Stelle auf Kinder, die keine deutsche Staatsbürgerschaft haben, erhöht sich der Anteil auf 32 %.

Interessanterweise sind die Unterschiede in den Anteilen zwischen Kindern mit Migrationshintergrund, die keine deutsche Staatsbürgerschaft, haben im Vergleich zur Obergruppe »Kinder mit Migrationshintergrund« beim Besuch ei-

Tab. 2.3 **Religiosität im Elternhaus**

Basis: Kinder im Alter von 6 bis 11 Jahren in Deutschland (Angaben in %)

Spalten in %	Gesamt	West[1]	Ost	Ohne Migrationshintergrund	Mit Migrationshintergrund
Gehst Du regelmäßig in die Kirche oder eine Moschee (oder ein anderes Gotteshaus)?					
Ja, jede Woche	9	10	3	7	13
Ja, ab und an im Monat	15	16	8	14	16
Seltener	28	31	11	27	30
Nie	48	43	78	52	41
Betet ihr zu Hause?					
Sehr oft	12	13	5	9	19
Manchmal	19	21	7	16	26
Fast nie	10	11	2	9	10
Nein	58	54	84	65	45
Keine Angabe/weiß nicht	1	1	2	1	–

1 West (inkl. Berlin)

nes Gotteshauses nicht so groß wie beim Beten in der Familie. Eventuell ist dies durch ein geringeres Angebundensein an eine religiöse Gemeinschaft in Deutschland erklärbar.

Häusliche Umgangssprache: Bei Kindern mit Migrationshintergrund häufiger die Muttersprache der Eltern

Welche Sprache sprechen Kinder mit Migrationshintergrund zu Hause? Stammt mindestens ein Elternteil nicht aus Deutschland, wurden die Kinder gefragt, in welcher Sprache sie zu Hause hauptsächlich sprechen. Dafür haben wir zunächst alle Kinder nach der Herkunft ihrer Eltern befragt.[6] Bei 17 % der Kinder kommt ein Elternteil aus einem anderen Land und bei 19 % beide. In 64 % der Fälle geben die Kinder an, dass die Eltern beide in Deutschland geboren wurden.[7] Danach wurden Kinder mit Eltern, die nicht aus Deutschland kommen, gefragt, welche Sprache hauptsächlich bei ihnen zu Hause gesprochen wird. Hier antworten 41 % der Kinder aus Familien mit Migrationshintergrund, dass zu Hause eher die Sprache der Eltern gesprochen wird. Laut Bildungsbericht sind die häu-

6 Und zwar fragten wir, ob die Eltern in Deutschland geboren wurden oder einer von ihnen oder beide aus einem anderen Land kommen.

7 Über 95 % der Kinder haben in dieser Frage übereinstimmende Angaben mit ihren Eltern gemacht. Ein Teil der Unstimmigkeiten lässt sich dadurch erklären, dass wir alle Kinder nach der Herkunft der Eltern gefragt haben, unabhängig davon, in welcher Familienform sie leben. Eventuell machen die Kinder Angaben zu leiblichen Elternteilen, die nicht im Haushalt leben und die im Elternfragebogen unberücksichtigt bleiben (im Elternfragebogen wurden nur die Angaben für aktuell im Haushalt lebende Personen erhoben).

Abb. 2.4 **Häusliche Umgangssprache nach Migrationshintergrund und Herkunftsschicht**

»In welcher Sprache redet ihr hauptsächlich zu Hause?«

Basis: Kinder mit Migrationshintergrund im Alter von 6 bis 11 Jahren in Deutschland (Angaben in %)

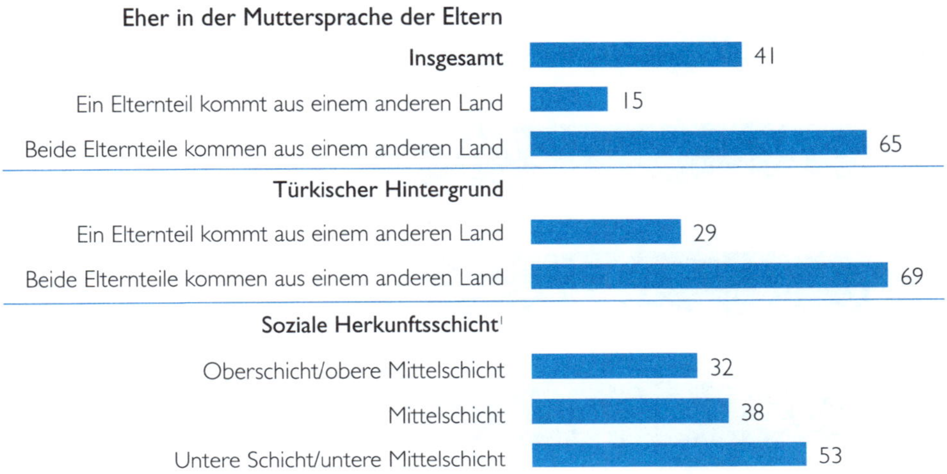

[1] Die Kategorien sind aus Fallzahlgründen zusammengefasst.

figsten nicht deutschen Familiensprachen bei Kindern der 1. und 2. Generation, die zu Hause kein oder wenig Deutsch sprechen, Türkisch, Russisch und Englisch (Autorengruppe Bildungsberichterstattung 2016).

Differenziert man danach, ob ein oder beide Elternteile aus einem anderen Land kommen, wird sichtbar, dass in Familien in denen beide Eltern aus einem anderen Land kommen, wesentlich häufiger die Herkunftssprache der Eltern gesprochen wird (65 %). Bei Familien, in denen nur ein Elternteil aus dem Ausland stammt, liegt der Anteil bei 15 % (Abb. 2.4). Schaut man sich diese Differenzierung für Kinder mit türkischen Wurzeln an, wird deutlich, dass sowohl bei Kindern mit beiden Elternteilen aus der Türkei (69 %) als auch bei Kindern mit nur einem Elternteil aus der Türkei (29 %) deutlich häufiger als bei allen Kindern mit Migrationshintergrund, die Sprache der Eltern als häusliche Umgangssprache angeben wird.

Unterscheidet man Kinder mit Migrationshintergrund nach Herkunftsschicht (Abb. 2.4), zeigt sich, dass in den unteren Schichten häufiger die Herkunftssprache der Eltern gesprochen wird. Hier spricht über die Hälfte der Kinder zu Hause überwiegend die Herkunftssprache der Eltern (53 %). In der Mittelschicht geben dies 38 % der Kinder an und in den oberen Schichten 32 %. (zur Herkunftsschicht vgl. Kap. 2.3).

Vergleicht man diese Anteile mit denen aus der letzten Kinderstudie 2013, zeigt sich, dass insgesamt der Anteil der Kinder mit Migrationshintergrund, die zu Hause eher die Herkunftssprache der Eltern sprechen, zugenommen hat (2013: 33 %, Abb. 2.5). Dies gilt tendenziell gleichermaßen für Familien, in denen Vater und Mutter aus einem anderen Land kommen, wie auch für Familien, in denen nur ein Elternteil nicht in Deutschland

Abb. 2.5 **Migrationshintergrund: In welcher Sprache zu Hause gesprochen wird im Trend**
»In welcher Sprache redet ihr hauptsächlich zu Hause?«
Basis: Kinder mit Migrationshintergrund im Alter von 6 bis 11 Jahren (2007: 8 bis 11 Jahre) in Deutschland (Angaben in %)

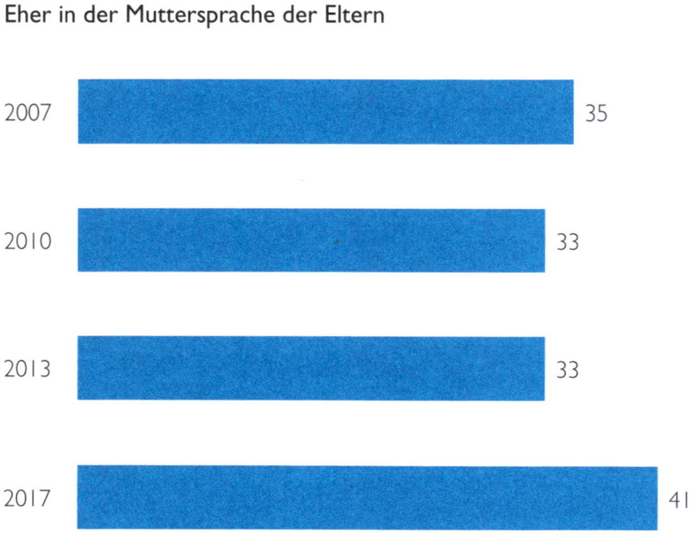

geboren wurde. Möglicherweise spiegeln sich darin die Ereignisse der letzten Jahre wider, vor allem die Zuwanderung nach Deutschland seit 2015.

Dieser Befund macht mögliche Bedarfe der Sprachförderung, aber zugleich auch Potenziale der Mehrsprachigkeit sichtbar. Wie Studien zur Lese- und Rechtschreibkompetenz, z.B. IGLU 2006, 2011 und 2016 (Bos et al. 2007), zeigen, ist Sprachförderung für Kinder mit Migrationshintergrund wichtig zur Verbesserung ihres Schulerfolges und umso wirkungsvoller, je eher sie einsetzt. An dieser Stelle sind also auch schon Kindergärten und auch Kinderkrippen gefordert. Ein niederschwelliges Angebot, welches auch Eltern und hier insbesondere die Mütter einbezieht, sollte kultursensibel gestaltet sein. Aber mehrsprachiges Aufwachsen birgt nicht nur Risiken, sondern eröffnet auch Chancen. Zweisprachigkeit und auch die intensive Kenntnis von verschiedenen Kulturen sind Kompetenzen, die in Zukunft in einer weiter vernetzten Welt an Bedeutung gewinnen werden (Autorengruppe Bildungsberichterstattung 2016).

2.3 Der soziale Hintergrund

Zur Analyse der sozialen Herkunft nutzen wir in der World Vision Kinderstudie einen fünfstufigen Schichtindex, der von uns 2007 für die 1. World Vision Kinderstudie entwickelt wurde. Die Zuordnung zur sozialen Herkunftsschicht der Kinder

Abb. 2.6 **Die Herkunftsschicht: Bildungshintergrund und finanzielle Lage des Elternhauses**
Schulabschluss der Eltern, Zahl der Bücher zu Hause, Bewertung des Einkommens, Wohnstatus
Basis: Kinder im Alter von 6 bis 11 Jahren (2007: 8 bis 11 Jahre) in Deutschland (Angaben in %)

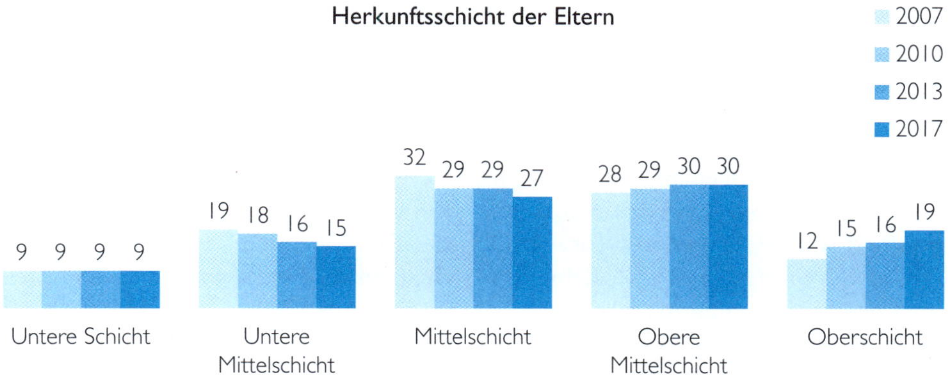

erfolgt anhand des elterlichen Bildungshintergrundes (Bildungsposition) und anhand der materiellen Lage des Haushaltes (materielle Teilhabeposition). Der Fokus liegt dabei auf der Bildungsausstattung der Familie im Kontext einer hinreichenden Verfügbarkeit der benötigten finanziellen Ressourcen. Mit diesen beiden Dimensionen werden damit die für die Kinder zentralen häuslich-materiellen Start- und Rahmenbedingungen abgebildet. Empirisch stützen wir uns auf die Elternangaben zu deren Schulabschlüssen, ergänzt um die im Rahmen der Kinderbefragung erhobene Einstufung zur Zahl der Bücher im Haushalt, auf die elterliche Bewertung der finanziellen Lage und auf den Wohnstatus (Eigentum oder Miete). Die Informationen sind vergleichsweise einfach abzufragen und von daher ohne übermäßigen Aufwand innerhalb einer Kinderstudie so gut wie vollständig zu erheben (zur Indexbildung vgl. Anhang A2).

Kinder aus der unteren Schicht sowie aus der unteren Mittelschicht kommen demnach eher aus bildungsfernen Elternhäusern, die ebenfalls eher geringere Einkommen haben, während Kinder aus der oberen Mittelschicht sowie aus der Oberschicht auf höhere familiäre Bildungshintergründe und auch höhere Einkommen zurückgreifen können (Schneekloth/Pupeter 2010a; Schneekloth/Pupeter 2013).

2017 ließen sich 19 % der Kinder der Oberschicht zuordnen, 30 % der oberen Mittelschicht, 27 % der Mittelschicht, 15 % der unteren Mittelschicht und 9 % der unteren Schicht. Im Trend ist über die Jahre eine leichte Verschiebung in Richtung Oberschicht zu sehen. Der Anteil der Kinder, die der Oberschicht zuzuordnen sind, ist von 16 % im Jahr 2013 auf 19 % 2017 angewachsen (Abb. 2.6). Diese Zunahme ist aufgrund des Anstiegs der höheren Bildungsabschlüsse in den letzten Jahren, insbesondere bei den Müttern, erklärbar.

Der Trend des Anwachsens der oberen Schichten ist begleitet von einem Rückgang bei der unteren Mittelschicht. Die untere Schicht scheint von dieser Entwicklung ausgenommen und der Anteil der Kinder aus sozial benachteiligten Elternhäusern mit geringeren Einkommen bleibt bei 9 %.

2.4 Die Erwerbsbeteiligung der Eltern

Die Erwerbsbeteiligung der Eltern ist in mehrerlei Hinsicht von Interesse. In den meisten Familien ist das Erwerbseinkommen zentral zur Bereitstellung der ökonomischen Ressourcen. So sichert die Erwerbsbeteiligung die ökonomische Grundlage. Können die finanziellen Ressourcen nicht oder nicht hinreichend durch Erwerbseinkommen gesichert werden, greifen in Deutschland soziale Sicherungssysteme. Zudem sind die Erwerbsbeteiligungsmodelle in Familien auch mit Blick auf die Vereinbarkeit von Familie und Beruf interessant. Bei der Ausgestaltung der Arbeitsteilung der Eltern werden unterschiedliche Rollenverständnisse zwischen Mann und Frau deutlich.

Klassisches »Ein-Ernährer«-Modell ist weiter auf dem Rückzug

Zunächst lässt sich feststellen: Die Erwerbsarrangements von Familien mit Kindern im Alter von 6 bis 11 Jahren sind vielfältig. Wir haben die Erwerbsbeteiligung von Vätern und Müttern mit Blick auf die zeitlichen Auswirkungen auf die Familie zusammengefasst. Dabei war entscheidend herauszustellen, ob Vater und Mutter erwerbstätig sind und in welchem Umfang. Wird weder für Mutter noch Vater eine Vollzeit- bzw. Teilzeitbeschäftigung angegeben, wird dokumentiert, ob die Familie aktuell von Arbeitslosigkeit betroffen ist, also ob ein Elternteil oder beide arbeitslos sind bzw. arbeitssuchend gemeldet sind. Die verschiedenen Erwerbsarrangements sind in Abbildung 2.7 im Trend darstellt.

Ins Auge fällt, dass sich der Rückgang der Erwerbsarrangements in denen nur ein Elternteil (Voll- oder Teilzeit) erwerbstätig ist, weiter anhält. Das klassische »Ein-Mann-Versorger«-Modell, bei dem meist Väter alleine für die Sicherung des Lebensunterhalts zuständig sind, gehört immer mehr der Vergangenheit an. So reduziert sich der Anteil bei allen Kindern von 42 % im Jahr 2007 (im Alter von 8 bis 11 Jahre) auf aktuell 28 % (bei allen Kindern im Alter von 6 bis 11 Jahren). Bei Kindern mit Eltern in nicht ehelichen Lebensgemeinschaften ist der Anteil an diesem Modell geringer (28 %) als bei Kindern mit verheirateten Eltern (35 %). Doch auch hier ist in den letzten Jahren ein Rückgang zu beobachten. Der Anteil der Kinder in Familien mit verheirateten Eltern, die ihre Erwerbsarbeit im »Ein Elternteil als Hauptverdiener«-Modell arrangieren, ist in den letzten zehn Jahren von 53 % auf 35 % gesunken. Bei nicht ehelichen Lebensgemeinschaften lag der Anteil auch schon in der Vergangenheit niedriger, nämlich bei etwa 30 %.

Hinter der Kategorie »ein Elternteil erwerbstätig« steht, unabhängig vom Familienstand, eine häusliche Rollenverteilung, bei der ein Elternteil der Erwerbsarbeit nachgeht, während das andere Elternteil sich um die häuslichen Belange kümmert. In 91 % der Familien sind die Erwerbstätigen die Väter (85 % in Vollzeit, 5 % Teilzeit)[8] und in 9 % die Mütter (5 % in Vollzeit, 4 % in Teilzeit). Ist der Mann der »Alleinverdiener«, geben die Mütter auf die Frage nach ihrer Erwerbsbeteiligung folgendes an: 40 % sagen, dass sie geringfügig beschäftigt sind, 36 % sind Hausfrauen bzw. aus sonstigen Gründen nicht

8 Die verbleibenden 9 % der Väter verteilen sich folgendermaßen: 4 % geben »Hausmann oder aus sonstigen Gründen nicht erwerbstätig«, 2 % »geringfügig beschäftigt« und 3 % »arbeitslos« an.

Abb. 2.7 **Erwerbsbeteiligung der Eltern**

Elternauskunft: »Ich bin/mein Partner/meine Partnerin ist derzeit …«

Basis: Kinder im Alter von 6 bis 11 Jahren (2007: 8 bis 11 Jahre) in Deutschland (Angaben in %)

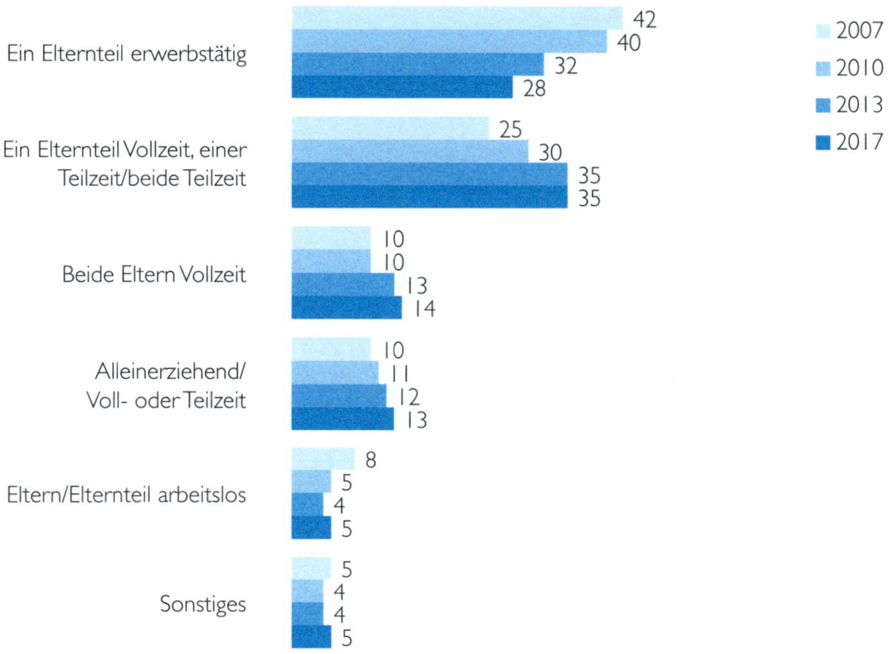

erwerbstätig, weitere 13 % sind in Erziehungsurlaub sowie 7 % derzeit arbeitslos.

Inzwischen lebt der größte Teil der Kinder im Alter von 6 bis 11 Jahren in Familien, in denen beide Eltern erwerbstätig sind, jedoch mindestens ein Elternteil mit reduzierter Stundenzahl arbeitet. Diese Variante – ein Elternteil arbeitet Teilzeit und das andere Vollzeit oder ebenfalls Teilzeit – ist bezogen auf alle 6- bis 11-Jährigen von 25 % im Jahr 2007 auf aktuell 35 % gestiegen. Bei Kindern mit verheirateten Eltern kommt diese Konstellation in 43 %[9] der Fälle vor, bei Kindern mit unverheirateten Eltern bei 42 %.

Die Variante »beide Eltern Vollzeit erwerbstätig« ist nach wie vor nicht sehr weit verbreitet: 14 % der Kinder leben 2017 in Familien mit diesem Erwerbsarrangement. Bei Kindern mit verheirateten Eltern liegt der Anteil bei 16 %, während er bei Kindern mit unverheirateten Eltern deutlich höher bei etwa einem Viertel liegt.

Insgesamt ist die Erwerbsbeteiligung der Eltern im Vergleich zum Jahr 2007 gestiegen und spiegelt in erster Linie die seit Beginn der 2010er Jahre verbesserte Situation auf dem Arbeitsmarkt wider. In den Erhebungsdaten sind auch die weiterhin bestehenden regionalen Unterschiede der Arbeitsmarktsituation ablesbar: Der Anteil der Familien, in denen zum Befragungszeitpunkt Vater oder Mutter oder aber beide Eltern arbeitslos

9 Zur Gesamtheit der Kinder zählen auch die Kinder in Alleinerziehenden-Familien, in denen dieses Erwerbsarrangement nicht vorkommen kann. Daher liegen die Werte für die Teilgruppen über dem Gesamtwert.

Tab. 2.4 **Erwerbsbeteiligung der Eltern nach Alter der Kinder und Region**

Basis: Kinder im Alter von 6 bis 11 Jahren in Deutschland (Angaben in %)

Spalten in %	Gesamt	6–7 Jahre	8–9 Jahre	10–11 Jahre	West[1]	Ost
Erwerbstyp						
Ein Elternteil erwerbstätig	28	29	29	25	30	16
Ein Elternteil Vollzeit, eines Teilzeit/beide Teilzeit	35	33	35	37	37	25
Beide Eltern Vollzeit	14	15	15	13	11	29
Alleinerziehend Vollzeit oder Teilzeit	12	12	9	16	12	14
Eltern/Elternteil arbeitslos	6	6	6	5	5	9
Sonstiges	5	5	6	4	5	7

1 West (inkl. Berlin)

waren, liegt in den neuen Bundesländern mit 9 % deutlich über dem Niveau der alten Bundesländer mit 5 % (Tab. 2.4).

Ebenfalls sichtbar sind anhaltende kulturelle Unterschiede zwischen Ost- und Westdeutschland in Bezug auf die höhere Erwerbsorientierung von insbesondere Frauen im Osten. So ist das »Ein-Ernährer«-Modell im Osten (ohne Berlin) nur halb so oft anzutreffen wie im Westen. Auch sind im Osten im Vergleich zum Westen fast drei Mal so häufig beide Elternteile Vollzeit erwerbstätig.

Bei den 10- bis 11-jährigen Kindern ist vor allem der Anteil der Kinder, die bei einem erwerbstätigen alleinerziehenden Elternteil leben, mit 16 % höher als der Durchschnitt aller 6- bis 11-Jährigen (12 %).

Einerseits sind alleinerziehende Mütter und Väter[10] mit älteren Kindern etwas häufiger erwerbstätig (72 %) als der Durchschnitt der Alleinerziehenden (69 %). Andererseits leben Kinder dieser Altersgruppe auch häufiger in Alleinerziehenden-Familien als alle 6- bis 11-Jährigen unserer Befragungsgesamtheit (22 % vs. insgesamt 18 %).

Leben die Kinder mit zwei Elternteilen zusammen, so arbeiten auch hier beide Eltern häufiger, wenn die Kinder älter sind. Beide Vollzeit bzw. Teilzeit erwerbstätig sind Eltern bei 58 % der 6- bis 7-Jährigen (jeweils ohne Alleinerziehenden-Familien) und bei 64 % der 10- bis 11-Jährigen (ohne Tab.).

Arbeitszeitwünsche: Mütter wünschen sich eine Ewerbsbeteiligung, meist in Teilzeit

In den letzten zehn Jahren stieg die Zahl der Mütter von 6- bis 11-Jährigen, die einer Erwerbstätigkeit nachgingen, an, dabei hat sowohl Vollzeit- wie auch Teilzeitbeschäftigung zugenommen. 2017 haben 22 % der Mütter eine Vollzeitstelle

10 In der aktuellen Stichprobe liegt bei den Alleinerziehenden der Anteil der Mütter bei 87 % und der Anteil der Väter bei 13 %.

Tab. 2.5 **Arbeitszeitwünsche von erwerbstätigen Müttern**

Basis: Mütter von Kindern im Alter von 6 bis 11 Jahren in Deutschland (Angaben in %)[1]

Spalten in %	Gesamt	Vollzeit	Teilzeit	Geringfügig beschäftigt
Erwerbswunsch				
Ich würde gerne mehr arbeiten	14	2	15	34
Ich würde gerne weniger arbeiten	18	42	11	3
Es ist gut so, wie es ist	68	56	74	63

1 Nur die Kinder, bei denen die Mutter die Auskunftsgeberin war

und fast doppelt so viele sind in Teilzeit beschäftigt (42 %). Der Anteil der geringfügig Beschäftigten ist etwas zurückgegangen und liegt 2017 bei 12 % (ohne Tab.).[11]

Wie bewerten die Mütter ihre Erwerbssituation? Fragt man erwerbstätige Mütter (inklusive Mütter in Ausbildung) der 6- bis 11-Jährigen nach ihren Arbeitszeitwünschen, äußert sich der Großteil zufrieden mit ihren Arbeitszeiten, insbesondere, wenn sie Teilzeit arbeiten (Tab. 2.5). Dagegen würden 42 % der vollzeiterwerbstätigen Mütter lieber weniger arbeiten (im Durchschnitt 18 % aller erwerbstätiger Mütter), während geringfügig Beschäftigte zu einem höheren Anteil gerne mehr arbeiten würden (34 % im Vergleich zum Durchschnitt von 14 %).[12]

Das Viertel der Mütter, die keiner Erwerbstätigkeit nachgehen, wurde ebenfalls nach ihrem Wunsch nach einer Beteiligung am Arbeitsmarkt gefragt. Insgesamt sagt ein Drittel »es ist gut so, wie es ist«. Über die Hälfte der Frauen möchte gerne in Teilzeit arbeiten (52 %) und 12 % wünschen sich eine Vollzeitstelle, insbesondere Mütter die aktuell arbeitslos sind, würden gerne Vollzeit arbeiten (23 %, Tab. 2.6).

Generell lässt sich folgern: Für eine gute Vereinbarung von Familie und Beruf wünschen sich Mütter die Möglichkeit Teilzeit zu arbeiten.

11 Bezug genommen wird hier auf die Angaben von Kindern, bei denen die Mütter im Haushalt leben. Die 2 % der Kinder, bei denen keine Mutter im Haushalt lebt, werden hier ausgeklammert.

12 Zu berücksichtigen ist, dass diese Auswertung nur auf Angaben von Müttern beruht, die im Rahmen der Kinderstudie selbst Auskunft zu ihrer Erwerbssituation gegeben haben. Bei gut 2 % der Kinder lebt die Mutter nicht im Haushalt und bei einem Fünftel der Paarhaushalte gaben die Väter die Auskunft im Elternfragebogen. War der Vater Auskunftsgeber, liegen keine Angaben zu den Arbeitszeitwünschen der Mütter vor. Die Antworten bezüglich der Erwerbsbeteiligung der Frauen weichen in diesem Fall jedoch nicht systematisch von den Antworten, die Mütter selbst gaben, ab.

Tab. 2.6 **Wunsch nach Erwerbsbeteiligung bei nicht erwerbstätigen Müttern**

Basis: Mütter von Kindern im Alter von 6 bis 11 Jahren[1] in Deutschland (Angaben in %)

Spalten in %	Gesamt	In Elternzeit	Arbeitslos	Hausfrau/Sonstiges
Arbeitszeitwünsche				
Ja, Vollzeit	12	8	23	6
Ja, Teilzeit	52	39	71	49
Es ist gut so, wie es ist	33	50	4	43
Keine Angabe	3	3	2	2

1 Nur die Kinder, bei denen die Mutter die Auskunftsgeberin war

2.5 Zuwendung und Betreuung

In den Familien sorgen in der Regel Eltern für ihre Kinder. Je nach Alter und Entwicklungsstand des Kindes, je nach Erwerbsbeteiligung der Eltern und sonstigen Umständen, bringen sie dafür unterschiedlich viel Zeit auf. Wie beurteilen Kinder die häusliche Betreuung? Dabei hat jedes Kind ein individuelles Bedürfnis nach Zeit und Zuwendung seiner Eltern. Ohne dies genau messen zu können oder zu wollen, wollten wir von den Kindern wissen, ob sie die Zeit, die Mutter oder Vater für sie haben, als ausreichend einschätzen. Wir haben gefragt: »Findest Du, dass Deine Mutter genügend Zeit für Dich hat?« Zwei Drittel der Kinder haben auf diese Frage mit »Ja« geantwortet. 28 % meinen »mal so, mal so« und 4 % verneinen diese Frage. Bei Mädchen und Jungen fallen die Einschätzungen sehr ähnlich aus. Betrachtet man die Ergebnisse nach dem Alter, wird deutlich, dass jüngere Kinder mit 63 % die geringste Zustimmung äußern, während die 10- und 11-Jährigen mit fast 70 % die Zeit der Mutter als genügend einstufen. 7 % der 6- und 7-Jährigen verweisen auf zu wenig Zeit der Mutter (Tab. 2.7).

Im Vergleich zu den Vorgänger-Befragungen zeigen sich bei der Zufriedenheit mit der zeitlichen Zuwendung der Mütter keine größeren Unterschiede (Tab. 2.8). Aktuell finden Kinder etwas häufiger, dass ihre Mütter genügend Zeit für sie haben (2017: 66 %, 2010 und 2013 jeweils 64 %). Der etwas höhere Wert (67 %) im Jahr 2007 resultiert aus dem anderen Alterszuschnitt der 1. Kinderstudie; hier wurden 8- bis 11-jährige Kinder befragt.

Ein ähnliches Muster zeigt sich bei der geäußerten Zuwendung der Väter. Insgesamt sind die Kinder jedoch unzufriedener mit der zur Verfügung stehenden Zeit der Väter. 2017 stufen 36 % der 6- bis 11-jährigen Kinder die Zeit, die ihre Väter mit ihnen verbringen, als ausreichend ein. 44 % antworten »mal so, mal so« und 13 % bewerten die Zeit der Väter als unzureichend. Verglichen mit den früheren Kinderstudien empfinden Kinder heute mit 36 % die Zeit der Väter in etwas höherem Umfang als genügend (2010: 32 %, 2013: 34 %).

Diese bisher berichteten Angaben beziehen sich auf die leiblichen Mütter und Väter unabhängig davon, ob diese in einem gemeinsamen Haushalt mit den Kindern leben. In einigen Fällen besteht kein Kontakt zu einem leiblichen Eltern-

Tab. 2.7 **Ob meine Eltern genügend Zeit für mich haben – nach Alter und Geschlecht**

Basis: Kinder im Alter von 6 bis 11 Jahren in Deutschland (Angaben in %)

Spalten in %	Gesamt	Mädchen	Jungen	6–7 Jahre	8–9 Jahre	10–11 Jahre
Meine Mutter hat genügend Zeit						
Ja	66	67	66	63	66	69
Mal so, mal so	28	28	28	29	29	25
Nein	4	4	5	7	4	4
Mutter nicht vorhanden	2	1	1	1	1	2
Mein Vater hat genügend Zeit						
Ja	36	36	37	31	38	39
Mal so, mal so	44	44	44	46	44	42
Nein	13	13	13	16	12	11
Vater nicht vorhanden	7	7	6	7	6	8

Tab. 2.8 **Ob meine Eltern genügend Zeit für mich haben: Die Sicht der Kinder im Trend**

Basis: Kinder im Alter von 6 bis 11 Jahren (2007: 8 bis 11 Jahre) in Deutschland (Angaben in %)

Spalten in %	2007	2010	2013	2017
Meine Mutter hat genügend Zeit				
Ja	67	64	64	66
Mal so, mal so	27	29	29	28
Nein	5	6	6	4
Mutter nicht vorhanden	1	1	1	2
Mein Vater hat genügend Zeit				
Ja	34	32	34	36
Mal so, mal so	43	44	42	44
Nein	16	16	16	13
Vater nicht vorhanden	7	8	8	7

teil oder es ist verstorben. Dies trifft bei 2 % der Kinder auf die Mütter zu und bei 7 % auf die Väter. Lebt ein neuer Partner oder eine neue Partnerin von Mutter oder Vater im Haushalt, wurden die Kinder ebenfalls gefragt, ob der »Stiefelternteil« genügend Zeit hat.

In den meisten Fällen (insgesamt fast 5 %) lebt das Kind in diesem Fall in einer Familienform, die wir als Stieffamilie bezeichnet haben.[13] 63 % der Kinder finden, dass ihr Stiefvater bzw. der neue Partner der Mutter genügend Zeit hat, und 28 % sagen »mal so, mal so«. Damit werden

13 In einigen wenigen Fällen wurde auch der neue Partner von einer alleinerziehenden Mutter einbezogen.

Stiefväter im Vergleich zu leiblichen Vätern sehr gut bewertet. Ein Grund für diese höheren Werte könnte darin liegen, dass die Beziehung und zeitlichen Investitionen von Stiefeltern und Kindern von beiden Seiten unter einem besonderen Augenmerk stehen.

Insgesamt berichten Kinder in Stieffamilien damit häufiger, dass die Stiefväter genügend Zeit haben, im Vergleich zu der Zeit ihrer leiblichen Väter. Bezüglich der leiblichen Väter geben nur 20 % der Kinder in Stieffamilien an, dass diese genügend Zeit haben.

Erklärungen für die von den Kindern als ungenügend eingestufte Zeit der leiblichen Väter könnten sein, dass diese häufig räumlich getrennt von den neuen Stieffamilien leben oder auch der Kontakt von den Müttern oder den Vätern selbst nicht gewünscht ist. Ebenso eine Rolle wird die Wahrnehmung der Kinder spielen, dass der leibliche Vater nicht so präsent in ihrem Alltag ist. Dies kann zu unterschiedlichen Bewertungen beitragen.

Elterliche Zuwendung: Meist hinreichend, aber Kinder benennen auch Defizite

Die Befunde dazu, wie viel Zeit Mütter, Väter, aber auch Stiefväter und Stiefmütter für die Kinder haben, sind für sich genommen wichtig. Um fehlende Zuwendung insgesamt für die Kinder und damit relevante empfundene Defizite in den Blick zu bekommen, muss die elterliche Zeit für jedes Kind zusammen betrachtet werden. Dafür haben wir die Bewertungen der Kinder zu einem »Zuwendungsindex« zusammengefasst und erhalten folgendes Bild: Ein gutes Drittel (35 %) der Kinder gibt an, dass alle Elternteile genügend Zeit für sie hätten. »Alle« bezieht sich hier auf alle vorhandenen Elternteile: Im Falle von Alleinerziehenden ist dies ggf. nur ein Elternteil, bei Patchwork-Familien können dies aber auch mehr als zwei Elternteile sein. So wird zum Beispiel neben der empfunden Zuwendung von Mutter und Stiefvater auch die Zuwendung des leiblichen Vaters erfragt.

Die Situation, die auch 2017 bei 6- bis 11-Jährigen am häufigsten anzutreffen ist (47 %), ist die, dass ein Elternteil genügend und damit hinreichend Zeit aufbringt, während beim anderen Elternteil »mal so, mal so« angegeben wurde oder für beide Elternteile »mal so, mal so« angegeben wurde. 7 % der Kinder (hier ohne Alleinerziehende) sagen, dass ein Elternteil nicht hinreichend Zeit für sie hätte, aber ein anderes Elternteil hinreichend.

2017 verweisen 11 % der Kinder auf eine als unzureichend empfundene Zuwendung durch die Eltern, mit 9 % »ein Elternteil nicht hinreichend, einer mal so, mal so« und 2 % »alle Elternteile nicht hinreichend«. Im Trend ist der Anteil der Kinder, die Zuwendungsdefizite erfahren, leicht zurückgegangen. Auch der Anteil der Kinder, die von einem Elternteil nicht hinreichende Zuwendung erfahren haben, ist im Trend betrachtet leicht rückläufig (Abb. 2.8).

Erwerbsbeteiligung der Eltern geht nicht mit Defiziten bei der Zuwendung einher

Die vorangegangenen Kinderstudien zeigen, dass verstärkte Erwerbsbeteiligung der Eltern und ausreichende Zeit für die Kinder kein Widerspruch sein müssen (Schneekloth/Pupeter 2013). In die gleiche Richtung weisen auch die Befunde der aktuellen Studie. Kinder, die ein Zuwendungsdefizit aussprechen, kom-

Abb. 2.8 **Zuwendung**

»Findest du, dass deine Mutter/Stiefmutter oder die neue Partnerin deines Vaters bzw. dein Vater/Stiefvater oder der neue Partner deiner Mutter ausreichend Zeit für dich hat?«

Basis: Kinder im Alter von 6 bis 11 Jahren (2007: 8 bis 11 Jahre) in Deutschland (Angaben in %)

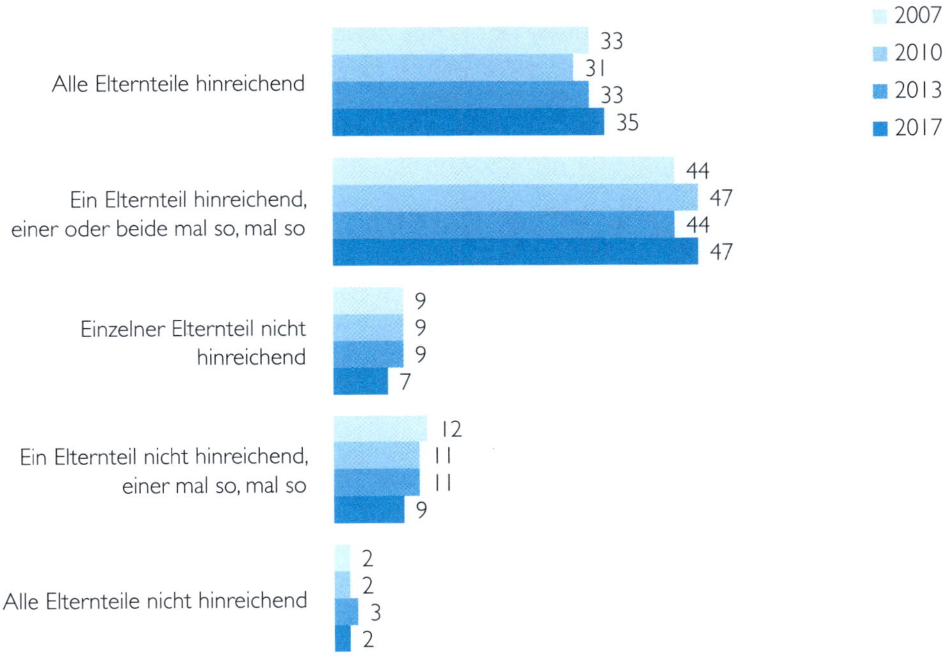

men seltener in Zwei-Eltern-Familien mit Erwerbsbeteiligung vor. Jeweils 7 % der Kinder in Familien, in denen nur ein Elternteil erwerbstätig ist, bzw. in denen ein Elternteil Vollzeit und eines Teilzeit oder beide Teilzeit arbeiten, beklagen ein Zuwendungsdefizit. Sind beide Eltern Vollzeit beschäftigt, so liegt der Anteil bei 8 %. Eine andere Situation liegt bei Familien mit erwerbstätigten Alleinerziehenden vor. Hier klagen 34 % der Kinder über zu wenig Zeit der Eltern (Abb. 2.9).

Anders als in den Jahren zuvor äußern Kinder in von Arbeitslosigkeit betroffenen oder aus sonstigen Gründen nicht erwerbstätigen Familien wesentlich seltener ein Zuwendungsdefizit. 2017 liegt der Anteil bei 12 %, während er 2013 bei 29 % lag. Nicht auszuschließen ist allerdings, dass dieser Befund mit der spezifischen Zusammensetzung der vergleichsweise kleinen Gruppe »Arbeitslos/Sonstige« zusammen hängt, die an dieser Stelle aufgrund der beschränkten Fallzahl nicht weiter differenziert werden kann.

Vor allem Alleinerziehende und erwerbslose Eltern kritisieren eine fehlende Vereinbarkeit von Familie und Beruf

Wie gelingt es Familien, Familie und Beruf zu vereinbaren? Eine Abfrage im Elternfragebogen ermöglicht uns, die Sicht der Eltern in den Blick zu nehmen. Der Großteil der Familien kann Familie und Beruf gut bzw. sehr gut vereinbaren. Gefragt, wie sie Familie und Erwerbsbeteiligung unter einen Hut bekommen, geben

Abb. 2.9 **Defizite bei der Zuwendung und Erwerbsbeteiligung der Eltern – Sicht der Kinder**
»Findest du, dass deine Mutter/Stiefmutter oder die neue Partnerin deines Vaters bzw. dein Vater/Stiefvater oder der neue Partner deiner Mutter ausreichend Zeit für dich hat?«

Basis: Kinder im Alter von 6 bis 11 Jahren (2007: 8 bis 11 Jahre) in Deutschland (Angaben in %)

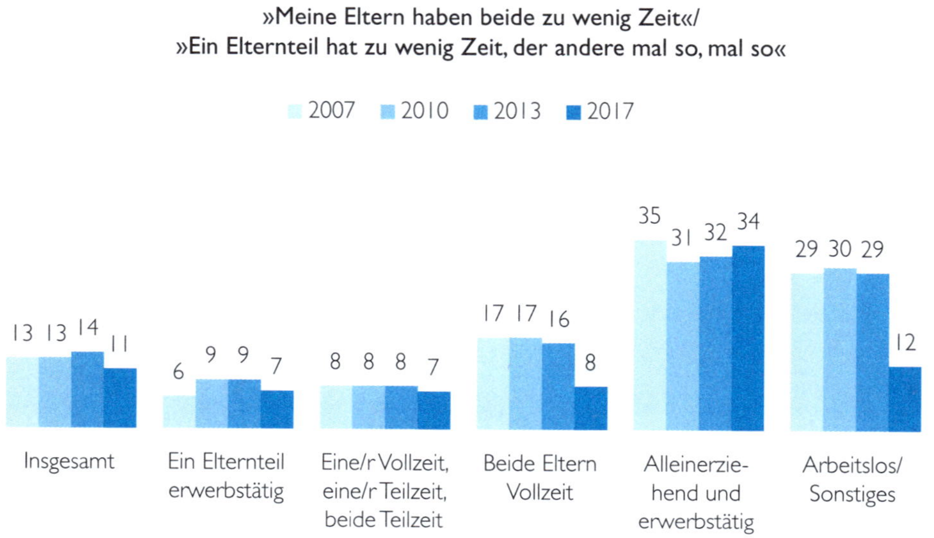

21 % der Eltern an, dass ihnen das nur mittelmäßig und 6 % eher schlecht bis sehr schlecht gelingt (Abb. 2.10).

Die Vereinbarungsmöglichkeiten von Familie und Beruf schätzen nicht alle Eltern gleich ein. Je nach Erwerbsbeteiligung der Eltern ergeben sich in den Familien unterschiedliche Problemwahrnehmungen. Am besten gelingt es, wenn beide Eltern erwerbstätig sind, jedoch einer oder beide mit reduzierter Stundenzahl. Hier sagt 1 % der Eltern, dass die Vereinbarung schlecht gelingt, und 18 % geben mittelmäßig an. Sind beide Eltern Vollzeit erwerbstätig, steigt der Anteil der Unzufriedenen an (2 % schlecht, 26 % mittelmäßig). Geht nur ein Elternteil einer Erwerbstätigkeit nach, wird die Vereinbarkeit von Familie und Beruf von 10 % der Eltern als eher schlecht bzw. sehr schlecht beurteilt und von 15 % als mittelmäßig. Es ist zu vermuten, dass in dieser Situation grundsätzlich eine Erwerbsbeteiligung von beiden Elternteilen sowohl in einer Vollzeit- wie in einer Teilzeitbeschäftigung gewünscht ist.

Hingegen ist bei erwerbstätigen Alleinerziehenden anzunehmen, dass die zeitlichen Beschränkungen im Vordergrund stehen, wenn die Vereinbarkeit von Familie und Beruf kritisch gesehen wird (10 % eher schlecht bzw. sehr schlecht und 33 % mittelmäßig). Die größten Schwierigkeiten bei der Verbindung von Familie und Beruf hat die Gruppe der Arbeitslosen (14 % eher schlecht bzw. sehr schlecht und 32 % mittelmäßig). Aber auch hier wird die generelle Unzufriedenheit mit der Situation am Arbeitsmarkt den Ausschlag für die Bewertung gegeben haben.

Alles unter einen Hut zu kriegen fällt Familien heute nach wie vor nicht leicht. Die Lebenssituationen sind unterschiedlich und Familie kann heute verschiedenste Formen annehmen. Defizite, etwa bei der Bewertung der Betreuung,

Abb. 2.10 **Vereinbarkeit von Familie und Beruf und Erwerbsbeteiligung der Eltern**

Elternauskunft: »Es wird ja heute viel über Vereinbarkeit von Familie und Beruf geredet. Wie ist das bei Ihnen? Wie bekommen Sie ›Familie und Erwerbstätigkeit‹ in Ihrer Familie unter einen Hut?«

Basis: Kinder im Alter von 6 bis 11 Jahren (2007: 8 bis 11 Jahre) in Deutschland (Angaben in %)

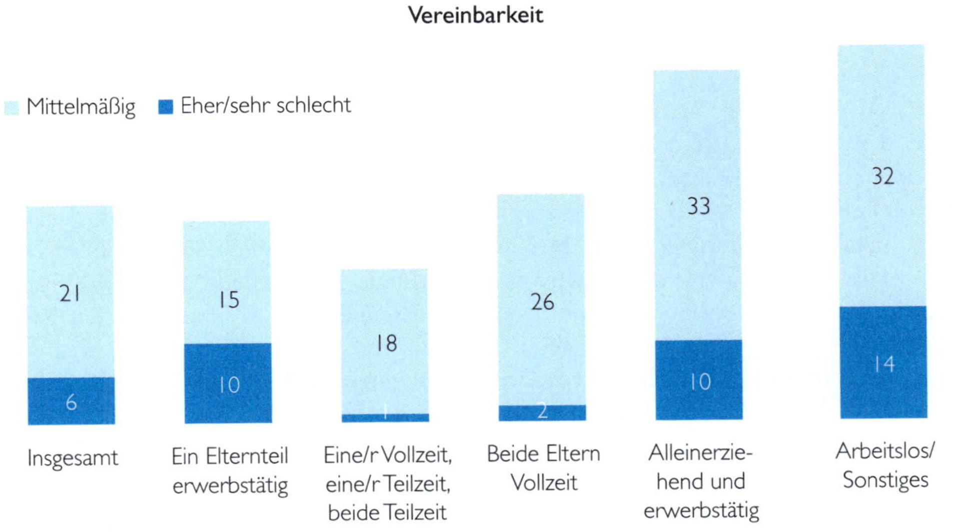

werden aus der Sicht der Kinder dort sichtbar, wo es aufgrund einer fehlenden oder zu geringen Erwerbsbeteiligung der Eltern an Stabilität und Verlässlichkeit mangelt. Familie ist für viele Kinder der »sicherer Hafen«, in dem man sich, wenn nötig, auch zurückziehen kann und der persönlichen Rückhalt gibt.

Monika Pupeter/Sabine Wolfert

3 Schule: Frühe Weichenstellungen

Mit dem Schuleintritt eröffnet sich für Kinder ein neuer Erfahrungsraum, der in dieser Lebensphase neben der Familie immer mehr an Bedeutung gewinnt. Neben ihrer Funktion als Instanz der Wissensvermittlung wird mit der Schule eine neue strukturgebende Institution eingeführt, die auf das Leben der Kinder wirkt. In der Schule und im Klassenverband entsteht Raum für neue Beziehungen – sowohl zu Mitschülerinnen und Mitschülern als auch zu Lehrerinnen und Lehrern.

Was erwarten Kinder von der Schule? Wie wohl fühlen sie sich? Wie können sie sich in diesem neuen Bereich einbringen und ihn mitgestalten? In diesem Kapitel wollen wir zunächst den Zusammenhang von Herkunft und Bildungschancen betrachten. Anschließend fragen wir nach dem schulischen Wohlbefinden der Kinder. Und wir wollen wissen, welchen Abschluss sich Kinder vorstellen können, also wo sie sich in Zukunft sehen. Wie sieht »Schule« für Kinder aus? Besuchen sie eine Ganztagsschule oder einen Hort? Abschließend gehen wir auf die Mitbestimmungsmöglichkeiten im schulischen Kontext ein.

3.1 Soziale Herkunft bestimmt über Bildungschancen

Kinder im Alter von 6 bis 11 Jahren besuchen in Deutschland mehrheitlich die Grundschule. Eine Differenzierung nach verschiedenen Schultypen wird erst in der ältesten Altersgruppe sichtbar. Nahezu alle 6- bis 7- und 8- bis 9-Jährigen gehen in die Grundschule; lediglich 3 % bzw. 5 % besuchen eine Förderschule. Anders bei den 10- und 11-Jährigen: Hier besuchen noch 22 % der Kinder die Grundschule, 9 % gehen auf die Hauptschule bzw. Mittelschule, 23 % sind auf der Realschule und 31 % auf dem Gymnasium (Tab. 3.1). Weiter besuchen 12 % der Schülerinnen und Schüler dieser Altersgruppe Schulen mit mehreren Bildungsgängen, die meist nach Ende der Grundschulzeit beginnen. Dabei sind kaum Unterschiede zwischen Jungen und Mädchen auszumachen. Insgesamt ist in unserer Kinderstudie der Anteil der Kinder an weiterführenden Schulen in den neuen Bundesländern geringer als in den alten Bundesländern.

Differenziert man die besuchte Schulform nach sozialer Herkunftsschicht, fällt auf, dass Kinder der unteren Schicht wie der unteren Mittelschicht seltener ein Gymnasium besuchen (2 % bzw. 5 %), während überdurchschnittlich viele Kinder der oberen Mittelschicht (13 %) und insbesondere der Oberschicht (24 %) dies tun (Tab. 3.2).

Hingegen liegt bei der unteren Schicht der Anteil der Kinder in der altersübergreifenden Kategorie »Förderschule« bei

Tab. 3.1 **Besuchte Schulform nach Geschlecht und Alter der Kinder**

Basis: Kinder im Alter von 6 bis 11 Jahren in Deutschland (Angaben in %) (Elternauskunft)

Spalten in %	**Gesamt**	**Mädchen**	**Jungen**	**6–7 Jahre**	**8–9 Jahre**	**10–11 Jahre**
Grundschule	68	68	67	97	90	22
Hauptschule/Mittelschule	3	2	4	–	–	9
Realschule	8	9	8	–	–	23
Gymnasium	11	12	11	–	1	31
Schule mit mehr Bildungsgängen	6	6	5	–	4	12
Förderschule/Sonderschule	4	3	5	3	5	3

Tab. 3.2 **Besuchte Schulform nach sozialer Herkunftsschicht der Kinder**

Basis: Kinder im Alter von 6 bis 11 Jahren in Deutschland (Angaben in %) (Elternauskunft)

Spalten in %	**Gesamt**	**Untere Schicht**	**Untere Mittelschicht**	**Mittelschicht**	**Obere Mittelschicht**	**Oberschicht**
Grundschule	68	60	66	68	72	65
Hauptschule/Mittelschule	3	7	6	3	2	1
Realschule	8	6	10	12	6	6
Gymnasium	11	2	5	8	13	24
Schule mit mehr Bildungsgängen	6	2	7	8	5	4
Förderschule/Sonderschule	4	23	6	1	2	0

23 %. Ebenfalls überdurchschnittlich sind die Anteile der Kinder aus der unteren Schicht und der unteren Mittelschicht in Haupt- und Mittelschulen (7 bzw. 6 %).

Betrachtet man die Verteilung der Schulform für Kinder ohne deutsche Staatsangehörigkeit, zeigt sich, dass in dieser Gruppe der Anteil der Kinder auf Förderschulen höher liegt (16 % im Vergleich zu 4 % bei allen Kindern im Alter von 6 bis 11 Jahren) und nur knapp 3 % dieser Kinder ein Gymnasium besuchen (ohne Tab.).

Die vorgelegten Befunde sind nicht neu und zeigten sich auch schon in den Vorgängerstudien. Die soziale Herkunft ist immer noch ein guter Prädiktor für den Schulbesuch und in der Folge auch für den Schulabschluss der Kinder. Ungleiche Bildungschancen werden je nach Bildungshintergrund in der Herkunftsfamilie weitergegeben und bleiben bestehen.

3.2 Wie geht es den Kindern in der Schule?

Schule bedeutet nicht nur Lernen und Wissensvermittlung. Schule ist ein Erfahrungsraum, der sich aus verschiedenen Aspekten zusammensetzt. So kann dasselbe Kind gerne in die Schule gehen, um andere Kinder zu treffen und so Freundschaften zu pflegen, und gleichzeitig dem Lernen in der Schule nicht zugewandt sein. Um ein differenzierteres Bild des Schullebens zu erhalten, haben wir »Schule« in die einzelnen Aspekte zerlegt, die das Schulleben ausmachen. Wir haben die Kinder gefragt, wie ihnen der Unterricht gefällt, wie zufrieden sie mit Lehrerinnen und Lehrern sind und wie wohl sie sich mit den anderen Kindern in der Klasse fühlen. Die Abfrage erfolgte mit einer fünfstufigen Smiley-Skala mit zwei positiven Smileys, einem neutralen und zwei negativen Smileys.[14] Die überwiegende Mehrheit der Kinder bezieht sich sehr positiv bzw. positiv auf die anderen Kinder in der Klasse (87 %), die Lehrerinnen und Lehrer (82 %) und auf den Unterricht (79 %) (Abb. 3.1). Die Hälfte der Kinder sagt sogar, dass sie sich mit den anderen Kindern in der Klasse sehr wohl fühlt. 49 % sind sehr zufrieden mit ihren Lehrerinnen und Lehrern und 46 % gefällt der Unterricht sehr.

Eine neutrale Einstufung des Unterrichts nehmen 17 % vor, der Lehrkräfte 14 % und die Kinder in der Klasse bewerten 11 % neutral. Negative und sehr negative Bewertungen erteilen jeweils zusammen 4 % der Kinder dem Unterricht und den Lehrkräften und 2 % dem Wohlfühlen mit den Klassenkameraden.

Damit fällt die Bewertung der Schule insgesamt sehr positiv aus. Es ist jedoch hinlänglich bekannt, das Zufriedenheitsabfragen immer eine »Schieflage« in die positive Richtung und ihre absoluten Anteile nur bedingte Aussagekraft haben. Jedoch lassen sich inhaltliche Aussagen beim Vergleich verschiedener Gruppen oder Bereiche treffen. So wird zum Beispiel die Bewertung des Unterrichts im Vergleich zu Lehrerinnen und Lehrern sowie Mitschülerinnen und Mitschülern am kritischsten gesehen.

Die schulischen Einzelaspekte können nicht im zeitlichen Verlauf dargestellt werden, da in den Vorgängerstudien die Zufriedenheit der Kinder mit dem Lebensbereich »Schule« nicht in seinen verschiedenen Aspekten, sondern insgesamt erhoben wurde: »Wie gefällt es dir in der Schule?«. Hier ist über die Jahre ein Anstieg des kindlichen Wohlbefindens in Bezug auf Schule zu erkennen. So antworteten 2013 79 % der Kinder (sehr) positiv und die Angaben ähneln der Verteilung zu den Angaben zum Unterricht im Jahr 2017.

Gefallen an Unterricht und Lehrern nimmt mit dem Alter ab

Die jüngeren Kinder bringen ihre Begeisterung für den neuen Lebensbereich Schule zum Ausdruck, indem sie deutlich häufiger als die Älteren »der Unterricht gefällt mir sehr gut« (61 %) und »sehr zufrieden mit den Lehrern« (64 %) angeben. 10- bis 11-Jährige sagen dies nur noch zu 33 bzw. 37 %, gleichzeitig stei-

14 Die Art der Frageformulierung entspricht der gängigen »Lebenszufriedenheitsabfrage« in der empirischen Sozialforschung. Als Antwortmöglichkeit wird bei allgemeinen Bevölkerungsbefragungen allerdings in der Regel eine 11er-Skala (von 0 bis 10) vorgelegt. Bei der Befragung von Kindern hat sich eine fünfstufigen Skala als ausreichend differenzierend herausgestellt. Wir haben hierzu ein Experiment im Pretest durchgeführt (vgl. Anhang A1: Methodik).

Abb. 3.1 **Zufriedenheit mit der Schule im Trend (2007 bis 2013) und nach verschiedenen schulischen Aspekten 2017**

2007/2010/2013: »Wie gefällt es Dir in der Schule?«

2017: »Wenn Du an die Schule denkst, wie gefällt Dir der Unterricht?«

2017: »Und wie zufrieden bist Du mit den Lehrerinnen und Lehrern?«

2017: »Wie wohl fühlst Du Dich mit den anderen Kindern in Deiner Klasse?«

Basis: Kinder im Alter von 6 bis 11 Jahren (2007: 8 bis 11 Jahre) in Deutschland (Angaben in %)[1]

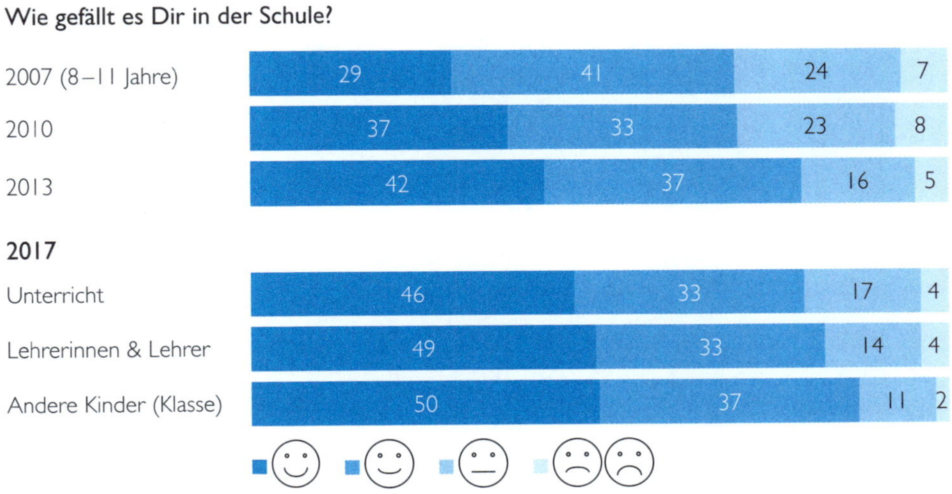

[1] Fehlend zu 100% = »Weiß nicht«/»Keine Angabe«

gen die neutralen Bewertungen mit zunehmendem Alter.

Dasselbe Bild zeigt sich, wenn es um die Beziehungen zu anderen Schülerinnen und Schülern geht, allerdings ist die Spannbreite der Bewertung im Altersvergleich wesentlich geringer. So fühlen sich 54 % der jüngeren Kinder mit den anderen Kindern in der Klasse sehr wohl, bei den Älteren sind es 45 %.

Insbesondere Kinder der 5. Klassen sind bei der Einschätzung ihres Wohlfühlens mit den anderen Kindern der Klasse zurückhaltender (42 % sagen »sehr wohl«), was an den oft in dieser Jahrgangsstufe neu zusammengesetzten Klassen liegen mag.

Mädchen sind in der Schule zufriedener

Generell sind Mädchen mit allen schulischen Bereichen zufriedener als Jungen. Während Mädchen nur leicht vor den Jungen liegen, wenn es darum geht, wie wohl man sich mit den anderen Kindern in der Klasse fühlt, fallen die Unterschiede bei den klassischen Elementen der Schule deutlicher aus: Den Mädchen gefällt der Unterricht deutlich besser als den Jungen (51 % zu 41 % »sehr gut«) und sie sind deutlich zufriedener mit ihren Lehrerinnen und Lehrern (55 % zu 45 % »sehr zufrieden«) (Tab. 3.3).

Tab. 3.3 **Zufriedenheit mit verschiedenen Aspekten in der Schule nach Alter und Geschlecht der Kinder**

Basis: Kinder im Alter von 6 bis 11 Jahren in Deutschland (Angaben in %)

Spalten in %	Gesamt	Mädchen	Jungen	6–7 Jahre	8–9 Jahre	10–11 Jahre
Wenn Du an die Schule denkst, wie gefällt Dir der Unterricht?						
Gefällt mir sehr gut	46	51	41	61	46	33
Gefällt mir gut	33	33	34	25	32	42
Neutral	17	13	20	11	18	20
Gefällt mir nicht	2	2	3	1	3	3
Gefällt mir überhaupt nicht	2	1	2	2	1	2
Weiß nicht	0	0	0	0	0	0
Und wie zufrieden bist Du mit den Lehrerinnen und Lehrern?						
Sehr zufrieden	49	55	45	64	50	37
Zufrieden	33	30	35	26	32	38
Neutral	14	11	16	7	14	20
Nicht zufrieden	3	3	2	2	2	4
Überhaupt nicht zufrieden	1	1	1	1	2	1
Weiß nicht/keine Angabe	0	0	1	0	0	0
Wie wohl fühlst Du Dich mit den anderen Kindern?						
Sehr wohl	50	52	48	54	50	45
Wohl	37	34	40	34	39	39
Neutral	11	12	11	11	10	13
Nicht wohl	1	2	1	0	1	2
Überhaupt nicht wohl	1	0	0	1	0	0
Weiß nicht/keine Angabe	0	0	0	0	0	1

Guter Schüler – schlechter Schüler

Sicherlich hängt die größere Zufriedenheit der Mädchen mit der Schule auch mit ihrem ausgeprägteren Selbstbewusstsein zusammen, was ihre Schulleistung angeht: Zwar nimmt sowohl bei Mädchen als auch bei Jungen die eigene Wahrnehmung, ein sehr guter oder guter Schüler zu sein, mit zunehmendem Alter ab, bei Jungen aber ist dieser Effekt deutlich stärker: Bei den 6- bis 7-Jährigen sind es 68 % der Mädchen und 61 % der Jungen, die sich selbst als sehr gute oder gute Schülerin bzw. sehr guten oder guten Schüler einschätzen, bei den 10- bis 11-Jährigen sind es 64 % der Mädchen und 48 % der Jungen (Tab. 3.4).

Tab. 3.4 **Selbsteinschätzung Schulleistung nach Alter und Geschlecht der Kinder**
Basis: Kinder im Alter von 6 bis 11 Jahren in Deutschland (Angaben in %)

Spalten in %	**Gesamt**	**Mädchen**			**Jungen**		
		6–7 Jahre	**8–9 Jahre**	**10–11 Jahre**	**6–7 Jahre**	**8–9 Jahre**	**10–11 Jahre**
Sehr guter Schüler	16	28	19	16	18	13	7
Guter Schüler	43	40	43	48	43	41	41
Mittelguter Schüler	33	22	33	30	27	36	47
Nicht so guter/überhaupt nicht guter Schüler	6	5	4	6	7	9	5
Weiß nicht/keine Angabe	2	5	1	0	5	1	0

Kopf- und Bauchschmerzen als Zeichen der Überlastung?

3 % aller 6- bis 11-Jährigen sagen, dass sie »sehr oft« Kopf- oder Bauchschmerzen haben, 15 % »öfter«. Je älter die Kinder sind, desto häufiger empfinden sie Stress-Symptome wie Kopf- oder Bauchschmerzen. Möglicherweise spielen hier die steigenden Anforderungen in der Schule hinein, unter denen viele Kinder leiden. Dies trifft insbesondere auf die 10- bis 11-jährigen Mädchen zu, von ihnen geben 5 % an, »sehr oft« unter körperlichen Schmerzen zu leiden (Abb. 3.2). Mädchen haben in allen Altersgruppen etwas häufiger »selten« Kopf- und Bauchschmerzen, während die Anteile in

Abb. 3.2 **Kopf- und Bauchschmerzen nach Geschlecht und Alter**
»Kommt es vor, dass Du Kopfweh oder Bauchweh hast?«
Basis: Kinder im Alter von 6 bis 11 Jahren in Deutschland (Angaben in %)[1]

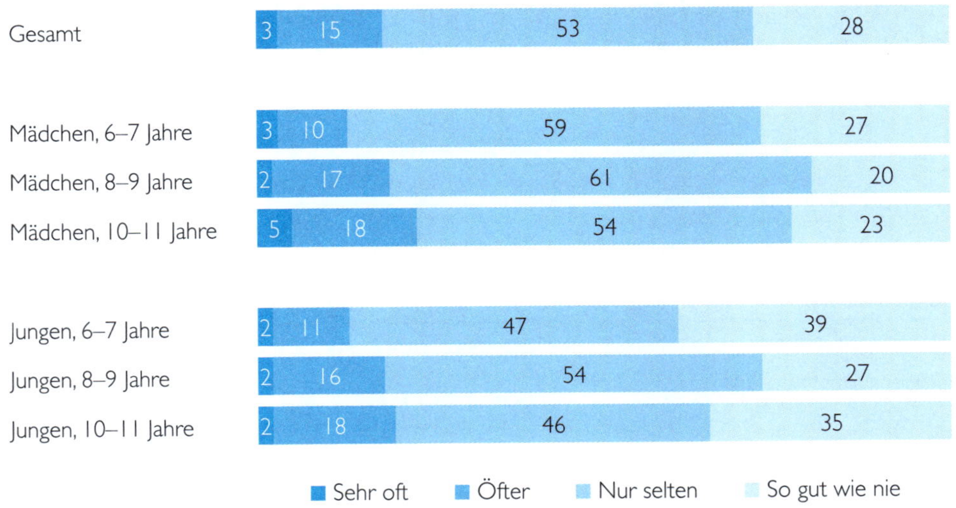

[1] Fehlend zu 100 % = »Weiß nicht«/»Keine Angabe«

den Kategorien »sehr oft« und »öfter« mit den Jungen vergleichbar sind. Insgesamt sind Mädchen daher etwas häufiger von Kopf- und Bauchschmerzen betroffen.

Nach der sozialen Herkunftsschicht unterscheiden sich die Kinder diesbezüglich kaum, lediglich die Kinder aus der unteren Schicht äußern seltener, dass sie so gut wie nie Kopf- oder Bauchweh haben, gleichzeitig geben sie aber auch seltener an, sehr oft oder öfter Kopf- oder Bauchschmerzen zu haben als Kinder der anderen Schichten.

Im Vergleich zur Vorgängerstudie 2013 bleiben die Anteilswerte – auch in den einzelnen Gruppen – relativ unverändert.

3.3 Bildungsaspiration: Wo sehen Kinder sich?

Wir haben die Kinder gefragt, welche weiterführende Schule sie nach der Grundschule besuchen möchten (Kinder in den Klassen 1 bis 4) bzw. welchen Schulabschluss sie anstreben (Kinder ab Klassenstufe 5). 43 % der 6- bis 7-Jährigen wissen noch keine Antwort auf diese Frage oder es ist ihnen (noch) egal. Mit zunehmendem Alter sind die Kinder dann entschiedener: Von den 8- bis 9-Jährigen sind es noch 20 % und von den 10- bis 11-Jährigen 9 %, die mit »weiß nicht/egal« antworten. Gleichzeitig nimmt, je älter die Kinder sind, vor allem der Wunsch zu, aufs Gymnasium zu gehen bzw. Abitur zu machen. Während dies lediglich 34 % der 6- bis 7-Jährigen als ihr Bildungsziel angeben, sagen das von den 10- bis 11-Jährigen 58 %. Auch steigt mit zunehmendem Alter die Neigung, den Realschulabschluss zu erlangen. Lediglich der Hauptschulabschluss ist bei Jüngeren und Älteren gleich unbeliebt, zwischen 5 % und 6 % der Kinder geben diesen jeweils als ihr Ziel an (Tab. 3.5). Offenbar ist den Kindern schon recht früh klar, dass die Wahl der weiterführenden Schule eine Weichenstellung für ihr weiteres Leben ist – vom Hauptschulabschluss haben sie kein positives Bild.

Wie in den bisherigen Erhebungen ist die höhere Bildungsaspiration der Mädchen augenfällig: 50 % aller 6- bis 11-jährigen Mädchen und 44 % der Jungen geben das Abitur als gewünschten Schulabschluss an.

Tab. 3.5 **Angestrebte weiterführende Schule bzw. angestrebter Schulabschluss nach Alter der Kinder**

Basis: Kinder im Alter von 6 bis 11 Jahren in Deutschland (Angaben in %)

Spalten in %	Gesamt	Mädchen	Jungen	6–7 Jahre	8–9 Jahre	10–11 Jahre
Hauptschulabschluss	5	4	7	6	5	5
Realschulabschluss	25	23	26	17	28	28
Abitur	47	50	44	34	46	58
Weiß nicht/egal	23	23	23	43	20	9
Keine Angabe	0	0	0	0	1	0

Bildungsrelevante Ungleichheiten: Soziale Herkunftsschicht bestimmt maßgeblich die Bildunsgziele der Kinder

Um die Einflussfaktoren, die auf die Bildungsaspiration wirken, im Zusammenhang zu identifizieren, wurde eine multivariate Analyse durchgeführt.[15] Die Faktoren, die sich als signifikant erweisen, sind in Tabelle 3.6 bivariat dargestellt.

Neben den dargestellten individuellen Faktoren Geschlecht und Alter beeinflussen auch strukturelle Bedingungen des Wohnorts die Bildungswünsche von Kindern: In den Städten und deren Randlagen möchten mehr Kinder Abitur machen als in weniger dicht besiedelten Regionen. In den Städten geben 51 %, in deren Randlagen 49 % und in ländlichen Regionen 39 % der Kinder das Abitur als Abschlussziel an. In den Antworten der Kinder auf dem Land scheint sich ihr Wissen über infrastrukturelle Nachteile widerzuspiegeln: Ein weniger breites Angebot an wohnortnahen Schulen, die den gewünschten Bildungsabschluss anbieten, schlechtere Anbindung mit dem öffentlichen Nahverkehr und weniger außerschulische Fördermöglichkeiten als in Städten und Ballungsgebieten. Auf dem Land scheint zudem der Ruf der Hauptschule nicht so schlecht zu sein wie in der Stadt, 10 % der Kinder geben hier als Ziel den Hauptschulabschluss an, in Städten sind es 3 %.

Den stärksten Einfluss auf die Bildungsaspiration der Kinder hat ihre soziale Herkunftsschicht: 17 % der Kinder aus der unteren Schicht und 72 % der Kinder aus der Oberschicht möchten Abitur machen. Es ist anzunehmen, dass sich in den geäußerten Absichten der Kinder die Bildungswünsche ihrer Eltern spiegeln: Eltern aus höheren Bildungsschichten haben meist auch für ihre eigenen Kinder ambitionierte Bildungsziele. Haben die Eltern selbst Abitur gemacht, können sie ihre Kinder eher fördern und in schulischen Belangen unterstützen.

Abbildung 3.3 zeigt die Unterschiede der von den Kindern geäußerten Bildungsziele nach sozialer Herkunftsschicht nochmals im Detail. Interessant ist, dass 35 % der Kinder aus der unteren Schicht keine Antwort auf die Frage nach der weiterführenden Schule bzw. dem angestrebten Schulabschluss geben können, bei den Kindern aus der Oberschicht sind es nur 17 %. Während von allen Kindern nur 5 % den Hauptschulabschluss nennen, sind es 17 % der Kinder aus der unteren Schicht. Offenbar wissen die Kinder schon recht früh um ihre geringeren Chancen im weiteren Bildungsverlauf. Den engen Zusammenhang zwischen sozialer Herkunftsschicht und angestrebtem Bildungsabschluss hatten wir auch in den bisherigen Kinderstudien dargestellt. Auf die prognostische Kraft der Bildungsaspiration für die später tatsächlich realisierten Bildungsziele haben wir schon früher verwiesen (Pupeter/Hurrelmann 2013).

Im Zusammenhang mit den in der multivariaten Analyse untersuchten Faktoren spielt auch die Zeit, die Eltern für ihre Kinder haben, eine Rolle für deren schulische Ambitionen: 48 % der Kinder, die über kein Zuwendungsdefizit berichten, möchten Abitur machen, von denjenigen, die von einem Zuwendungsdefizit sprechen, sind es 36 %.

Der Migrationshintergrund der Kin-

15 In der Kategorie »Abitur« sind die Antworten »Gymnasium« (angestrebte weiterführende Schule) und »Abitur« (angestrebter Abschluss) zusammengefasst. In der Kategorie »Nicht Abitur« sind alle übrigen Antworten enthalten, auch die Angaben »Weiß nicht/egal« und »Keine Angabe«.

Tab. 3.6 **Zusammenhangsanalyse: Angestrebter Schulabschluss nach signifikanten persönlichen und sozialen Merkmalen**[1]

Basis: Kinder im Alter von 6 bis 11 Jahren in Deutschland (Angaben in %)

%-Angaben (pro Zeile)	Abitur angestrebt	Nicht Abitur
Gesamt	47	53
Geschlecht		
Mädchen	**50**	50
Jungen	44	**56**
Alter		
6–7 Jahre	34	**66**
8–9 Jahre	46	54
10–11 Jahre	**58**	42
Stadt/Land		
(Groß-)Stadt	**51**	49
Randlagen von (Groß-)Städten	**49**	51
Verdichtungsräume	42	**58**
Ländliche Räume	39	**61**
Soziale Herkunftsschicht		
Untere Schicht	17	**83**
Untere Mittelschicht	25	**75**
Mittelschicht	39	**61**
Obere Mittelschicht	**58**	42
Oberschicht	**72**	28
Zuwendung der Eltern		
Kein Defizit	**48**	52
Defizit bei einem Elternteil	47	53
Zuwendungsdefizit	36	**64**

1 Der Zusammenhang wurde multivariat anhand einer logistischen Regression auf die neu gebildete Variable »angestrebter Schulabschluss Abitur: ja oder nein« getestet. Einbezogene Merkmale: Geschlecht, Alter, West/Ost, Siedlungsstrukturtyp (BIK), soziale Herkunftsschicht, Migrationshintergrund, Armutserleben, Familienform (alleinerziehend vs. nicht alleinerziehend), Zuwendungsdefizit.
Aus Gründen der Übersichtlichkeit werden in der Tabelle bivariate Merkmalsausprägungen in % ausgewiesen. Fettgedruckt sind auffällige Abweichungen für Merkmale, die sich auch innerhalb der multivariaten Analyse als signifikant erwiesen haben ($p < 0,05$).

der erweist sich multivariat nicht als bedeutsam: Jeweils 48 % der Kinder ohne Migrationshintergrund sowie der Kinder mit Migrationshintergrund und deutscher Staatsangehörigkeit möchten Abitur machen. Lediglich die Kinder ohne deutsche Staatsbürgerschaft sind zögernder, von ihnen äußern nur 37 % das Abitur

Abb. 3.3 **Angestrebter Bildungsabschluss nach sozialer Herkunftsschicht**

»Auf welche weiterführende Schule möchtest Du später gerne gehen?«/»Welchen Schulabschluss möchtest Du später erreichen?«

Basis: Kinder im Alter von 6 bis 11 Jahren in Deutschland (Angaben in %)[1]

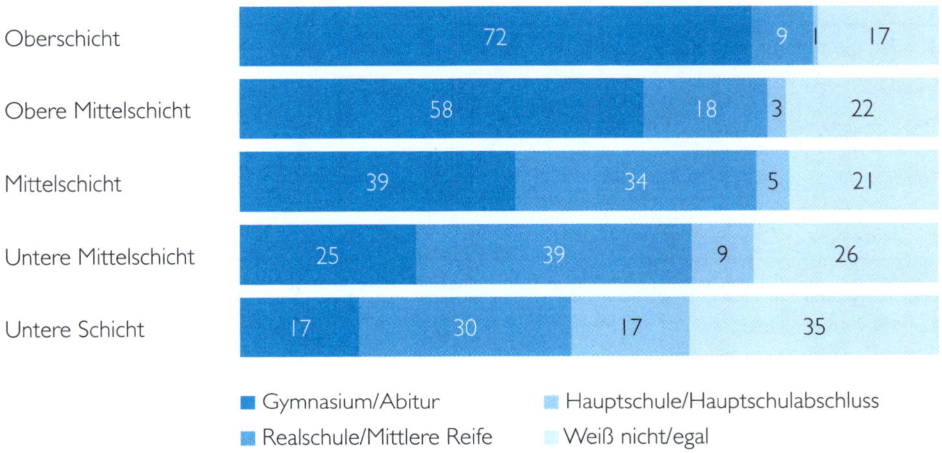

1 Fehlend zu 100 % = »Keine Angabe«

als Schulabschlussziel. Auch das Armutserleben und die Familienform haben sich multivariat nicht als signifikant erwiesen. Mögliche Effekte des Migrationshintergrundes oder der finanziellen Ressourcen des Elternhauses werden von denen des Bildungshintergrundes überlagert.

Herkunftsschicht und Einschätzung der eigenen Schulleistung

Wir haben die Kinder nicht nach ihren Schulnoten gefragt, wollten aber wissen, wie sie ihre Schulleistung selbst einschätzen. Wenig verwunderlich ist, dass 63 % der 6- bis 11-Jährigen, die von sich sagen, dass sie »ein sehr guter Schüler« sind, das Abitur als Schulabschluss anstreben. Von denen, die sich als »guter Schüler« bezeichnen, sind es 54 % und von denen, die von sich meinen, ein »mittelguter« Schüler zu sein, 37 %. Kinder, die sich als »nicht so guter« oder »überhaupt nicht guter« Schüler sehen, geben nur zu 16 % das Abitur als Ziel an.

Bemerkenswert sind allerdings die Unterschiede zwischen den Kindern aus den unterschiedlichen Herkunftsschichten: Kinder aus den unteren Schichten sind deutlich zurückhaltender, das Abitur als Wunschziel zu äußern, als Gleichaltrige aus höheren Herkunftsschichten, selbst wenn sie ihre eigenen Schulleistungen gut bewerten: Während 29 % aus der unteren Schicht, die sich selbst als guter oder sehr guter Schüler sehen, das Abitur anstreben, sind es 74 % der Kinder aus der Oberschicht. Von den Oberschicht-Kindern sagen sogar 66 %, dass sie Abitur machen möchten, wenn sie sich selbst als weniger guter Schüler sehen (Tab. 3.7). In der Oberschicht möchten also doppelt so viele Kinder, die sich nicht als gut in der Schule bezeichnen, Abitur machen wie Kinder aus der unteren Schicht, die

Tab. 3.7 **Bildungsaspiration und Selbsteinschätzung als Schüler nach sozialer Herkunftsschicht**
Basis: Kinder im Alter von 6 bis 11 Jahren in Deutschland (Angaben in %)

Spalten in %	Gesamt	Untere Schicht	Untere Mittel-schicht	Mittel-schicht	Obere Mittel-schicht	Ober-schicht
Kinder, die sich für sehr gute/gute Schüler halten						
Hauptschulabschluss	3	5	5	4	2	1
Realschulabschluss	18	17	30	29	14	8
Abitur	56	29	33	45	63	74
Weiß nicht/egal/ keine Angabe	23	49	32	22	21	17
Kinder, die sich für mittelgute/nicht so gute/überhaupt nicht gute Schüler halten						
Hauptschulabschluss	9	22	13	7	4	1
Realschulabschluss	36	37	48	43	26	15
Abitur	33	13	18	33	46	66
Weiß nicht/egal/ keine Angabe	22	28	21	17	24	18

ihre eigenen Leistungen als gut oder sehr gut beurteilen (66 % zu 29 %).

Eindrucksvoll ist zudem, dass die Hälfte der Kinder aus der unteren Schicht, die ihre Schulleistung positiv bewerten, keine Aussage über ihren geplanten Schulabschluss machen (49 %), deutlich mehr als wenn sie ihre Leistungen weniger gut beurteilen (28 %). Es scheint fast so, als würde ein positives Selbstbild bezüglich der Schulleistungen eher zur Verunsicherung dieser Kinder beitragen, was ihren weiteren schulischen Lebensweg angeht. Vielleicht sind sich diese Kinder schon sehr früh darüber im Klaren, dass sie aus ihrem Elternhaus wenig Unterstützung für die Schule erhalten werden und trauen sich auch deshalb keine ambitionierten Ziele zu.

3.4 Ganztagsschule und institutionelle Betreuung am Nachmittag

Der flächendeckende Ausbau der Ganztagsschulen ist eines der großen Projekte im schulpolitischen Bereich der letzten Jahre. Damit werden im Wesentlichen zwei Ziele verfolgt. Einerseits soll durch das Ganztagsangebot die Betreuungssituation der Kinder verbessert werden, sodass Eltern entlastet werden und sie Familie und Erwerbstätigkeit besser verbinden können. Andererseits hofft man, mit den ganztätigen Angeboten Kinder zu fördern und zu unterstützen und insbesondere Kindern aus benachteiligten Familien Angebote zu vermitteln und Chancen zu eröffnen, die sie sonst nicht hätten. Der Ausbau der Ganztagsschulen wird sowohl vom Bund als auch von den Ländern unterstützt und wissenschaftlich durch verschiedene Projekte begleitet (StEG-Konsortium 2010; 2013; 2015; 2016).

Für die World Vision Kinderstudie haben wir auch dieses Mal die Kinder gefragt, in welche Schulart sie gehen. 26 % der 6- bis 11-jährigen Schülerinnen und Schüler geben an, auf einer Ganztagsschule zu lernen. Damit weisen wir einen niedrigeren Anteil aus als die offizielle Statistik. In erster Linie dürfte dies daran liegen, dass sich unser Anteil auf die Angaben der Kinder und deren Wahrnehmung stützt. Zudem ist die Einordnung der Schulart auch für offizielle Stellen nicht einfach. Die Datenlage ist uneinheitlichen und die Quote der Ganztagsschüler schwer zu bestimmen.

Unter dem Begriff »Ganztagsschule« werden unterschiedliche Konzepte mit sehr verschieden Ausgestaltungsmöglichkeiten zusammengefasst (Alt/Hüsken/Lange 2016). Es gibt offene Konzepte, bei denen die Kinder frei wählen können, ob sie am Nachmittagsangebot teilnehmen und dies jeden Tag aufs Neue. Bei anderen Angeboten meldet man sich zu Beginn des Schuljahres verbindlich an – sei es für alle Wochentage oder nur zur Teilnahme an bestimmten Tagen in der Woche. In diesen Fällen ist nicht immer die Schule selbst für die Gestaltung des »Ganztags« zuständig, zum Teil werden die Angebote an den Schulen durch externe Anbieter durchgeführt. Auf der anderen Seite der Skala bieten Schulen gebundene rhythmisierte Ganztagskonzepte, bei denen sich Lernen und Erholungsaktivitäten im Tagesablauf abwechseln und auch am Nachmittag normaler Regelunterricht stattfindet.

Die Mindestanforderung, die von der Kultusministerkonferenz (KMK) definiert wurde, besagt, dass die Kinder an mindestens drei Tagen in der Woche für sieben Zeitstunden an der Schule betreut sein müssen, um von Ganztagsunterricht sprechen zu können (KMK 2015). Die verstärkten Anstrengungen zum Ausbau der Ganztagsschulen führten dazu, dass 2015 60 % der Schulen Ganztagsangebote zur Verfügung stellten (KMK 2016). Es ist davon auszugehen, dass die Ganztagsangebote in den vergangenen Jahren kontinuierlich gestiegen sind und im Schuljahr 2014/15 schätzungsweise ein Drittel aller Kinder und Jugendlichen in Deutschland und fast die Hälfte aller Grundschulkinder ganztägige Angebote besuchten (Autorengruppe Bildungsberichterstattung 2016).

Anteil der Ganztagsschüler steigt

Der Anstieg der Anteile von Ganztagsschülerinnen und Ganztagsschülern lässt sich auch anhand der World Vision Kinderstudien nachzeichnen. Betrachtet man die letzten zehn Jahre, so ist ein kontinuierlicher Anstieg im schulischen Ganztagsbetrieb auszumachen. Während 2007 noch 13 % der Grundgesamtheit der 1. Kinderstudie (Kinder im Alter von 8 bis 11 Jahren) eine Ganztagsschule besuchten, hat der Anteil sich zehn Jahre später mehr als verdoppelt und liegt aktuell bei 28 % der 8- bis 11-Jährigen (Abb. 3.4). Damit liegen unsere Anteile zwar unter den im Bildungsbericht kommunizierten Zahlen, die Ergebnisse weisen jedoch in dieselbe Richtung.

Abb. 3.4 **Der Trend: Kinder im Alter von 8 bis 11 Jahren in schulischer Ganztagsbetreuung**
»Gehst Du auf eine Halbtagsschule, die normalerweise mittags zu Ende ist, oder besuchst Du eine Ganztagsschule oder -klasse mit regelmäßigem Unterricht und sonstigen Angeboten am Nachmittag?«

Basis: Kinder im Alter von 8 bis 11 Jahren in Deutschland (Angaben in %)

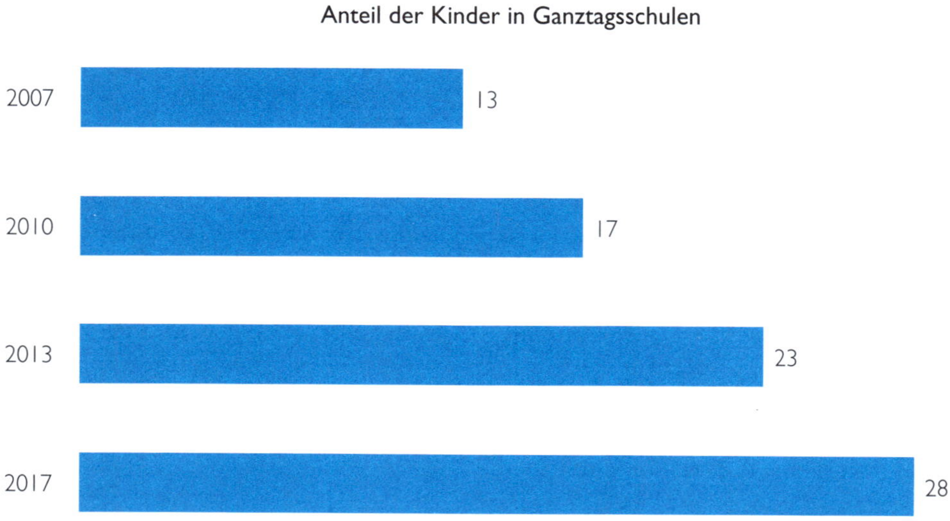

Wo gehen Kinder auf Ganztagsschulen?

In der World Vision Kinderstudie geben 2017 26 % aller Kinder im Alter von 6 bis 11 Jahren an, eine Ganztagsschule zu besuchen. Wo gehen Kinder auf Ganztagsschulen? Kinder in Städten und Großstädten aber auch Verdichtungsräumen sind häufiger an Ganztagsschulen (29 % und 34 %). Ebenso geht in den neuen Bundesländern ein höherer Anteil an Kindern in eine Ganztagsschule, und zwar in Städten wie auch im ländlichen Raum. Im Westen (inkl. Berlin) besucht nur ein knappes Viertel der Kinder im Alter von 6 bis 11 Jahren eine Ganztagsschule, während es im Osten 43 % sind (Tab. 3.8). Der Besuch der Ganztagsschule wird im Grundschulalter zum einen durch das Angebot an Ganztagsklassen

Tab. 3.8 **Besuchte Schulart nach regionalen Merkmalen**
Basis: Kinder im Alter von 6 bis 11 Jahren in Deutschland (Angaben in %)[1]

Spalten in %	Gesamt	West[2]	Ost	(Groß-) Stadt	Randlagen von (Groß-) Städten	Verdichtungsräume	Ländliche Räume
Halbtagsschule	73	76	55	71	78	64	75
Ganztagsschule	26	24	43	29	21	34	25

1 Fehlend zu 100 % = »Weiß nicht«/»Keine Angabe«
2 West (inkl. Berlin)

Abb. 3.5 **Was Kinder am Nachmittag machen**

Basis: Kinder im Alter von 6 bis 11 Jahren in Deutschland (Angaben in %)[1]

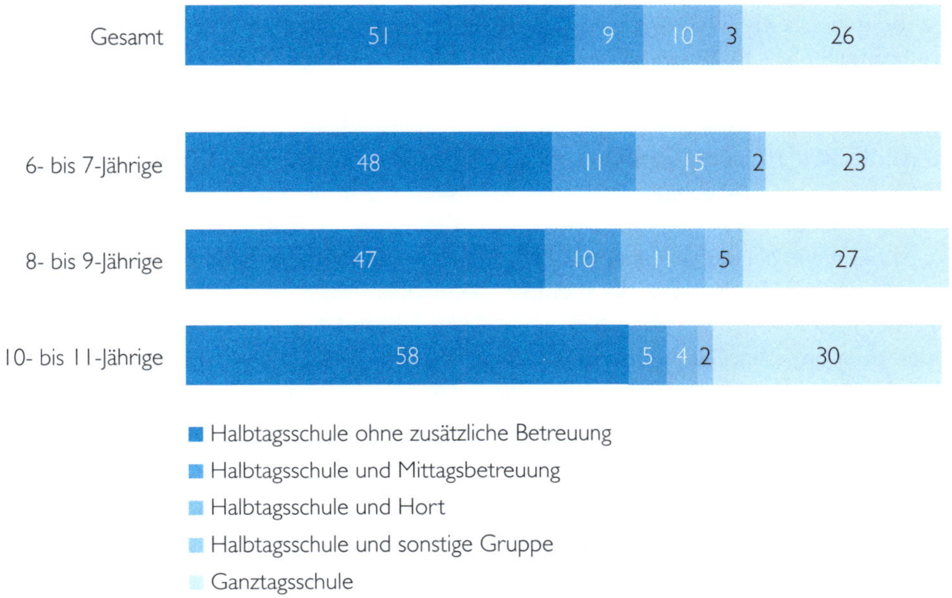

[1] Fehlend zu 100% = »Keine Angabe«

und -schulen am Wohnort bestimmt und zum anderen werden Ganztagsangebote auch je nach Betreuungsbedarf der Eltern ausgewählt. So gehen 37 % der Kinder, die gemeinsam mit einem alleinerziehenden erwerbstätigen Elternteil leben, auf Ganztagsschulen. Ist in einer Familie mit zwei Elternteilen nur ein Elternteil erwerbstätig, liegt der Anteil der Schülerinnen und Schüler auf der Ganztagsschule bei 18 %. In erster Linie entscheidend ist in diesem Zusammenhang jedoch der Wohnort: Wo es Ganztagsangebote gibt, werden diese genutzt.

Was machen die Kinder am Nachmittag?

Erweitert man den Blick und schaut auf die institutionelle Betreuungssituation der 6- bis 11-Jährigen am Nachmittag, zeigt sich, dass neben den 26 % der 6- bis 11-Jährigen, die eine Ganztagsschule besuchen, weitere insgesamt 22 % nach dem Unterricht an einer Halbtagsschule in eine Mittagsbetreuung gehen (9 %), den Hort besuchen (10 %) oder regelmäßig an einer anderen Gruppe der Nachmittagsbetreuung (3 %) teilnehmen (Abb. 3.5). Auch über die konkrete Ausgestaltung der Horte, deren Qualität und Unterschiedlichkeit im Vergleich zu Ganztagsschulen lassen sich keine allgemeingültigen Aussagen formulieren, da auch Horten keine einheitliche Konzeption zugrunde liegt. Ganz grob kann man sagen: In den neuen Bundesländern ist der Hort aufgrund der Vorgeschichte eher Teil des Bildungssystems und eng mit der Schule verzahnt. In den alten Bundesländern existieren Horte weitgehend unabhängig von und neben den Schulen (Lange 2015).

Knapp über die Hälfte aller Kinder im Alter von 6 bis 11 Jahren gibt an, am frühen Nachmittag nach Hause zu gehen, sie besuchen eine Halbtagsschule ohne nachmittägliche Betreuungseinrichtung. Der Anteil der Kinder, die mittags nach dem Unterricht nach Hause gehen, ist in den letzten 10 Jahren gesunken (2007: 76 % der 8- bis 11-Jährigen, 2010: 63 %, 2013: 57 % der 6- bis 11-Jährigen).

Ähnlich wie bei der Ganztagsschule hat sich der Anteil der Kinder, die nachmittags in Horten bzw. der Mittagsbetreuung oder einer anderen Gruppe betreut werden, in den letzten zehn Jahren nahezu verdoppelt. Deutlich wird, dass Konzepte der schulischen und außerschulischen Nachmittagsbetreuung insbesondere für die Kinder im Alter von 6 bis 9 Jahren relevant sind. Für knapp über die Hälfte der 6- bis 9-Jährigen ist die institutionelle Betreuung – sei es die Ganztagsschule, eine Mittagsbetreuung oder ein Hort – gängige Alltagspraxis. Ein großer Teil der Kinder geht in die Ganztagsschule (23 % der 6- bis 7-Jährigen bzw. 27 % der 8- bis 9-Jährigen), aber auch die an den Schulen angebotenen Mittagsbetreuungen (11 % bzw. 10 %) und Horte (15 % bzw. 11 %) werden besucht. 10- bis 11-jährige Kinder nutzen die schulische und außerschulische Nachmittagsbetreuung nur zu 41 %.

Akzeptanz der Ganztagsschule wächst auf breiter Basis

Fragt man Kinder, die eine Ganztagsschule besuchen, ob sie lieber in eine Schule gehen würden, die mittags zu Ende ist, so bejahen dies 30 % der 6- bis 11-Jährigen. Dieser Anteil an Schülerinnen und Schülern unter den Ganztagsschülern, die lieber mittags der Schule den Rücken kehren würden, blieb über die letzten zehn Jahre etwa gleich hoch.

Von den Kindern, die halbtags die Schule besuchen (und anschließend teilweise in eine Mittagsbetreuung oder einen Hort gehen), wollten wir wissen, wie sie zu schulischen Angeboten am Nachmittag stehen. Hierzu haben wir diesen Kinder anhand einer Liste Angebote vorgeschlagen und sie gebeten zu sagen, ob sie das gut fänden. Die meisten sind von den Angeboten angetan. Auf viel Zustimmung treffen Sportangebote (77 %). Aber auch Kunst- bzw. Theater-AGs und der Durchführung von Projekten sind die Kinder nicht abgeneigt (jeweils 57 %) (Abb. 3.6). Dabei sprechen Kunst- und Theater-AGs vor allem Mädchen an. 72 % der Mädchen wünschen sich diese Angebote am Nachmittag während vergleichsweise wenige Jungen sich hierfür begeistern (42 %).

Die Akzeptanz der Hausaufgabenbetreuung als schulisches Angebot ist unter Halbtagsschülern in den letzten Jahren etwas gestiegen. Ein solches Angebot wird aktuell von 45 % der Kinder befürwortet. Trennt man hier zwischen Kindern, die aktuell einen Hort, eine Mittagsbetreuung oder eine ähnliche Gruppe besuchen, und Kindern, die mittags nach Hause gehen, werden gravierende Unterschiede deutlich: Kinder in institutioneller Betreuung fänden Hausaufgabenbetreuung in der Schule zu einem höheren Anteil gut (60 %), hingegen sagen nur 38 % der Kinder ohne nachmittägliche Betreuung, dass sie dies gut fänden. Insgesamt ist fast jedes fünfte Kind in dieser Frage unentschlossen.

Weniger als ein Fünftel der Kinder möchte am Nachmittag normalen Unterricht haben. Zwar sind die Anteilwerte über die letzten Jahre auch hier leicht gewachsen, jedoch weiter am unteren Ende des befürworteten Angebotsspektrums zu finden.

Bezieht man den Bildungshintergrund der Kinder mit ein, zeigt sich, dass Kin-

Abb. 3.6 **Was Kinder am Nachmittag machen möchten**

»Fändest Du es gut oder nicht so gut, wenn in der Schule künftig auch am Nachmittag folgende Dinge stattfinden würden?«

Basis: Kinder im Alter von 6 bis 11 Jahren (2007: 8 bis 11 Jahre), die eine Halbtagsschule besuchen (2. Klasse oder höher) in Deutschland (Angaben in %)

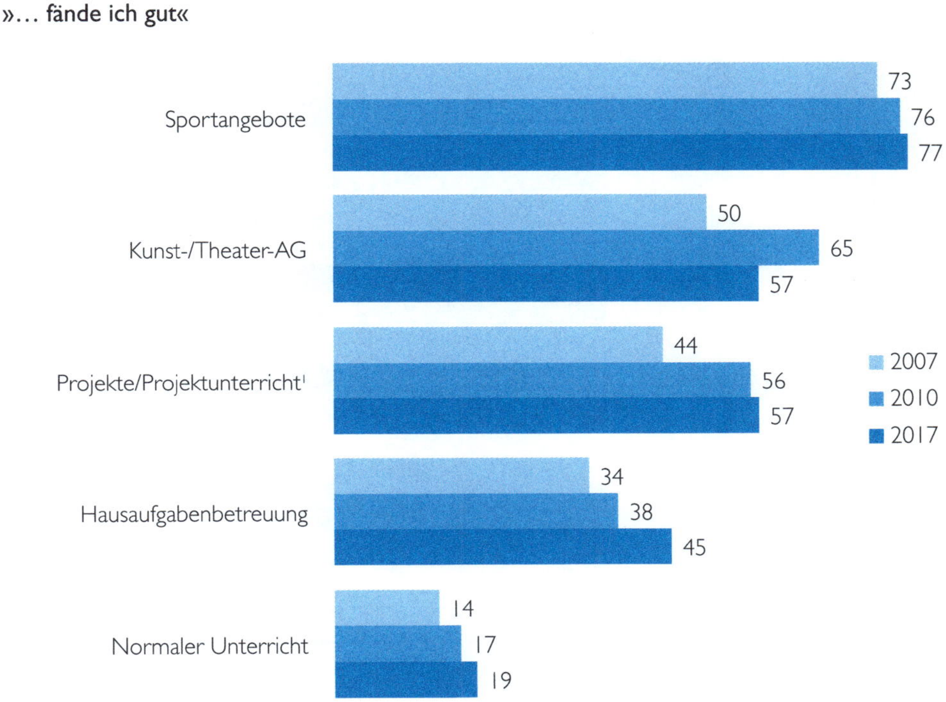

[1] Basis für Projekte/Projektunterricht ab der 3. Klasse

der der unteren Schicht es zu einem höheren Anteil gut fänden, wenn die Schule nachtmittags normalen Unterricht (30 %) und Hausaufgabenbetreuung (56 %) anbieten würde. Offensichtlich sind Kinder, die im Elternhaus weniger Unterstützung im schulischen Bereich erhalten, ambitioniert, einen Ausgleich in entsprechenden Angeboten an der Schule zu finden. Abgesehen von sportlichen Aktivitäten – bei denen Kinder aller Schichten gleichermaßen zustimmen – sind Kinder der unteren Schicht sonst etwas skeptischer gegenüber schulischen Nachmittagsangeboten. Kinder die privaten Nachhilfeunterricht erhalten, denken etwas positiver über das Angebot der schulischen Hausaufgabenbetreuung. Generell erhält ein kleiner Anteil der Kinder private Nachhilfe: 5 % einmal in der Woche und 1 % bis 2 % mehrmals in der Woche.

Die Gesamtheit der Kinder im Alter von 6 bis 11 Jahren fände es gut, auch am Nachmittag Dinge in der Schule zu tun, jedoch denken sie hier an etwas anderes als an den klassischen Schulunterricht.

Abb. 3.7 **Mitbestimmung in der Schule nach Themenfeldern – 2013 und 2017 im Vergleich**
»Dürft ihr in Eurer Schule …«
Basis: Kinder im Alter von 6 bis 11 Jahren in Deutschland (Angaben in %)

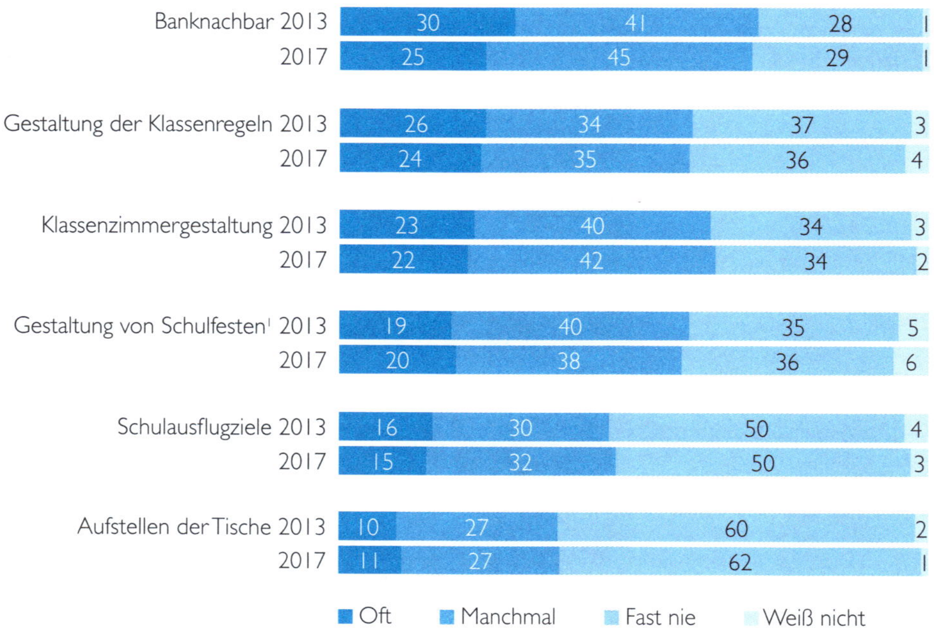

[1] Basis für Mitbestimmung sind Kinder ab der 2. Klasse

3.5 Mitbestimmung in der Schule

Auch die aktuelle Kinderstudie zeigt, dass nur ein kleiner Teil der Kinder Mitbestimmungsmöglichkeiten in der Schule sieht. Die Möglichkeiten, die eigenen Meinungen und Wünsche einzubringen, verbleiben in allen von uns erfragten Bereichen auf niedrigem Niveau. Die Rangfolge entspricht – sortiert nach »oft« – der von 2013.

Am häufigsten sagen 6- bis 11-Jährige, dass sie bei der Wahl des Sitznachbarn mitreden können. Aktuell tut dies ein Viertel der Kinder »oft«. Auch in der letzten Studie 2013 wurde dieser Mitbestimmungsbereich mit 30 % »oft«-Antworten am häufigsten genannt. Der Rückgang um 5 Prozentpunkte wird durch vermehrte Antworten der Kategorie »manchmal« aufgefangen. Der Anteil der Kinder, die »fast nie« sagen, bleibt über die Jahre bei knapp unter 30 % auf gleichem Niveau. Schaut man genauer hin, ist die Änderung der Verteilung eher auf ein geändertes Antwortverhalten der Jungen im Vergleich zu den Mädchen zurückzuführen. Und vor allem jüngere Kinder erleben bei der Wahl der Banknachbarin oder des Banknachbarn Mitbestimmungsmöglichkeiten.

Beim Aushandeln der Klassenregeln ist die Mitwirkung der Kinder unabdingbar. Jedoch sagen nur fast zwei Drittel der Kinder, dass sie hier mitreden dürfen, und zwar 24 % »oft« und 35 % »manchmal«.

In den Prozess nicht einbezogen fühlen sich 36 % der Kinder. Hier sind jedoch Altersunterschiede wesentlich, die bei der Ausweisung der Zahlen für alle Kinder im Alter von 6 bis 11 Jahren nicht sichtbar werden. Die jüngeren Kinder nehmen das Abstimmen der Klassenregeln seltener wahr (11 % »oft« und 32 % »manchmal«), während die 10- bis 11-Jährigen hier zu einem größeren Anteil zustimmen (39 % »oft« und 38 % »manchmal«).

Die Mitsprache bei der Gestaltung des Klassenzimmers sowie der Schulfeste wird von einem etwas kleineren Anteil der Kinder wahrgenommen. 2017 sagen 22 % bzw. 20 %, dass sie das oft dürfen.

Hingegen werden Schüler kaum bei der Auswahl der Ziele für Schulausflüge einbezogen (15 % »oft«, 32 % »manchmal«), wie auch beim Aufstellen der Tische (11 % »oft«, 27 % »manchmal«) (Abb. 3.7).

Wie breit ist die Mitbestimmung in der Schule?

Insbesondere Kinder in den ersten Schuljahren erleben kaum Möglichkeiten, sich durchgängig in den Schulalltag einzubringen. Nur 37 % der 6- bis 7-Jährigen sagen, in mindestens einem der aufgeführten Bereiche oft mitbestimmen zu dürfen (bei den 8- bis 9-Jährigen sind es 53 % und bei den 10- bis 11-Jährigen 73 %). In drei oder mehr Bereichen eingebunden zu sein, berichten 7 % der jüngsten und 23 % der ältesten von uns befragten Altersgruppe.

Mädchen fühlen sich in höherem Maße eingebunden. So geben 60 % bei mindestens einem Bereich an, mitbestimmen zu können, bei den Jungen ist es jeder Zweite (51 %).

Betrachtet man die Zahl der Mitbestimmungsbereiche nach Schulart, wird deutlich, dass mehr Ganztagsschüler angeben in mehr als drei Bereichen mitreden zu können (10 %) als Schüler auf Schulen, die mittags zu Ende sind (6 %). Diese Zahlen beziehen sich auf die Häufigkeit der Mitbestimmung. Geht es darum, ob Kinder überhaupt mitbestimmen können, so lassen sich keine Unterschiede nach Schulart feststellen. Jeweils 44 % bzw. 45 % der Schüler sagen, keine Mitspracherechte zu haben.

Mit zunehmenden Alter wird die Wahl einer Schülervertretung selbstverständlicher

Über die Schülervertretung können Schülerinnen und Schüler ihre Schule und das Schulwesen mitgestalten. Wie die Schülervertretung (SV), auch Schülermitverwaltung (SMV) genannt, organisiert wird, ist in den Bundesländern unterschiedlich geregelt. Meist werden als erste Stufe in den Klassen Klassensprecher gewählt. Eine Klassensprecherin oder ein Klassensprecher wird von 95 % der 10- bis 11-Jährigen gewählt. Bei 6- bis 7-Jährigen ist es ein Drittel und bei 8- bis 9-Jährigen sind es zwei Drittel, die angeben, dass in ihrer Klasse eine Schülervertretung bestimmt wird. Die unterschiedlichen Zustimmungswerte nach Alter zeigen sich auch nach Schulform: So wählen nahezu 100 % der Kinder auf weiterführenden Schulen einen Klassensprecher.

Selbstbestimmt lernen

In der aktuellen Kinderstudie wollten wir wissen, wie Kinder die Konzepte des selbstbestimmten Lernens aufnehmen, und haben gefragt: »Darfst Du Dir in der Mathe- oder Deutschstunde manchmal aussuchen, welche Aufgaben Du bearbeitest?« Auf diese Frage antworten 32 % der Kinder mit »manchmal« und 7 % der Kinder mit »oft«. Je älter die Kinder sind, desto eher antworten sie mit »manchmal« (6- bis 7-Jährige 22 %, 8- bis 9-Jährige 34 % und 10- bis 11-Jährige 38 %), während der Anteil der Kinder, die angeben sich die Arbeit oft selbst einteilen zu können, fast konstant bleibt.

Bezieht man die besuchte Schulform ein, zeigt sich, dass über die Hälfte der Kinder an Schulen mit mehreren Bildungswegen, Gesamtschulen oder Orientierungsstufen von freien Lernformen berichten (39 % »manchmal« und 14 % »oft«). Ebenso sagen Ganztagsschülerinnen und Ganztagsschüler häufiger, dass sie sich aussuchen können, welche Aufgabenstellungen sie bearbeiten (36 % »manchmal« und 10 % »oft«). Es wird deutlich, dass die Mehrheit der Kinder, insbesondere auf Regelschulen, nicht an der Entscheidung über das Bearbeiten von Aufgaben beteiligt wird.

Bereits zum Zeitpunkt des Schuleintritts sind für viele Kinder die Weichen gestellt. Die unterschiedlichen Bildungswege manifestieren sich nicht erst am Ende der Grundschule beim Übertritt in die weiterführende Schule. In den Köpfen der Kinder sind die unterschiedlichen Wege und Chancen schon viel früher gebahnt, wie sich anhand einer nach (Bildungs-) Schicht geteilten Bildungsaspiration zeigen lässt.

Weichenstellungen im Sinne eines »Mehr an Beteiligung« für die Schülerinnen und Schüler im Schulalltag wurden auch in den letzten Jahren nicht vorgenommen. Es wäre wünschenswert, wenn Schule mehr als bislang als Erfahrungsraum wahrgenommen würde, im dem Kindern Beteiligung gewährt und ihre Selbstwirksamkeit gestärkt wird.

Sabine Wolfert/Monika Pupeter

4 Freizeit: Hobbys und Mediennutzung

Neben Schule und Familie ist auch die Freizeit ein wichtiger Sozialisationsbereich für Kinder sowie ein Bildungsort: Institutionelle Freizeitangebote wie Vereine bieten Kindern Gelegenheiten, ihren persönlichen Interessen nachzugehen und ihr Wissen und Können zu vertiefen. Manche Angebote ergänzen die formale Bildung und fördern kognitive Kompetenzen und Motivation, andere stärken die Motorik, in Gruppen gewinnen die Kinder an Sicherheit im Umgang mit Gleichaltrigen. Bildungsprozesse erfolgen aber auch, wenn Kinder ihre freie Zeit außerhalb von institutionalisierten Angeboten selbst gestalten – auch bei der Nutzung von sozialen Medien. Auf den Aspekt der sozialen Einbindung durch Freizeitaktivitäten gehen wir in Kapitel 5 ein.

In diesem Kapitel betrachten wir, ob sich im Freizeitverhalten der 6- bis 11-Jährigen seit der 1. Kinderstudie etwas verändert hat. 2007 wurde anhand der verschiedenen Freizeitaktivitäten eine Typologie entwickelt, die die unterschiedlichen Freizeitmuster der Kinder in drei Gruppen fasst (Leven/Schneekloth 2007). Auch in diesem Jahr wurde mit dieser Typologie gearbeitet (Kap. 4.2).

Ein wichtiger Aspekt der Freizeitgestaltung sind Vereine oder andere außerschulische Gruppen, in denen Kinder aktiv sein können. Beim Thema Freizeit ist zudem relevant, wie die 6- bis 11-Jährigen das Internet und Handys nutzen. Zu erwarten ist im Zeitverlauf eine Zunahme der Nutzung von digitalen Medien, da diese mehr und mehr zur Alltagsnormalität der Kinder gehören. Vor allem die Älteren nutzen das Internet häufig über Smartphones – und dies nicht nur zum Surfen, Suchen und Spielen, sondern auch zum Kommunizieren mit ihren Freundinnen und Freunden. Häufig wird befürchtet, dass die zunehmende Nutzung von digitalen Medien das Lesen verdrängt. Daher untersuchen wir zum einen, ob sich das Leseverhalten der Kinder in den letzten zehn Jahren verändert hat, zum anderen interessiert uns, welche Kinder es sind, die viel lesen. Abschließend betrachten wir, wie zufrieden die Kinder mit ihrer Freizeit insgesamt sind und welche Einflussfaktoren auf die Zufriedenheit wirken.

4.1 Freizeitaktivitäten

Freizeitaktivitäten – was hat sich in den letzten zehn Jahren getan?

Gefragt, was sie in ihrer Freizeit wie oft machen, lautet die am häufigsten genannte Antwort der 6- bis 11-Jährigen »Freunde treffen« (54 % »sehr oft«). Gleich danach folgt Sport (53 %), das Spielen mit Spielzeug zu Hause (53 %) und Fernsehen, YouTube oder Filme schauen (48 %)

Tab. 4.1 **Freizeitaktivitäten »sehr oft« nach Geschlecht und Alter der Kinder**

Basis: Kinder im Alter von 8 bis 11 Jahren in Deutschland (Angaben in %)

Spalten in %	2007	2010	2013	2017
Mich mit Freundinnen oder Freunden treffen	68	68	53	56
Sport treiben (Schwimmen, Fußballspielen usw.)	59	59	56	56
Fernsehen, YouTube, Filme schauen	56	48	49	49
Zu Hause mit meinem Spielzeug spielen	47	42	47	47
Radfahren, Inlineskaten oder Skateboard fahren	–	–	40	42
Basteln, Malen oder Zeichnen	32	31	32	34
Mich mit der Natur oder Tieren beschäftigen	–	–	34	33
Draußen auf der Straße spielen	–	–	31	33
Bücher oder Zeitschriften lesen	34	37	32	32
Computerspiele, Playstation, Wii, X-Box, Nintendo, Gameboy oder Spiele am Tablet oder Smartphone	29	26	26	29
Etwas mit der Familie unternehmen (Ausflüge machen)	30	28	27	29
Hörspiele und Geschichten hören	–	–	21	26
Mit Lego bauen oder Playmobil spielen	–	–	24	25
Ein Instrument spielen, Musik machen	23	21	22	24
Theatergruppe, Tanzen oder Ballett	14	12	15	13
Etwas mit Werkzeug bauen	–	–	8	7

(Tab. 4.2). Auch in den früheren Erhebungen waren dies die Freizeitbeschäftigungen, denen die Kinder am häufigsten nachgingen. Um über die letzten zehn Jahre hinweg Veränderungen im Freizeitverhalten beobachten zu können, werden in Tabelle 4.1 nur die 8- bis 11-jährigen Kinder betrachtet (in der Kinderstudie 2007 wurden die 6- bis 7-Jährigen nicht befragt). Es zeigt sich, dass sich an dem, was Kinder in ihrer Freizeit »sehr oft« tun, im Zeitverlauf wenig ändert.

Ins Auge fällt allerdings, dass sich die 8- bis 11-Jährigen heute in ihrer Freizeit seltener als vor zehn Jahren mit ihren Freundinnen oder Freunden treffen: 2007 wie auch 2010 gaben jeweils 68 % der 8- bis 11-jährigen Kinder an, dass sie dies »sehr oft« machen. 2013 sank dieser Anteil auf 53 %. Die Ergebnisse 2017 bestätigen diesen Trend, auch wenn der Wert mit 56 % wieder etwas höher liegt. Über die zehn Jahre hinweg bedeutet das einen Rückgang von 12 Prozentpunkten. Dieser rückläufige Trend ist in allen Altersgruppen gleichermaßen zu beobachten (auch bei den 6- bis 7-Jährigen ab 2010) und lässt sich nicht mit einer entsprechenden Zunahme anderer hier abgefragter Freizeitaktivitäten erklären, auch nicht mit einer wachsenden Mediennutzung: Weder nimmt in dieser Zeit das Spielen mit digitalen Medien noch der Fernsehkonsum zu; 2007 wie auch 2017 sagen 29 % der 8- bis 11-Jährigen, dass sie »sehr oft« in ihrer Freizeit

Computerspiele, Playstation, Wii, X-Box, Nintendo, Gameboy oder Spiele am Tablet oder Smartphone spielen. Auch der Fernsehkonsum bleibt zumindest seit 2010 auf gleichem Niveau.

Geschlechterdifferenzierende Freizeitgestaltung

Mädchen und Jungen unterscheiden sich kaum hinsichtlich der für die 6- bis 11-Jährigen wichtigsten Freizeitbeschäftigung: Sie treffen sich ähnlich häufig mit ihren Freundinnen und Freunden, 56 % der Mädchen sagen »sehr oft« und 52 % der Jungen (Tab. 4.2). Insgesamt zeigen sich in der Gestaltung der Freizeit allerdings traditionell anmutende Unterschiede: Mädchen liegen weit vor den Jungen, wenn es um kreative und kulturelle Aktivitäten geht. Sie beschäftigen sich deutlich häufiger mit Basteln, Malen und Zeichnen, mit Natur oder Tieren, lesen Bücher oder Zeitschriften. Mädchen hören sich öfter Hörspiele oder Geschichten an, spielen häufiger ein Instrument oder machen Musik und gehen deutlich häufiger in eine Theatergruppe, zum Tanzen oder ins Ballett.

Umgekehrt liegen die Jungen bei Bewegung und technikbezogenen Aktivitäten vorne: Jungen treiben häufiger als die Mädchen Sport (61 % zu 45 % »sehr oft«), fahren häufiger Rad, Inliner oder Skateboard und spielen häufiger draußen auf der Straße. Sie sehen öfter fern, YouTube oder Filme und spielen mehr am Computer oder anderen digitalen Geräten. Auch das Handwerkliche ist eher »Jungssache«: Jungen spielen öfter als Mädchen mit Lego oder Playmobil oder gestalten etwas mit Werkzeug.

Mit zunehmendem Alter verlagert sich die Freizeit nach draußen

Jüngere Kinder üben häufiger »häusliche« Freizeitaktivitäten aus als die älteren. Die 6- bis 7-Jährigen spielen häufiger zu Hause mit ihrem Spielzeug: 68 % geben »sehr oft« an im Vergleich zu 58 % bei den 8- bis 9-Jährigen und 36 % bei den 10- bis 11-Jährigen (Tab. 4.2). Sie basteln, malen und zeichnen häufiger, spielen häufiger mit Lego oder Playmobil und hören sich häufiger Hörspiele oder Geschichten an. Mit zunehmendem Alter weitet sich der außerhäusliche Aktionsradius der Kinder: Ältere treffen sich häufiger mit Freunden, treiben häufiger Sport, fahren häufiger mit dem Rad, Inlinern oder Skateboard und spielen häufiger auf der Straße. Zugleich steigt mit dem Alter aber auch der Medienkonsum: Die Älteren schauen etwas häufiger Fernsehen, YouTube oder Filme und spielen deutlich mehr am Computer, an Spielekonsolen oder im Internet.

Freizeit in den neuen Bundesländern häuslicher und familienbezogener

Vergleicht man die Freizeitaktivitäten der 6- bis 11-Jährigen in den alten und neuen Bundesländern, zeichnet sich eine eher familiär-häusliche Freizeit der Kinder im Osten und eine mehr außerhalb der eigenen vier Wände verbrachte Freizeit im Westen ab: Kinder in den neuen Bundesländern unternehmen häufiger etwas mit der Familie als in den alten Bundesländern (inkl. Berlin): 38 % zu 28 % jeweils »sehr oft« (ohne Tab.), sie spielen häufiger zu Hause mit Spielzeug allgemein (61 % zu 52 %) oder mit Lego oder Playmobil (34 % zu 28 %). Sie beschäftigen sich auch deutlich häufiger in

Tab. 4.2 **Freizeitaktivitäten »sehr oft« nach Geschlecht und Alter der Kinder**

Basis: Kinder im Alter von 6 bis 11 Jahren in Deutschland (Angaben in %)

Spalten in %	Gesamt	Mädchen	Jungen	6–7 Jahre	8–9 Jahre	10–11 Jahre
Mich mit Freundinnen oder Freunden treffen	54	56	52	49	54	58
Sport treiben (Schwimmen, Fußballspielen usw.)	53	45	61	47	53	58
Zu Hause mit meinem Spielzeug spielen	53	53	54	68	58	36
Fernsehen, YouTube, Filme schauen	48	40	55	46	47	50
Radfahren, Inlineskaten oder Skateboard fahren	41	39	42	38	38	46
Basteln, Malen oder Zeichnen	38	51	25	46	40	28
Mich mit der Natur oder Tieren beschäftigen	32	38	27	29	34	32
Draußen auf der Straße spielen	32	28	35	28	32	35
Bücher oder Zeitschriften lesen	31	40	22	28	31	33
Mit Lego bauen oder Playmobil spielen	29	21	36	37	32	19
Etwas mit der Familie unternehmen (Ausflüge machen)	29	30	28	29	29	28
Hörspiele und Geschichten hören	28	32	23	33	29	23
Computerspiele, Playstation, Wii, X-Box, Nintendo, Gameboy oder Spiele am Tablet oder Smartphone	26	16	35	17	23	35
Ein Instrument spielen, Musik machen	21	27	16	15	23	25
Theatergruppe, Tanzen oder Ballett	13	25	2	13	14	13
Etwas mit Werkzeug bauen	8	4	13	10	8	7

ihrer Freizeit mit der Natur oder Tieren (43 % zu 30 % »sehr oft«).

Umgekehrt treiben die Kinder in den alten Bundesländern häufiger Sport als die Gleichaltrigen in den neuen Bundesländern (54 % zu 48 % »sehr oft«) und spielen häufiger draußen auf der Straße (33 % zu 26 %). Auch fällt auf, dass sich die Kinder in den alten Bundesländern häufiger mit Freunden treffen (55 % zu 47 % »sehr oft«). Vergleichbare Ost-West-Unterschiede bezüglich der Einbindung in persönliche Netzwerke werden auch in Kapitel 5 dargestellt. Auswertungen des Statistischen Bundesamtes zur gesellschaftlichen Integration in Ost und West lassen vermuten, dass Eltern ihre Gewohnheiten an ihre Kinder weitergeben: Auch bei Erwachsenen werden soziale Kontakte in den alten Bundesländern häufiger gepflegt als in den neuen Bundesländern (Scheuer 2008).

4.2 Freizeittypologie

In der 1. Kinderstudie 2007 haben wir eine Typologie entwickelt, die die Kinder anhand ihres Freizeitverhaltens differenziert. 2017 basiert diese Typologie auf den 16 Freizeitaktivitäten, zu denen die Kinder jeweils angeben konnten, ob sie dies »sehr oft«, »manchmal« oder »fast nie« machen. Mittels Faktorenanalyse ließen sich vier unterschiedliche Bereiche von Freizeitaktivitäten ermitteln: Kultur, Sport, Medienkonsum und Familie. Im Rahmen einer Clusteranalyse wurde daraus eine Typologie mit drei Gruppen gebildet. Sie zeigt auf, wie unterschiedlich sich die Lebenswelten der Kinder auch hinsichtlich ihrer Freizeit darstellen. Auf der einen Seite stehen die »Vielseitigen Kids« mit einem Anteil von 25 % und auf der anderen Seite die »Medienkonsumenten« mit 27 %. Die größte Gruppe bilden die »Normalen Freizeitler« mit 48 %.

Abbildung 4.1 zeigt die 16 abgefragten Freizeitaktivitäten und jeweils für die drei Freizeittypen den Anteil der Kinder, die diese Aktivitäten in ihrer Freizeit »sehr oft« machen. In der Darstellung sind die Freizeitaktivitäten sortiert nach der Häufigkeit der Nennungen innerhalb der anteilsmäßig größten Gruppe, der Normalen Freizeitler. Wie ihr Name nahelegt, gehen die Vielseitigen Kids mehr und häufiger unterschiedlichen Freizeitaktivitäten nach als ihre Altersgenossen. Bei neun der 16 Freizeitaktivitäten liegen sie vor den beiden anderen Gruppen. Beim Fernsehen, YouTube oder Filme schauen und beim Spielen an Computer, Konsole oder im Internet führen die Medienkonsumenten deutlich.

»Vielseitige Kids« – vor allem bei den Mädchen

Prägend für die Freizeittypologie ist nach wie vor der Geschlechterunterschied: Insgesamt lassen sich 41 % der Mädchen, aber nur 10 % der Jungen den Vielseitigen Kids zuordnen (Abb. 4.2). Fast spiegelbildlich gehören 41 % der Jungen und 11 % der Mädchen zu den Medienkonsumenten. Stärker noch als in den Vorjahren dominieren die älteren Jungen die Gruppe der Medienkonsumenten. Anhand der Beispiele »Computerspiele« und »Bücher lesen« bei den 10- bis 11-Jährigen wird das besonders deutlich: 49 % der Jungen in diesem Alter, aber nur 20 % der Mädchen »gamen« in ihrer Freizeit »sehr oft«. Umgekehrt lesen in dieser Altersgruppe

Abb. 4.1 **Freizeittypen und Freizeitaktivitäten**

»Nun zum Thema Freizeit und Freunde. Welche von den Dingen, die ich Dir jetzt gleich vorlese, machst Du in Deiner Freizeit nie oder fast nie, welche manchmal und welche sehr oft?«

Basis: Kinder im Alter von 6 bis 11 Jahren in Deutschland (Angaben in %)

Jeweils »sehr oft«	Vielseitige Kids	Normale Freizeitler	Medien-konsumenten
Mit Spielzeug spielen	59	54	45
Freunde treffen	60	53	50
Sport treiben (Schwimmen, Fußball ...)	55	53	52
Fernsehen, Youtube, Filme schauen	12	44	89
Radfahren/Inlineskaten/Skateboardfahren	46	40	37
Basteln/Malen/Zeichnen	66	35	15
Draußen auf der Straße spielen	26	33	35
Mit Natur oder Tieren beschäftigen	52	30	17
Mit Lego/Playmobil spielen	27	29	30
Hörspiele/Geschichten hören	41	28	14
Bücher/Zeitschriften lesen	60	28	8
Etwas mit der Familie machen	47	26	18
Instrument spielen/Musik machen	42	19	6
Spiele PC/Konsole/Internet	2	16	65
Theater/Tanzen/Ballett	34	9	1
Mit Werkzeug bauen	8	9	7

Abb. 4.2 **Freizeittypen nach Geschlecht und Alter**

»Nun zum Thema Freizeit und Freunde. Welche von den Dingen, die ich Dir jetzt gleich vorlese, machst Du in Deiner Freizeit nie oder fast nie, welche manchmal und welche sehr oft?«

Basis: Kinder im Alter von 6 bis 11 Jahren in Deutschland (Angaben in %)

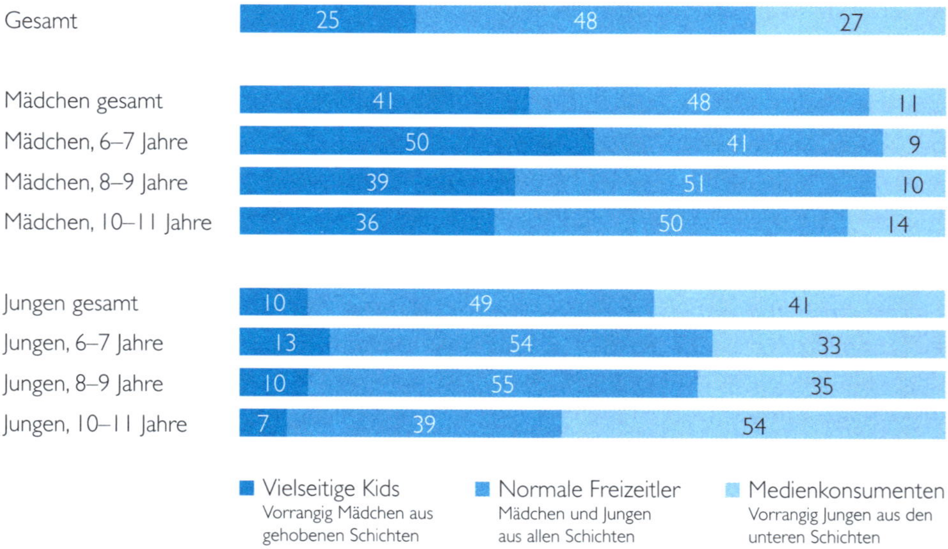

Tab. 4.3 **Zusammenhangsanalyse: Die Freizeittypen nach signifikanten persönlichen und sozialen Merkmalen**[1]

Basis: Kinder im Alter von 6 bis 11 Jahren in Deutschland (Angaben in %)

%-Angaben (pro Zeile)	Vielseitige Kids	Normale Freizeitler	Medienkonsumenten
Gesamt	25	48	27
Geschlecht			
Mädchen	**41**	48	11
Jungen	10	**49**	**41**
Alter			
6–7 Jahre	**31**	48	21
8–9 Jahre	24	**53**	23
10–11 Jahre	21	44	**35**
West/Ost			
West (inkl. Berlin)	26	47	27
Ost	23	**53**	24
Stadt/Land			
(Groß-)Stadt	22	**53**	25
Randlagen von (Groß-)Städten	**31**	44	25
Verdichtungsräume	25	46	**29**
Ländliche Räume	24	45	**31**
Soziale Herkunftsschicht			
Untere Schicht	9	46	**45**
Untere Mittelschicht	14	**54**	**32**
Mittelschicht	22	48	**30**
Obere Mittelschicht	**30**	48	22
Oberschicht	**39**	45	16
Armutserleben			
Kein Armutserleben	**28**	48	24
Konkretes Armutserleben	13	51	36
Zuwendung der Eltern			
Kein Defizit	26	48	26
Defizit bei einem Elternteil	24	**50**	26
Zuwendungsdefizit	18	48	**34**

1 Der Zusammenhang wurde multivariat anhand einer nominalen Regression auf die Variable »Freizeittypen« getestet. Einbezogene Merkmale: Alter, Geschlecht, West/Ost, Siedlungsstrukturtyp (BIK), soziale Herkunftsschicht, Migrationshintergrund, Armutserleben, Familienform (alleinerziehend vs. nicht alleinerziehend) und Zuwendungsdefizit.
Aus Gründen der Übersichtlichkeit werden in der Tabelle bivariate Merkmalsausprägungen in % ausgewiesen. Fettgedruckt sind auffällige Abweichungen für Merkmale, die sich auch innerhalb der multivariaten Analyse als signifikant erwiesen haben ($p < 0,05$).

45 % der Mädchen und 21 % der Jungen »sehr oft« in einem Buch.

Jüngere Kinder zeigen ein etwas vielseitigeres Freizeitverhalten als die Älteren. Zum einen macht sich bei den Älteren bemerkbar, dass sie häufiger draußen sind und sich mit Freunden treffen. Auch ihr stärkerer Medienkonsum und die zunehmende Internetnutzung spielen wohl eine Rolle. Mit zunehmendem Alter muss meist auch mehr Zeit für Schule und Lernen aufgewendet werden, so dass einigen Kindern, die vor dem Übertritt auf die weiterführende Schule stehen oder die bereits dorthin gewechselt haben, weniger Zeit für Hobbys bleibt.

Welche Faktoren sind neben Geschlecht und Alter Prädiktoren für den Freizeittyp, dem die Kinder angehören? Um dies zu untersuchen, haben wir eine Zusammenhangsanalyse durchgeführt, in der wir die drei Gruppen vergleichen. Tabelle 4.3 zeigt die Ergebnisse der signifikanten Faktoren in bivariater Form. Wieder ist vor allem die soziale Herkunftsschicht entscheidend für die Zugehörigkeit zu einem bestimmten Freizeittyp, es zeigen sich aber auch regionale Unterschiede.

Medienkonsumenten häufiger im Westen und häufiger auf dem Land

Die Unterschiede zwischen alten und neuen Bundesländern hinsichtlich der einzelnen Freizeitaktivitäten haben wir oben ausgeführt. Bezogen auf die Freizeittypologie stellt sich folgendes Bild dar: In den neuen Bundesländern ist der Anteil an Normalen Freizeitlern besonders hoch, in den alten Bundesländern (inkl. Berlin) ist sowohl ein etwas höherer Anteil an Vielseitigen Kids (26 % zu 23 %) als auch an Medienkonsumenten (27 % zu 24 %) anzutreffen.

Auf dem Land ist der Anteil an Medienkonsumenten am höchsten: Hier lassen sich 31 % der 6- bis 11-Jährigen dieser Gruppe zuordnen, in den Städten und den Randlagen der Städte jeweils 25 %. Möglicherweise mangelt es im ländlichen Raum gelegentlich an gut erreichbaren und vielfältigen Freizeitangeboten. Auffallend ist der hohe Anteil von Vielseitigen Kids in den Speckgürteln der Städte (31 %), vor allem im Vergleich zu den Städten (22 %). Um zu den Vielseitigen Kids zu gehören, müssen offenbar nicht nur ausreichend Angebote vorhanden sein, sondern auch ein entsprechendes Interesse der Kinder oder die Bereitschaft und finanziellen Ressourcen der Eltern, ihren Kindern die Teilnahme an verschiedenen Freizeitaktivitäten zu ermöglichen: In den Gemeinden am Rande der Städte stammen 25 % der 6- bis 11-Jährigen aus der Oberschicht, in den Städten 15 %. Viele wohlsituierte Familien zieht es in die Vororte – sie arbeiten in der Stadt, wollen aber mit ihren Kindern im Grünen leben.

Soziale Lage der Eltern, aber auch die Eltern-Kind-Beziehung wirkt auf das Freizeitverhalten der 6- bis 11-Jährigen

Die soziale Herkunftsschicht zeigt sich in der Zusammenhangsanalyse als sehr bedeutsam dafür, welchem Freizeittyp Kinder angehören. 39 % der Kinder aus der Oberschicht lassen sich den Vielseitigen Kids zuordnen, von den Kindern aus der unteren Schicht sind es 9 %. Umgekehrt sind 45 % der Kinder aus der unteren Schicht und 16 % der Kinder aus der Oberschicht in der Gruppe der Medienkonsumenten anzutreffen. Ganz plastisch zeigt sich dies an den beiden Freizeitaktivitäten mit den größten Unterschieden nach Herkunftsschicht: 42 % der Kinder aus der O[illegible] in ihrer Freizeit »sehr [illegible]nent bzw. machen Mu[illegible] dies nur 4 % der Kinder au[illegible]ren Schicht tun. 36 % der Kind[illegible] Oberschicht schauen »sehr [illegible]sehen, YouTube oder Filme, bei[illegible]dern aus der unteren Schicht geben das 70 % an (ohne Tab.).

Ähnlich wirkt sich konkretes Armutserleben in der Familie hinderlich auf eine vielfältige Freizeitgestaltung der Kinder aus: Kinder mit konkretem Armutserleben zählen zu 13 % zu den Vielseitigen Kids, Kinder, die nicht in Armut aufwachsen, zu 28 %. Der Migrationshintergrund erweist sich in der multivariaten Analyse nicht als bedeutsam.

Auch die Zeit, die Eltern für ihre Kinder haben (aus Sicht der Kinder), korreliert mit deren Freizeitgestaltung: Unter den Kindern, die von einem Zuwendungsdefizit berichten, finden sich besonders viele Medienkonsumenten (34 %). Bei den Kindern, die kein Zuwendungsdefizit oder nur ein Defizit bei einem Elternteil verspüren, liegt dieser Anteil bei jeweils 26 %.

4.3 Mitgliedschaft in Vereinen oder anderen Gruppen

Eine zunehmende »Terminkindheit« ist nicht zu beobachten

Immer wieder ist von einer zunehmend durchgeplanten Freizeit der Kinder die Rede. Die Ergebnisse der Kinderstudie legen nahe, dass zumindest seit 2010 die Zahl der festen Terminen in außerschulischen Gruppen oder Vereinen bei den 6- bis 11-Jährigen konstant bleibt: In allen drei Erhebungswellen seit 2010 sind jeweils drei Viertel der Kinder in mindestens einem Verein bzw. einer Gruppe (2017: 76 %). Jeweils 45 % der Kinder sind in einem Verein, zwischen 22 % und 23 % sind in zwei Vereinen und zwischen 8 % und 10 % in drei bis sechs Vereinen aktiv (Tab. 4.4).[16]

Im Hinblick auf das Schlagwort »Terminkindheit« stellt sich die Frage, ob sich Kinder mit intensiver Vereinsaktivität seltener mit ihren Freunden treffen können oder dies zulasten anderer Freizeitbeschäftigungen geht. Dies ist eindeutig nicht der Fall: Die Häufigkeit, mit der Kinder ihre Freunde treffen, nimmt sogar deutlich zu, in je mehr Vereinen sie aktiv sind: 45 % der Kinder, die in keiner Gruppe oder Verein Mitglied sind, treffen in ihrer Freizeit »sehr oft« ihre Freunde. 54 % der Kinder, die in einem Verein sind, 59 % der Kinder, die in zwei Vereinen sind, und 63 % der Kinder, die in drei oder mehr Vereinen oder Gruppen aktiv sind, finden »sehr oft« Zeit, sich mit ihren Freunden zu treffen. Kinder, die in verschiedenen Vereinen Mitglied sind,

16 Die Information, in welchen Vereinen oder anderen außerschulischen Gruppen die Kinder aktiv sind, stammt aus dem Elternfragebogen. Den Eltern wurde eine Liste mit elf verschiedenen institutionellen Angeboten vorgelegt. Haben die Eltern beispielsweise »Sportverein« angegeben, ist es möglich, dass ihr Kind in mehreren Sportvereinen Mitglied ist. Haben Eltern »Musikgruppe/Musikschule« angegeben, können dahinter beispielsweise ein Geigenunterricht und eine zusätzliche Orchestergruppe stehen. Wenn im Folgenden daher von der Anzahl an Vereinen gesprochen wird, ist im eigentlichen Sinne die Anzahl an »Vereins-(bzw. Gruppen-)Sparten« gemeint.

Tab. 4.4 **Anzahl Mitgliedschaften in Vereinen oder anderen festen außerschulischen Gruppen (Elternangabe) im Zeitvergleich**

Basis: Kinder im Alter von 6 bis 11 Jahren in Deutschland (Angaben in %)

Spalten in %	2010	2013	2017
Kein Verein/keine Gruppe	22	25	24
Ein Verein/eine Gruppe	45	45	45
Zwei Vereine/Gruppen	23	22	23
Drei bis sechs Vereine/Gruppen	10	8	8
Keine Angabe	0	0	0
In mindestens einem Verein/einer Gruppe	78	75	76
Durchschnittliche Anzahl Vereine/Gruppen	1,2	1,1	1,2

üben auch häufiger andere, nicht institutionsgebundene Hobbys wie Radfahren und Skaten, Lesen, Basteln, Malen oder Zeichnen aus. Ein Mehr an Vereinsaktivität geht einzig und allein mit einem geringeren Medienkonsum einher: Je mehr Kinder in Vereinen oder Gruppen tätig sind, desto weniger sehen sie fern, YouTube oder Filme und desto seltener spielen sie am Computer, an Konsolen oder im Internet. Übersetzt in die Begrifflichkeiten der Freizeittypologie heißt das: 38 % der Kinder, die in keinem Verein Mitglied sind, sind den Medienkonsumenten zuzuordnen und 12 % von ihnen den Vielseitigen Kids. Kinder, die in drei oder mehr Vereinen aktiv sind, gehören zu 4 % den Medienkonsumenten an und zu 61 % den Vielseitigen Kids.

Mädchen häufiger mehrfach aktiv in Vereinen oder Gruppen als Jungen

Es fällt auf, dass der Anteil der Mädchen, die in keinem Verein oder in keiner festen

Tab. 4.5 **Anzahl Mitgliedschaften in Vereinen oder anderen festen außerschulischen Gruppen (Elternangabe) nach Geschlecht und Alter**

Basis: Kinder im Alter von 6 bis 11 Jahren in Deutschland (Angaben in %)

Spalten in %	Gesamt	Mädchen			Jungen		
		6–7 Jahre	8–9 Jahre	10–11 Jahre	6–7 Jahre	8–9 Jahre	10–11 Jahre
Kein Verein/keine Gruppe	24	34	21	22	29	21	18
Ein Verein/eine Gruppe	45	37	35	34	52	55	56
Zwei Vereine/Gruppen	23	20	30	28	17	21	22
Drei bis sechs Vereine/Gruppen	8	9	14	16	1	3	4
Keine Angabe	0	0	0	0	1	0	0
In mindestens einem Verein/einer Gruppe	76	66	79	78	70	79	82

Tab. 4.6 **Art der Vereine[1] oder anderen festen außerschulischen Gruppen (Elternangabe) nach Geschlecht und Alter**

Basis: Kinder im Alter von 6 bis 11 Jahren in Deutschland (Angaben in %)

Spalten in %	Gesamt	Mädchen	Jungen	6–7 Jahre	8–9 Jahre	10–11 Jahre
Sportverein	58	48	68	49	61	64
Tanzclub/Ballett	12	24	1	13	13	11
In mindestens einem Verein/einer Gruppe »Sport und Bewegung«	65	61	68	57	67	69
Musikgruppe/Musikschule	21	27	15	18	21	23
Malgruppe/Zeichnen	2	4	1	2	2	2
Theater- oder Kinogruppe	2	4	1	1	3	3
Natur- oder Tierschutz	1	1	1	0	1	1
In mindestens einem Verein/einer Gruppe »Musik, Kultur, Bildung«	24	31	17	20	24	27
Kirchengruppe	7	10	4	4	8	9
Pfadfinder	2	1	2	1	1	3
Feste Gruppe in einem Kinder- oder Jugendtreff	3	3	3	3	4	3
Trachtenverein/Brauchtumspflege	1	1	2	0	1	2
Sonstige Gruppe oder sonstiger Verein	7	8	6	6	9	6
In mindestens einem/einer »kirchlichen, sozialen, gemeinschaftlich orientierten oder sonstigen« Verein/Gruppe	18	22	15	12	22	19
In mindestens einem Verein/einer Gruppe	76	75	77	68	79	80

1 Im Bereich »Sport und Bewegung« sind zusammengefasst: Sportverein, Tanzclub/Ballett; im Bereich »Musik, Kultur, Bildung« sind zusammengefasst: Musikgruppe/Musikschule, Mal-gruppe/Zeichnen, Theater- oder Kinogruppe, Natur- oder Tierschutz; im Bereich »kirchliche, soziale, gemeinschaftlich orientierte und sonstige Gruppen« sind zusammengefasst: Kirchen-gruppe, feste Gruppe in einem Kinder- oder Jugendtreff, Pfadfinder, Trachtenver-ein/Brauchtumspflege, sonstige Gruppe oder Verein.

außerschulischen Gruppe aktiv sind, etwas über dem der Jungen liegt (Tab. 4.5). Allerdings sind die Mädchen häufiger in mehreren Vereinen gleichzeitig engagiert als die Jungen: Über alle Altersgruppen hinweg sind 39 % der Mädchen in zwei oder mehr Vereinen oder Gruppen, bei den Jungen liegt dieser Anteil bei 23 %. Wie auch die Ergebnisse der Freizeittypologie zeigen, verdeutlicht dieser Befund, dass Mädchen ihre Freizeit vielseitiger gestalten als Jungen.

Interessant ist zudem der Blick auf die inhaltliche Ausrichtung der Vereine und Gruppen: 24 % der Mädchen, aber nur 1 % der Jungen gehen in einen Tanzclub bzw. ins Ballett, in den Sportverein gehen 48 % der Mädchen und 68 % der Jungen (beide in Tabelle 4.6 in der Kategorie »Sport und Bewegung« zusammengefasst). Bei allen Vereinen oder Gruppen, die man dem musisch-kulturellen bzw. bildungsorientierten Bereich zuordnen kann, liegen die Mädchen vor den Jungen. Fasst man diese Angebote zusammen, sind 31 % der Mädchen und 17 % der Jungen in mindestens einer Gruppe aus diesem Bereich aktiv.

Regionale Unterschiede

Trotz der festgestellten Unterschiede in der Freizeitgestaltung der Kinder in Ost und West sind sich die Kinder hinsichtlich ihrer Aktivitäten in Vereinen oder anderen Gruppen sehr ähnlich. Nur in Sportvereinen sind die Kinder in den alten Bundesländern (inkl. Berlin) deutlich häufiger Mitglied als in den neuen Bundesländern (60 % zu 49 %). Auch unterscheiden sich Kinder in Städten und in deren Randlagen hinsichtlich ihrer Vereinsaktivität: In den Speckgürteln der Städte sind 84 % der Kinder in mindestens einem Verein, in den Städten nur 70 %. An dieser Stelle macht sich wieder der vergleichsweise hohe Anteil von Familien aus höheren sozialen Herkunftsschichten in den Randlagen der Städte bemerkbar, die die Förderung ihrer Kinder intensiver unterstützen können.

Die Ganztagsschule beeinträchtigt nicht die Teilhabe an institutioneller Freizeitgestaltung

Besuchen Kinder eine Ganztagsschule oder gehen sie nach der Halbtagsschule in eine Betreuungseinrichtung (Hort, Mittagsbetreuung oder sonstige Nachmittagsbetreuung), bedeutet das nicht, dass sie deshalb keine Zeit für Vereine oder außerschulische Gruppen haben: Die Intensität, mit der die 6- bis 11-Jährigen hier aktiv sind, ist weitgehend unabhängig von der Schulart, die sie besuchen (Tab. 4.7).

Tab. 4.7 **Mitgliedschaften in Vereinen oder anderen festen außerschulischen Gruppen nach Schulart**

Basis: Kinder im Alter von 6 bis 11 Jahren in Deutschland (Angaben in %)

Spalten in %	Gesamt	Halbtagsschule ohne Betreuung	Halbtagsschule mit Betreuung[1]	Ganztagsschule
Kein Verein/keine Gruppe	24	23	23	25
Ein Verein/eine Gruppe	45	46	44	45
Zwei Vereine/Gruppen	23	21	26	23
Drei bis sechs Vereine/Gruppen	8	10	7	6
Keine Angabe	0	0	0	1
In mindestens einem Verein/einer Gruppe	76	77	77	75

1 Hort, Mittagsbetreuung oder sonstige Nachmittagsbetreuung

Soziale Herkunftsschicht und Migrationshintergrund: Eine Barriere nicht nur bei bildungsorientierten Freizeitangeboten

Bei der institutionellen Freizeitgestaltung bestätigt sich abermals die widrigere Lage von Kindern aus finanziell und sozial benachteiligten Familien. 96 % der Kinder aus der Oberschicht, aber nur 37 % der Kinder aus der unteren Schicht sind in mindestens einem Verein bzw. einer außerschulischen Gruppe aktiv (Tab. 4.8). 53 % der Kinder mit konkretem Armutserleben und 81 % der Kinder ohne Armutserleben sind in mindestens einem Verein (ohne Tab.).

Besonders fallen die sozialen Unterschiede ins Auge, wenn man die inhaltliche Ausrichtung der Vereine und Gruppen betrachtet: Kinder aus der Oberschicht sind zehnmal häufiger in (mindestens) einem Verein oder einer festen Gruppe im Bereich »Musik, Kultur, Bildung« als Kinder aus der unteren Schicht (49 % zu 5 %). Drastisch stellen sich die Unter-

Tab. 4.8 **Mitgliedschaften in Vereinen oder anderen festen außerschulischen Gruppen (Elternangabe) nach sozialer Herkunftsschicht und Migrationshintergrund**

Basis: Kinder im Alter von 6 bis 11 Jahren in Deutschland (Angaben in %)

Spalten in %	Gesamt	Untere Schicht	Untere Mittelschicht	Mittelschicht	Obere Mittelschicht	Oberschicht	Ohne Migrationshintergrund	Mit Migrationshintergrund und deutscher Staatsangehörigkeit	Ohne deutsche Staatsangehörigkeit
Kein Verein/ keine Gruppe	24	63	46	24	14	4	19	28	47
Ein Verein/ eine Gruppe	45	32	41	51	50	38	47	42	41
Zwei Vereine/ Gruppen	23	5	11	20	26	39	26	19	9
Drei bis sechs Vereine/Gruppen	8	0	1	5	10	19	8	10	3
In mindestens einem Verein/einer Gruppe …									
»Sport und Bewegung«	65	28	43	64	75	85	69	61	45
»Musik, Kultur, Bildung«	24	5	8	16	28	49	25	26	11
»Kirchlich, sozial, gemeinschaftlich orientierte(r) oder sonstige(r)« Verein/ Gruppe«	18	9	11	19	18	28	21	15	10
Keine Angabe	0	0	1	0	0	0	0	1	0
In mindestens einem Verein/einer Gruppe	76	37	52	76	86	96	81	72	53

schiede bei der Mitgliedschaft in einer Musikgruppe oder Musikschule dar: 46 % der Kinder aus der Oberschicht und nur 2 % der Kinder aus der unteren Schicht sind hier aktiv. Die oftmals hohen Beiträge von Vereinen, Gruppen oder Kursen im kulturellen und Bildungsbereich befördern eine sozial segregierte Kinderfreizeit. Aber nicht allein die Kosten stellen eine Hemmschwelle für die unteren sozialen Schichten dar. Auch mangelnde Erfahrungen mit dem Umfeld der von Mittel- und Oberschicht geprägten kulturell-bildungsorientierten Institutionen können eine Rolle spielen. Mittel- und Oberschichtseltern übertragen häufig die in der eigenen Kindheit gemachten Bildungserfahrungen auf ihren Nachwuchs: Viele Eltern, die selbst ein Musikinstrument spielen, werden ihre Kinder zum Erlernen eines Instruments animieren und auch unterstützen können. Kinder in musischen Elternhäusern werden zudem eher von sich aus den Wunsch äußern, ein Instrument zu spielen.

Durchgehend ist auch die Benachteiligung von Kindern ohne deutsche Staatsangehörigkeit zu erkennen. Kinder mit deutscher Staatsangehörigkeit ohne und mit Migrationshintergrund sind sich hingegen in Bezug auf ihre Mitgliedschaft in Vereinen und außerschulischen Gruppen sehr ähnlich. Lediglich bei Sportvereinen und Kirchengruppen liegen die Kinder ohne Migrationshintergrund vorne.

Sportverein – ungleiche Bedingungen auch hier

Zwar ist die geringere Teilhabe von Kindern aus den unteren sozialen Herkunftsschichten und von Kindern ohne deutsche Staatsangehörigkeit bei bildungsorientierten Freizeitangeboten besonders deutlich. Dieses Muster zeigt sich aber auch bei den Mitgliedschaften in Sportvereinen: Kinder aus der Oberschicht sind hier mehr als dreimal so häufig Mitglied wie Kinder aus der unteren Schicht (77 % zu 24 %). Von den Kindern ohne Migrationshintergrund sind 62 %, von den Kindern mit Migrationshintergrund und deutscher Staatsangehörigkeit 55 % und von den Kindern ohne deutsche Staatsangehörigkeit 41 % im Sportverein. In Anbetracht des niederschwelligen Zugangs zu Sportvereinen – die Mitgliedschaftsbeiträge sind in der Regel moderat, es gibt Angebote auf dem Land und in der Stadt – und auch im Hinblick auf das 2011 eingeführte Bildungs- und Teilhabepaket[17] sind diese Ungleichheiten bemerkenswert.

Die Kultusministerkonferenz der Länder (KMK) hebt die Bedeutung von Bewegung, Spiel und Sport für die kindliche Entwicklung hervor. Diese beeinflussen »in vielfältiger Weise die sprachliche, körperliche, emotionale und intellektuelle Entwicklung positiv« und können so »einen bedeutsamen Beitrag zur Persönlichkeitsentwicklung« von Kindern leisten (KMK 2009, S. 1). Dass Bewegung nicht nur die körperliche, sondern auch die kognitive Entwicklung fördert, beschreiben auch Jansen und Richter: Vor allem für die exekutiven Funktionen (wie Arbeitsgedächtnis, Inhibition und kognitive Flexibilität) sowie für visuell-räumliche Fähigkeiten wurde ein positiver Effekt von Bewegung gefunden (Jansen/Richter 2016).

17 Seit dem 2011 beschlossenen Bildungs- und Teilhabepaket erhalten Kinder und Jugendliche, deren Familien Sozial- oder Familienleistungen beziehen (Familien mit »Kinderzuschlag«), zweckgebunden Leistungen zur Bildung und Teilhabe im außerschulischen Bereich. Ziel ist es, benachteiligten Kindern und Jugendlichen eine Teilhabe am sozialen und kulturellen Leben und damit Chancengleichheit zu gewährleisten.

Tab. 4.9 **Zusammenhangsanalyse: Mitgliedschaft in mindestens einem Sportverein nach signifikanten persönlichen und sozialen Merkmalen**[1]

Basis: Kinder im Alter von 6 bis 11 Jahren in Deutschland (Angaben in %)

%-Angaben (pro Zeile)	In keinem Sportverein	Mitglied in (mindestens) einem Sportverein
Gesamt	42	58
Geschlecht		
Mädchen	**52**	48
Jungen	32	**68**
Alter		
6–7 Jahre	**51**	49
8–9 Jahre	39	**61**
10–11 Jahre	36	**64**
West/Ost		
West (inkl. Berlin)	40	**60**
Ost	**51**	49
Stadt/Land		
(Groß-)Stadt	**47**	53
Randlagen von (Groß-)Städten	33	**67**
Verdichtungsräume	**48**	52
Ländliche Räume	39	**61**
Soziale Herkunftsschicht		
Untere Schicht	**76**	24
Untere Mittelschicht	**62**	38
Mittelschicht	43	**57**
Obere Mittelschicht	32	**68**
Oberschicht	23	**77**
Familienform		
Nicht alleinerziehend	38	**62**
Alleinerziehend	**58**	42
Armutserleben		
Kein Armutserleben	37	**63**
Konkretes Armutserleben	**64**	36

1 Der Zusammenhang wurde multivariat anhand einer nominalen Regression auf die Variable »Mitglied in mindestens einem Sportverein« getestet. Einbezogene Merkmale: Geschlecht, Alter, West/Ost, Siedlungsstrukturtyp (BIK), soziale Herkunftsschicht, Migrationshintergrund, Familienform (alleinerziehend vs. nicht alleinerziehend), Zuwendungsdefizit, Armutserleben und regelmäßige Nutzung des Internets in der Woche.
Aus Gründen der Übersichtlichkeit werden in der Tabelle bivariate Merkmalsausprägungen in % ausgewiesen. Fettgedruckt sind auffällige Abweichungen für Merkmale, die sich auch innerhalb der multivariaten Analyse als signifikant erwiesen haben ($p < 0{,}05$).

Angesichts dieser Befunde und der Bedeutung des Sportvereins als typisches »niederschwelliges Integrationsangebot« möchten wir die Faktoren, die auf eine Mitgliedschaft der Kinder in einem Sportverein wirken, mit einer Zusammenhangsanalyse genauer beleuchten. Tabelle 4.9 zeigt, dass Jungen häufiger als Mädchen und ältere häufiger als jüngere Kinder im Sportverein aktiv sind. Auch wohnortbezogene Unterschiede gibt es: Kinder in den alten Bundesländern (inkl. Berlin) gehen häufiger in den Sportverein als Kinder in den neuen Bundesländern, Kinder in den Speckgürteln von Städten sind besonders häufig Mitglied.

Augenfällig sind die bereits berichteten Unterschiede nach sozialer Herkunftsschicht: 77 % der Kinder aus der Oberschicht aber nur 24 % der Kinder aus der unteren Schicht sind in (mindestens) einem Sportverein. Zwar unterscheidet sich die Aktivität von Kindern in einem Sportverein abhängig von ihrem Migrationshintergrund. Die Zusammenhangsanalyse zeigt aber, dass die schichtspezifischen die möglichen kulturellen Unterschiede überlagern, der Migrationshintergrund erweist sich multivariat nicht als entscheidend.

Bedeutsam zeigen sich auch andere Merkmale: Kinder mit alleinerziehendem Elternteil sind deutlich seltener in einem Sportverein als Kinder, die mit zwei Elternteilen aufwachsen (42 % zu 62 %). Kommen Kinder aus finanziell schlecht gestellten Familien, schlägt sich dies sogar noch deutlicher nieder: 36 % der Kinder mit konkretem Armutserleben sind Mitglied in einem Sportverein, bei den Kinder ohne Armutserleben sind es 63 %. Es wird deutlich, wie sehr die »harten Fakten« der finanziellen und Bildungsbenachteiligung auch dann durchschlagen, wenn es um ein so weit verbreitetes Phänomen wie den Sportverein geht (fast sechs von zehn aller 6- bis 11-Jährigen sind hier aktiv).

Rückgang der Aktivität im Sportverein im Zeitverlauf insbesondere bei den unteren Schichten

Es stellt sich die Frage, ob und inwieweit sich diese beobachtete unterschiedliche Teilhabe von Kindern aus verschiedenen Herkunftsschichten im Zeitverlauf verändert hat: Möglicherweise konnte das 2011 eingeführte Bildungs- und Teilhabepaket dazu beitragen, diese Ungleichheit abzuschwächen. Tabelle 4.10 zeigt, dass dies nicht der Fall ist: Der Anteil der Kinder aus den unteren Schichten, die

Tab. 4.10 **Anteil Mitgliedschaft in (mindestens) einem Sportverein (Elternangabe) nach sozialer Herkunftsschicht und im Zeitvergleich**

Basis: Kinder im Alter von 6 bis 11 Jahren in Deutschland (Angaben in %)

Spalten in %	2010	2013	2017
Gesamt	62	57	58
Untere Schicht	32	25	24
Untere Mittelschicht	50	46	38
Mittelschicht	62	57	57
Obere Mittelschicht	69	63	68
Oberschicht	82	72	77

in (mindestens) einen Sportverein gehen, hat sich von 2010 auf 2017 nicht erhöht. Vielmehr ist in diesen zehn Jahren der Anteil der 6- bis 11-Jährigen, die Mitglied in einem Sportverein sind, in sozial- und bildungsbenachteiligten Herkunftsschichten überdurchschnittlich stark zurückgegangen: In der unteren Schicht von 32 % auf 24 %, in der unteren Mittelschicht von 50 % auf 38 %, im Durchschnitt aller 6- bis 11-Jährigen von 62 % auf 58 %.

4.4 Ein eigenes Handy

Schüler, die aus dem Schulgebäude kommen und sofort ihr Handy aus der Tasche holen, Kinder, die schweigend nebeneinander stehen, jedes über sein Smartphone gebeugt – dies sind vertraute Bilder: Inzwischen haben mehr als vier Fünftel der 10- bis 11-Jährigen ein eigenes Handy, vor sieben Jahren waren es noch zwei Drittel (Abb. 4.3). Immerhin ein Drittel der 8- bis 9-Jährigen und 15 % der 6- bis 7-Jährigen besitzen ebenfalls ein eigenes Handy. Für die gesamte Gruppe der 6- bis 11-Jährigen ergibt sich ein Anteil von 45 % Handybesitzer, ähnliche Werte berichtet die KIM Studie 2016 für diese Altersgruppe (Medienpädagogischer Forschungsverbund Südwest 2017).

Tabelle 4.11 zeigt, dass Eltern vor allem bei den Jüngsten einen Unterschied zwischen Mädchen und Jungen machen: Von den 6- bis 7-jährigen Mädchen haben 18 % ein Handy, von den gleichaltrigen Jungen 12 %. Wie bei den Erwachsenen haben nur noch wenige Kids ein

Abb. 4.3 **Besitz eines eigenen Handys nach Alter und im Trend**
»Hast Du ein eigenes Handy?«
Basis: Kinder im Alter von 6 bis 11 Jahren in Deutschland (Angaben in %)

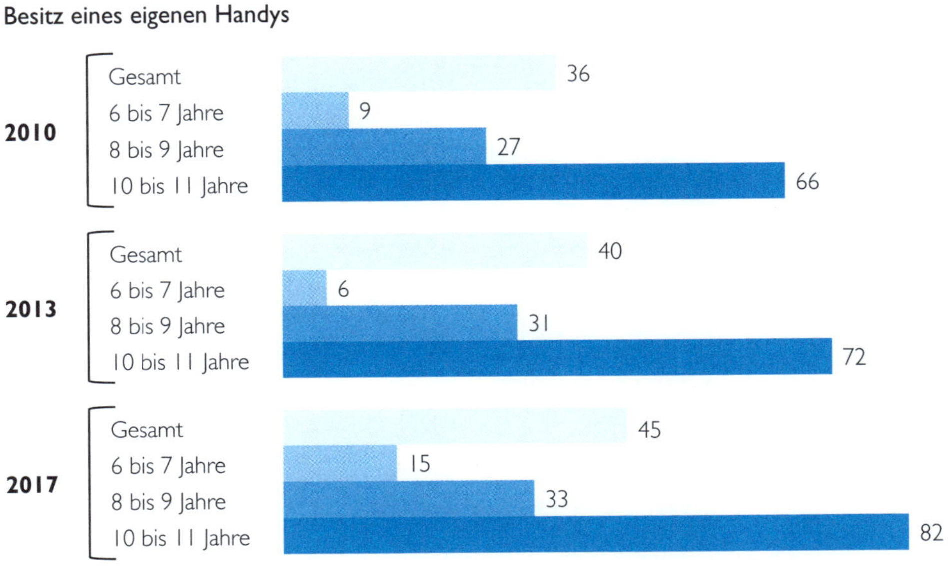

Tab. 4.11 **Besitz eines Smartphones oder anderes Handy nach Geschlecht und Alter**
Basis: Kinder im Alter von 6 bis 11 Jahren in Deutschland (Angaben in %)

Spalten in %	Gesamt	Mädchen			Jungen		
		6–7 Jahre	8–9 Jahre	10–11 Jahre	6–7 Jahre	8–9 Jahre	10–11 Jahre
Eigenes Smartphone	36	11	24	73	6	23	71
Anderes Handy	9	7	11	9	6	9	11
Kein Handy	55	82	65	17	88	68	18
Weiß nicht/keine Angabe	0	0	0	1	0	0	0

Tastentelefon: 80 % aller 6- bis 11-jährigen Handybesitzer verfügen über ein Smartphone. Auch in dieser Hinsicht sind die jüngeren Mädchen besser ausgestattet als die gleichalten Jungen: Von den 6- bis 7-jährigen weiblichen Handybesitzerinnen haben 59 % ein Smartphone, von den gleichalten männlichen Handybesitzern 49 %. Bei den Älteren sind diese Unterschiede nicht mehr zu sehen.

Smartphone, Tastenhandy oder gar kein Handy

Tabelle 4.12 stellt die Einflussfaktoren dar, die sich in der Zusammenhangsanalyse als signifikant für den Besitz eines Smartphones bzw. eines Tastenhandys gezeigt haben.

Multivariat ist das Geschlecht nicht bedeutsam für den Besitz eines Handys bzw. eines Smartphones. Wie oben beschrieben, lassen sich leichte Unterschiede zwischen 6- bis 7-jährigen Mädchen und Jungen feststellen. Deutlich bemerkbar macht sich aber das Alter der Kinder: Eltern gestehen ihren Kindern mit deren zunehmenden Alter mehr Selbständigkeit zu, das fällt ihnen leichter, wenn ihre Kinder unterwegs erreichbar sind. Viele der 10- bis 11-Jährigen erhalten zum Eintritt in die weiterführende Schule ein Handy, da sie nun weitere Schulwege zurücklegen müssen.

Nachvollziehbar erscheint auch, dass vor allem Kinder in der Stadt oder in den städtischen Randbezirken von ihren Eltern ein Handy bekommen, sie haben aber auch häufiger ein Smartphone. In den Randlagen der Städte haben sogar 41 % der 6- bis 11-Jährigen ein Smartphone, dies dürfte auf die besonders gute finanzielle Lage der Eltern in den Speckgürteln der Städte zurückzuführen sein.

Interessant ist der Blick auf soziale Herkunftsschicht: Die Mittelschicht-Kinder besitzen (mit 40 %) besonders häufig ein Smartphone. Insgesamt unterscheiden sich die Kinder der verschiedenen Herkunftsschichten nur wenig, abgeschlagen sind lediglich die Kinder aus der unteren Schicht: Von diesen haben nur 35 % ein Handy, bei 27 % ist das ein Smartphone. Armutserleben spielt keine Rolle, wenn es bei den 6- bis 11-Jährigen um den Besitz eines Handys an sich geht (44 % der Kinder mit konkretem Armutserleben und 46 % der nicht betroffenen Kinder besitzen ein eigenes Handy), allerdings haben Kinder mit Armutserleben seltener ein Smartphone (32 zu 37 %). Deutlicher sind die Unterschiede nach Herkunft: Nur ein Drittel aller Kinder ohne deutsche Staatsangehörigkeit hat ein eigenes

Tab. 4.12 **Zusammenhangsanalyse: Eigenes Smartphone oder anderes Handy nach signifikanten persönlichen und sozialen Merkmalen**[1]

Basis: Kinder im Alter von 6 bis 11 Jahren in Deutschland (Angaben in %)[2]

%-Angaben (pro Zeile)	Eigenes Smartphone	Anderes Handy (Tastentelefon)	Kein eigenes Handy
Gesamt	36	9	55
Geschlecht			
Mädchen	38	9	53
Jungen	35	8	56
Alter			
6–7 Jahre	8	6	**85**
8–9 Jahre	23	10	**67**
10–11 Jahre	**72**	10	18
Stadt/Land			
(Groß-)Stadt	36	**11**	52
Randlagen von (Groß-)Städten	**41**	6	53
Verdichtungsräume	32	7	**60**
Ländliche Räume	33	8	**58**
Soziale Herkunftsschicht			
Untere Schicht	27	8	**65**
Untere Mittelschicht	35	**11**	53
Mittelschicht	**40**	8	51
Obere Mittelschicht	34	10	55
Oberschicht	39	6	54
Migrationshintergrund			
Kinder ohne Migrationshintergrund	**38**	8	53
Kinder mit Migrationshintergrund und deutscher Staatsangehörigkeit	36	9	54
Kinder ohne deutsche Staatsangehörigkeit	23	10	**67**
Zuwendung der Eltern			
Kein Defizit	**37**	8	54
Defizit bei einem Elternteil	30	5	**64**
Zuwendungsdefizit	34	**13**	53
Armutserleben			
Kein Armutserleben	**37**	8	54
Konkretes Armutserleben	32	**11**	56

1 Der Zusammenhang wurde multivariat anhand einer nominalen Regression auf die Variable »eigenes Handy« getestet. Einbezogene Merkmale: Geschlecht, Alter, West/Ost, Siedlungsstrukturtyp (BIK), soziale Herkunftsschicht, Migrationshintergrund, Familienform (alleinerziehend vs. nicht alleinerziehend), Zuwendungsdefizit, Armutserleben.
Aus Gründen der Übersichtlichkeit werden in der Tabelle bivariate Merkmalsausprägungen in % ausgewiesen. Fettgedruckt sind auffällige Abweichungen für Merkmale, die sich auch innerhalb der multivariaten Analyse als signifikant erwiesen haben ($p < 0{,}05$).

2 Fehlend zu 100 % = »Weiß nicht«/»keine Angabe«

Handy, bei den Kindern mit deutscher Staatsangehörigkeit (sowohl ohne als auch mit Migrationshintergrund) sind es jeweils knapp die Hälfte.

Während die Kinderzimmer von Kindern aus der unteren Schicht und der Kinder ohne deutsche Staatsangehörigkeit häufiger mit Geräten wie Fernseher, Spielekonsole und Video- oder DVD-Player ausgestattet sind (Leven/Schneekloth 2010), sind diese Kinder im Hintertreffen, wenn es um den Besitz eines Handys – und vor allem eines Smartphones – geht.

4.5 Internetnutzung

Noch deutlicher als der Handybesitz ist von 2010 auf 2017 die Internetnutzung der 6- bis 11-Jährigen angestiegen: In dieser Zeit hat sich der Anteil der Kinder, die regelmäßig unter der Woche das Internet nutzen, in allen drei Altersgruppen jeweils verdoppelt, wie Abbildung 4.4 zeigt. Inzwischen sind 38 % der 6- bis 11-Jährigen regelmäßig unter der Woche online. Um die unterschiedlichen Möglichkeiten des Internetzugangs mit einer Frage »einzufangen«, haben wir in die Abfrage verschiedene Endgeräte wie Computer, Tablet oder Smartphone aufgenommen.

Tabelle 4.13 zeigt die Ergebnisse der Zusammenhangsanalyse für die Intensität der Internetnutzung. Zusammengefasst wurden die Antworten der Kinder in drei Gruppen: Kinder, die nie oder nur unregelmäßig ins Internet gehen, Kinder, die zwar in der Woche regelmäßig im Internet unterwegs, aber an einem durch-

Abb. 4.4 **Regelmäßige Internetnutzung**

»Bist Du selber regelmäßig in der Woche im Internet, egal ob über Computer, Tablet oder Smartphone?«

Basis: Kinder im Alter von 6 bis 11 Jahren in Deutschland (Angaben in %)

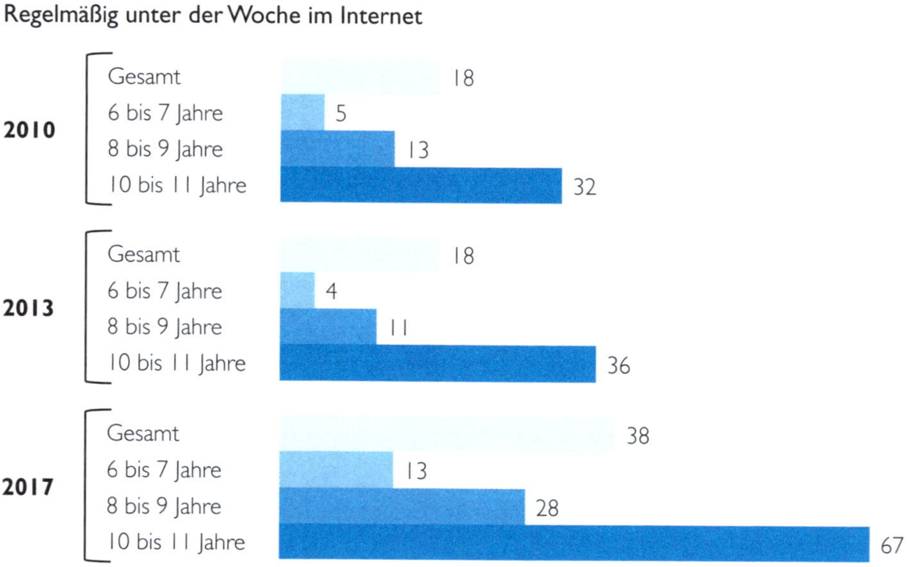

Tab. 4.13 **Zusammenhangsanalyse: Internetnutzung nach signifikanten persönlichen und sozialen Merkmalen**[1]

Basis: Kinder im Alter von 6 bis 11 Jahren in Deutschland (Angaben in %)[2]

%-Angaben (pro Zeile)	Nie oder nur unregelmäßig im Internet	Bis zu einer Stunde am Tag im Internet	Mehr als eine Stunde am Tag im Internet
Gesamt	62	22	15
Geschlecht			
Mädchen	**65**	21	13
Jungen	59	23	**17**
Alter			
6–7 Jahre	**87**	10	2
8–9 Jahre	**71**	21	7
10–11 Jahre	33	**33**	**33**
Stadt/Land			
(Groß-)Stadt	60	21	**19**
Randlagen von (Groß-)Städten	61	**25**	13
Verdichtungsräume	**64**	20	14
Ländliche Räume	**66**	21	12
Soziale Herkunftsschicht			
Untere Schicht	**67**	18	15
Untere Mittelschicht	**65**	18	15
Mittelschicht	58	**24**	**17**
Obere Mittelschicht	**64**	21	15
Oberschicht	61	**26**	12
Migrationshintergrund			
Kinder ohne Migrationshintergrund	**64**	21	14
Kinder mit Migrationshintergrund und deutscher Staatsangehörigkeit	56	**24**	**19**
Kinder ohne deutsche Staatsangehörigkeit	**69**	18	12

1 Der Zusammenhang wurde multivariat anhand einer nominalen Regression auf die Variable »Internetnutzung« getestet. Einbezogene Merkmale: Geschlecht, Alter, West/Ost, Siedlungsstrukturtyp (BIK), soziale Herkunftsschicht, Migrationshintergrund, Familienform (alleinerziehend vs. nicht alleinerziehend), Zuwendungsdefizit, Armutserleben.
Aus Gründen der Übersichtlichkeit werden in der Tabelle bivariate Merkmalsausprägungen in % ausgewiesen. Fettgedruckt sind auffällige Abweichungen für Merkmale, die sich auch innerhalb der multivariaten Analyse als signifikant erwiesen haben ($p < 0,05$).

2 Fehlend zu 100% = »Weiß nicht«/»keine Angabe«

Abb. 4.5 **Umfang der Internetnutzung**

»Bist Du selber regelmäßig in der Woche im Internet, egal ob über Computer, Tablet oder Smartphone?«/»Und wie lange bist Du ungefähr pro Tag im Internet? Denk an einen durchschnittlichen Schultag von Montag bis Freitag?«

Basis: Kinder im Alter von 6 bis 11 Jahren in Deutschland (Angaben in %)[1]

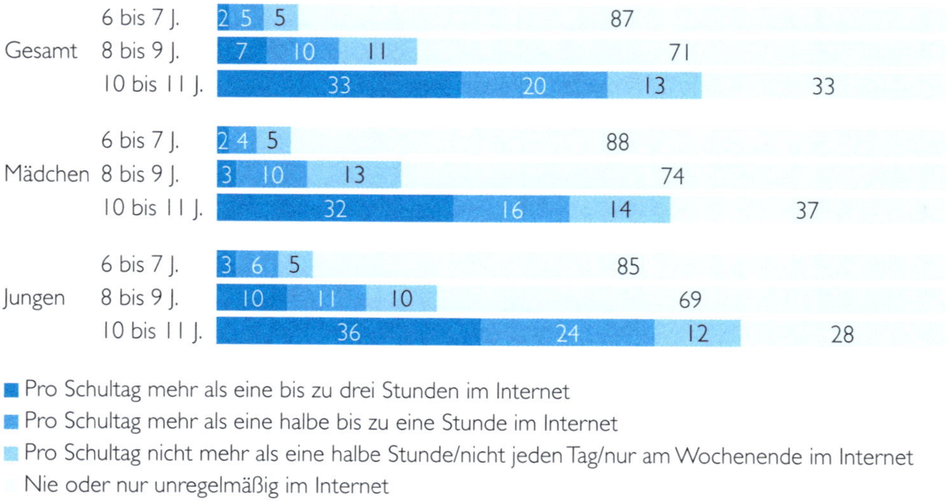

[1] Fehlend zu 100% = »Weiß nicht«/»keine Angabe«

schnittlichen Schultag maximal eine Stunde online sind, und Kinder, die (an einem normalen Schultag) mehr als eine Stunde online sind.

Die Jungen sind häufiger im Internet unterwegs als die Mädchen, tendenziell verstärkt sich dieser Geschlechterunterschied mit zunehmendem Alter: Bei den 6- bis 7-Jährigen sind 14 % der Jungen und 11 % der Mädchen regelmäßig unter der Woche online, bei den 10- bis 11-Jährigen sind es 72 % der Jungen und 62 % der Mädchen. An einem normalen Schultag nutzen 36 % der 10- bis 11-jährigen Jungen und 32 % der gleich alten Mädchen mehr als eine Stunde das Internet (Abb. 4.5).

Auch der Siedlungsstrukturtyp erweist sich multivariat als Einflussfaktor auf die Internetnutzung: Die Stadtkinder sind zu 40 % regelmäßig unter der Woche im Internet unterwegs, die Kinder auf dem Land zu 33 %. Dies erstaunt auf den ersten Blick, haben wir doch zuvor festgestellt, dass die Kinder im ländlichen Raum häufiger zu den Medienkonsumenten zählen. Möglicherweise macht sich an dieser Stelle die immer noch regional ungleiche Internetanbindung bemerkbar – für Computerspiele ist eine ausreichende schnelle Verbindung nötig, so dass Kinder auf dem Land häufiger »offline gamen« müssen.

Zwar ist die soziale Herkunftsschicht multivariat bedeutsam, zwischen Oberschicht und unterer Schicht sind die Unterschiede aber vergleichsweise gering: 33 % der Kinder aus der unteren Schicht und 42 % der Kinder aus der Mittelschicht sind regelmäßig unter der Woche online. Die Mittelschicht-Kinder sind etwas häufiger als die anderen »mehr als eine Stunde an einem normalen Schultag« online (17 %). Kinder aus der Oberschicht sind zu 12 % so häufig

Tab. 4.14 **Was machen Kinder im Internet »sehr oft«, nach Geschlecht und Alter**

Basis: Kinder im Alter von 6 bis 11 Jahren in Deutschland, die regelmäßig in der Woche im Internet sind (Angaben in %)

Spalten in %	Gesamt	Mädchen	Jungen	6–7 Jahre	8–9 Jahre	10–11 Jahre
YouTube, Filme schauen	47	45	48	35	42	51
WhatsApp oder Snapchat	42	49	37	5	20	57
Computerspiele oder Tabletspiele	39	26	50	34	37	40
Chatten (also sich im Internet mit anderen unterhalten)	26	29	23	3	11	36
Musik hören oder herunterladen	26	28	24	5	21	31
Gezielt nach etwas suchen	19	20	19	17	18	20
Das Internet für die Schule nutzen	14	16	12	12	10	16
Einfach drauflos surfen	11	13	10	5	8	13
Auf Facebook oder Instagram sein (oder andere Soziale Netze nutzen)	10	12	8	2	4	14

im Netz, hier spielt möglicherweise ein etwas restriktiverer Erziehungsstil bezüglich der Mediennutzung eine Rolle. Kinder mit Migrationshintergrund und deutscher Staatsangehörigkeit sind häufiger im Internet (44 % regelmäßig unter der Woche) als Kinder ohne Migrationshintergrund (36 %) oder Kinder ohne deutsche Staatsangehörigkeit (30 %).

Was die Kinder im Internet machen

Die Kinder, die in der Woche regelmäßig im Internet unterwegs sind, haben wir gefragt, was sie dort hauptsächlich machen. Knapp jeder zweite »Onliner« im Alter von 6 bis 11 Jahren schaut im Internet »sehr oft« YouTube oder Filme (Tab. 4.14). Jeweils vier von zehn kommunizieren sehr oft auf WhatsApp oder Snapchat und nutzen das Netz sehr oft für Computer- oder Tabletspiele. Die Mädchen liegen überall da vor den Jungen, wo es um Kommunikation und Soziale Netzwerke geht: Bei der Nutzung von WhatsApp oder Snapchat, beim Chatten und bei der Nutzung von Facebook oder Instagram. Die Onliner unter den Jungen sehen sich öfter etwas auf YouTube an oder schauen Filme und sie spielen deutlich häufiger im Netz.

Bei den 6- bis 9-Jährigen sind unabhängig von ihrem Alter YouTube- oder Filmeschauen und Spiele spielen die mit Abstand häufigsten Aktivitäten im Internet. Bei den 10- bis 11-Jährigen übernimmt die Nutzung von WhatsApp bzw. Snapchat die Führung (5 % der 6- bis 7-Jährigen nutzen »sehr oft« WhatsApp, bei den 10- bis 11-Jährigen sind es 57 %). Soziale Netzwerke werden in dieser Altersgruppe deutlich wichtiger, sowohl das Chatten allgemein als auch Facebook

Tab. 4.15 **Was machen Kinder im Internet »sehr oft«, im Zeitvergleich**

Basis: Kinder im Alter von 6 bis 11 Jahren in Deutschland, die regelmäßig in der Woche im Internet sind (Angaben in %)

Spalten in %	2010	2013	2017
Computerspiele oder Tabletspiele	31	33	39
Chatten (also mich im Internet mit anderen unterhalten)	29	25	26
Musik hören oder herunterladen	7	6	26
Gezielt nach etwas suchen	31	25	19
Einfach drauflos surfen	13	11	11

oder Instragram. Ebenso hören die Kinder mit zunehmendem Alter mehr Musik im Internet oder laden sich diese herunter.

Was hat sich in den letzten sieben Jahren verändert?

Für fünf der im Jahr 2017 abgefragten Aktivitäten im Internet kann die Entwicklung innerhalb der letzten sieben Jahre betrachtet werden, da diese im Fragebogen seit 2010 abgefragt werden. Wie Tabelle 4.15 zeigt, nutzen die Kinder das Internet im Jahr 2017 mehr als noch 2010 zum Spielen. Da bei den Freizeitaktivitäten das Spielen mit PC, Konsole und Internet insgesamt nicht zugenommen hat (vgl. Kap. 4.1), ist von einer Verlagerung des »Gamens« von Offline-Geräten (Computer und Konsole) hin zu Online-Spielen (Spielekonsolen, Tablet und vor allem Smartphone) auszugehen.

Sprunghaft angestiegen ist das Hören oder Herunterladen von Musik. Leicht zurückgegangen ist hingegen das Chatten (wobei vermutet werden muss, dass nicht alle Kinder, die WhatsApp nutzen, den Begriff »Chatten« kennen) und das gezielte Suchen nach etwas.

4.6 Bücher

Lesen ist und bleibt eine Schlüsselkompetenz für Bildungsteilhabe. Damit Kinder neben der verpflichtenden Lektüre in der Schule auch freiwillig zum Buch greifen, müssen sie Spaß und Freude am Lesen haben. Als Freizeitbeschäftigung muss sich das Lesen gegenüber einem vielfältigen Medienangebot, zunehmender Internetnutzung und der wachsenden Verbreitung von Smartphones behaupten. Insofern ist eine Betrachtung im Zeitverlauf interessant: Spielt das Lesen von Büchern für Kinder die gleiche Rolle wie vor zehn Jahren oder ist diese Freizeitaktivität möglicherweise zugunsten anderer Freizeitaktivitäten zurückgedrängt worden?

Bücherlesen als Freizeitaktivität leicht rückläufig

Wir haben die Kinder gefragt, wie häufig sie zu Hause – außerhalb der Hausaufgaben – länger in einem Buch lesen (die 6- bis 7-Jährigen wurden im Interview

Abb. 4.6 **Bücherlesen als Freizeitbeschäftigung im Trend**

»Wie häufig liest Du zu Hause länger in einem Buch (ohne Hausaufgaben)?«

Basis: Kinder im Alter von 8 bis 11 Jahren in Deutschland (Angaben in %)

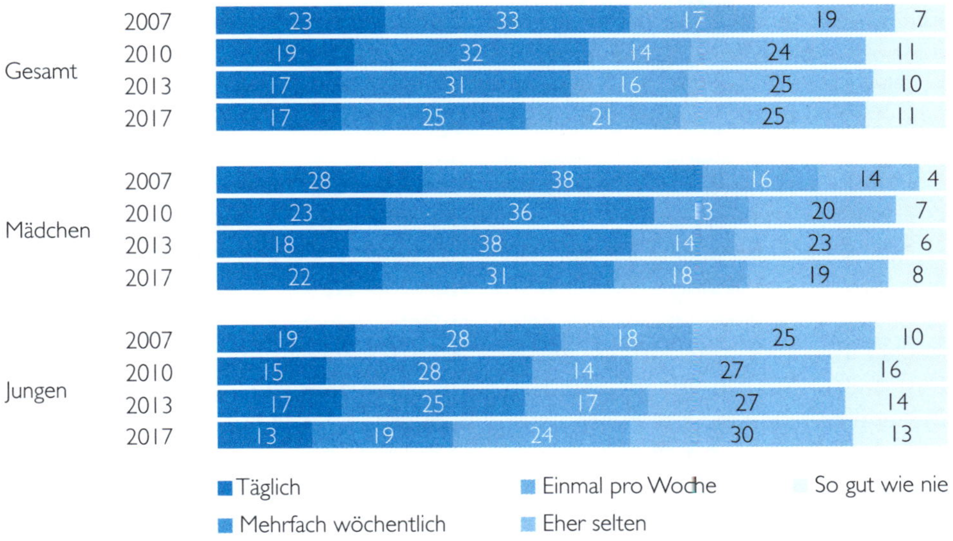

[1] Fehlend zu 100% = »Weiß nicht«/»keine Angabe«

gefragt, wie oft sie »ein Buch anschauen«).[18] 16 % der 6- bis 11-Jährigen sagen, dass sie täglich in einem Buch lesen, 29 % mehrfach wöchentlich, 20 % einmal pro Woche, 23 % eher selten und 10 % so gut wie nie (ohne Tab.). Betrachtet man die Ergebnisse der letzten zehn Jahre, geht die Häufigkeit des Bücherlesens leicht, aber stetig zurück. Dieser Trend ist ab 2010 sowohl für die 6- bis 7-Jährigen zu verzeichnen als auch dann, wenn man ab 2007 nur die Kinder von 8 bis 11 Jahren einbezieht.

Zwar lesen die Mädchen nach wie vor deutlich häufiger als die Jungen. Der Rückgang des Lesens als Freizeitbeschäftigung zeigt sich bei beiden Geschlechtern aber ganz ähnlich: 2017 lesen 22 % der 8- bis 11-jährigen Mädchen und 13 % der Jungen täglich in einem Buch, 2007 waren es jeweils 6 Prozentpunkte mehr (28 % und 19 %). Nicht nur lesen die Kinder seltener in ihrer Freizeit, auch ist der Anteil derjenigen, die so gut wie nie in einem Buch lesen, leicht gestiegen: Heute lesen 8 % der 8- bis 11-jährigen Mädchen und 13 % der Jungen so gut wie nie in einem Buch, zehn Jahre zuvor lagen diese Werte um 4 bzw. 3 Prozentpunkte niedriger (Abb. 4.6).

Geht man tiefer in die Analyse, so fällt auf, dass dieser rückläufige Trend bei Kindern mit Migrationshintergrund etwas deutlicher ausgeprägt ist als bei Kindern ohne Migrationshintergrund. Bei den Kindern ohne Migrationshintergrund ging der Anteil der 8- bis 11-Jährigen, die »mindestens mehrfach die

18 Die hier dargestellten Ergebnisse beziehen sich auf die Frage nach dem Lesen von Büchern. Sie sind nur bedingt vergleichbar mit den Ergebnissen der in Kapitel 4.1 beschriebenen Freizeitaktivität »in Büchern oder Zeitschriften lesen«. Bei dieser Frage wurde zudem eine andere Antwortskala verwendet.

Woche« zu einem Buch greifen in den letzten zehn Jahren um 11 Prozentpunkte zurück (57 % im Jahr 2007 auf 46 % im Jahr 2017). Bei Kindern mit Migrationshintergrund (unabhängig davon, ob mit oder ohne deutsche Staatsangehörigkeit) ist dieser Anteil um 20 Prozentpunkte (von 55 % auf 35 %) zurückgegangen. Entsprechend zeigt sich im Jahr 2017 ein deutlich unterschiedliches Leseverhalten in diesen beiden Gruppen.

Aus vergleichbaren Studien zur Mediennutzung von Kindern lässt sich für die letzten zehn Jahre kein ähnlich rückläufiger Trend im Leseverhalten ablesen. Dass andere Studien zu etwas anderen Ergebnissen kommen, mag neben unterschiedlichen Abfragen auch daran liegen, dass Kinder mit Migrationshintergrund in Stichproben häufig etwas unterrepräsentiert sind.

Bücherlesen – Hobby vor allem von Mädchen und Kindern aus höheren sozialen Schichten

Welche Faktoren begünstigen, dass Kinder im Alter von 6 bis 11 Jahren viel lesen? In einer Zusammenhangsanalyse haben wir die Einflussfaktoren auf die Leseintensität der Kinder untersucht, Tabelle 4.16 zeigt die signifikanten Faktoren. Die Antwortmöglichkeiten sind in drei Kategorien zusammengefasst: Kinder, die »eher selten oder so gut wie nie« lesen, Kinder, die »einmal oder mehrmals die Woche« lesen und Kinder, die »täglich« lesen.

Auch multivariat bestätigt sich, dass die Mädchen die »Leseratten« sind, 20 % der Mädchen und 13 % der Jungen lesen täglich in einem Buch. Mit zunehmendem Alter differenziert sich das Leseverhalten der Kinder deutlicher aus: Bei den 8- bis 11-jährigen Kindern sind sowohl deutlich mehr Kinder zu finden, die wenig lesen, als auch etwas mehr Kinder, die täglich lesen, als bei den 6- bis 7-Jährigen. In den alten Bundesländern lesen die Kinder etwas häufiger als in den neuen Bundesländern.

Vor allem zeigt sich beim Lesen ganz deutlich, welche Kinder in einer sozial benachteiligten Situation leben: Mehr als die Hälfte der Kinder aus den beiden unteren sozialen Herkunftsschichten lesen eher selten oder so gut wie nie – deutlich mehr als Kinder, die in der Mittel- oder Oberschicht aufwachsen. Ähnlich verhält es sich, wenn man ausschließlich die finanzielle Benachteiligung in den Blick nimmt: 51 % der Kinder mit Armutserleben lesen eher selten oder so gut wie nie. Auch das Aufwachsen mit einem alleinerziehenden Elternteil und eine mangelnde Zuwendung der Eltern wirken sich negativ auf das Lesen aus. Der Anteil der täglichen Leser ist bei den 6- bis 11-jährigen Kindern ohne Migrationshintergrund mit 19 % am höchsten, bei den Kindern mit Migrationshintergrund und deutscher Staatsangehörigkeit sind es 13 % und bei den Kindern ohne deutsche Staatsangehörigkeit 9 %. Interessanterweise beträgt der Anteil derjenigen, die eher selten oder so gut wie nie lesen, in allen drei Gruppen gleichermaßen rund ein Drittel.

Das familiäre Umfeld und das elterliche Vorbild beeinflussen sehr stark, ob die Kinder Zugang zum Medium Buch finden: Eltern, die selbst mit Freude lesen, geben ihren Kindern ein entsprechendes Vorbild. Frühes und regelmäßiges Vorlesen verankert das Lesen in der Lebenswelt der Kinder und hat eine nachhaltige Bedeutung für das spätere eigene Lesen (Stiftung Lesen/Deutsche Bahn/Die ZEIT 2011). So lesen 30 % der Kinder, die in einem Haushalt mit geschätzt mehr als 200 Büchern leben, täglich in einem

Tab. 4.16 **Zusammenhangsanalyse: Bücherlesen nach signifikanten persönlichen und sozialen Merkmalen**[1]

Basis: Kinder im Alter von 6 bis 11 Jahren in Deutschland (Angaben in %)[2]

%-Angaben (pro Zeile)	Eher selten/ so gut wie nie	Einmal/mehrmals die Woche	Täglich
Gesamt	33	50	16
Geschlecht			
Mädchen	24	**54**	**20**
Jungen	**41**	45	13
Alter			
6–7 Jahre	27	**57**	14
8–9 Jahre	**36**	46	17
10–11 Jahre	**35**	46	**18**
West/Ost			
West (inkl. Berlin)	32	50	17
Ost	**38**	47	12
Soziale Herkunftsschicht			
Untere Schicht	**56**	41	3
Untere Mittelschicht	**50**	44	6
Mittelschicht	33	50	14
Obere Mittelschicht	28	**52**	**19**
Oberschicht	16	**53**	**29**
Migrationshintergrund			
Kinder ohne Migrationshintergrund	32	48	**19**
Kinder mit Migrationshintergrund und deutscher Staatsangehörigkeit	**36**	50	13
Kinder ohne deutsche Staatsangehörigkeit	31	**60**	9
Familienform			
Nicht alleinerziehend	32	49	**18**
Alleinerziehend	**38**	**52**	9
Zuwendung der Eltern			
Kein Defizit	31	50	**18**
Defizit bei einem einzelnem Elternteil	**36**	**54**	9
Zuwendungsdefizit	**43**	44	10

Fortsetzung nächste Seite

Fortsetzung Tab. 4.16

%-Angaben (pro Zeile)	Eher selten/ so gut wie nie	Einmal/mehrmals die Woche	Täglich
Armutserleben			
Kein Armutserleben	29	**52**	**18**
Konkretes Armutserleben	**51**	39	9
Internetnutzung			
Regelmäßig pro Woche im Internet	**39**	47	13
Keine oder nur unregelmäßige Internetnutzung	29	51	**18**
Fernsehen, YouTube, Filme			
Sehr oft	**42**	45	12
Manchmal oder fast nie	25	**54**	**21**
Spiele an Computer, Konsole, Tablet, Smartphone			
Sehr oft	**47**	40	12
Manchmal oder fast nie	28	**53**	**18**

1 Der Zusammenhang wurde multivariat anhand einer nominalen Regression auf die Variable »Bücherlesen« getestet. Einbezogene Merkmale: Geschlecht, Alter, West/Ost, Siedlungsstrukturtyp (BIK), soziale Herkunftsschicht, Migrationshintergrund, Familienform (alleinerziehend vs. nicht alleinerziehend), Zuwendungsdefizit, Armutserleben, regelmäßige Nutzung des Internets in der Woche, Handybesitz, Fernsehen (oder YouTube, Filme), Spiele an Computer (oder Konsole, Tablet, Smartphone).
Aus Gründen der Übersichtlichkeit werden in der Tabelle bivariate Merkmalsausprägungen in ausgewiesen. Fettgedruckt sind auffällige Abweichungen für Merkmale, die sich auch innerhalb der multivariaten Analyse als signifikant erwiesen haben ($p < 0{,}05$).
2 Fehlend zu 100% = »Weiß nicht«/»keine Angabe«

Buch. Kinder aus Haushalten, in denen nur wenige Bücher vorhanden sind (geschätzt weniger als 25 Bücher), lesen nur zu 4 % ebenso häufig.

Die Zusammenhangsanalyse zeigt aber auch sehr deutlich, wie eine intensive Mediennutzung ein geringes Leseverhalten bedingt: Kinder, die regelmäßig in der Woche im Internet sind, Kinder, die sehr oft Fernsehen, YouTube oder Filme schauen, und Kinder, die sehr oft an Computer, Konsole, Tablet oder Smartphone spielen, lesen deutlich seltener. Insofern beschreibt der Anstieg der Häufigkeit, mit der die 6- bis 11-Jährigen im Internet spielen (vgl. Kap. 4.5), eine zunehmende Konkurrenz zum Buch und liefert damit eine mögliche Erklärung für den beobachteten Rückgang der Lesehäufigkeit. Der Besitz eines Handys steht in keinem Zusammenhang zum Leseverhalten der Kinder: Gleichgültig, ob sie ein Smartphone, ein anderes Handy oder kein Handy haben, lesen jeweils ein Sechstel der 6- bis 11-Jährigen täglich, die Hälfte einmal oder mehrmals die Woche und rund ein Drittel eher selten oder so gut wie nie. Es ist nicht der Besitz eines Smartphones, der Kinder vom Lesen abhält, aber möglicherweise ein ausdauerndes Spielen mit diesem Gerät.

4.7 Zufriedenheit mit der Freizeit

Gefragt, wie zufrieden sie mit ihrer Freizeit sind, wählten 65 % der 6- bis 11-Jährigen den zufriedensten von fünf Smileys. 28 % antworteten mit dem zweitbesten und 6 % mit dem mittleren Smiley. Die beiden negativen Smileys wurden zusammengenommen von knapp 1 % der Kinder gewählt. Wie bei den anderen in der Kinderstudie abgefragten Aspekten steigt im Zeitverlauf auch die Zufriedenheit der Kinder mit ihrer Freizeit: 2010 gaben 54 % und 2013 59 % den höchsten Zufriedenheitswert an.

Zufriedenheit mit der Freizeit – nicht bei allen gleichermaßen

Um die Faktoren aufzuzeigen, die begünstigen, dass Kinder zufrieden mit ihrer Freizeit sind, haben wir eine Zusammenhangsanalyse durchgeführt. Tabelle 4.17 zeigt die Merkmale, die sich multivariat als bedeutsam erwiesen haben.

Multivariat erweist sich das Geschlecht als nicht bedeutsam für die Zufriedenheit mit der Freizeit, wohl aber das Alter der Kinder: Je älter sie sind, desto seltener wählen sie bei dieser Frage den

Tab. 4.17 **Zusammenhangsanalyse: Zufriedenheit mit der Freizeit nach signifikanten persönlichen und sozialen Merkmalen**[1]

Basis: Kinder im Alter von 6 bis 11 Jahren in Deutschland (Angaben in %)[2]

%-Angaben (pro Zeile)	Negativ bis neutral	Positiv	Sehr positiv
Gesamt	7	28	65
Geschlecht			
Mädchen	7	27	66
Jungen	6	29	64
Alter			
6–7 Jahre	5	25	**70**
8–9 Jahre	7	26	66
10–11 Jahre	**8**	**32**	60
Stadt/Land			
(Groß-)Stadt	8	**33**	59
Randlagen von (Groß-)Städten	4	24	**71**
Verdichtungsräume	**9**	25	66
Ländliche Räume	6	24	**69**
Soziale Herkunftsschicht			
Untere Schicht	**20**	**34**	45
Untere Mittelschicht	**11**	**33**	55
Mittelschicht	5	28	**67**
Obere Mittelschicht	4	26	**70**
Oberschicht	4	24	**72**

Fortsetzung nächste Seite

Fortsetzung Tab. 4.17

%-Angaben (pro Zeile)	Negativ bis neutral	Positiv	Sehr positiv
Migrationshintergrund			
Kinder ohne Migrationshintergrund	6	24	**69**
Kinder mit Migrationshintergrund und deutscher Staatsangehörigkeit	5	**35**	60
Kinder ohne deutsche Staatsangehörigkeit	**17**	**30**	53
Zuwendung der Eltern			
Kein Defizit	6	26	**67**
Defizit bei einem Elternteil	1	**34**	65
Zuwendungsdefizit	**17**	**35**	48
Armutserleben			
Kein Armutserleben	4	27	**69**
Konkretes Armutserleben	**19**	**32**	49
Vereinsmitgliedschaft			
Keine Mitgliedschaft in einem Verein/einer Gruppe	**13**	**37**	50
Mitglied in mindestens einem Verein/ Gruppe	5	25	**70**

1 Der Zusammenhang wurde multivariat anhand einer nominalen Regression auf die Variable »Zufriedenheit mit der Freizeit« getestet. Einbezogene Merkmale: Geschlecht, Alter, West/Ost, Siedlungsstrukturtyp (BIK), soziale Herkunftsschicht, Migrationshintergrund, Familienform (alleinerziehend vs. nicht alleinerziehend), Zuwendungsdefizit, Armutserleben und Vereinsmitgliedschaft.
Aus Gründen der Übersichtlichkeit werden in der Tabelle bivariate Merkmalsausprägungen in % ausgewiesen. Fettgedruckt sind auffällige Abweichungen für Merkmale, die sich auch innerhalb der multivariaten Analyse als signifikant erwiesen haben ($p < 0{,}05$).
2 Fehlend zu 100% = »Weiß nicht«/»keine Angabe«

zufriedensten von fünf Smileys: Dieser Rückgang ist interessanterweise fast ausschließlich auf das Antwortverhalten der Mädchen zurückzuführen: Während 75 % der 6- bis 7-jährigen Mädchen sehr zufrieden mit ihrer Freizeit sind, sagen das von ihren 8- bis 9-jährigen Geschlechtsgenossinnen noch 68 % und von den 10- bis 11-jährigen Mädchen noch 57 %. Bei den Jungen ist dieser Alterseffekt nicht zu beobachten, sie äußern sich fast unabhängig von ihrem Alter zufrieden: Sowohl 65 % der 6- bis 7-jährigen als auch der 8- bis 9-jährigen Jungen und 63 % der 10- bis 11-jährigen Jungen sind sehr zufrieden mit ihrer Freizeit (Abb. 4.7). Zwar ist auch an anderer Stelle zu beobachten, dass Mädchen mit zunehmendem Alter etwas differenzierter bzw. kritischer antworten, bei der Bewertung ihrer Freizeit ist dieser Alterseffekt aber besonders deutlich.

Kinder, die in den Randlagen von Städten leben, sind am zufriedensten mit ihrer Freizeit. Hier ist auch der Anteil der Vielseitigen Kids am höchsten. Entsprechend sind Kinder, die in mindestens einem Verein oder einer außerschulischen Gruppe sind, deutlich häufiger äußerst zufrieden mit ihrer Freizeit (70 %) als Kinder ohne feste Freizeitaktivität (50 %). Differenziert man hier weiter, wird allerdings deutlich,

Abb. 4.7 **Zufriedenheit mit der Freizeit nach Geschlecht, Alter und sozialer Herkunftsschicht**
»Wie zufrieden bist Du ganz allgemein mit Deiner Freizeit?«
Basis: Kinder im Alter von 6 bis 11 Jahren in Deutschland (Angaben in %)[1]

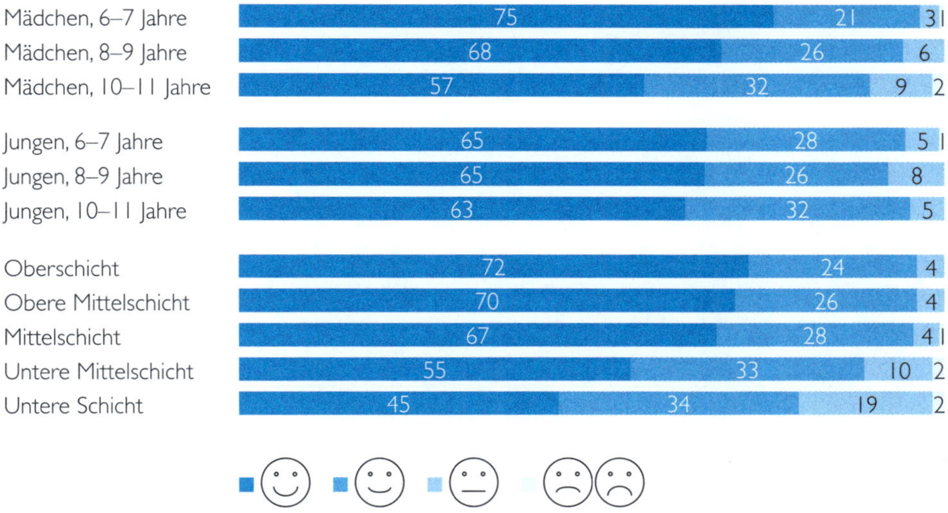

[1] Fehlend zu 100 % = »Weiß nicht«/»keine Angabe«

dass die Schlussfolgerung »je mehr Vereinsaktivität, desto zufriedener die Kinder« nicht gezogen werden kann: Mit 72 % am zufriedensten sind Kinder, die in einem Verein oder einer Gruppe sind, Kinder die in zwei oder mehr Vereinen aktiv sind, wählen zu 68 % den besten Smiley – möglicherweise macht sich hier bereits eine leichte Überforderung bei manchen dieser Kinder bemerkbar?

Sehr deutliche Unterschiede zeigen sich auch an dieser Stelle wieder nach der sozialen Herkunftsschicht der Kinder (Abb. 4.7): Weniger als die Hälfte der Kinder aus der unteren Schicht bewertet die Freizeit mit dem zufriedensten Smiley, aber 72 % der Kinder aus der Oberschicht. Ebenso äußern sich mit 49 % deutlich weniger Kinder mit konkretem Armutserleben sehr zufrieden mit ihrer Freizeit als Kinder ohne Armutserleben (69 %). Kinder ohne Migrationshintergrund sind zufriedener mit ihrer Freizeit (69 % sehr zufrieden) als Kinder mit Migrationshintergrund und deutscher Staatsangehörigkeit (60 %) und Kinder ohne deutsche Staatsangehörigkeit (53 %). Auch die empfundene Zuwendung durch die Eltern spielt eine Rolle dabei, wie zufrieden Kinder mit ihrer Freizeit sind: Kinder, die das Gefühl haben, dass ihre Eltern ausreichend Zeit für sie haben, wählen zu 67 % den zufriedensten der fünf Smileys, Kinder mit einem Defizit bei einem einzelnem Elternteil zu 65 % und Kinder mit Zuwendungsdefizit zu 48 %.

Die Untersuchungsergebnisse zum Thema Freizeit und Medien zeigen: Ein bildungsferner oder von Armut betroffener Familienhintergrund wirkt sich sehr häufig ganz konkret in eingeschränkten Teilhabemöglichkeiten im Freizeitbereich aus. Dies verschlechtert die ohnehin geringeren Chancen dieser Kinder im Hinblick auf soziales Lernen und Bildungsmöglichkeiten und schlägt sich auch in einer höheren Unzufriedenheit der Kinder mit ihrer Freizeit nieder.

Sabine Wolfert/Monika Pupeter

5 Freundschaften: Soziales Erprobungsfeld für Kinder

Kinder brauchen Freunde: Zum Spielen, Kommunizieren und sozialen Lernen. Die zunehmend selbständige Gestaltung von Kontakten zu Gleichaltrigen stellt eine wichtige Entwicklungsaufgabe des Kindesalters im Übergang zur Jugendphase dar (Hurrelmann/Quenzel 2012). Eltern können ihre jüngeren Kinder noch dabei unterstützen, dass sie Freunde finden, spätestens ab dem Grundschulalter sind diese mehr und mehr auf sich gestellt: Es hängt von ihrer sozialen Kompetenz und Persönlichkeit ab, ob sie Spielkameraden finden, Freundschaften schließen und Anschluss an eine Clique finden.

Mit ihrer Ablösung vom Elternhaus können Kinder zwar freier darüber entscheiden, welche Freunde sie sich aussuchen. Sie sind aber auch davon abhängig, von anderen Kindern zur Freundin oder zum Freund gewählt zu werden. Sie können die gewünschte Nähe oder den Abstand zu den anderen Kindern und die Dauer der Freundschaftsbeziehungen nur zum Teil beeinflussen. »Es verlangt den Kindern viel ab, in diesen sozialen Prozessen im Freundeskreis eine gute Stellung zu behaupten. Folglich ist zu resümieren, dass es gerade die Freundschaften und der Freundeskreis sind, in denen Kinder und Jugendliche Konflikte und Mühen des Aushandelns erleben« (Krappmann 2001, S. 266).

Während jüngere Kinder Freundschaften vorrangig an gemeinsamen Aktivitäten festmachen, wird in der mittleren Kindheit auch wechselseitige Zuneigung und gegenseitige Unterstützung wichtig. Im Übergang zur Adoleszenz spielt das Teilen von Geheimnissen und Gefühlen und das Besprechen von Problemen mehr und mehr eine Rolle. In der Entwicklungspsychologie wird die Beziehung von Kindern zu Gleichaltrigen (Peers) als gleichgewichtig im Gegensatz zu ihrer Beziehung zu Erwachsenen beschrieben: Eltern, Erzieher oder Lehrer haben mehr Wissen und Erfahrungen und interagieren mit Kindern meist in einer Erzieherrolle. Kinder sind untereinander als Gleichrangige dafür verantwortlich, dass gemeinsame Aktivitäten möglich werden, dass Konflikte und Streitigkeiten ausgehandelt werden und Regelverhalten gelernt wird (Youniss 1994).

Im Folgenden stellen wir dar, was uns die 6- bis 11-Jährigen über ihre Freundschaftsbeziehungen berichtet haben: wie viele Freunde sie haben, wie leicht oder schwer es ihnen fällt, Freundschaften zu schließen. Die Kinder haben uns gesagt, wo sie ihre Freunde treffen und wie zufrieden sie mit ihrem Freundeskreis sind. Bei all diesen Fragen betrachten wir die Faktoren, die für die Ausgestaltung der Kinderfreundschaften eine wichtige Rolle spielen.

5.1 Größe des Freundeskreises und Anzahl »richtig guter« Freunde

Mehr als ein Drittel der Kinder hat zehn oder mehr Freunde, knapp ein Viertel hat sechs bis neun Freunde, ein weiteres Viertel hat vier bis fünf Freunde. 13 % haben nur zwei bis drei Freunde und 2 % der Kinder sagen, dass sie nur einen Freund haben (Abb. 5.1).

Die 6- bis 11-Jährigen unterscheiden klar zwischen »normalen« Freundschaften zu Gleichaltrigen und den engen Freunden: Fragt man die Kinder nach den »richtig guten« Freunden, antworten sie deutlich zurückhaltender: 4 % haben zehn oder mehr richtig gute Freunde, 9 % sechs bis neun richtig gute Freunde. Ein knappes Viertel (23 %) hat vier oder fünf und die Hälfte aller Kinder (50 %) zwei oder drei richtig gute Freunde. 12 % haben nur einen richtig guten Freund

Abb. 5.1 **Die Größe des Freundeskreises**

»Jetzt mal grob geschätzt: Wie viele Freundinnen oder Freunde hast Du in etwa?«

»Und wie viele richtig gute Freunde hast Du?«

Basis: Kinder im Alter von 6 bis 11 Jahren in Deutschland (Angaben in %)

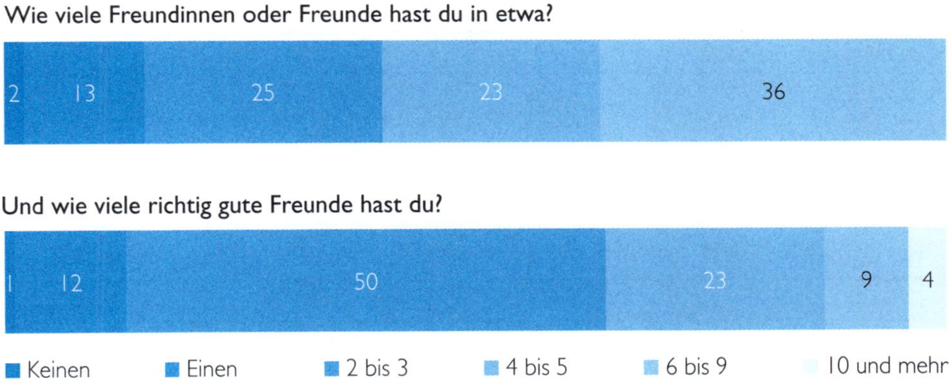

1 Fehlend zu 100% = »Weiß nicht«/»keine Angabe«

Tab. 5.1 **Anzahl Freunde**

Basis: Kinder im Alter von 6 bis 11 Jahren in Deutschland (Angaben in %)

Spalten in %	2010	2013	2017
Keiner/einer	2	1	2
2 bis 3	12	13	13
4 bis 5	23	24	25
6 bis 9	26	27	23
10 oder mehr	36	34	36
Weiß nicht/keine Angabe	1	1	1

Tab. 5.2 **Zusammenhangsanalyse: Anzahl Freunde nach signifikanten persönlichen und sozialen Merkmalen**[1]

Basis: Kinder im Alter von 6 bis 11 Jahren in Deutschland (Angaben in %)[2]

%-Angaben (pro Zeile)	Kein Freundeskreis/ kleiner Freundeskreis (0 bis 3 Freunde)	Mittelgroßer Freundeskreis (4 bis 9 Freunde)	Großer Freundeskreis (10 oder mehr Freunde)
Gesamt	15	48	36
Geschlecht			
Mädchen	14	46	**38**
Jungen	**17**	49	33
Alter			
6–7 Jahre	**19**	**53**	26
8–9 Jahre	**17**	49	33
10–11 Jahre	11	42	**46**
West/Ost			
West (inkl. Berlin)	14	48	**37**
Ost	**23**	48	27
Soziale Herkunftsschicht			
Untere Schicht	**36**	44	18
Untere Mittelschicht	**25**	**51**	23
Mittelschicht	16	48	36
Obere Mittelschicht	10	**51**	**38**
Oberschicht	7	42	**51**
Herkunft			
Kinder ohne Migrationshintergrund	13	49	37
Kinder mit Migrationshintergrund und deutscher Staatsangehörigkeit	16	48	36
Kinder ohne deutsche Staatsangehörigkeit	**39**	38	22
Geschwister im Haushalt			
Keine Geschwister	**19**	**50**	30
Ein Geschwister	12	**50**	37
Zwei bis vier Geschwister	**17**	44	**39**
Zuwendung der Eltern			
Kein Defizit	15	47	**38**
Defizit bei einem Elternteil	**19**	**51**	30
Zuwendungsdefizit	**18**	**55**	24

Fortsetzung Tab. 5.2

%-Angaben (pro Zeile)	Kein Freundeskreis/ kleiner Freundeskreis (0 bis 3 Freunde)	Mittelgroßer Freundeskreis (4 bis 9 Freunde)	Großer Freundeskreis (10 oder mehr Freunde)
Armutserleben			
Kein Armutserleben	13	48	**39**
Konkretes Armutserleben	**29**	48	22
Vereinsmitgliedschaft			
Mitglied in mindestens einem Verein/einer Gruppe	12	47	**41**
Keine Mitgliedschaft in einem Verein/einer Gruppe	**29**	**50**	20

1 Der Zusammenhang wurde multivariat anhand einer nominalen Regression auf die Variable »Anzahl an Freunden« getestet. Einbezogene Merkmale: Geschlecht, Alter, West/Ost, Siedlungsstrukturtyp (BIK), soziale Herkunftsschicht, Migrationshintergrund, Familienform (alleinerziehend vs. nicht alleinerziehend), Geschwister im Haushalt, Zuwendungsdefizit, Armutserleben und Vereinsmitgliedschaft.
Aus Gründen der Übersichtlichkeit werden in der Tabelle bivariate Merkmalsausprägungen in % ausgewiesen. Fettgedruckt sind auffällige Abweichungen für Merkmale, die sich auch innerhalb der multivariaten Analyse als signifikant erwiesen haben ($p < 0{,}05$).

2 Fehlend zu 100% = »Weiß nicht«/»keine Angabe«

und 1 % der Kinder hat keinen richtig guten Freund.

Zwar ist die Häufigkeit, in der die 6- bis 11-Jährigen in ihrer Freizeit ihre Freunde treffen, zwischen 2010 und 2013 zurückgegangen (vgl. Kap. 4.1), die jeweils von den Kindern genannte Größe ihres Freundeskreises bleibt im Zeitverlauf aber stabil, wie Tabelle 5.1 zeigt.

Um die für die Größe des Freundeskreises entscheidenden sozialen und strukturellen Einflussfaktoren zu analysieren, wurde eine Zusammenhangsanalyse durchgeführt. Die Angaben zur Zahl der Freunde wurde in drei Kategorien zusammengefasst: Maximal drei Freunde stehen für einen kleinen, vier bis neun Freunde für einen mittelgroßen Freundeskreis und zehn und mehr Freunde für einen großen Freundeskreis. Tabelle 5.2 zeigt die Ergebnisse der Analyse in bivariater Darstellung. Die höchsten Erklärungsbeiträge für die Größe des Freundeskreises liefern die Merkmale Alter, soziale Herkunftsschicht, Armut, Migrationshintergrund sowie Vereinsaktivität.

Mädchen haben mehr Freunde – Jungen aber mehr richtig gute Freunde

Mädchen und Jungen unterscheiden sich hinsichtlich der Anzahl ihrer Freunde kaum (in der Zusammenhangsanalyse hat sich die Variable »Geschlecht« nicht als bedeutsam erwiesen). Mädchen berichten allerdings etwas häufiger von einem großen Freundeskreis mit zehn oder mehr Freunden als die Jungen: 38 % zu 33 % (Tab. 5.3). Dieser Unterschied kehrt sich tendenziell um, wenn man die Mädchen und Jungen nach der Zahl ihrer »richtig guten« Freunde fragt, denn dann sind es eher die Jungen, die viele »richtig gute«

Tab. 5.3 **Anzahl Freunde und Anzahl richtig guter Freunde nach Geschlecht und Alter**
Basis: Kinder im Alter von 6 bis 11 Jahren in Deutschland (Angaben in %)

Spalten in %	Gesamt	Mädchen	Jungen	6–7 Jahre	8–9 Jahre	10–11 Jahre
Anzahl Freunde						
Keiner/einer	2	3	2	3	2	2
2 oder 3	13	11	15	16	15	10
4 oder 5	25	24	25	31	23	21
6 bis 9	23	22	24	23	26	21
10 oder mehr	36	38	33	26	34	46
Weiß nicht/keine Angabe	1	1	1	1	0	0
Anzahl richtig guter Freunde						
Keiner	1	2	1	2	1	1
Einer	12	12	12	13	13	11
Zwei	28	29	26	33	29	23
3 oder 4	36	36	36	34	37	37
5 oder mehr	22	20	24	17	20	28
Weiß nicht/keine Angabe	1	1	1	1	0	0

Freunde nennen: Etwa jeder vierte Junge (24 %) hat fünf oder mehr richtig gute Freunde, aber nur jedes fünfte Mädchen (20 %). Möglicherweise zeigt sich hier die etwas kritischere Sicht der Mädchen, die etwas vorsichtiger damit sind, wen sie zu ihren engen Freunden zählen.

Je älter, desto mehr Freunde

Mit zunehmendem Alter nimmt die Größe des Freundeskreises zu: Während 26 % der 6- bis 7-Jährigen zehn oder mehr Freunde haben, sagen dies 34 % der 8- bis 9-Jährigen und 46 % der 10- bis 11-Jährigen. Dieser Alterseffekt zeigt sich auch bei der Frage nach der Zahl richtig guter Freunde. Wie in Kap. 4 dargestellt, bieten sich älteren Kindern aufgrund zunehmender Aktivitäten in Vereinen und anderen außerschulischen Gruppen mehr Gelegenheiten, Freundschaften zu schließen. Auch mit dem Übergang von der Grundschule zur weiterführenden Schule gewinnen Kinder oft neue Freunde hinzu. Dies wird deutlich, wenn man ausschließlich die Gruppe der 10-jährigen Kinder betrachtet: 41 % der 10-Jährigen, die die Grundschule besuchen, haben zehn oder mehr Freunde. Von den 10-Jährigen, die auf eine weiterführende Schule gehen, haben 50 % einen ebenso großen Freundeskreis. Nach dem Übertritt in die weiterführende Schule gewinnen offenbar viele Kinder Freunde hinzu, ohne den Kontakt zu allen bisherigen Freunden zu verlieren. Mit zunehmendem Alter wächst zudem die Bedeutung von Gruppen und Cliquen (Reinders 2015), was ebenfalls zu einer größeren Zahl an Freunden führt.

Größere Freundeskreise in den alten Bundesländern

Kinder in den alten Bundesländern (inkl. Berlin) haben häufiger zehn oder mehr Freunde als Kinder in den neuen Bundesländern (37 % zu 27 %). Möglicherweise spielen unterschiedliche Definitionen des Freundschaftsbegriffs in West und Ost eine Rolle – allerdings verhält es sich ähnlich, wenn man die Kinder nach ihren »richtig guten« Freunden fragt: 23 % der Kinder im Westen und 15 % im Osten haben fünf oder mehr »richtig gute« Freunde.

Die Vermutung, dass dieser Unterschied auf die ungleiche Verbreitung von Schularten in den alten und neuen Bundesländern zurückzuführen ist, lässt sich nicht belegen: Gerade Kinder, die eine Ganztagsschule besuchen (und das sind 43 % der Kinder im Osten, aber nur 24 % der Kinder im Westen) berichten besonders häufig (zu 42 %) von einem großen Freundeskreis mit zehn oder mehr Kindern. Bei Kindern in einer Halbtagsschule liegt dieser Anteil niedriger, unabhängig davon, ob sie in eine Betreuung am Nachmittag gehen oder nicht (35 % und 34 %). Offenbar begünstigt die entzerrte Tagesstruktur von Ganztagsschulen Freundschaftsbeziehungen unter den Schülern mehr als der gedrängte Unterricht an Halbtagsschulen. Die Unterschiede hinsichtlich der Größe des Freundeskreises in Ost und West bleiben im Übrigen auch dann bestehen, wenn man jeweils nur Schülerinnen und Schüler in derselben Schulart miteinander vergleicht.

Viele Freunde in den Speckgürteln der Städte

Eine »Vereinzelung« von Stadtkindern im Vergleich zu Kindern auf dem Land, von der gelegentlich die Rede ist, bestätigen unsere Untersuchungsergebnisse nicht: Kinder, die in Städten aufwachsen, und Kinder aus ländlichen Gegenden unterscheiden sich nur minimal hinsichtlich der Anzahl ihrer Freunde: Während auf dem Land 36 % der 6- bis 11-Jährigen zehn oder mehr Freunde haben, sagen dies 33 % der Kinder in Städten und Großstädten. In der Zusammenhangsanalyse zwar nicht bedeutend (wahrscheinlich überlagert vom Effekt der sozialen Herkunftsschicht), aber bivariat auffallend ist der hohe Anteil der Kinder mit großem Freundeskreis in den Randlagen der Städte: 43 % dieser Kinder haben zehn oder mehr Freunde. Wie in Kap. 4 dargestellt, kommen Kinder, die in den Speckgürteln der Städte aufwachsen, überdurchschnittlich häufig aus sozial höheren Herkunftsschichten. Sie gehen entsprechend häufiger vielseitigen Freizeitaktivitäten nach und haben entsprechend mehr Gelegenheiten, auf Gleichaltrige zu treffen.

Soziale Benachteiligung beeinträchtigt soziale Integration

In der Zusammenhangsanalyse zeigt sich die Bedeutung der sozialen Herkunftsschicht für die Größe des Freundeskreises von Kindern: Die Hälfte aller Kinder aus der Oberschicht (51 %) hat zehn oder mehr Freunde, nur 18 % der Kinder aus der unteren Schicht haben einen ebenso großen Freundeskreis (Abb. 5.2). Umgekehrt hat 1 % der Kinder aus der unteren Schicht keinen und 7 % nur einen Freund. In der Oberschicht gibt es kein Kind, das sagt, es habe keinen Freund und nur 1 % hat nur einen Freund. Interessant ist auch, dass 3 % der Kinder aus der unteren Schicht auf die Frage, wie viele Freunde sie haben, mit »weiß nicht« antworten –

Abb. 5.2 **Größe des Freundeskreises nach sozialer Herkunftsschicht**

»Jetzt mal grob geschätzt: Wie viele Freundinnen oder Freunde hast Du in etwa?«

Basis: Kinder im Alter von 6 bis 11 Jahren in Deutschland (Angaben in %)[1]

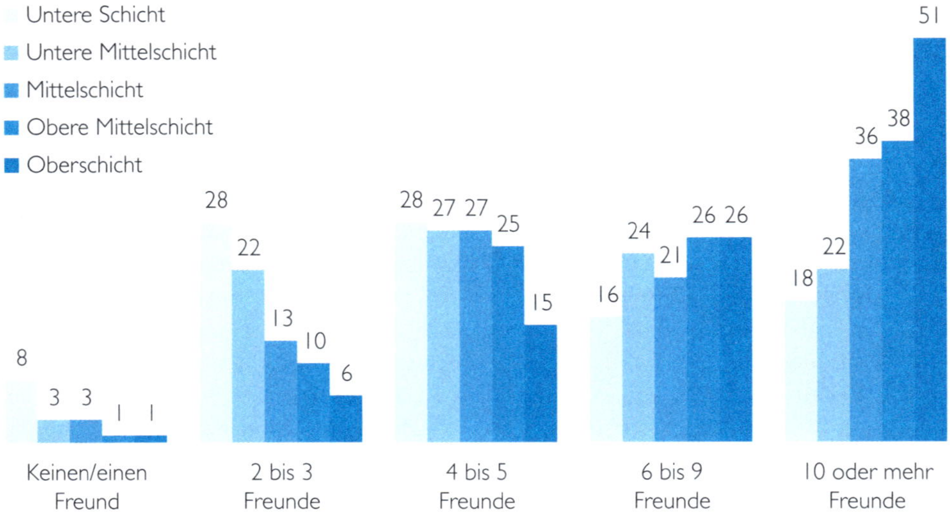

[1] Fehlend zu 100% = »Weiß nicht«/»keine Angabe«

in allen anderen Herkunftsschichten hat maximal 1 % der Kinder Schwierigkeiten, diese Frage zu beantworten.

Es ist nicht auszuschließen, dass einige der Kinder aus den oberen sozialen Herkunftsschichten sozial erwünscht geantwortet und viele Freunde genannt haben, da ihnen von ihrem Umfeld vermittelt wird, dass ein großer Freundeskreis zu einem »guten Leben« dazugehört. Unbestritten ist aber, dass Kinder aus den oberen sozialen Herkunftsschichten gegenüber Kindern aus den unteren Schichten auch in Bezug auf Kontakte zu Gleichaltrigen im Vorteil sind. Siegler, DeLoache und Eisenberg beschreiben die Rolle von Eltern, die ihre Kinder hier aktiv unterstützen, als »Modelle, Trainer und soziale Türsteher« (Siegler/DeLoache/Eisenberg 2005, S. 748). Eltern, die ihren Kindern vermitteln, dass Freundschaften wichtig sind und ihnen erklären, wie man »richtig« mit Gleichaltrigen umgeht, und die auch selbst eigene Freundschaften pflegen, fungieren als Vorbild für sozial erfolgreiches Verhalten. In der Regel sind Eltern aus der mittleren und den oberen sozialen Schichten selbst besser sozial eingebunden als Mütter und Väter aus den unteren Schichten (Hollstein 2001).

Viele Eltern beeinflussen aktiv das Sozialleben ihrer Kinder, indem sie ihnen möglichst viele Gelegenheiten bieten, mit Gleichaltrigen in Kontakt zu kommen. Vor allem für ihre jüngeren Kinder vereinbaren sie sogenannte »Playdates«. Büchner zeigt den Zusammenhang zwischen sozialer Position von Eltern und den Verabredungsgewohnheiten ihrer Kinder auf: »So steigt der Anteil der Kinder, die sich oft gar nicht verabreden, linear mit sinkender beruflicher Stellung der Eltern« (Büchner 1994, S. 18).

Letztlich ist es auch eine Frage der finanziellen Ressourcen, die mit darüber bestimmen, wie häufig Kinder auf Gleichaltrige und Freunde treffen: In Kap. 4 haben wir gezeigt, wie sehr sich die Teilhabe von Kindern an außerschulischen Gruppen oder Vereinen nach sozialer Herkunftsschicht unterscheidet – und somit auch die Gelegenheiten, Freunde zu finden. Die Wohnsituation spielt eine Rolle dafür, ob Kinder Freunde zu sich nach Hause einladen können, sei es zum gemeinsamen Spielen, zum gegenseitigen Übernachtungsbesuch oder zu einer Geburtstagseinladung (vgl. Kap. 5.3).

Betrachtet man auch die Anzahl der »richtig guten« Freunde nach der sozialen Herkunftsschicht der Kinder, relativieren sich die Unterschiede zwischen Oberschicht und unterer Schicht etwas: 28 % der Kinder aus der Oberschicht haben fünf oder mehr »richtig gute« Freunde, von den Kindern aus der unteren Schicht sind es 17 %. Allerdings haben 3 % der Kinder aus der unteren Schicht keinen und 20 % nur einen »richtig guten« Freund. In der Oberschicht hat 1 % der Kinder keinen und 8 % haben einen »richtig guten« Freund.

Soziale Benachteiligung und Armut trifft Mädchen besonders deutlich, was die Zahl ihrer Freunde angeht

Bei Mädchen wirkt sich soziale Benachteiligung deutlicher auf die Anzahl der Freunde aus als bei Jungen: 12 % der Mädchen aus der unteren Schicht haben zehn oder mehr Freunde; kommen sie aus der Oberschicht, so liegt dieser Anteil mit 57 % fast fünfmal so hoch (ohne Tab.). 22 % der 6- bis 11-jährigen Jungen aus der unteren Schicht haben zehn oder mehr Freunde, ihre Geschlechtsgenossen aus der Oberschicht sagen das etwa doppelt so häufig (45 %).

Wie die soziale Herkunftsschicht wirkt sich auch das Armutserleben auf die Freundschafsbeziehungen der 6- bis 11-Jährigen aus: Kinder aus Familien mit Armutserleben haben weniger Freunde. 39 % der Kinder ohne Armutserleben, aber nur 22 % der Kinder mit Armutserleben haben zehn oder mehr Freunde (Tab. 5.2). Wieder wirkt sich eine Benachteiligung auf die Mädchen tendenziell stärker aus als auf die Jungen: Der Anteil der Mädchen, die zehn oder mehr Freunde nennen, ist unter denjenigen ohne Armutserleben mit 42 % doppelt so hoch wie bei denjenigen mit Armutserleben (21 %). Jungen ohne Armutserleben haben zu 36 % und Jungen mit Armutserleben zu 23 % zehn oder mehr Freunde.

Kinder ohne deutsche Staatsangehörigkeit berichten von weniger Freunden

Kinder ohne Migrationshintergrund und Kinder mit Migrationshintergrund und deutscher Staatsangehörigkeit sind sozial gleich gut integriert, sie unterscheiden sich kaum hinsichtlich der Anzahl ihrer Freunde: In beiden Gruppen haben die Mädchen mit je 40 % mindestens zehn Freunde, häufiger als die Jungen (35 % bzw. 32 %). Bei den Kindern ohne deutsche Staatsangehörigkeit sagen nur 21 % der Mädchen und 23 % der Jungen, dass sie einen so großen Freundeskreis haben (Abb. 5.3).

Dasselbe Muster zeigt sich, wenn man die Antworten der Kinder auf die Frage nach den »richtig guten« Freunden betrachtet: Jeweils 23 % der Kinder ohne Migrationshintergrund und der Kinder mit Migrationshintergrund und deutscher Staatsangehörigkeit sagen, dass sie fünf oder mehr »richtig gute« Freunde haben. Bei den Mädchen sind es in beiden Gruppen jeweils 21 % und bei den Jungen 25 %. Anders fallen die Antworten der Kinder ohne deutsche Staatsangehörigkeit aus: 13 % sagen, dass sie fünf oder mehr gute Freunde haben: 9 %

Abb. 5.3 **Freundeskreis nach Geschlecht und Migrationshintergrund**

»Jetzt mal grob geschätzt: Wie viele Freundinnen oder Freunde hast Du in etwa?«

Basis: Kinder im Alter von 6 bis 11 Jahren in Deutschland (Angaben in %)[1]

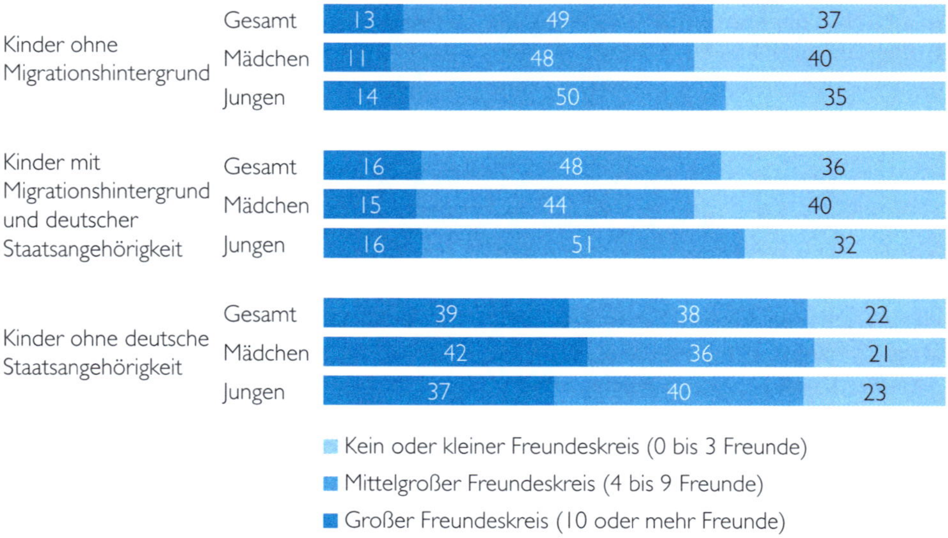

[1] Fehlend zu 100 % = »Weiß nicht«/»keine Angabe«

der Mädchen und 16 % der Jungen (ohne Tab.).

»Gelegenheit macht Freunde«

Es »zahlt sich aus«, wenn Kinder in möglichst vielen und unterschiedlichen Konstellationen mit Gleichaltrigen zusammenkommen. So begünstigen Geschwister im Haushalt, dass Kinder viele Freunde haben, dieser Zusammenhang hat sich in der Analyse als bedeutsam gezeigt: 30 % der Kinder ohne Geschwister im Haushalt sagen, dass sie zehn oder mehr Freunde haben, 37 % der Kinder mit einem Geschwister im Haushalt und 39 % der Kinder mit mindestens zwei Geschwistern im Haushalt. Ganz offensichtlich können Kinder davon profitieren, wenn sie über ihre Geschwister andere Kinder kennenlernen oder wenn sie sich von Geschwistern »abschauen«, wie man mit Gleichaltrigen umgeht.

Ebenso wirkt sich die Mitgliedschaft in einem Verein oder einer anderen festen außerschulischen Gruppe positiv auf den Freundeskreis aus: 41 % der 6- bis 11-Jährigen, die in mindestens einem Verein sind, haben zehn oder mehr Freunde. Von den Kindern, die in keinem Verein Mitglied sind, sagen das nur 20 %. Betrachtet man die Kinder nach der Freizeittypologie, haben entsprechend die Vielseitigen Kids die meisten Freunde: 45 % von ihnen sagen, dass sie zehn oder mehr Freunde haben, bei den Normalen Freizeitlern sind es 33 % und bei den Medienkonsumenten 31 %.

5.2 Freundschaften schließen

Erwartungsgemäß haben Kinder, denen es eher leichter fällt, Freundschaften zu schließen, deutlich mehr Freunde als Kinder, die sich damit eher schwertun: 42 % derjenigen, die sich nach eigener Aussage mit Freundschaften eher leicht tun, haben zehn oder mehr Freunde (im Vergleich zu 22 %, die sich eher schwertun). Sehr deutlich macht sich die soziale Kompetenz der Kinder auch bei der Zahl der »richtig guten« Freunde bemerkbar: 27 % der Kinder, die eher leicht Freundschaften schließen, haben fünf oder mehr »richtig gute« Freunde, aber nur 12 % derjenigen, denen dies eher schwerfällt.

Soziale Herkunftsschicht und Eltern-Kind-Beziehung beeinflussen die soziale Kompetenz der Kinder

Mädchen und Jungen fällt es ähnlich leicht, neue Freunde zu gewinnen: 69 % der Mädchen und 71 % der Jungen sagen, dass sie sich eher leicht tun, Freundschaften zu schließen. Die soziale Kompetenz wächst mit zunehmendem Alter: 65 % der 6- bis 7-Jährigen, 70 % der 8- bis 9-Jährigen und 73 % der 10- bis 11-Jährigen finden eher leicht Freunde (ohne Tab.).

Erneut bestätigt sich, wie die Benachteiligung von Kindern aus sozial schlechter gestellten Familien in ihre Beziehungen zu Gleichaltrigen hineinwirkt: Je »höher« die soziale Herkunftsschicht, aus der die Kinder kommen, desto weniger Mühe haben sie, Freundschaften zu schließen: 78 % der Kinder aus der Oberschicht sagen, dass es ihnen eher leicht fällt, Freundschaften zu schließen, aber nur 57 % der Kinder aus der unteren Schicht. Auffallend ist an dieser Stelle der vergleichsweise hohe Anteil an Kindern, die auf diese Frage mit »weiß nicht« antworten: Jüngere Kinder haben hier offenbar größere Schwierigkeiten zu ant-

Abb. 5.4 **Freundschaften schließen – ob sich Kinder eher leicht tun**
»Findest Du es eher leicht oder eher schwer, Freundschaften zu schließen?«
Basis: Kinder im Alter von 6 bis 11 Jahren in Deutschland (Angaben in %)

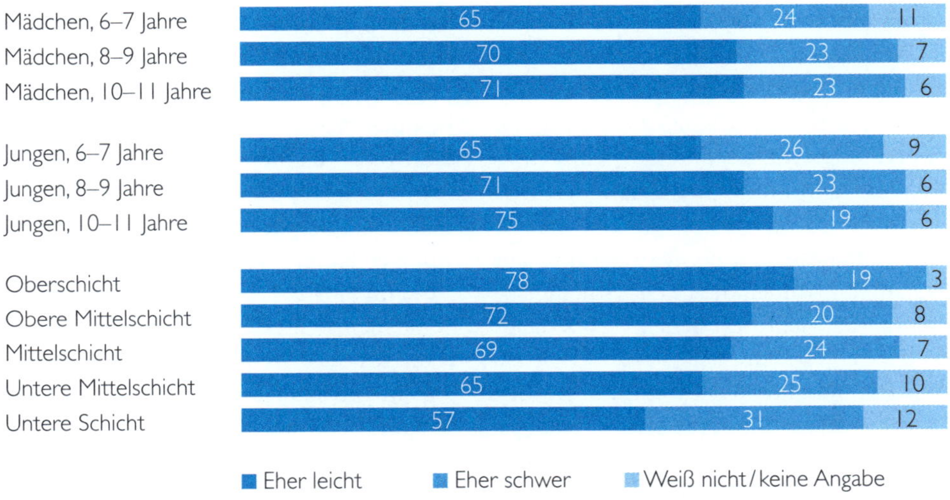

worten – vor allem tun sich hier die Kinder aus den unteren Herkunftsschichten schwer: 12 % der Kinder aus der unteren Schicht und 3 % aus der Oberschicht können keine Antwort auf die Frage geben, wie leicht ihnen das Schließen von Freundschaften fällt (Abb. 5.4).

Hinsichtlich ihrer Fähigkeit, Freundschaften zu schließen, unterscheiden sich Einzelkinder kaum von Kindern, die zusammen mit Geschwistern im Haushalt leben: 69 % der Kinder ohne Geschwister im Haushalt finden es eher leicht, Freundschaften zu schließen. Von den Kindern mit einer Schwester oder einem Bruder im selben Haushalt sagen das 71 % und von den Kindern, die mit zwei bis vier Geschwistern zusammenleben, 67 %.

Es zeigt sich zudem ein positiver Zusammenhang zwischen der elterlichen Zuwendung und der sozialen Kompetenz ihrer Kinder: 72 % der Kinder ohne Zuwendungsdefizit finden es eher leicht, Freundschaften zu schließen, 67 % der Kinder, die ein Defizit bei einem Elternteil verspüren, und 57 % der Kinder, die unter einem Zuwendungsdefizit bei beiden Elternteilen leiden. Entsprechend haben Kinder, deren Eltern ausreichend Zeit für sie haben, einen größeren Freundeskreis (Tab. 5.2).

5.3 Wo Kinder ihre Freunde treffen

Freunde trifft man vor allem in der Schule und in Wohnortnähe

Für die 6- bis 11-Jährigen ist die Schule nach wie vor der zentrale Ort, an dem sie ihre Freunde treffen. 96 % der Kinder sagen, dass sie sich nahezu täglich oder mehrmals die Woche dort mit ihren Freunden treffen. Im Jahr 2013 antworteten die Kinder mit 95 % ganz ähnlich (Abb. 5.5).

Von allen 6- bis 11-Jährigen – d.h. unabhängig davon, ob sie nach der Halbtagsschule in eine zusätzliche Betreuung gehen oder nicht – treffen 18 % ihre Freunde zumindest mehrmals die Woche im Hort oder einer anderen Art der Nachmittagsbetreuung. Bezogen nur auf diejenigen Kinder, die in eine solche Betreuungseinrichtung gehen (21 % aller 6- bis 11-Jährigen), trifft das auf 85 % zu. Mit zunehmendem Alter nimmt die Bedeutung dieser Betreuungseinrichtung als Ort, an dem man Freunde trifft, ab. Zwar besuchen die älteren Halbtagsschüler seltener eine solche Institution als die Jüngeren, aber auch wenn man nur diejenigen Kinder betrachtet, die in eine Betreuungseinrichtung gehen, nimmt das »Freunde treffen« in der Betreuungseinrichtung ab, je älter die Kinder sind. Möglicherweise rückt mit zunehmendem Alter der Kinder und einem höheren »Arbeitspensum« das Erledigen der Hausaufgaben in der Betreuungszeit in den Vordergrund, den Kindern bleibt weniger Zeit, um mit ihren Freunden zu spielen.

Sieben von zehn Kindern treffen ihre Freunde nahezu täglich oder mehrmals die Woche draußen auf der Straße, auf einem Spielplatz oder im Hof. Tendenziell treffen sich Kinder dort häufiger als noch vor vier Jahren (67 % im Jahr 2013 und 72 % im Jahr 2017, jeweils nahezu täglich oder mehrmals die Woche). Sechs von zehn Kindern treffen sich nach wie vor regelmäßig zu Hause mit ihren Freunden: Sowohl 2013 als auch 2017 bekommen jeweils 60 % zumindest mehrmals die Woche zu Hause Besuch von Freunden,

Abb. 5.5 **Wo Kinder ihre Freunde treffen**

»Wie häufig triffst Du Dich mit Deinem Freund/Deinen Freunden …?«

Basis: Kinder im Alter von 6 bis 11 Jahren (mit mindestens einem Freund) in Deutschland (Angaben in %)[1]

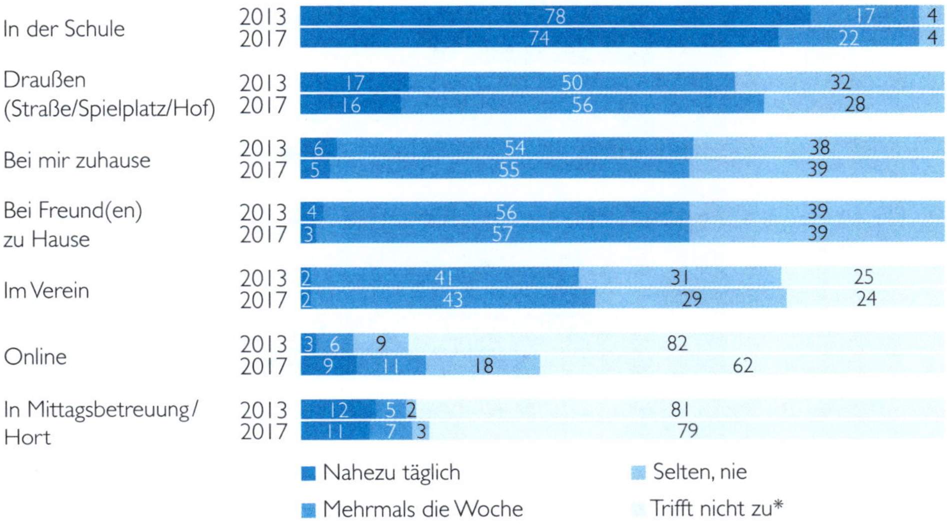

* Diejenigen, die in keinem Verein sind bzw. nicht online sind bzw. nach der Schule in keine Betreuungseinrichtung gehen.

[1] Fehlend zu 100 % = »Weiß nicht«/»keine Angabe«

genauso häufig sind sie bei ihren Freunden zu Besuch.

76 % der 6- bis 11-Jährigen sind Mitglied in einem Verein oder einer festen außerschulischen Gruppe, von diesen sagen 61 %, dass sie dort ihre Freunde treffen. Auf alle 6- bis 11-Jährigen bezogen sind für 45 % diese institutionalisierten Freizeitaktivitäten ein Ort für soziale Kontakte zu Gleichaltrigen (2013: 43 %).

Die Älteren treffen ihre Freunde häufiger im Verein als die Jüngeren: 52 % aller 10- bis 11-Jährigen treffen im Verein zumindest mehrmals die Woche Gleichaltrige (6- bis 7-Jährige: 34 %, 8- bis 9-Jährige: 47 %). Zum einen sind ältere Kinder häufiger Mitglied in Vereinen oder Gruppen als die jüngeren (vgl. Kap. 4), zum anderen gewinnt auch dort die soziale Interaktion mit zunehmendem Alter an Bedeutung: 50 % der 6- bis 7-Jährigen, die im Verein sind, sagen, dass sie dort mindestens mehrmals die Woche ihre Freunde treffen, bei den 8- bis 9-Jährigen sind es 59 % und bei den 10- bis 11-Jährigen 65 %.

45 % der 10- bis 11-Jährigen treffen ihre Freunde nahezu täglich oder mehrmals die Woche online

Innerhalb der letzten vier Jahre hat die Bedeutung des Internets für Kontakte unter Gleichaltrigen deutlich zugenommen. Waren 2013 noch 18 % der 6- bis 11-Jährigen regelmäßig im Internet, sind es 2017 bereits 38 %. Aber nicht nur der Anteil der Onliner ist gestiegen, auch deren Nutzungsverhalten hat sich verändert: Von denjenigen, die regelmäßig unter der Woche im Internet sind, haben 2013 48 % ihre Freunde nahezu täglich oder mehrmals die Woche online ge-

Abb. 5.6 **Treffen mit Freunden im Internet 2013 und 2017**

»Wie häufig triffst Du Dich mit Deinen Freunden/Deinem Freund online?«

Basis: Kinder im Alter von 6 bis 11 Jahren (mit mindestens einem Freund) in Deutschland (Angaben in %)[1]

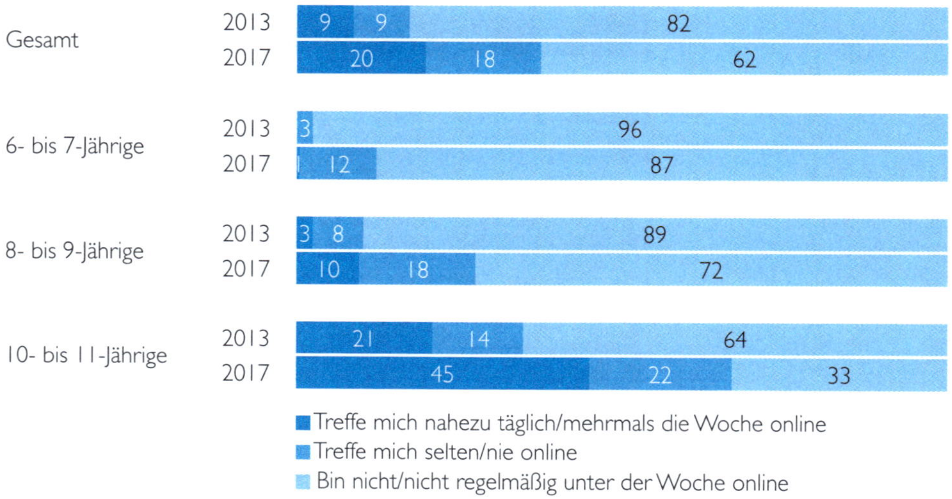

[1] Fehlend zu 100% = »Weiß nicht«/»keine Angabe«

troffen, 2017 sind es 53 %. Auf alle 6- bis 11-Jährigen bezogen hat sich der Anteil von 9 % im Jahr 2013 auf 20 % im Jahr 2017 erhöht (Abb. 5.6).

Von den 6- bis 7-Jährigen nutzt nach wie vor so gut wie keiner das Internet, um Freunde zu treffen (2017: 1 %). Umso bemerkenswerter ist der Anstieg bei den 8- bis 9-Jährigen, die ihre Freunde nahezu täglich oder mehrmals die Woche online treffen, ihr Anteil hat sich innerhalb der vier Jahre verdreifacht (von 3 % im Jahr 2013 auf 10 % im Jahr 2017). Bei der ältesten Altersgruppe, den 10- bis 11-Jährigen, hat sich der Anteil von 21 % im Jahr 2013 auf 45 % im Jahr 2017 mehr als verdoppelt.

Mädchen öfters drinnen, Jungen öfters draußen

Wenn Mädchen und Jungen ihre Freunde treffen, zeigen sich in mancher Hinsicht eher »klassisch« anmutende Geschlechterbilder: Mädchen verabreden sich tendenziell häufiger als die Jungen zu Hause mit ihren Freunden, die Jungen etwas häufiger außer Haus. So sagen 74 % der Jungen, dass sie ihre Freunde nahezu täglich oder mehrmals die Woche draußen (auf der Straße, am Spielplatz oder im Hof) treffen, bei den Mädchen sind es 70 %. 2013 war dieser Unterschied etwas größer (71 % zu 63 %), die Geschlechter haben sich also angeglichen (ohne Tab.).

Auch liegen die Jungen vorne, wenn es darum geht, ob man seine Freunde im Verein trifft: 50 % der Jungen treffen dort nahezu täglich oder mehrmals die Woche ihre Freunde, bei den Mädchen sind es 40 % (2013: 48 % und 38 %). Dieser auf alle 6- bis 11-Jährigen (unabhängig von ihrer Aktivität im Verein) bezogene Unterschied zwischen den Geschlechtern bleibt bestehen, wenn man nur diejenigen Mädchen und Jungen betrachtet, die Mitglied in einem Verein sind: Unter diesen sind es 65 % der Jungen, die nahezu täglich oder mehrmals die Woche ihre Freunde dort treffen, bei den Mädchen sind es 53 %. Mädchen verabreden sich häufiger mit Freunden zu Hause, sei es bei ihnen selbst oder bei den Freunden: Hier liegen sie jeweils 8 Prozentpunkte vor den Jungen (65 % der Mädchen und 57 % der Jungen treffen sich zumindest mehrmals die Woche mit ihren Freunden bei sich zu Hause, 64 % und 56 % bei ihren Freunden).

Gegenseitige Besuche – eine Tradition der alten Bundesländer?

Hinsichtlich der Orte, an denen Kinder ihre Freunde treffen, fällt zwischen alten und neuen Bundesländern vor allem die unterschiedliche Bedeutung von gegenseitigen Besuchen auf: Diese Verabredungen sind im Westen deutlich verbreiteter als im Osten: In den alten Bundesländern (inkl. Berlin) bekommen 63 % der Kinder nahezu täglich oder mehrmals die Woche Besuch von Freunden (und besuchen ebenso häufig ihre Freunde). In den neuen Bundesländern sind es nur jeweils 46 % bzw. 44 % der Kinder. Ganz ähnliche Unterschiede gab es auch 2013.

Der Gedanke, dass diese Unterschiede zwischen West und Ost auf die unterschiedliche Verbreitung von Schularten zurückführen sind, liegt nahe: 56 % der Schülerinnen und Schüler im Westen, aber nur 29 % im Osten besuchen eine Halbtagsschule ohne anschließende Betreuung wie Hort oder Nachmittagsbetreuung. Im Westen steht den Kinder entsprechend mehr freie Zeit außerhalb der Schule bzw. eines festen Betreuungsangebotes zur Verfügung als im Osten. Tatsächlich relativieren sich die Unterschiede zwischen West und Ost etwas, wenn man nur diejenigen Kinder betrachtet, die in eine Halbtagsschule ohne Betreuung am Nachmittag gehen: Von diesen erhalten im Westen 65 % zumindest mehrmals die Woche Besuch, 64 % besuchen ebenso häufig ihre Freunde, im Osten sind es 53 % bzw. 57 %. Grundsätzlich bestätigen sich aber die Unterschiede zwischen Ost und West (vgl. Kap. 5.1).

Kinder in der Stadt und auf dem Land treffen gleichermaßen ihre Freunde draußen in ihrer Wohngegend

Entgegen der Klischees treffen sich Stadtkinder nicht seltener als ihre Altersgenossen draußen mit ihren Freunden als Kinder im ländlichen Raum. Es zeigt sich sogar, dass sich die Stadtkinder etwas häufiger als die Kinder auf dem Land mit ihren Freunden auf der Straße, im Hof oder auf einem Spielplatz treffen (75 % zu 70 % nahezu täglich oder mehrmals die Woche). In den Städten haben nur wenige Familien einen eigenen Garten, so dass sich die Kinder eher im öffentlichen Raum verabreden. Umgekehrt besuchen sich Kinder in den Randlagen von (großen) Städten und auf dem Land häufiger gegenseitig zu Hause. Wohnungen und Häuser außerhalb der Städte bieten mehr Platz und viele haben einen eigenen Garten – zum »Draußenspielen« müssen die Kinder nicht unbedingt das Elternhaus verlassen.

Verabredungen zu Hause – nicht für alle Kinder selbstverständlich

Betrachtet man die Orte, an denen Kinder ihre Freunde »nahezu täglich« oder »mehrmals die Woche« treffen, spielt die soziale Herkunftsschicht nicht durchweg eine Rolle. 98 % der Kinder aus der Oberschicht und 92 % der Kinder aus der unteren Schicht treffen ihre Freunde nahezu täglich oder mehrmals die Woche in der Schule (Tab. 5.4). Allerdings scheint es einen schichtspezifischen Un-

Tab. 5.4 **Wo Kinder ihre Freunde treffen – »nahezu täglich« oder »mehrmals die Woche« nach sozialer Herkunftsschicht und Migrationshintergrund**

Basis: Kinder im Alter von 6 bis 11 Jahren (mit mindestens einem Freund) in Deutschland (Angaben in %)

Spalten in %	Gesamt	Untere Schicht	Untere Mittelschicht	Mittelschicht	Obere Mittelschicht	Oberschicht	Ohne Migrationshintergrund	Mit Migrationshintergrund und deutscher Staatsangehörigkeit	Ohne deutsche Staatsangehörigkeit
In der Schule	96	92	95	97	95	98	96	96	93
Draußen (auf der Straße, dem Spielplatz oder Hof)	72	76	79	69	70	72	69	75	83
Bei mir zu Hause	60	40	56	58	63	74	62	61	41
Bei Freund(en) zu Hause	60	42	59	59	60	71	63	57	42
Im Verein	45	23	30	46	51	58	49	41	31
Online	20	19	19	23	18	20	18	25	16
In der Mittagsbetreuung/im Hort	18	19	16	16	18	22	19	17	16

terschied in der subjektiv empfundenen Intensität zu geben: Deutlich mehr Kinder aus den oberen Schichten geben an, dass sie »nahezu täglich« ihre Freunde in der Schule treffen, 83 % der Kinder aus der Oberschicht und 65 % der Kinder aus der unteren Schicht geben dies an.

Die Treffpunkte »Internet« und »Mittagsbetreuung/Hort« werden unabhängig von der Schichtzugehörigkeit für Kontakte genutzt. Auch sprechen Kinder aus den verschiedenen Schichten etwa gleich häufig davon, dass sie ihre Freunde draußen treffen. Entsprechend der deutlich höheren Aktivität in Vereinen oder anderen außerschulischen Gruppen ist in den höheren sozialen Schichten der Anteil der Kinder höher, die dort ihre Freunde treffen (58 % der Kinder aus der Oberschicht und 23 % der Kinder aus der unteren Schicht treffen hier nahezu täglich oder mehrmals die Woche Freunde).

In hohem Maße bestimmt die soziale Herkunftsschicht auch, wie häufig sich Kinder und ihre Freunde gegenseitig besuchen: Während es in dieser Beziehung zwischen den mittleren Schichten (untere Mittelschicht, Mittelschicht und obere Mittelschicht) kaum Unterschiede gibt, ist die gegenseitige Besuchshäufigkeit bei Kindern aus der Oberschicht deutlich höher und bei Kindern aus der unteren Schicht deutlich geringer: So bekommen knapp drei Viertel der Kinder aus der Oberschicht zumindest mehrmals die Woche Besuch von Freunden oder besuchen ihre Freunde zu Hause (74 und 71 %). Bei den Kindern aus der unteren Schicht sind es mit 40 % und 42 % deutlich weniger.

Ungleiche Wohnverhältnisse spielen hier eine wichtige Rolle, Kinder aus den unteren Schichten leben deutlich häufiger unter beengten Bedingungen: Während fast alle Kinder aus der Oberschicht ein Kinderzimmer für sich allein haben, verfügt in der unteren Schicht nur jedes zweite Kind darüber (92 % zu 53 %). In der unteren Schicht teilen sich die Kinder zu 28 % das Kinderzimmer mit einem oder mehreren Geschwister(n), 19 % haben kein Kinderzimmer. Kinder, die ein Kinderzimmer für sich alleine haben, verabreden sich zu 63 % zumindest mehrmals die Woche mit Freunden bei sich zu Hause. Teilen sie sich das Kinderzimmer mit einem oder mehreren Geschwister(n), sind es 55 % und haben sie kein eigenes Zimmer, erhalten nur 37 % so häufig Besuch.

Die meisten Kinder bekommen gerne Besuch von ihren Freunden und werden auch gerne von diesen eingeladen. Spätestens ab der Grundschule werden gegenseitige Verabredungen üblich. Den Freunden »die eigene Welt« zeigen zu können, schafft Nähe und unterstützt die Entwicklung von stabilen Freundschaften. Insofern ist es bemerkenswert, wie deutlich sich die Benachteiligung von Kindern aus den unteren sozialen Herkunftsschichten auch auf diesen Teil ihres sozialen Lebens auswirkt.

Unterschiede nach Migrationshintergrund

Vergleicht man Kinder ohne Migrationshintergrund, Kinder mit Migrationshintergrund und deutscher Staatsangehörigkeit und Kinder ohne deutsche Staatsangehörigkeit miteinander, so machen sich auch hier die schichtspezifischen Unterschiede bemerkbar. Entsprechend ihrer ungleichen Aktivitäten in Vereinen oder anderen außerschulischen Gruppen sagen 49 % der Kinder ohne Migrationshintergrund, 41 % der Kinder mit Migrationshintergrund und deutscher Staatsangehörigkeit und 31 % der Kinder ohne deutsche Staatsangehörigkeit, dass sie ihre Freunde dort zumindest mehrmals die Woche treffen (Tab. 5.4). Etwa sechs von zehn Kindern mit deutscher Staatsangehörigkeit (unabhängig vom Migrationshintergrund) besuchen sich zumindest mehrmals die Woche gegenseitig mit ihren Freunden, von den Kindern ohne deutsche Staatsangehörigkeit sind es etwa vier von zehn.

Hier wirken sicherlich die schichtsspezifischen Faktoren hinein: 26 % der Kindern ohne deutsche Staatsangehörigkeit, aber nur 2 % der Kinder ohne Migrationshintergrund und 5 % der Kinder mit Migrationshintergrund und deutscher Staatsangehörigkeit sagen, dass sie kein eigenes Kinderzimmer haben. Im Gegenzug treffen sich die Kinder ohne deutsche Staatsangehörigkeit besonders häufig draußen: 83 % der Kinder ohne deutsche Staatsangehörigkeit, 75 % der Kinder mit Migrationshintergrund und deutscher Staatsangehörigkeit und 69 % der Kinder ohne Migrationshintergrund spielen nahezu täglich oder mehrmals die Woche mit ihren Freunden auf der Straße, dem Spielplatz oder im Hof.

Virtuelle Kontakte und »echte« Freundschaften

Gehen die zunehmende Nutzung des Internets und die virtuellen Treffen mit Freunden auf Kosten der »analogen« Freundschaften von Kindern? Auf unsere Befragung bezogen: Treffen Kinder, die sich besonders oft mit ihren Freunden im Internet verabreden, ihre Freunde seltener persönlich? Haben sie weniger Freunde? Die Ergebnisse unserer Studie stützen derartige kulturpessimistische Überlegungen keineswegs. Im Folgenden konzentrieren wir uns ausschließlich auf die Gruppe der 10- bis 11-Jährigen, da sich diese deutlich aktiver als die jüngeren Kinder im Internet bewegen: 60 % der 10-Jährigen und 74 % der 11-Jäh-

Tab. 5.5 **Freunde Online treffen – Was heißt das für die Freundschaften?**

Basis: Kinder im Alter von 10 bis 11 Jahren in Deutschland (Angaben in %)

Spalten in %	Gesamt	Nicht oder nicht regelmäßig im Internet	Regelmäßig in der Woche im Internet Freunde treffen im Internet:		
			selten, nie	mehrmals die Woche	nahezu täglich
Freizeitbeschäftigung Freunde treffen					
Fast nie	3	5	4	1	1
Manchmal	39	38	40	42	34
Sehr oft	58	57	56	57	65
Weiß nicht/keine Angabe	0	0	0	0	0
Größe des Freundeskreises					
Kein oder kleiner Freundeskreis (0 bis 3 Freunde)	11	16	12	6	9
Mittelgroßer Freundeskreis (4 bis 9 Freunde)	43	42	44	51	33
Großer Freundeskreis (10 oder mehr Freunde)	46	41	43	43	58
Weiß nicht/keine Angabe	0	1	1	0	0

rigen sind regelmäßig unter der Woche im Internet; 19 % aller 10-Jährigen und 25 % aller 11-Jährigen treffen nahezu täglich ihre Freunde im Internet.

Die 10- bis 11-Jährigen, die das Internet nicht oder nur unregelmäßig nutzen, und ihre Altersgenossen, die zwar regelmäßig online sind, aber ihre Freunde nicht oder nicht täglich im Netz treffen, ähneln sich bezüglich ihrer persönlichen Freundschaften sehr: 56 % bzw. 57 % von ihnen treffen ihre Freunde »sehr oft« persönlich, zwischen 41 % und 43 % haben einen sehr großen Freundeskreis (Tab. 5.5). Anders verhält es sich bei den 10- bis 11-Jährigen, die ihre Freunde nahezu täglich im Internet treffen: Entgegen der oben skizzierten Annahme treffen sie ihre Freunde sogar häufiger persönlich als ihre Altersgenossen (65 %) und haben besonders häufig einen großen Freundeskreis (58 %). Offensichtlich verdrängen digitale Treffen nicht die persönlichen Kontakte. Eher scheinen Kinder mit vielen und intensiven Kontakten ihre Freundschaften »auf allen Kanälen« zu führen.

Dass eine besonders intensive Nutzung des Smartphones, um mit den Freunden zu kommunizieren, aber unter Umständen nicht immer freiwillig ist, beschreiben Forscher in einer Studie mit Kindern und Jugendlichen im Alter von 8 bis 14 Jahren: Eine »Always-on«-Mentalität sei teilweise auch durch die Angst bedingt, aus dem Kommunikationsprozess der Freunde ausgeschlossen zu werden, so dass ein »permanenter Kommunikationsdruck« entstehe (Knop et al. 2015, S. 8).

Kinder brauchen in ihrer Wohngegend Gleichaltrige und Spielmöglichkeiten

Wir wollten wissen, wie wohl sich die Kinder in ihrer Wohngegend fühlen und haben sie nach verschiedenen Aspekten gefragt, mit denen man die »Gegend, in der man wohnt«, beschreiben kann. Die 6- bis 11-Jährigen haben einen noch vergleichsweise kleinen Bewegungsradius, insofern begünstigen vor allem genügend Spielfreunde in ihrer Nähe und fußläufig zu erreichende Spielmöglichkeiten, dass sich Kinder in ihrer Wohngegend mit ihren Freunden treffen: Von den Kindern, die in ihrer Nachbarschaft genügend Freunde haben, treffen 80 % der Kinder zumindest mehrmals die Woche ihre Freunde draußen (auf der Straße, auf einem Spielplatz oder im Hof) und 66 % bei sich zu Hause. Von Kindern, in deren Wohngegend nicht genügend Freunde wohnen, treffen sich nur 57 % häufig draußen und 49 % bekommen Besuch von ihren Freunden. Die Autoren des LBS Kinderbarometers 2001 bestätigen, dass Kinder ihre Wohnumgebung dann positiv bewerten, wenn sie dort ausreichend Kontakte zu gleichaltrigen Kindern haben (Klöckner/Stecher/Zinnecker 2001).

Entsprechend sind Kinder in größeren Städten oder den städtischen Randlagen im Vorteil, sie haben mehr Gleichaltrige in ihrer Nähe: Sieben von zehn der Kinder in den größeren Städten (72 %) oder in den Speckgürteln (68 %) haben laut eigener Aussage genügend Spielfreunde in Wohnortnähe. Bei den Kindern in kleineren Städten und auf dem Land sind es sechs von zehn (61 % bzw. 59 %). Kinder in der Stadt und auf dem Land erzählen gleichermaßen, dass in ihrer Wohngegend ein Spielplatz oder eine Wiese zu Fuß zu erreichen ist: In der Stadt sind es 89 %, in kleineren Städten, in den Randlagen und auf dem Land sind es jeweils 91 %. Kinder sind ganz offensichtlich fähig, sich in verschiedensten Wohnumfeldern Bewegungsräume zu erschließen. Krappmann beschreibt im LBS-Kinderbarometer 2001: »Kinder und Jugendliche sind, wie man immer wieder beobachten kann, in der Lage, sich einerseits an vorgefundene Verhältnisse anzupassen, diesen Verhältnissen aber andererseits auch unvorhergesehene Möglichkeiten abzuringen« (Krappmann 2001, S. 272).

Die Aussagen der Kinder zu ihrem Wohnumfeld verdeutlichen erneut die Benachteiligung der unteren sozialen Herkunftsschichten. Je höher die Herkunftsschicht, desto häufiger ist ein Spielplatz oder eine Wiese zu Fuß zu erreichen: Bei 94 % der Kinder aus der Oberschicht und 82 % der Kinder aus der unteren Schicht ist dies der Fall (Abb. 5.7). Zwar sind es eher die Kinder aus den höheren Herkunftsschichten, die ein »zu wenig« an öffentlichem Nahverkehr in ihrer Gegend äußern (47 % der Oberschicht, 33 % der unteren Schicht). Das insgesamt ungünstigere Wohnumfeld, in dem Kinder aus den unteren Herkunftsschichten leben, wird aber durch eine stärkere Belastung durch Autoverkehr (19 % in der Oberschicht und 50 % in der unteren Schicht »zu viel Autos«), mehr Furcht vor aggressiven Jugendlichen und Erwachsenen in der Nachbarschaft (11 % in der Oberschicht, 34 % in der unteren Schicht) sowie häufigerem Schimpfen von Nachbarn über laute Kinder (2 % in der Oberschicht, 23 % in der unteren Schicht) beschrieben.

Erfreulicherweise ist der für die Kinder in ihrem Wohnumfeld besonders wichtige Aspekt, dass dort genügend Freunde wohnen, unabhängig von ihrer sozialen Herkunftsschicht erfüllt: Gut zwei Drittel aller 6- bis 11-Jährigen stimmen dem eher zu (67 % der Kinder aus der Oberschicht und 65 % der Kinder aus der unteren Schicht).

Abb. 5.7 **Wie Kinder ihre Wohngegend beschreiben**

»Man kann sich in der Gegend, in der man wohnt, ja unterschiedlich wohl fühlen. Welche der folgenden Aussagen treffen bei Dir eher zu und welche eher nicht?«

Basis: Kinder im Alter von 6 bis 11 Jahren in Deutschland (Angaben in %)

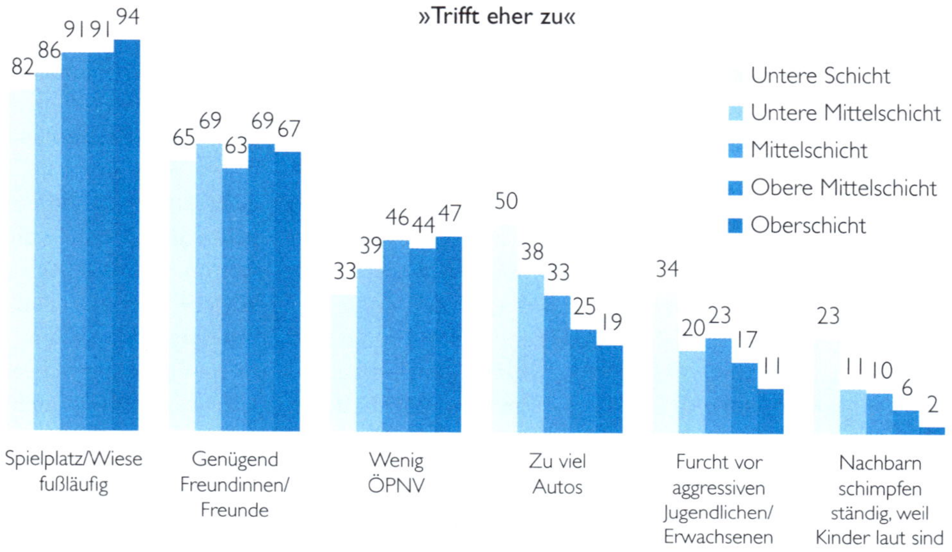

[1] Fehlend zu 100% = »Weiß nicht«/»keine Angabe«

5.4 Zufriedenheit mit dem Freundeskreis

Wie bei den anderen Zufriedenheitsindikatoren steigt auch die Zufriedenheit mit dem Freundeskreis im Zeitverlauf. 2017 wählen 72 % der Kinder auf die Frage, wie zufrieden sie mit ihrem Freundeskreis seien, den zufriedensten von fünf Smileys. Im Jahr 2013 lag der Anteil bei 62 %, 2010 bei 57 %. Im Vergleich zu den anderen in der Kinderstudie abgefragten Zufriedenheitsindikatoren zeigen sich die 6- bis 11-Jährigen mit ihrem Freundeskreis am zufriedensten. Im LBS Kinderbarometer bestätigt sich ebenfalls regelmäßig, dass sich die dort befragten 9- bis 14-Jährigen mit ihren Freunden im Vergleich zu Familie, Schule und Wohngegend am wohlsten fühlen (LBS Kinderbarometer 2016).

Tabelle 5.6 zeigt die Faktoren, die sich in der multivariaten Zusammenhangsanalyse für die Zufriedenheit der Kinder mit ihrem Freundeskreis bedeutsam erweisen. Die Kategorie »sehr positiv« steht für den zufriedensten Smiley, »positiv« für den zweitzufriedensten Smiley und die Kategorie »negativ bis neutral« vereint die Antworten der Kinder, die einen der übrigen drei Smileys gewählt haben.

Mädchen sind etwas häufiger zufriedener mit ihrem Freundeskreis als Jungen (74 % versus 70 % wählen den zufriedensten von fünf Smileys). Obwohl es älteren Kindern leichter fällt, Freundschaften zu schließen, und sie auch durchschnittlich mehr Freunde haben als die Jüngeren, sind jüngere Kinder mit

Tab. 5.6 **Zusammenhangsanalyse: Zufriedenheit mit dem Freundeskreis nach signifikanten persönlichen und sozialen Merkmalen**[1]

Basis: Kinder im Alter von 6 bis 11 Jahren in Deutschland (Angaben in %)[2]

%-Angaben (pro Zeile)	Negativ bis neutral	Positiv	Sehr positiv
Gesamt	5	23	72
Geschlecht			
Mädchen	4	21	**74**
Jungen	5	**25**	70
Alter			
6–7 Jahre	2	23	**74**
8–9 Jahre	5	21	73
10–11 Jahre	**6**	**25**	69
West/Ost			
West (inkl. Berlin)	4	22	73
Ost	**6**	**28**	65
Soziale Herkunftsschicht			
Untere Schicht	**10**	**33**	57
Untere Mittelschicht	**8**	**28**	64
Mittelschicht	4	22	73
Obere Mittelschicht	2	21	**77**
Oberschicht	3	20	**77**
Alleinerziehend			
Nicht alleinerziehend	4	21	**75**
Alleinerziehend	**7**	**32**	60
Geschwister im Haushalt			
Keine Geschwister	5	**27**	68
Ein Geschwister	4	22	**74**
Zwei bis vier Geschwister	4	22	**74**
Zuwendung der Eltern			
Kein Defizit	4	22	**74**
Defizit bei einem einzelnem Elternteil	2	24	73
Zuwendungsdefizit	**10**	**31**	58
Armutserleben			
Kein Armutserleben	3	21	**76**
Konkretes Armutserleben	**13**	**30**	57

Fortsetzung nächste Seite

Fortsetzung Tab. 5.6

%-Angaben (pro Zeile)	Negativ bis neutral	Positiv	Sehr positiv
Vereinsmitgliedschaft			
Mitglied in mindestens einem Verein/einer Gruppe	3	21	**76**
Keine Mitgliedschaft in einem Verein/einer Gruppe	**10**	**29**	61

1 Der Zusammenhang wurde multivariat anhand einer nominalen Regression auf die Variable »Zufriedenheit mit dem Freundeskreis« getestet. Einbezogene Merkmale: Geschlecht, Alter, West/Ost, soziale Herkunftsschicht, Migrationshintergrund, Familienform (alleinerziehend vs. nicht alleinerziehend), Geschwister im Haushalt, Zuwendungsdefizit, Armutserleben und Vereinsmitgliedschaft.
Aus Gründen der Übersichtlichkeit werden in der Tabelle bivariate Merkmalsausprägungen in ausgewiesen. Fettgedruckt sind auffällige Abweichungen für Merkmale, die sich auch innerhalb der multivariaten Analyse als signifikant erwiesen haben ($p < 0,05$).

2 Fehlend zu 100% = »Weiß nicht«/»keine Angabe«

ihrem Freundeskreis zufriedener als die älteren. Auch die Ost-West-Unterschiede fallen an dieser Stelle wieder ins Auge: In den alten Bundesländern (inkl. Berlin), wo die Kinder einen größeren Freundeskreis sowie mehr richtig gute Freunde haben und sich häufiger mit ihren Freunden treffen (vgl. Kap. 4), äußern sich die Kinder häufiger sehr zufrieden mit ihrem Freundeskreis als in den neuen Bundesländern (73 % zu 65 %).

Dass Kinder aus der unteren sozialen Herkunftsschichten bezüglich ihrer Freundschaftsbeziehungen deutlich schlechter gestellt sind als ihre Altersgenossen, bestätigt sich hier nochmals: 57 % der Kinder aus der unteren Schicht, 64 % der unteren Mittelschicht und zwischen 73 % und 77 % aus den privilegierteren Schichten wählen den zufriedensten von fünf Smileys, wenn sie nach ihrem Freundeskreis gefragt werden. Der Migrationshintergrund wirkt sich in der Zusammenhangsanalyse nicht bedeutsam aus.

Auch dass sich Armutserleben und ein Zuwendungsdefizit auf das Sozialleben der Kinder negativ auswirken, zeigt sich: Kinder mit Armutserleben sind zu 57 % sehr zufrieden mit ihrem Freundeskreis, sind sie nicht in dieser benachteiligten Situation, sind es 76 %. Kinder, die mit einem alleinerziehenden Elternteil aufwachsen, sind weniger zufrieden mit ihrem Freundeskreis als Kinder, die mit zwei Elternteilen aufwachsen (60 %zu 75 % sehr zufrieden). Bei der Zufriedenheit mit dem Freundeskreis bestätigen sich zudem die bereits beschriebenen positiven wirkenden Faktoren »Geschwister im Haushalt« und »Mitgliedschaft in einem Verein oder einer anderen außerschulischen Gruppe«.

Freundschaften – wichtig für das Wohlbefinden, aber keine gleichen Bedingungen für alle Kinder

Sozial in eine Gruppe von Freunden integriert zu sein und gleichzeitig enge, vertraute Freunde zu haben, ist ein für das kindliche Wohlbefinden entscheidender Faktor. Das unterstreicht auch Lothar Krappmann: »Beziehungen zu anderen Kindern sind von großer Bedeutung für diese Kinder und Jugendlichen [...]. Die Erfahrungen, die Kinder und Jugendliche mit anderen Kindern und Jugendlichen sammeln, tragen offensichtlich in erheblichem Maße zum guten Lebensgefühl dieser jungen Menschen bei« (Krappmann 2001, S. 258). Umso besorgniserregender ist die Erkenntnis, wie deutlich sich die Bedingungen im Elternhaus auf die soziale Einbindung der Kinder auswirken: Die soziale Herkunftsschicht entscheidet maßgeblich darüber, wie gut Kinder Anschluss an Gleichaltrige finden. Wünschenswert wäre es, wenn insbesondere Kinder, die in der Familie weniger Unterstützung und in der Schule seltener positive Rückmeldungen erfahren, einen Ausgleich in positiven Erlebnissen mit Gleichaltrigen fänden. Die Ergebnisse unserer Studie zeigen aber, dass dieser Wunsch nicht der Realität entspricht.

Monika Pupeter/Ulrich Schneekloth

6 Selbstbestimmung: Selbständigkeit und Wertschätzung

Die Selbstbestimmungsmöglichkeiten der Kinder in ihren alltäglichen Belangen ist ein Thema, das in der breiten Fachöffentlichkeit immer mehr in den Vordergrund rückt. Kinder sollen erleben, dass ihre Stimme gehört und ihre Meinung bei der Meinungsbildung miteinbezogen wird. In den Institutionen fängt dies schon für die Kleinsten in den Kitas an und wird in der Schule und in Kinder- und Jugendzentren weiter fortgesetzt und eingeübt. Mitbestimmung und Partizipation von Kindern ist ein zentrales Thema (Bertelsmann-Stiftung 2010; Betz/Gaiser/Pluto 2010).

In diesem Kapitel beschäftigen wir uns damit, wie Kinder ihre Mitbestimmung in den alltäglichen Dingen, die sie angehen, erleben und wo sie ihre Einflussmöglichkeiten im Alltag sehen. Es geht auch darum, wie viel die Meinung der Kinder bei anderen zählt, sowie um die Sorgen und Nöte der Kinder. In der 2. World Vision Kinderstudie haben wir ausgehend vom Capability Approach die Selbstwirksamkeit und Selbstwirksamkeitserwartung der Kinder genauer betrachtet (Andresen/Hurrelmann/Fegter 2010; Schneekloth/Pupeter 2010b). Hier wollen wir anknüpfen und abschließend fragen, was selbstbestimmte Kinder anders machen.

6.1 Mitbestimmung im Alltag

In der Kinderstudie 2018 haben wir Kinder im Alter von 6 bis 11 Jahren gefragt, wie sie sich zu Hause in ihrem Alltag einbringen. Zu acht Bereichen wollten wir wissen, ob die Kinder eher selbst entscheiden dürfen oder nicht. Die Frage im Wortlaut war (mit den Antwortmöglichkeiten »eher ja«, »eher nein«, »weiß nicht« und »keine Angabe«): »Wenn Du jetzt noch mal an Deinen Alltag denkst, wo ist da Deine Meinung gefragt: Darfst Du selbst entscheiden, …

- mit welchen Freunden Du dich triffst?
- welche Kleidung Du anziehst?
- wofür Du Dein Taschengeld ausgibst?
- wie viele Freundinnen oder Freunde Du nach Hause mitbringst?
- was Du in Deiner Freizeit machst?
- wann Du Deine Hausaufgaben machst?
- ob Du ohne Erwachsene draußen spielst?
- ob Du ohne Erwachsene zur Schule gehst?«

Abb. 6.1 **Wo Kinder zu Hause im Alltag bestimmen können**

»Wenn Du jetzt noch mal an Deinen Alltag denkst, wo ist da Deine Meinung gefragt: Darfst Du selber entscheiden …« – eher ja

Basis: Kinder im Alter von 6 bis 11 Jahren in Deutschland (Angaben in %)

»Ich darf selbst entscheiden/mitbestimmen …«

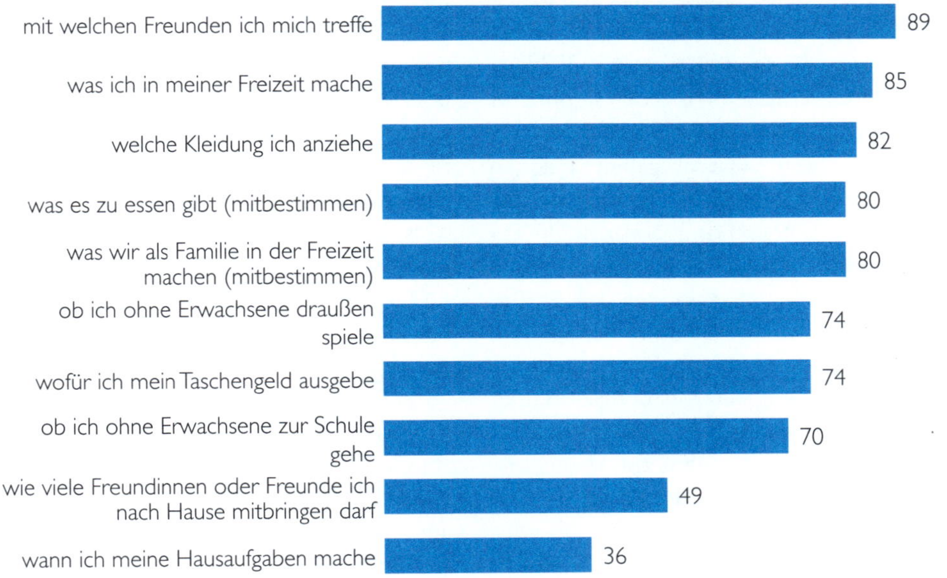

Ergänzt wurden diese Indikatoren um die folgenden zwei Bereiche, bei denen es um die Mitbestimmung beim Familienleben geht:

- »Und darfst Du mitbestimmen, was Ihr als Familie in der Freizeit (zum Beispiel am Wochenende) macht?«
- »Und darfst Du mitbestimmen, was es daheim zu Essen gibt?«

Für fünf der abgefragten Bereiche bestätigt die große Mehrheit der Kinder, dass ihre Meinung gefragt ist (Abb. 6.1). Mindestens vier von fünf der 6- bis 11-Jährigen stimmen in diesen Bereichen zu. Der Großteil der Kinder entscheidet selbst mit welchen Freunden sie sich treffen (89 %), was sie in ihrer Freizeit machen (85 %) und welche Kleidung sie anziehen (82 %). Mitbestimmen, was als Familie in der Freizeit gemacht wird und was es zu essen gibt, tun jeweils 80 % der Kinder. Etwas weniger groß sind die Anteile in den anderen Bereichen. Drei Viertel entscheiden selbst, ob sie ohne Erwachsene draußen spielen und ob sie ohne erwachsene Begleitung zur Schule gehen. Knapp die Hälfte der Kinder sagt auch, selbst entscheiden zu dürfen, wie viele Freunde sie mit nach Hause bringen. 36 % der Kinder sehen auch sich selbst in der Verantwortung, über die Zeit der Hausaufgabenerledigung zu entscheiden. Bei den Themen »Hausaufgaben« und »Mitbringen von Freunden« erleben die Kinder am wenigsten Autonomie, da Eltern in diesen Bereichen die Kinder nicht immer selbst entscheiden lassen.

Mädchen und Jungen – die Unterschiede treten vor allem in bestimmten Bereichen hervor

Unterscheidet man die Antworten der Mädchen und Jungen, zeigen sich einige Besonderheiten (Tab. 6.1). Grundsätzlich erleben Mädchen zu Hause im Alltag etwas mehr Selbstbestimmungsmöglichkeiten als Jungen. Mädchen geben signifikant häufiger an, selbst entscheiden zu dürfen, wann sie ihre Hausaufgaben machen (39 % vs. 33 %), welche Kleidung sie tragen (85 % vs. 80 %) und wofür sie ihr Taschengeld ausgeben (75 % vs. 72 %). Hingegen sagen Jungen häufiger, dass es ihre Entscheidung ist, ob sie ohne Erwachsene draußen spielen (75 % vs. 72 %). Die Unterschiede lassen sich mit dem Zutrauen seitens der Eltern in ihre Kinder erklären, aber ebenso mit der den Interessen folgenden Wahrnehmung der Kinder.

Insbesondere in der Gruppe der 6- und 7-Jährigen sind Unterschiede zwischen Jungen und Mädchen auszumachen, wenn es darum geht, selbst zu entscheiden, ob die Kinder ohne Erwachsene draußen spielen. 60 % der Jungen sagen »eher ja«, während es bei den Mädchen weniger als jedes zweite Mädchen ist (48 %).

Alter ist bei der Selbstbestimmung im Alltag entscheidend

Es wird deutlich, dass die Entscheidungen, die Kinder selbst treffen, maßgeblich vom Alter abhängig sind. Je älter die Kinder sind, desto mehr Entscheidungen fällen sie selbst. Altersunterschiede in allen Bereichen erweisen sich als bedeutsam mit Ausnahme der Aussage »wie viele Freunde mit nach Hause gebracht werden dürfen«. In diesem Fall spielt das Alter keine Rolle. Die größten Differenzen zwischen den Jüngeren und den Älteren zeigen sich bei »ohne Erwachsene zur Schule gehen« und »ohne Erwachsene draußen spielen«. Diese beiden Punkte stellen für 10- bis 11-Jährige kaum mehr eine Einschränkung dar. 90 % bzw. 91 % bestimmen hier eher selbst. Bis auf die Bereiche »Hausaufgaben« und »wie viele Freunde mitgebracht werden dürfen« stimmt der überwiegende Teil der 10- und 11-Jährigen eher zu, dass ihre Meinung gefragt ist und sie im Alltag selbst entscheiden (Zustimmungswerte zwischen 83 % und 92 % bei den 10- bis 11-Jährigen). Sieht man von der Wahl der Freunde (85 %) und dem Zeitpunkt für Hausaufgaben (24 %) ab, liegen die Zustimmungswerte der 6- bis 7-Jährigen zwischen 46 % und 78 % (Tab. 6.1).

Kinder aus der Oberschicht berichten am häufigsten über Mitbestimmungsmöglichkeiten im Alltag, die Kinder aus der unteren Herkunftsschicht hingegen am seltensten. Nur bei der Frage danach, wie viele Freundinnen und Freunde mit nach Hause gebraucht werden dürfen, liegen ihre Zustimmungswerte beim Mittelwert aller Kinder. Generell gilt: Je höher die Herkunftsschicht, desto größer sind die Mitbestimmungsmöglichkeiten, wobei die Ergebnisse je nach Indikator leicht schwanken. Kleinere Abweichungen im Trend zeigen sich bei den Fragen, wer mitbestimmen darf, was es zu essen gibt, wer ohne Begleitung von Erwachsenen zur Schule gehen darf, wer wie viele Freunde mit nach Hause bringen darf und wer mitbestimmen kann, wann die Hausaufgaben gemacht werden (Abb. 6.2). Die unterschiedlichen Ausprägungen sind allerdings eher gering und zum größten Teil auch nicht signifikant und sollten von daher nicht überbewertet werden.

Tab. 6.1 **Selbstbestimmungsmöglichkeiten nach Geschlecht und Alter der Kinder**
Basis: Kinder im Alter von 6 bis 11 Jahren in Deutschland (Angaben in %)

Spalten in %	Gesamt	Mädchen	Jungen	6–7 Jahre	8–9 Jahre	10–11 Jahre
Mit welchen Freunden ich mich treffe	89	89	89	85	90	92
Was ich in meiner Freizeit mache	85	87	83	78	85	91
Welche Kleidung ich anziehe	82	85	80	75	79	92
Was wir als Familie in der Freizeit machen (mitbestimmen)	81	81	80	73	80	87
Was es zu essen gibt (mitbestimmen)	80	81	78	76	79	84
Wofür ich mein Taschengeld ausgebe	74	75	72	63	74	83
Ob ich ohne Erwachsene draußen spiele	74	72	75	54	73	90
Ob ich ohne Erwachsene zur Schule gehe	70	69	70	46	68	91
Wie viele Freundinnen oder Freunde ich nach Hause mitbringen darf	49	49	50	50	46	51
Wann ich meine Hausaufgaben mache	36	39	33	24	35	46

Selbst- und Mitbestimmungsmöglichkeiten: Im Trend leicht angestiegen

Wie gerade ausgeführt, lässt sich für 2017 ein differenziertes Abbild des Selbst- und Mitbestimmungserlebens der Kinder im häuslichen Alltag durch insgesamt zehn Indikatoren darstellen. Will man die wahrgenommene Selbstbestimmung der Kinder aus dem Jahr 2017 mit den Vorgängerstudien vergleichen, können wir vier Indikatoren gegenüberstellen, die wir seit der 2. Kindestudie 2010 in gleicher Weise abgefragt haben:

- Mitbestimmen, was in der Familie am Wochenende gemacht wird
- Selbstbestimmung, welche Kleidung man anzieht
- Selbstbestimmung, wofür man sein Taschengeld ausgibt,
- Selbstbestimmung, wie viele Freundinnen oder Freunde man mit nach Hause bringt

Alles in allem hat es den Anschein, dass die Möglichkeiten zur Selbstbestimmung im Vergleich über die Jahre leicht angestiegen sind. Allerdings lassen sich bei den vier vergleichbaren Indikatoren noch keine wirklich stabilen Trends ausmachen. Mitbestimmen, was in der Familie am Wochenende gemacht wird, können 2017 etwa 80 % der Kinder. Der leichte

Abb. 6.2 **Selbstbestimmungsmöglichkeiten nach Herkunftsschicht**

»Wenn Du jetzt noch mal an Deinen Alltag denkst, wo ist da Deine Meinung gefragt: Darfst Du selber entscheiden …« – eher ja

Basis: Kinder im Alter von 6 bis 11 Jahren in Deutschland (Angaben in %)

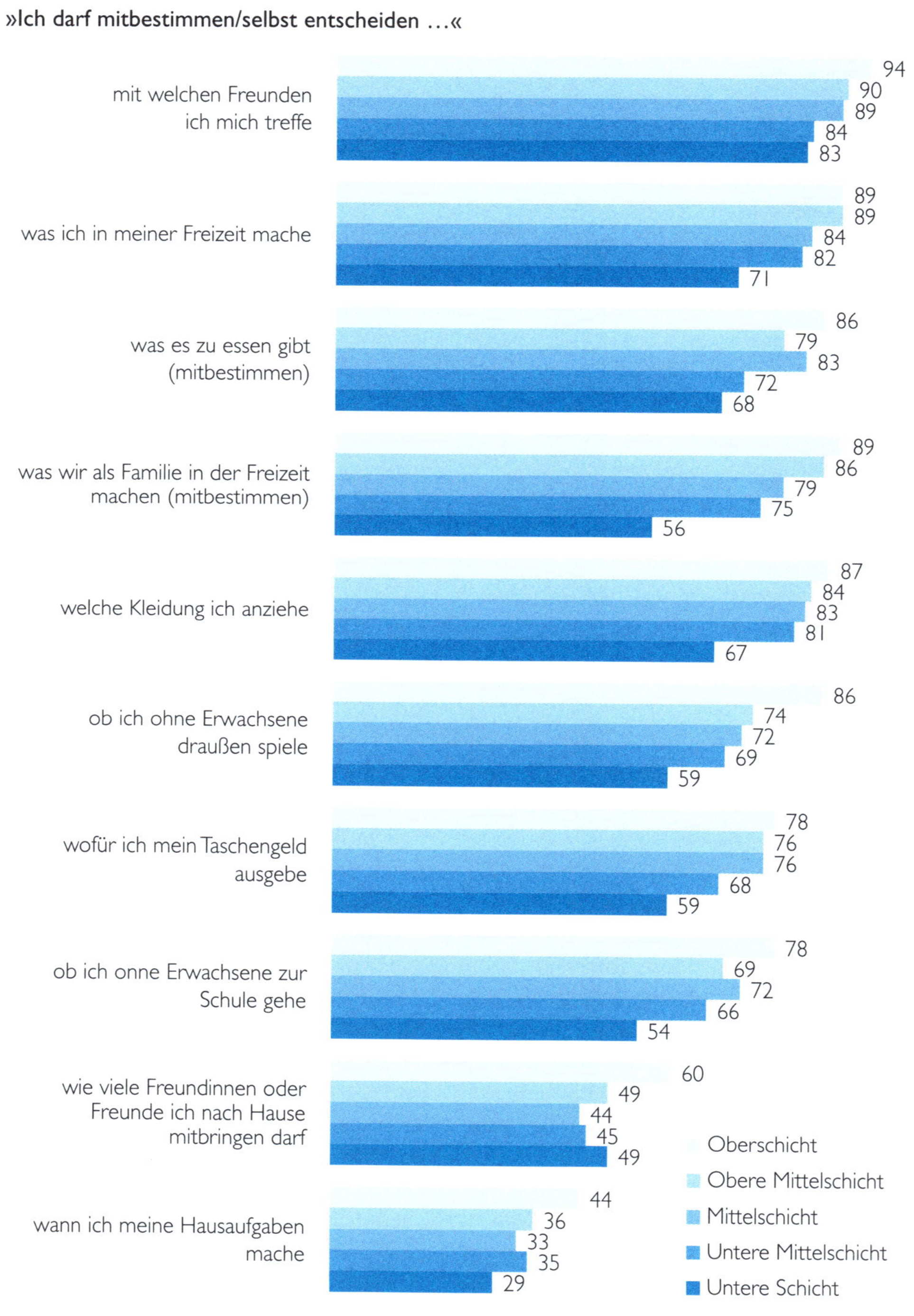

Abb. 6.3 **Zusammenfassung der Selbstbestimmungsmöglichkeiten im Alltag**

»Wenn Du jetzt noch mal an Deinen Alltag denkst, wo ist da Deine Meinung gefragt: Darfst Du selber entscheiden …« – eher ja

Basis: Kinder im Alter von 6 bis 11 Jahren in Deutschland (Angaben in %)

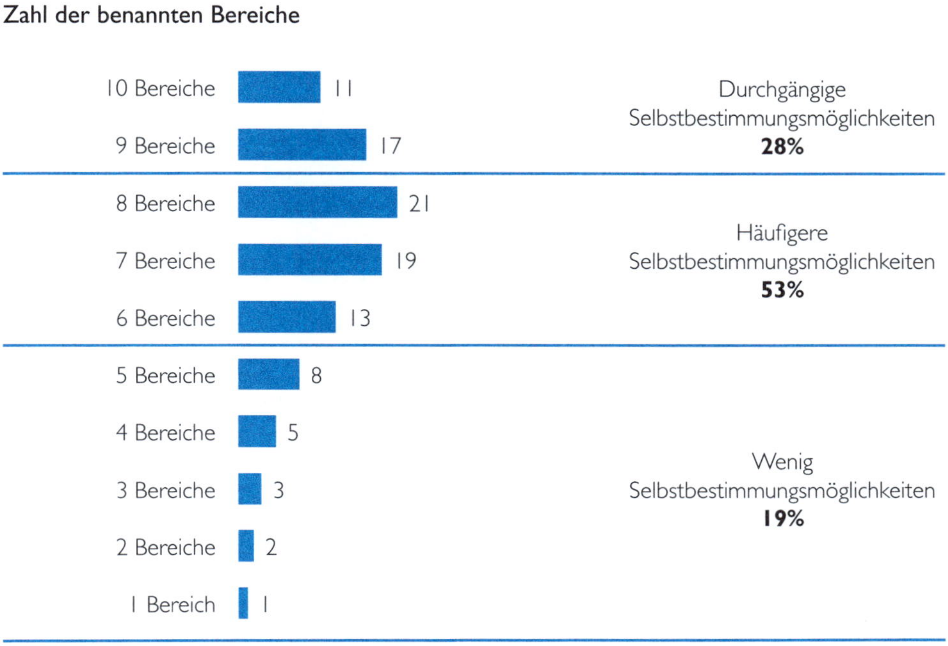

Rückgang des Anteils von ebenfalls 80 % im Jahr 2010 auf 75 % im Jahr 2013 ist damit aktuell wieder ausgeglichen. Die Möglichkeit zur Selbstbestimmung bei der Kleiderwahl ist hingegen angestiegen, von 77 % im Jahr 2010 auf 79 % 2013 und 82 % 2017. Bei der selbstbestimmten Verfügung über das Taschengeld sind die Anteile hingegen mit 73 % im Jahr 2010, 72 % 2013 und 74 % 2017 eher konstant geblieben. Die Selbstbestimmung darüber, wie viele Freundinnen und Freunde man mit nach Hause bringen darf, ist von 42 % im Jahr 2010 auf 48 % 2013 angestiegen, aktuell aber mit 49 % im Jahr 2017 dann eher konstant geblieben.

Selbstbestimmungsmöglichkeiten als Index 2017

Die 2017 abgefragten und dargestellten Möglichkeiten zur Selbst- und Mitbestimmung der Kinder schließen unterschiedliche Aspekte des Alltags ein und beziehen sich auf den Lebensraum Familie.[19] Sie sind bestimmt von familialen Hintergründen und Gepflogenheiten. Die abgefragten zehn Indikatoren lassen sich zu einem Index aufaddieren, der wiedergibt, wie durchgängig Kinder im familialen Alltag ihre Selbstbestimmungsmöglichkeiten wahrnehmen. Wir unterscheiden drei Gruppen, die sich be-

19 Erlebte Mitbestimmung und Mitwirkung im institutionellen Rahmen wurde bereits im Kapitel 3 aufgegriffen.

züglich ihrer Handlungs- und Entscheidungsspielräume in der Familie als trennscharf erweisen (Abb. 6.3).[20]

Die Mehrheit der Kinder (53 %) verfügt über häufige Selbstbestimmungsmöglichkeiten (eher ja) in sechs bis acht Bereichen und damit eher häufig über Entscheidungsspielräume im Alltag. Wir haben sie in der Gruppe »Kinder mit häufigeren Selbstbestimmungsmöglichkeiten« zusammengefasst. Kinder dieser Gruppe geben für jeden Bereich Anteile mit weit mehr als 50 % an. Nur in zwei Bereichen antwortet weniger als die Hälfte mit »eher ja«. Dies sind: Selbstbestimmung bei der Wahl des Hausaufgabenzeitpunkts (25 %) und der Zahl der Freunde, die sie mit nach Hause bringen dürfen (39 %).

Kinder, die in neun oder allen zehn Bereichen eher selbst entscheiden, haben wir als »Kindern mit durchgängigen Selbstbestimmungsmöglichkeiten« bezeichnet. Dies trifft auf 28 % der 6- bis 11-Jährigen zu. Abgesehen von zwei Ausnahmen werden von über 95 % der Kinder alle Bereiche zustimmend beantwortet. Wie schon bei Kinder mit häufigen Selbstbestimmungsmöglichkeiten – nur auf einem anderen Niveau – werden die Bereiche »Hausaufgabenzeit« (73 %) und »Freunde mit nach Hause bringen« (86 %) weniger häufig als selbstbestimmt erfahren als die anderen.

20 Der additive Index kann einen Wertebereich von 0 = Mitbestimmung in keinem Bereich bis 10 = Mitbestimmung in allen zehn Bereichen annehmen. Ausgehend vom Mittelwert lassen sich dadurch drei Gruppen von Kindern unterscheiden: Kinder mit 6 bis 8 Nennungen (Mittelwert + oder – eine halbe Standardabweichung), Kinder mit 0 bis 5 Nennungen (unterhalb einer halben Standardabweichung) sowie Kinder mit 9 und 10 Nennungen (oberhalb einer halben Standardabweichung).

Kinder mit wenig Selbstbestimmungsmöglichkeiten, 19 % der 6- bis 11-Jährigen, können in bis zu fünf Bereichen mitentscheiden. Bei fast allen Bereichen gibt weniger als die Hälfte der Kinder an, »eher schon« selbst entscheiden zu können. In dieser Gruppe erleben die Kinder jeweils in unterschiedlichen Bereichen Selbst- und Mitbestimmung. Etwa die Hälfte der Kinder kann mitbestimmen, was in der Familie am Wochenende gemacht wird und was es zu Essen geben soll. Auch hier sagen 65 %, dass sie entscheiden, mit welchen Freunden sie sich treffen.

Häufigkeit der Selbst- und Mitbestimmung: Eine Sache des Alters

Ein ähnliches Bild wie bei den einzelnen Bereichen zeigt sich auch bei der Häufigkeit der Selbst- und Mitbestimmung. Je älter die Kinder sind, desto mehr dürfen sie selbst entscheiden und bei gemeinsamen Entscheidungen mitbestimmen (Abb. 6.4). Bei den 6- bis 7-Jährigen gibt ein Drittel an, wenige Selbstbestimmungsmöglichkeiten im Alltag zu haben. Dies trifft auf 18 % der 8- bis 9-Jährigen und nur auf 7 % der 10- bis 11-Jährigen zu. Häufige Selbstbestimmungsmöglichkeiten im Alltag geben jeweils etwas über die Hälfte der Kinder aller Altersgruppen an: 54 % der 6- bis 7-Jährigen, 56 % der 8- bis 9-Jährigen und 50 % der 10- bis 11-Jährigen. Bei den durchgängigen Selbstbestimmungsmöglichkeiten werden die Unterschiede wieder größer. Bei den jüngeren Kindern ist nur ein Anteil von 13 % in dieser Gruppe zu finden. Bei den 8- bis 9-Jährigen beträgt der Anteil 26 %. Ältere Kinder geben zu 43 % an, weitgehend alle abgefragten Entscheidungsspielräume zu haben.

Abb. 6.4 **Häufigkeit der Selbstbestimmungsmöglichkeiten nach dem Alter der Kinder**

»Wenn Du jetzt noch mal an Deinen Alltag denkst, wo ist da Deine Meinung gefragt: Darfst Du selber entscheiden …« – eher ja

Basis: Kinder im Alter von 6 bis 11 Jahren in Deutschland (Angaben in %)

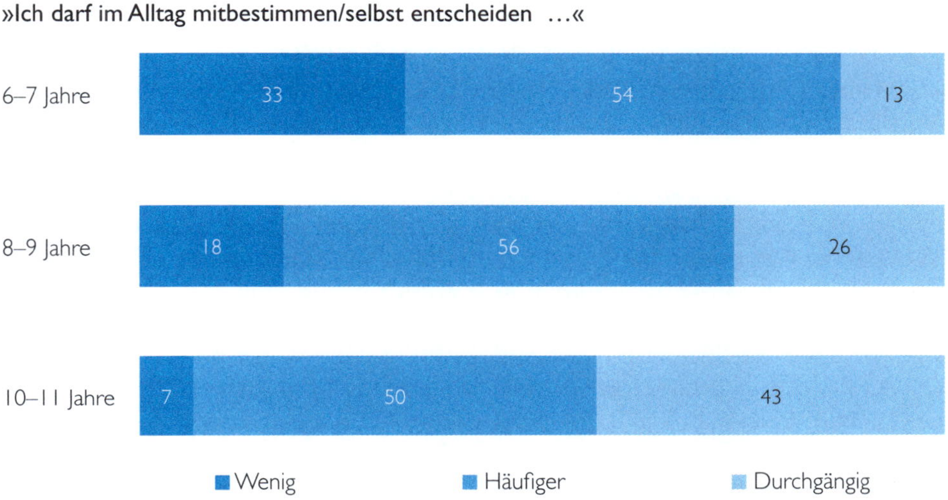

Selbstbestimmungsmöglichkeiten im Alltag: Vor allem bei Kindern aus den unteren Herkunftsschichten weniger gegeben

Zunehmende Selbstbestimmungsmöglichkeiten von Kindern sind allerdings nicht allein über deren Alter zu erklären. Auch innerhalb der Altersgruppen sind Unterschiede zu erkennen. Sichtbar wird dies, wenn man untersucht, welche Kinder mit höherer Wahrscheinlichkeit zu einer der drei von uns gebildeten Gruppen gehören. Analysiert man die Merkmale im statistischen Zusammenhang, so bestätigt sich, dass neben dem Alter auch weitere soziale und familiäre Hintergrundfaktoren wirken (Tab. 6.2).

Neben dem Alter wird in der statistischen Zusammenhangsanalyse der Einfluss der Herkunftsschicht deutlich. Je niedriger die Schicht, desto höher der Anteil der Kinder mit nur wenigen Selbstbestimmungsmöglichkeiten im Alltag. Kinder aus der unteren Herkunftsschicht und auch Kinder aus der unteren Mittelschicht berichten mit 41 % bzw. 25 % überproportional häufig über wenige Selbstbestimmungsmöglichkeiten. Dagegen geben Kinder aus der Oberschicht mit 42 % überproportional häufig an, über durchgängige Selbstbestimmungsmöglichkeiten zu verfügen. Die geringeren Selbstbestimmungsmöglichkeiten sind einerseits auf die schlechteren Rahmenbedingungen zurückzuführen, die für Kinder aus den unteren Herkunftsschichten typisch sind. Andererseits dürften an dieser Stelle auch unterschiedliche Erziehungsstile und familiäre Gepflogenheiten eine Rolle spielen.

Dass die finanzielle Situation, unabhängig von der Schichtzugehörigkeit, eine wesentliche Rolle spielt, wird deutlich, wenn man das konkrete Armutserleben der Kinder einbezieht: 32 % der Kinder, die von Benachteiligungen aufgrund finanzieller Möglichkeiten berichten, nehmen nur wenig Entscheidungsmöglichkeiten wahr. Andersherum erfährt fast ein Drittel der Kinder ohne konkretes Armutserleben durchgängige Selbstbestimmungsmöglichkeiten.

Der etwas höhere Anteil von Kindern mit weniger Selbstbestimmungsmöglichkeiten in den neuen Bundesländern kann hingegen unterschiedliche Gründe haben. Zum einen wirken an dieser Stelle die sozialstrukturellen Unterschiede und die in der Folge nach wie vor größere Verbreitung von gehobenen Milieus in Westdeutschland (siehe dazu die trotz Angleichung der Lebensverhältnisse nach wie vor unterschiedlichen Einschätzungen der subjektiven Schichtzugehörigkeit in Ost und West: Bünning 2016). Zum anderen scheinen in den neuen Ländern trotz der Wiedervereinigung nach wie vor aber auch traditionell-autoritäre Vor-Wende-Strukturen nachzuwirken (zum Erziehungsalltag in der DDR: Krüger/Marotzki 1994).

Auch der Migrationshintergrund hat einen Effekt auf die wahrgenommenen Selbstbestimmungsmöglichkeiten der Kinder und dies unabhängig von der Schichtzugehörigkeit. Kinder ohne Migrationshintergrund haben mit 31 % deutlich häufiger durchgängige Selbstbestimmungsmöglichkeiten, während Kinder mit Migrationshintergrund in dieser Gruppe seltener vertreten sind [Kinder mit Migrationshintergrund und deutscher Staatsangehörigkeit (26 %) und Kinder ohne deutsche Staatsangehörigkeit (17 %). Sie haben häufiger nur geringe Spielräume im Alltag (wenig Selbstbestimmungsmöglichkeiten 23 % bzw. 32 %)]. Dieses Ergebnis deckt sich mit Befunden zu den unterschiedlichen Erziehungsstilen in Familien ohne und mit Migrationshintergrund. Insbesondere bei Familien mit Wurzeln im arabischen Raum, aber auch bei Spätaussiedlern finden sich etwas häufiger eher traditionelle und autoritätsorientierte Stile, die gerade bei Kindern dieser Altersgruppe häufig mit der Forderung verbunden sind, sich stärker an den kulturellen Gepflogenheit des Herkunftslandes zu orientieren (Fuhrer/Uslucan 2005; Uslucan 2008).

Ebenfalls unabhängig von den anderen Faktoren wirkt, ob Eltern genügend Zeit für ihre Kinder haben. Empfinden Kinder hier kein Defizit, sind sie häufiger in der Gruppe mit durchgängigen Selbstbestimmungsmöglichkeiten (30 %). Besteht jedoch ein Zuwendungsdefizit oder auch ein Defizit bei nur einem Elternteil, so verfügen die Kinder im Alltag mit größerer Wahrscheinlichkeit auch unabhängig von Alter und Herkunft über weniger durchgängige Entscheidungsmöglichkeiten (17 % und 21 %). Die Wahrscheinlichkeit, weniger Selbstbestimmungsmöglichkeiten zu erfahren, ist bei ihnen höher (24 % und 26 %). Fehlende elterliche Zuwendung und wenig Selbstbestimmungsmöglichkeiten im Alltag treten häufig gemeinsam auf.

Die Unterschiede, die wir zwischen Mädchen und Jungen bei den einzelnen Bereichen festgestellt haben, zeigen sich in der statistischen Zusammenhangsanalyse als nicht so bedeutsam. Geschlecht ist kein Erklärungsfaktor für die Zahl der Bereiche in denen Kinder Selbstbestimmung gewährt wird.[21]

21 Unterschiede zur Studie 2013 lassen sich erklären durch die Hinzunahme weiterer zwei Bereiche, für die die Selbstbestimmungsmöglichkeiten erfragt wurden.

Tab. 6.2 **Zusammenhangsanalyse: Selbst- und Mitbestimmungsmöglichkeiten nach signifikanten persönlichen und sozialen Merkmalen**[1]

Basis: Kinder im Alter von 6 bis 11 Jahren in Deutschland (Angaben in %)

%-Angaben (pro Zeile)	Wenig	Häufig	Durchgängig
Gesamt	19	53	28
Geschlecht			
Mädchen	18	52	30
Jungen	19	55	26
Alter			
6–7 Jahre	**33**	54	13
8–9 Jahre	18	**56**	26
10–11 Jahre	7	50	**43**
West/Ost			
West (inkl. Berlin)	18	53	29
Ost	**25**	52	23
Soziale Herkunftsschicht			
Untere Schicht	**41**	45	14
Untere Mittelschicht	**25**	49	26
Mittelschicht	17	**59**	24
Obere Mittelschicht	15	**56**	29
Oberschicht	10	48	**42**
Migrationshintergrund			
Kinder ohne Migrationshintergrund	15	**54**	**31**
Kinder mit Migrationshintergrund und deutscher Staatsangehörigkeit	**23**	51	26
Kinder ohne deutsche Staatsangehörigkeit	**32**	51	17
Armutserleben			
Kein Armutserleben	15	**54**	**31**
Konkretes Armutserleben	**32**	52	16
Zuwendung der Eltern			
Kein Defizit	17	53	**30**
Defizit bei einem Elternteil	**26**	53	21
Zuwendungsdefizit	**24**	**59**	17
Familienform			
Nicht alleinerziehend	19	52	29
Alleinerziehend	16	**60**	24

1 Der Zusammenhang wurde multivariat anhand einer ordinalen Regression auf die »Selbstbestimmung im Alltag« getestet. Einbezogene Merkmale: Alter, Geschlecht, West/Ost, soziale Herkunftsschicht, Armutserleben, Zuwendung der Eltern, Familienform (alleinerziehend vs. nicht alleinerziehend), Migrationshintergrund.
Aus Gründen der Übersichtlichkeit werden in der Tabelle bivariate Merkmalsausprägungen in % ausgewiesen. Fettgedruckt sind auffällige Abweichungen für Merkmale, die sich auch innerhalb der multivariaten Analyse als signifikant erwiesen haben ($p < 0{,}05$).

6.2 Die eigene Meinung

Neben der Möglichkeit, den eigenen Alltag selbst mitzugestalten, ist es für Kinder wichtig, gehört zu werden: Werde ich von den anderen wahrgenommen, zählt meine Meinung, sind meine Gedanken den anderen wichtig? In unserer Studie fragten wir die Kinder danach, wie sie sich selbst mit ihrer Meinung wertgeschätzt fühlen: »Was glaubst du, welche von den folgenden Personen legt eher viel und welche eher wenig Wert auf Deine Meinung?« Hier sind wir nicht im familiären Rahmen geblieben, sondern wollten neben der Wertschätzung der eigenen Meinung durch Mutter und Vater auch wissen, wie die Kinder die Bedeutung ihrer Meinung bei ihrer besten Freundin bzw. ihrem besten Freund, der Klassenlehrerin oder dem Klassenlehrer und ggf. bei Betreuerinnen und Betreuern am Nachmittag einschätzen (Tab. 6.3).

Am häufigsten sagen die befragten Kinder, dass ihre Meinung bei ihrer besten Freundin oder ihrem besten Freund zählt. 68 % geben an, dass er oder sie eher viel Wert auf ihre Meinung legt (23 % »mal so, mal so«, 6 % »eher wenig«, 3 % »weiß nicht«/»keine Angabe«).

Zwei Drittel der Kinder im Alter von 6 bis 11 Jahren sehen ihre eigene Meinung durch ihre Mutter wertgeschätzt. 24 % berichten hier »mal so, mal so«, 6 % äußern sich explizit negativ mit »eher wenig« und 4 % machen keine Angabe. Die Wertschätzung des Vaters erfährt über die Hälfte der Kinder. 55 % antworten mit »eher viel«, 25 % mit »mal so, mal so«, 10 % mit »eher wenig« und weitere 10 % wissen es nicht oder geben keine Antwort.

Die Wertschätzung, die Klassenlehrerinnen und -lehrer sowie gegebenenfalls die Betreuerinnen und Betreuer in institutionellen Einrichtungen (Hort, Mittagsbetreuung etc.) den Kindern entgegenbringen, wird eher kritisch gesehen. So gibt fast ein Drittel der Kinder an, dass ihre Klassenlehrerin bzw. ihr Klassenlehrer eher viel Wert auf ihre Meinung legt (»eher viel« 32 %, »mal so mal so« 32 % und »eher wenig« 26 %, »weiß nicht«/»keine Angabe« 10 %). Geht ein Kind am Nachmittag in den Hort oder die Mittagsbetreuung, zeigen sich bei der Wertschätzung der Meinung vergleichbare Angaben: Dass die Betreuerinnern und Betreuer die Meinung der Kinder »eher viel« wertschätzen, sagen 33 %, »mal so, mal so« 32 %, »eher wenig« 26 % und 9 % wissen es nicht oder machen keine Angabe.

Allgemein ist ein Zuwachs bei der empfundenen Wertschätzung nach dem Lebensalter der Kinder erkennbar. So äußern bei den 10- bis 11-Jährigen 70 %, dass die Mutter und 59 %, dass der Vater eher viel Wert auf die eigene Meinung legt. Bei den 8- bis 9-Jährigen trifft dies auf 65 % und 56 % zu, während sich bei den 6- bis 7-Jährigen 62 % positiv bezüglich der Wertschätzung der Mutter und 50 % positiv bezüglich der Wertschätzung des Vaters äußern.

Umgekehrt berichten nur 5 % der 10- bis 11-Jährigen über wenig Wertschätzung durch die Mutter und 10 % über wenig Wertschätzung durch den Vater. Bei den 8- bis 9-Jährigen trifft dies auf 6 % bei Müttern sowie ebenfalls 10 % bei Vätern zu. Bei den 6- bis 7-Jährigen äußern sich 8 % negativ zur Wertschätzung der Mutter und 12 % negativ zur Wertschätzung des Vaters.

Ähnlich verhält es sich mit der Beurteilung der Wertschätzung durch die beste Freundin oder den besten Freund sowie durch die Betreuerinnen und Betreuer in Einrichtungen. Auch hier steigt die Wertschätzung mit zunehmendem Alter.

Die Wertschätzung durch den Lehrer hängt in geringerem Maße vom Alter der

Tab. 6.3 **Wertschätzung der eigenen Meinung nach Geschlecht und Alter**

Basis: Kinder im Alter von 6 bis 11 Jahren in Deutschland (Angaben in %)

Spalten in %	Gesamt	Mädchen	Jungen	6–7 Jahre	8–9 Jahre	10–11 Jahre
Wertschätzung durch:						
Mutter						
Eher viel	66	65	68	62	65	70
Mal so, mal so	24	26	22	25	25	22
Eher wenig	6	6	6	8	6	5
Weiß nicht/keine Angabe	4	3	4	5	4	3
Vater						
Eher viel	55	52	58	50	56	59
Mal so, mal so	25	27	23	27	24	24
Eher wenig	10	10	10	12	10	10
Weiß nicht/keine Angabe	10	11	9	11	10	7
Beste/r Freund/in						
Eher viel	68	66	69	62	69	71
Mal so, mal soll	23	24	23	27	22	23
Eher wenig	6	7	5	7	6	5
Weiß nicht/keine Angabe	3	3	3	4	3	1
Klassenlehrer/in						
Eher viel	32	35	31	30	33	34
Mal so, mal so	32	31	32	33	32	31
Eher wenig	26	24	27	26	25	26
Weiß nicht/keine Angabe	10	10	10	11	10	9
Betreuer/innen (falls Kind in Einrichtung)						
Eher viel	33	35	31	27	35	39
Mal so, mal so	32	30	34	36	31	29
Eher wenig	26	27	24	27	26	24
Weiß nicht/keine Angabe	9	8	11	10	8	8

Schülerinnen und Schüler ab. Nur 30 % der 6- bis 7-Jährigen und 34 % der 10- bis 11-Jährigen geben eine hohe Wertschätzung durch die Klassenlehrerinnen und Klassenlehrer an. In den letzten World Vision Studien waren auch hier etwas deutlichere Alterseffekte festzustellen.

Mädchen sind etwas kritischer

Mädchen und Jungen unterscheiden sich bei der Bewertung der Wertschätzung. Bei den meisten der von uns abgefragten Personen geben die Jungen häufiger als die Mädchen eher viel Wertschätzung an. So fühlen sich Jungen zu 68 % durch ihre Mutter und zu 58 % durch den Vater wertgeschätzt, während dies bei Mädchen auf 65 % bzw. 52 % zutrifft. Im Vergleich zu 69 % der Jungen bewerten Mädchen die Wertschätzung durch die beste Freundin oder den besten Freund (66 %) weniger häufig mit eher viel. Ebenso ist es bei der Bewertung des Klassenlehrers.

Hingegen bewerten Mädchen die Wertschätzung durch die Klassenleitung mit 35 % positiver als Jungen (31 %). Ebenso verhält es sich in den Institutionen der Nachmittagsbetreuung: Betreuerinnen und Betreuer in Einrichtungen werden von Besucherinnen mit 35 % positiver eingestuft als von Jungen (31 %). Andererseits geben hier ebenfalls mehr Mädchen (27 %) als Jungen (24 %) explizit negative Bewertungen ab.

Zuwachs bei der empfundenen Wertschätzung

Die von Kindern empfundene Wertschätzung durch die Eltern und Freunde hat über die Jahre stetig zugenommen. Insbesondere seit der letzten Kinderstudie 2013 sind die Anteile der Kinder, deren Meinung geschätzt wird, gestiegen, sowohl durch Mütter als auch durch Väter (jeweils um 6 Prozentpunkte) (Abb. 6.5). Der große Sprung bei der Wertschätzung durch die Freundinnen und Freunde von 2013 auf 2017 ist sicherlich zum Teil der

Abb. 6.5 **Bedeutung der eigenen Meinung im Trend**

»Was glaubst du, welche von den folgenden Personen legen eher viel und welche eher wenig Wert auf Deine eigene Meinung?«

Basis: Kinder im Alter von 6 bis 11 Jahren in Deutschland (Angaben in %)

»Eher viel Wert auf meine Meinung legen …«

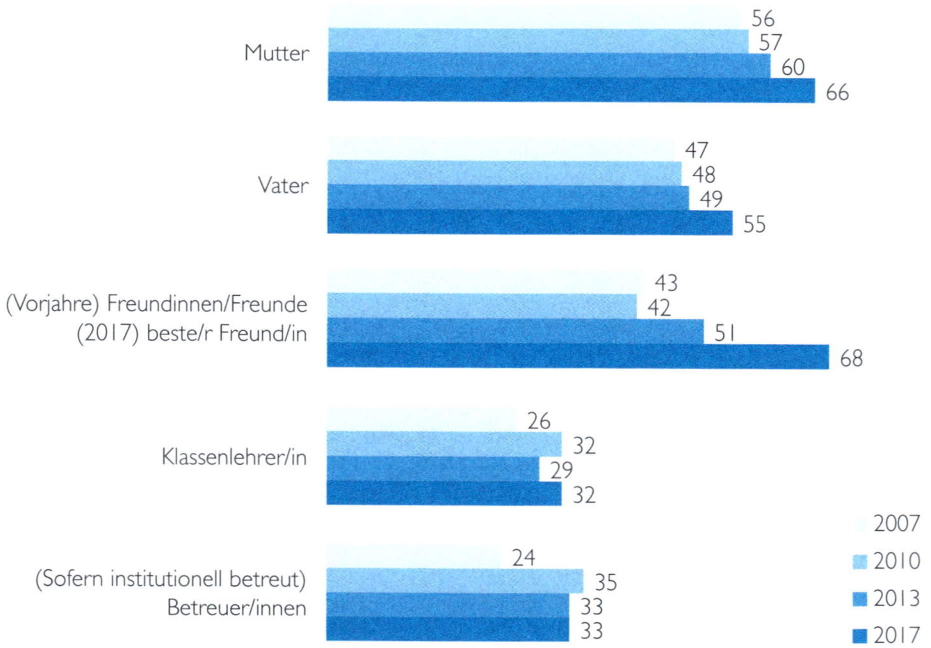

modifizierten Abfrage geschuldet. Während die Frage in den Vorgängerstudien allgemein auf die Wertschätzung der eigenen Meinung im Freundeskreis zielte, wurde in der aktuellen Studie direkt auf die Bedeutung der eigenen Meinung bei der besten Freundin oder dem besten Freund Bezug genommen. Die Ausrichtung der Fragestellung auf eine konkrete vorstellbare Person wurde vorgenommen, da diese Formulierung greifbarer und eindeutiger zu beantworten ist. Und es ist nicht verwunderlich, wenn die Antwort mit Blick auf den besten Freund positiver ausfällt als wenn man alle Freunde einbezieht.

Die Wertschätzung durch die Klassenlehrerin oder den Klassenlehrer unterliegt leichten Schwankungen, zeigt sich aber weitgehend stabil (Pupeter/Schneekloth 2013). Somit bleibt die Wertschätzung durch die Klassenlehrkraft auf konstant niedrigem Niveau. Die Situation bei der Beachtung der eigenen Meinung durch die Betreuerinnen und Betreuer in institutionellen Einrichtungen ist vergleichbar. Der Teil der Kinder, die hier Wertschätzung erfahren, ist gering und hat sich in den letzten Jahren nicht vergrößert.

Interessanterweise sagen 2017 44 % der Kinder aus der unteren Schicht, dass die Klassenlehrerin oder der Klassenlehrer »eher viel« Wert auf ihre Meinung legt, während der Durchschnitt aller Schichten bei 32 % liegt. In den Vorgängerstudien waren die Werte bei der unteren Schicht (teilweise deutlich) unterdurchschnittlich. Die »Eher viel«-Wertschätzung der Meinung durch die Lehrerinnen und Lehrer ist bei den sozialen Schichten über die Jahre eher uneinheitlich.

Wertschätzung der eigenen Meinung und Selbstbestimmungsmöglichkeiten im Alltag hängen zusammen und bedingen sich wechselseitig

Kinder, die eher viel Wertschätzung der eigenen Meinung durch die Mutter[22] empfinden, erfahren bedeutend häufiger durchgängige Selbstbestimmungsmöglichkeiten im Alltag (34 %). Häufigere Selbstbestimmungsmöglichkeiten liegt bei 52 % der Kinder von wertschätzenden Müttern vor und wenig Selbstbestimmungsmöglichkeiten bei 14 %. Ebenso gilt andersherum: Kinder, die angeben, dass die Mutter eher wenig Wert auf die eigene Meinung legt, geben weniger Handlungsspielräume in ihrem Alltag an: Nur 13 % nehmen ihre Selbstbestimmungsmöglichkeiten als durchgängig wahr, häufige Selbstbestimmungsmöglichkeiten werden von etwas mehr als der Hälfte der Kinder geäußert und als wenig selbstbestimmt empfinden 34 % der Kinder ihren Alltag (Tab. 6.4).

Festzustellen ist, dass Wertschätzung der Meinung durch Eltern und ein hohes Maß an Selbstbestimmungsmöglichkeiten im Alltag gemeinsam auftreten. Beides ist wichtig, denn Kinder, die die Erfahrung machen, dass sie einbezogen werden, und deren Meinung von anderen wertgeschätzt wird, entwickeln, wie in der World Vision Kinderstudie 2010 dargestellt, ein stabileres Selbstbild. Sie erleben sich als aktive Akteure, die selbst handeln und entscheiden können. Dies wiederum bestimmt auch, wie Kinder Dinge wahrnehmen und für sich selber einschätzen, wie stabil sie gegenüber Stress sind und wie sie insgesamt agieren (Schneekloth/Pupeter 2010b).

22 Vergleichbare Ergebnisse ergeben sich für die Wertschätzung der Meinung durch den Vater.

Tab. 6.4 **Zusammenhang der Selbstbestimmungsmöglichkeiten im Alltag und der Wertschätzung der Mutter**

Basis: Kinder im Alter von 6 bis 11 Jahren in Deutschland (Angaben in %)

Spalten in %	Eher viel Wertschätzung der Mutter	Mal so, mal so	Eher wenig Wertschätzung der Mutter
Selbstbestimmung im Alltag			
Wenig	14	23	34
Häufiger	52	58	53
Durchgängig	34	19	13

6.3 Sorgen und Nöte: Ängste, Benachteiligung und Ausgrenzung

Das Aufwachsen der Kinder ist in der frühen und mittleren Kindheit begleitet von Ängsten. Sie sind Teil der kindlichen Entwicklung (Fegert/Eggers/Resch 2012). Auftretende Ängste und Nöte der Kinder stehen auch in Bezug zur Gesellschaft und geben die Wahrnehmung der gesellschaftlichen Zusammenhänge wieder.

In diesem Abschnitt betrachten wir, wie sehr Kinder von individuellen und gesellschaftlichen Ängsten betroffen sind. Wir wollten von den Kindern der Studie wissen, welche Erfahrungen sie selbst mit Benachteiligungen gemacht haben und ob sie ausgegrenzt werden. Die konkreten Erlebnisse der Kinder setzen wir in Bezug zu den geäußerten Selbst- und Mitbestimmungsmöglichkeiten. Wie bereits dargestellt, verwenden wir den Selbstbestimmungs-Index – die Summe der Bereiche im Alltag, in denen Kinder selbst- und mitbestimmen können – als Indikator für die Selbstwirksamkeit. Die wahrgenommenen Selbstbestimmungsmöglichkeiten sind, wie gezeigt, nicht unabhängig vom Alter, dem Bildungshintergrund, der Familienform, Armutserfahrung, elterlicher Zuwendung, Region und dem Migrationshintergrund der Kinder. Im Folgenden wollen wir die Themen Ängste, Benachteiligung und Ausgrenzung in den Blick nehmen und diese jeweils auch unter dem Aspekt der Selbstwirksamkeit in Form der Selbstbestimmungsmöglichkeiten betrachten.

Was Kindern Angst macht

Die Ängste wurden in einer vorgegebenen Liste abgefragt (Abb. 6.6). Knapp über 90 %[23] der Kinder geben mindestens einmal an, »manchmal« Angst zu haben. Am meisten Angst empfinden Kinder zum Befragungszeitpunkt vor Terroranschlägen. So sagen 19 % der 6- bis 11-Jährigen, dass ihnen dies »sehr oft« Angst macht, weitere 39 % geben »manchmal« an. Dies ist, angesichts der Befragungszeit einige Wochen nach einem Terroranschlag auf einem Berliner Weihnachtsmarkt, nicht verwunderlich. Nicht zuletzt aufgrund der intensiven medialen Aufmerksamkeit des Attentats wie auch sonstiger Berichterstattung in der breiten Öffentlichkeit scheint der Terror sehr real im Leben der

23 Die restlichen Kinder haben mehrheitlich »fast nie« bei mindestens sechs Bereichen angegeben.

Abb. 6.6 **Wovor Kinder Angst haben**

»Machen Dir folgende Dinge Angst?«

Basis: Kinder im Alter von 6 bis 11 Jahren in Deutschland (Angaben in %)

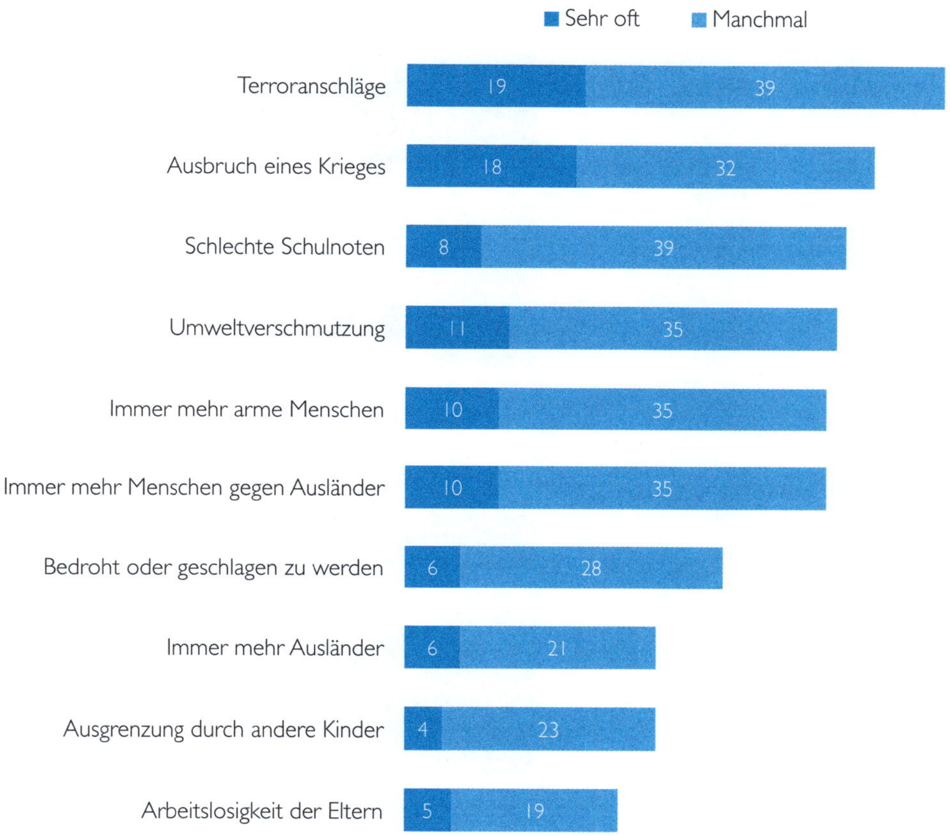

Kinder angekommen zu sein. Ebenso ist die Möglichkeit eines Kriegsausbruchs im Bewusstsein der Kinder. 18 % sagen, dass sie das sehr oft ängstigt, 32 % manchmal. Dies dürfte der Berichterstattung über die Krisengebiete im Nahen Osten und die Bekämpfung der Terrororganisation IS in Verbindung mit Berichten über die zahlreich nach Europa kommenden geflüchteten Menschen geschuldet sein. Krieg und seine konkreten Folgen werden von den Kindern wahrgenommen, und die Hälfte von ihnen äußert Besorgnis.

Die Sorge um die Entwicklung in der »großen Welt« rangiert damit sogar vor der Angst vor schlechten Schulnoten (8 % sehr oft, 39 % manchmal), die von Kindern dieser Altersgruppe als entwicklungstypische Sorge zusammen mit der Angst vor schlechten sportlichen Leistungen häufig benannt wird (Fegert 2005). In der Rangliste der Ängste folgt die Sorge um die Verschmutzung der Umwelt, die 46 % der Kinder verspüren (11 % sehr oft, 35 % manchmal). Auch die weiteren genannten Themen werden von einem relevanten Teil der Kinder angeführt. »Immer mehr arme Menschen« und »im-

Abb. 6.7 **Individuelle Ängste im Trend**
»Machen Dir folgende Dinge Angst?«
Basis: Kinder im Alter von 6 bis 11 Jahren in Deutschland (Angaben in %)

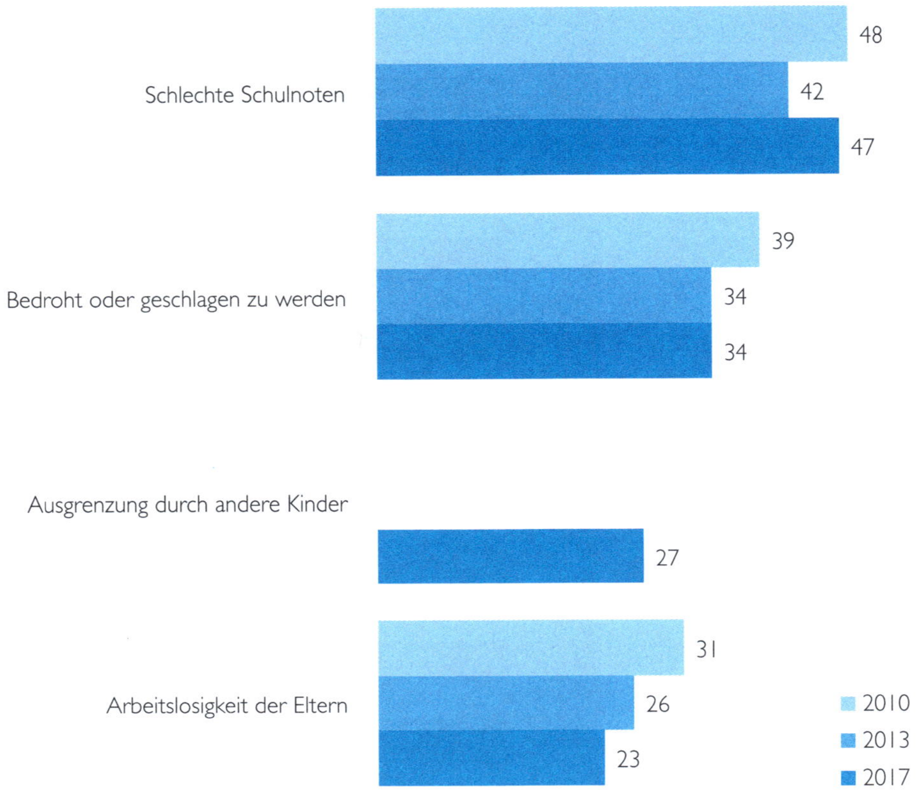

mer mehr Menschen gegen Ausländer« werden von jeweils 45 % der Kinder als Aspekte, die Angst machen, genannt. Je 27 % der Kinder geben »immer mehr Ausländer« und »Ausgrenzung durch andere Kinder« an. Und 23 % haben Angst davor, dass die Eltern ihre Arbeit verlieren.

Nicht alle Kinder können zu diesen Themen Antworten geben. So liegt der Anteil der »Nicht-Antworten« (keine Angabe und weiß nicht) bei den meisten Themen zwischen 10 % und 15 %. Ausnahmen bilden die Themen »Angst vor schlechten Noten«, »Angst, bedroht oder geschlagen zu werden« und »Angst vor Ausgrenzung durch andere Kinder«. Hier liegt der Anteil an »Weiß-nicht-Antworten« bei 3 % bis 4 %. Diese Themen lassen eine besondere Nähe zum Alltag der Kinder erkennen.

Vor allem die Angst vor einem Krieg nimmt zu

In den Abbildungen 6.7 und 6.8 sind die Antworten der Kinder im Vergleich zu den beiden letzten Kinderstudien wiedergegeben, wobei die Anteile der Kategorien »sehr oft« und »manchmal« zusammengefasst wurden.

Abb. 6.8 **Gesellschaftliche Ängste im Trend**

»Machen Dir folgende Dinge (manchmal oder sehr oft) Angst?«

Basis: Kinder im Alter von 6 bis 11 Jahren in Deutschland (Angaben in %)

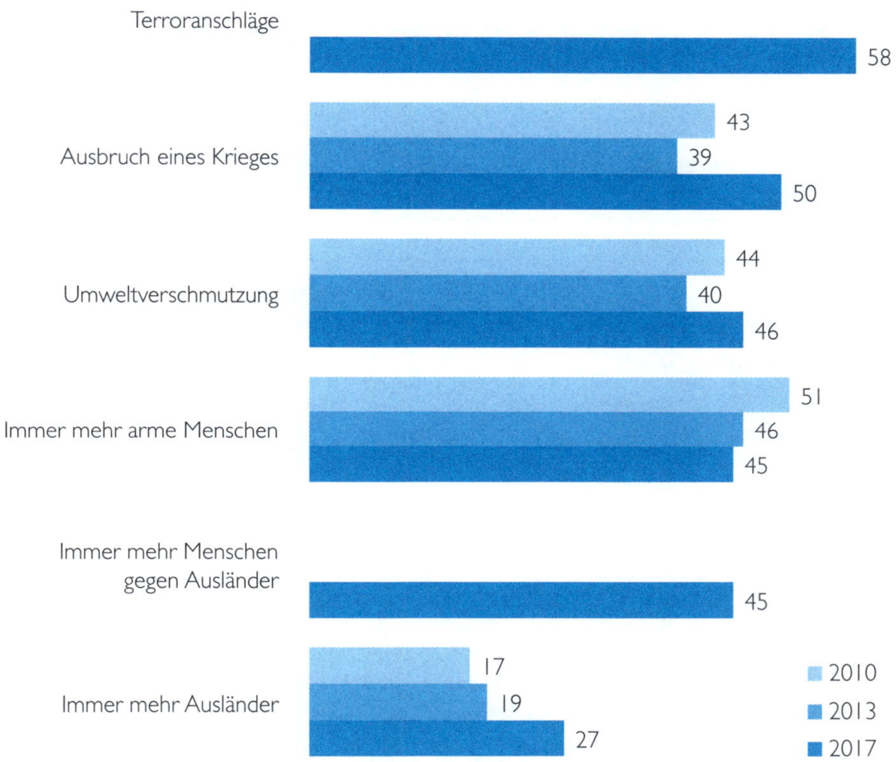

Die abgefragten Ängste lassen sich thematisch in zwei Gruppen einteilen.[24] Individuelle Ängste, die den unmittelbaren Alltag betreffen und die unmittelbar Einfluss auf das Leben der Kinder haben, sowie Ängste in Bezug auf globale, gesellschaftliche Themen, die bedrohlich wirken und die als potenzielle Gefahr wahrgenommen werden.

Bei den individuellen Ängsten (Abb. 6.7) zeigt sich eine weitgehende Stabilität der Anteile, nur die Angst vor der Arbeitslosigkeit der Eltern ist in den Jahren seit 2010 rückläufig. Während 2010 fast noch ein Drittel der Kinder (31 %) befürchteten, dass ihre Eltern arbeitslos werden oder keine Arbeit finden könnten, sind es aktuell 23 %. Dieser Anteil erhöht sich auf 38 %, wenn man nur Kinder betrachtet, deren Eltern angaben, in den letzten zwei Jahren arbeitslos gewesen zu sein.

Bei Ängsten mit Bezug zur Gesellschaft (Abb. 6.8) hat die 2017 neu aufgenommene Kategorie »Angst vor Terroranschlägen« mit zusammengenommen 58 % die meisten Nennungen. Die Hälfte der Kinder hat Angst vor dem Ausbruch eines Krieges. Damit ist dieser Anteil deutlich höher als in den letzten Studien (2010:

24 Dies wird durch das Ergebnis einer Faktorenanalyse gestützt.

Tab. 6.5 **Ängste nach Alter**

Basis: Kinder im Alter von 6 bis 11 Jahren in Deutschland (Angaben in %)

Spalten in % (sehr oft und manchmal)	Gesamt	6–7 Jahre	8–9 Jahre	10–11 Jahre
Individuelle Ängste				
Schlechte Schulnoten/in der Schule nicht mehr mitkommen	47	35	46	58
Bedroht oder geschlagen zu werden	34	32	36	32
Ausgrenzung durch anderen Kindern	27	27	27	26
Arbeitslosigkeit der Eltern	23	23	25	22
Gesellschaftliche Ängste				
Terroranschlägen	58	37	59	73
Ausbruch eines Krieges	50	40	51	57
Umweltverschmutzung	46	32	47	56
Immer mehr arme Menschen	45	37	43	53
Immer mehr Menschen gegen Ausländer	45	30	44	56
Immer mehr Ausländer	27	17	29	35

43 %, 2013: 39 %). Wie schon erläutert, ist dies vor dem Hintergrund der aktuellen Geschehnisse zu sehen. In diesen Zusammenhang gehören auch die beiden Themen »immer mehr Menschen gegen Ausländer« (45 %) und »immer mehr Ausländer« (27 %). Diese Ängste werden im Zusammenhang mit der Sicht der Kinder auf die nach Deutschland geflüchteten Menschen noch einmal aufgegriffen und differenzierter analysiert (vgl. Kap. 8).

Ältere Kinder benennen häufiger gesellschaftliche Ängste, aber auch Angst vor schlechten Schulnoten

Ältere Kinder zwischen 10 und 11 Jahren berichten am häufigsten von vorhandenen Ängsten, diese sind in erster Linie im gesellschaftlichen Bereich angesiedelt (Tab. 6.5). Am größten ist die Angst vor einem Terroranschlag (73 %), aber auch die Angst davor, in der Schule nicht mehr mitzukommen bzw. vor schlechten Schulnoten (58 %), die aus dem Bereich der individuellen Ängste stammt, wird mit 58 % sehr häufig genannt. Ebenfalls über die Hälfte der 10- bis 11-Jährigen fürchtet sich vor einem Kriegsausbruch (57 %) und macht sich Sorgen um die wachsende Umweltverschmutzung (56 %) und Armut (53 %) sowie darüber, dass immer mehr Menschen gegen Ausländer sind (56 %). An dieser Stelle spiegeln die gesellschaftlichen Ängste ein wachsendes Problembewusstsein und zeigen ein zunehmendes Interesse der Kinder für diese Themen in ihrer Entwicklung auf. Das Lebensalter der Kinder scheint für die geäußerte Angst vor Arbeitslosigkeit der Eltern wie vor Ausgrenzung und Bedrohung durch andere Kinder kaum eine Bedeutung zu haben.

Tab. 6.6 **Ängste nach Herkunftsschicht**

Basis: Kinder im Alter von 6 bis 11 Jahren in Deutschland (Angaben in %)

Spalten in % (sehr oft und manchmal)	Gesamt	Untere Schicht	Untere Mittel-schicht	Mittel-schicht	Obere Mittel-schicht	Ober-schicht
Individuelle Ängste						
Schlechte Schulnoten/ in der Schule nicht mehr mitkommen	47	67	59	48	42	34
Bedroht oder geschlagen zu werden	34	55	31	36	31	26
Ausgrenzung durch anderen Kindern	27	42	32	28	23	20
Arbeitslosigkeit der Eltern	23	47	37	24	19	9
Gesellschaftliche Ängste						
Terroranschlägen	58	63	53	54	58	63
Ausbruch eines Krieges	50	49	50	48	51	52
Umweltverschmutzung	46	31	38	39	51	62
Immer mehr arme Menschen	45	53	51	44	40	44
Immer mehr Menschen gegen Ausländer	45	51	39	40	43	52
Immer mehr Ausländer	27	35	32	32	23	21

Kinder aus den unteren Herkunftsschichten äußern häufiger Alltagsängste

Generell haben Kinder der unteren Schicht vermehrt mit Ängsten zu kämpfen; insbesondere individuelle Ängste sind ein Thema. So sagen Kinder der unteren Schicht überdurchschnittlich oft, dass sie »sehr oft« und »manchmal« Angst vor schlechten Schulnoten (67 %), Angst bedroht oder geschlagen zu werden (55 %), Angst vor Ausgrenzung durch andere Kinder (42 %) und Angst vor der Arbeitslosigkeit der Eltern (47 %) haben (Tab. 6.6). Ebenso macht es in der unteren Herkunftsschicht mehr Angst, dass es immer mehr arme Menschen gibt (53 %) und dass immer mehr Ausländer nach Deutschland kommen (35 %). Für fast alle diese Ängste lässt sich zeigen, dass sie mit höherer Bildung im Elternhaus abnehmen.

Die Angst vor einem Kriegsausbruch zieht sich hingegen gleichermaßen durch alle Herkunftsschichten und wird jeweils von etwa der Hälfte der Kinder geäußert.

Andererseits gibt es auch Themen, die Kinder der oberen Schichten mehr bewegen. So wird die Furcht vor wachsender Umweltverschmutzung von 62 % der Kinder aus der Oberschicht benannt. Damit steht in dieser Gruppe das Thema gleich hinter der Angst vor Terroranschlä-

Abb. 6.9 **Benachteiligungserfahrungen im Alltag**

»Und wie ist es bei Dir selber? Fühlst Du dich aufgrund der folgenden Dinge benachteiligt?«

Basis: Kinder im Alter von 6 bis 11 Jahren in Deutschland (Angaben in %)

gen (63 %), die bei der Gesamtheit der Kinder an erster Stelle steht. Neben der Angst vor Terroranschlägen ist die Angst, dass immer mehr Menschen gegen Ausländer sind, eine Furcht, die sowohl bei der Oberschicht als auch bei der unteren Schicht besondere Not hervorrufen. Denkbar ist, dass Kinder der Oberschicht diese Ängste aufgrund ihrer besseren Informiertheit äußern. Bei Kindern der unteren Schicht hingegen, die häufig selbst einen Migrationshintergrund haben, liegen der Angst vor ausländerfeindlichen Tendenzen ggf. auch sehr reale Erfahrungen mit deren Auswirkungen zugrunde.

Diskriminierung im Alltag: Ein Thema für Kinder mit Benachteiligungen

Im Fragebogen wurden die persönlichen Erfahrungen der Kinder mit Benachteiligungen direkt nach einer Einschätzung zum gesellschaftlich gerechten Umgang mit bestimmten Gruppen in Deutschland gestellt (vgl. auch Kap. 8). Die Frage lautet (Antwortmöglichkeiten: »nie/so gut wie nie«, »ab und zu«, »oft«, »trifft nicht zu«, »keine Angabe« und »weiß nicht«): »Und wie ist es bei Dir selber? Fühlst Du dich aufgrund der folgenden Dinge benachteiligt?

Abb. 6.10 **Benachteiligungserfahrungen im Alltag im Trend**

»Und wie ist es bei Dir selber? Fühlst Du dich aufgrund der folgenden Dinge benachteiligt?«

Basis: Kinder im Alter von 6 bis 11 Jahren in Deutschland (Angaben in %)

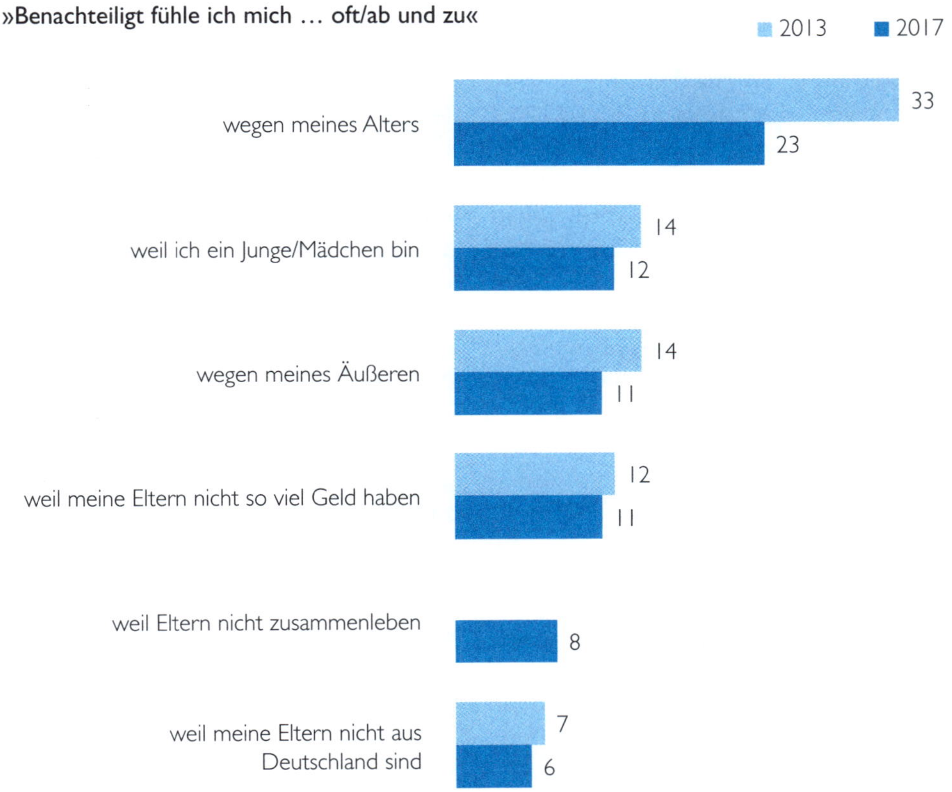

- Wegen Deines Alters?
- Weil Du ein ›Junge/Mädchen‹ bist?
- Wegen Deines Äußeren (also so wie Du aussiehst)?
- Weil Deine Eltern nicht so viel Geld haben?
- Weil Deine Mutter oder Dein Vater nicht aus Deutschland kommt (wenn ein Elternteil oder beide nicht in Deutschland geboren sind)?
- Weil Deine Eltern nicht zusammenleben (wenn nur Vater oder Mutter im Haushalt, unabhängig von Stiefeltern bzw. Lebenspartner/in)?«

Die Mehrheit der 6- bis 11-Jährigen fühlt sich im Alltag nicht benachteiligt. 60 % der Kinder geben keine Hinweise auf Benachteiligung, weder »oft« noch »ab und zu«. Insgesamt 23 % fühlen sich aufgrund ihres Alters benachteiligt (2 % »oft«, 21 % »ab und zu«). 12 % sagen, dass sie sich aufgrund ihres Geschlechts benachteiligt fühlen. Hiervon fühlen sich Mädchen stärker betroffen (18 %) als Jungen (7 %) (Abb. 6.9). Jeweils 11 % der Kinder bekunden eine Benachteiligung wegen ihres Äußeren oder weil ihre Eltern nicht genügend Geld haben.

Benachteiligungserfahrungen, weil die Eltern nicht zusammenleben, geben 8 % an und 6 %, weil die Eltern nicht aus Deutschland stammen (Abb. 6.10).

Im Vergleich zu 2013 ist der Anteil der Kinder, die eine Benachteiligung aufgrund ihres Alters angeben, um 10 Prozentpunkte gesunken, von 33 % auf 23 %. Dieser Rückgang bezieht sich auf alle drei Altersgruppen, insbesondere macht es sich jedoch bei den 6- bis 9-Jährigen bemerkbar, und dies sowohl bei der Kategorie »ab und zu« als auch bei »oft«. Insgesamt lässt sich zusammenfassen, dass alle erlebten Benachteiligungen 2017 etwa um 1 bis 3 Prozentpunkte seltener genannt wurden als 2013 (Abb. 6.10).[25]

Die Diskriminierungserfahrungen sind je nach sozialer Lage der Kinder unterschiedlich stark ausgeprägt. Bezogen auf die jeweils relevante Gruppe zeigt sich, dass die entsprechende Benachteiligung bei betroffenen Kindern deutlich häufiger genannt wird. So sagen 44 % der Kinder, die selbst konkrete Armutserfahrungen haben, dass sie aus diesem Grund Benachteiligungen erleben: 8 % sagen, dass dies »oft« der Fall ist, und 36 % geben »ab und zu« an. Erleben Kinder keine Armut, wird die Benachteiligung »weil meine Eltern nicht so viel Geld haben« so gut wie nicht genannt (3 %).

Die Tatsache, dass die eigenen Eltern getrennt leben, empfinden 8 % der Kinder in dieser Familienkonstellation als oft benachteiligend und 26 % als »ab und zu«. Die Teilgruppe der Kinder in Alleinerziehenden-Familien (ohne weitere Stiefelternteile oder neue Partner der Eltern im Haushalt) ist nochmal besonders von der Diskriminierung betroffen (9 % »oft«, 30 % »ab und zu«).

Diskriminierung aufgrund der elterlichen Herkunft kommt bei Kindern ohne deutscher Staatsangehörigkeit häufiger vor (33 %) als bei Kindern mit Migrationshintergrund im Allgemeinen (18 %). Der Anteil der Kinder, die oft mit diesen Erfahrungen konfrontiert sind, liegt bei 2 % bzw. 1 %. Deutlich wird hier, welchen Einfluss bestimmte Lebenslagen auf Diskriminierungs- und Benachteiligungserfahrungen und damit auf die eigenen Teilhabechancen der Kinder haben. Kinder in Armutslagen, in Alleinerziehenden-Familien und Kinder ohne deutsche Staatsangehörigkeit sind besonders betroffen. Jeweils über ein Drittel dieser Kinder machen diese negativen Erfahrungen zumindest »ab und zu«, wobei Kinder je nach sozialer Lage durchaus mehrfach von Benachteiligungen betroffen sein können.

Diskriminierung im Alltag: Welche Gruppen sind insbesondere betroffen?

Die befragten Kinder haben angegeben, aufgrund welcher Merkmale sie sich benachteiligt fühlen und wie oft. Ein Kind kann auch mehrere Diskriminierungsgründe für sich ausgemacht haben. So kann zum Beispiel eine Benachteiligung aufgrund des Äußeren mit weiteren Benachteiligungen einhergehen, etwa weil die Eltern kein Geld haben oder nicht aus Deutschland stammen.

Fasst man die einzelnen Benachteiligungen zu einem einfachen Benachteiligungsindex zusammen, kann man sehen, dass sich drei von fünf Kinder in keinem der Bereiche benachteiligt fühlen. 34 % der Kinder sagen bei mindestens einem Benachteiligungsgrund »ab und an«. Und auf 6 % der Kinder trifft zu, dass sie sich in mindestens einem Bereich »oft« dis-

25 Da die Kategorie »oft« jeweils nur von 1 % bis 2 % der Kinder je Benachteiligung benannt wurde und sonst »ab und zu« angegeben wurde, haben wir die beiden Antwortmöglichkeiten zusammengefasst.

Tab. 6.7 **Zusammenhangsanalyse: Diskriminierung im Alltag nach signifikanten persönlichen und sozialen Merkmalen**[1]

Basis: Kinder im Alter von 6 bis 11 Jahren in Deutschland (Angaben in %)

%-Angaben (pro Zeile)	Nie/so gut wie nie	Ab und zu	Oft
Gesamt	60	34	6
Geschlecht			
Mädchen	62	31	7
Jungen	58	**36**	6
Alter			
6–7 Jahre	56	**35**	**9**
8–9 Jahre	60	**35**	5
10–11 Jahre	**63**	31	6
Soziale Herkunftsschicht			
Untere Schicht	35	**50**	**15**
Untere Mittelschicht	53	**38**	**9**
Mittelschicht	59	34	7
Obere Mittelschicht	**62**	33	5
Oberschicht	**75**	23	2
Migrationshintergrund			
Kinder ohne Migrationshintergrund	**65**	29	6
Kinder mit Migrationshintergrund und deutscher Staatsangehörigkeit	53	**40**	7
Kinder ohne deutsche Staatsangehörigkeit	48	**43**	**9**
Familienform			
Nicht alleinerziehend	**64**	31	5
Alleinerziehend	42	**43**	**15**

Fortsetzung nächste Seite

kriminiert sehen. Der Index differenziert nicht danach, in wie vielen Bereichen sich ein Kind benachteiligt fühlt, allein entscheidend ist, ob und wie oft Diskriminierung erlebt wird.

Welche Kinder werden mit höherer Wahrscheinlichkeit überhaupt (»ab und zu«) oder sogar »oft« benachteiligt? Eine statistische Zusammenhangsanalyse gibt an, welche sozialen und familiären Hintergrundfaktoren hier wirken (Tab. 6.7).

Jüngere Kinder fühlen sich im Vergleich zu älteren häufiger diskriminiert. Außerdem geben Kinder der unteren sozialen Schicht vermehrt Benachteiligungen an. Auch Kinder mit Migrationshintergrund und Kinder mit konkreten Armutserfahrungen sind mit höherer Wahrscheinlichkeit unter den Kindern, die benachteiligt werden. Ebenso zeigt sich, dass Kinder in Alleinerziehenden-Familien in höherem Umfang Benachteiligungen ausgesetzt sind. Haben Kinder ein Zuwendungsdefizit formuliert, so sind auch sie eher von Diskriminierung betroffen. Kinder auf dem Land fühlen

Fortsetzung Tab. 6.7

%-Angaben (pro Zeile)	Nie/so gut wie nie	Ab und zu	Oft
Armutserleben			
Kein Armutserleben	**66**	30	4
Konkretes Armutserleben	35	**49**	**16**
Zuwendung der Eltern			
Kein Defizit	**62**	33	5
Defizit bei einem Elternteil	**60**	33	7
Zuwendungsdefizit	42	**39**	**19**
Stadt/Land			
(Groß-)Stadt	52	**39**	**9**
Randlagen von (Groß-)Städten	**65**	29	6
Verdichtungsräume	**63**	34	3
Ländliche Räume	**66**	29	5

1 Der Zusammenhang wurde multivariat anhand einer ordinalen Regression auf die Variable »Diskriminierungsindex« getestet. Einbezogene Merkmale: Alter, Geschlecht, soziale Herkunftsschicht, Armutserleben, Zuwendung der Eltern, Familienform (alleinerziehend vs. nicht alleinerziehend), Migrationshintergrund, West/Ost, Siedlungsstrukturtyp (BIK).
Aus Gründen der Übersichtlichkeit werden in der Tabelle bivariate Merkmalsausprägungen in % ausgewiesen. Fettgedruckt sind auffällige Abweichungen für Merkmale, die sich auch innerhalb der multivariaten Analyse als signifikant erwiesen haben ($p < 0,05$).

Tab. 6.8 **Mobbingerfahrung nach Alter und Geschlecht**
Basis: Kinder im Alter von 6 bis 11 Jahren in Deutschland (Angaben in %)[1]

Spalten in %	Gesamt	Mädchen	Jungen	6–7 Jahre	8–9 Jahre	10–11 Jahre
»Wirst Du ausgegrenzt? Fühlst Du dich gemobbt?«						
Nie/so gut wie nie	81	81	81	76	81	84
Ab und zu	16	15	17	18	17	14
Oft	2	2	1	2	2	1

1 Fehlend zu 100% = »Keine Angabe«

sich in geringerem Umfang von Benachteiligungen betroffen. Das Geschlecht hat keinen eigenständigen erklärenden Anteil.

Mobbing: Wer wird gemobbt? Und wo?

Gefragt haben wir ebenfalls danach, ob sich die Kinder ausgegrenzt und gemobbt fühlen. Wir haben die Formulierung »Wirst Du ausgegrenzt? Fühlst Du dich gemobbt?« gewählt und den Kindern dazu die Antwortabstufungen »nie/so gut wie nie«, »ab und zu« und »oft« angeboten.

Fast jedes fünfte Kind gibt an, selbst Erfahrungen mit Ausgrenzung zu haben oder gemobbt zu werden (Tab. 6.8). Dabei gibt es kaum Unterschiede zwischen Jungen und Mädchen. Hingegen sagen 6- bis 7-Jährige eher als ältere Kinder, dass sie ab und zu gemobbt oder ausgegrenzt werden (18 % im Vergleich zu 14 % bei den 10- bis 11-Jährigen). Dass sie oft von

Tab. 6.9 **Mobbingerfahrung nach der Herkunftsschicht**

Basis: Kinder im Alter von 6 bis 11 Jahren in Deutschland (Angaben in %)[1]

Spalten in %	Gesamt	Untere Schicht	Untere Mittelschicht	Mittelschicht	Obere Mittelschicht	Oberschicht
Nie/so gut wie nie	81	66	79	80	84	85
Ab und zu	16	29	18	16	13	12
Oft	2	3	2	1	2	1

1 Fehlend zu 100% = »Keine Angabe«

Tab. 6.10 **Mobbingerfahrung nach Armutserleben und Migrationshintergrund**

Basis: Kinder im Alter von 6 bis 11 Jahren in Deutschland (Angaben in %)[1]

Spalten in %	Gesamt	Ohne Armutserleben	Mit konkretem Armutserleben	Ohne Migrationshintergrund	Mit Migrationshintergrund und dt. Staatsangehörigkeit	Ohne dt. Staatsangehörigkeit
Nie/so gut wie nie	81	83	71	82	79	75
Ab und zu	16	14	25	14	18	22
Oft	2	1	3	2	1	1

1 Fehlend zu 100% = »Keine Angabe«

Ausgrenzung betroffen sind, geben über alle Altersgruppen hinweg nicht mehr als 2 % der Kinder an.

Ein Drittel der Kinder aus der unteren sozialen Herkunftsschicht fühlt sich mindestens ab und zu ausgegrenzt (»ab und zu« oder »oft«: 32 %). Bei Kindern aus der unteren Mittelschicht sind es 20 % und in der Mittelschicht 17 %. Dagegen fühlen sich nur 15 % der Kinder aus der oberen Mittelschicht und 13 % der Kinder aus der Oberschicht mindestens ab und zu gemobbt (Tab. 6.9). Je niedriger die Herkunftsschicht, desto stärker das Empfinden, im Alltag ausgegrenzt oder gemobbt zu werden. Auch überrascht es nicht, dass Kinder mit konkretem Armutserleben häufiger von Mobbing betroffen sind, ebenso wie Kinder ohne deutsche Staatsangehörigkeit (23 %), wobei diese ebenfalls häufiger in der unteren Schicht zu finden sind (Tab. 6.10).

Meist findet Ausgrenzung in der Schule statt (16 %), deutlich seltener im Freundeskreis (2 %) oder anderswo (auf der Straße, draußen oder in der Familie: 1 %). Nur 1 % der befragten Kinder berichtet über entsprechende Erfahrungen im Internet. Auch wenn man sich nur auf die Altersgruppe der 10- bis 11-Jährigen konzentriert, bei der Internet als Freizeitgestaltung eine zunehmende Rolle spielt (vgl. Kap. 4), liegt der Anteil der berichteten Mobbing-Erfahrungen im Internet bei nur 1 %.

Der Zusammenhang zwischen benannten erlebten Benachteiligungen und

Abb. 6.11 **Mobbing und Selbstbestimmungsmöglichkeiten im Alltag**
»Wirst Du ausgegrenzt? Fühlst Du dich gemobbt?«
Basis: Kinder im Alter von 6 bis 11 Jahren in Deutschland (Angaben in %)[1]

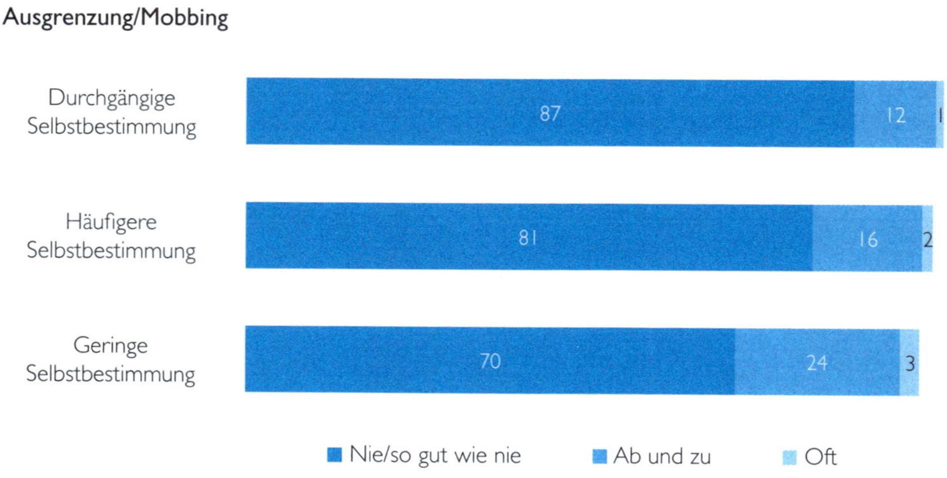

[1] Fehlend zu 100% = »Weiß nicht«/»keine Angabe«

konkreten Ausgrenzungs- oder Mobbingerfahrungen liegt auf der Hand. Haben Kindern keine Diskriminierungserfahrungen, gibt nur jedes zehnte Kind an, selbst ausgegrenzt zu werden. Fühlen Kinder sich hingegen ab und zu benachteiligt, gibt ein Viertel an, auch »ab und zu« gemobbt zu werden. Kinder, die oft Benachteiligungen erleben, werden auch wesentlich häufiger »ab und zu« (44 %) oder »oft« (9 %) ausgegrenzt. Interessant ist in diesem Zusammenhang, dass nicht alle Benachteiligungserfahrungen mit Mobbing bzw. Ausgrenzung einhergehen. 44 % der Kinder, die mindestens einmal »oft« bei der Frage nach eigenen Benachteiligungserfahrungen angeben, erklären, dass Mobbing so gut wie nie vorkommt.

Ebenso ist die Angst, von anderen Kindern ausgegrenzt zu werden, sehr stark mit konkreten Mobbingerfahrungen verbunden. Kinder, die oft gemobbt werden, geben auch an, »sehr oft« (51 %) bzw. »manchmal« (31 %) Angst vor Ausgrenzung durch andere Kinder zu haben. Sagen Kinder, dass sie Mobbing und Ausgrenzung persönlich nicht kennen, so haben sie nur »manchmal« (18 %) und sehr selten »sehr oft« Angst vor Ausgrenzung (2 %).

Berichten die Kinder von keinerlei Benachteiligungs- oder Diskriminierungserfahrung im Alltag, so sagen sie zu 42 %, dass sie zehn oder mehr Freunde haben. Haben sie »ab und zu« oder »oft« solche Erlebnisse gehabt, dann geben sie dies zu 27 % bzw. 26 % an. Ähnlich wirken sich Ausgrenzungs- oder Mobbingerfahrungen aus: Von den Kindern, die »nie« oder »so gut wie nie« ausgegrenzt oder gemobbt werden, haben 37 % zehn oder mehr Freunde. Haben sie dies »oft« oder »ab und zu« erlebt, dann haben sie nur zu 28 % einen entsprechend großen Freundeskreis.

Wie schon bei der Frage nach Benachteiligung und Diskriminierung zeigt sich auch beim Thema Mobbing, dass Kinder mit durchgängigen Selbstbestimmungsmöglichkeiten im Alltag seltener davon betroffen sind. Nur 13 % von ihnen räumen in unserer Befragung ein, von Mobbing betroffen zu sein (»ab und zu« oder »oft«). Kinder, die im Alltag häufig selbst bestimmen, tun dies zu 18 % und Kinder mit geringen Selbstbestimmungsmöglichkeiten zu 27 % (Abb. 6.11).

6.4 Was selbstbestimmte Kinder anders machen

In den bisherigen Auswertungen hat es sich als bedeutsam erwiesen, ob Kinder selbst entscheiden können, wie sie bestimmte Dinge in ihrem Leben handhaben, und ob Kindern im Alltag die Möglichkeit der Mitbestimmung eingeräumt wird.

Es ist dabei deutlich geworden, dass selbstbestimmte Kinder eher älter sind, einen höheren Bildungshintergrund haben, meist keine Armutserfahrungen gemacht haben und zumeist keine Zuwendungsdefizite ihrer Eltern erwähnen.

Im Folgenden wollen wir einen Blick darauf werfen, was selbstbestimmte Kinder auszeichnet und was sie von daher möglicherweise anders machen. Wie sieht es mit ihrer Freizeitgestaltung, dem Freundeskreis und in der Schule aus?

Selbstbestimmte Kinder haben ein vielseitigeres Freizeitverhalten

Die Selbstbestimmungsmöglichkeiten im Alltag der Kinder gehen mit unterschiedlichem Freizeitverhalten einher. So zählen durchgängig selbstbestimmte Kinder häufiger zu den Vielseitigen Kids, die in verschiedenen Bereichen, insbesondere auch im musisch-kulturellen, aktiv sind (31 %). Bei Kindern mit geringen Selbstbestimmungsmöglichkeiten ist der Anteil der Vielseitigen Kids nur etwa halb so groß und liegt bei 17 % (Abb. 6.12).

Beide Merkmale, Selbstbestimmungsmöglichkeiten im Alltag und Vielseitigkeit im Freizeitverhalten, korrelieren. Vielseitigkeit im Freizeitverhalten ist sicherlich für eine größere Selbstbestimmung im Alltag förderlich. Kinder, die in ihrer Freizeit vielseitigen Aktivitäten nachgehen, in Sport und Bewegung, im musisch-kulturellen Bereich, zusammen mit Familie und Freunden und auch für sich selber (Lesen, Musik hören, Basteln, Hobbys pflegen etc.), lernen dabei Selbständigkeit und haben auch mehr Chancen, ihren Alltag dadurch selbstbestimmter zu gestalten. Auf der anderen Seite ist Selbstbestimmung im Alltag sicherlich auch eher dafür förderlich, in der eigenen Freizeit vielfältigen Aktivitäten nachgehen zu können.

Selbstbestimmte Kinder haben einen größeren Freundeskreis

Der Freundeskreis ist bei Kindern, die durchgängig selbst Entscheidungen treffen können (Abb. 6.13), deutlich häufiger größer (43 % haben zehn Freunde oder mehr) als bei Kindern mit häufigen (36 %) und geringen Selbstbestimmungsmöglichkeiten (24 %).

Ein wichtiger Grund hierfür dürfte in dem bereits angesprochenen vielseitigen Freizeitverhalten dieser Kinder liegen. Vielseitige Kids haben mehr Gelegenheiten, Freundschaften zu schließen. Ein weiterer Grund dürfte aber auch in der größeren sozialen Kompetenz liegen, die eine größere Selbstbestimmung im Alltag

Abb. 6.12 **Freizeittyp und Selbstbestimmungsmöglichkeiten im Alltag**

»Nun zum Thema Freizeit und Freunde. Welche von den Dingen, die ich Dir jetzt gleich vorlese, machst Du in Deiner Freizeit nie oder fast nie, welche manchmal und welche sehr oft?«

Basis: Kinder im Alter von 6 bis 11 Jahren in Deutschland (Angaben in %)[1]

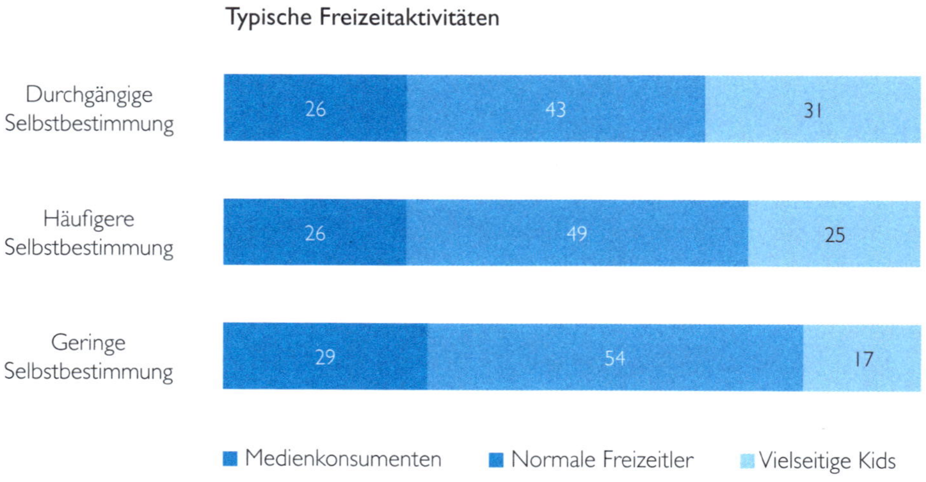

[1] Fehlend zu 100 % = »Weiß nicht«/»keine Angabe«

Abb. 6.13 **Freunde und Selbstbestimmungsmöglichkeiten im Alltag**

Basis: Kinder im Alter von 6 bis 11 Jahren in Deutschland (Angaben in %)[1]

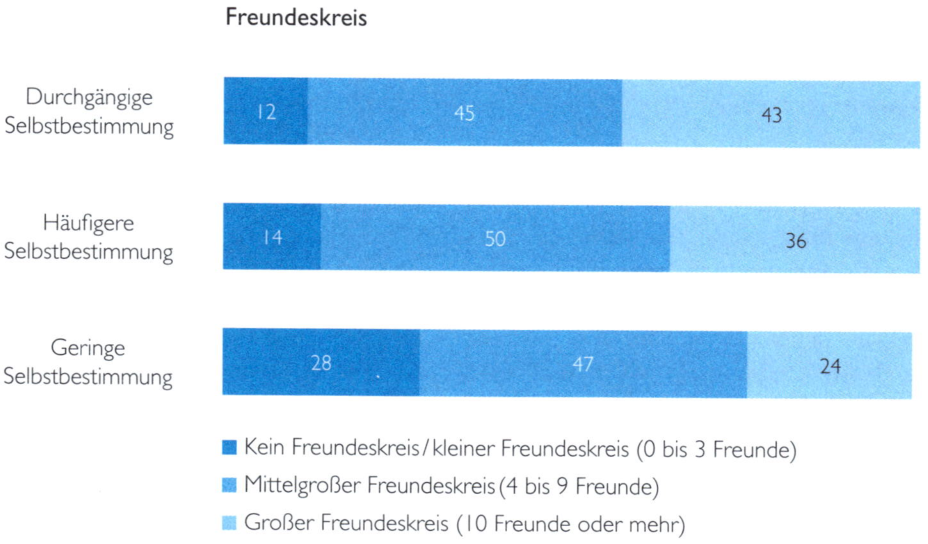

[1] Fehlend zu 100 % = »Weiß nicht«/»keine Angabe«

Abb. 6.14 **Selbsteinschätzung der Schulleistung und Selbstbestimmungsmöglichkeiten im Alltag**

»Was würdest Du sagen bist Du …«

Basis: Kinder im Alter von 6 bis 11 Jahren in Deutschland (Angaben in %)[1]

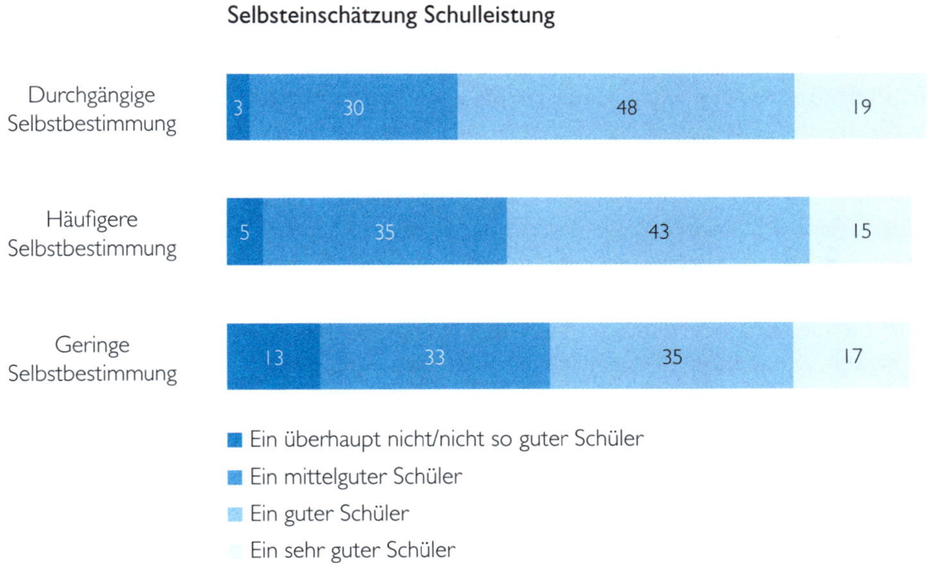

[1] Fehlend zu 100% = »Weiß nicht«/»keine Angabe«

in der Regel mit sich bringt. Selbstbestimmte Kinder lernen besser, sich selber zu organisieren und Gestaltungsspielräume auszuhandeln. Insbesondere letzteres führt dazu, dass es selbstbestimmten Kindern leichter fallen kann, sich in Gruppen von Gleichaltrigen zu bewegen, Freundschaften zu schließen und auch zu pflegen. Auf der anderen Seite scheint ein etwas größerer Freundeskreis und die damit verbundene größere soziale Integration aber auch dafür förderlich zu sein, den eigenen Alltag selbstbestimmter zu gestalten und für sich entsprechende Möglichkeiten zu realisieren. Dies scheint uns deshalb plausibel zu sein, da Kinder, die sich anerkannt in Gruppen von Gleichaltrigen bewegen, in der Regel auch im Alltag handlungskompetenter sind und ein größeres Selbstbewusstsein herausbilden.

Selbstbestimmte Kinder profitieren auch in der Schule

Aus dem Schulkontext haben wir die Selbsteinschätzung der Kinder herangezogen. Sehen sich die Kinder als sehr gute Schülerinnen und Schüler, als gute, mittelgute, nicht so gute oder als überhaupt nicht gute Schülerinnen und Schüler? Auch hier ist der Zusammenhang zwischen der Selbst- und Mitbestimmungsmöglichkeiten im Alltag und der Wahrnehmung der eigenen Schulleistungen unverkennbar. Durchgängige Selbstbestimmungsmöglichkeiten korrelieren mit einer positiven Wahrnehmung als (sehr) gute Schülerin oder (sehr) guter Schüler. 67 % schätzen sich entsprechend ein, während Kinder mit geringer Selbstbestimmung zu 46 % angeben, nur eine mittelgute oder eine nicht (so) gute Schülerin bzw. ein mittelguter oder nicht (so) guter Schüler zu sein (Abb. 6.14).

Auch an dieser Stelle ist wieder von einem wechselseitigen Effekt auszugehen. Selbstbestimmte Kinder verfügen über bessere Kompetenzen und Handlungsstrategien, die ihnen offenbar ebenfalls helfen, den Schulalltag besser zu bewältigen. Besonders wichtig scheint uns in diesem Zusammenhang zu sein, dass Selbstbestimmung mit größerem Selbstbewusstsein und in der Regel auch mit einer größeren Selbstwirksamkeitserwartung einhergeht. Letzteres fördert nicht nur Resilienz, sondern stärkt auch die Fähigkeit, Motivation zu entwickeln, um Anforderungen zu bewältigen (Schneekloth/Pupeter 2010b). Die (erfahrungsgestützte) Selbsteinschätzung, ein guter oder sogar sehr guter Schüler bzw. eine gute oder sehr gute Schülerin zu sein, ist, gestützt auf die entsprechenden Schulnoten, umgekehrt ebenfalls wieder dafür förderlich, im Alltag mehr Selbstbestimmungsmöglichkeiten zu erhalten oder auch für sich durchzusetzen.

Wirksam sind an dieser Stelle allerdings auch die sozialen Hintergründe. Kinder mit mehr Selbstbestimmungsmöglichkeiten im Alltag kommen, wie dargestellt, häufiger aus den gehobenen sozialen Schichten. Sie verfügen über einen förderlichen Bildungshintergrund und im Hinblick auf die finanziellen Ressourcen über mehr Chancen und Gestaltungsspielräume.

6.5 Kinder und das gute Leben: Zufriedenheit mit dem eigenen Leben

Zum Abschluss des Interviews haben wir die Kinder noch um eine allgemeine Einschätzung zur Zufriedenheit mit ihrem Leben gebeten. Auf der fünfstufigen Smiley-Skala ordnen sich 67 % der Kinder beim Smiley »sehr zufrieden« ein. Weitere 26 % sind etwas zurückhaltender und geben »zufrieden« an. Die neutrale Mittelposition wählen 6 % der Kinder und nur 1 % wählt eine negative Bewertung.

Zufriedenheitsabfragen werden generell und von Kindern noch einmal häufiger mehrheitlich positiv beantwortet. Die Interpretation der Ergebnisse sollte deshalb weniger anhand der einzelnen Ausprägungen, sondern vorrangig relativ und möglichst im Vergleich erfolgen. Deutlich wird dies, wenn man die Angaben zur Lebenszufriedenheit zum Beispiel nach der Herkunftsschicht der Kinder differenziert. Während sich die Einschätzungen bei Kindern sowohl aus den oberen Herkunftsschichten als auch bei Kindern aus der Mittelschicht so gut wie nicht unterscheiden, neutral bis negativ äußern sich hier nur zwischen 3 % und 4 %, trifft dies für Kinder aus der unteren Mitteschicht für immerhin 9 % und bei Kindern aus der unteren Schicht sogar für 26 % zu. Wir hatten diese deutlich unterschiedliche Bewertung bereits in den letzten beiden Kinderstudien 2010 und 2013 festgestellt. Auch wenn die neutral bis negativen Bewertungen insgesamt und insbesondere bei Kindern aus der Mittelschicht weiter leicht rückläufig sind, so bleiben doch die auffälligen Niveau-Unterschiede bestehen. Im Jahr 2010 äußerten sich 8 % der Kinder aus der Oberschicht, 10 % der Kinder aus der oberen Mittelschicht, 9 % der Kinder aus der Mittelschicht, 10 % der Kinder aus der unteren Mittelschicht und 30 % der

Abb. 6.15 **Lebenszufriedenheit und Selbstbestimmungsmöglichkeiten im Alltag**

»Wie zufrieden bist Du insgesamt mit Deinem Leben?«

Basis: Kinder im Alter von 6 bis 11 Jahren in Deutschland (Angaben in %)[1]

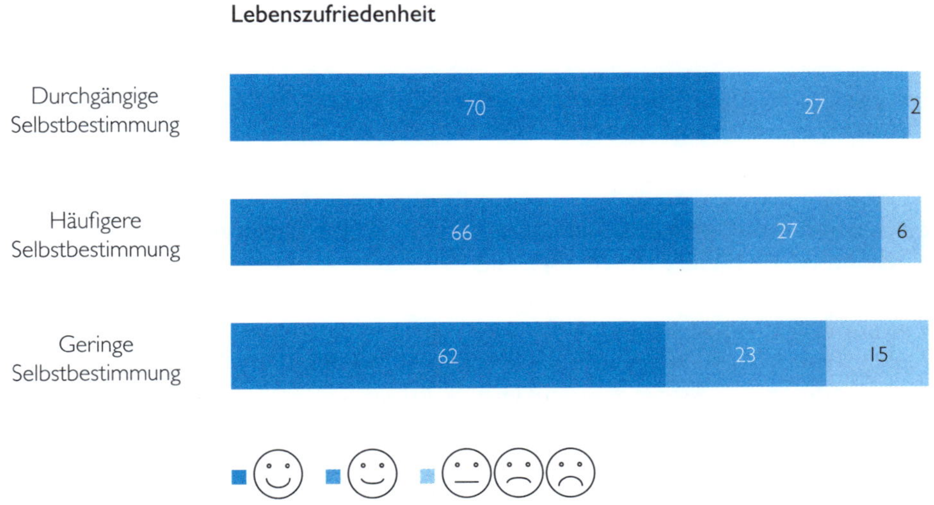

[1] Fehlend zu 100 % = »Weiß nicht«/»keine Angabe«

Kinder aus der unteren Schicht neutral bis negativ. De facto hat sich daran, dass Kinder in Deutschland, wenn sie aus der unteren Herkunftsschicht kommen, ganz offensichtlich eine für sie deutlich andere Lebenswirklichkeit beschreiben, bis heute nichts verändert.

Nimmt man noch einmal auf die Selbst- und Mitbestimmung im Alltag der Kinder Bezug, so wird auch hier der Zusammenhang mit der Lebenszufriedenheit deutlich. Nur 2 % der Kinder mit durchgängigen Selbstbestimmungsmöglichkeiten zeigen sich nicht zufrieden mit ihrem Leben (Lebenszufriedenheit neutral bis negativ), bei Kindern mit geringen Selbstbestimmungsmöglichkeiten sind es hingegen 15 %. Der Anteil der Kinder, die hier »sehr zufrieden« angeben, ist hier mit 62 % ebenfalls geringer (Abb. 6.15).

Selbstbestimmte Kinder, denen im Alltag so gut wie durchgängig Mitbestimmungsmöglichkeiten gewährt werden, beschreiben sich durchweg als kompetenter und auch als zufriedener. Eigene Gestaltungsmöglichkeiten und das damit verbundene Einüben und Erlernen von Selbständigkeit und Selbstverantwortung wirken vor diesem Hintergrund als Schlüssel, der es den Kindern ermöglicht, die Anforderungen im Alltag besser zu bewältigen. Selbstbestimmung macht Kinder stark und fördert gleichzeitig deren soziale Kompetenz im Miteinander. Dafür brauchen Kinder sowohl Anregungen, als auch Rahmenbedingungen, innerhalb derer sie sich selbst entfalten können.

Monika Pupeter/Ulrich Schneekloth/Sabine Andresen

7 Kinder und Armut: Spürbare Benachteiligungen im Alltag

Kinderarmut ist ein Thema das auf der politischen Agenda in Deutschland nach wie vor einen hohen Stellenwert einnimmt. So befasst sich auch der aktuelle Armuts- und Reichtumsbericht umfassend mit der Armut von Kindern (BMAS 2017a). Armut wird hierbei, gestützt auf die Befunde in der Forschung, als Problemstellung begriffen, die Kindern (sowie deren Familien) die Möglichkeit zur angemessenen Teilhabe an dem, was die Gesellschaft an Chancen und Perspektiven bietet, verbaut. Es geht von daher sowohl um finanzielle Notlagen, die den Alltag der Kinder entbehrungsreich machen, als auch um weitere Dimensionen, so zum Beispiel Bildung, Wohnen, Gesundheit oder auch der Mangel an Sicherheit und das Erleben von Gewalt. Besonders brisant ist, dass die Kinder selber in der Regel unverschuldet in diese prekäre Lage gekommen sind und darüber hinaus über keine eigenen Möglichkeiten verfügen, dieser zu entkommen. Bei der Kinderarmut wird folglich die strukturelle Abhängigkeit von dem Status, vor allem dem Bildungs- und Erwerbsstatus der Eltern und dem Einkommen der Familie besonders deutlich.

Zur empirischen Operationalisierung von Armut werden vor dem Hintergrund der jeweils verfügbaren Datenbestände verschiedene Konzepte herangezogen. Gängig in der Armuts- und Reichtumsberichterstattung in Deutschland sind: die relative Einkommensarmut (Armutsrisikoquote), die materielle Deprivation sowie die Berechtigung zum Bezug von Leistungen zur Sicherung des notwendigen Lebensunterhaltes (siehe dazu WD 2016a; WD 2016b).

Relative Einkommensarmut

Ein gängiger Maßstab ist die relative Einkommensarmut. Gemessen wird dabei die relative Armutsrisikoquote, also der Anteil der Kinder und Jugendlichen, die in Haushalten leben, die über weniger als 60 % des durchschnittlichen Nettoeinkommens aller Haushalte in Deutschland verfügen. Die Armutsrisikoquote ist der prozentuale Anteil der in diesem Sinne armutsgefährdeten Personen an der jeweiligen Bevölkerungsgruppe. Das Maß zur Berechnung von »Einkommensarmut« ist damit relativ und wird im Vergleich zum jährlich verfügbaren Einkommen aller privaten Haushalte bestimmt: in diesem Fall über die Setzung 60 % des verfügbaren Nettomedianeinkommens. Die Armutsrisikoquote für Kinder (unter 18 Jahren) liegt in Deutschland aktuell je nach Datenquelle im Bereich zwischen 15 % und 21 % und damit etwa 4 bis 6 Prozentpunkte oberhalb der Quote der Gesamtbevölkerung. (Datenquelle SOEP 2014: unter 18 Jahre 21,1 %, insgesamt 15,8 %. Datenquelle Mikrozensus

2015: unter 18 Jahre 19,7 %, insgesamt 15,7 %. Datenquelle EU-SILC 2014: unter 18 Jahren 14,6 %, insgesamt 16,7 %. Alle Angaben nach BMAS 2017b.)

Die abweichenden Anteile erklären sich dadurch, dass die Nettoeinkommen in den Studien unterschiedlich erhoben werden. Hinzu kommen stichprobenbedingte Effekte. In der Armuts- und Reichtumsberichterstattung wie zuletzt im 5. Armuts- und Reichtumsbericht werden von daher unterschiedliche Quoten benannt. Während die Quoten in den letzten zehn Jahren je nach Datenquelle eher schwankend waren oder nur leicht angestiegen sind, zeichnet sich in der jüngeren Vergangenheit bei der Armutsrisikoquote von Kindern vor allem seit 2015 ein wieder stärkerer Anstieg ab. Am deutlichsten bringt dies zur Zeit der Mikrozensus zum Ausdruck. Laut WSI-Verteilungsmonitor ist die relative Armutsquote von Kindern unter 18 Jahren gemäß Mikrozensus von 19 % im Jahr 2014 auf 19,7 % im Jahr 2015 und dann 20,3 % im Jahr 2016 angestiegen, was vor allen Dingen auf den verstärkten Zuzug von minderjährigen Geflüchteten insbesondere im Jahr 2015 zurückzuführen sei (WSI 2017).

Materielle Deprivation

Sich basale Dinge für das Leben nicht leisten zu können, hierauf zielt der Begriff der materiellen Deprivation. In der sozialwissenschaftlichen Forschung wird häufig anhand einer Liste ermittelt, welche Dinge fürs tägliche Leben dem Haushalt zur Verfügung stehen. Laut EU-SILC Erhebung von 2015 können von allen Personen, die mit Kindern im Haushalt leben[26], 4,6 % aus finanziellen Gründen die Wohnung nicht angemessen heizen. Ebenfalls 4,6 % können sich kein Auto leisten. 5,2 % können sich nicht jeden zweiten Tag eine vollwertige Mahlzeit leisten. 6 % können Miete, Hypotheken oder Rechnungen für Versorgungsleistungen nicht (immer) rechtzeitig bezahlen. 20,9 % können sich nicht mindestens eine Woche Urlaub pro Jahr leisten. 32,4 % sind nicht in der Lage, unerwartet anfallende Ausgaben in Höhe von mindestens 900 Euro zu bestreiten (Statistisches Bundesamt 2017d).

Kinder im SGB II Bezug

Die hier verwendete Definition bezieht sich auf die Berechtigung zum Bezug von sozialen Transferleistungen, die im Falle einer finanziellen Bedürftigkeit zur Sicherung des Lebensunterhalts dienen. Als arm gelten in diesem Fall Kinder, die in einer Bedarfsgemeinschaften leben, die berechtigt ist, Leistungen nach dem Sozialgesetzbuch Zweites Buch – Grundsicherung für Arbeitsuchende (SGB II/ Hartz IV) zu erhalten. Bezogen auf das Jahr 2016 erhielten 14,1 % der Kinder bis unter 18 Jahren diese sogenannten Hartz IV Leistungen: im Westen (alte Bundesländer) 12,9 % und im Osten (neue Bundesländer) 19,6 %.[27] Im Vergleich zum Jahr 2011 ist der Anteil der Kinder mit Bezug von ALG II Leistungen damit um 1,6 Prozentpunkte angestiegen. Im Westen betrug der Anstieg 2 Prozentpunkte, im Osten ist der Anteil hingegen um 1,2 Prozentpunkte gefallen (Statistik der Bundesagentur für Arbeit 2017).

26 Als Kind zählen Personen unter 18 Jahren sowie Personen zwischen 18 und 24 Jahren, die nicht erwerbstätig oder arbeitsuchend sind und mit mindestens einem Elternteil zusammen leben.

27 Anders als in unserer Kinderstudie wird in dieser Statistik Berlin zum Osten gezählt.

7.1 Armutserleben: Für einen Teil der Kinder harte Wirklichkeit

Den dargestellten Konzepten zur Abgrenzung von Kindern in Armut ist bei aller Unterschiedlichkeit gemein, dass sie aufzeigen können, dass den betroffenen Kindern im Vergleich zur Gesamtbevölkerung weniger Teilhabechancen zur Verfügung stehen. In der Kinderstudie fragen wir deshalb die Kinder nach ihren eigenen Erfahrungen mit Mangel und Armut. Zum einen orientieren wir uns an der von den Kindern wahrgenommenen finanziellen Situation der Familie, zum anderen erfragen wir wichtige Teilhabemöglichkeiten für die Kinder ab. Für die aktuelle Kinderstudie 2018 haben wir die den Kindern hierbei vorgelegten Deprivationsindikatoren noch einmal grundlegend überarbeitet und angepasst. Dabei haben wir darauf geachtet, dass die Erfahrungswelt der Kinder und deren Bedarf angesprochen werden. So umfasst die Liste der Deprivationsindikatoren Statements, die auf die finanzielle Situation in der Familie zielen. Angesprochen werden materielle Grundbedürfnisse (Essen, Kleidung), Bildung (Schulsachen, Klassenfahrten) sowie die Möglichkeiten zur Teilhabe an sozialen Kontakten und der Freizeitgestaltung (eigene Geburtstagfeiern, Vereinsmitgliedschaft, Kino oder Freibad). Die Liste erhebt keinen Anspruch auf Vollständigkeit, soll aber für Kinder relevante Dimensionen von Armut und Entbehrung in den Blick nehmen.

Um das Thema einzuführen, haben wir analog zu den Kinderstudien 2010 und 2013 einige Statements von allen Kindern einstufen lassen (jeweils mit den Antwortmöglichkeiten »eher ja« und »eher nein« bzw. »weiß nicht/keine Angabe«):

- In der Regel esse ich mindestens eine warme Mahlzeit pro Tag.
- In meiner Familie ist das Geld öfter knapp.
- Wir machen pro Jahr mindestens eine Woche Urlaub woanders als zu Hause.
- Wir haben genügend Geld für alles was wir brauchen.

Den Kindern, die beim Statement »Wir haben genügend Geld für alles, was wir brauchen« mit »nein« oder beim Statement »In meiner Familie ist das Geld öfter knapp« mit »ja« geantwortet haben, wurde dann im Anschluss die komplette Liste mit Statements zum Armutserleben vorgelegt (ebenfalls mit den Antwortoptionen »eher ja« und »eher nein« bzw. »weiß nicht/keine Angabe«):

- Weil in meiner Familie das Geld nicht reicht, kann ich so gut wie nie ins Kino oder ins Freibad gehen.
- Manchmal können wir es uns nicht leisten Sachen für die Schule zu kaufen, zum Beispiel Hefte oder Stifte.
- Ich kann keine Freundinnen oder Freunde zu mir nach Hause zum Spielen oder zum Essen einladen.
- Mitmachen in einem Verein oder ein Instrument lernen geht nicht, weil meine Familie das nicht bezahlen kann.
- Meinen Geburtstag können wir aus Geldgründen zu Hause nur selten feiern.
- Ich konnte bei einer Klassenfahrt nicht mitfahren, weil meine Familie das Geld nicht hatte.
- Ab und zu bekommen wir Lebensmittel für umsonst, zum Beispiel von der »Tafel« (einem Stand, an dem man für umsonst Lebensmittel holen kann).
- Im Winter friere ich manchmal, weil ich keine warme Kleidung habe.

Abb. 7.1 **Deprivation und Armutserfahrung aus der Sicht der Kinder**

»Welche der folgenden Aussagen, die ich Dir jetzt vorlese, treffen bei Euch zu Hause eher zu und welche eher nicht zu?« – »trifft eher zu«

Basis: Kinder im Alter von 6 bis 11 Jahren in Deutschland (Angaben in %)

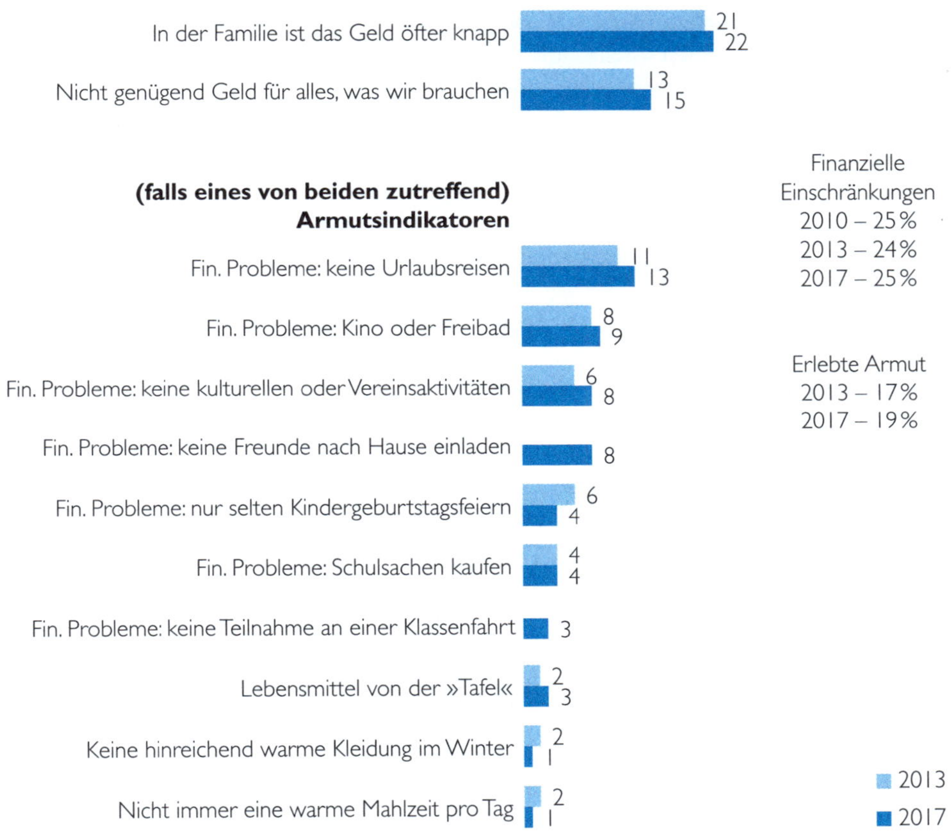

Armut wird in diesem Fall nicht ausschließlich relativ im Vergleich zum durchschnittlichen gesellschaftlichen Einkommen gemessen, sondern konkret anhand der von den Kindern im Alltag erlebten Einschränkungen bei der Teilhabe. Dieses Vorgehen ist wichtig, um deutlich machen zu können, wie Armut den Alltag von Kindern in unserer Gesellschaft mit prägt.

79 % der Kinder haben dem Statement »Wir haben genügend Geld für alles, was wir brauchen« zugestimmt. 15 % haben dies verneint und 6 % haben hier keine Antwort gegeben. Dem Statement »In unserer Familie ist das Geld öfter knapp« haben 22 % der Kinder zugestimmt, 63 % haben dies verneint und 15 % haben keine Antwort gegeben.

Kombiniert man die beiden Einstiegsstatements zur finanziellen Lage (»In unserer Familie ist das Geld öfter knapp: trifft zu« oder »Wir haben genügend Geld für alles was wir brauchen: trifft nicht zu«), so verweist, ähnlich wie bereits 2010 und 2013, auch diesmal wieder ein Viertel der Kinder auf empfundene finanzielle Einschränkungen im Alltag (2017: 25 %, 2013: 24 %, 2010: 25 %).

Die Kinder, die anhand der Eingangsfragen auf finanzielle Einschränkungen verwiesen haben, wurden danach mit weiteren Statements gefragt, ob sie schon einmal konkrete Erfahrungen mit Armut im Alltag gemacht haben (Abb. 7.1). Bezieht man sich an dieser Stelle auf alle Kinder und nicht nur auf die, die über finanzielle Einschränkungen berichtet haben, dann verweisen insgesamt 13 % darauf, dass sie in der Regel aus finanziellen Gründen keine Urlaubsreisen unternehmen können.[28] 9 % geben an, dass sie aus finanziellen Gründen so gut wie nie ins Kino oder ins Freibad gehen können. Bei 8 % können sich die Familien keine Vereinsmitgliedschaft oder sonstige Aktivitäten leisten, wie etwa ein Musikinstrument zu lernen. Ebenfalls 8 % berichten, dass sie keine Freundinnen oder Freunde zu sich nach Hause zum Spielen oder zum Essen einladen können. 4 % sagen, dass sie nur selten Kindergeburtstag feiern können. Ebenso 4 % geben an, dass manchmal nicht genügend Geld da ist, um Sachen für die Schule zu kaufen, zum Beispiel Hefte oder Stifte. 3 % der Kinder konnten aus finanziellen Gründen schon einmal nicht an einer Klassenfahrt teilnehmen. Lebensmittel von der »Tafel« benötigen 3 % der Kinder. Jeweils 1 % berichten, dass es ihnen manchmal im Winter an warmer Kleidung fehlt und dass sie nicht täglich ein warmes Essen erhalten. Die Abweichungen zwischen den Anteilswerten 2013 und 2017 bei einzelnen Indikatoren sind statistisch nicht signifikant. Daraus wird ersichtlich, dass Armut ein hartnäckiger Bestandteil für mindestens ein Fünftel der Kinder in Deutschland ist und bislang keine politische und konjunkturelle Entwicklung dieser etwas entgegengesetzt hat.

Kinder mit »konkretem Armutserleben«

Nimmt man die Armutsindikatoren zusammen, so berichten 19 % aller 6- bis 11-Jährigen, dass sie im Alltag mindestens bei einem der abgefragten Statements entsprechende Erfahrungen in ihrer Familie gemacht haben. Bei dieser Gruppe handelt es sich demnach um Kinder, die in ihrer eigenen subjektiven Wahrnehmung Armut erleben.

Die von uns gewählten Indikatoren beschreiben exemplarisch, dass Kinder, die auf Armutserfahrungen verweisen, im Alltag konkrete materielle Entbehrungen zu spüren bekommen. Bezogen auf Kinder mit konkretem Armutserleben verweisen vier von fünf Kindern auf fehlende Teilhabemöglichkeiten in der Freizeit (Kino oder Freibadbesuche, Freunde nach Hause einladen, Mitgliedschaft im Verein, zu Hause Geburtstag feiern: zusammen 78 %). Zwei von drei benennen, dass sie im Jahr nicht mindestens eine Woche Urlaub woanders als zu Hause machen können (67 %). Etwa bei jedem dritten Kind fehlen finanzielle Mittel, die im Zusammenhang mit dem Schulbesuch erforderlich sind (Sachen für die Schule kaufen, Klassenfahrten: zusammen 32 %). 14 % erhalten Lebensmittel für umsonst von der Tafel, 8 % klagen über fehlende warme Kleidung im Winter und 3 % bekommen nicht mindestens eine warme Mahlzeit pro Tag.

28 Wir prozentuieren an dieser Stelle auf alle Kinder, obwohl wir nur diejenigen, die auf finanzielle Einschränkungen verwiesen haben, zu ihren konkreten Armutserfahrungen befragt haben. Bei der Frage danach, ob die Kinder mehr als eine Woche Urlaub pro Jahr woanders als zu Hause machen, sind hier nur diejenigen mit »nein« ausgewiesen, die gleichzeitig finanzielle Einschränkungen im Alltag benannt haben.

Tab. 7.1 **Kinder mit konkretem Armutserleben, nach Region und Migrationshintergrund**
Basis: Kinder im Alter von 6 bis 11 Jahren in Deutschland (Angaben in %)

Spalten in %	Gesamt	West[1]	Ost	Ohne Migrationshintergrund	Mit Migrationshintergrund
Konkretes Armutserleben	19	18	23	16	24
Ohne Armutserleben	81	82	77	84	76

1 West (inkl. Berlin)

Tab. 7.2 **Kinder mit konkretem Armutserleben, nach Familienformen**
Basis: Kinder im Alter von 6 bis 11 Jahren in Deutschland (Angaben in %)

Spalten in %	Gesamt	Kinder im Haushalt			Familienform	
		1 Kind	2 Kinder	3 u.m. Kinder	2 Elternteile	Alleinerziehend
Konkretes Armutserleben	19	18	15	25	15	35
Ohne Armutserleben	81	82	85	75	85	65

Armutserleben – etwas häufiger im Osten und auch bei Kindern mit Migrationshintergrund: Ausschlaggebend ist eine fehlende Erwerbsbeteiligung der Eltern

Kinder mit konkretem Armutserleben finden sich mit 23 % etwas häufiger im Osten als mit 18 % im Westen (inkl. Berlin). Kinder mit Migrationshintergrund berichten über Armutserleben mit 24 % ebenfalls häufiger als 16 % der Kinder ohne Migrationshintergrund (Tab 7.1). Beides dürfte wenig überraschen, da die durchschnittlichen Einkommen in den neuen Bundesländern nach wie vor niedriger ausfallen als in den alten Ländern. Analoges gilt für Kinder mit Migrationshintergrund, deren Familien ebenfalls im Durchschnitt weniger Einkünfte haben (Statistisches Bundesamt/WZB 2016).

Wie nahezu alle Studien zeigt auch unsere Erhebung, dass zwei Familienformen besonders betroffen und Kinder in diesen Familien strukturell erheblich benachteiligt sind: Kinder, die mit einem alleinerziehenden Elternteil leben, verweisen zu 35 % auf Armutserfahrungen. Kinderreiche Familien haben ebenfalls ein deutlich höheres Armutsrisiko (drei und mehr Kinder im Haushalt: 25 %) (Tab. 7.2).

Ausschlaggebend ist zudem die Erwerbsbeteiligung der Eltern. Ist ein Elternteil oder sind ggf. sogar beide arbeitslos, dann berichten 75 % der Kinder über ein konkretes Armutserleben. Sind hingegen beide Elternteile erwerbstätig (Vollzeit oder auch ein oder beide in Teilzeit), dann verweisen nur 8 % der Kinder darauf. Ist nur einer von zwei Elternteilen erwerbstätig, dann sind es 19 %. Ist der Elternteil alleinerziehend und erwerbstätig, dann steigt der Anteil bei den Kindern auf 28 %. Sind beide Elternteile (oder bei Alleinerziehenden der Elternteil, bei dem das Kind lebt) aus sonstigen Grün-

Abb. 7.2 **Armutserleben und Erwerbsbeteiligung der Eltern**
»Ich bin derzeit/mein Partner/meine Partnerin ist derzeit ...« (Elternauskunft)
Basis: Kinder im Alter von 6 bis 11 Jahren in Deutschland (Angaben in %)

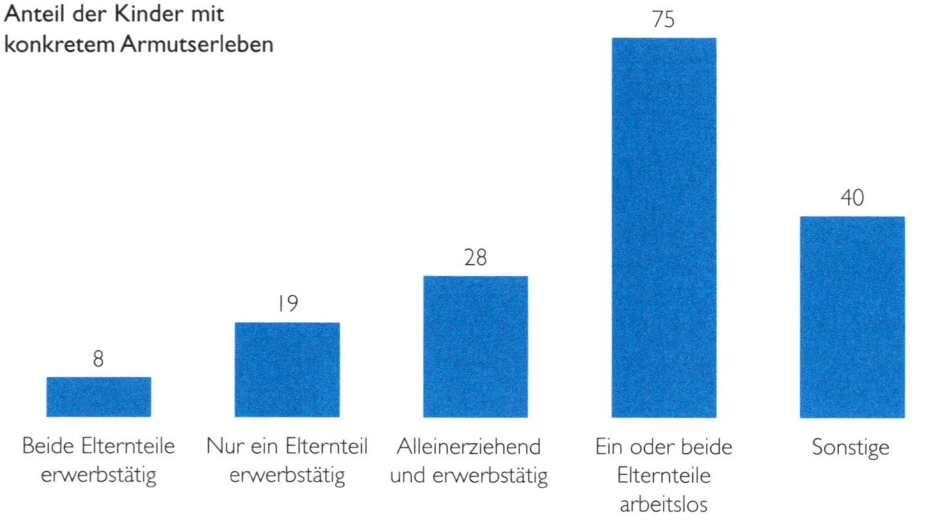

den nicht erwerbstätig oder atypisch, zum Beispiel nur geringfügig beschäftigt, dann berichten 40 % der Kinder über Armutserleben (Abb. 7.2).

Die Ergebnisse der World Vision Kinderstudie zu den Risikofaktoren für Kinder in Deutschland in Armut zu geraten, decken sich mit den Befunden, die auch im Rahmen der Armutsforschung ermittelt wurden. Bemerkenswerterweise stimmen auch die quantitativen Ausprägungen, die wir an dieser Stelle auf Basis der Selbstauskünfte der Kinder ermittelt haben, vergleichsweise gut mit den Angaben zu den relativen Armutsrisiken von Kindern überein, die anhand der differenzierten Erfassung von Nettoäquivalenzeinkommen in privaten Haushalten ermittelt werden. Laut dem 5. Armuts- und Reichtumsbericht der Bundesregierung liegt das Armutsrisiko von Kindern unter 18 Jahren, sprich der Anteil der Kinder, die in einkommensarmen Haushalten leben, gemäß Mikrozensus bei knapp 20 %. Bei Kindern, bei denen in der Familie kein Elternteil erwerbstätig ist, beträgt das Risiko 64 %. Bei einem in Vollzeit erwerbstätigen Elternteil fällt die Quote für Kinder deutlich auf etwa 15 %. Sind beide Elternteile erwerbstätig und arbeitet ein Elternteil Vollzeit, sinkt das Armutsrisiko der Kinder auf 5 % (BMAS 2017b).

7.2 Lebenswirklichkeit von Kindern in Armut

Wie sieht der Alltag für Kinder aus, die Entbehrungen im Alltag erleiden? Aus welchen Familien stammen sie? Was erwarten Sie von der Schule? Was tun sie in ihrer Freizeit? In diesem Abschnitt wollen wir die Gruppe der Kinder, die auf konkrete materielle Entbehrungen verweisen, genauer ansehen und ihre Situation im Vergleich zu »den Anderen« betrachten, also zu Kindern, die keine Erfahrung mit Mangel in ihrem alltäglichen Leben haben.

Konkretes Armutserleben geht bei Kindern mit Defiziten in der elterlichen Zuwendung einher

Kinder mit konkretem Armutserleben kommen, wie gerade dargestellt, etwas häufiger aus Familien, die in den neuen Bundesländern leben oder die einen Migrationshintergrund haben. Ebenfalls etwas häufiger handelt es sich um Mehr-Kind-Familien mit drei oder mehr Kindern. Fast schon ein »Alleinstellungsmerkmal« ist die Familienform: Jedes dritte Kind mit Armutserleben (35 %) wächst bei einem alleinerziehenden Elternteil auf. Bei den Kindern ohne Armutserleben trifft dies nur für 14 % zu.

Zentral für ein Armutsrisiko ist eine fehlende Erwerbsbeteiligung der Eltern. Ebenfalls jedes dritte Kind, das über konkrete Armutserfahrungen berichtet, lebt entweder in einem Elternhaus, das von Arbeitslosigkeit betroffen ist (21 %) oder bei dem die Eltern oder ggf. der alleinerziehende Elternteil aus sonstigen Gründen nicht erwerbstätig ist (11 %). Weitere 18 % leben mit einem (häufig in Teilzeit) erwerbstätigen, alleinerziehenden Elternteil im Haushalt. Bei 28 % ist ein Elternteil erwerbstätig und bei weiteren 21 % sind es beide.

Bei den Kindern ohne Armutserleben lebt hingegen mehr als jedes zweite Kind (56 %) mit Eltern zusammen, die beide (Vollzeit oder Teilzeit) erwerbstätig sind. Bei weiteren 28 % ist ein Elternteil erwerbstätig (in der Regel in Vollzeit). Alleinerziehend und erwerbstätig trifft hier für 11 % der Kinder zu, bei 2 % ist gegebenenfalls ein Elternteil von Arbeitslosigkeit betroffen und bei weiteren 4 % sind die Eltern oder der alleinerziehende Elternteil aus sonstigen Gründen nicht erwerbstätig.

Bemerkenswerterweise klagen Kinder mit konkretem Armutserleben zu 18 % über ein Zuwendungsdefizit (beide Elternteile haben zu wenig Zeit oder aber ein Elternteil hat zu wenig Zeit, das andere mal so, mal so) und weitere 11 % über ein Defizit zumindest bei einem Elternteil (Ein Elternteil hat zu wenig Zeit, das andere hat genügend Zeit (vgl. Kap. 2).

Bei Kindern ohne Armutserleben trifft ein Zuwendungsdefizit, trotz der hier deutlich höheren Erwerbsbeteiligung der Eltern, nur auf 9 % zu und ein Defizit bezüglich eines Elternteils auf weitere 6 % (Abb. 7.3).

Dieser Befund ist bedrückend, denn er verweist darauf, dass sich die vielfältigen Belastungen von Eltern in Armutslagen auf die Beziehung zu ihren Kindern auswirken kann. Elternarmutsstudien zeigen, wie Mütter und Väter damit ringen, ihren Kindern ein gutes Leben zu ermöglichen, aber im Alltag große Hürden überwinden müssen (Andresen/Galic 2015). Eine ihrer Sorgen ist die emotionale Belastung der Kinder durch den Mangel in der Familie und die in bestimmten Phasen fehlende emotionale Kraft und Zuversicht der Eltern. Dies verschärft sich, wenn Erkrankungen hinzu kommen. Erst jüngst hat der Paritätische Wohlfahrtsverband

Abb. 7.3 **Zuwendungsdefizit und Armutserleben**

»Findest Du, dass Deine Mutter/Vater ausreichend Zeit für Dich hat?«

Basis: Kinder im Alter von 6 bis 11 Jahren in Deutschland (Angaben in %)

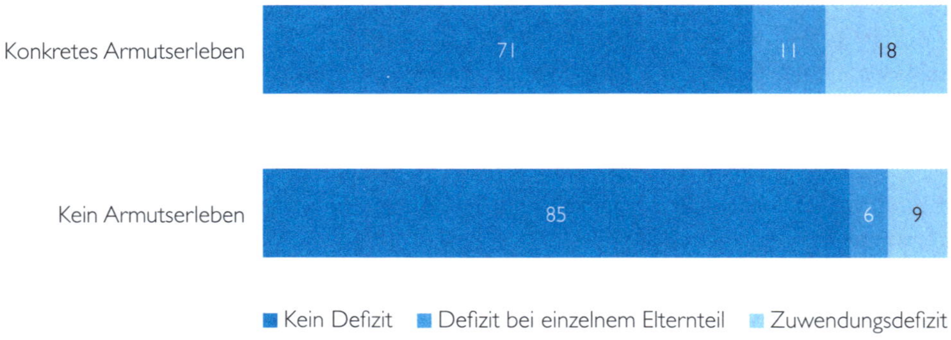

aufgezeigt, dass Gesundheit durch Armut erheblich eingschränkt ist (Lampert/Rosenbrock 2017). Erschöpfung aufgrund von Armutserleben kann sich folglich auf die konkrete Zuwendung ebenso wie auf die von Kindern empfundene Qualität der Zuwendung auswirken.

Deutlich wird an dieser Stelle aber auch, dass eine hinreichende Erwerbsbeteiligung der Eltern nicht nur eine wesentliche Voraussetzung für angemessene Teilhabechancen der Kindern ist, sondern darüber hinaus auch nicht im Widerspruch zu einer angemessenen elterlichen Zuwendung steht. Die von uns befragten Kinder erscheinen an dieser Stelle ausgesprochen realistisch. Das Empfinden, dass sich die Eltern angemessen um sie kümmern können, korreliert damit, dass die Familie auch über angemessene (finanzielle) Ressourcen verfügen muss und somit keine armutsbedingten materiellen Entbehrungen den Alltag kennzeichnen. Wie in Kapitel 2 ausgeführt gilt generell, dass eine Erwerbstätigkeit beider Elternteile nicht mit spürbar größeren Zuwendungsdefiziten einhergeht. Dies spricht in diesem Kontext dafür, dass eine Armutslage zu deutlich größeren Spannungen in der Familie führt, als dies bei einer Erwerbsbeteiligung gegebenenfalls beider Elternteile der Fall wäre.

Konkretes Armutserleben geht ebenfalls mit einem geringeren Selbstvertrauen in die Schulleistung und mit einer geringeren Bildungsaspiration einher

Auch das Selbstvertrauen in ihre Schulleistungen ist bei Kindern in Armut nicht so ausgeprägt wie bei Kindern ohne Armutserfahrung. 17 % der Kinder mit konkretem Armutserleben sagen über sich selbst, dass sie überhaupt nicht gute oder nicht so gute Schülerinnen oder Schüler sind (Kinder ohne Armutserleben: 3 %). 41 % halten sich für mittelgut (Kinder ohne Armutserleben: 31 %) und nur 40 % für gute oder sehr gute Schülerinnen oder Schüler (Kinder ohne Armutserleben: 64 %).

Analoges gilt für die Bildungsaspiration, an dieser Stelle durch die Frage definiert, auf welche weiterführende Schule

Abb. 7.4 **Bildungsaspiration und Armutserleben**

»Auf welche weiterführende Schule möchtest Du später gerne gehen?«/»Welchen Schulabschluss möchtest Du später erreichen?«

Basis: Kinder im Alter von 6 bis 11 Jahren in Deutschland (Angaben in %)[1]

[1] Fehlend zu 100% = »Keine Angabe«

man später gehen möchte (Schülerinnen und Schüler bis zur 4. Klasse) oder welchen Schulabschluss man erreichen möchte (Schülerinnen und Schüler ab der 5. Klasse). Hier geben 29 % der Kinder mit Armutserleben an, dass sie das Gymnasium/das Abitur anstreben. 38 % verweisen auf die Realschule (10. Klasse)/die mittlere Reife und 11 % auf eine Mittelschule oder ähnliches (ehem. Hauptschule)/einen Abschluss nach der 9. Klasse. 23 % sind unschlüssig. Kinder ohne Armutserfahrung streben hingegen zu 51 % das Gymnasium/das Abitur an, 22 % die Realschule/die mittlere Reife und nur 4 % benennen eine Mittelschule/einen Abschluss nach der 9. Klasse. Unschlüssig sind auch hier 23 % der Kinder ohne Armutserfahrung (Abb. 7.4).

Darüber hinaus sind Kinder mit konkretem Armutserleben gegenüber Kindern ohne Armutserleben auch im Bereich Schule materiell benachteiligt. Etwa jedes vierte Kind, das über Armutserfahrungen berichtet (23 %), benennt, dass es sich die Familie nicht immer leisten kann, benötigte Sachen für die Schule zu kaufen (Hefte, Stifte etc.). Fast jedes fünfte Kind (18 %) meint, dass es schon mal bei einer Klassenfahrt nicht mitfahren konnte, weil die Familie hierfür nicht das benötigte Geld hatte.

14 % der Kinder mit Armutserleben verfügen über kein eigenes Kinderzimmer (alleine oder auch zusammen mit einem Geschwister). In der Folge verweisen 11 % der Kinder mit konkretem Armutserleben im Vergleich zu 3 % derjenigen ohne Armutserleben darauf, dass sie zu Hause keinen Platz haben, wo sie ungestört Hausaufgaben machen können (Tab. 7.3).

Die von uns an diesen Stellen abgefragten Sachverhalte sind basal. Fehlende finanzielle Möglichkeiten, die das schulische Lernen und damit den grundlegenden Schulerfolg unmittelbar einschränken, sind für einen modernen Sozialstaat,

Tab. 7.3 **Häusliche Ressourcen: Eigenes Kinderzimmer und ein ungestörter Platz zum Hausaufgaben machen**

Basis: Kinder im Alter von 6 bis 11 Jahren in Deutschland (Angaben in %)

Spalten in %	Gesamt	Mit konkretem Armutserleben	Ohne Armutserleben
Eigenes Kinderzimmer			
Ja, für mich allein	80	60	85
Ja, mit meinem(n) Geschwister(n)	15	26	13
Nein	5	14	2
Weiß nicht/keine Angabe	–	–	–
Geeigneter Platz zum ungestörten Hausaufgaben machen			
Ja	95	89	97
Nein	5	11	3
Weiß nicht/keine Angabe	–	–	–

der sich zu einem aus den Grundrechten abgeleiteten Recht auf Bildung bekennt, inakzeptabel [vgl. dazu auch (UNICEF Deutschland o.J.) Artikel 28 – Recht auf Bildung; Schule; Berufsausbildung der UN-Kinderrechtskonvention].

Die konstatierte schlechtere schulische Selbsteinschätzung bei Kindern mit Armutserleben dürfte aber über diese unmittelbaren Mangelerfahrungen weit hinausgehen. Armut führt generell zum Ausschluss bei Dingen, die als gesellschaftlich üblich und damit als voraussetzungsfrei betrachtet werden. Auch wenn die Klassenfahrt finanziert und wenn sichergestellt wird, dass die Kinder ihre Schulhefte bezahlen können, ändert dies nichts daran, dass es Kindern in Armut aufgrund ihrer Lebenslage im Vergleich zu anderen Kindern auch bei einem vergleichbaren kognitiven Potenzial trotzdem schwerer fällt, schulische Leistungen zu erbringen.

Eine weitere Ursache insbesondere für die geringere Bildungsaspiration dürfte vor allem darin zu finden sein, dass Kinder mit konkretem Armutserleben mehrheitlich aus bildungsferneren Herkunftsfamilien kommen. Bei Kindern ohne Armutserleben stellt sich dies hingegen gegenteilig dar.

Bei 6 % der Kinder mit Armutserleben haben die Väter und bei ebenfalls 6 % die Mütter selber keinen Schulabschluss. 47 % der Väter und 37 % der Mütter haben einen Hauptschulabschluss (8. oder 9. Klasse). Über einen Abschluss der 10. Klasse verfügen 27 % der Väter und 39 % der Mütter. Abitur oder FH-Reife haben 20 % der Väter und 18 % der Mütter.

Bei Kindern ohne Armutserfahrung verfügen nur 1 % der Väter oder der Mütter über keinen Schulabschluss. Einen Hauptschulabschluss (8. oder 9. Klasse) haben hier 18 % der Väter und 14 % der Mütter. Über einen Abschluss der 10. Klasse verfügen 32 % der Väter und 42 % der Mütter. Abitur oder FH-Reife haben hingegen 49 % der Väter und 43 % der Mütter.

Sichtbar wird auch an dieser Stelle wieder die Wechselwirkung: Kinder, die in Armut leben, sind benachteiligt, weil ihnen notwendige Ressourcen fehlen

Abb. 7.5 **Freizeittyp und Armutserleben**

»Nun zum Thema Freizeit und Freunde. Welche von den Dingen, die ich Dir jetzt gleich vorlese, machst Du in Deiner Freizeit nie oder fast nie, welche manchmal und welche sehr oft?«

Basis: Kinder im Alter von 6 bis 11 Jahren in Deutschland (Angaben in %)

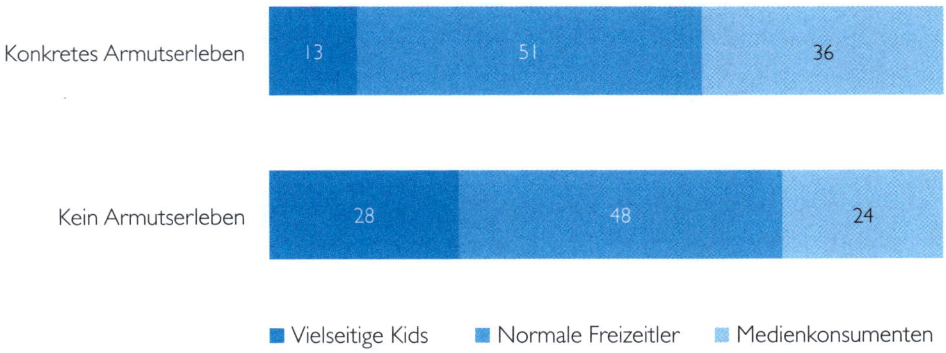

[1] Fehlend zu 100% = »Weiß nicht«/»keine Angabe«

und weil von daher ihr Alltag weitaus schwieriger zu bewältigen ist. In Armut leben sie deshalb, weil sie in der Regel aus bildungsferneren Familien aus den unteren sozialen Herkunftsschichten stammen, was wiederum die Chancen auf gehobene oder höhere Bildung nachhaltig verschlechtert (Wissenschaftlicher Beirat für Familienfragen 2002; Baumert/Stanat/Watermann 2006).

Kinder mit konkretem Armutserleben gehen weniger vielfältigen Freizeitaktivitäten nach und gehören häufiger zu den Medienkonsumenten

Kinder mit erlebter Armut sind in ihren Freizeitaktivitäten deutlich eingeschränkter. Nur 13 % von ihnen zählen zu den Vielseitigen Kids. Diese zeichnen sich, wie in Kapitel 4 dargestellt, dadurch aus, dass sie vielfältigen Freizeitaktivitäten in unterschiedlichen Bereichen nachgehen (Bewegung und Sport, Kultur und Musik, Aktivitäten mit anderen Kindern, Musik hören, Lesen etc.). Kinder mit konkretem Armutserleben gehören hingegen überdurchschnittlich häufig zu den Medienkonsumenten (36 %). Diese gehen in ihrer Freizeit weniger unterschiedlichen Aktivitäten nach und beschäftigen sich deutlich häufiger mit Fernsehen, Video, Filme schauen (YouTube) oder auch mit Computerspielen (Abb. 7.5).

Es fällt auf, dass Kinder mit konkretem Armutserleben deutlich seltener musisch-kulturelle Freizeitaktivitäten benennen. Ein Instrument spielen oder Musik machen von ihnen 11 % sehr oft, 17 % manchmal und 71 % nie. Bei Kindern ohne Armutserleben wird dies von 24 % sehr oft, von 20 % manchmal und von nur 56 % nie berichtet. Ähnliches gilt für Basteln, Malen oder Zeichnen.

Bemerkenswert ist auch, dass nur 41 % der Kinder mit Armutserleben angeben, dass sie sehr oft Sport treiben. 44 %

tun dies manchmal in ihrer Freizeit und 15 % nie. Bei Kindern ohne Armutserleben trifft dies für 56 % sehr oft, für 37 % manchmal und nur bei 7 % nie zu.

Schließlich fällt auf, dass Kinder mit konkretem Armutserleben in ihrer Freizeit auch weniger häufig etwas mit der Familie unternehmen. 15 % tun dies sehr oft, 69 % manchmal und 16 % nie. Für Kinder ohne Armutserleben trifft dies für 32 % sehr oft, für 64 % manchmal und nur bei 4 % nie zu.

Diese Zahlen verdeutlichen, welche Freizeitaktivitäten Kindern in Deutschland üblicherweise möglich sind, und zeigen gleichzeitig den Mangel an Möglichkeiten, die Interessen und Begabungen zu realisieren, wenn Kinder in Armut aufwachsen.

Dazu passt dann auch der nächste Befund, denn im Vergleich werden von Kindern mit Armutserleben folgende Freizeitaktivitäten häufiger benannt: Fernsehen, YouTube, Filme schauen (57 % sehr oft im Vergleich zu 46 % bei Kindern ohne Armutserleben), Computerspiele etc. (30 % sehr oft im Vergleich zu 25 % bei Kindern ohne Armutserleben). Draußen auf der Straße spielen 35 % sehr oft im Vergleich zu 31 % bei Kindern ohne Armutserleben.

Kinder mit konkretem Armutserleben haben im Durchschnitt auch einen kleineren Freundeskreis. Mit 28 % benennen diese Kinder am häufigsten 4 bis 5 Freundinnen oder Freunde. Kinder ohne Armutserfahrungen verweisen hingegen mit 39 % am häufigsten auf 10 oder mehr Freundinnen und Freunde. Hier kommt auch der meist eingeschränkte Wohnraum zum Tragen, denn von Armut Betroffene haben weniger Möglichkeiten, Freunde nach Hause einzuladen.

Das deutlich eingeschränktere Spektrum bei der Freizeitgestaltung dürfte den fehlenden materiellen Ressourcen in der Familie geschuldet sein. Welche Interessen und Vorlieben Eltern bei ihren Kindern zu fördern versuchen, hängt vermutlich auch mit eigenen Erfahrungen und Gewichtungen zusammen. Darum stellt sich auch die Frage, wie Schule und andere pädagogische Einrichtungen für einen Ausgleich sorgen können und über welche Möglichkeiten und Rahmenbedingungen sie verfügen.

Kinder mit konkretem Armutserleben sind deutlich weniger häufig in Vereinen

Diese Einschränkungen zeigen sich auch bei den Vereinszugehörigkeiten oder dem was Kinder außerhalb der Schule machen. Bei fast der Hälfte der Kinder mit Armutserleben geben die Eltern an, dass die Kinder keinem Verein angehören oder bei keiner weiteren Gruppe mitmachen (47 %). Bei Kindern ohne Armutserfahrung trifft dies nur für 19 % zu (Abb. 7.6).

In Musikschulen oder in Tanz- oder Ballettgruppen sind Kinder mit konkretem Armutserleben nur sehr selten vertreten: weniger als jeweils 10 % dieser Kinder nutzen derartige Angebote. Deutlich weniger häufig gehören sie aber auch einem Sportverein an (36 % im Vergleich zu 63 % bei Kindern ohne Armutserleben).

Die weitaus geringere Vereinszugehörigkeit unterstreicht noch einmal, dass Armut bei Kindern mit erheblichen Einschränkungen bei der Teilhabe einhergeht. 41 % der Kinder mit erlebter Armut verweisen unmittelbar darauf, dass sie aufgrund fehlender finanzieller Möglichkeiten in keinem Verein mitmachen oder zum Beispiel ein Instrument lernen können. Hinzu kommen weitere Hinderungsgründe, die sich aus dem Alltag

Abb. 7.6 **Vereinszugehörigkeit und Armutserleben**

»Macht Ihr Kind außerhalb von Familie oder Schule irgendwo mit, in einem Verein, z. B. einem Sportverein, in einer Kindergruppe, in einer Musikgruppe, in der Kirche, beim Natur- oder Tierschutz oder Ähnlichem?« (Elternauskunft)

Basis: Kinder im Alter von 6 bis 11 Jahren in Deutschland (Angaben in %)[1]

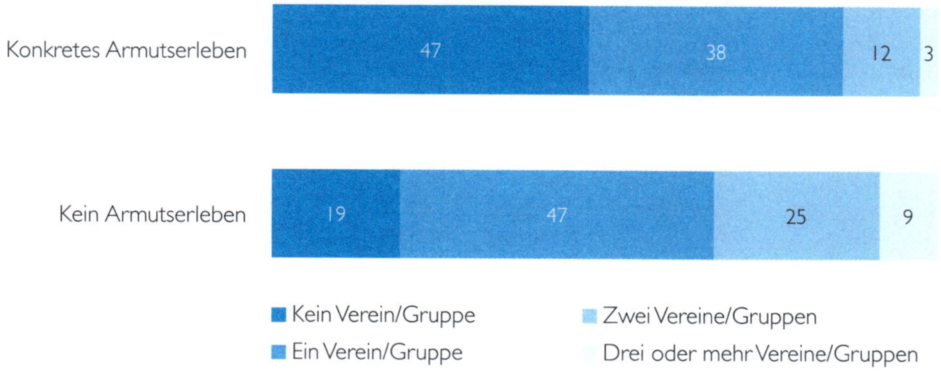

[1] Fehlend zu 100% = »Weiß nicht«/»keine Angabe«

Tab. 7.4 **Wohnumfeld von Kindern mit konkretem und ohne Armutserleben**

Basis: Kinder im Alter von 6 bis 11 Jahren in Deutschland (Angaben in %)

Spalten in %	Gesamt	Mit konkretem Armutserleben	Ohne Armutserleben
Spielplatz oder Wiese fußläufig			
Trifft (eher) zu	90	86	91
Trifft (eher) nicht zu	10	14	9
Weiß nicht/keine Angabe	–	–	–
Zu viel (Auto-)Verkehr			
Trifft (eher) zu	31	45	27
Trifft (eher) nicht zu	68	54	72
Weiß nicht/keine Angabe	1	1	1
Furcht vor aggressiven Jugendlichen oder Erwachsenen aus der Nachbarschaft			
Trifft (eher) zu	19	32	16
Trifft (eher) nicht zu	78	66	81
Weiß nicht/keine Angabe	3	2	3

dieser Kinder ergeben, etwa dann, wenn deren Familien aufgrund ihrer Lebenssituation keine verlässliche Teilnahme absichern können (Wegstrecken, Pünktlichkeit, Vor- und Nachbereitung etc.).

Einen weiteren Einflussfaktor bildet in diesem Zusammenhang das Wohnumfeld (Tab 7.4).

Ein Spielplatz oder eine freie Wiese ist für die (große) Mehrheit der Kinder (90 %) fußläufig zu erreichen. Kinder mit (86 %) und ohne Armutserfahrung (91 %) unterscheiden sich an dieser Stelle nicht übermäßig, wenn man dabei erst einmal mögliche Qualitäts- und Größenaspekte außer Acht lässt. Auffällig ist dann allerdings, dass Kinder mit Armutserleben zu 45 % über zu viel (Auto-)Verkehr im Wohnumfeld klagen. Bei Kindern ohne Armutserfahrungen trifft dies nur für 27 % zu. Sogar noch deutlicher werden die Benachteiligungen, wenn man danach fragt, ob sich die Kinder vor aggressiven Jugendlichen oder Erwachsenen aus der Nachbarschaft fürchten. Dies bejahen mit 32 % doppelt so viele Kinder mit Armutserleben im Vergleich zu 16 % der Kinder ohne Armutserleben. Insbesondere der letzte Aspekt unterstreicht noch einmal, in welchen unterschiedlichen Lebenswelten sich Kinder tagtäglich im Alltag bewegen. Gerade der Mangel an Sicherheit im Wohnumfeld beeinträchtigt das Wohlbefinden von Kindern erheblich.

Kinder mit konkretem Armutserleben fühlen sich häufiger ausgegrenzt und klagen auch häufiger über Mobbing

Als benachteiligt, weil die Eltern nicht so viel Geld haben, fühlen sich 8 % der Kinder mit konkretem Armutserleben »oft« und weitere 36 % »ab und an«. Zusammen genommen sind es damit 44 %, die aufgrund von fehlenden finanziellen Möglichkeiten Benachteiligungen beklagen. Bei Kindern ohne Armutserleben trifft dies nur für 3 % »ab und an« zu. Bemerkenswert an dieser Stelle ist vor allem die Größe des Unterschieds.

28 % der Kinder mit Armutserleben (25 % »ab und zu«, 3 % »oft«) berichten darüber, ausgegrenzt oder schon mal gemobbt worden zu sein (Abb. 7.7). Bei Kindern ohne Armutserleben sind es im Vergleich nur 15 % (14 % »ab und zu«, 1 % »oft«).

Kinder mit konkretem Armutserleben erfahren demnach nicht nur materielle Entbehrungen, sie sind auch in ihrer Teilhabe eingeschränkt und erleben im Alltag Ausgrenzung oder Mobbing häufiger als Kinder ohne Armutserleben. Die materielle Benachteiligung wirkt also weiter in das soziale Leben der Kinder und begrenzt ihre Entfaltungsmöglichkeiten stark.

Fasst man die Beschreibung der Kinder in Armut zusammen, zeigt sich, dass sie in nahezu allen Lebensbereichen benachteiligt sind. Sie haben nicht die gleichen Chancen auf Teilhabe und Beteiligung wie Kinder ohne Armutserfahrung. Armut gehört auch in einem so reichen Land wie Deutschland trotz der Fülle an familienpolitischen Leistungen (WD 2016b) nach wie vor zur gesellschaftlichen Wirklichkeit.

Um Kindern eine bessere Teilhabe zu ermöglichen, wurde 2011 das sog. Bildungs- und Teilhabepaket eingeführt. Damit wurden Kindern auf Antrag Zuschüsse zu Mittagessen, Sportvereinen, Musikschulen und Klassenfahrten zugänglich gemacht. Diese Leistungen werden jedoch offenbar eher selten genutzt, einerseits aufgrund der komplizierten Beantragung, anderseits weil die Zuschüsse zu niedrig waren und das von den Familien selbst beizusteuernde Geld zum

Abb. 7.7 **Mobbing und Armutserleben**

»Wirst Du ausgegrenzt? Fühlst Du Dich gemobbt?«

Basis: Kinder im Alter von 6 bis 11 Jahren in Deutschland (Angaben in %)[1]

[1] Fehlend zu 100% = »Weiß nicht«/»keine Angabe«

Beispiel für die Musikstunden eben nicht ausreichte (Diekmann 2017). Auch der Bericht zur Evaluation der bundesweiten Inanspruchnahme und Umsetzung der Leistungen für Bildung und Teilhabe verweist auf diese Problematiken (SOFI/IAB 2016).

Der Deutsche Kinderschutzbund bezeichnete das Bildungspaket als »ein Pflaster auf der klaffenden Wunde der Kinder- und Jugendarmut« (Deutscher Kinderschutzbund e.V 2016, S. 6). Stattdessen wird eine niederschwellige und unbürokratische Förderung von Kindern mit Benachteiligung gefordert.

Will man Kinderarmut nachhaltig vermeiden, dann müssen die Möglichkeiten der Eltern zu einer angemessenen Erwerbsbeteiligung gefördert und gestärkt werden, und zwar so, dass das Einkommen auch eine Familie ernährt. Darüber hinaus sind weitere Maßnahmen nötig, die stärker darauf abzielen, den Kindern eine Teilhabe auch unabhängig vom Erwerbsstatus ihrer Eltern zu ermöglichen.

Erforderlich sind zudem verlässliche und auch hinreichend flexible Formen der Kinderbetreuung. Familienpolitik, die auch Familien in Armut stärken will, benötigen insgesamt Geld, Zeit und Infrastruktur.

Ulrich Schneekloth/Sabine Andresen/Sascha Neumann

8 Kinder und Geflüchtete: Wahrnehmung, Einstellungen und Begegnungen

Das Thema Flucht und Asyl hat die gesellschaftspolitische Debatte in Deutschland in der jüngeren Vergangenheit stark beeinflusst. Präsent waren die Bilder über Menschen, die ihre Heimat verlassen und in Europa und insbesondere auch in Deutschland Schutz suchen, in allen Medien. Die Debatte prägte damit den öffentlichen Diskurs bis hinein in den unmittelbaren Alltag der Menschen in Deutschland. Die Diskussionen zu den Ursachen von Flucht und die Fragen der Aufnahme, Unterbringung und Versorgung geflüchteter Menschen wurden relativ schnell von einer Auseinandersetzung mit den Gefährdungen durch Terror und Gewalt vor dem Hintergrund der Anschläge in europäischen Metropolen, wie etwa in Paris, Istanbul, Brüssel, Nizza und dann Ende 2016 auch in Berlin, begleitet.[29] Vor allem die Aufnahme geflüchteter Männer wurde und wird dabei mit dem Risiko assoziiert, dadurch mit Unruhen, sexuellen Übergriffen oder Gewaltausbrüchen in der Gesellschaft konfrontiert zu werden.

Vermutlich hat es in den vergangenen drei Jahren kaum einen Haushalt, kaum eine Runde unter Freundinnen und Freunden oder am Arbeitsplatz gegeben, in dem nicht auch über das Thema Flucht gesprochen wurde. In Vorbereitung unserer Studie sind wir davon ausgegangen, dass auch an Kindern in Deutschland diese gesellschaftliche Thematik nicht vorbeigegangen ist. Ein von uns im Vorfeld durchgeführter Pretest bestätigte diese Einschätzung. Den von uns in diesem Zusammenhang befragten n = 100 Kindern war die Thematik »Flucht und aktueller Zuzug von Menschen, die Schutz suchen«, bekannt und geläufig. Dass hierbei nicht immer trennscharf zwischen »Geflüchteten« und »Migrantinnen und Migranten« unterschieden werden kann, liegt, wie auch die qualitativen Interviews gezeigt haben, in der Natur der Sache und trifft im Übrigen auch nicht nur für Kinder zu (siehe dazu Kap. 10).

In diesem Kapitel stellen wir vor, wie Kinder in unserer Gesellschaft die Zuwanderung und Aufnahme geflüchteter Menschen verstehen und einordnen. Wir haben gefragt, ob sie Kontakte zu geflüchteten Kindern und deren Familien haben, wenn ja, wo sie diese treffen und wie intensiv die Beziehungen sind. Um die Relation noch einmal deutlich zu machen: Etwa 3 % der Kinder in Deutschland haben, wie im Folgenden noch ausgewiesen, selbst Fluchterfahrung. Gemessen an der Präsenz des Themas handelt es sich um eine vergleichsweise geringe Anzahl, die erwarten ließe, dass

29 Vgl. dazu eine aktuelle Übersicht vom 04.06.2017 auf spiegel.de. http://www.spiegel.de/politik/nicht-deutschand/terrorismus-in-europa-eine-chronologie-a-1150645.html (Abruf vom 06.06.2017)

nur sehr wenige Kinder die Gelegenheit zu einem persönlichen Kontakt haben. Unsere Befunde zeichnen hierzu ein differenziertes Bild darüber, wo Kinder in Deutschland geflüchteten Menschen begegnen, wo diese Kontakte entstehen und ob sich daraus gemeinsame Beziehungen entwickeln.

Spannungsreiche Diskurse zwischen »Willkommenskultur« und »Flüchtlingskrise«

Der starke und sprunghaft angestiegene Zuzug von geflüchteten Menschen vor allem im Jahr 2015 hat dazu geführt, dass die Zivilgesellschaft, Behörden und Wohlfahrtseinrichtungen in Deutschland vor der enormen Herausforderung standen, täglich viele erschöpfte, erschütterte, verunsicherte und an Körper und Seele verletzte Menschen an Bahnhöfen und Grenzen aufnehmen und zunächst elementar versorgen zu müssen. In den meisten Bundesländern ging es beispielsweise im Herbst 2015 darum, möglichst vor dem Wintereinbruch feste Unterkünfte anstelle von Zelten zur Verfügung stellen zu können. Damit ging auch die Frage einher, welche Maßnahmen zum Schutz von Kindern und Familien, von allein reisenden Frauen und Jugendlichen getroffen werden mussten. Sehr schnell wurde deutlich, dass ohne die außerordentliche Hilfsbereitschaft vieler Menschen in Deutschland – darunter viele mit Migrationshintergrund – diese ersten Monate des Krisenmanagements nicht bewältigt worden wären. Prägend ist somit durchaus auch im öffentlichen Bild das menschliche Mitgefühl, ausgelöst und bestärkt durch die Notlage, in der sich die schutzsuchenden Menschen befinden, und die Lebensgefahr, die sie auf ihrem Weg nach Europa auf sich nehmen mussten (Karakayali/Kleist 2016; SI-EKD 2017). Der in der gesellschaftlichen Debatte hierfür eingeführte Begriff der »Willkommenskultur« beschreibt diesen Sachverhalt und bringt das Anliegen breiter Kreise der deutschen Zivilgesellschaft, Menschen, die in Not und damit schutzbedürftig sind, zu helfen und sie deshalb willkommen zu heißen, gut auf den Punkt.

Im Zuge der Ereignisse 2015 und 2016 ist aber auch eine andere Seite des politischen Diskurses sichtbar geworden. Hier kamen und kommen Kritik an der Aufnahmebereitschaft, die Angst vor »Überfremdung«, auch die dezidierte Ablehnung der »Anderen« zum Tragen (Zick/Preuß 2016). Auch darüber wurde in den Medien berichtet. Doch unabhängig von manchen oft populistischen und ausgrenzenden Statements hat sich mitunter auch bei den offenen und den sich humanitärer Hilfe verpflichtet fühlenden Bürgerinnen und Bürgern die Sorge vor Überforderung und das Gefühl der Verunsicherung gezeigt. Nicht zuletzt die Diskussionen über unkontrollierte Grenzübertritte, nicht registrierte Menschen, die langen Wartezeiten bei den Dienststellen des Bundesamtes für Migration und Flüchtlinge (BAMF) haben mit zu einem Vertrauensverlust in die Sicherheitslage geführt. Damit sind bis heute die heftig diskutierten Fragen verbunden, wie viele geflüchtete Menschen die Gesellschaft »verkraften« kann, ob Quoten im Zuzug Sicherheit schaffen und welche materiellen Engpässe noch zu überwinden sind. Die Sorgen der Bevölkerung waren aber nicht allein materiell im Sinne einer vermuteten Überforderung des deutschen sozialen Sicherungssystems begründet, sondern stark ideell und affektiv dadurch beeinflusst, dass mit der Zuwanderung auch Gefahren der »Überfremdung« einhergehen. Der Begriff »Flüchtlingskrise«, der sich vor allem für die Jahre 2015 und 2016 eingebürgert hatte, markiert die andere Seite der Betrachtungsweise und stellt vor allen Dingen die Probleme und Schwierigkeiten, die mit dem Zuzug von Schutzsuchenden nach Deutschland verbunden sind, nach vorne. Je nach Betrachtungsweise hebt dieser entweder auf die damit verbundenen und kurzfristig auftretenden Herausforderungen ab oder aber auf den befürchteten Kontrollverlust und die in diesem Kontext geführte polarisierte Debatte.

Begriffliche und rechtliche Aspekte

In der teilweise hoch emotionalisierten Debatte um den Umgang mit geflüchteten Menschen in Deutschland wird nicht immer klar unterschieden, um welche Personengruppen es sich genau handelt. Für die Zwecke unserer Untersuchung ist eine solche Klärung jedoch wichtig, um zu verdeutlichen, welchen Personenkreis wir im Blick hatten, als wir Kinder nach ihren Kontakten, Begegnungen und Erfahrungen mit geflüchteten Menschen befragt haben. Wir schließen dabei an zentrale Begrifflichkeiten an, wie sie vom Bundesministerium für wirtschaftliche Zusammenarbeit folgendermaßen erläutert werden:

»Das Völkerrecht zieht eine klare Trennlinie zwischen Menschen, die aufgrund bestimmter und definierter äußerer Einflüsse zur Flucht gezwungen sind (Flüchtlinge), und Menschen, die aus eigenem Antrieb auf der Suche nach besseren Lebensperspektiven ihr Land verlassen (Migranten). Laut Artikel 1A der Genfer Flüchtlingskonvention ist ein Flüchtling eine Person, die ›aus der begründeten Furcht vor Verfolgung wegen ihrer Rasse, Religion, Nationalität, Zugehörigkeit zu einer bestimmten sozialen Gruppe oder wegen ihrer politischen Überzeugung sich außerhalb des Landes befindet, dessen Staatsangehörigkeit sie besitzt, und den Schutz dieses Landes nicht in Anspruch nehmen kann oder wegen dieser Befürchtungen nicht in Anspruch nehmen will.‹ Ob eine solche Verfolgung vorliegt, wird in einem Asylverfahren festgestellt« (BMZ 2017).

Geflüchtete Menschen, in der öffentlichen Debatte aktuell auch als Schutzsuchende bezeichnet, unterscheiden sich demnach hinsichtlich ihres Zuwanderungsmotivs von Migrantinnen und Migranten. Tatsächlich sind die Grenzen an dieser Stelle aber fließend, je nachdem ob man die subjektive Bewertung der Personen oder aber den im Zuge eines Asylverfahrens zugebilligten Aufenthaltstitel als Legaldefinition hierfür heranzieht.

Des Weiteren muss zwischen ankommenden geflüchteten Menschen und solchen, die in Deutschland einen Antrag auf Asyl gestellt haben, unterschieden werden. Letzteres ist wiederum eine Legaldefinition, die nicht auf alle Menschen zutrifft, die als Geflüchtete in Deutschland angekommen sind oder ankommen.

Nach Auskunft des Bundesministeriums des Inneren sind im Jahr 2015 etwa 890.000 Asyl- und damit Schutzsuchende in Deutschland angekommen. In 2016 hat sich die Zahl dann als Konsequenz der (restriktiven) europäischen Politik, die zur Schließung der sog. Balkanroute geführt hat, vor allem aber im Zuge der mit der Türkei getroffenen Vereinbarungen auf etwa 280.000 verringert (BMI 2017). Auch in den zwei Jahren zuvor war ein leichter Anstieg der Zahl der Asylsuchenden zu vermerken (2013: etwa 125.000, 2014: etwa 200.000, BAMF 2017a).

Kinder stellen einen größeren Teil der Geflüchteten. Bezieht man sich in diesem Fall auf die Asylantragsstatistik, dann waren in 2016 23 % der Antragsteller Kinder im Alter unter 11 Jahren, jünger als 16 Jahre waren zusammengenommen 30,3 % (BAMF 2017a).

In der Regel werden Schutzsuchende in den ersten Monaten nach ihrer Ankunft in Erstaufnahmeeinrichtungen untergebracht, wo sie auch ihren Asylantrag stellen können. Die Zuweisung in eine bestimmte Aufnahmeeinrichtung entscheidet sich nach den aktuellen Kapazitäten. Darüber hinaus spielt es eine Rolle, in welcher Außenstelle des Bundesamtes oder in welchem Ankunftszentrum das jeweilige Herkunftsland der Asylsuchenden bearbeitet wird. Hierbei wird ebenfalls berücksichtigt, ob die Asylbewerber einen Ehepartner oder Kinder haben, die bereits in Deutschland untergebracht sind.

Danach erfolgt im Falle eines Verbleibs in Deutschland eine Weiterverteilung (Anschlussunterbringung) in Gemeinschaftsunterkünfte oder dezentral in Wohnungen. Das im Oktober 2015 in Kraft getretene Asylverfahrensbeschleunigungsgesetz sieht vor, dass Asylsuchende bis zu sechs Monate, im Falle von Asylsuchenden aus sogenannten sicheren Herkunftsstaaten auch bis zum Abschluss ihres Asylverfahrens, in einer Erstaufnahmeeinrichtung leben müssen. Erst im Anschluss daran werden sie auf die Kommunen verteilt (bpb 2016).

Mit einer pro Bundesland vom EDV-System EASY (Erstverteilung der Asylsuchenden) errechneten Aufnahmequote soll sichergestellt werden, dass eine angemessene Unterbringung der Asylbewerber über das Bundesgebiet erfolgt. Nach dem sogenannten »Königsteiner Schlüssel« wird festgelegt, wie viele Asylsuchende ein Bundesland aufnehmen muss. Dies richtet sich nach Steuereinnahmen (zwei Drittel Anteil bei der Bewertung) und der Bevölkerungszahl (ein Drittel Anteil bei der Bewertung). Die Quote wird jährlich neu ermittelt. Im Jahr 2017 hat NRW mit 21,1 % die höchste Quote und Bremen mit 0,95 % die niedrigste Quote an Asylsuchenden aufzunehmen. Knapp 16 % der Asylbewerber werden nach dieser Regelung auf Erstaufnahmeeinrichtungen in den neuen Bundesländer (ohne Berlin), die restlichen 84 % hingegen auf die alten Bundesländer (inklusive Berlin) verteilt (Stand von 2017, BAMF 2017b).

In unserer neuen Kinderstudie interessiert uns, wie die Kinder unserer Altersgruppe die Debatte um den Zuzug von Schutzsuchenden zwischen »Willkommenskultur« und »Flüchtlingskrise« wahrgenommen haben. Welche Erfahrungen haben sie in ihrem Alltag gemacht. Haben sie Kontakte insbesondere zu geflüchteten Kindern? Wie wird der Zuzug bewertet, welche Einstellungen herrschen vor? Und wie ist das Bild, das sich Kinder dazu über unsere Gesellschaft machen? Mit diesen Fragen knüpfen wir auch an die kindheitstheoretische Dimension der Thematik an (vgl. Kap. 1): Wie blicken hierzulande lebende Kinder auf Kinder, die sich in einer offensichtlich anderen Lebenslage befinden, mithin eine von ihrer eigenen Kindheit abweichende Kindheit erleben. Wie unterscheiden sich Interaktionen, Erlebnisse und Einstellungen in Abhängigkeit von der Lebenssituation, in der die hierzulande lebenden Kinder sich selbst gerade befinden? Diese Fragen stehen im Zentrum des Untersuchungsinteresses dieses Kapitels.

Im Zeitraum von 2015 bis Mitte 2017 dürften etwa 1,35 Millionen Geflüchtete in Deutschland angekommen sein,[30] davon die große Mehrheit im Jahr 2015. Bereits seit 2016 sind die Zahlen, wie bereits dargestellt, wieder deutlich rückläufig. Bezieht man sich auf die Asylantragsstatistik und hierbei auf den für das Jahr 2016 ausgewiesenen Anteil von 15,7 % Asylantragstellerinnen und -antragstellern im (schulpflichtigen) Alter zwischen 6 und 15 Jahren (BAMF 2017a), so ergibt dies rein rechnerisch eine Zahl von 212.000 geflüchteten Kindern in dieser Altersgruppe. Nimmt man auch die jüngeren Kinder unter 6 Jahren hinzu (weitere 14,6 %, ebd.), so ergibt sich eine Gesamtzahl von etwa 410.000 geflüchteten Kindern, die in diesem Zeitraum nach Deutschland gekommen sind.

Insgesamt leben in Deutschland etwa 7,35 Millionen Kinder im Alter zwischen 6 und 15 Jahren und etwa 11,7 Millionen im Alter unter 16 Jahren (Genesis Online. Stichtag 31.12.2015). Der Anteil der im Zeitraum von 2015 bis Mitte 2017 in Deutschland angekommenen geflüchteten Kinder beträgt demnach um die 3 %. Insgesamt ist der Anteil also vergleichsweise gering.

Geflüchtete im eigenen Wohnumfeld: Immerhin von fast jedem zweiten Kind benannt

In unserer Kinderstudie haben wir zuerst einmal danach gefragt, ob in der Gegend und demnach im (ggf. auch weiteren) Wohnumfeld des Kindes geflüchtete Menschen untergebracht sind.

Zusammengenommen gibt fast jedes zweite Kind (45 %) an, dass geflüchtete Menschen im eigenen Wohnumfeld untergebracht oder zugezogen sind. 20 % verweisen auf Gemeinschaftsunterkünfte und weitere 30 % auf Wohnungen, in denen geflüchtete Menschen leben (Mehrfachantwort möglich). Etwa 15 % sind sich nicht sicher und geben hierzu keine Antwort, während 40 % die Frage mit »Nein« beantworten (Abb. 8.1).

Im Vergleich berichten deutlich häufiger Kinder im Westen über Geflüchtete, die in der Nachbarschaft untergebracht sind oder wohnen (alte Bundesländer inkl. Berlin: 47 %, neue Bundesländer: 36 %).

Keine signifikanten Unterschiede finden sich nach »Stadt/Land« (in Ballungsräumen und Stadtzonen werden etwas häufiger Gemeinschaftsunterkünfte benannt, dafür in Randlagen bzw. im ländlichen Raum etwas häufiger sonstige Wohnungen).

Geflüchtete Menschen, die im eigenen Wohnumfeld/Quartier untergebracht sind, werden deutlich häufiger von Kindern mit konkretem Armutserleben (60 %) und ebenfalls häufiger von Kindern mit Migrationshintergrund (51 %, dabei sogar von 61 % der Kinder ohne deutsche Staatsangehörigkeit) benannt (Tab. 8.1).

Bei Kindern mit Migrationshintergrund mag auch eine möglicherweise eigene sensiblere Wahrnehmung eine Rolle spielen. Der höhere Anteil von Kindern mit konkretem Armutserleben, die über zugezogene geflüchtete Menschen berichten, spricht aber wohl dafür, dass in diesen Quartieren auch tatsächlich häufiger Geflüchtete leben, sowohl in Gemeinschaftsunterkünften, vor allem aber in sonstigen Wohnungen. Die Wahr-

30 Eigene Schätzung laut Asylantragsstatistik des BAMF: Stand Juli 2017, S. 3 (BAMF 2017c)

Abb. 8.1 **Geflüchtete im Wohnumfeld von Kindern**
»Wie ist das bei euch: Wohnen in Deiner Gegend geflüchtete Menschen?«
Basis: Kinder im Alter von 6 bis 11 Jahren in Deutschland (Angaben in %)
(Mehrfachnennungen)

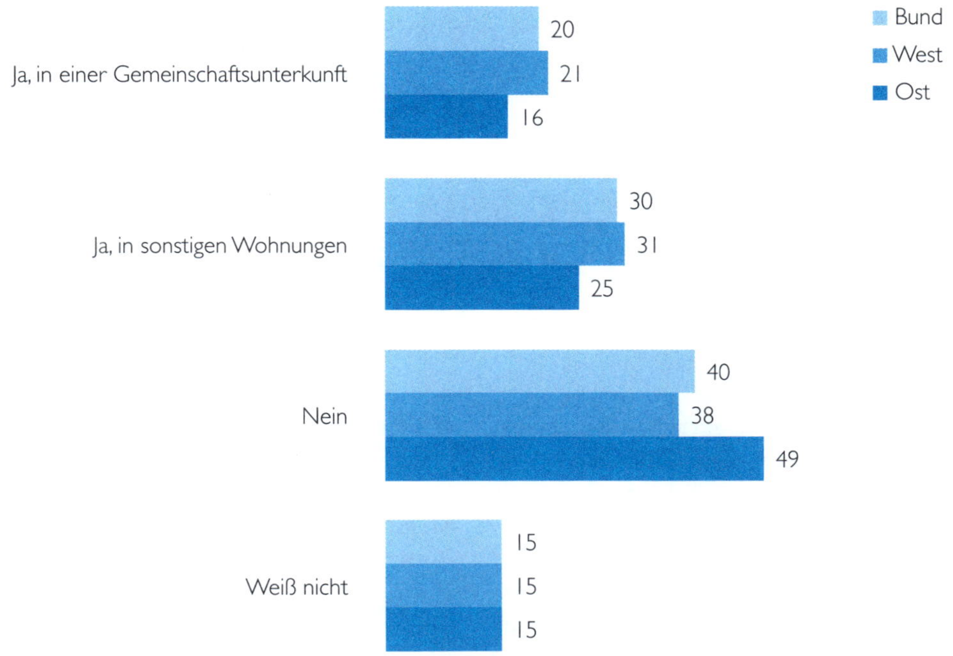

scheinlichkeit, als Kind mit konkretem Armutserleben oder mit Migrationshintergrund geflüchteten Kindern und Familien im eigenen Wohnumfeld zu begegnen, ist also höher. Es ist anzunehmen, dass hier sozialräumliche Segregationseffekte eine wichtige Rolle spielen: Gemeinschaftsunterkünfte sind offenbar eher dort angesiedelt, wo bereits Familien und Kinder mit Migrationshintergrund oder eher niedrigem sozioökonomischen Status leben.

Insgesamt erscheinen die Angaben der Kinder plausibel. Wie bereits dargestellt erfolgt die Verteilung der Geflüchteten bundesweit nach vorgegebenen Quoten, wobei laut »Königsteiner Schlüssel« mehrheitlich Steuereinnahmen der Bundesländer maßgeblich sind. Dies führt dazu, dass relativ mehr Geflüchtete in den alten Bundesländern, also im Westen untergebracht werden. Auch der Verweis auf »sonstige Wohnungen« ist schlüssig. Insbesondere anerkannte Asylbewerber verlassen in der Regel die Sammelunterkünfte und ziehen in eigene Wohnungen oder kommen bei Verwandten oder Freunden unter. Natürlich ist nicht auszuschließen, dass es an dieser Stelle, übrigens nicht nur bei Kindern, auch zu Missverständnissen kommen kann und dass Geflüchtete mit Migrantinnen oder Migranten verwechselt werden, die aus anderen Gründen und ggf. auch schon vor viel längerer Zeit nach Deutschland gekommen sind. Wie bereits angesprochen hat der von

Tab. 8.1 **»Wohnen in Deiner Gegend geflüchtete Menschen?« nach eigenem Armutserleben und nach Migrationshintergrund**

Basis: Kinder im Alter von 6 bis 11 Jahren in Deutschland (Angaben in %) (Mehrfachnennungen)

Spalten in %	Gesamt	Ohne Armutserleben	Mit konkretem Armutserleben	Ohne Migrationshintergrund	Mit Migrationshintergrund
Ja, in einer Gemeinschaftsunterkunft	20	19	24	18	24
Ja, in sonstigen Wohnungen	30	27	42	28	33
Ja, insgesamt	45	41	60	42	51
Nein	40	43	27	42	36
Weiß nicht	15	16	13	16	13

uns im Vorfeld der aktuellen Kinderstudie durchgeführte Pretest hierzu ergeben, dass die Kinder unserer Altersgruppe mit den Begrifflichkeiten »Flucht« und »Geflüchtete« insgesamt gut vertraut sind und dass sie unsere Einleitung in das Thema (»In den letzten zwei Jahren haben viele Menschen ihre Heimat verlassen und sind nach Deutschland geflüchtet, um hier Schutz zu suchen. Darüber ist ja bei uns sehr viel gesprochen worden.«) gut verstanden haben und sich dazu selber auch äußern konnten.

Geflüchtete sind im Alltag von Kindern in Deutschland präsent. Die wichtigste Kontaktgelegenheit stellt für Kinder die Schule dar

Anschließend haben wir gefragt, ob die Kinder schon mal irgendwo geflüchtete Menschen getroffen haben und, wenn ja, wo? Auf diese Weise können die Kinder ermittelt werden, die schon etwas konkretere Erfahrungen mit geflüchteten Menschen jenseits der medialen Berichterstattung gemacht haben. Orte, an denen dies geschieht, stellen somit typische Kontaktgelegenheiten dar, also Orte, an denen Kinder mit geflüchteten Menschen zusammengekommen sind (Abb. 8.2).

Die Kontaktorte sind von uns für die Abfrage bewusst breit aufgefächert worden, um die unterschiedlichen Gelegenheiten, bei denen sich Kinder über geflüchtete Menschen selber ein Bild machen können, nicht von vornherein einzuschränken.[31] Diese Frage darf von daher auch nicht mit der vorab dargestellten verwechselt werden, ob im unmittelbaren Wohnumfeld der Kinder geflüchtete Menschen untergebracht sind.

Als häufigster Ort wird die Schule benannt (Schule/Schulhof: 63 %, eigene Klasse: 41 %). Auch geflüchtete Kinder unterliegen in Deutschland der Schulpflicht, wobei sich die Praxis im Detail zwischen den Bundesländern etwas unterscheiden kann. Grundsätzlich erfolgt

31 Die Liste mit den vorgegebenen Orten ist von uns im vorab durchgeführten Pretest auf hinreichende Differenzierung und Relevanz getestet worden.

Abb. 8.2 **Kontaktgelegenheiten zu Geflüchteten im Alltag**
»Hast Du schon mal irgendwo geflüchtete Kinder oder Erwachsene getroffen? Wo war das?«
Basis: Kinder im Alter von 6 bis 11 Jahren in Deutschland (Angaben in %)

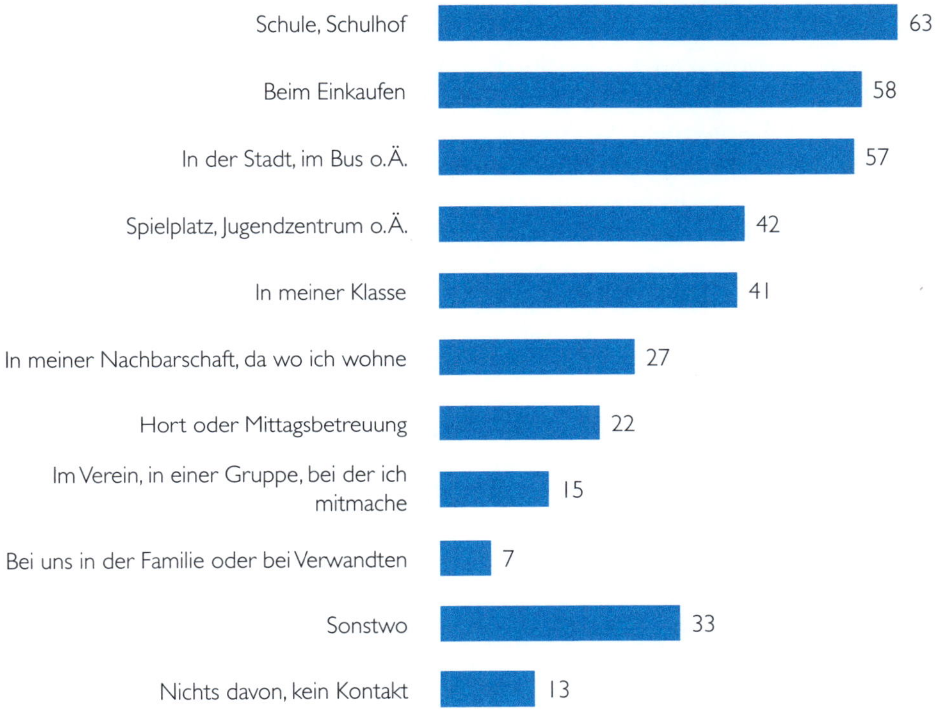

die Einschulung meistens dann, wenn die Kinder die Erstaufnahmeeinrichtung verlassen haben (also nach etwa drei bis sechs Monaten) – auch wenn der Aufenthaltsstatus bis dahin noch nicht geklärt ist. Die Einschulung erfolgt, vor allem im Primarstufenbereich, in der Regel integrativ oder teilintegrativ, flankiert durch spezielle Sprachförderung oder ggf. durch Vorbereitungsklassen (Mercator Institut 2015). Einheimische und geflüchtete Kinder kommen demnach institutionell bedingt vor allem in der Schule und hierbei vorrangig in der Grundschule zusammen. Dieser Befund findet sich von daher auch im qualitativen Teil der Studie, in dem die vertiefend befragten Kinder ebenfalls häufig auf die Schule als Kontaktgelegenheit Bezug nehmen (vgl. Kap. 10).

Auf einen Spielplatz, ein Jugendzentrum o.Ä. verweisen 42 % der Kinder als Kontaktgelegenheit. Eine Hort- oder eine Mittagsbetreuung benennen 22 % der Kinder und weitere 15 % einen Verein oder eine sonstige Gruppe. Letzteres erscheint eher gering. Auch wenn man sich nur auf diejenigen Kinder bezieht, die in einem Verein oder einer sonstigen Gruppe sind (76 %), ergibt sich ein Wert von nur 19 % an Kindern, die dort mit Geflüchteten in Kontakt gekommen sind. 7 % verweisen auf Kontakte in der Familie. Zusammengenommen benennen 74 % der Kinder einen oder mehrere dieser Orte, an denen sich 6- bis 11-Jährige typischerweise treffen, als tatsächliche Kontaktgelegenheiten mit geflüchteten Kindern.

Als weitere relevante Gelegenheiten, bei denen Kinder auf geflüchtete Menschen treffen, werden typische Alltagstreffpunkte benannt: 58 % berichten, schon mal »beim Einkaufen« Geflüchtete getroffen zu haben, weitere 57 % sagen »in der Stadt/im Bus (oder Ähnlichem)«, 27 % verweisen ganz allgemein auf »ihre unmittelbare Nachbarschaft« und weitere 33 % auf »Sonstwo«.

»Nichts davon«, sprich bisher noch keine geflüchteten Menschen getroffen zu haben, geben lediglich 13 % der Kinder an.

Es finden sich diesbezüglich keine Unterschiede zwischen Kindern aus dem Osten und Kindern aus dem Westen. Ähnliches gilt für die siedlungsstrukturelle Verteilung (Stadt/Land).[32] Jüngere Kinder zwischen 6 und 7 Jahren geben etwas häufiger an, bisher noch keine Geflüchteten getroffen zu haben (20 % im Vergleich zu etwa 10 % bei Kindern zwischen 8 und 9 sowie 10 und 11 Jahren). Letzteres gilt für alle von uns abgefragten Bereiche. Auch jüngere Kinder nehmen jedoch Geflüchtete im Alltag in der großen Mehrheit wahr und können darüber berichten.

Festgehalten werden kann, dass bei Kindern in Deutschland Geflüchtete im Alltag präsent sind. Hierdurch ergeben sich (unterschiedliche) Möglichkeiten für Kontakte und damit für konkrete Erfahrungen im Alltag. Ein wichtiges Feld, wo Kontakte zu geflüchteten Kindern geknüpft werden können, stellt die Schule dar. Diese wird nicht nur am häufigsten benannt. Die Schule bietet darüber hinaus auch die Gelegenheit, sich in einem gemeinsamen Kontext aufeinander zu beziehen und sich dadurch genauer kennenzulernen. Weitere Kontaktmöglichkeiten ergeben sich im Wohnumfeld, etwa auf dem Spielplatz oder Ähnlichem, überall dort, wo Kinder miteinander Zeit und ihren Alltag verbringen.

32 Der etwas höhere Anteil von Kindern in sonstigen Stadtzonen oder Verdichtungsräumen im Vergleich zu Ballungsräumen und deren Randlagen sowie im Vergleich zum ländlichen Raum dürfte eher stichprobenbedingt sein und wird deshalb an dieser Stelle vernachlässigt.

8.2 Konkrete Interaktionen: Wer was miteinander macht

Die Frage dazu, ob man »ab und an etwas zusammen macht«, geht einen Schritt weiter und bezieht sich ganz grundsätzlich darauf, inwieweit die Kinder miteinander sozial interagieren. Mit sozialer Interaktion ist das wechselseitige aufeinander Einwirken und der Grad der Kooperation, den Kinder nach ihrem eigenen Selbstverständnis zu geflüchteten Kindern aufbauen können oder aber bereits aufgebaut haben, gemeint. Interaktion ist ein sozialwissenschaftlicher Grundbegriff und wird gemeinhin als Voraussetzung dafür betrachtet, dass Individuen oder sozialen Gruppen miteinander in Kontakt kommen, sich gegenseitig kennen und einschätzen lernen und auch Empathie ausbilden (Joas 2007).

Fragt man die Kinder danach, ob sie im Alltag »ab und an etwas mit geflüchteten Kindern zusammen« machen (Tab. 8.2), so antwortet darauf knapp ein

Tab. 8.2 **»Etwas zusammen mit geflüchteten Kindern machen« nach Altersgruppen und Geschlecht**

Basis: Kinder im Alter von 6 bis 11 Jahren in Deutschland (Angaben in %)

Spalten in %	Gesamt	Mädchen	Jungen	6–7 Jahre	8–9 Jahre	10–11 Jahre
Ja, mache ich	30	28	32	25	33	31
Nein, mache ich nicht	55	58	53	52	55	59
Bisher keine Geflüchteten getroffen	13	12	14	20	11	9
Keine Angabe	2	2	1	3	1	1

Drittel (30 %) mit »Ja«. 55 % antworten mit »Nein«. Die restlichen Kinder hatten entweder bisher keine Kontaktgelegenheiten (13 %) oder können hierzu keine Antwort geben (»Weiß nicht«/»keine Angabe«: 2 %).

Der Anteil von etwa 30 % an Kindern, die »Ja« angeben, erscheint auf den ersten Blick hoch, wenn man bedenkt, dass geflüchtete Kinder nicht mehr als 3 % aller Kinder in Deutschland stellen. Auf der anderen Seite gilt es zu bedenken, dass geflüchtete Kinder über das ganze Bundesgebiet verteilt in Wohngebieten untergebracht sind und dort auch Schulen besuchen, so dass sich recht schnell entsprechende Kontakte zu einheimischen Kindern ergeben können.

Jungen (32 %) verweisen im Vergleich zu Mädchen (28 %) etwas häufiger darauf, etwas zusammen mit geflüchteten Kindern zu machen. Jüngere Kinder geben hingegen, wie bereits dargestellt, etwas häufiger an, dass sie bisher keine geflüchteten Kinder getroffen und von daher keinen Kontakt haben (20 %).

Etwas mit geflüchteten Kinder zusammen machen: Geschieht deutlich häufiger im Westen sowie bei Kindern mit Migrationshintergrund

Auffällig ist, dass mit 32 % deutlich mehr Kinder im Westen (inkl. Berlin) als im Osten (19 %) darüber berichten, zumindest ab und an etwas zusammen zu machen. Zwei von drei Kindern im Osten beantworten diese Frage abschlägig. Darauf, dass sich bisher keine Gelegenheit für Kontakte ergeben habe, verweisen mit 13 % im Westen und 14 % im Osten hingegen in etwa gleiche Anteile. (Abb. 8.3).

Bemerkenswert ist ebenfalls, dass mit 35 % auch häufiger Kinder mit Migrationshintergrund, und dabei sogar 53 % der Kinder ohne deutsche Staatsangehörigkeit, angeben, ab und an etwas mit geflüchteten Kindern zusammen zu machen. Ähnliches gilt mit 39 % für Kinder mit Armutserleben (Tab. 8.3).

Mit 38 % trifft dies auch für Kinder aus der untersten Herkunftsschicht zu. Dies erklärt sich vorrangig dadurch, dass in dieser Schicht der Anteil der Kinder mit Migrationshintergrund sowie der Anteil mit konkretem Armutserleben signifikant höher sind. Bei den Kindern aus den übrigen Schichten finden sich

Abb. 8.3 **Etwas zusammen mit geflüchteten Kindern machen**

»Machst Du ab und an etwas zusammen mit den geflüchteten Kindern?«

Basis: Kinder im Alter von 6 bis 11 Jahren in Deutschland (Angaben in %)[1]

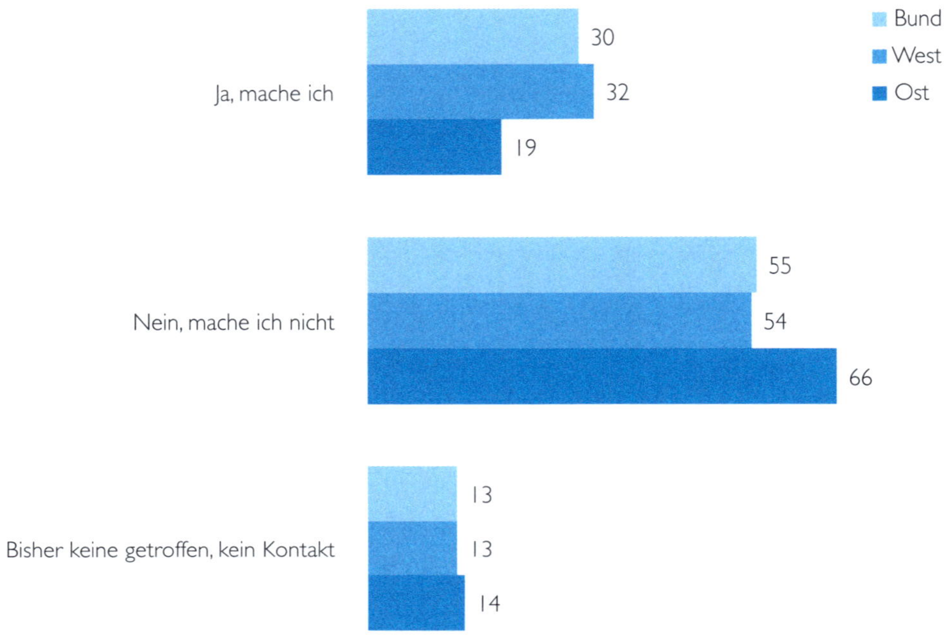

[1] Fehlend zu 100% = »keine Angabe«

hingegen im Zusammenhang betrachtet keine signifikanten Unterschiede.

Ebenfalls keine signifikanten Unterschiede finden sich zwischen Kindern, die in einem Verein oder in einer sonstigen Gruppe sind, und den übrigen Kindern. Hier sind die Anteile etwa gleich hoch.

Als Zwischenfazit kann festgehalten werden, dass einheimische Kinder und Geflüchtete sich dort häufiger aufeinander beziehen, wo räumlich eine größere Nähe besteht, wo man sich im Wohnumfeld trifft und wo man sich gegenseitig kennenlernen kann. Dies gilt generell für Kinder aus dem Westen und außerdem für Kinder mit Armutserleben und Migrationshintergrund, die zudem häufiger darauf verweisen, dass geflüchtete Menschen in ihrem Wohnumfeld untergebracht sind. Wir werden diesen Zusammenhang im weiteren Verlauf noch differenzierter darstellen.

Eine zentrale Voraussetzung hierfür dürfte allerdings darin bestehen, dass für das Zusammenleben auch hinreichende Rahmenbedingungen vorhanden sind. Dies gilt einerseits im Hinblick auf eine geeignete Unterbringung der Geflüchteten innerhalb der Kommune oder des Wohngebiets und andererseits hinsichtlich der Bereitschaft, sich dann auch gegenseitig zu akzeptieren. Der hohe Anteil von Kindern ohne deutsche Staatsangehörigkeit, die deutlich häufiger angeben, etwas mit geflüchteten Kindern zusam-

Tab. 8.3 **»Etwas zusammen mit geflüchteten Kindern machen« nach Armutserleben und Migrationshintergrund**

Basis: Kinder im Alter von 6 bis 11 Jahren in Deutschland (Angaben in %)

Spalten in %	Gesamt	Ohne Armutserleben	Mit konkretem Armutserleben	Ohne Migrationshintergrund	Mit Migrationshintergrund	
					Gesamt	Ohne dt. Staatsangehörigkeit
Ja, mache ich	30	28	39	27	35	53
Nein, mache ich nicht	55	56	53	57	52	41
Bisher keine Geflüchtete getroffen	13	14	7	14	11	6
Keine Angabe	2	2	1	2	2	–

men zu machen, fällt an dieser Stelle besonders auf. Dieser Sachverhalt kann mehrere Gründe haben. Grundsätzlich kann dies natürlich darauf zurückzuführen sein, dass diese Kinder aufgrund des in vielen Fällen gleichen Wohnumfeldes im Alltag eher geflüchteten Kindern begegnen. Eine Rolle könnte auch spielen, dass beide Gruppen über Migrations- oder Minderheitserfahrungen verfügen, die zu einer stärker empfundenen sozialen Nähe führen. Aufgrund unserer Stichprobenzusammensetzung, in der insbesondere Kinder aus arabischen Ländern sowie aus Afrika bei den Kindern ohne deutsche Staatsangehörigkeit überproportional vertreten sind, lässt sich ebenfalls begründet vermuten, dass die größere Interaktionshäufigkeit auch darauf zurückzuführen ist, dass die geflüchteten Kinder häufig einen vergleichbaren Migrationshintergrund aufweisen (Sprache, Religion, kulturelle Bräuche etc.). Kinder mit einem Migrationshintergrund aus arabischen Ländern, aus Afrika oder aus der Türkei berichten – unabhängig von der Staatsangehörigkeit betrachtet – zu 43 % und damit überproportional häufig, dass sie (ab und an) etwas mit geflüchteten Kindern machen. Kinder von Spätaussiedlern oder Migranten aus den Ländern des ehemaligen Jugoslawiens, aus den Ländern der ehemaligen Sowjetunion oder aus dem sonstigen osteuropäischen Raum verweisen hingegen nur zu 32 % auf soziale Interaktionen mit geflüchteten Kindern.

Verständigung untereinander: Hauptsächlich auf Deutsch

Die große Mehrheit der Kinder (85 %), die ab und an etwas zusammen mit geflüchteten Kindern machen, berichtet, sich mit diesen auf Deutsch zu verständigen (Abb. 8.4). 32 % der Kinder mit Migrationshintergrund (und dabei sogar 64 % der Kinder ohne deutsche Staatsangehörigkeit) geben an, dass sie sich in einer anderen Sprache mit geflüchteten Kindern verständigen, während 39 % (sowie 51 % der Kinder ohne deutsche Staatsangehörigkeit) sich »einfach so, ohne Worte« verständlich machen. Kinder ohne Migrationshintergrund sagen hin-

Abb. 8.4 **Wie man sich verständigt**

»Wie verständigt ihr euch?«

Basis: Kinder im Alter von 6 bis 11 Jahren in Deutschland, die ab und an etwas mit geflüchteten Kindern machen (Angaben in %) (Mehrfachnennungen)

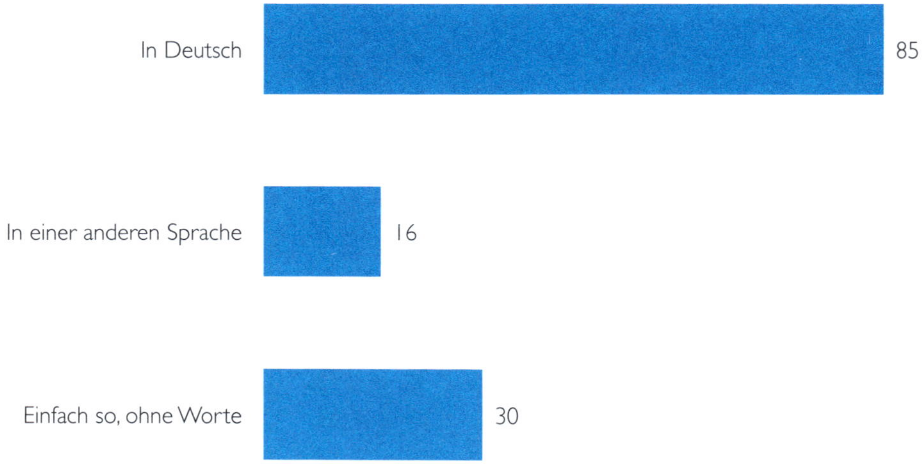

gegen nur zu 5 %, dass sie sich in einer anderen Sprache mit geflüchteten Kindern verständigen, 89 % tun dies auf Deutsch und weitere 24 % »einfach so, ohne Worte« (Mehrfachnennungen möglich).

Mögliche Sprachbarrieren zwischen einheimischen und geflüchteten Kindern wirken sich demnach bei einheimischen Kindern mit Migrationshintergrund weniger stark aus. Letzteres hängt natürlich auch damit zusammen, dass Geflüchtete schneller Kontakt zu Menschen in Deutschland aufbauen können, die aus gleichen Sprachregionen kommen. Der mit 85 % vergleichsweise hohe Anteil an Kindern, die ab und an etwas mit geflüchteten Kindern machen und angeben, sich mit ihnen in Deutsch verständigen, deutet aber an, dass geflüchtete Kinder offenbar recht schnell in der Lage sind, zumindest grundlegende Intentionen in deutscher Sprache zu verstehen oder auch selber zu kommunizieren.

Gelegenheit kann Freunde machen: Auch bei einheimischen und geflüchteten Kindern

Diejenigen Kinder, die ab und an etwas mit geflüchteten Kindern machen, haben wir danach gefragt, ob auch geflüchtete Kinder zu ihrem Freundeskreis gehören (Tab. 8.4). Dies hat die Mehrheit von ihnen bejaht (62 %).

Im Einzelnen finden sich auch hier nach Soziodemografie und Region bestimmte Unterschiede. Analysiert man die Merkmale jedoch im statistischen Zusammenhang, dann lässt sich hierbei nur für Kinder ohne deutsche Staatsangehörigkeit zeigen, dass diese unabhängig von anderen Merkmalen auch statistisch signifikant häufiger angeben, dass geflüchtete Kinder zu ihrem Freundeskreis gehören (73 %). Umgekehrt gilt für Kinder aus der untersten Schicht, dass diese signifikant weniger häufig (52 %)

Tab. 8.4 **Geflüchtete Kinder im Freundeskreis**

Basis: Kinder im Alter von 6 bis 11 Jahren, die ab und an etwas zusammen mit geflüchteten Kindern machen, in Deutschland (Angaben in %)

Spalten in %	Gesamt	Untere Schicht	Untere Mittelschicht	Mittelschicht	Obere Mittelschicht	Oberschicht
Ja	62	52	65	66	66	58
Nein	35	42	34	31	31	39
Keine Angabe	3	6	1	3	3	3

benennen, dass geflüchtete Kinder zu ihrem Freundeskreis gehören. Alle anderen Unterschiede nach Altersgruppen und Geschlecht, nach Ost und West und auch nach Armutserleben erweisen sich im Zusammenhang betrachtet als nicht hinreichend signifikant.[33]

Letzteres ist auch nicht überraschend. Wer mit wem im Kindesalter eine Freundschaft schließt, lässt sich nicht primär aus soziodemografischen Faktoren erklären. Sobald Gelegenheiten vorhanden sind und Kinder sich aufeinander beziehen, ergeben sich, in Abhängigkeit von Persönlichkeitsmerkmalen, der Intensität des Kontakts und der Art der gemeinsamen Erfahrungen, in der Regel auch Freundschaften. Dies gilt, wie die vorliegenden Ergebnisse zeigen, im Grundsatz genauso für Kontakte zwischen einheimischen Kindern und geflüchteten Kindern.

Ein Migrationshintergrund aus den Ländern und Regionen, aus denen aktuell auch geflüchtete Kinder gekommen sind, befördert offenbar das Entstehen von Freundschaften, ohne allerdings eine unmittelbare Voraussetzung zu sein. Einheimischen Kindern aus der untersten Herkunftsschicht – und in diesem Fall denjenigen, die keinen (oder ggf. einen anderen) Migrationshintergrund aufweisen – fällt es hingegen offenbar etwas schwerer, mit geflüchteten Kindern Freundschaften zu schließen: Zumindest sind sie in ihrem Antwortverhalten auf die Frage danach, ob geflüchtete Kinder mit zu ihrem Freundeskreis gehören, zurückhaltender. Der etwas geringere Anteil von Kindern aus der Oberschicht ist, wie bereits angemerkt, im Zusammenhang betrachtet nicht signifikant.

Nochmals zur Erinnerung: Einbezogen sind an dieser Stelle nur die Kinder, die angegeben haben, ab und an etwas mit geflüchteten Kindern zusammen zu machen. Die vorher dargestellten Unterschiede bzgl. der Fragen, wer mit wem Kontaktgelegenheiten hat und wer mit wem etwas zusammen macht, bleiben damit an dieser Stelle außen vor.

Gegenseitige Besuche im Freundeskreis: Mit geflüchteten Kindern nicht ganz so einfach

36 % der Kinder mit geflüchteten Kindern im Freundeskreis geben an, dass

33 Hierzu wurde eine logistische Regressionsanalyse auf das Merkmal »Geflüchtete Kinder im Freundkreis: ja oder nein« durchgeführt. Als Prädiktoren wurden die Merkmale: Geschlecht, Altersgruppen, West/Ost, Migrationshintergrund, Herkunftsschicht, Armutserleben sowie Vereinszugehörigkeit einbezogen. Basis sind in diesem Fall ausschließlich die Kinder, die angegeben haben, dass sie ab und an etwas mit geflüchteten Kindern zusammen machen.

Abb. 8.5 **Geflüchtete Kinder im Freundeskreis: Wer wen zu Hause besucht**

»Habt ihr euch schon mal gegenseitig besucht?«

Basis: Kinder im Alter von 6 bis 11 Jahren in Deutschland mit geflüchteten Kindern im eigenen Freundeskreis (Angaben in %) (Mehrfachnennungen)

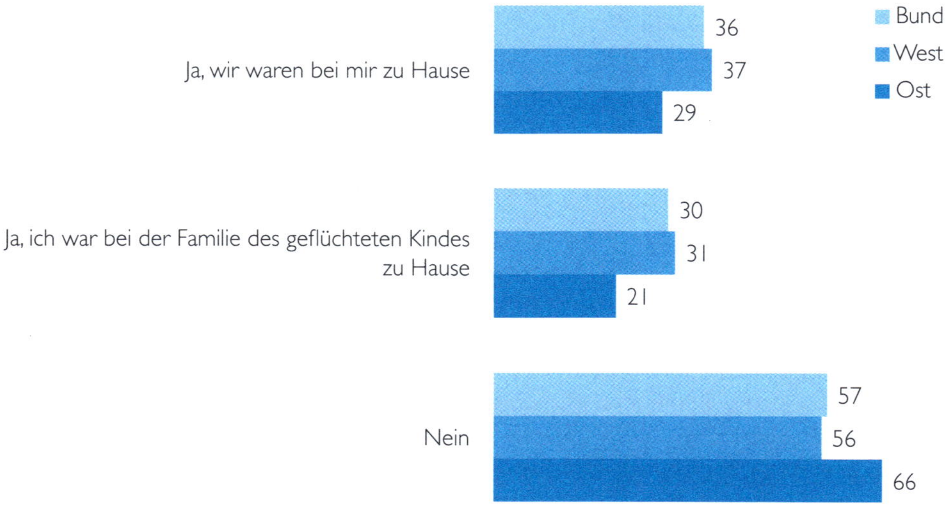

das geflüchtete Kind schon bei ihnen zu Hause zu Besuch war. 30 % haben es hingegen auch schon bei seiner Familie besucht (Abb. 8.5).

Insgesamt erscheinen die Anteile eher gering. Da die Kinder die geflüchteten Kinder zu ihrem Freundeskreis zählen, würde man eine höhere Besuchshäufigkeit erwarten, auch wenn die Freundschaft möglicherweise neu oder noch frisch ist.

Unterschiede zwischen Ost und West sind auch an dieser Stelle feststellbar. 37 % der Kinder aus dem Westen wurden im Vergleich zu 29 % im Osten schon vom geflüchteten Kind besucht; umgekehrt haben 31 % im Westen im Vergleich zu 21 % im Osten das geflüchtete Kind zu Hause besucht.

Die Anteile schwanken auch nach dem Alter. Ältere Kinder geben etwas häufiger an, sich bereits gegenseitig besucht zu haben (40% der 10- bis 11-Jährige mit geflüchteten Kindern im eigenen Freundeskreis wurden bereits vom geflüchteten Kind zu Hause besucht, und 33 % haben das geflüchtete Kind bereits besucht). Dies dürfte damit zusammenhängen, dass etwas ältere Kinder das gegenseitige Sich-Besuchen generell etwas selbständiger handhaben können. Zwischen den Geschlechtern fällt auf, dass Mädchen im Vergleich zu Jungen etwas häufiger berichten, dass sie von geflüchteten Kindern aus dem eigenen Freundeskreis schon zu Hause besucht worden sind (Mädchen: 39, Jungen: 34 %) oder dass sie diese in deren Zuhause besucht haben (Mädchen: 33 %, Jungen: 28 %). Nimmt man allerdings beide Abfragen zusammen, dann verschwinden diese Unterschiede. Zusammengenommen geben jeweils 43 % sowohl der Mädchen als auch der Jungen an, entweder das geflüchtete

Tab. 8.5 **Geflüchtete Kinder im Freundeskreis: Wer wen zu Hause besucht, nach einheimischen Kindern mit und ohne Migrationshintergrund**

Basis: Kinder im Alter von 6 bis 11 Jahren, die geflüchtete Kinder im Freundeskreis haben in Deutschland (Angaben in %) (Mehrfachnennungen)

Spalten in %	Einheimische Kinder insgesamt	Ohne Migrations-hintergrund	Mit Migrationshintergrund	
			Gesamt	Davon ohne deutsche Staats-angehörigkeit
Ja, wir waren bei mir zu Hause	36	28	47	61
Ja, ich war bei der Familie des geflüchteten Kindes zu Hause	30	20	42	61
Nein	57	67	44	29

Kind schon besucht zu haben oder von diesem besucht worden zu sein. Die Angaben schwanken sowohl zwischen den Altersgruppen als auch danach, ob man geflüchtete Kinder besucht hat oder von diesen besucht worden ist.

Einheimische Kinder mit Migrationshintergrund (deutsche Kinder mit Migrationshintergrund sowie Kinder ohne deutsche Staatsangehörigkeit) und geflüchtete Kinder besuchen sich zu größeren Anteilen, als dies bei einheimischen Kindern ohne Migrationshintergrund und geflüchteten Kindern der Fall ist. 47 % der Kinder mit Migrationshintergrund insgesamt, die geflüchtete Kinder im Freundeskreis haben, sind von geflüchteten Kindern bereits zu Hause besucht worden. Bei Kindern ohne deutsche Staatsangehörigkeit trifft dies sogar auf 61 % zu. Umgekehrt haben 42 % der einheimischen Kinder mit Migrationshintergrund insgesamt sowie 61 % der Kinder ohne deutsche Staatsangehörigkeit mit geflüchteten Kindern im eigenen Freundeskreis diese bereits in deren Familien besucht (Tab. 8.5).

Dieser Befund zeigt, dass die Art und die Intensität des Kontakts zwischen einheimischen Kindern und geflüchteten Kindern nicht alleine von den jeweiligen räumlichen Gegebenheiten abhängen, sondern auch von der Art der Beziehung der jeweiligen Familien zueinander. Je größer der gemeinsame Erfahrungshintergrund hinsichtlich Migration und Herkunftsregion, desto größer die Nähe zwischen den Kindern, auch unabhängig von relevanten Umfeldfaktoren wie etwa den Wohnverhältnissen.

Kontakte zwischen einheimischen und geflüchteten Kindern: Eine Frage der Gelegenheit

Die verschiedenen Befunde zur Art des Kontakts zu geflüchteten Kinder lassen sich zusammenfassen. Insgesamt kann festgehalten werden, dass die Mehrheit der Kinder im Alter von 6 bis 11 Jahren (55 %) schon mal Geflüchtete irgendwo getroffen hat, dabei im Alltag aber eher nichts mit geflüchteten Kindern zusammen macht. 11 % geben an, ab und an etwas mit geflüchteten Kindern zusammen zu machen und weitere 19 % zählen geflüchtete Kinder mit zum eigenen

Tab. 8.6 **Zusammenfassung: Art des Kontakts zu geflüchteten Kindern nach Geflüchteten im Wohnumfeld**

Basis: Kinder im Alter von 6 bis 11 Jahren in Deutschland (Angaben in %)

Spalten in %	Gesamt	Keine Geflüchteten im Wohnumfeld	Gemeinschafts-unterkunft	Geflüchtete in Wohnungen
Geflüchtete Kinder gehören zu meinem Freundeskreis	19	12	23	33
Ich mache ab und an was zusammen mit geflüchteten Kindern	11	7	13	18
Ich habe schon mal Geflüchtete getroffen, mache aber selber nichts mit geflüchteten Kindern	55	59	60	47
Bisher keine Geflüchteten getroffen	13	21	3	2
Keine Angabe	2	1	1	0

Freundeskreis. Bisher keine Geflüchteten getroffen und damit keine Gelegenheit für Kontakte haben 13 %. Für 2 % der befragten Kinder liegen hierzu keine Angaben vor.

Auffällig sind die Unterschiede zwischen Ost und West. Im Westen gehören bei 20 % aller 6- bis 11-Jährigen geflüchtete Kinder zum eigenen Freundeskreis, im Osten hingegen nur bei 10 %. Hier geben, wie bereits dargestellt, zwei von drei Kindern an (66 %), dass sie schon mal Geflüchtete getroffen haben, jedoch im Alltag nichts mit geflüchteten Kindern zusammen machen. Im Westen trifft dies für 54 % der Kinder zu.

Auch berichten Kinder mit Armutserleben (26 %) sowie Kinder mit Migrationshintergrund (22 %, bei Kindern ohne deutsche Staatsangehörigkeit sogar 39 %), dass geflüchtete Kinder zu ihrem Freundeskreis gehören.

Die dargestellten Unterschiede sind auch unabhängig voneinander signifikant, das heißt die Ost-West-Unterschiede erklären sich nicht daraus, dass im Osten weniger Kinder mit Migrationshintergrund leben, die – wie dargestellt – häufiger auf soziale Interaktionen mit geflüchteten Kindern verweisen.

Im Hinblick auf die verschiedenen Altersgruppen gilt, dass jüngere Kinder häufiger angeben, keine Geflüchteten zu kennen.

Wie dargestellt verweisen Jungen etwas häufiger als Mädchen darauf, etwas mit geflüchteten Kindern zu machen. Dementsprechend geben sie mit 21 % auch häufiger an, dass geflüchtete Kinder zu ihrem Freundeskreis gehören (Mädchen: 17 %).

Die Befunde zu Alter und Geschlecht sind im Vergleich zu den anderen genannten Aspekten allerdings deutlich geringer ausgeprägt.

Die Art und die Intensität des Kontakts zwischen einheimischen und geflüchteten Kindern sind also zuerst einmal durch die Gelegenheiten geprägt. Dort, wo sich

Kontaktmöglichkeiten ergeben und wo diese zu Interaktionen führen, werden geflüchtete Kinder trotz ihrer häufig prekären Lage und auch unabhängig von vorhandenen sprachlichen Barrieren, in die sozialen Netze von einheimischen Kindern integriert. So berichtet immerhin jedes zweite Kind, das angibt, dass im eigenen Wohnumfeld geflüchtete Menschen in Wohnungen leben, mit diesen etwas zusammen zu machen (ab und an etwas zusammen machen: 18 %, Geflüchtete gehören zu meinem Freundeskreis: weitere 33 %). Wird über eine Gemeinschaftsunterkunft im Wohnumfeld berichtet, so trifft dies immerhin noch für 36 % zu (ab und an etwas zusammen machen: 13 %, Geflüchtete gehören zu meinem Freundeskreis: weitere 23 %). Leben hingegen keine geflüchteten Menschen im Wohnumfeld, so berichten nur 19 % darüber, etwas mit geflüchteten Kindern zu machen (ab und an etwas zusammen machen: 7 %, Geflüchtete gehören zu meinem Freundeskreis: weitere 12 %) (Tab. 8.6).

Die Kontakte von geflüchteten Kindern zu einheimischen Kindern mit Migrationshintergrund sind stärker ausgeprägt. Wenn geflüchtete und einheimische Kinder mit Migrationshintergrund allerdings aus unterschiedlichen Herkunftsregionen und Kulturkreisen stammen oder entsprechende Wurzeln haben, kann sich dies allerdings auch anders darstellen.

Die größere Nähe zwischen Kindern mit Migrationshintergrund und geflüchteten Kindern dürfte auch die größere Intensität der Kontakte innerhalb armutsnäherer Milieus erklären, denn erstgenannte erleben häufiger Armut. Speziell in ihren Wohngebieten siedeln sich – im Anschluss an die Erstaufnahme in Gemeinschaftsunterkünften – häufiger Geflüchtete an. Dies führt zu häufigerem Kontakt und damit auch zu einer intensiveren sozialen Interaktion. Auf der anderen Seite kann dies bei ungünstigen Rahmenbedingungen allerdings auch soziale Spannungen und Segregation erhöhen.

Spenden oder Engagement für geflüchtete Kinder: Häufiger im Westen und etwas häufiger von Kindern aus den gehobenen Schichten

Typisch für die sogenannte Willkommenskultur in Deutschland sind, vor allem seit der Hochphase des Zuzugs von geflüchteten Menschen in den Jahren 2015 und 2016, organisierte Spenden und Unterstützungsaktivitäten, die häufig über die Schulen, von Trägern der freien Wohlfahrtspflege, von Kirchengemeinden oder auch von Vereinen oder privaten Initiativen getragen werden und bei denen sich auch Kinder beteiligen können.

Am häufigsten werden Sammlungen von Spielsachen, Kleidern etc. benannt, die dann an geflüchtete Menschen weitergegeben werden. Immerhin trifft dies für fast jedes zweite Kind zu (45 %). Weitere 23 % verweisen darauf, sich schon einmal an der Sammlung von Schulsachen beteiligt und hierfür einen Beitrag geleistet zu haben. 20 % haben über Basare, Spendenläufe oder Ähnlichem Spenden gesammelt, 11 % berichten über die Teilnahme an Unternehmungen für geflüchtete Kinder und weitere 8 % über organisierte Spielenachmittage (Tab. 8.7).

Spenden oder sonstige Unterstützungsaktivitäten werden eher von älteren Kindern benannt, die bereits weiterführende Schulen besuchen. Etwas häufiger berichten auch Mädchen über eine Beteiligung an Spendenaktionen oder ähnlichen Unterstützungsaktivitäten.

Auffällig ist, dass die Beteiligung an derartigen Aktivitäten mit insgesamt

Tab. 8.7 **Spenden oder sonstiges Engagement für Geflüchtete**

Basis: Kinder im Alter von 6 bis 11 Jahren in Deutschland (Angaben in %) (Mehrfachnennungen)

Spalten in %	Gesamt	Mädchen	Jungen	6–7 Jahre	8–9 Jahre	10–11 Jahre
Spielsachen oder Kleidung gesammelt/verschenkt	45	48	42	37	45	50
Schulranzen, Federmäppchen oder andere Schulsachen gesammelt/verschenkt	23	25	22	16	23	29
Spendengelder gesammelt (Basar, Spendenlauf)	20	21	19	12	21	26
Gemeinsamer Ausflug oder andere Unternehmungen mit geflüchteten Kindern	11	10	11	7	11	14
Spielenachmittag mit geflüchteten Kinder veranstaltet	8	8	8	6	10	6
Mindestens eine Aktivität genannt	55	57	53	45	57	62
Nichts davon	43	41	45	52	42	37
Weiß nicht/keine Angabe	2	2	2	3	2	1

68 % bei Kindern im Westen im Vergleich zu 39 % bei Kindern im Osten deutlich höher ist. Hierbei gilt es allerdings zu beachten, dass Geldspenden im Westen auch insgesamt häufiger und damit generell weiter verbreitet sind als im Osten (Priller/Schupp 2011).

Andererseits findet sich bei diesem Thema, anders als bei den alltäglichen Kontakten, ein klarer Befund zur Herkunftsschicht der Kinder: Je gehobener die Herkunftsschicht, desto häufiger berichten Kinder über eine Beteiligung an entsprechenden Aktionen (Abb. 8.6).

Während Kinder mit Migrationshintergrund und Kinder mit Armutserfahrungen häufiger Kontakt zu geflüchteten Kindern haben und diese auch häufiger zu ihrem Freundeskreis zählen, ist die Beteiligung an organisierten Spendenaktivitäten eher eine Domäne der Kinder aus gehobenen Schichten. Insgesamt zeigt sich hier bei den gehobenen Schichten ein Muster der Solidarität und Toleranz, das offenbar jedoch gleichzeitig mit einer sozial(räumlich)en Distanz zur betroffenen Gruppe verbunden ist.

Letztendlich ist dieses Ergebnis wenig überraschend, da Kinder aus den höheren Herkunftsschichten über größere persönliche Ressourcen verfügen, die sie bei Spendenaktionen oder Ähnlichem einbringen können, gleichzeitig aber weniger häufig in der Nachbarschaft

Abb. 8.6 **Spenden und Engagement für geflüchtete Kinder**

»Hast Du selber zum Beispiel in der Schule oder mit Deiner Familie oder anderswo etwas für geflüchtete Kinder oder Erwachsene gemacht?«

Basis: Kinder im Alter von 6 bis 11 Jahren in Deutschland (Angaben in %)

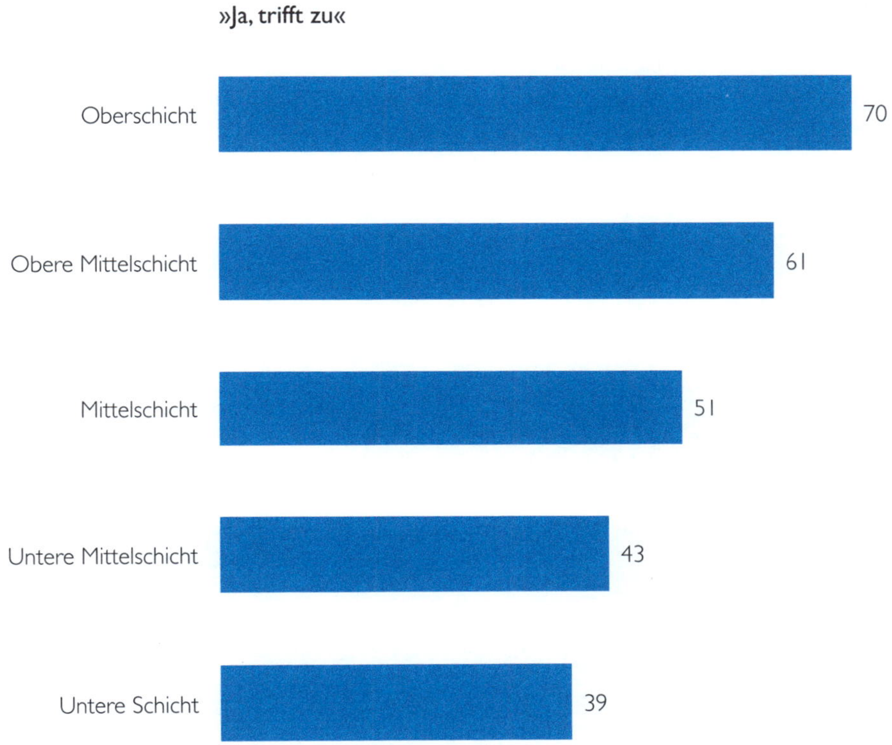

zu geflüchteten Kindern leben. Von daher kann auch davon ausgegangen werden, dass Spendenaktionen etc. häufiger in Schulklassen in etwas gehobeneren Wohngebieten durchgeführt werden, so dass Kinder aus den gehobenen Schichten auch häufiger entsprechende Angebote bekommen.

Insgesamt sollte jedoch nicht übersehen werden, dass die häufigeren Kontakte zu geflüchteten Kindern vor allem bei Kindern mit Migrationshintergrund in der Regel ebenfalls mit relevanten Hilfeleistungen verbunden sind, deren Bedeutung im Alltag auf keinen Fall unterschätzt werden sollte.

8.3 Bewertungen: Die Sicht der Kinder auf den Zuzug von Geflüchteten

Wir haben die Kinder im Anschluss an die Frage, ob sie schon mal geflüchtete Kinder oder Erwachsene getroffen haben, gebeten, ihre dabei gemachten Erfahrungen zu bewerten. Hierfür haben wir wieder unsere (fünfstufige) Smiley-Skala vorgelegt. Anhand der Smileys konnten die Kinder ihre Erfahrungen von sehr positiv bis sehr negativ bewerten.

Abb. 8.7 **Bewertung der Erfahrungen mit geflüchteten Menschen**

»Hast Du schon mal irgendwo geflüchtete Kinder oder Erwachsene getroffen? Falls ja, wie waren da Deine Erfahrungen?«

Basis: Kinder im Alter von 6 bis 11 Jahren in Deutschland, die schon mal Geflüchtete getroffen haben (Angaben in %)[1]

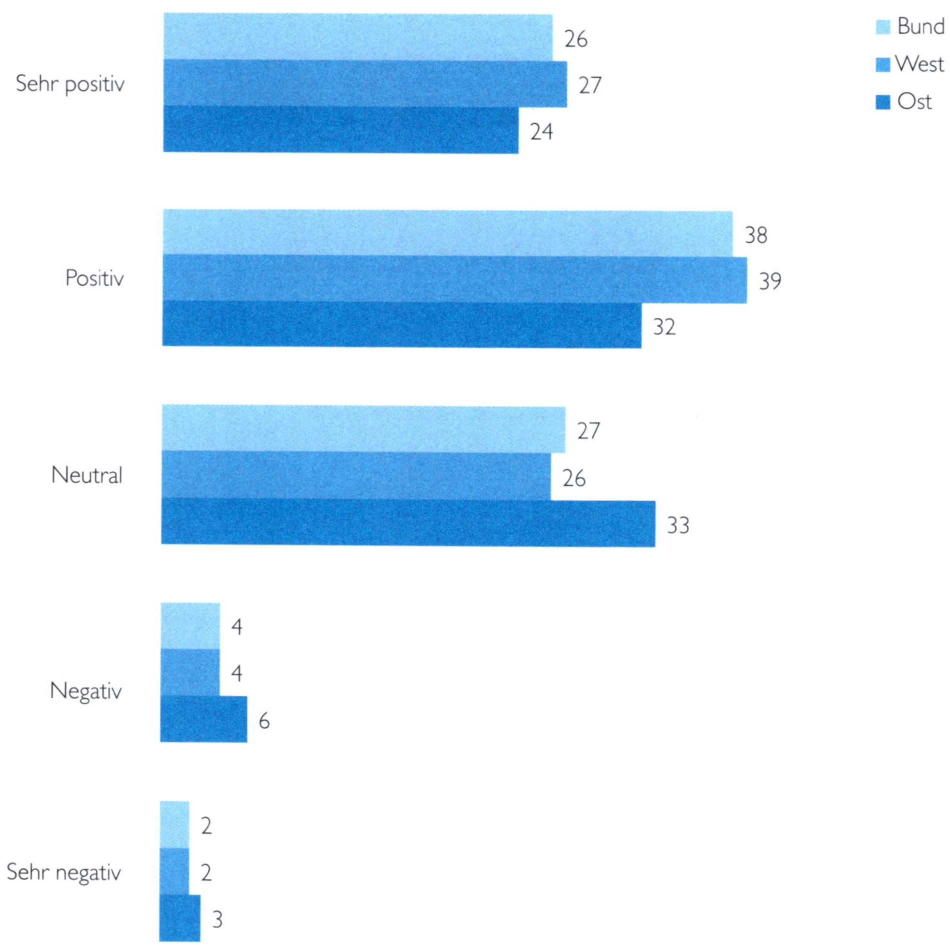

[1] Fehlend zu 100% = »keine Angabe«

Tab. 8.8 **Bewertung der Erfahrungen mit Geflüchteten:**
Anteil mit positiver oder sehr positiver Bewertung

Basis: Kinder im Alter von 6 bis 11 Jahren, die schon mal Geflüchtete getroffen haben, in Deutschland (Angaben in %)

Positiv oder sehr positiv: pro Zelle in %	Gesamt	Ohne Migrations-hintergrund	Mit Migrations-hintergrund
Gesamt	64	63	68
Untere Schicht	59	58	60
Untere Mittelschicht	61	51	74
Mittelschicht	61	57	69
Obere Mittelschicht	65	66	64
Oberschicht	74	73	78

Mehrheitlich positive Bewertungen: Bei Kindern mit Migrationshintergrund sogar noch positiver

Die überwiegende Mehrheit der Kinder, die schon mal Geflüchtete getroffen haben, berichtet über positive (38 %) bis sehr positive Erfahrungen (26 %), die sie mit geflüchteten Kindern oder Erwachsenen gemacht haben. Weder positiv noch negativ geben 27 % an. Negativ oder sehr negativ äußern sich nicht mehr als zusammengenommen 6 % (Abb. 8.7).

Auffällig sind auch hier wieder die Ost-West-Unterschiede: Positiv oder sehr positiv äußern sich im Westen 66 %, im Osten hingegen nur 56 %. Ebenfalls positiver bewerten Kinder mit Migrationshintergrund (68 %) im Vergleich zu Kindern ohne Migrationshintergrund (63 %) die Kontakte. Etwas häufiger positiv oder sehr positiv berichten Jungen (68 %) im Vergleich zu Mädchen (61 %).

Interessant an dieser Stelle ist auch die Differenzierung nach der Herkunftsschicht. Je gehobener die Herkunftsschicht, desto eher berichten die Kinder positiv. Dieser Effekt lässt sich weiter differenzieren, wenn man hierbei nur Kinder ohne Migrationshintergrund betrachtet: Vor allem bei Kindern aus der unteren Mittelschicht und auch aus der Mittelschicht reduziert sich die positive Bewertung um einige Prozentpunkte (Tab. 8.8).

Grundsätzlich gilt aber auch an dieser Stelle: Je enger der Kontakt, desto positiver bewerten Kinder ihre Erfahrungen mit Geflüchteten. Oder anders ausgedrückt: Je positiver die Bewertungen, desto häufiger macht man was zusammen oder zählt Geflüchtete mit zum eigenen Freundeskreis.

Fast jedem Kind in Deutschland tun geflüchtete Kinder leid, fast jedes Kind spricht sich dafür aus, etwas abzugeben

Die Einstellungen der Kinder zu den geflüchteten Kindern haben wir anhand von neun Aussagen untersucht, denen die Kinder zustimmen (»eher ja«) oder die sie ablehnen (»eher nein«) konnten. Die Liste haben wir für die aktuelle Kinderstudie neu entwickelt. Abgefragt werden hierbei einige aus unserer Sicht besonders relevante Haltungen:

- Mitgefühl:
  »Mir tun geflüchtete Kinder leid.«
- Offenheit/Lust auf Neues:
  »Es macht Spaß, Kinder, die geflüchtet sind, kennenzulernen.«
  »Geflüchtete Kinder sind gar nicht so anders.«
- Gerechtigkeit:
  »Ich finde es richtig, dass jeder von uns etwas abgibt, damit auch geflüchtete Kinder in Deutschland zur Schule gehen und gut leben können.«
- Pragmatismus:
  »Mit geflüchteten Kindern ist das auch nicht anders als mit anderen Kindern. Wenn man sich erst einmal kennengelernt hat, dann macht man entweder was zusammen oder man lässt es.«
- Belastung/Distanz:
  »Schwierig ist, dass geflüchtete Kinder nicht so gut Deutsch sprechen.«
  »Es gibt häufig Streit zwischen den geflüchteten Kindern und den anderen Kindern.«
  »Die geflüchteten Kinder wollen eigentlich keinen Kontakt zu uns.«
- Ablehnung:
  »Ich finde, dass geflüchtete Kinder hier eigentlich nicht hingehören.«

Gefragt haben wir hierzu alle Kinder, unabhängig davon, ob sie schon mal Geflüchtete getroffen haben oder nicht.

Die Antworten der Kinder bestätigen die »positive« Grundhaltung, die sie gegenüber geflüchteten Kindern einnehmen (Abb. 8.8). Jungen und Mädchen unterscheiden sich dabei in ihren Bewertungen nur unwesentlich.

Abb. 8.8 **Einstellungen zu geflüchteten Kindern**
»Welchen der folgenden Aussagen stimmst Du eher zu und welchen davon eher nicht?«
Basis: Kinder im Alter von 6 bis 11 Jahren in Deutschland (Angaben in %)

82 % der Kinder tun geflüchtete Kinder leid (Jungen: 81 %, Mädchen: 84 %) und sogar 85 % stimmen der Aussage zu, dass man für die geflüchteten Kinder etwas abgeben sollte (Jungen: 84 %, Mädchen: 86 %).

79 % finden, dass es mit geflüchteten Kindern, wenn man sich erst kennengelernt hat, auch nicht anders als mit anderen Kindern sei (Jungen: 80 %, Mädchen 78 %) und 66 % stimmen sogar grundsätzlich zu, dass geflüchtete Kinder gar nicht so anders seien (Jungen: 68 %, Mädchen: 64 %).

Dass es Spaß macht, geflüchtete Kinder kennenzulernen, sagen 59 % (Jungen: 60 %, Mädchen: 58 %).

Nur ein kleinerer Teil der einheimischen Kinder verweist auf häufigen Streit oder meint, dass geflüchtete Kinder hier eigentlich nicht hingehören

Ebenfalls 70 % stimmen der Aussage zu, dass es schwierig ist, dass geflüchtete Kinder nicht so gut Deutsch sprechen (Jungen und Mädchen ebenfalls jeweils 70 %).

Ein eher geringer Anteil von Kindern spricht davon, dass es häufig Streit mit geflüchteten Kindern gäbe (27 %; Jungen und Mädchen ebenfalls jeweils 27 %), dass geflüchtete Kinder eigentlich keinen Kontakt wollen (13 %; Jungen 12 %, Mädchen 13 %) und dass geflüchtete Kinder hier eigentlich nicht hingehören (10 %; Jungen: 11 %, Mädchen: 9 %).

Drei Gruppen: Mitfühlende, Offene und Einbeziehende sowie Distanzierende

Wie bereits angesprochen bildet die von uns entwickelte Abfrage zu den Einstellungen gegenüber geflüchteten Kindern die aus unserer Sicht wichtigen und relevanten Grundhaltungen ab. Mit Hilfe eines geeigneten statistischen Analyseverfahrens haben wir die Antworten der Kinder zu den neun Aussagen auf Zusammenhänge untersucht, genauer gesagt darauf, welche Grunddimensionen damit abgebildet werden. Die von uns hierzu durchgeführte statistische Faktorenanalyse ergab dabei zwei Faktoren, die wir mit den Begriffen »Empathie/Offenheit« versus »Indifferenz/Vorbehalt« beschreiben. Der erste Faktor wird über die Zustimmung zur Aussage »Mir tun geflüchtete Kinder leid« charakterisiert. Mit dieser Aussage korrelieren die anderen »positiven« Aussagen. Der zweite Faktor wird hingegen durch die Zustimmung zur Aussage »Die geflüchteten Kinder wollen eigentlich keinen Kontakt zu uns« charakterisiert. Mit dieser Aussage korrelieren die eher indifferenten oder »negativen« Aussagen. Die Aussage »Ich finde dass geflüchtete Kinder hier eigentlich nicht hingehören« differenziert die beiden Faktoren am stärksten (Erster Faktor: »Ablehnung«, zweiter Faktor: »Zustimmung«).[34] Anschließend haben wir die Kinder anhand der beiden Faktoren gruppiert. Die hierfür durchgeführte Clusteranalyse ergab eine Typologie mit drei Gruppen von Kindern, die sich in ihren Einstellungen zu geflüchteten Kindern entsprechend unterscheiden (Abb. 8.9).[35]

Mitfühlende (67 %)

Zwei von drei und damit die große Mehrheit der Kinder (67 %) lässt sich anhand der von uns vorgelegten Aussagen zu geflüchteten Kindern als primär »mitfühlend« charakterisieren. So gut wie

34 Zur Faktorenanalye siehe die Übersicht im Anhang

35 »K-Means Clusteranalyse« zur Identifikation von möglichst homogenen Gruppen

alle (95 %)[36] stimmen der Aussage zu, dass ihnen geflüchtete Kinder leidtun. 93 % stimmen zu, dass man für geflüchtete Kinder etwas abgeben sollte. Dass es mit geflüchteten Kindern, wenn man sich kennengelernt hat, auch nicht anders als mit anderen sei, meinen 86 %. Dass es Spaß macht, geflüchtete Kinder kennenzulernen, sagen hier 62 %.

86 % meinen allerdings auch, dass es schwierig sei, dass geflüchtete Kinder nicht so gut Deutsch sprechen. 29 % stimmen der Aussage zu, dass es häufig Streit mit geflüchteten Kindern gäbe. Dass geflüchtete Kinder eigentlich keinen Kontakt wollen, sagen 11 %.

Nimmt man an dieser Stelle zur Charakterisierung der Gruppe auch die Frage danach hinzu, wie man die eigenen Erfahrungen mit geflüchteten Menschen bewertet (nur Kinder, die schon mal Geflüchtete getroffen haben), dann verweisen hier 66 % auf »positive« oder »sehr positive« Erfahrungen.

Offene und Einbeziehende (22 %)

Jedes fünfte Kind (22 %) lässt sich hinsichtlich seiner Haltung zu geflüchteten Kindern als primär »offen und einbeziehend« charakterisieren. Der Aussage, dass es Spaß macht, geflüchtete Kinder kennenzulernen, stimmen 82 % zu. Bei den Mitfühlenden sind es, wie im vorherigen Absatz bereits ausgeführt, an dieser Stelle 62 %. 90 % sagen, dass man geflüchteten Kindern etwas abgeben muss. Dass es mit geflüchteten Kindern nicht anders als mit anderen sei, meinen auch in dieser Gruppe 86 %. Interessanterweise stimmen nur 67 % der Aussage zu, dass ihnen geflüchtete Kinder leidtun. Dass dies hier weniger Kinder angeben, hat jedoch nichts mit geringerem Mitgefühl zu tun. Die für diese Gruppe insgesamt festzustellende noch höhere Gesamtakzeptanz und die damit verbundene einbeziehende Grundhaltung modifiziert vielmehr die eigene Haltung von der mitfühlenden hin zur partnerschaftlich-kooperativen und damit noch stärker gleichberechtigten Ebene.

Dass es schwierig ist, dass geflüchtete Kinder nicht so gut Deutsch sprechen, sehen hier nur 21 % so und auf häufigen Streit verweisen nicht mehr als 5 %. Der Aussage, dass geflüchtete Kinder eigentlich keinen Kontakt wollen, stimmt nur 1 % zu.

81 % bewerten ihre Kontakte zu geflüchteten Menschen »positiv« oder sogar »sehr positiv«.

Distanzierende (11 %)

Etwa jedes zehnte Kind, und damit nur eine Minderheit, lässt sich hinsichtlich der eigenen Haltung zu geflüchteten Kindern als primär »distanzierend« charakterisieren. Auch von ihnen geben etwa 50 % an, dass ihnen geflüchtete Kinder leidtun. Nur 49 % sind hier der Meinung, dass man geflüchteten Kindern etwas abgeben müsse. Dass es mit geflüchteten Kindern, wenn man sich erst kennengelernt hätte, auch nicht anders als mit anderen Kindern sei, meinen ebenfalls nur 44 %. Dass es Spaß macht, geflüchtete Kinder kennenzulernen, sagen sogar nur 12 %.

84 % betrachten es als schwierig, dass geflüchtete Kinder nicht so gut Deutsch sprechen, 69 % verweisen darauf, dass es häufig Streit mit geflüchteten Kindern gäbe und 47 % sind hier der Meinung, dass diese eigentlich keinen Kontakt wollen. 58 % stimmen der Aussage zu, dass geflüchtete Kinder hier eigentlich nicht hingehören. Vor allem an dieser Stelle unterscheidet sich diese Gruppe von den

36 5 % antworten hier mit »Weiß nicht«. Aufgrund ihrer Angaben bei den anderen Aussagen wurden sie ebenfalls dieser Gruppe zugeordnet.

Abb. 8.9 **Typologie: Einstellung zu geflüchteten Kindern**

Statistische Analyse (Faktorenanalyse, Clusteranalyse) zu den Einstellungen zu geflüchteten Kindern; ausgewählte Merkmale

Basis: Kinder im Alter von 6 bis 11 Jahren in Deutschland (Angaben in %)

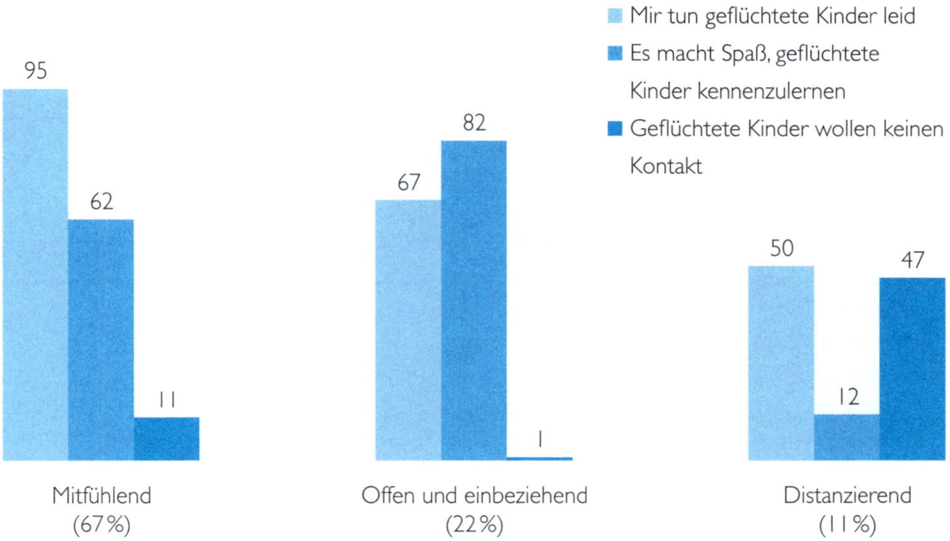

beiden anderen: Dort stimmt so gut wie niemand dieser Aussage zu.

Nur 24 % der Distanzierenden bewerten ihre Erfahrungen mit geflüchteten Kindern hier »positiv« oder »sehr positiv«.

Offen und einbeziehend sind häufiger Kinder mit Migrationshintergrund, Distanzierende sind etwas häufiger aus den neuen Bundesländern

Untersucht man, welche soziodemografischen Merkmale im statistischen Zusammenhang betrachtet signifikant häufiger auftreten (Tab. 8.9), dann stellt man auch in diesem Kontext fest, dass vor allem Kinder mit Migrationshintergrund (26 %) häufiger zu den »Offenen und Einbeziehenden« gehören. Selbiges gilt auch für Kinder aus der Oberschicht (25 %). Andere Merkmale, wie etwa Alter und Geschlecht, sind hier nicht signifikant.

»Mitfühlende Kinder« stellen hingegen quer über die verschiedenen soziodemografischen Gruppen überall die Mehrheit.

»Distanzierende« finden sich signifikant häufiger bei Kindern aus dem Osten (19 %) sowie bei Kindern aus der unteren Mittelschicht (16 %). Bei Kindern aus der untersten Sicht wird der Effekt hingegen durch den hier höheren Anteil an Kindern mit Migrationshintergrund kompensiert.

Schließlich fällt auf, dass Kinder, die selber ab und zu oder oft gemobbt worden sind, ebenfalls signifikant häufiger zu den Distanzierenden gehören (17 % und 26 %). Gemobbte Kinder leiden häufiger unter fehlendem Selbstwertgefühl, unter Angstproblematiken, unter sozialer Isolation (Misstrauen) und dann später im Erwachsenenalter vermehrt unter Depressionen (Copeland et.al. 2013; Lereya et.al. 2015). Dies würde den an dieser Stelle beobachteten Zusammenhang durchaus plausibel machen.

Tab. 8.9 **Zusammenhangsanalyse: Einstellungstypologie nach soziodemografischen Merkmalen**[1]
Basis: Kinder im Alter von 6 bis 11 Jahren in Deutschland (Angaben in %)

Zeilen in %	Offen/einbeziehend	Mitfühlend	Distanzierend
Gesamt	22	67	11
Geschlecht			
Mädchen	20	69	11
Jungen	23	65	12
West/Ost			
West (inkl. Berlin)	22	68	10
Ost	16	65	**19**
Migrationshintergrund			
Kinder ohne Migrationshintergrund	19	69	12
Kinder mit Migrationshintergrund und deutscher Staatsangehörigkeit	**26**	63	11
Kinder ohne deutsche Staatsangehörigkeit	**28**	67	5
Soziale Herkunftsschicht			
Untere Schicht	20	67	13
Untere Mittelschicht	19	65	**16**
Mittelschicht	21	67	12
Obere Mittelschicht	22	68	10
Oberschicht	**25**	68	7
Eigenes Mobbing-Empfinden			
Nie, so gut wie nie	22	68	10
Ab und zu	20	63	**17**
Oft	8	66	**26**

1 Der Zusammenhang wurde multivariat anhand einer nominalen Regression auf die Einstellungs-Typologie getestet. Einbezogene Merkmale: Alter, Geschlecht, West/Ost, Siedlungsstrukturtyp (BIK), soziale Herkunftsschicht, Armutserleben, Migrationshintergrund, Mitgliedschaft Verein/Gruppe, Mobbing-Erfahrung
Aus Gründen der Übersichtlichkeit werden in der Tabelle bivariate Merkmalsausprägungen in % ausgewiesen. Fettgedruckt sind auffällige Abweichungen für Merkmale, die sich auch innerhalb der multivariaten Analyse als signifikant erwiesen haben ($p < 0,05$).

Kennenlernen und Kontakt als Schlüssel für gemeinsames Miteinander

Insgesamt ist der Kontakt zu geflüchteten Kindern, dass man sich kennenlernt und dass man sich dann aufeinander bezieht, der Schlüssel, um geflüchtete Kinder in die sozialen Netze von einheimischen Kindern zu integrieren.

Offen und einbeziehend gegenüber

geflüchteten Kindern zu sein und persönlichen Kontakt bis dahin zu haben, dass geflüchtete Kinder zum eigenen Freundeskreis gerechnet werden, bedingen sich gegenseitig. Das eine fördert das andere.

Distanzierend gegenüber geflüchteten Kindern können Kinder hingegen nur dann bleiben, wenn sie nicht miteinander in Kontakt kommen. Lernt man sich gegenseitig kennen, dann lassen sich typische Vorurteile, etwa dass geflüchtete Kinder eigentlich keinen Kontakt wollen, oder Sorgen, dass es mit geflüchteten Kindern häufiger Streit geben kann, abbauen.

Notwendig hierfür sind natürlich entsprechende Rahmenbedingungen. Neben dem gegenseitigen Erleben gehört dazu auch ein offenes und nicht von vornherein ausgrenzendes Klima: in der Familie, in der Schule und auch im eigenen Wohngebiet. Vorbilder sind hier gefragt sowie dem Miteinander förderliche Hilfen und Initiativen.

Das vorhandene Mitgefühl ist hierfür eine wichtige Basis. Hinzu kommt das für Kinder in dieser Altersgruppe charakteristische Grundbedürfnis nach »Gerechtigkeit und Fairness« (Schneekloth/Andresen 2013). Letzteres kommt auch in diesem Kontext zum Tragen: Wie dargestellt sprechen sich 85 % der Kinder dafür aus, geflüchteten Kindern etwas abzugeben, damit diese bei uns gut leben können.

Auch Sprachprobleme spielen im Alltag, wenn Kinder in Kontakt kommen und sich aufeinander beziehen, eine eher geringere Rolle. Aus der Sicht der Kinder lernen geflüchtete Kinder schnell zu verstehen und sich auch selber verständlich zu machen. Dies fördert das Erlernen der deutschen Sprache und die Möglichkeiten zur Teilhabe.

8.4 Gesellschaft: Ängste, Bewertungen, Politik

Fragt man die Kinder anhand einer vorgegebenen Liste, welche dieser Dinge ihnen »manchmal« oder »sehr oft« Angst machen, dann zeigt sich, dass die wachsende Unsicherheit in der Welt von ihnen wahrgenommen und auch persönlich als bedrohlich empfunden wird.

Terrorgefahr und Krieg wirken auch für Kinder in Deutschland akut bedrohlich

In der vierten Kinderstudie geben 50 % der Kinder »manchmal« oder »sehr oft« an, Angst davor zu haben, dass bei uns plötzlich ein Krieg ausbrechen könnte. 2013 traf dies nur für 39 % zu und 2010 für 43 %. Noch größer ist mit 58 % die Angst vor einem Terroranschlag.[37] Dieser Tatbestand steht an der Spitze der von uns abgefragten Liste mit möglichen Ängsten (vgl. auch Kap. 6).

Zum Vergleich: Vor schlechten Schulnoten, einer für diese Altersgruppe typischen Angst (Fegert 2005), fürchten sich 47 % der Kinder. Angst davor, im Alltag bedroht oder geschlagen zu werden, benennen hingegen mit 34 % deutlich weniger Kinder. 2013 waren es ebenfalls 34 %.

Terrorgefahr und Krieg werden damit insgesamt von jedem zweiten oder sogar mehr als jedem zweiten Kind benannt. Fast jedes fünfte Kind in Deutsch-

37 Die Angst vor Terroranschlägen haben wir in den früheren Kinderstudien nicht abgefragt.

Abb. 8.10 **Ängste: Vor Terroranschlägen und davor im Alltag bedroht oder geschlagen zu werden**

»Machen Dir folgende Dinge (manchmal oder sehr oft) Angst?«

Basis: Kinder im Alter von 6 bis 11 Jahren in Deutschland (Angaben in %)

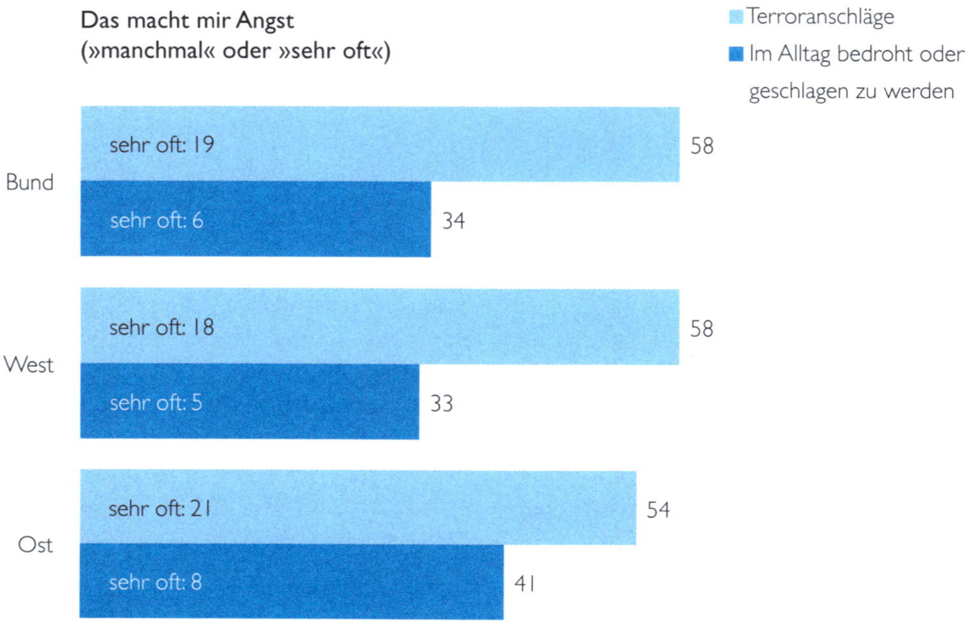

land gibt sogar an, dass es »sehr oft« Angst vor diesen Dingen hat. Diese früher in Deutschland eher »abstrakten« Bedrohungen werden demnach auch für 6- bis 11-Jährige immer konkreter. Die Angst davor, im Alltag unmittelbar bedroht oder geschlagen zu werden, in der Regel durch andere Kinder, Jugendliche oder auch Erwachsene, ist hingegen nicht angestiegen.

Interessant ist an dieser Stelle auch der Ost-West-Vergleich (Abb. 8.10). Kinder aus dem Westen fürchten sich zu 58 % etwas häufiger vor Terroranschlägen als Kinder aus dem Osten zu 53 %. Dies gilt sowohl für Mädchen (West: 60 %, Ost: 55 %) als auch für Jungen (West: 57 %, Ost: 52 %). Sowohl im Westen als auch im Osten steht diese Angst jedoch an der Spitze der Häufigkeiten der von uns abgefragten Ängste. Die Differenzen in den Häufigkeiten sollten von daher auch nicht überbewertet werden. Vor Gewalt im Alltag fürchten sich hingegen im Westen mit 33 % weniger Kinder als im Osten mit 41 %. Auch dies gilt sowohl für Mädchen (West: 32 %, Ost 40 %) als auch für Jungen (West: 33 %, Ost: 42 %). Diese Abweichungen sind im Vergleich deutlich größer. Darüber, welche Konsequenzen diese unterschiedlichen Wahrnehmungen bei Kindern aus den alten und aus den neuen Bundesländern in Bezug auf ihre sonstigen Einstellungen oder Verhaltensweisen im Alltag haben, können wir an dieser Stelle keine wei-

Abb. 8.11 **Angst vor Zuwanderung und Angst vor Ausländerfeindlichkeit**
»Machen Dir folgende Dinge (manchmal oder sehr oft) Angst?«
Basis: Kinder im Alter von 6 bis 11 Jahren in Deutschland (Angaben in %)

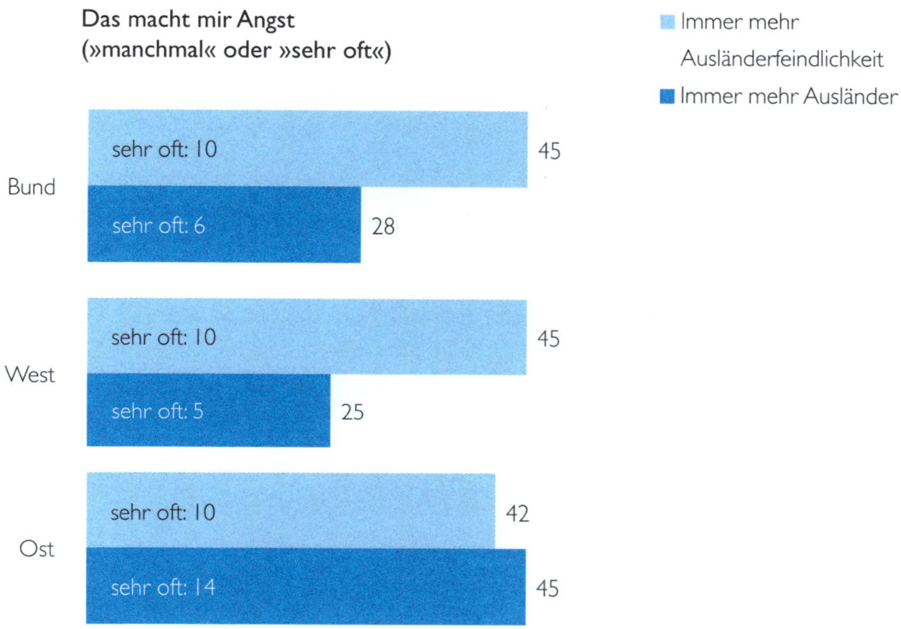

teren Aussagen machen. Zu vermuten ist allerdings, dass die unterschiedliche Bewertung der eigenen alltäglichen Lebensumstände zum Beispiel in Bezug auf ihre Einstellungen gegenüber anderen durchaus Konsequenzen haben kann.

Fast jedes zweite Kind in Deutschland benennt die Angst vor zunehmender Ausländerfeindlichkeit

45 % benennen als Angst, dass immer mehr Menschen in Deutschland gegen Ausländer sind (35 % »manchmal«, 10 % »sehr oft«). Die Abfrage ist neu auf der Liste. Insgesamt rangiert sie in etwa gleichauf mit der Angst vor Armut, vor Umweltverschmutzung und auch vor schlechten Schulnoten.

Vor immer mehr Ausländern, die nach Deutschland kommen, fürchten sich hingegen nur 28 %, damit allerdings etwas mehr als 2013 (19 %).

Im Vergleich sorgen sich Kinder demnach deutlich häufiger um Ausländerfeindlichkeit als um einen wachsenden Zuzug (Abb. 8.11). Dabei überrascht nicht, dass diejenigen, die eine distanzierende Haltung gegenüber geflüchteten Kindern haben, weniger häufig die Sorge vor zunehmender Ausländerfeindlichkeit benennen, dafür aber mehrheitlich die vor Zuzug. Ähnliches gilt generell auch für Kinder aus dem Osten. Hier überwiegt ebenfalls knapp die Angst vor einem

Abb. 8.12 **Beurteilung der Gerechtigkeit im Umgang mit anderen Menschen**

»Was denkst du: Wie gerecht oder ungerecht wird in Deutschland insgesamt mit geflüchteten Menschen umgegangen?« »Und was meinst du, wie ist das mit anderen Gruppen? Wie ist das mit ...?«

Basis: Kinder im Alter von 6 bis 11 Jahren in Deutschland (Angaben in %)

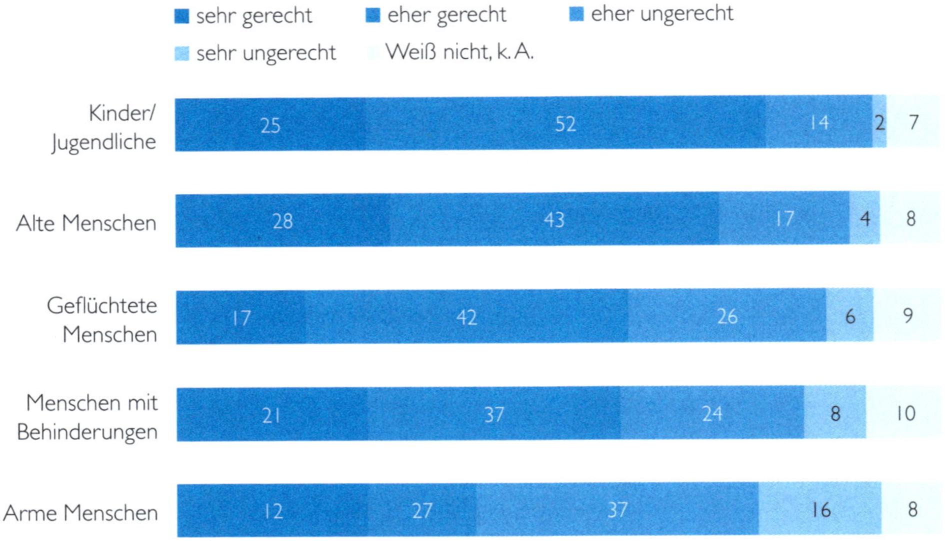

weiteren Zuzug (West: 25 %, Ost: 45 %) gegenüber der Angst vor zunehmender Ausländerfeindlichkeit (West: 45 %, Ost: 42 %).

Eher ungerecht ist, wie in Deutschland mit armen Menschen umgegangen wird

Den Umgang mit bestimmten sozialen Gruppen in Deutschland bewertet die Mehrheit der Kinder eher positiv (Abb. 8.12). Dies gilt für den Umgang mit Kindern und Jugendlichen (25 % »sehr gerecht«, 52 % »eher gerecht«), den Umgang mit alten Menschen (28 % »sehr gerecht«, 43 % »eher gerecht«), den Umgang mit Menschen mit Behinderung (21 % »sehr gerecht«, 37 % »eher gerecht«) und auch für den Umgang mit Geflüchteten (17 % »sehr gerecht«, 42 % »eher gerecht«).

Anders verhält es sich beim Umgang mit armen Menschen. Dieser wird von den Kindern mehrheitlich als (eher) ungerecht bewertet (12 % »sehr gerecht« und nur 27 % »eher gerecht«).

Seit der letzten Kinderstudie 2013 haben sich die Bewertungen der Kinder, wie in Deutschland mit bestimmten und häufig auch benachteiligten Gruppen umgegangen wird, etwas verbessert, ohne dass sich dabei aber etwas an der grundsätzlichen Sicht der Kinder verändert hätte.

Kinder aus niedrigeren Herkunftsschichten finden Deutschland etwas ungerechter

Das Antwortverhalten ist vor allem von der Herkunftsschicht geprägt. Kinder aus der unteren Herkunftsschicht äußern etwas häufiger, dass der Umgang (eher) ungerecht sei. Dies gilt interessanterweise nicht nur mehrheitlich für die Bewertung des Umgangs mit armen Men-

Abb. 8.13 **Beurteilung der Gerechtigkeit im Umgang mit Geflüchteten nach Herkunftsschicht**

»Was denkst Du: Wie gerecht oder ungerecht wird in Deutschland insgesamt mit geflüchteten Menschen umgegangen?«

Basis: Kinder im Alter von 6 bis 11 Jahren in Deutschland (Angaben in %)

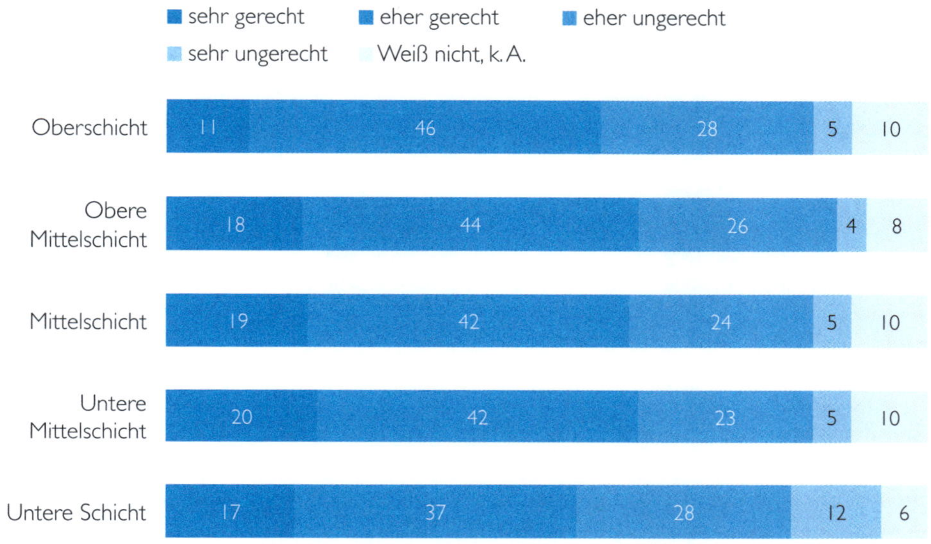

schen (»eher oder sehr ungerecht«: untere Schicht 69 %, untere Mittelschicht 52 %, Mittelschicht 50 %, obere Mittelschicht 49 %, Oberschicht 56 %), sondern auch gegenüber Menschen mit Behinderungen (»eher oder sehr ungerecht«: untere Schicht 52 %, untere Mittelschicht 33 %, Mittelschicht 30 %, obere Mittelschicht 26 %, Oberschicht 28 %).

Der Umgang mit geflüchteten Menschen wird ebenfalls von Kindern aus der unteren Herkunftsschicht am kritischsten bewertet (Abb. 8.13). Während Kinder aus der unteren Mittelschicht sowie aus der Mittelschicht den Sachverhalt weniger negativ bewerten, steigt der Anteil an eher kritischen Bewertungen bei Kindern aus der oberen Mittelschicht und der Oberschicht wieder etwas an (»eher oder sehr ungerecht«: untere Schicht 40 %, untere Mittelschicht 28 %, Mittelschicht 29 %, obere Mittelschicht 30 %, Oberschicht 33 %). Auch an dieser Stelle spiegeln sich die Einstellungsmuster, die Kinder aus den unterschiedlichen sozialen Herkunftsschichten gegenüber Geflüchteten kennzeichnen.

Interesse an Politik: Bei Kindern noch eher mäßig, bei den etwas älteren aber tendenziell leicht ansteigend

Als politisch interessiert bezeichnen sich 12 % der Kinder. Bei Kindern aus den gehobenen Herkunftsschichten trifft dies etwas häufiger zu (»interessiert oder stark interessiert«: unterste Schicht 7 %, untere Mittelschicht 6 %, Mittelschicht 9 %, obere Mittelschicht 14 %, Oberschicht 22 %). 27 % der Kinder können mit dem Begriff »Politik« nichts Richtiges anfangen und von daher keine Antwort geben.

Keine Veränderungen ergeben sich bei der Frage, ob Kinder glauben, dass »Politiker auch viel an Kinder denken, also da-

Abb. 8.14 **Interesse an Politik**

»Interessierst Du dich für Politik? Würdest Du sagen, Du bist gar nicht interessiert, wenig interessiert, interessiert, stark interessiert«?

Basis: Kinder im Alter von 6 bis 11 Jahren in Deutschland (Angaben in %)

»Interessiert« oder »sehr interessiert« sind …

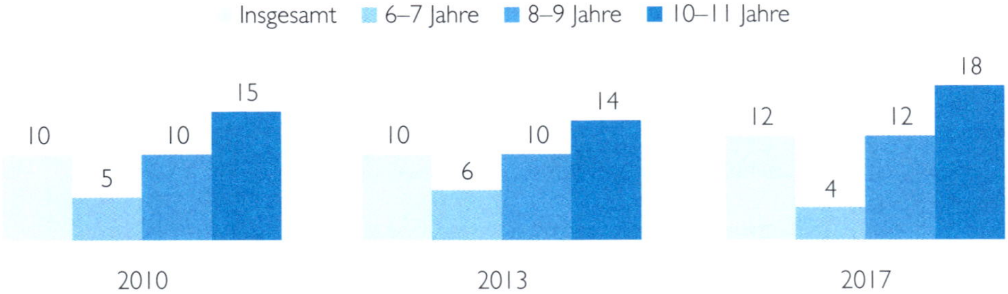

ran, was sie tun müssen, damit es Kindern gut geht«. 28 % glauben dies, 35 % eher nicht, 25 % sind unentschieden und 12 % geben hierauf keine Antwort (nur Kinder, die mit dem Begriff »Politik« etwas anfangen konnten). Ähnliche Ergebnisse fanden sich auch in den letzten Kinderstudien.

Kinder aus den gehobenen Schichten äußern ebenfalls häufiger, dass sich Politikerinnen oder Politiker für die Interessen von Kindern einsetzen (»eher ja«: unterste Schicht 17 %, untere Mittelschicht 18 %, Mittelschicht 27 %, obere Mittelschicht 33 %, Oberschicht 31 %).

Alles in allem scheinen sich zumindest bei den älteren Kindern gewisse Anzeichen eines ansteigenden politischen Interesses zu finden (Abb. 8.14). Für Jugendliche hatte die letzte Shell Jugendstudie einen Anstieg des Politikinteresses und damit einen Trendbruch gegenüber der Entwicklung in den 2000er Jahren ergeben (Schneekloth 2015). »Politik« ist für Kinder aber nach wie vor noch ein wenig greifbares Thema und bleibt von daher noch der Erwachsenenwelt vorbehalten.

Die 6- bis 11-Jährigen nehmen ihre Umwelt, und demnach die Gesellschaft, sensibel wahr und bewerten Entwicklungen aus ihrer Perspektive und vor dem Hintergrund des ihnen verfügbaren Erfahrungswissens. Fairness und Gerechtigkeit sind für sie, wie von uns auch in der letzten Kinderstudie dargestellt (Schneekloth/Andresen 2013), wichtige Kategorien, mit denen sie sich auseinandersetzen. Es lohnt sich, Kinder zu diesen Thematiken zu befragen und damit ihre Einstellungen und Wertungen sichtbar zu machen. Wir sind überzeugt, dass dies nicht nur für die Kinderforschung gilt, sondern auch generell und in Bezug auf die Beurteilung von gesellschaftlichen Fragestellungen von Bedeutung sein sollte.

Melanie Kuhn/Dilan Çinar/Sabine Andresen

9 Die qualitative Studie: 12 Portraits von Kinderpersönlichkeiten

Wie in den drei vorangegangenen World Vision Kinderstudien haben wir auch in dieser Studie die standardisierte Befragung von 2.550 Kindern mit einer qualitativen Interviewstudie kombiniert, in der wir zwölf Kinder in einem gut erprobten methodischen Zugang ausführlich zu ihren subjektiven Lebens-, Erfahrungs- und Sinnwelten befragt haben. Den ausführlichen Portraits der einzelnen Kinder stellen wir eine systematische Gesamtauswertung aller Interviews und eine Darstellung unseres methodischen Vorgehens voran. Vorab möchten wir uns bei allen Beteiligten für ihre Mitwirkung an der qualitativen Befragung bedanken. Ohne die Bereitschaft der hier portraitierten Kinder, uns weitreichende Einblicke in ihre Lebenswelt und ihre subjektive Sicht auf diese zu geben, und ohne die Zustimmung und Unterstützung ihrer Eltern wäre diese Studie so nicht zu realisieren gewesen.

9.1 Inhaltliche Ausrichtung und methodisches Vorgehen der qualitativen Teilstudie

Inhaltliche Ausrichtung: Die sozialräumlichen Netzwerke der Kinder und deren Perspektiven auf Flucht

Wie in den drei vorangegangenen Studien interessieren wir uns in der qualitativen Teilstudie erstens für die sozial-räumlichen Netzwerke der Kinder, für die Erlebnisse und Erfahrungen, die sie in ihren Lebenswelten machen und für ihr subjektives Wohlbefinden in den für sie relevanten Kontexten. Darüber hinaus setzen wir zweitens einen neuen inhaltlichen Schwerpunkt: Wir stellen die Perspektiven der Kinder auf die Flucht von Menschen nach Deutschland ins Zentrum unserer qualitativen Befragung und greifen damit den Themenschwerpunkt der vierten Studie auf. Indem wir die Kinder danach fragen, was sie über die Aufnahme geflüchteter Menschen in Deutschland denken, wie sie deren Wohlbefinden und Bedürfnisse einschätzen und was sie bezogen auf den Umgang mit geflüchteten Menschen in Deutschland als (un-)gerecht empfinden (vgl. Kap. 8), schließen wir unter einem aktuellen gesellschaftspolitischen Bezug auch an das Schwerpunktthema Gerechtigkeit der Kinderstudie von 2013 an. Damit erweitern wir die Erkenntnisse der vorangegangenen Studien um einen zusätzlichen thematischen Schwerpunkt und vertiefen zugleich die in der quantitativen Teilstudie gewonnenen Befunde um detaillierte Einblicke in die individuellen Lebenswelten und Sichtweisen einzelner Kinder.

Methodik und methodologische Reflexion

Die Auswahl der befragten Kinder

Insgesamt haben wir in der qualitativen Teilstudie zwölf Kinder befragt. Bei der Auswahl der Kinder haben wir darauf geachtet, dass wir den unterschiedlichen Lebensverhältnissen und -realitäten von Kindern in Deutschland gerecht werden und ein möglichst breites Spektrum von Kindheit*en* in unserer Studie abbilden. Wir haben Jungen und Mädchen aus Ost- und Westdeutschland befragt, die unterschiedlichen sozialen Schichten angehören, deren Eltern über unterschiedliche Bildungsabschlüsse verfügen und die in unterschiedlichen Familienformen, in Alleinerziehenden-Familien oder – z.T. erweiterten – Kleinfamilien, als Einzelkinder oder mit mehreren Geschwistern aufwachsen. Ebenso haben wir Kinder mit und ohne Migrationshintergrund befragt. Besonderen Wert haben wir daraufgelegt, dass auch Kinder aus dem ländlichen Raum hinreichend vertreten sind. Konkret sind dies die 9 Jahre alte Lisa, die mit ihrer Mutter in einem Dorf mit knapp unter 8000 Einwohnern, und der 8-jährige Johann, der mit seiner Mutter mit polnischem Migrationshintergrund in einer Gemeinde mit knapp über 8000 Einwohnern in Rheinland-Pfalz leben. Der 9-jährige Markus, dessen leiblicher Vater aus Eritrea kommt und dessen sozialer Vater ruandischen Migrationshintergrund hat, lebt mit seinen Eltern und seiner jüngeren Schwester in einem Dorf mit 4.500 Einwohnern in Hessen. Die 9-jährige Marie wiederum kommt aus einem kleinen Ort mit 2.500 Einwohnern in Nordrhein-Westfalen, in dem sie mit ihrem jüngeren Bruder und ihren beiden Eltern lebt. Jannis lebt mit seinen 9 Jahren in einem Dorf mit 5.000 Einwohnern in Bayern. Um trotz der großen Vielfalt an kindlichen Lebensverhältnissen und Erfahrungswelten auch analytische Vergleiche ziehen zu können, haben wir ausschließlich Kinder im Alter zwischen 8 und 9 Jahren befragt.

Den Zugang zu den befragten Kindern haben wir auf ganz unterschiedlichen Wegen gefunden: über Bildungsinstitutionen wie einen Hort oder eine Lernförderpraxis, aus dem Pool der am Pretest der quantitativen Teilstudie beteiligten Kinder (siehe Anhang A 1) sowie in Einzelfällen auch über weiter entfernte Netzwerke. Der vorangegangene Pretest der quantitativen Studie erlaubte uns, die Methode des Profil-Samplings zu nutzen und Profile der Kinder entlang der Merkmale wie prekäre oder privilegierte finanzielle Lebenssituation, mit oder ohne Migrationshintergrund sowie Wohnort (Stadt vs. Land) zu erstellen. Darüber hinaus hat uns ein von den Eltern ausgefüllter Strukturdatenfragenbogen dabei unterstützt, unser Sample entlang der anvisierten Heterogenitätsdimensionen sukzessive zu entwickeln, um so der Diversität der Lebenslagen und Lebensverhältnisse von Kindern in Deutschland bei der Auswahl der Teilnehmerinnen und Teilnehmer möglichst gerecht zu werden.[38]

38 Als Dankeschön erhielten die teilnehmenden Kinder eine Urkunde und ein Incentive in Form eines Gutscheins.

Wie wir konkret vorgegangen sind

Befragt wurden die zwölf Kinder in ausführlichen, etwa eineinhalbstündigen qualitativen Interviews, die von je einer Interviewerin bei den Kindern zu Hause durchgeführt wurden.[39] Den konkreten Ort der Befragung innerhalb der Wohnung, etwa ihr Kinderzimmer oder den Küchentisch, haben die Kinder zumeist selbst bestimmt – wie auch den anonymisierten Namen, mit dem ihr Fallportrait überschrieben ist. Unseren Befragungsleitfaden haben wir – wie auch die unterschiedlichen Methoden – in zwei Probeinterviews auf seine Praktikabilität hin getestet und in den Interviews flexibel an den jeweiligen Gesprächsverlauf angepasst. Unsere Maßgabe war dabei, den Kindern möglichst breiten Raum für die Darstellung ihrer eigenen Sichtweisen, Erfahrungen und Interessen zu geben.

Die sozial-räumlichen Netzwerke der Kinder

Das Herzstück und den spielerischen Einstieg in das Interview stellt der Aufbau der sozial-räumlichen Netzwerke der Kinder dar. Mit dieser qualitativen Netzwerkanalyse, die sich als Instrument in den vorangegangenen Kinderstudien sehr bewährt hat (Picot/Schroeder 2007; Schroeder/Picot/Andresen 2010; Schroeder et al. 2013), haben wir untersucht, an welchen Orten die Kinder sich täglich aufhalten, welchen Aktivitäten sie dort nachgehen, welche Personen ihnen in diesen Kontexten wichtig sind und wie sie ihre unterschiedlichen Lebenswelten erleben und bewerten.

Zunächst haben wir die Kinder gebeten, uns zu erzählen, was sie den Tag über so alles machen, und sie im Anschluss daran gefragt, welcher Ort denn der wichtigste für sie ist. Diesen für sie bedeutsamsten Ort haben die Kinder dann auf einer etwa einen Quadratmeter großen Unterlage zumeist am Boden, mitunter auch am Tisch, mit Holzbauklötzen aufgebaut und in einem zweiten Schritt mit Holzkegeln die für sie relevanten Personen, die sie an diesem Ort treffen, aufgestellt. Dadurch sind wir mit den Kindern in einen angeregten Austausch darüber eingetreten, was sie an diesem Ort »gut« und »nicht so gut« finden, was sie dort »gerne« und »nicht so gerne« machen und auch wie sie zu diesem Ort kommen. Von diesem wichtigsten Ort ausgehend haben die Kinder dann nach und nach weitere Orte aufgebaut, an denen sie ihren Alltag verbringen, und dabei unsere Fragen nach relevanten Personen, Aktivitäten und ihrer räumlichen Mobilität beantwortet und so ihr individuelles und bisweilen hoch ausdifferenziertes sozial-räumliches Netzwerk Zug um Zug plastisch dargestellt.

Über diese spielerische Befragungsweise hat sich zwischen uns und den Kindern rasch ein lockeres Gespräch entwickelt, das das für Interviewsituationen typische Ablaufschema von Frage und Antwort abgeschwächt hat. Durch die ihnen vertraute Tätigkeit des Aufbauens konnten die Kinder ihre Lebenswelten anschaulich präsentieren und sich dabei selbst vergewissern, ob sie alles bedacht haben. Zudem konnten sie im Verlauf des Interviews auch an bereits aufgestellte Orte thematisch ›zurückkehren‹. Ausnahmslos alle Kinder haben diese qualitative Netzwerkanalyse sehr engagiert mit uns durchgeführt. Als Expertinnen und Experten für ihre eigene Lebenswelt haben sie uns sehr bereitwillig Einblicke in ihre individuellen Lebenskontexte gegeben.

39 Geführt wurden die Interviews von Dilan Çinar, Melanie Kuhn und Johanna Wilmes.

Die Perspektiven der Kinder auf Flucht

Die Perspektiven der Kinder auf Flucht sind ein weiterer thematischer Schwerpunkt der qualitativen Studie. Angelehnt an die Items der quantitativen Befragung hat uns in den Interviews ein Interesse an folgenden Fragen geleitet: Was denken Kinder über die Aufnahme von geflüchteten Menschen in Deutschland? Was wissen sie über dieses Thema, welche Bedeutung hat es für sie in ihrem Alltag? Welche Ursachen hat Flucht in der Wahrnehmung der Kinder? Inwiefern haben sie Kontakte mit geflüchteten Menschen? Wie geht es geflüchteten Menschen nach Ansicht der Kinder in Deutschland und was benötigen diese für ihr Wohlergehen? Was sollte Deutschland tun, um diesen jüngst migrierten Menschen das Einleben zu erleichtern und ihnen gesellschaftliche Teilhabe zu ermöglichen? Wie argumentieren die Kinder in Gerechtigkeitsfragen, die Hilfe und Unterstützung für geflüchtete Kinder zum Thema machen? Plädieren sie auch dann noch für Hilfe und Unterstützung, wenn die Helfenden selbst dadurch Nachteile erfahren?

Wie wir es vorab erwartet haben, ist das Thema Flucht, das zum Teil weit von ihrer persönlichen Erfahrungswelt entfernt liegt, nicht für alle befragten Kinder in gleicher Weise relevant (vgl. auch Kap. 8). Gleichwohl haben sich die meisten Kinder ausführlich zu unseren Fragen geäußert. Nur ein kleinerer Teil kann mit diesem Thema ›weniger anfangen‹, was sich mitunter in längerem Schweigen, vergleichsweise kürzeren Antworten oder etwa der Auskunft »weiß ich nicht« ausdrückt. Eines der Kinder bekannte auch, dass es nicht gerne über so »traurige Dinge sprechen« möchte. Mit zwei methodischen Zugängen haben wir das Thema Flucht konkretisiert und sind mit den Kindern darüber ins Gespräch gekommen.

Als ersten Stimulus haben wir zehn Bildkarten, die Flucht auf unterschiedliche – aber nicht immer eindeutige – Weise visualisieren, mitgebracht und die Kinder gebeten, die Bilder auszuwählen, über die sie mit uns sprechen möchten. Die Kinder wurden dadurch angeregt, sich über die abgebildeten Situationen Gedanken zu machen und sich in die Perspektive der abgebildeten Personen einzufühlen. Die Deutungsoffenheit einiger Bildkarten sollte den Kindern zudem den Raum eröffnen, sie als Repräsentationen von Flucht interpretieren zu können oder sie auch als ›gewöhnliche‹ Alltagssituationen zu lesen.

Als zweiten Ansatz haben wir vier unterschiedliche Fallvignetten entwickelt, die das Thema Flucht im alltagsnahen Kontext Schule verorten. Die Fälle zentrieren sich um Fragen von Hilfe und Unterstützung für und Solidarität mit geflüchteten Kindern. Diese manchmal schwer zu entscheidenden Fallkonstellationen haben wir den Kindern jeweils vorgelesen und sie mit den anschließenden Fragen »Was denkst Du darüber?« oder »Wie findest Du das?« gebeten, Position zu beziehen. Die Fallgeschichten geben wir hier verdichtet wieder.

Fallgeschichten zum Thema ›Flucht‹

›Spendenaktion‹: An einer schulischen Spendenaktion für geflüchtete Familien, zu der Schülerinnen und Schüler Bücher, Kuscheltiere oder anderes Spielzeug mitbringen sollen, das sie spenden möchten, haben Meral und Jonas sich nicht beteiligt und nichts mitgebracht.

Gefragt haben wir die Kinder im Interview, wie sie es finden, dass zwei Kinder nichts mitgebracht haben, und ob sie sich vorstellen können, warum sie sich nicht beteiligt haben. Auch was die anderen Kinder der Klasse wohl zu den beiden Kindern gesagt haben und was sie nach Ansicht des befragten Kindes hätten sagen sollen, wollten wir wissen.

›Helfen im Unterricht‹: Die Fallvignette ›Helfen im Unterricht‹ haben wir zweistufig aufgebaut. Zunächst wird folgende Situation geschildert: Weil das geflüchtete Kind Mayla, das neu in die Klasse gekommen ist, noch nicht so gut Deutsch kann, setzt der Lehrer es zwischen die beiden besten Freundinnen Sabrina und Jasmin. Wie die Kinder das finden, haben wir zunächst gefragt.

Im zweiten Teil der Fallgeschichte geht es darum, dass Jasmin Mayla immer hilft, wenn diese etwas nicht verstanden hat. Deshalb hat sie aber auch schon mal selbst eine schlechtere Note geschrieben.

Auch hier wollen wir von den Kindern wissen, was sie darüber denken und ob sie das für eher gerecht oder für eher ungerecht halten. Weiter haben wir die Kinder gefragt, welche anderen Lösungsmöglichkeiten es für diese Situation noch geben könnte.

›Unterrichtsstoff wiederholen‹: In dieser Fallgeschichte geht es darum, dass fünf geflüchtete Kinder neu in die Klasse gekommen sind. Damit auch die neuen Kinder im Unterricht mitkommen, muss die Klasse einigen Lernstoff wiederholen, was für die anderen Kinder aber langweilig ist.

Hier haben wir die Kinder gefragt, ob sie das verstehen und ob es aus ihrer Sicht gerecht oder ungerecht ist. Wie die Situation für die fünf geflüchteten Kinder nach Ansicht der befragten Kinder wohl ist, hat uns auch interessiert.

›Traurig und einsam sein‹: Sofian, der mit einem weiteren geflüchteten Jungen in die Schule gekommen ist, ist oft traurig und weint manchmal im Unterricht. Auf dem Pausenhof sieht man Sofian meist alleine.

Hier haben wir die Kinder zunächst gefragt, ob sie eine Idee haben könnten, was mit Sofian los sein könnte und sie dann gefragt, was sie selbst für Sofian machen würden.

Die fiktiven Fallvignetten wurden von allen Kindern – auch von diejenigen, die zum Thema Flucht und unseren zehn Bildkarten zunächst wenig sagen konnten oder auch wollten – recht gut angenommen. Mitunter war ihnen ihr ›Ringen‹ um die Einnahme einer Position in den eher dilemmatisch angelegten Geschichten ›Helfen im Unterricht‹ und ›Stoff wiederholen‹, deutlich anzumerken.

Fallgeschichten zum Thema ›Gerechtigkeit‹

Um Gerechtigkeitsvorstellungen der Kinder auch über das Schwerpunktthema Flucht hinaus zu erheben, haben wir zusätzlich Fallvignetten aus der World Vision Studie von 2013 erneut verwendet und den Kindern vorgelegt. Ausgewählt haben wir die beiden Vignetten, die nah an ihrer schulischen und familialen Erfahrungswelt liegen. Auch hier haben wir die Kinder gebeten, sich zu den Fallgeschichten zu positionieren und die eingenommene Position zu begründen.

›Mehrheit und Minderheit‹: In der zweistufigen Fallgeschichte geht es darum, dass die Klasse darüber abstimmen darf, wohin es beim Schulausflug geht. Es stimmen immer mehr Kinder für das Schwimmbad als für den Zoo, weswegen die Klasse bereits zweimal schwimmen war. Beim dritten Mal protestieren die Kinder, die gerne in den Zoo wollen.

Wir haben die Kinder zunächst offen gefragt, was sie darüber denken und in einem zweiten Schritt, ob (und wenn ja:

warum) die Klasse auch mal in den Zoo gehen sollte, obwohl mehr Kinder für das Schwimmbad sind.

Im weiteren Verlauf der Fallgeschichte wünscht sich Lisa als Einzige immer einen Besuch im Museum, worauf von den anderen Kindern kaum eines Lust hat.

Sollte die Klasse trotzdem mal ins Museum gehen, haben wir die Kinder gefragt. Interessiert hat uns darüber hinaus auch, was nach Ansicht der Kinder in dieser Situation gerecht ist und was sie denken, wie sich Lisa fühlt.

›Geld für Noten‹: Die Zwillingsbrüder Lukas und Philipp bekommen von ihren Eltern für jede ›Eins‹, die sie als Schulnote erhalten, zwei Euro Belohnung und für jede ›Zwei‹ einen Euro. Philipp, der kaum zu üben braucht, schreibt immer eine ›Eins‹ oder eine ›Zwei‹. Lukas hingegen lernt viel, strengt sich sehr an und schafft aber oft nur eine ›Drei‹, für die es kein Geld gibt, und selten eine ›Zwei‹. Lukas beschwert sich bei seinen Eltern, dass es unfair sei, dass er fast nie eine Belohnung bekommt, obwohl er viel mehr als Philipp arbeitet.

Auch hier war unsere erste Frage, was die Kinder darüber denken. Weiter haben wir die Kinder gefragt, ob sie verstehen können, warum Lukas die Regelung ungerecht findet und wie sie selbst entscheiden würden, wenn sie die Mama bzw. der Papa der beiden wären.

Abschluss

Beendet haben wie jedes qualitative Interview mit zwei Fragen: Gibt es noch etwas, worüber wir noch nicht geredet haben, was Du aber wichtig findest? Und: Wenn Du Kanzlerin/Kanzler, also die Bestimmerin/der Bestimmer von Deutschland wärst, was würdest Du machen? Würdest Du etwas verändern?

Auswertung der Interviews

Alle audioaufgezeichneten Interviews wurden vollständig transkribiert und anonymisiert. Die im Kapitel 1 grundgelegten Aspekte dienten in einer ersten stärker inhaltsanalytischen Auswertung im Forschungsteam[40] als sensibilisierende Konzepte (Blumer 1969). Diese gaben uns Aufmerksamkeitsrichtungen vor, ohne dabei unsere Aufmerksamkeit für Unerwartetes, Überraschendes und für die Kinder Relevantes einzuschränken. Ausgewählte Ausschnitte aus den Interviews haben wir ergänzend in einer sequenziellen Feinanalyse sinnrekonstruktiv ausgewertet. Nach einer auf die einzelnen Interviews bezogenen Auswertung, deren verdichtete Ergebnisse sich in den zwölf Fallportraits finden, haben wir eine vergleichende, interviewübergreifende Analyse vorgenommen und die zentralen Ergebnisse in der Gesamtauswertung zusammengefasst.

Methodologische und forschungsethische Fragen

Sprechen mit und Sprechen für Kinder

Wie es in Kapitel 1 dargelegt wurde, sind die World Vision Kinderstudien vom Anspruch getragen, *mit* Kindern als Expertinnen und Experten für ihre eigene Lebenswelt zu sprechen und deren Sichtweisen auf ihr eigenes Leben zu untersuchen. Das Recht eines jeden Kinder darauf, ›gehört zu werden‹, ist für uns nicht nur eine juristische Vorgabe, die sich auf existenzielle Fragen im Kontext von Jugendhilfe- und Sorgerechtsverfahren be-

40 Ausdrücklich möchten wir auch den Forschungspraktikantinnen und Forschungspraktikanten Lina Jochim, Jasminder Pal und Elena Torka für ihre tatkräftige Unterstützung danken.

schränkt. Die Forderung, Kinder in *allen* sie betreffenden Fragen anzuhören und zu beteiligen, wie es die UN-Kinderrechtskonvention fordert, zielt auch auf die sozialwissenschaftliche (Kindheits-)Forschung selbst. Diese mündet nach unserem Verständnis in einer ethischen Verpflichtung, im advokatorischen Sinne stellvertretend *für* Kinder zu sprechen und deren Ansichten und Meinungen im wissenschaftlichen, öffentlichen und politischen Diskurs sicht- und hörbar zu machen (vgl. auch Kap. 10). Die World Vision Kinderstudien reihen sich so in einen Strang einer sozialwissenschaftlichen Kindheitsforschung ein, die es sich zur Aufgabe gemacht hat, die Perspektiven von Kindern zu erforschen und zu kommunizieren. Zur Umsetzung dieses Anspruchs wurden nicht nur zahlreiche methodische Vorschläge gemacht, etwa wie man die hierarchische Differenz zwischen erwachsenen Forschenden und befragten Kindern möglichst abschwächen kann oder welche Erhebungsverfahren sich dafür besonders eignen (z.B. Fuhs 1999; Lipski 2000). Es wurden auch kritische Einwände gegenüber den Ansprüchen, die ›Perspektiven von Kindern‹ zu erforschen und Kindern ›eine Stimme zu geben‹, formuliert (z.B. von Honig/Lange/Leu 1999b; Honig 1999; Mey 2001; Bühler-Niederberger 2007). Drei Aspekte dieser Kritik möchten wir thematisieren:

- Die Perspektive von Kindern zu untersuchen bedeutet nicht, die Perspektiven oder die Stimmen von Kindern ›authentisch‹ und ›ungefiltert‹ wiederzugeben. Erwachsene Forscherinnen und Forscher verfolgen auch in den Kinderstudien bestimmte Forschungsinteressen, stellen spezifische Fragen und werten die Daten aus.
- Entsprechend bleibt auch die generationale Differenz zwischen Interviewerin und befragtem Kind bestehen. Allerdings gilt es zu bedenken, dass *jedes* Interviewverhältnis – auch eines unter Erwachsenen – hierarchische Züge trägt: Eine Person will von einer anderen etwas erfahren. Nicht nur Kinder entziehen sich dem zuweilen durch Schweigen oder Ausweichen und es gehört zu den forschungsethischen Anforderungen, ihnen dies von Beginn an zu ermöglichen.
- Die Perspektive von Kindern muss sich auch nicht substanziell von der der Erwachsenen unterscheiden. Vielmehr ist (Fremd-)Verstehen eine grundlegende Herausforderung *jeder* qualitativen Forschung. Es handelt sich eben nicht um ein Spezialproblem der Kindheitsforschung.

Konkret heißt das für die Gestaltung von Interviewsituationen, den Kindern einen möglichst vertrauten Raum zu schaffen, in dem sie sich offen äußern können, aber auch ohne Angst vor Sanktionen schweigen dürfen. Im qualitativen Teil stellen wir auch sehr offene Fragen oder geben lediglich Impulse, die den Kindern Spielräume zum Erzählen eröffnen.

Herausgefordert waren wir in unserer Orientierung an der kindlichen *Selbst*repräsentation durch die Frage, wie wir mit Wissen umgehen sollen, das wir von anderen Personen über die Kinder und ihre Lebenswelt erhalten haben. Beispielsweise haben wir ein Kind als Interviewpartnerin über eine lerntherapeutische Lernförderpraxis gewonnen, die es wöchentlich aufsucht – was auf schulische Probleme des Kindes zumindest hindeutet. Da das Kind selbst aber im Interview weder auf schulische Probleme noch auf den wöchentlichen Lernförderunterricht Bezug genommen hat, haben wir uns entschieden, dies im Fallportrait auch nicht zu thematisieren und nur das abzubilden, was vom Kind selbst zum Thema gemacht wurde. Anders entschieden haben wir in den Fällen, in denen ein solches Wissen wichtig dafür war, die sozialen Rahmenbedingungen der Kinder besser zu verstehen. Johann beispielsweise besucht nach Auskunft seiner Mutter deshalb eine Schule und einen Hort im Nachbarort, weil sie im Wohnort keinen Hortplatz bekommen haben. Als alleinerziehende Mutter mit Migrationshintergrund hat sie dies als Diskriminierung erlebt und daraufhin alle Kontakte im Wohnort abgebrochen. Dies erklärt, warum Johanns Freunde nicht ›vor Ort‹, sondern im Nachbardorf leben.

Sprechen über die befragten *und* die geflüchteten Kinder

Ein Sprechen *mit* und *für* Kinder bedeutet in Kinderstudien immer auch ein Sprechen *über* Kinder: Wenn wir unsere Untersuchungsergebnisse darstellen und etwa die Kinder portraitieren, dann erzeugen wir immer auch Bilder und Repräsentationen von Kindern. In dieser Studie mit dem Themenschwerpunkt Flucht zeigt sich der für sozialwissenschaftliche Studien an sich sehr grundlegende Aspekt der Repräsentation aber nochmal auf eine andere Weise, wie wir an einigen Punkten verdeutlichen und reflektieren möchten:

Wenn wir die Kinder in den Interviews fragen, was sie darüber denken, dass in letzter Zeit viele Menschen nach Deutschland geflüchtet sind, oder ihre Gerechtigkeitsvorstellungen im Kontext der Unterstützung von geflüchteten Kindern erheben, dann laden wir sie damit zum Sprechen *über* geflüchtete Kinder ein. Kinder mit Fluchterfahrungen kommen hingegen nicht zu Wort.[41]

In unseren Leitfragen der qualitativen Studie haben wir vermieden, Fragen zu stellen, die *explizit* auf einen Unterschied zwischen geflüchteten Kindern und nicht geflüchteten Kindern abheben. Allerdings unterscheiden wir durchaus *implizit* zwischen einem ›Wir‹ der seit Langem in Deutschland lebenden Menschen und den ›Anderen‹, den neu(er) hinzugekommenen, geflüchteten Menschen. Das ist bereits dann der Fall, wenn wir die Kinder etwa fragen, was sie denken, wie es *den* geflüchteten Menschen in Deutschland geht. An diesen Beispielen wird deutlich, dass wir in unserer Studie immer wieder eine Differenz zwischen geflüchteten und nicht geflüchteten Kindern erzeugen und implizit die geflüchteten Menschen als die ›Anderen‹ darstellen (weiterführend Diehm/Kuhn/Machold 2010; Riegel 2016).

Unsere Fallvignetten haben sich als sehr ertragreich erwiesen, um die Hilfsbereitschaft der befragten Kinder zu untersuchen. In diesen Fallgeschichten werden geflüchtete Kinder allerdings in erster Linie in ihrem Hilfs- und Unterstützungsbedarf und weniger als handlungsmächtige Subjekte dargestellt.

Auch unsere Frage nach den Ursachen von und Gründen für Flucht war für unser Forschungsinteresse in hohem Maße aufschlussreich. Möglicherweise haben wir damit aber auch indirekt einen öffentlich dominanten Themenstrang über ›legitime‹ und ›illegitime‹ Gründe für Fluchtbewegungen aufgegriffen bzw. die befragten Kinder dazu ermutigt, diesen zu reproduzieren.

Geht man davon aus, dass Kinder nicht außerhalb der Gesellschaft stehen, sondern ein Teil dieser sind, so ist es erwartbar, dass sich in den Interviews auch die Vielfalt der

41 Hier möchten wir allerdings auf die ebenfalls von World Vision geförderte Studie »Angekommen in Deutschland. Wenn geflüchtete Kinder erzählen« (Andresen/Gerarts 2016) verweisen.

kontroversen gesellschaftlichen Positionen und Diskurse um Flucht finden. Kinder sind in ihren Perspektiven auf und in ihrem Umgang mit Differenz nicht per se offen und tolerant, sondern nutzen durchaus auch machtvolle Praktiken der Differenzierung – zum Einbezug wie auch zur Ausgrenzung von Kindern (Diehm/Kuhn 2006). In wenigen Fällen haben sich auch Kinder unseres Samples skeptisch und/oder stereotyp gegenüber geflüchteten Menschen geäußert. Hier haben wir versucht, die geäußerten Ansichten nicht einfach nur abzubilden, wie sie von den Kindern formuliert wurden, sondern solche Aussagen in den konkreten Lebens- und Erfahrungskontext des Kindes zu stellen und verstehbar zu machen.

9.2 Die sozial-räumlichen Netzwerke der Kinder

Die Netzwerkanalyse bildet innerhalb der World Vision Kinderstudien (2007, 2010 und 2013) das qualitative Fundament der am Kind orientierten Forschungsmethoden zur Rekonstruktion seiner sozialräumlichen Lebenswelt. Sie ermöglicht eine kindgerechte Befragung, einen spielerischen Erzählanreiz und Bezugspunkte, auf die das Kind als Experte während des Interviews auf einfache Weise zurückgreifen kann.

Das mit Bausteinen aufgebaute Netzwerk lässt sowohl Rückschlüsse auf die kindlichen Alltagsrealitäten als auch auf die erfahrenen Beziehungen, die subjektiven Wahrnehmungen, Aktivitäten und Handlungsspielräume zu. Es fokussiert die Lebenswelten der Kinder aus der Perspektive der Kinder. Die sozialräumlichen Netzwerke werden von den Kindern selbständig aufgestellt und zuweilen während des Interviews auch umgearbeitet.

Anhand der qualitativen Netzwerkanalyse werden nicht nur die unterschiedlichen Orte und die Distanzen zwischen den verschiedenen Orten transparent, sondern auch die relevanten Personen, die Kinder (dort) treffen, sowie die Dichte und Anzahl der subjektiv wichtigen Kontakte. Ein Zitat von Lilli zeigt exemplarisch, dass die meisten Kinder genau unterscheiden. Sie wird gefragt, ob noch weitere wichtige Menschen in ihrer Aufstellung fehlen: *»Also keine wichtigen Menschen mehr. Sonst treffe ich halt ganz viele.«*

Relevante Orte der Kinder: Diversität von Betreuungsformen

Die qualitative Netzwerkanalyse visualisiert bedeutsame regionale Beziehungen, ortsgebundene Interaktionen und Aktivitäten der Kinder. Diese spielerische Methode erleichtert es den Kindern, ihren Tagesablauf strukturierter zu erzählen und die Orte, an denen sie sich während einer Woche aufhalten, und in einigen Fällen auch transnationale Beziehungen, die sich außerhalb ihres persönlichen Nahraums befinden, räumlich aufzuzeigen.

Jedes Kind, mit Ausnahme von Markus, beschreibt neben dem eigenen Zuhause die Schule als einen der ersten relevanten Orte seiner Lebenswelt – schließlich hält es sich einen Großteil seiner Zeit in der Schule auf. Die Interviews lassen erkennen, dass die Schule für die Kinder, genauso wie für manche der Hort, keine reine Bildungsinstitution darstellt, sondern mindestens im gleichen Maße als sozialer Raum zu verstehen ist, an dem Kinder ihre Freunde und Peers regelmäßig sehen, sie schulklassenübergreifend soziale Kontakte pflegen und Zeit zusammen verbringen. Sie erfahren, dass sie sich nicht mit allen Peers gleich gut verstehen (müssen). Gleichzeitig lernen sie, mit Verhaltensweisen anderer, die ihnen widerstreben, umzugehen. Die soziale Dimension der Schule sticht auch durch die mehrfachen Nennungen des Pausenhofs als wichtigem Ort zum Spielen und Regenerieren abseits von Klassenzimmer und Unterricht hervor.

Ein Drittel des qualitativen Samples wird nach der Schule in einem Hort betreut. Dazu gehören Hendrik, Lilli, Ronja, die in der Stadt leben, und Johann, das einzige Hortkind, das auf dem Land lebt. Die anderen Kinder, die in ländlichen Regionen leben, besuchen keinen Hort. Weitere wichtige Orte für Kinder, an welchen sie regelmäßig sind, sind entweder das Zuhause ihrer Freundinnen und Freunde oder institutionalisierte Hobbys, bei welchen sie diese treffen. Gut die Hälfte der Kinder geht mindestens einem Hobby außerhalb ihres Zuhauses nach; Ronja nennt sogar drei verschiedene. Ob die Kinder in ländlichen oder urbanen Regionen leben, hat nur geringen Einfluss auf die Art und Anzahl der regelmäßigen Hobbys. Das Verhältnis ist ausgeglichen: Hendrik (Stadt), Ronja (Stadt), Mia (Stadt), sowie Johann (Land), Markus (Land), Lisa (Land) nennen unterschiedliche Freizeitbeschäftigungen außerhalb ihres Zuhauses.

Zu diesen Hobbys gehören verschiedene Sportarten wie Basketball, Fußball, Radball, Ballett und Kugellaufen. Weitere Freizeitbeschäftigungen zielen auf künstlerisch-gestalterische Beschäftigungen wie Tanzen, Gitarre spielen und Nähen. Drei Mädchen (Ina, Lilli, Leonie), die im städtischen Umfeld leben, gehen keiner institutionell gebundenen Freizeitgestaltung nach. Wo halten sie sich dann nach der Schule bzw. nach dem Hort oder am Wochenende gerne auf? Hier werden Orte genannt wie Schwimmbäder, Sehenswürdigkeiten, Geschäfte, Parks, Spielplätze oder schlichtweg *»draußen«*.

Wer gehört zur Familie?

Im Sample der interviewten Kinder finden sich ganz unterschiedliche Formen von Familie. Die Größe der Familien erstreckt sich von alleinerziehenden Eltern mit Einzelkindern bis hin zu Familien mit zwei Elternteilen oder Familien mit mehr als zwei erziehungswilligen Erwachsenen. Darunter fallen auch Rollen wie soziale Vaterschaft oder die mögliche Unterstützung durch Großeltern.

Die Familiengröße der Kinder lässt sich grob in drei Teile gliedern: Es gibt neben den Einzelkindern, Familien mit zwei bis drei Kindern sowie kinderreiche Familien mit mindestens vier Kindern.

Generell lässt sich feststellen, dass die Kinder Familie als ein generationsübergreifendes Konzept verstehen und ihre Großeltern und (Paten-) Onkel und Tanten als bedeutungsvolle Familienmitglieder kategorisieren – auch wenn oder vielleicht gerade weil einige davon im Ausland leben und man sie nicht oft sieht. Familienmitglieder der älteren Generation, die in der unmittelbaren Umgebung der Kinder wohnen, findet man in den Netzwerken von Lisa, Marie und Hendrik. Johann baut das Haus seiner Großeltern als ersten und wichtigsten Ort für sich auf, obwohl diese in Polen leben.

Vier Kinder leben als Einzelkinder in ihren Familien, das sind Mia, Johann, Lisa und Ina. Bei Lisa ist die Großmutter aktiv in das Leben ihres Enkelkinds eingebunden und hilft bei der Erziehung und Betreuung. Dies ist einer der Gründe dafür, dass die Großeltern auf dem sozial-räumlichen Netzwerk von den Kindern miterfasst werden.

Marie, Lena, Lilli und Jannis haben jeweils ein oder zwei Geschwisterkinder und leben in einem Zwei- bis Drei-Kinder-Haushalt. Jannis ist mit seinen 9 Jahren schon Onkel und seine Schwester, ihr Freund und deren gemeinsames Kind leben in der obersten Etage des Familienhauses.

Im qualitativen Sample gibt es drei Kinder, die mit mehreren Geschwistern aufwachsen; Ronja wohnt mit drei weiteren Schwestern zusammen, die zwei jüngeren Schwestern sind ein Zwillingspaar. Leonie teilt sich mit einer älteren und einer jüngeren Schwester und ihren beiden jüngeren Brüdern ein Zimmer. Hendrik hat ebenso vier Geschwister; seine älteste Schwester ist adoptiert und sie und eine weitere Schwester leben schon in ihren eigenen Wohnungen. Im selben Haushalt lebt Hendrik mit seinem älteren Bruder, seiner älteren Schwester, seiner Mutter und seinen Großeltern.

Wie auch in der letzten qualitativen Studie von 2013 wachsen acht Kinder des Samples in einer Kernfamilie mit Mutter und Vater auf; dies trifft auf Ronja, Marie, Jannis, Lena, Lilli, Mia, Leonie und Ina zu. Mit beiden Elternteilen zu leben garantiert jedoch nicht, dass die Eltern genügend Zeit für ihre Kinder haben. Lilli und Leonie empfinden, dass sie ihre Väter aus beruflichen Gründen wenig sehen und wünschen sich mehr Zeit mit ihnen. Auch Ina erzählt, dass ihr Vater ihre Stiefschwester in der Ukraine besuchen fährt und dann mehrere Wochen weg ist.

Drei Kinder leben bei alleinerziehenden Elternteilen: die Mütter von Johann, Lisa und Hendrik sind alleinerziehend, wobei Hendrik und Johann nachmittags im Hort betreut werden. Während Johann und Hendrik keinen Kontakt zu ihren Vätern haben, verbringt Lisa regelmäßig Wochenenden bei ihrem Vater. Markus hat das Glück, zwei Väter aktiv in seinem Leben zu haben:

Markus: Bei meinem Vater in, also bei meinem richtigen Vater in Karlsruhe.
I: Aha.
Markus: Weil mein Vater und meine Mutter sich eigentlich getrennt hat. Und jetzt habe ich [einen] Stiefvater.

Markus' sozialer Vater lebt mit ihm und seiner Schwester und auch seinen »*richtigen*« bzw. leiblichen Vater sieht er regelmäßig. Hendrik hat neben zwei älteren Geschwistern auch seine Großeltern zur Fürsorge und auch Lisa ist öfters bei ihrer Großmutter, die in der unmittelbaren Umgebung lebt.

Manche Kinder zählen darüber hinaus auch ihre Haustiere zur Familie dazu.

Transnationalität von Familienbeziehungen

In den Familien von sechs Kindern verfügt mindestens ein Elternteil über Migrationserfahrungen. Jedes dieser Kinder ist in Deutschland geboren und hat seinen Lebensmittelpunkt in Deutschland.

Johanns Mutter ist aus Polen migriert und ihre Eltern leben noch dort. Johann besucht sie regelmäßig in den Sommerferien für mehrere Wochen und genießt die Zeit dort mit ihnen und ihren Hoftieren. Lena besucht ebenfalls ihre Oma in Portugal über den Sommer – je nachdem, wie lange ihr Vater Urlaub bekommt. Inas Halbschwester und väterliche Familienseite leben in der Ukraine und sie hält mit ihnen über Skype Kontakt. Mit ihrer Mutter besucht sie ihre Oma regelmäßig auf der Krim. Auch wenn Mia ihre Familie in Bangladesch nur alle paar Jahre sieht, sind für sie alle Familienmitglieder sowie der Familienzusammenhalt sehr wichtig. Hendriks Vater migrierte aus Kamerun, aber Hendrik war noch nie dort. Trotzdem offenbart er, wie wichtig ihm seine dort lebenden Tanten und Onkel sind, und stellt sie in seinem sozial-räumlichen Netzwerk auf.

Familiale Migrationserfahrungen führen aber nicht immer auch zu transnationalen (Familien-)Beziehungen. Markus' leiblicher Vater etwa kommt aus Eritrea und sein sozialer Vater, mit dem er zusammenwohnt und den er zu seiner Familie zählt, hat einen ruandischen Migrationshintergrund. Den Herkunftsländern seiner Väter und deren Familien weist Markus im Interview keine Relevanz zu.

Aber auch erweiterte familienähnliche Beziehungen mit transnationaler Dimension können für Kinder bedeutungsvoll sein. Jannis erzählt von seinem Patenonkel, der nach Brasilien ausgewandert ist und mit dem er ab und zu mit seinem Handy schreibt. Für die Kommunikation mit seiner Patentante muss er allerdings die Webseite Google-Übersetzer benutzen, da sie kein Deutsch spricht.

Entsprechend beschränken sich viele der Kinder beim Aufbau ihrer sozialräumlichen Netzwerke nicht auf den unmittelbaren persönlichen und räumlichen Nahraum, sondern bauen auch weiter entfernte Orte, wie etwa Johann das Haus seiner Großeltern in Polen, auf.

9.3 Spielräume für Selbst- und Mitbestimmung

Beim Aufbau ihres Netzwerkes und ihren Erzählungen thematisieren die Kinder auch ihre Spielräume im familialen und institutionellen Alltag. Sie sprechen über ihre Möglichkeiten zum Selbstbestimmen, über ihr Erleben von Selbstwirksamkeit (wie etwa gehört zu werden oder die Respektierung ihrer Wünsche), aber auch immer wieder über das Vorhandensein von Privatsphäre.

Selbstbestimmung in der Familie

Dass Selbstbestimmungsmöglichkeiten im Alltag im Zusammenhang mit der Lebenszufriedenheit von Kindern (vgl. Kap. 6) und deren sozialen Kompetenzen stehen (vgl. Kap. 5), wurde an unseren quantitativen Daten ersichtlich. Sich innerhalb der Familie selbstwirksam und selbstbestimmt zu fühlen, wird in der qualitativen Studie mehrheitlich von denjenigen Kindern als relevant für ihr Wohlbefinden bezeichnet, die dieses Privileg tatsächlich genießen können. Bei den restlichen Kindern wird ein Mangel an Selbstbestimmung laut und sie kritisieren bzw. bemängeln die Folgen des Fehlens ihrer eigenen und der von ihren Eltern zugetrauten Selbstwirksamkeit und Selbstbestimmung.

Wenn es um das familiäre Freizeitprogramm von Kindern und um Aktivitäten als Familie geht, kann die Mehrheit der befragten Kinder mitbestimmen. Vereinzelte Kinder, wie etwa Lilli, können in der Familie Ideen für Ausflüge vorschlagen, die meistens auch umgesetzt werden. Sie erzählt, dass ihr Vater gerne ihre Einfälle als Inspiration für die Familienunternehmungen nutzt, und strahlt viel Selbstsicherheit aus, wenn sie erzählt, dass sie dann neue Erfahrungen sammeln kann. Als einzige Einschränkung ihrer Selbstbestimmung zu Hause nennt Lilli die Regel, dass die Harry-Potter-Geschichten von ihrer Mutter vorgelesen werden, bevor Lilli die dazugehörigen Filme ansehen darf. Da dies damit begründet wird, dass die Filme sonst »*zu gruselig*« sind, kann Lilli damit aber gut leben.

Eine besondere Situation der selbstbestimmten Freizeitgestaltung fernab von Institutionen zeigt sich bei Jannis und dem von Kindern organisierten »*Lager*«. Dort verbringt er viele Stunden mit seinen Freunden ohne Erwachsene. Jannis, der in einer ländlichen Region lebt, ist nach seinen Hausaufgaben deshalb überwiegend ohne elterliche Aufsicht draußen – ein Umstand, der ihm sehr gut gefällt: »*[wir fanden] es halt cool, in der Natur zu sein*«. Das Lager wurde von mehreren Kindern selbst gebaut und befindet sich auf einem großen Wiesenstück. Dort erforschen sie die Natur und experimentieren mit ihren handwerklichen Kompetenzen. Die Besonderheit des Lagers zeichnet sich dadurch aus, dass es ein selbstbestimmter und -regulierter Ort mit eigenen Strukturen und sozialen Dynamiken ist und die Kinder sich verschiedene Aufgaben und Verantwortlichkeiten zuordnen. Folglich repräsentiert es einen Ort des Abenteuers und Spiels, aber auch des Lernens und des sozialen Miteinanders. Außerdem zeigt sich, dass das Verhältnis zur Natur und die Funktion der Natur als Erzieher im Sinne Rousseaus für Jannis und seine Lagerfreunde eine bedeutungsvolle Funktion einnimmt.

Ebenso steht es Markus fast komplett frei, seine Zeit einzuteilen und zu gestalten. Nach der Schule arrangiert er seinen Alltag auf selbständige Weise an den Zeiten seiner Fußball- und Radballtrainingseinheiten. Beide Jungen genießen es, ihre Zeit mehrheitlich außer Haus mit ihren Freunden zu verbringen. Dies ist möglich, da ihre Eltern ihnen den dafür nötigen Freiraum gewähren.

Zudem kann Hendrik selbst entscheiden, ob er in den Hort gehen oder lieber nach Hause kommen möchte. Zusätzlich hat er eine gesonderte »*Erlaubnis*«, ab einer bestimmten Uhrzeit selbst zu entscheiden, wann er vom Hort nach Hause gehen möchte.

Über Eigenes verfügen: Das eigene Zimmer und der Umgang mit Geld

Ein eigenes Kinderzimmer ist für viele der in der qualitativen Studie interviewten Kinder bedeutungsvoll. Viele Kinder geben ihr Zimmer als wichtigsten Ort an und auch die Ergebnisse der quantitativen Erhebung verweisen auf die zentrale Rolle, die ein eigenes Zimmer für Freundschaften unter Kindern und insbesondere das Einladen von Freunden nach Hause einnimmt (vgl. Kap. 5). Als eine wichtige Erfahrung von Selbstbestimmung wird von mehreren Kindern dieser eigene Raum im Haus genannt, den sie vielfach selbst gestalten dürfen. Er eröffnet den Kindern neben dem eigenen Deko- und Gestaltungsbereich die Möglichkeit, sich zurückzuziehen, sich Zeit oder Auszeiten zu nehmen und ihrem Bedürfnis nach Privatsphäre nachzukommen. Dies bedeutet nicht, dass Kinder sich ständig in ihrem Kinderzimmer aufhalten möchten, sondern eher, dass sie die Wahl dazu haben und etwas Eigenes besitzen möchten. Mia zum Beispiel besitzt ein eigenes Zimmer, in welchem sie Wert auf die Wahrung ihrer eigenen Ordnungsvorstellung legt; sie genießt aber kaum weniger das große Wohnzimmer:

Mia: Ich bin nicht so oft hier im Kinderzimmer. Ich bin eigentlich oft im Wohnzimmer oder Schlafzimmer. Also im Kinderzimmer nicht so, eher im Wohnzimmer schon. Wegen im Wohnzimmer gibt den Fernseher. Da gibt es halt schön viel Platz.

Sein eigenes Zimmer wertet für Hendrik das neue Haus auf, da er im alten noch keines hatte. Hendrik und Marie schildern beide, dass ihnen zu Hause am besten gefalle, dass sie ein eigenes Zimmer haben. Sie erleben ihr eigenes Kinderzimmer als ihren Freiraum, weil sie dort machen können, was sie möchten. Zusätzlich hat Hendrik dadurch ausreichend Platz für seine eigenen Besitztümer, die er sich meist durch angespartes Geld selbst kauft.

Der eigene Raum ermöglicht ein gewisses Maß an Privatsphäre, die aber auch fragil sein kann. Ronja verfügt über ein eigenes Zimmer, ringt aber um die Sicherung dieser Privatsphäre. Da sie nicht möchte, dass ihre Schwester ohne zu fragen in ihr Zimmer geht, wünscht sie sich einen Zimmerschlüssel, den ihr die Mutter bislang aber verwehrt.

Im Gegensatz dazu beschreibt Leonie, wie das Fehlen eines eigenen Zimmers Auseinandersetzungen innerhalb der Familie auslöst. Sie teilt sich mit ihren vier Geschwistern ein relativ großes Zimmer und kämpft immer wieder um einen (Frei-)Raum nur für sich.

Leonie: Ich finde es irgendwie doof, dass wir ein gemeinsames ZIMMER haben. Ich will ein Einzelzimmer. (...) das ist jetzt eben doof, weil Denise, die sagt, dass ihr jetzt das Büro gehört, weil ähm sie bald Fünfte [Klasse] ist und sie dann da [im Bürozimmer] halt schlafen will. Und sie will schon nächste Woche dort schlafen. Und wir sind erst noch, noch Vierte [Klasse] (...) Und Denise sagt, sie braucht ein bisschen PRIVATsphäre.

Sie als zweitälteste und ihre ältere Schwester Denise geraten in einen Konflikt um Denises Wunsch nach Privatsphäre und einem eigenen Zimmer. Als Legitimation führt Denise ihre höhere Klassenstufe an.[42]

Des Weiteren ist der Erhalt von Geld für Kinder relevant. Lilli erzählt, dass sie bzw. die Mutter ihr von Lillis eigenem Geld Dinge, die Lilli aussucht, kauft. Auch Hendrik spart sein Geld auf verantwortungsbewusste Weise an und verfügt darüber selbstbestimmt. Sie verstehen das Geld an sich und das Erworbene als ihren eigenen Besitz. Jannis erzählt von einem eigenen Handy zur Unterhaltung und Kommunikation mit seinen Freunden. Lilli besitzt ein Funkgerät, mit welchem sie mit dem Nachbarsjungen *»funken«* kann. Und Mia freut sich schon darauf, dass sie bald ein eigenes Handy bekommt, wenn auch *»nur zum Anrufen«*.

Einschränkungen der kindlichen Selbstbestimmung

Die meisten Kinder, die sich innerhalb ihres sozialräumlichen Netzwerks frei bewegen und ihre Freizeit selbstbestimmt gestalten dürfen, müssen bestimmte Auflagen der Eltern erfüllen, bevor sie ihren Interessen nachgehen können. Das betrifft beispielsweise die Erledigung der Hausaufgaben, wie beim naturverliebten Jannis oder bei Leonie, die anschließend gerne Fernsehen sieht oder am PC spielt. Lena muss zusätzlich ihr Zimmer aufgeräumt haben, bevor sie ihre Freundinnen und Freunde besuchen darf. Alle drei Kinder erzählen hiervon eher nebensäch-

42 Generell wird an den qualitativen Interviews ersichtlich, dass Kinder Kategorien wie ›Alter‹, ›Körpergröße‹ und auch ›Klassenstufe‹ innerhalb der Peers und der Familie vielfach auch als hierarchische Unterscheidungen erleben, aus denen auch (Dominanz-)Ansprüche abgeleitet werden. Johann beschreibt zum Beispiel, dass ältere Kinder im Hort versuchen würden, alles zu bestimmen.

lich und betrachten diese Einschränkungen pragmatisch als einen Beitrag, den sie zu leisten haben, bevor sie ihre Freizeit genießen können. Manche Kinder berichten von keinen Auflagen. Markus erzählt lediglich, dass er »*schnell*« seine Hausaufgaben macht und dann bevorzugt draußen spielt. Hendrik kann den Zeitpunkt der Erledigung seiner Hausaufgaben ganz eigen bestimmen.

Mia erlebt ihre Beteiligung an einem Bildungsangebot zunächst als eine elterliche Fremdbestimmung ihrer freien Zeit. Sie bekommt auf Wunsch ihrer Eltern zusätzlichen Englischunterricht, an dem sie zuerst gegen ihren eigenen Willen und auf dringenden Wunsch der Mutter hin teilgenommen habe (»*Meine Mutter wollte unbedingt, dass ich zu Englisch gehe*«). Zu Beginn hatte sie noch Vorbehalte und hatte keine Lust darauf, aber mit der Zeit hat sie sich mit den Strukturen des Unterrichts anfreunden können und da die mündliche Arbeit dort im Fokus steht, habe sie jetzt aber Gefallen daran gefunden. Oft hat Mia aber auch »*keine Lust auf Lernwörter*«, die sie für die Schule üben muss. Da ihr aber bewusst ist, dass dies »*das Wichtigste*« ist, kommt sie der mütterlichen Erinnerung nach. Zusätzlich äußert sie, dass sie gerne mehrmals die von der Stadtbücherei ausgeliehenen Filme zu Hause ansehen möchte, aber »*der Papa hat es mir nicht erlaubt.*«

Mehrere Kinder erzählen ferner, dass sie sich mehr Mitsprache bei der Urlaubsplanung wünschen würden. Hierbei ist es den Kindern, etwa Markus und Lilli, wichtig, nicht nur den Ort, sondern auch die Dauer des Urlaubs mitzubestimmen.

Das Respektieren von Bedürfnissen und Achten von Grenzen

Neben ihren Selbstbestimmungsmöglichkeiten thematisieren die Kinder in den Interviews auch den Einfluss, den sie auf die Berücksichtigung ihrer Bedürfnisse und ihrer (Belastungs-)Grenzen nehmen können. Ronja verfügt hier über vergleichsweise größere Handlungsspielräume als beispielsweise Mia und Leonie:

Für Ronja war es möglich, sich im Auto einen anderen Sitzplatz auszuhandeln, wenn ihr während der Fahrt im Familienbus schlecht wird oder wenn es ihr zu viel wird, sich um die jüngeren Kinder im Auto zu kümmern.

Mia hingegen problematisiert, dass ein von ihr sehr geschätzter und häufig zu Besuch kommender Freund der Familie immer in der Küche der ehemaligen Wohnung geraucht hat. Eine Tatsache, die ihr aus gesundheitlichen Bedenken missfällt, die sie aber trotzdem duldet:

Mia: Dafür muss ich mir immer die meine Nase zuhalten. Denn ich wusste, dass Zigarettenrauchen eigentlich ein bisschen gefährlich ist. (...) davon kann man sterben.

I: Ja.

Mia: Aber er hat dann geraucht, aber er ist gar nicht gestorben. Aber dafür kann (...) ICH krank werden.

Nicht allen Kindern ist es möglich, ihre Grenzen zu erkennen und sie Erwachsenen gegenüber zu artikulieren. Manchmal scheint es weder den Eltern noch den Kindern bewusst zu sein, wenn diese überfordert werden. Die 8-jährige Leonie etwa schildert im Interview scheinbar ganz selbstverständlich, dass sie sich um ihre jüngeren Geschwister, oft auch in Abwesenheit der Eltern um den Säugling Robert kümmert, mit ihm spielt oder ihn eigenständig ins Bett bringt. Dieser für eine 8-Jährige sehr hohen Verantwortung versucht sie so gut wie möglich gerecht zu werden, und dem Anschein nach schafft sie dies auch. Sie betont, zufrieden zu sein. Leonies Fall deutet darauf hin, dass Kinder adaptive Präferenzen hinsichtlich ihrer Bedürfnisse, Leistungen und Grenzen entwickeln können: Sie passen sich in ihren eigenen Wünschen und Bedürfnissen an die vorgegebenen sozialen Umstände und (elterlichen) Erwartungen an.[43]

Selbstbestimmung in den Institutionen

Am Alltag öffentlicher Institutionen sind alle Kinder mehr oder weniger intensiv beteiligt. Allerdings erfordert der institutionelle Alltag von ihnen und von Lehr- und Fachkräften eine vom Familienalltag differente Organisation und Struktur. Hier gilt es, unterschiedliche Interessen auszugleichen und die täglichen Abläufe organisatorisch zu strukturieren. Entsprechend scheinen die Kinder in Bildungsinstitutionen, auch unter zunehmend stärker formulierten Ansprüchen auf Partizipation, vergleichsweise weniger selbst- und mitbestimmen zu können, als dies in ihren Familien der Fall ist. Darauf verweisen auch die Befunde der quantitativen Teilstudie, wonach die Kinder ihre eigene Meinung von den Eltern weitaus häufiger wertgeschätzt empfinden als von der Klassenlehrerin bzw. dem Klassenlehrer (vgl. Kap. 6).

Mitbestimmen können in Bildungsinstitutionen (Schule und Hort)

Die Mitbestimmungsmöglichkeiten der Kinder unterscheiden sich sowohl zwischen den Institutionen Schule und Hort als auch zwischen den zwölf interviewten Kindern deutlich.

In ihrem verpflichtenden Charakter stellt die Schule für alle befragten Kinder eine übergeordnete institutionelle Lebensrealität dar. Obschon der Schulbesuch nicht freiwillig ist, akzeptieren die Kinder den verpflichtenden Schulbesuch recht pragmatisch und thematisieren ihn nicht als Zwang. Während einige betonen, etwa Ina und Ronja, dass sie gerne in die Schule gehen und dass sie dort viel Spaß hätten, formuliert Johann, dass er nicht gerne in die Schule gehe, und Jannis, dass er sie abschaffen würde, wenn er Bundeskanzler wäre.

Eine zentrale Gemeinsamkeit über alle Interviews hinweg ist dabei, dass keines der befragten Kinder Mitsprachemöglichkeiten in der Schule thematisiert, was Inhalte, Themen, Modi oder die Fächerabfolge des schulischen Unterrichts angeht – was von den Kindern weder problematisiert noch eingefordert wird. Dies korrespondiert mit dem Befund aus der quantitativen Befragung, dass die Mitbestimmungsmöglichkeiten in der Schule insgesamt nicht besonders stark ausgeprägt sind (vgl. Kap. 2 sowie auch Kap. 10). Die Kinder scheinen die hier gegebenen generationalen Machtverhältnisse wahrzunehmen und sich ihnen durch konformes Verhalten anzupassen. Mit dieser »kompetenten Gefügigkeit« (Bühler-Niederberger 2016, S. 264), die die Kinder hier pragmatisch an den Tag legen, leisten sie auch einen aktiven Beitrag zur Aufrechterhaltung generationaler Ordnungsverhältnisse. Das mag nicht nur daran liegen, dass Kinder auf materielle, juristische und emotionale Weise von Erwachsenen abhängig sind; sie haben in aller Regel ab ihrer frühen Kindheit gelernt, »in sehr unterschiedlichen Arrangements zu funktionieren« (Bühler-Niederberger 2011, S. 117).

43 Leonies Verantwortungsübernahme kann als kompetente Gefügigkeit (Bühler-Niederberger 2016) interpretiert werden, worauf im nächsten Kapitel kurz eingegangen wird.

Innerhalb der etablierten Unterrichtsordnung werden den Schülerinnen und Schülern aber auch begrenzte Entscheidungsspielräume zugemessen, wenn etwa von den Lehrerinnen und Lehrern zwar vorgegeben ist, dass die Kinder in Gruppen Referate über bestimmte Tiere halten sollen, sich die Kinder das betreffende Tier dann aber selbst auswählen können. Üblicherweise ist auch die Sitzordnung im Klassenzimmer etwas, über das die Kinder in unterschiedlichem Maße mitentscheiden können. Dabei sind die Möglichkeiten der Platzwahl aber mitunter eingeschränkt, wenn man beispielsweise nur die Wahl zwischen bestimmten und nicht allen Kindern der Gruppe hat. So problematisiert beispielsweise Lilli: »*Da muss ich immer neben so (…) blöden Jungs sitzen.*« Die damit angesprochene geschlechterdifferenzierende Sitzordnung von abwechselnd Jungen und Mädchen deutet zumindest darauf hin, dass die zugebilligten Wahlmöglichkeiten möglicherweise von institutionellen Interessen an einem durch die Geschlechtersortierung vermeintlich störungsfreien Ablauf des Unterrichts überformt sind. Auch schildern einige Kinder, dass sie Mitspracherecht bei der Auswahl von Ausflugszielen haben.

In einzelnen Schulen sind die Mitbestimmungs- und Beschwerdemöglichkeiten der Kinder im schulischen Alltag strukturell verankert, wenn etwa angeregt wird, dass Schülerinnen und Schüler ihren Lehrerinnen und Lehrern Briefe mit Wünschen und Anregungen schreiben können. Ina schildert, dass zumindest manches davon auch bereits umgesetzt worden sei.

Während der Aufenthaltsort der Kinder in der Schule außerhalb der Pausenzeiten auf den Klassenraum beschränkt ist, können die Kinder im Hort meist frei bestimmen, an welchen Orten sie sich im Haus aufhalten. Aber auch hier sind die Wahlmöglichkeiten oft abhängig von der Verfügbarkeit von ›freien‹ Plätzen in den einzelnen Räumen. So dürfen bestimmte Räume, wie etwa der Ruhe- oder Diskoraum im Hort von Ronja und Lilli, immer nur von einer von den Fachkräften festgelegten Anzahl an Kindern zur gleichen Zeit besucht werden; gleichzeitig wird der Aufenthalt zeitlich begrenzt, wenn die Räume immer etwa nur 20 Minuten lang von den Kindern besucht werden dürfen. Hieran deuten sich ein institutionelles Bemühen um eine gerechte Verteilung begrenzter räumlicher Ressourcen auf alle Kinder der Gruppe und ein Spannungsfeld von individuellen Selbstbestimmungsmöglichkeit der einzelnen Kinder und den Bedürfnissen und Interessen der gesamten Kindergruppe an.

Darüber hinaus ist die Wahl eines spezifischen Aufenthaltsortes in den verschiedenen Horten unterschiedlich geregelt, manchmal können Kinder frei zwischen einzelnen Orten hin und her wechseln, manchmal erfordert die Nutzung eines Raums eine persönliche und verbindliche An- und Abmeldung bei den Fachkräften.

Zudem gibt es individuelle Vereinbarungen, die in Absprache mit den Eltern geschlossen werden. Hendrik kann im Hort entscheiden, ob er seine Hausaufgaben vor oder nach dem Sport machen möchte und er besitzt die Freiheit, donnerstags im Hort nach dem Sportunterricht im Rahmen der »*Ergänzungsstunde*« Leichtathletik zu üben.

Mitbestimmen in Freizeitinstitutionen

Der Besuch von und die Teilhabe an den unterschiedlichen Freizeitinstitutionen und -aktivitäten wird von den Kindern als von eigenen Interessen motiviert beschrieben. Innerhalb dieser Freizeitinstitutionen bieten sich ihnen vereinzelt auch Mitbestimmungsmöglichkeiten. Ronja etwa kann in der Schauspielschule gemeinsam mit den anderen Schülerinnen und Schülern mitunter eigenständig Schauspielstücke entwickeln und einbringen. Lisa wiederum kann im Nähatelier ihre eigenen kreativen Ideen frei ausleben.

Quer zu den klassischen ›Freizeitinstitutionen‹ liegen freiwillige Bildungsangebote an oder auch außerhalb von Schulen, wie etwa zusätzlicher Englischunterricht oder der Portugiesischunterricht von Lena. Bei diesen zwar freiwilligen Bildungsangeboten im Sinne einer formalen, unmittelbar schulisch relevanten Bildung sind es zuweilen eher die Interessen der Eltern, die den Ausschlag für eine Teilnahme der Kinder geben.

Mobilität

Die Möglichkeiten der Kinder, sich frei zwischen den unterschiedlichen Orten ihres sozial-räumlichen Netzwerkes bewegen zu können, variieren unter den befragten Kindern stark. Während manche Kinder sich überhaupt nicht ohne die Begleitung von Erwachsenen und Peers im öffentlichen Raum aufhalten, eignen sich andere Kinder den öffentlichen Raum aktiv, eigenständig und ohne Aufsicht an. Eine zentrale Gemeinsamkeit besteht darin, dass die Kinder, die einen Hort besuchen, in aller Regel in Gruppen gemeinsam von der Schule zu Fuß in den Hort gehen – was wiederum daran liegt, dass sich Schule und Hort in aller Regel in unmittelbarer Nähe befinden.

Ob sich Kinder frei bewegen können oder nicht, hat nicht allein etwas damit zu tun, ob sie in der Stadt oder auf dem Land leben. Folgende Kinder in ländlichen Regionen genießen ein hohes Maß an unbegleiteter Mobilität: Markus kann völlig selbständig von einem Ort zum anderen gehen, wobei er alles als sehr nah beschreibt (»*Katzensprung*«). Lisa kann eigenständig zur Schule, zur Großmutter und zu ihren Freizeitaktivitäten im Ort gehen – zu denjenigen ihrer Hobbys, die in den Nachbargemeinden liegen, wird sie wiederum von der Mutter gefahren. Jannis hat mit seinen Freunden ein Lager im Ort und hält sich alleine draußen auf. Auch Hendrik kann sich frei im öffentlichen Raum bewegen. Er läuft alleine zur Schule und in den Hort, darf zu einer selbstbestimmten Zeit aus dem Hort nach Hause gehen und sich auf dem Weg Zeit lassen, ohne dass sich die Mutter Sorgen macht. Er besucht auf eigenen Wunsch auch sein Lieblingsgeschäft und oder seinen Freund. Er berichtet uns, dass er immer wieder auf dem Schulweg bummelt und viel später nach Hause kommt, als eigentlich vorgesehen. Da seine Großeltern mit ihm im Haus wohnen, muss er keine genauen zeitlichen Absprachen einhalten und hat immer Zugang dazu.

Johann wiederum, der zwar auch auf dem Land lebt, aber eine Schule und einen Hort im Nachbarort besucht, wird von der Mutter täglich mit dem Auto gebracht und bewegt sich so kaum ohne Aufsicht im öffentlichen Raum. Dies liegt auch daran, dass die Familie kaum soziale Kontakte im Wohnort hat (»*Wir leben hier nur*«) und sich das soziale Miteinander für die Familie eher im benachbarten Ort abspielt.

Ronja, Ina, Mia, Lena und Lilli leben in der Stadt. Während Lilli und Lena sich eigenständig und auch unabhängig von der Aufsicht ihrer Eltern bewegen können, und mal mit ihren Peers und mal alleine zur Schule gehen, wird Ronja an alle relevanten Orte (Schule, Ballett, Schauspielschule, Zirkuszelt) mit dem Familienauto gefahren. Alle diese Bildungs- und Freizeitinstitutionen sind allerdings nicht in dem Stadtteil, in dem Ronja lebt und der verhältnismäßig schlecht an den ÖPNV angebunden ist. Lena verfügt über verschiedene Transportmittel wie einen Roller, Fahrrad oder Skateboard, die sie auch nutzt, um einen anderen Ort zu erreichen. Mia darf alleine zur Schule gehen, aber sie spielt selten unbeaufsichtigt draußen. Auch von ihrem Hobby, dem Show-Dance, wird sie von ihrer Mutter abgeholt. Vorher durfte sie allein mit ihren Freundinnen nach Hause gehen. Das fand sie toll. Warum sich das geändert hat, erzählt sie nicht.

Das eigenständige Bewegen der Kinder im öffentlichen Raum ist eng verbunden mit dem elterlichen Vertrauen in die Fähigkeiten und Kompetenzen ihrer Kinder. Darüber hinaus unterscheiden sich die Eltern auch in ihrem subjektiven Sicherheitserleben. Ina beispielsweise, die in einem städtischen Umfeld lebt, bewegt sich im öffentlichen Raum nur in Begleitung der Eltern oder der Peers, weil ihre Mutter Angst um ihre Sicherheit an öffentlichen Orten wie einem Park oder Einkaufszentren habe. Mitunter findet diese elterliche Sorge um das Wohl des Kindes im öffentlichen Raum ihren Niederschlag auch im Sicherheitsgefühl der Kinder: Ina etwa erlebt ihre begrenzte Autonomie nicht als Einschränkung von Selbstbestimmung, sondern als notwendige Sicherheitsmaßnahme. Sie spricht ausführlich über ihre Ängste im öffentlichen Raum.

Ina: Also ich werde dahin gebracht, weil meine Mutter um mich Angst hat.

I: Mhm. Und wovor hat die da Angst?

Ina: Weil es gibt jetzt immer solche neuen Menschen, von den ich Angst habe. Und da verstecke ich mich immer. Und deswegen will ich NIE in den Karstadt laufen oder zum Centro. Das will ich nicht so gerne machen, weil ich erschrecke mich immer vor den Leuten und das ist genauso bei der Schule.

Inas Ängstlichkeit und dass sie sich vor »*neuen Menschen*« erschrickt, wird vermutlich durch die mütterliche Sorge genährt und grenzt ihren Bewegungsradius (wie zu bestimmten Einkaufsgeschäften in ihrem Nahraum) und ihre eigenständige Mobilität ein. Aus diesem Grund findet sie es gut, immer begleitet zu werden. Besonders deutlich wird dieser Wunsch in ihrer Schilderung des Parks, der gegenüber von Inas Wohnung liegt. Dort geht sie gerne spielen – aber nicht alleine.

I: Mhm. Fühlst du dich dort [im Park] sicher?

Ina: Also manchmal schon, manchmal nicht, weil da auch andere Leute sind. Aber meistens fühle ich mich sicher, weil da auch andere Mädel, Mädchen sind. Und wenn ich mit meinen Freunden bin und anderen Kindern, dann fühle ich mich einfach richtig stark. (...) Außerdem, ich gehe zu Karate. Also kann ich es auch besiegen.

Das Zusammensein mit Peers und Eltern und die Verstärkung ihrer Verteidigungstechniken erfüllen ihr vergleichsweise hohes Bedürfnis nach Sicherheit und ihre Ängste vor von ihr als »*fremd*« und »*anders*« aussehend beschriebenen Menschen und lassen sie sich selbst als »*stark*« erleben.

Deutlich wird, wie relevant das subjektive Sicherheitsempfinden der Eltern für die kindlichen Bedürfnisse und Ängste – und somit auch für die Freiräume der Kinder in der Öffentlichkeit – ist.

9.4 Gerechtigkeit

Im Anschluss an die World Vision Kinderstudie 2013 haben wir das kindliche Verständnis von Gerechtigkeit mit Hilfe von Fallvignetten untersucht. Diese haben sich als angemessene Methode bewährt, um herauszufinden, wie sich Kinder in schwierigen Gerechtigkeitsfragen positionieren und argumentieren. Die Argumentationsmuster und Gerechtigkeitsvorstellungen der von uns befragten Kinder, sind denen aus der Studie von 2013 sehr ähnlich.

Wie wird in der Schule entschieden?

An der Fallvignette »*Schulausflug*« wurde deutlich: Entscheidungsfragen sind für Kinder auch Fragen der Gerechtigkeit. Das Gerechtigkeitsempfinden der Kinder orientiert sich an einer egalitären Einbeziehung aller Beteiligten, unabhängig davon, ob man auf der Seite der Mehrheits- oder Minderheitsgruppe steht oder als Einzelperson Wünsche äußert. Den Kindern liegt es am Herzen, dass die Anliegen aller Individuen einer Gruppe gehört und verwirklicht werden und sich keiner ausgeschossen fühlt.

Obwohl es eine demokratische Abstimmung gibt, bei der die Mehrheit der Klasse für den Besuch im Schwimmbad gestimmt hat, sehen alle Kinder der Studie darin kein gerechtes Vorgehen. Sie sind nicht der Meinung, dass immer der Meinung der Mehrheit gefolgt werden sollte. Ronja pflichtet bei: »*Ich hätte [es] auch ähm ungerecht gefunden. Weil immer wieder ins Schwimmbad zu gehen, nur weil die andern ähm wieder weniger sind.*« Lisa zeigt eine Perspektive auf, die besonders auf die Situation der Minderheit eingeht: »*Mhm. Weil das ist ja für die andern dann ungerecht, wenn, wenn man dann dauernd nur ins Schwimmbad geht.*« Es zeigt sich, wie in der Studie von 2013, dass insbesondere die mehrmalige Erfüllung der Wünsche der Mehrheit, während das Begehren der anderen Personen, die die Minderheit verkörpern, (noch) gar nicht gestillt wurde, als ungerecht empfunden wird. Hier schlagen die Kinder einige Lösungen vor:

Zum größten Teil bevorzugen die Kinder es, wenn alle Ausflugsziele abwechselnd besucht werden. Lilli plädiert dafür, nochmals für einen weiteren Ausflug abzustimmen nachdem alle anderen Orte besucht worden sind. Auch Ronja empfiehlt: »*Dann mal was Neues [probieren]. Man muss ja nicht immer in eins von den drei Sachen gehen.*« Auch Lena ist für eine Abwechslung der drei Ausflugsorte, obwohl sie Museumsbesuche »*langweilig*« findet. Für Johann kommt eine andere Option in Betracht: Für ihn wäre ein »*Ablosen*« eine gerechte Regelung.

Zwei Jungen gehen noch einen Schritt weiter und räumen den Kindern, die in der Abstimmung in der Minderzahl sind, Priorität ein. Mehrere Kinder setzen sich aber auch für die Interessen des fiktiven Mädchens Lisa ein und fühlen sich in ihre Situation ein, die sich als Einzige in ihrer Klasse den Besuch des Museums wünscht. Dies vermag Leonie und sie erkennt: »*Lisa fühlt sich dann bedrückt. Weil die ja nicht ins Museum gehen.*« Auch Markus engagiert sich für das Kind, das mit seinem Wunsch alleine da steht, »*weil das ist ja ihr Wunsch. (...) das müssen halt auch die andern [der Klasse] respektieren.*« Und Lilli sieht die Möglichkeit, dass alle Kinder der Klasse einen Vorteil daraus ziehen können, wenn dem Einzelwunsch Lisas gefolgt wird: »*weil vielleicht finden die [Mitschülerinnen und Mitschüler] es dann doch gut. Und dann melden sich am Ende alle immer für Museum.*«

Zwei Mädchen sind der Ansicht, dass die Lehrkraft Verantwortung für die Herstellung von Gerechtigkeit habe und entscheiden solle, wohin der Ausflug geht. Als wir Marie in das Gedankenspiel einladen, wie sie handeln würde, nimmt sie die Position des Lehrers ein: »*Und deswegen würde ich dann auch, wenn ich der Lehrer wäre, würde ich dann sagen, dass die halt in den Zoo [gehen].*« Auch Leonie plädiert dafür, dass der Lehrer über den Ausflugsort bestimmt, wie sie es auch in ihrer Schule erlebt.

Leonie: Ich würde den Ausflug mal da in den Zoo machen, weil die ja schon drei oder zwei Mal ja ins Schwimmbad gegangen sind. Und deswegen.

I: Mhm. Aber der Lehrer, der hat halt so gehandelt, der hat ja abgestimmt und die Mehrheit entscheidet dann.

Leonie: Ja, aber ich würde denn, wenn ich der Lehrer wäre, würde ich sagen, ›wir gehen, wir lassen jetzt mal nicht abstimmen, sondern wir gehen mal in den Zoo‹. (...) Der [Lehrer] entscheidet einfach selber. (...)

I: Ja. Ja, und wenn sie nicht abstimmen, dann wissen die andern Kinder ja auch gar nicht, wer wohin gerne möchte. Wenn der Lehrer das einfach bestimmt, oder?

Leonie: Ja, bei uns in der Schule bestimmen die ja auch.

Zusätzlich bringen Markus und Leonie den Bildungsauftrag der Schule in den Entscheidungsprozess ein. Für sie ist noch relevant, ob der Schulausflug den Schülerinnen und Schülern denn auch Lerngelegenheiten offeriert. Leonie ist dieser Ansicht, »*weil im Museum lernt man ja was. Und im Zoo, na ja. Und im Schwimmbad lernt man überhaupt nichts! Höchstens Schwimmen!*« Markus argumentiert ähnlich: »*Museum ist aber auch nie immer eine schlechte Idee, weil man im Museum auch immer was lernen kann.*«

Es zeigt sich also, dass die Orientierung am Willen der Mehrheit nicht unbedingt dem subjektiven Gerechtigkeitsempfinden der Kinder entspricht, wenn den Wünschen der Mehrheit, im Gegensatz zu den Ideen der wenigen Anderen, schon mehrmals nachgekommen wurde. Die teilnehmenden Kinder verhandeln Gerechtigkeit als die allumfassende Berücksichtigung der Wünsche und Bedürfnisse aller Gruppenmitglieder oder weisen einer erwachsenen Person die Verantwortung zu, Entscheidungen zu treffen, die für alle Kinder gerecht sind.

Nicht nur Leistung, sondern auch Bemühen würdigen

Bei Fragen um Anerkennung und Bewertung von Leistung berücksichtigen die interviewten Kinder nicht nur Fähigkeiten und Resultate der Kinder, sondern sind der Meinung, dass Einsatz und Bemühungen mindestens auf ähnliche Weise zu würdigen sind. Ist dies nicht gegeben, wird es Zeit für eine Modifikation der übergeordneten Regelungen. In der Fallvignette ›Geld für Noten‹ stimmen alle Kinder darüber überein, dass die Praxis der Eltern Phillip benachteiligt. Laut den Aussagen der Kinder sind seine Bemühungen trotz der nicht ausreichend guten Noten es wert, belohnt zu werden. Ronja findet beispielsweise, dass es nicht gerecht ist, dass Phillip weniger Belohnung in Form von Geld bekommt, da Lukas »*ja gar nicht [übt].*« Philipps Mühen und sein Engagement sind für Ronja Grund genug, dass er nicht nur die gleiche Belohnung wie Lukas erhält, sondern »*er [sollte] eigentlich mehr Belohnung kriegen.*« Auch Marie kritisiert das Missverhältnis von intensiver Anstrengung und (fehlenden) positiven Auswirkungen, *»weil sonst ist es auch ungerecht, wenn Phillip sich (…) dann richtig anstrengt immer und dann auch viel übt und dann trotzdem nur eine Drei oder eine Zwei schafft«* und dann konsequenterweise kein Geld von seinen Eltern erhält. Der Umstand, dass Phillip selten sehr gute Noten schreibt, spiegelt sich für die Kinder auch darin wieder, dass er im Gegensatz zu seinem Bruder über weniger Geld verfügt, obwohl er mehr lernt. Darüber beschwert sich unter anderem Johann, da *»Lukas dann mehr (…) kaufen kann«*. Hierbei sind Geld und Selbstbestimmung, im Sinne sich etwas selbst kaufen zu können, für die Kinder eng miteinander verknüpft.[44] Denn auch Mia hält eigenes Geld für das Wohlbefinden belangvoll und erklärt: *»Ja. Ja, ich verstehe, aber eben halt, [Lukas] hat es jetzt gut. Aber der [Phillip], der will ja auch Geld haben. Er will doch auch mal was kaufen. Und nicht immer nur seine Eltern für ihn. Das ist für ihn doch auch mal langweilig. Er will doch selbst kaufen. Mit sein eigenem Geld.«* Mia findet es deshalb angebracht und gut, wenn Phillips Mutter dies einsieht und dazu einwilligt, *»die Regel doch 'n bisschen [zu] ändern«*. Für Lisa bildet dieses Belohnungssystem zwar eine Ungerechtigkeit ab, sie akzeptiert dies aber pragmatisch: *»Und ich finde es halt ungerecht, weil aber da kann man ja auch nichts machen, weil der eine schreibt eine Eins jetzt zum Beispiel und der andere schreibt jetzt zum Beispiel eine Fünf oder so.«* Und Lena betrachtet die Fallgeschichte aus einem elterlichen Blickwinkel. Sie räumt ein, dass es gar nicht einfach sei, für alle Beteiligten gerecht zu handeln: *»Das ist eine schwere Situation für die Eltern. (…) Das ist halt, also für den einen ist es ungerecht und für den anderen ist es gerecht.«*

44 Die Bedeutung, die Kinder dem Verfügen über eigenes Geld für ihre Selbstbestimmung und ihr Wohlbefinden zuweisen, wurde unter dem Aspekt Spielräume aufgezeigt.

Anhand von Gerechtigkeitsfragen neue Regeln diskutieren

Welche Vorschläge haben die Kinder für Erwachsene, um Phillips Situation gerechter zu gestalten bzw. die *»Regeln doch 'n bisschen [zu] ändern«*? Hierfür übertragen einige Kinder die Fallgeschichte auf ihren Lebensalltag und nutzen diesen als Vergleichshorizont für ihre Gerechtigkeitsbeurteilung und ihre Verbesserungsvorschläge. Ronja bekommt von ihren Eltern für ein gutes Zeugnis Schlüsselanhänger. Das ihr vertraute Belohnungssystem findet sie besser als finanzielle Anreize. Lilli schlägt vor, den Stimulus zu verändern und für jede gute bis befriedigende Note eine halbe Stunde länger fernsehen zu dürfen. Sollte das monetäre Belohnungssystem aufrechterhalten werden, steht sie dafür ein, es zu modifizieren. Bei der Note drei sollte man auch noch Geld bekommen, weil *»der [Phillip] kriegt dann gar nichts. (…) Weil [er] strengt sich ja auch an.«* Auch sie meint, wie auch Leonie, ein gewisser Geldbetrag wäre für die Anstrengung per se angebracht. Auch Hendrik findet, dass die Bemühungen Phillips honoriert werden sollen: *»Ah, ich würde dann so machen, ähm äh so für jede Stunde, die er halt noch übt, kriegt er auch äm zwei Euro. Und für jede halbe Stunde ein Euro.«*

Zwei Kinder, Hendrik und Leonie, zeigen einen solidarischen Ausweg auf, der die elterliche Verantwortung ausklammert und eine Mitwirkung des Bruders fordert. Hendrik findet, dass Lukas mit seinem Zwillingsbruder teilen sollte: *»Mm. [Lukas] könnte ähm ihm [Phillip] ja auch was abgeben, von dem Geld, was er* *für die ganzen Einsen bekommt, denn danach würde er ja eh noch Einsen schreiben, da kriegt er doch eh noch Geld.«* In dieser Logik erwartet Hendrik von Lukas, seinen Bruder an seinem relativ einfach und regelmäßig verdienten Wohlstand altruistisch zu beteiligen. Leonie, das Kind, das sich sehr um seine jüngeren Geschwister kümmert, plädiert dafür, dass Lukas Philipp helfen solle: »*Und ich würde auch sagen, dass [Lukas] ähm dass der auch seinem Bruder mal hilft. Damit er auch eine bessere Note bekommt.*«

Johann wiederum entscheidet sich für eine komplette Abschaffung der Belohnungsregelung. Festzuhalten ist, dass alle Kinder das Belohnungssystem der Eltern als ungerecht wahrnehmen und sich unterschiedliche Lösungsvorschläge überlegen. Die von den Kindern dargelegten Optionen erstrecken sich von einer Modifikation des Systems über eine Verantwortungsübernahme des Bruders oder der Eltern bis hin zu einer kompletten Ablehnung von Belohnungen für gute Noten. Am wichtigsten bezeichnen alle Kinder die Anerkennung der geleisteten Mühen des Kindes, das regelmäßig übt. Aus der Sicht der Kinder sollte dies im Fokus bei der Lösungssuche stehen.

9.5 Die Perspektiven der Kinder auf Flucht

Dass Menschen in Deutschland Schutz vor Krieg, Terror und prekären Lebensverhältnissen suchen, ist sicherlich kein neues Phänomen. Seitdem angesichts sich weltweit verschärfender Krisen in den letzten zwei bis drei Jahren eine stark zunehmende Zahl von Menschen in Deutschland Schutz suchen musste, wurde diese Immigrationssituation zu einem Thema, das Politik, (Bildungs-)Institutionen und Gesellschaft wie kein anderes bewegt und beschäftigt hat. Ausgelöst hat dies ein beispielloses zivilgesellschaftliches Engagement ebenso wie höchst kontroverse öffentliche Debatten.[45] Welche Perspektiven Kinder in Deutschland auf das Thema Flucht einnehmen, welche Gedanken sie sich dazu machen, welche Ansichten und Positionen sie zu den unterschiedlichen damit verknüpften Fragen vertreten, möchten wir im Folgenden vorstellen.

Zunächst hat uns interessiert, was die Kinder überhaupt über dieses Thema, das nicht für alle in gleicher Weise nah an ihrer eigenen Erfahrungswelt liegt, wissen. Dabei geht es ausdrücklich nicht darum, ob dieses Wissen und das daran gebundene Denken und Erleben nach unseren Maßstäben korrekt ist oder nicht, sondern vielmehr um die subjektiven Deutungen und Wahrnehmung der Kinder.

Was Kinder über Flucht wissen und denken

Ganz unterschiedliche Migrationsprozesse haben die deutsche Gesellschaft seit je her, aber insbesondere in den letzten 50 Jahren substanziell mitgeprägt. Angesichts der Breite und Vielschichtigkeit dieses Themas ›Migration‹ haben wir unseren Untersuchungsfokus auf die

45 Die öffentliche Rede von einer »Flüchtlingswelle«, die es zu »bewältigen«, oder einer »Flüchtlingskrise«, die es zu »bekämpfen« gelte, erweckt bestürzender Weise den Anschein, als handle es sich bei den jüngsten Migrationsprozessen von *Menschen* um eine Art Naturkatastrophe.

Perspektiven der Kinder auf die *aktuelle* Fluchtmigration der letzten drei Jahre gerichtet. Deutlich wird an den Interviews allerdings, dass nicht notweniger Weise alle Kinder mit der Kategorie ›geflüchtete Menschen‹ dasselbe verbinden oder sie in gleicher Weise nutzen.

Geflüchtet … oder vielleicht doch nicht?

Mehrheitlich haben die Kinder beim Sprechen über das Thema ›Flucht‹ durchaus die spezifische (und gleichwohl heterogene) Gruppe von Menschen im Kopf, die in den letzten beiden Jahren nach Deutschland geflüchtet sind. Dies ist insbesondere bei Kindern wie Hendrik oder Marie der Fall, die persönliche Kontakte zu geflüchteten Kindern haben, oder deren Familienmitglieder sich für geflüchtete Menschen engagieren, wie bei Markus, aber auch bei Kindern, die sich über Flucht bereits viele Gedanken gemacht haben, wie etwa Lisa, ohne über eigene Kontakte zu geflüchteten Kindern zu verfügen.

Eine Minderheit der Kinder unterscheidet nicht zwischen unterschiedlichen Gruppen von Menschen mit Migrationserfahrungen in der Familiengeschichte. Leonie spricht über »*geflüchtete Kinder*«, »*ausländische Kinder*« und »*DaZ-Kinder*«[46] und geht davon aus, dass alle DaZ-Kinder auch geflüchtete Kinder sind. Sie rechnet auch diejenigen Mitschülerinnen und Mitschülern den geflüchteten Kindern zu, die in Deutschland geboren sind (»*Also alle Kinder sind aus HIER. Aber die waren schon mal in den anderen Ländern. Wo sie herkommen. Aber sie sind in Deu- [X-Stadt] geboren. Aus oder in Deutschland.*«). Wenn Ina im Teilbereich Flucht des Interviews von »*fremden Menschen*« oder Menschen, die aus »*anderen Ländern kommen*« spricht, auf die sie im öffentlichen Raum trifft und vor denen sie Angst hat, dann war uns nicht immer klar, ob sie sich damit auf geflüchtete Menschen bezieht oder auf Menschen mit Migrationshintergrund an sich.

Wie lässt es sich erklären, dass es in manchen Fällen nicht klar wird, um welche Gruppe migrierter Menschen es geht, wenn die Kinder von geflüchteten Menschen sprechen? Möglicherweise ist für diese Kinder eine Unterscheidung zwischen unterschiedlichen Gruppen von Menschen mit Migrationserfahrungen wenig relevant. Denkbar ist überdies auch, dass die Thematisierung von Flucht einen Sprachraum eröffnet, der die Kinder dazu einlädt, ihre Ansichten über Migration in Deutschland überhaupt zur Sprache zu bringen.

Teilweise verwenden die Kinder eigenwillige Zuordnungen: So schildert Jannis, dass in seinem alten Lager immer wieder ein »*mittlerer Flüchtling*« vorbei gekommen sei. Was er damit genau meint, wird nicht klar. Leonie stuft bezogen auf Sprachkenntnisse ab, wenn sie formuliert, dass manche Kinder »*jetzt auch nicht mehr so richtig Flüchtling*« sind, denn »*die können schon richtig gut Deutsch*«.

Unabhängig davon, welches Verständnis die Kinder von der Kategorie ›geflüchtete Menschen‹ haben, weisen doch einige von ihnen auf einen bedeutenden Punkt hin: Es ist ›von außen‹ gar nicht so ohne weiteres bestimmbar, ob Menschen eine Fluchtgeschichte aufweisen oder nicht. So überlegt Hendrik bezogen auf ein älteres Kind an seiner Schule: »*Also 'n Drittklässler, da bin ich mir nicht sicher, also entweder ist er schon lange hier oder er ist gar nicht geflüchtet, sondern nur seine Eltern sind hierher geflüchtet und dann ist er hier schon geboren.*« Lilli wiederum weist darauf hin, dass geflüchtete Menschen es nicht notwendigerweise auch »*sagen*«, dass sie ge-

46 Abkürzung für das Unterrichtsfach »Deutsch als Zweitsprache«

flüchtet sind. Sie meint: »*Vielleicht kenne ich auch jemand, der geflüchtet ist. Ich weiß es nicht. Kann ja fragen.*« Ina bezieht sich in ihren Überlegungen, ob es sich bei einem Kind und dessen Mutter in der Schule um geflüchtete Menschen handelt, auf wahrgenommene äußere Merkmale:

Ina: Hm, also ich glaube schon. Ob das ein geflüchtetes Kind ist, in unserer Schule, glaube ich.
I: Mhm.
Ina: Oder ich glaube nicht. Ich weiß es eigentlich nicht.
I: Was ist es denn für ein Kind?
Ina: Also das ist aus der 2b.
I: Mhm.
Ina: Das hat ein anderes Gesicht. Und ihre Mutter hat schwarze Sachen. Nur schwarze Sachen. Und zeigt nur ihre Augen und nicht ihr Gesicht.
I: Mhm.
Ina: Und deswegen denke ich, dass sie geflüchtet sind. Ich weiß es aber nicht.

Die Ursachen von Flucht: Vor Kriegen fliehen müssen

Die Flucht wird von den Kindern mehrheitlich als eine Zwangssituation und als unfreiwilliger Prozess beschrieben. Sie sprechen immer wieder davon, dass Menschen flüchten »*mussten*«, so etwa Mia: »*Hm, und die sind ja aus ihren Ländern, mussten die ja weglaufen, praktisch.*« Oder auch Ronja: »*Weil sie aus ihrer Heimat weg gehn mussten und hierher kommen mussten.*«

Elf Kinder gehen davon aus, dass Kriege in den Herkunftsländern der Grund dafür sind, dass Menschen Schutz in Deutschland suchen.

Markus: Ich finde das schlimm, dass die hierherkommen müssen, (...) weil die Leute dort wohl Krieg haben. Das finde ich schlimm, dass die Leute Krieg haben dort.
I: Mhm.
Markus: Weil auch so schon viele Leben gefallen deswegen sind.

Die Kinder schildern dramatische Auswirkungen von Kriegen auf Menschen, wie etwa den Verlust von Familienangehörigen. Lena kennt ein geflüchtetes Mädchen, das seine Mutter verloren hat: »*Ähm, das Mädchen (...) hatte auch halt nur hier in Deutschland einen Vater. Und ihre Mutter ist dann halt im Krieg gestorben.*« Auch Ina geht davon aus, dass Familien möglicherweise ohne den Vater nach Deutschland flüchten, weil dieser sich am Krieg im Herkunftsland beteiligen müsse: »*Weil der Vater musste doch mitmachen. Wenn er noch jung ist. Und dann können sie auch den Vater vermissen. Oder vielleicht mal gestorben ist. Und sie konnten ihn nicht retten.*« Auch die Bedrohung von Menschen durch Terroranschläge ist den Kindern präsent, so sagt Jannis, dass es in den Herkunftsländern »*Krieg gibt und Bombenanschläge*«.

Mia ist der Ansicht, dass sich Menschen auf der Flucht auch in den Flüchtlingsunterkünften in den Grenzregionen ihrer Herkunftsländer nicht ausreichend sicher fühlen: »*Und eben in diesen Lagern finden sie sich halt nicht so sicher. Halt, und in Deutschland sind wir ja sicher. Und so wollen es die Flüchtlinge halt auch haben. Und deshalb wollen sie hier nach Deutschland. Und sich auch so sichern. Damit sie nicht in so einem Krieg stehen.*«

Neben Krieg und Terror nennen einige Kinder noch weitere existenzielle Problemlagen als Fluchtursachen. Hendrik geht davon aus, dass Menschen flüchten müssen, »*weil Hungersnot ist*«, und auch Leonie meint, dass »*die Hungersnot*« hier in Deutschland »*nicht so groß*« sei, wie in den Herkunftsländern. Auch Lisa, das einzige Kind, das nicht von Krieg gesprochen hat, problematisiert, »*dass in den Ländern, wo die leben, halt ((räuspert sich)), dass die kein Essen haben oder so«*, wie auch Ina, die darüber hinaus auch auf *»dreckiges Wasser«* verweist.

Marie nimmt an, dass eine materielle Unterversorgung von Menschen in ihren Herkunftsregionen ein Grund für ihre Flucht ist: *»Viele von denen sind wegen Geldproblemen gekommen.«* Betroffen schildert sie, dass manche Menschen in ihren Herkunftsregionen *»zu fünft auf einer Matratze [schlafen]«* müssten. Leonie kann sich vorstellen, dass – über Krieg hinaus – auch die Suche nach Arbeit ein Beweggrund für Flucht sein könnte: *»Vielleicht war es hier in X-Stadt besser, einen Job zu suchen oder so.«*

Dass es – neben der Betroffenheit von Krieg und Terror – auch profanere Gründe für Flucht geben kann, können sich Jannis und Lilli vorstellen. Jannis ist der Ansicht, dass Menschen auch deshalb nach Deutschland flüchten, *»weil sie wissen wollen, wie Deutschland ist«*, und Lilli meint, *»oder weil sie in Deutschland Urlaub machen.«*

Deutlich wird, dass die Kinder in erster Linie davon ausgehen, dass es existenzielle Notlagen sind, die Menschen dazu veranlassen, in Deutschland Schutz zu suchen. Die angenommenen Fluchtursachen scheinen keine direkten Auswirkungen darauf zu haben, ob die Kinder die Aufnahme von geflüchteten Menschen in Deutschland befürworten oder eher skeptisch sehen. Auch zwei Kinder, die von Krieg, Terror und Nahrungsmittelknappheit als Fluchtursachen ausgehen, äußern sich skeptisch über die Aufnahme geflüchteter Menschen in Deutschland. Marie demgegenüber, die sehr stark auf materielle Fluchtursachen verweist, sieht in diesen einen legitimen Fluchtgrund. Sie plädiert uneingeschränkt für die Aufnahme geflüchteter Menschen in Deutschland und insistiert immer wieder darauf, dass man sich vergegenwärtigen solle, wie *»gut es Deutschland geht«*.

Fluchtwege – strapaziös und lebensbedrohlich

Dass die Flucht selbst für die Menschen überaus strapaziös ist und ihnen Dinge abverlangt, die die körperliche Leistungsfähigkeit übersteigen, ist den Kindern sehr präsent. Zum Thema machen einige der Kinder lange Fußwege. Jannis spricht davon, dass die Menschen *»noch so viel laufen müssen, bis zur sicheren Quelle«*, Ronja führt darüber hinaus auch Transportmittel an:

Ronja: Und, die können nicht mehr in ihre Heimatländer. Und die müssen manchmal ganz viel zu Fuß gehen.
I: Boah. Ja, das stimmt.
Ronja: WOCHENLANG!
I: Boah.
Ronja: Tagelang.
I: Wochenlang, tagelang, ist lang.
Ronja: Aber manchmal, und manchmal holt sie so ein Bus irgendwie.
I: Mhm.
Ronja: Habe ich auch gelesen.
I: Hast du auch gelesen?
Ronja: In Geolino.

Sehr viel häufiger thematisieren die Kinder die lebensbedrohliche Flucht übers Mittelmeer in desolaten und überfüllten Booten. Auch dass sehr viele Menschen auf dieser Überfahrt ihr Leben lassen, ist den Kindern dabei sehr bewusst. Mia spricht über die Bildkarte, auf der ein überfülltes Boot schematisch dargestellt ist, und geht davon aus, dass nur *»sehr wenige (…) sicher«* nach Deutschland kommen können, und dass *»die restlichen sterben.«* Markus hat diese Karte ebenfalls ausgewählt und verweist auf die mangelnde Seetauglichkeit der Boote.

Markus: Ich habe mir das ausgesucht, weil es schlimm ist, dass all die, also die meisten Flüchtlinge übers Schiff reisen. Und dort halt ähm, weil die Schiffe, die die den Leuten sozusagen abkaufen, immer kaputt sind, irgendwas, und irgendeinen Defekt haben. Und dass sie dort halt immer auf hoher See sterben.

I: Mhm.

Markus: Die meisten. Und, also sie haben nicht immer Glück, dass sie ein normales, richtiges Schiff bekommen.

Etwas später kommt Markus dann nochmal auf die Flucht in den Schiffen zu sprechen. Die Interviewerin greift dies auf:

I: Was glaubst du, wie ist das, wenn man auf so einem Schiff fährt?

Markus: Hm, sehr, also es ist sehr schlimm. Man hat halt nicht so viel Essen an Bord. Und auch nichts zu trinken. Und man muss halt die nächsten, da ein Tag lang durch ins Nichts fahren, damit dann irgendwo rauskommt und dort überleben kann.

I: Mhm.

Markus: Und man also man fährt um sein Leben grade mit dem Schiff.

Die Kinder wissen teilweise auch um die geschlossenen Grenzen in den europäischen Ländern und problematisieren diese. So findet es Hendrik »*unfair*«, wenn flüchtende Menschen »*nicht reingelassen*« werden. Mia findet es »*halt schade*«, wenn »*die Flüchtlinge nicht in Deutschland kommen dürfen*« und »*immer eingesperrt [sind]. Und wollen versuchen, da Richtung Deutschland oder andere Länder zu kommen.*« Ina schildert: »*Alle Straßen wurden immer abgesperrt. Und sie wollten den Flüchtlingen nicht mehr kommen.*«

Marie, die durchaus auch die Bedrohlichkeit von Flucht zum Thema macht, erzählt im Interview aber zudem, dass die fünf geflüchteten Kinder, die mit ihr zur Schule gehen bzw. gegangen sind, auch auf positive Aspekte der Flucht verweisen würden: »*Also sie haben halt auch erzählt, dass es halt spannend war, weil sie halt durch viele Länder gereist sind, die sie noch nicht kannten. Und dann halt auch bei manchen halt geblieben sind, aber dann später doch weiter mussten.*«

Die Flucht kann Familien trennen

Die meisten Kinder sprechen an, dass eine Flucht auch Familien trennen kann. Lena geht davon aus, dass nach Deutschland geflüchtete Menschen Familienangehörige vermissen: »*Ja, weil einige ähm Familienmitglieder, die sind halt noch da. Die konnten nicht mitkommen. Oder, hm, sterben die vielleicht im Krieg und so halt.*« Hendrik spricht zurückgebliebene Großeltern an: »*Weil sie flüchten ja meistens alleine, also ohne die Großeltern oder so was.*« Marie erzählt ganz konkret von ihrer – mittlerweile wieder abgeschobenen – Klassenkameradin Emilia, die ihre Mutter vermisst habe: »*Weil Emilia zum Beispiel, die ist ja nur mit ihrer Oma hierhin. Und ich glaube, die hat auch irgendwie ihre Mama vermisst. Weil die war halt nur mit ihrem Bruder und von ihrem Bruder die Frau, die hatten halt ein ganz kleines Kind. Und deswegen mussten die zuerst dann hier bleiben.*«

Dass Familien auf dem Fluchtweg voneinander getrennt werden und auch Kinder verloren gehen könnten, ist für die Kinder ein verunsicherndes Thema. Es fällt unseren Interviewpartnerinnen und -partnern nicht leicht, dafür die richtigen Worte zu finden. Das Bedrohliche gerade für Kinder bringen sie dennoch zum Ausdruck.

Der prekäre Aufenthaltsstatus – die Bedrohung durch Abschiebung

Die Kinder haben auch eine weitere konkrete Bedrohung vor Augen: Viele schutzsuchende Menschen können nicht bleiben. So ist für Lena klar: »*Einige Flüchtlinge müssen ja auch wieder zurück.*« Mia thematisiert die prekären Lebensverhältnisse abgeschobener Menschen und kann sich vorstellen, dass für diese dann der Krieg auch wieder präsenter wird: »*Aber manche müssen wieder zurück. Und dann denken sie bestimmt wieder an KRIEG oder so. Und müssen wieder in diesen Zeltlagern wohnen.*«

Marie erzählt im Interview sehr eindrücklich davon, dass drei geflüchtete Kinder, die mit ihr zusammen zur Schule gegangen sind, abgeschoben wurden. Auch für sie stellt sich das als Verlust dar:

I: Mhm. Und wie war das für dich, als du dann mitbekommen hast, dass die wieder zurückmüssen?

Marie: Also ich war halt traurig, weil die haben halt schon sehr viel Deutsch gelernt. Und, ja, es ist halt auch schade, weil die waren halt grade, also die haben sich halt grade eingelebt und so. Und die waren halt grade so richtig ähm, sage ich einfach mal verbunden. Und dann waren einfach am nächsten Tag gar nicht mehr da. Dann waren die nicht in der Schule. Wir haben irgendwie gesagt, ›ja, okay, die sind krank, kommen wahrscheinlich wieder‹. Dann haben wir halt gefragt, wo die sind. Und dann hat unsere Lehrerin halt gesagt, dass die weg sind. Weil die wurden halt ähm mitten in der Nacht, wurden die halt ähm geweckt und wurden dann halt ähm in den Bus. Und zwar wurden die eigentlich alle einzeln in den Bus. Die mussten ihre Taschen packen. Und dann wurden sie alle einzeln in einen Bus gepackt, mitten in der Nacht, und dann, ja, mussten sie halt wieder zurück. Und die wussten halt gar nicht, was los war.

Am subjektiven Erleben Maries wird deutlich, dass es Kinder trifft, wenn Mitschülerinnen und Mitschüler »*einfach am nächsten Tag gar nicht mehr da*« sind. Neben ihrer eigenen Trauer versetzt sie sich auch einfühlsam in die Perspektive der abgeschobenen Menschen. Die Betroffenen waren der Situation machtlos ausgeliefert, »*die wussten halt gar nicht, was los war*«. Ihre präzisen Kenntnisse vom Ablauf der Abschiebung (»*mitten in der Nacht*« wurden »*alle einzeln in den Bus gepackt*«) dieser Familie, mag auch daraus resultieren, dass der Fall dieser abgeschobenen Familie in der örtlichen Lokalpresse breit diskutiert wurde. Marie geht davon aus, dass es in erster Linie wirtschaftliche Interessen von Kommunen sind, die für Abschiebungen verantwortlich sind:

Marie: Weil ganz viele müssen ja auch zurück, weil die einfach, also die haben halt einfach nichts, die haben halt einfach keinen Platz mehr, sage ich einfach mal. Und deswegen müssen viele auch zurück. Und das finde ich halt einfach schade, weil jetzt sind sie grade in Deutschland, jetzt geht, jetzt wissen die, dass die jetzt auch irgendwo ein Zuhause finden, und dann sagt irgendwie jetzt zum Beispiel die Stadt, ›ihr müsst jetzt wieder zurück in euer Land‹.

I: Ja. Und sagt die Stadt das, weil hier kein Platz ist?

Marie: Ähm, ich glaube, die sagen, weil da kein Platz ist. Und ähm ich glaube auch, die sagen das, weil denen das dann einfach zu viel wird, weil, ich meine, die haben ja auch kein Geld. Und dann muss man immer dafür sorgen, dass die was zu essen kriegen und zu trinken und dass sie dann auch was Anständiges zum Anziehen kriegen. Und das kostet dann halt auch Geld.

Marie versucht die Vorgänge zu verstehen und erklärt sie sich mit den entstehenden Kosten. Gleichwohl bewertet sie Abschiebungen als problematisch und bedauert diese: »*Und das finde ich halt einfach schade.*«

Informationsquellen

Wie an den Aussagen der Kinder eindrücklich deutlich wurde, präsentieren einige von ihnen ein umfangreiches und differenziertes Wissen über den Themenkomplex ›Flucht‹. Hendrik, Lena und Marie, die gemeinsam mit geflüchteten Kindern zur Schule gehen, haben ihr Wissen unter anderem aus direkten Gesprächen mit den geflüchteten Kindern. Marie schildert im Interview: »*Ähm, also die haben mir auch viel erzählt.*« Markus wiederum, dessen Großeltern sich aktiv für geflüchteten Menschen engagieren, hat dadurch einen besonderen Bezug zu diesem Thema.

Eine bedeutende Rolle für den Zugang zum Themenkomplex spielen aber auch spezifische Kindermedien. Mia und Markus erzählen, sie hätten in der ZDF-Kindernachrichtensendung Logo davon gehört. Markus hat auch etwas darüber auf Kika gesehen und Ronja hat im Kinderwissensmagazin Geolino darüber gelesen. Lilli hat »*auf so einer Sendung mit der Maus*« mal einen »*Flüchtlingsfilm geguckt*«.

Einige der Kinder, etwa Hendrik, Jannis, Markus und Lena erzählen auch, dass sie gemeinsam mit ihren Eltern oder anderen Familienmitgliedern, wie den Großeltern, klassische Erwachsenenmedien wie Nachrichten konsumieren. Ina hört manchmal ihre Eltern miteinander über das Thema Flucht reden: »*Und meine Eltern besprechen das immer. Ich höre nur so manchmal Schlimmes.*«

Schule – der Ort, der Kontakte ermöglichen kann

Die Schule ist für die Kinder ein zentraler Ort der Begegnungen. Haben Kinder Kontakt zu geflüchteten Kindern, treffen sie diese meist in der Schule, wie es auch aus den Ergebnissen der quantitativen Teilstudie hervorgeht (vgl. Kap. 8). Über rege Kontakte mit geflüchteten Kindern verfügen Hendrik, Lena, Marie und Markus. Während Hendrik, Lena und Marie gemeinsam mit einem oder mehreren Kindern mit Fluchtgeschichte eine Klasse besuchen, werden geflüchtete Kinder an Markus' Schule momentan separat beschult. Für Markus ist es insbesondere der Fußballverein, über den er Kontakt zu einem Kind mit Fluchterfahrungen in der Familiengeschichte hat.

Markus: Also wir haben ja auch in der Schule, haben wir auch äh eine extra Klasse dafür. Und dann sieht man halt die Jungs entweder auf dem Schulhof. Oder die meisten sind ja, sind auch immer beim Netto. Oder die spielen halt ein bisschen Fußball. So was halt.
I: Spielst du auch manchmal mit denen?
Markus: JA. Ich habe ähm einen in unserm Team. Den seine Eltern geflüchtet sind. Aus dem andern Land.

Lena schildert sehr ausführlich, wie sie sich mit Memduha, einem geflüchteten Mädchen in ihrer Klasse »*angefreundet*« hat:

I: (…) also das Mädchen in deiner Klasse, war das die erste, mit der du so in Kontakt bekommen bist?

Lena: Als Flüchtling?

I: Mhm.

Lena: Ja. Das war die Erste. ((lacht leicht))

I: Und wie hat sich das so entwickelt, dass ihr dann Freunde geworden seid?

Lena: Hm ja, also die hat meinen Namen halt gekonnt. Und wir hatten, also ich hatte die halt gemocht. Und ähm ((lacht leicht auf)) hm, ich weiß es gar nicht so ganz genau.

I: Ja. Und wie würdest du das beschreiben? Was habt ihr dann so gemacht? Also/oder, hm, vielleicht anders gefragt, wie würdest du oder warum würdest du sagen, dass das deine Freundin ist? Und nicht nur irgendeine bei dir in der Klasse?

Lena: Ähm weil wir halt auch am Ende des Schultages immer ›tschüß‹ und auch in der Schule haben wir uns ›hallo‹ gesagt. Und wir haben auch mal was in den Pausen zusammen unternommen.

I: Mhm. Ja. Und du hast ja auch grade schon gesagt, dass die eine Klasse wiederholen musste, weil sie nicht so gut Deutsch konnte.

Lena: Mhm.

I: Hm, wie habt ihr euch denn am Anfang unterhalten?

Lena: Ja, also ich habe ihr, ich und meine Freundin haben ihr halt so ein bisschen beigebracht, also so Deutsch zu reden. Und, da hat die auch unsere Namen sich merken können. Und da hat die zu meinem Namen ((lacht leicht)) immer ähm ((lacht leicht)) ja, da hat die meinen Namen halt immer so komisch ausgesprochen und von meiner Freundin den auch.

I: Ja. Aber am Ende hat das alles gut geklappt dann?

Lena: Mhm.

I: Mhm. Bist du immer noch mit ihr befreundet?

Lena: Also (...) wir haben jetzt nicht mehr so einen Kontakt wie halt früher, als wir halt so da in der Zweiten waren. Aber wir verstehen uns schon immer noch gut mit der.

Wie in anderen Konstellationen auch werden Freundschaften oft dann unterbrochen, wenn ein Kind die Klasse wiederholt oder die Schule wechselt. Ersteres haben Lena und Memduha erlebt. Deutlich wird folglich anhand der Schilderungen der Kinder, dass die Kontakte und Beziehungen stark institutionell gerahmt sind. Nur in Einzelfällen gehen sie über die gemeinsam verbrachte tägliche Schul- bzw. Vereinszeit hinaus. So war es auch bei Lena und Memduha:

I: Mhm. Habt ihr auch mal außerhalb der Schule was zusammen gemacht?

Lena: Hm, nein, eigentlich nicht.

I: Weißt du, wo sie wohnt?

Lena: 'Hm'hm ((verneint)). ((lacht leicht))

Auch Markus hat das Kind aus einer geflüchteten Familie, mit dem er gemeinsam Fußball spielt, bislang noch nicht privat getroffen. Allerdings wurde er von einem anderen geflüchteten Kind schon einmal zu Hause besucht:

I: Ah ja. Mhm. Habt ihr euch schon mal gegenseitig besucht? Warst du schon mal dort oder er hier?

Markus: Nein, leider nicht. (2)

I: Hm. Würdest du gerne mal?

Markus: Ja. Könnte ich mal machen. Wir kennen uns halt auch nicht so lange schon. Und wir hatten aber auch davor mal einen. Den, da hat, da hatte, der hat, den hatte ich, der hat mich einmal besucht.

Ein gemeinsamer Schulbesuch führt zwar nicht notwendiger Weise, aber dennoch häufig dazu, dass sich Kontakte zwischen geflüchteten und nicht geflüchteten Kindern anbahnen und daraus auch Freundschaften entstehen können. Diese Beziehungen bleiben allerdings fragil. Das zeigt auch die Studie »Angekommen in Deutschland …« (Andresen/Gerarts 2016). Hier berichten Kinder mit Fluchterfahrungen von Freundschaften aus der Schule, aber auch von ihrer Brüchigkeit, sobald sich an der Schulsituation etwas ändert. Es scheint folglich gar nicht so leicht, stabile Beziehungen zu entwickeln. Doch insgesamt erleben die von uns befragten Kinder die Kontakte miteinander meist als positiv. Wenn sie sich kritisch äußern, wie etwa Jannis, dann basiert dies in der Regel auf negativ empfundenen Erlebnissen. Wir haben ihn bereits zitiert, weil er die Abstufung »*mittlerer Flüchtling*« vorgenommen hatte. Jannis beschreibt eine Begebenheit mit diesem Kind, das er zudem als »*Mutterkind*« und »*lustig*« charakterisiert und beides wohl eher nicht als Kompliment versteht. Er thematisiert dessen verweigerte Mithilfe an den Aktivitäten der Kinder in ihrem »*Lager*« und die dafür angebrachte Begründung, die er allem Anschein nach als widersprüchlich empfindet:

Jannis: Apropos Flüchtlinge: Wir haben so einen mittleren Flüchtling, also in unserem Lager. Aber der kommt auch oft. Der weiß noch nichts von unserem neuen Lager. Das ist so ein, wie sagt man das? Also Mutterkind irgendwie so.
I: Mhm.
Jannis: Das arbeitet halt fast nichts. Das kann hebt keine Steine. Ist auch nicht oft da. Fährt nur manchmal vorbei.
I: Und wieso ist das ein mittlerer Flüchtling? Was bedeutet das? Was hast du eben gesagt?
Jannis: Ich habe gesagt, wir haben halt so ein Mutterkind im Lager.
I: Ja, ach so.
Jannis: Das ist ein Flüchtling.
I: Ah! Mhm.
Jannis: Er weiß aber noch nichts von unserm neuen Lager.
I: Warum?
Jannis: Ja, weil wir/weil der war fast nie im Lager. Und der wusste auch noch nicht, dass wir gehen. Und.
I: Mhm.
Jannis: Weil wir ihn ja auch nicht so oft sehen.
I: Ach so.
Jannis: Der ist schon in unserer Schule, aber aber immer lustig ist er.
I: Ja?
Jannis: Ja, er sagt ähm, ähm, halt, weil da war er schon mal oben im Lager, in dem alten, nä. Und wir sagen so, ›hey, hilfst du uns mal kurz‹. Und danach war er mal kurz drinnen in der Halle. Hat gesagt, ›ich muss jetzt gehen, ich muss wieder Hause, ich muss Papa bei Gartenarbeit helfen‹. Da haben wir uns weggelacht, weil wir brauchen Hilfe bei Gartenarbeit und da hat er zu uns gesagt, ›ich helfe keinen; ich helf' euch nicht, ich mache keine Gartenarbeit‹. Und danach sagt er so, ›ich muss ja heim; ich muss ja Gartenarbeit Papa helfen‹.

Deutlich wird daran auch, dass Beziehungen nicht nur gemeinsame Zeit brauchen, sondern auch durch Ambivalenzen und Missverständnisse geprägt sein können; das gilt für das Miteinander von Kindern, die ganz unterschiedliche Geschichten haben, in gleicher Weise. Die Kinder bringen ihre Gefühle, ihre Sympathien und auch Antipathien zum Ausdruck: Lena berichtet, sie habe Memduha »*gemocht*« und würde sich nach wie vor »*gut*« mit ihr »*verstehen*«. Ähnliche Begriffe findet Hendrik, wenn er vom neu in seine Klasse gekommenen Kind Sherip spricht: »*Den mag ich. Und der kommt aus Tschetschenien.*« Auch Markus ist der Ansicht, dass das geflüchtete Kind, das ihn mal zu Hause besucht hat, »*eigentlich ganz lieb*« und »*eigentlich auch ganz nett«* ist. Neben Memduha *»kenn[t]«* Lena *»noch einen Flüchtling. Das ist ähm von meiner Freundin ähm, von ihrem Freund in der Klasse ist das halt ähm das Mädchen. Und das ist halt auch total nett. Und die Flüchtlinge sind halt auch nicht BÖSE oder so. Die sind halt total nett.«*

In dieser Schilderung scheint Lena ein wahrgenommenes Vorurteil abzuwehren. Sie verallgemeinert ihre positive persönliche Erfahrung und die ihrer Freundin. Flüchtlinge sind nicht böse! Sie fordert zumindest die Interviewerin und so auch die Leserinnen und Leser dazu auf, das Potenzial geflüchteter Menschen zu erkennen (*»Die sind halt total nett«*).

Marie verweist im Interview darauf, dass ihr die geflüchteten Kinder in ihrer Schule viel von der Flucht und ihrer aktuellen Lebenssituation erzählt haben. Hier deutet sich Vertrauen der Kinder untereinander an, eine wichtige Beziehungsdimension. Marie beschreibt ihre Erfahrungen mit der Gruppe der geflüchteten Kinder in ihrer Schule differenziert, denn nicht alle sind gleich, nur weil sie Fluchterfahrungen haben: Eines der Kinder, *»hat sich sozusagen zum Außenseiter gemacht, weil er halt sich mit andern geprügelt hat und so.« »Mit den anderen«* Geschwistern aber, *»ging es gut«*. Die Kinder hätten *»sehr viele Freunde«* in der Klasse gehabt und *»auch viel Deutsch gelernt«* und *»haben halt auch gespielt wie jeder andere auch«*.

Empathie, Sensibilität und Einfühlungsvermögen

Die befragten Kinder verfügen insgesamt über eine hohe Empathie gegenüber geflüchteten Menschen und können sich in deren Lebenssituation und Notlagen – sowohl in den Herkunftsländern als auch während der Flucht und nun in Deutschland – gut einfühlen. Dies entspricht auch den Ergebnissen aus der quantitativen Erhebung (vgl. Kap. 8). Sie haben durchaus eine Vorstellung davon, wie es sich anfühlt, neu in einem Land zu sein, noch niemanden zu kennen und auch die Mehrheitssprache zunächst noch nicht zu sprechen. Außerdem führen Begegnungen mit den Kindern und der Augenschein auch ihrer Unterkünfte in Deutschland dazu, die eigene vergleichsweise privilegierte Stellung zu erkennen: *»Oh Mann, hab' ich Glück«*, schlussfolgert etwa Marie angesichts der Wohnverhältnisse, die immer wieder zum Thema werden.

Prekäre Wohnverhältnisse – dort *und* hier

Die bedrückende Situation geflüchteter Menschen in Flüchtlingslagern in ihren Herkunftsregionen machen die Kinder immer wieder zum Thema. Marie geht davon aus, dass es den Menschen dort *»schlecht«* geht, *»weil die haben ja nur ein Zelt. Und ich glaube, dass die dann auch Angst haben, wenn es irgendwie so gewittert oder so. Dann haben die wahrscheinlich auch Angst, weil die sitzen dann halt alle im Zelt und, ja.«* Mia ist der Ansicht, dass die Menschen in diesen Flüchtlingslagern zwar sicher vor Kriegen sind, sich allerdings subjektiv nicht sicher fühlen und lieber nach Deutschland kommen möchten, wo sie unter anderen Bedingungen leben können: *»In diesen Lagern sind sie zwar noch in Sicherheit, aber die Flüchtlinge finden das halt nicht so. (…) Also die Flüchtlinge finden sich so in Sicherheit, aber die wollen halt in Deutschland so einzeln wohnen (…) wo sie mal alleine wohnen können mit ihrer Familie. Und nicht immer mit anderen Familien.«*

Dass geflüchtete Menschen durchaus auch in Deutschland unter prekären Bedingungen in Sammelunterkünften leben, ist für Marie ein bedeutendes Thema. »*Eigentlich fast alle*« der geflüchteten Kinder ihrer Klasse, mit Ausnahme von Amir, haben »*in der alten Schule gewohnt*«, die »*sozusagen zum Flüchtlingslager*« wurde. Marie schildert ihre Empfindungen, die sie hat, wenn sie daran vorbeifährt:

Marie: Ähm, also ich denke mir dann eigentlich immer, dass/also ich denke mir halt immer, oh Mann, hab' ich Glück. Weil die haben halt so eine mini-kleine Wohnung. Und haben dann irgendwie nur einen Raum zum Schlafen, Essen und so. Und wir haben dann ja SCHON sehr viel für die.

I: Mhm.

Marie: Also ich glaube, (...) die würden sich wie im Paradies finden, wenn die hier mal reinkommen würden.

Heimweh und das Vermissen von Familienangehörigen und Freunden

Ein den Kindern bekanntes Gefühl ist Heimweh. Ausgehend von eigenen Erlebnissen gehen sie alle davon aus, dass geflüchtete Menschen Heimweh haben und ihr Zuhause oder zurückgebliebene Familienangehörige vermissen. Angesichts dessen fällt es unseren Interviewpartnerinnen und -partnern nicht schwer, sich in Trauer über Verluste, in betrübte Stimmungen, in Traurigsein hineinzudenken. Marie bringt die damit verbundene Vielschichtigkeit von Stimmung deutlich zum Ausdruck: »*Und man merkt das irgendwie auch (...) beim Spielen, (...) also die sind dann halt nicht so glücklich wie andere. Die sind zwar glücklich, aber jetzt nicht so zu hundert Prozent, weil man merkt dann halt auch, dass die irgendwas vermissen.*«

Lisa ist der Ansicht, dass »*es sein [kann], dass sie ihre Eltern vermissen. Oder ihre Familie halt, weil das kann ja sein, dass nicht alle mitgekommen sind*«. Die Eltern oder Elternteile nicht dabei zu haben, wiegt besonders schwer. Das sieht auch Marie so, wenn sie über Emilia, die mit ihrer Großmutter gekommen ist, nachdenkt: »*Und ich glaube, die hat auch irgendwie ihre Mama vermisst.*« Und hier kommen in ihren Augen Freud und Leid zusammen, denn ihre ehemalige Mitschülerin wurde abgeschoben: »*Und ich glaube, Emilia war auch ein bisschen glücklich, dass sie halt wieder nach Hause konnte, aber halt auch gleichzeitig traurig. Weil sie dann halt ja ihre Freunde verloren hat sozusagen.*«

Neben den Menschen kann man selbstverständlich auch anderes vermissen, zum Beispiel, so Johann, insgesamt das »*Zuhause*«. Auch hier zeigt sich, wie die Kinder den Gesprächsraum des Interviews nutzen. Sie wägen unterschiedliche Überlegungen ab, besinnen sich auf unterschiedliche, aber gleichzeitig vorhandene und mitunter auch einander widersprechende Gefühle. Mia ringt wahrlich mit dieser angenommenen Gleichzeitigkeit unterschiedlicher Bedürfnisse, Wünsche und Gefühle: »*Ich weiß nicht. Ich glaube, nicht, wegen (2)*[47] *in diesen, ja, ich glaube, doch. Ihren Zuhause vermissen sie, glaube ich, auch. Aber weil da Krieg herrscht, wollen sie viel lieber in Deutschland, weil in ihrem Land Krieg herrscht. Aber sie vermissen trotzdem ihre Zuhause. Vielleicht vermi/, ja, ich glaube, sie vermissen doch ihre Zuhause zwar, aber sie wollen trotzdem zu Deutschland, WEIL sie da nicht so in Sicherheit sind.*«

Neben dem gesamten Zuhause und den Familienangehörigen müssen Kinder auch ihre Freundinnen und Freunde zurücklassen. Das wird von den Kindern in unserer Studie ebenfalls als Verlustthema aufgegriffen. Ronja kommt auf den Verlust von Freude bzw. Freunden zu sprechen:

47 Die Zahlen in den Klammern stehen für die Dauer von Sprechpausen. Hier hat das Kind nach 2 Sekunden weitergesprochen.

Ronja: Und ihre Freude.
I: Ihre Freunde oder Freude?
Ronja: FREUNDE und Freude.
I: Also beides?
Ronja: Weil, ähm wenn die einfach wegziehen müssen, dann sind sie ja alle fast traurig. Und dann verlieren sie auch ihre Freude.

Auch bei der Fallvignette ›Traurig und einsam sein‹, bei der das geflüchtete Kind Sofian im Unterricht oft weint und auf dem Schulhof alleine dasteht, gehen die Kinder mehrheitlich davon aus, dass dieser jemanden oder etwas vermisse. Jannis ist etwa der Ansicht, dass Sofian, »*seine Eltern vermisst. Oder seine Freunde aus dem/, wo noch im Land sind. Oder weil, weil dann findet er auch seine Freunde nie wieder. Weil die flüchten ja alle woanders da hin. Eine, vielleicht eine nach Berlin und eine nach (?). ((lacht leicht)).*«

All diese Verluste machten es notwendig, sich in Deutschland neu zu orientieren. Für die Kinder der Studie selbst manifestiert sich dies vielleicht am stärksten in der Notwendigkeit, neue Freundschaften zu schließen. Sie vermuten besondere Schwierigkeiten am Anfang, wenn man neu ist in einem Land, einem Ort, einer Schule. Daran thematisieren sie Einsamkeit, Verlorenheit und auch Ausgrenzung. So kann sich Ina vorstellen, dass in der neuen Schule niemand mit Sofian spielen möchte: »*Oder er hat niemanden zum Spielen. Keiner spielt mit ihm oder so. Oder er ist ganz, ganz, ganz einsam.*« Auch Lisa argumentiert ähnlich: »*Der hat bestimmt Heimweh. Und möchte wieder in sein anderes Land zurück. Weil das ist ja so, wenn man in eine neue Klasse kommt, dann hat man ja erstmal gar keine Freunde. Und dann muss man ganz alleine sein. Ja.*«

Für die befragten Kinder sind Freundschaften mit anderen Kindern sehr wichtig, darum erscheint es ihnen vielleicht nahezu selbstverständlich, dass es allen Kindern so geht. Hier zeigen sich feinsinnige Vorstellungen von Kindsein unabhängig von Zeit und Raum.

Sensibel für Diskriminierungen und Ausschlüsse

Die Kinder bilden Analogien: Neu in eine Klasse zu kommen, niemanden zu kennen, ist eine Herausforderung für die meisten Kinder, also auch für Geflüchtete. Für diese kann sich das Problem allerdings verschärfen, wenn das Gefühl hinzukommt, nicht erwünscht zu sein. Diesen Gedanken greift Ronja als Frage von Ungerechtigkeit auf. Für sie ist klar, »*die Leute haben es nicht verdient, dass die angemacht werden. Die sind oft einen weiten Weg hierhergekommen*«, außerdem würden sie durch die Flucht ja »*alles verlieren.*« Ronja bringt weitere Überlegungen ein und thematisiert mögliche Erfahrungen mit rassistischen Bedrohungen:

Ronja: Und für Flüchtlinge, man sollte eigentlich, wenn irgendjemand, irgendjemand Flüchtlingen irgendwas macht mit denen/
I: Mhm.
Ronja: Dann sollte man (2) ähm irgendwie wegmachen oder wie das heißt.
I: Okay. Also findest/, hm, verstehe ich dich richtig, dass du sagst, wenn jemand Flüchtlinge zum Beispiel falsch behandelt oder schlecht behandelt/
Ronja: Hm, oder/Oder sagt, ›du bist blöd; du musst hier raus, weil du/weil du zum Beispiel nicht die gleiche Hautfarbe wie die hast‹ oder ›weil du nicht hier hingehörst, weil du ein Flüchtling bist, du musst weg‹, das finde ich blöd.
I: Mhm. Okay. Und die sollten dann bestraft werden?
Ronja: Mhm.

Markus wiederum berichtet von Ausgrenzungen des geflüchteten Kindes, das mit ihm Fußball spielt und in dieselbe Schule geht.

Markus: Also, er wird halt oft ausgeschlossen. Leider. Und, aber er ist, ich weiß nicht, ob er vermisst. Wir haben uns eigentlich, wir treffen uns eigentlich nur in der Schule und beim Fußball.

I: Ja. Und warum wird er ausgeschlossen? Weißt du das?

Markus: Hm, na ja, weil er, also es gibt bei uns ein paar Kinder, die wollen halt, hm, die Größten sein. Und sagen, ›nee, der, lass' den, der soll mal alleine spielen‹ halt. Das ist halt sehr schlimm.

I: Mhm. Aber es gibt trotzdem auch Kinder, die mit ihm spielen?

Markus: Ja. Es gibt trotzdem Kinder, die halt mit ihm spielen. Ähm, das sind aber auch ((räuspert sich)) Kinder aus andern Ländern meistens.

I: Hm.

Markus: Leider.

I: Hm. Und wie ist das mit dir?

Markus: Also bei mir ist es so, ich habe halt viele Freunde. Und ich kenne halt auch alle Jungs, die bei uns in der Klasse sind, weil wir auch zusammen im Kindergarten waren und alle.

Mit einem doppelten »*leider*« und der Einschätzung, dass das »*halt sehr schlimm*« sei, dass der geflüchtete Junge vom Spiel ausgeschlossen wird, problematisiert Markus diese Ausgrenzung. Davon ist er negativ berührt, was ihn zu der Überlegung führt, sich Strategien zu überlegen, die den Jungen unterstützen könnten. Seiner Ansicht nach sollten die beliebten Kinder mit ihm spielen, um ihm Zugang und das Finden von Freunden zu ermöglichen: »*Hm, es war so, also, ((räuspert sich)) hm, bei uns gibt es ein paar Jungs oder, hm, auch, ich glaube, keine Mädchen, also ein paar Jungs, die sind so halt so angesehen. Und die und dann, wenn die halt den Jungen mitspielen lassen, dann findet er auch Freunde und dann kann er sich hier auch wohlfühlen.*«

Diskriminierung ist ein schwieriges Thema in den Interviews, aber manche Kinder versuchen sich dem zu nähern. In diesem Sinne deuten zum Beispiel Ronja und Lena die Fallvignette ›Spendenaktion‹. Darin wird ausgeführt, dass zwei Kinder nichts für die geplante Spendenaktion für geflüchtete Kinder mitbringen. Lena ist der Ansicht, dass die beiden Kinder nichts mitgebracht haben, »*weil die [geflüchteten Menschen] nicht willkommen sind schon mal so. Weil die die vielleicht nicht mögen oder so.*« Ronja überlegt sich: »*vielleicht mögen die nicht den ähm Kindern ihre Spielzeuge geben, weil die sie fremd finden*« und nicht wollen, »*dass fremde Kinder ihre Sachen haben.*«

Positionierungen gegenüber der Aufnahme geflüchteter Menschen in Deutschland – zwischen Befürwortung und Skepsis

Wir haben alle Kinder gefragt, wie sie es finden, dass in letzter Zeit viele Menschen nach Deutschland gekommen sind. Wie es sich in der mitunter höchst sensiblen Auseinandersetzung der Kinder mit diesem Thema bereits angedeutet hat, befürworten sie mehrheitlich die Aufnahme geflüchteter Menschen in Deutschland. Die meisten nehmen bei ihrer Einschätzung auch keine Einschränkungen vor. Gleichwohl machen sich zwei Kinder Gedanken darüber, wie viele Menschen aufgenommen werden sollten. Weitere zwei Kinder sehen es eher skeptisch, dass Menschen nach Deutschland geflüchtet sind.

Wie die Kinder für die Aufnahme von geflüchteten Menschen argumentieren

Das zentrale Argument für die Aufnahme geht mit dem Adjektiv »*schlimm*« einher. Mehrere Kinder verwenden es und charakterisieren damit die Notlage im Herkunftsland, die Gewalt, die Unsicherheit, aber auch die Ablehnung, die Menschen in Deutschland erleben. Dem gegenüber steht das, was »*gut*« ist. Ronja etwa betont, dass es »*gut*« ist, dass viele Menschen nach Deutschland gekommen sind, »*weil dann müssen die nicht da bleiben*« wo sie Krieg und Gewalt ausgeliefert sind.

Markus schildert, dass es »*schlimm*« sei, dass geflüchtete Menschen »*hier herkommen müssen*«, »*also weil die Leute dort wohl Krieg haben*«. Er findet es ausdrücklich »*gut, dass die Leute geholfen haben, dass die Leute aus dem Land rauskönnen. Und mit einem Zug die Leute transportieren in ein anderes Land. ((holt tief Luft)) Dass/ und dass halt alles regelmäßig ähm/dass die Leute halt wieder in ein neues Leben in einem andern Land starten können. Und dann weil das/das wird/das wird, dass/damit sie ein schönes Leben weiterhin haben.*«

Auch Hendrik und Leonie befürworten die Aufnahme geflüchteter Menschen in Deutschland. Beide formulieren, wie zuvor Markus, aus der Perspektive der geflüchteten Menschen, dass diese überhaupt gezwungen sind, nach Deutschland zu flüchten: Hendrik findet es »*nich so toll*«, dass viele Menschen nach Deutschland gekommen sind, »*weil*« diese »*ja ihr Zuhause verlassen*« mussten. Leonie argumentiert ähnlich, »*Ich finde das nicht schön, weil jetzt müssen die sich wieder neu einfinden. Und sind nicht zu Hause. Und in den anderen Ländern, zum Beispiel in Syrien, hatten die ja mehr Freiraum. Und waren da besser zu Hause.*« Die drei Kinder problematisieren den Umstand, dass Menschen zur Flucht gezwungen sind, und nicht, dass Deutschland die geflüchteten Menschen aufgenommen hat.

Marie wiederum hebt sich ausdrücklich von Menschen ab, die sich kritisch über die Aufnahme äußern: »*Also ähm manche finden das ja irgendwie schlimm oder so. Aber ich finde das irgendwie nicht schlimm, weil ähm man muss halt auch mal dran denken, dass es uns total gut geht. Und die schlafen halt alle zusammen auf einer einzigen Matratze. Haben irgendwie gar kein Geld. Und dafür geht es uns dann halt gut, weil wir haben unser eigenes Bett, wir haben genug Geld und so.*« Dass, wie sie es bereits bei Mitschülerinnen und Mitschülern erlebt hat, Menschen wieder aus Deutschland abgeschoben werden, findet Marie »*einfach schade.*«

Ein ähnlicher Gedanke, wie er sich im politischen Streit um eine ›Obergrenze‹ für die Aufnahme geflüchteter Menschen in Deutschland zuspitzt, findet sich auch in unseren Interviews. Auch Lena und Mia sind zwar prinzipiell für eine Aufnahme geflüchteter Menschen, sie sind aber auch der Ansicht, dass es nicht zu viele sein sollten. Mia findet es »*schade*«, »*wenn die Flüchtlinge nicht in Deutschland kommen dürfen*«, schränkt an anderer Stelle im Interview aber dann ein: »*Also nicht zu viele Flüchtlinge, halt ein paar Flüchtlinge sollte man hierher kommen.*« Auch Lena findet es »*total okay*«, dass Deutschland geflüchtete Menschen aufgenommen hat, denn »*wenn Deutschland das halt annimmt, dann ist das ja auch sozusagen ein offenes Land*«. Als Bundeskanzlerin würde sie »*natürlich auch die Flüchtlinge hier reinlassen*«, allerdings »*[n]ur so viel, wie hier halt reinpassen. Und es sind halt auch Deutsche hier. Und die sollen ja wegen den Flüchtlingen nicht irgendwie anders halt nicht schlechter behandelt werden.*« Die Gleichbehandlung aller Menschen, die sie hier anspricht, sieht sie offensichtlich dann in Gefahr, wenn mehr geflüchtete

Menschen in Deutschland aufgenommen würden, als Kapazitäten vorhanden sind (»*reinpassen*«). Sie geht davon aus, dass dies dann zu Lasten der deutschen Mehrheitsgesellschaft gehen würde. Damit spricht Lena eine Frage an, die im folgenden Kapitel – neben anderen Themen – vertiefend diskutiert wird: Plädieren die Kinder in schwierigen Gerechtigkeitsfragen auch dann noch für Hilfe und die Unterstützung geflüchteter Kinder, wenn sie selbst Nachteile davon haben?

Hendrik hingegen nimmt eine andere Perspektive als die beiden Mädchen auf steigende Flüchtlingszahlen ein: »*Jetzt wenn die Anzahl zum Beispiel immer mehr geworden is, im Vergleich zu wann anders, s halt auch doof, dass is- is nämlich auch n Zeichen, dass mm der Krieg ä jetzt doller geworden is und des find ich nich schön.*«

Ängste und Sorgen als Grund für eine Aufnahmeskepsis?

Zwei Kinder stehen der Aufnahme geflüchteter Menschen in Deutschland eher skeptisch gegenüber. Sie verbinden diese Skepsis mit spezifischen Ängsten. Jannis und Lisa bringen beide die Aufnahme geflüchteter Menschen mit der Bedrohung durch Gewalt in Verbindung. Ihre Position ist nicht radikal, auch Jannis findet es »*ein bisschen gut*«, wenn Menschen in Deutschland Schutz finden. Aber indirekt stellt er den Schutz der Geflüchteten dem Schutz der Nicht-Geflüchteten insgesamt gegenüber. Dabei thematisiert er vor allem körperliche Gewalt und Aggressionen im öffentlichen Raum:

I: Und was denkst du darüber? Hm, wie findest du das denn? Dass die nach Deutschland kommen?

Jannis: Nicht gut. Also bisschen gut, aber nicht gut. Weil die tun ja auch dann immer so kämpfen auch hier.

I: Mhm.

Jannis: Und da halt, weil in X-Stadt haben sie auch schon welche Männer mit Messern bedroht.

I: Aha.

Jannis: Deswegen nicht gut.

I: Wer hat da wen bedroht?

Jannis: Also die Flüchtlinge einen, welche von uns. Also nicht von unserer Familie aus aber einer aus meiner Klasse ihre Brüder.

Jannis schließt hier von einer wahrgenommenen Bedrohungssituation, die nicht er persönlich, sondern ein Mitschüler und dessen Brüder erlebt haben, auf eine allgemeine Gefahr, die von geflüchteten Menschen ausgehe. Hier greift er die gängige Gegenüberstellung von ›wir‹ und ›den anderen‹ auf. Den Mitschüler und seine Brüder bezeichnet er als »*welche von uns*«, die anderen sind »*die Flüchtlinge*«. Jannis Position und das artikulierte diffuse Gefühl von Angst und Bedrohung sensibilisiert uns als Forschungsteam dafür, wie wichtig es ist, für Räume zu sorgen, in denen mit Kindern über Ängste gesprochen werden kann (vgl. Kap. 10).

Das Interview mit Lisa fand zwei Wochen nach dem Attentat auf dem Berliner Breitscheidplatz im Dezember 2016 statt. Darauf nimmt Lisa Bezug, als sie im Interview danach gefragt wird, was sie denn über die Aufnahme von geflüchteten Menschen in Deutschland denkt. Auch sie äußert sich nicht entschieden, aber doch skeptisch gegen die Aufnahme:

Lisa: Also, hm ((lacht leicht auf)), ja, ich finde, also (2) ich finde es halt ein bisschen blöd.

I: Mhm.

Lisa: Weil halt jetzt mehr passiert.

I: Okay.

Lisa: Zum Beispiel da, wo man, also da, wo der Weihnachtsmarkt war.

I: Mhm.
Lisa: Und dann ist da so ein LKW reingefahren.
I: Mhm.
Lisa: Und das passiert halt jetzt öfters.
I: Mhm.
Lisa: Wie/wie sie halt noch nicht da waren.
I: Mhm. Mhm.
Lisa: Und das finde ich halt blöd, weil die halt immer mehr in den Tod reinziehen.

Das Berliner Attentat repräsentiert für Lisa ein Bedrohungspotenzial durch geflüchtete Menschen. Verglichen mit der Zeit vor deren Aufnahme, passiert ihrer Einschätzung nach nicht nur insgesamt »*mehr*«, sondern Anschläge dieser Art auch »*öfters.*« Auch hier handelt es sich ähnlich wie bei Jannis um eher diffuse Gefühle und einen Versuch, Ursachen für das Unverständliche – jemand rast mit einem LKW in eine Menschenmenge – zu finden. Beide Kinder bringen die Hilflosigkeit, die viele empfinden, wenn sie mit Gewalt und Terror konfrontiert sind, zum Ausdruck. Jannis und Lisa formulieren ihre Ängste und verbinden diese mit einer skeptischen Haltung gegenüber der Aufnahme geflüchteter Menschen. Zugleich aber sehen genau diese beiden Kinder es als geboten an, geflüchteten Kindern zu helfen und diese zu unterstützen, wie es später deutlich werden wird.

Am Beispiel eines dritten Kindes, Ina, ein Mädchen mit ausgeprägt artikulierten Ängsten gegenüber Menschen »*aus anderen Ländern*«, wird deutlich, dass Ängste keineswegs zwangsläufig in einer Aufnahmeskepsis münden. Ina befürwortet die Aufnahme geflüchteter Menschen ausdrücklich (»*Also ich finde das gut, das war eine gute Idee*«), problematisiert geschlossene Grenzen (»*Alle Straßen wurden immer abgesperrt. Und sie wollten den Flüchtlingen nicht mehr kommen*«) und ist dafür, »*einfach mal [zu]teilen, so teilen, so wie wir in der Schule machen*«.

Insgesamt akzeptieren und befürworten die Kinder die Aufnahme geflüchteter Menschen in Deutschland. Von welchen Fluchtursachen sie dabei ausgehen, steht dabei in keinem unmittelbaren Zusammenhang mit ihrer Aufnahmebereitschaft. Doch deutlich wird auch, dass ihre Überlegungen wiederum mit ambivalenten Gefühlen und zuweilen auch mit diffusen Ängsten einhergehen können. Mehrheitlich scheinen persönliche Kontakte mit geflüchteten Kindern zu einer uneingeschränkten Befürwortung der Aufnahme geflüchteter Menschen zu führen, wenngleich wir auch starke Fürsprecherinnen und Fürsprecher haben, die noch keinen Kontakt zu geflüchteten Kindern hatten.

Was geflüchtete Menschen für ihr Wohlergehen in Deutschland brauchen

Die Sicherung körperlicher Grundbedürfnisse, soziale Beziehungen und die Möglichkeiten sprachlicher Verständigung sind für die Kinder ausschlaggebend dafür, dass sich geflüchtete Menschen in Deutschland wohl fühlen können. Darüber, ob es geflüchteten Menschen momentan in Deutschland eher gut oder nicht so gut geht, gehen die Einschätzungen der Kinder auseinander.

Körperliche Unversehrtheit und körperliche Grundbedürfnisse sichern

Dass die Bereitstellung existenzieller Versorgungsgüter eine unabdingbare Voraussetzung für das Wohlergehen geflüchteter Menschen darstellt, ist für alle Kinder selbstredend. Lena beispielsweise zählt auf, was geflüchtete Menschen in Deutschland brauchen: »*Also was zu es-*

sen und zu trinken und solche Sachen« und unterstreicht nachdrücklich, »*die haben halt das gleiche Recht wie wir*«. Darüber, ob Sammelunterkünfte ein angemessener Wohnraum für geflüchtete Menschen sind, machen sich auch einzelne Kinder Gedanken und kommen dabei zu unterschiedlichen Einschätzungen:

I: Kannst du dir vorstellen, wie das ist, wenn man in so einer Unterkunft lebt?

Lena: Ich glaube, das ist halt/, also ich glaube, das ist halt äh schön für die, dass die halt noch was ähm Schöneres gefunden haben, als da im Krieg zu leben.

Marie schätzt das ganz anders ein. Sie findet es schade, »*dass die dann halt irgendwie in so alten Häusern, also jetzt zum Beispiel halt einfach in alten HÜTTEN so wohnen dann. In so alten riesigen Hütten, die keiner mehr braucht. Und dass die dann, dass die Stadt dann zum Beispiel sagt, ›machen wir jetzt einfach ein Flüchtlingslager draus‹.*« Aus dieser Kritik resultiert bei Marie die Forderung nach einer Umverteilung von Wohnraum: »*dass man irgendwie sagt zum Beispiel jetzt, wenn einer ganz alleine in so einem Riesenhaus ist mit irgendwie, sage ich einfach mal, fünf Wohnungen, und er besetzt halt nur eine Wohnung, dann kann man dann auch einfach sagen, ›habt ihr irgendwie Flüchtlingsfamilien, die nehme ich dann auf‹.*«

Ein Teil der Kinder nimmt an, dass es in allererster Linie diese gesicherten Grundbedürfnisse sind, die ausschlaggebend für das Wohlergehen geflüchteter Menschen in Deutschland sind. Sie gehen davon aus, dass dieses körperliche Wohlergehen in Deutschland gewährleistet ist, und verbinden dies mit der Annahme, dass es den Menschen in Deutschland entsprechend auch gut geht. So etwa Lisa:

I: Du, und was denkst du, was glaubst du denn so, die Menschen, die jetzt gekommen sind, wie geht es denen eigentlich in Deutschland?

Lisa: Also, eigentlich gut, weil es hier Essen gibt.

I: Mhm. Mhm.

Lisa: Hier gibt es Häuser.

I: Mhm.

Lisa: Und Geschäfte. Wo man sich Klamotten kaufen kann oder so.

Auch dem Gefühl der Sicherheit vor Krieg, Terror und Verfolgung weisen sie eine zentrale Bedeutung zu. Mia nimmt an, dass sich geflüchtete Menschen in Deutschland »*halt gut*« fühlen, weil sie »*jetzt (…) halt in Sicherheit*« sind und »*nicht mehr über Krieg denken*«. Eine andere Variante der Sicherheit bringt Jannis zur Sprache. Er ist der Ansicht, dass sich geflüchtete Menschen dann in Deutschland gut einleben können, wenn sie sich keine Sorgen mehr um die Sicherheitslage in ihren Herkunftsregionen zu machen brauchen.

Über soziale Beziehungen verfügen

Etwas weniger häufig und deutlich streichen die befragten Kinder über die gesicherten Grundbedürfnisse hinaus die Bedeutung von sozialen Beziehungen für das Wohlergehen geflüchteter Menschen heraus. Ronja etwa hält es für wichtig, dass die Menschen »*nett*« zu ihnen sind und »*dass sie schnell Freunde finden sollen. Und dass sie nicht immer so alleine sollen.*« Für Hendrik braucht ein geflüchtetes Kind in erster Linie eine »*gute Behandlung*«, die er mit Aufmerksamkeit und Unterstützung fasst: »*Also dass ihn manche auch richtig beachten. Also zum Beispiel, er is hingefallen, dann-, dass da halt auch manche zu ihm gehen und ihm halt hoch helfen oder so was. Oder ihm halt irgend-*

wie Hilfe leisten.« Hendriks Gedanke ist an dieser Stelle sehr grundlegend. Er benennt die Bedeutung einer wertschätzenden Haltung gegenüber den Menschen. Damit adressiert er die Achtung der Integrität mit alltagsnahen Beispielen: Wie wichtig ist es, getröstet zu werden, wenn man hingefallen ist und sich wehgetan hat.

Diejenigen Kinder, für die neben gesicherten körperlichen Grundbedürfnissen vor allem auch soziale Beziehungen Garanten des Wohlbefindens sind, schätzen das Wohlbefinden geflüchteter Menschen in Deutschland skeptischer ein. Sie gehen davon aus, dass den Menschen zurückgebliebene Familienangehörige und Freundinnen und Freunde fehlen und sie der Verlust von Familienangehörigen traurig macht. Am neuen Ort die Menschen noch nicht zu kennen und noch keine Freunde zu haben ist etwas, das nach Ansicht der Kinder das Wohlbefinden massiv einschränkt. Leonie denkt, dass es den Menschen »*nicht gut*« geht, weil sie jetzt »*in einem anderen Land sind und nicht alle kennen. Und das alles hier ganz fremd ist. Also würde ich denken, dass die sich hier nicht sehr glücklich fühlen.*« Hendrik schildert eine ähnliche Einschätzung zum Befinden Sherips, dem geflüchteten Kind in seiner Klasse. Er differenziert aber zeitlich und ist der Ansicht, dass es geflüchteten Kindern zwar am Anfang nicht gut, dann aber besser ging: »*So an Anfang, da wars halt so: Er kannte uns nich, da hatt ich auch ganz schön das Gefühl (1) mm, dass es ihm halt nich so gut ging (.) aber das is ja schon ungefähr ein halbes Jahr her (...). Und da hatt ich halt den Eindruck, dass er an Anfang doch schon noch n bisschen traurig war, weil er kannte uns nich.*«

An Hendriks Beschreibung drückt es sich plastisch aus: So pessimistisch diese Kinder hier sind, was das aktuelle Wohlbefinden von geflüchteten Menschen in Deutschland angeht, so optimistisch sind sie bezogen auf deren Zukunftsperspektiven: Markus geht davon aus, dass sich das geflüchtete Kind an seiner Schule »*hier auch wohlfühlen*« kann, wenn es erst »*Freunde*« gefunden hat.

Sich sprachlich verständigen können

Fast alle Kinder sind darüber hinaus der Ansicht, dass der Erwerb von Deutschkenntnissen unabdingbar für das Wohlbefinden von geflüchteten Kindern in Deutschland ist. Interessanter Weise wird dem Deutschlernen von manchen Kindern ein so hoher Stellenwert zugewiesen, dass es noch vor der Sicherung existenzieller Grundbedürfnisse genannt wird, so etwa von Johann:

I: Was glaubst du denn, was wichtig ist, dass es den Leuten in Deutschland gut geht? Dass die sich gut einleben. Was müsste man denn da machen?
Johann: Ihnen Deutsch beibringen.
I: Okay.
Johann: Ihnen Trinken und Essen geben.
I: Mhm. (3)
Johann: Hm, und sonst weiß ich nicht.

Entsprechend können sich auch viele Kinder gut vorstellen, dass es für geflüchtete Menschen bedrückend sein kann, wenn sie (noch) nicht Deutsch sprechen: So geht Hendrik davon aus, dass es diesen »*erst mal (...) noch nicht so gut*« geht. »*[R]ichtiges Glück*« hätten sie, wenn sie »*Englisch oder irgendne andere Sprache können, die hier auch sehr oft gesprochen wird*«. Denn, so folgert er, »*wenn sie keine von den Sprachen können, können sich ja erstmal auch nich verständigen.*«

Sich zu überlegen, was geflüchtete Menschen in Deutschland für ihr Wohlergehen brauchen, war keine unlösbare Aufforderung für die Kinder. Sie haben sehr klare Vorstellungen davon, was für ein ›gutes Leben‹ wichtig ist. Sie denken darüber nach, ob diese antizipierten Bedürfnisse bereits gewährleistet sind, und schätzen davon ausgehend die Befindlichkeit geflüchteter Menschen ein. Inwiefern übersetzt sich diese hohe Sensibilität der Kinder für die Bedarfe geflüchteter Menschen auch in eine Bereitschaft für Hilfe und Unterstützung?

Bereitschaft zur Hilfe und Unterstützung

Insgesamt verfügen die Kinder über eine ausgesprochen hohe Hilfs- und Unterstützungsbereitschaft für geflüchtete Menschen und insbesondere für geflüchtete Kinder. Die geäußerte Unterstützungsbereitschaft deckt sich insgesamt mit den Ergebnissen der quantitativen Befragung (vgl. Kap. 8) und zeigt sich auf einer gesellschafts- und sozialpolitischen Ebene daran, dass die überwiegende Mehrheit der Kinder die Aufnahme geflüchteter Menschen in Deutschland grundsätzlich befürwortet und dafür plädiert, dass sie mit Grundgütern wie Nahrung, Kleidung und Wohnraum angemessen versorgt werden. Hier sehen die Kinder in erster Linie die staatlichen Institutionen und politischen Akteure in der Pflicht. Die Frage, die uns hier in diesem Kapitel interessiert ist, was *würden* Kinder selbst tun, um in ihrer schulischen und privaten Lebenswelt Hilfe zu leisten und Unterstützung zu geben? Was finden sie dabei gerecht, was ungerecht? Hierüber geben die Argumentationen der Kinder zu den fiktiven Fallgeschichten Auskunft. Sie berichten aber durchaus auch von ihren eigenen, konkreten Aktivitäten.

Aktiv geleistete Hilfe und Unterstützung

Bereits die Hälfte der Kinder hat schon in irgendeiner Form Hilfe und Unterstützung für geflüchtete Menschen geleistet. Es ist insbesondere der schulische Kontext, der für fünf der Kinder einen Rahmen bietet, ihren individuellen Unterstützungsbeitrag zu realisieren. Eines der Kinder engagiert sich stärker auf Ebene des Wohnorts.

Hendrik und seine Freude unterstützen den neu in die Klasse gekommen Sherip konkret im Unterrichtsalltag der Schule. Sehr eindrücklich beschreibt er, wie sie ihren neuen Mitschüler beim Deutschlernen begleiten: »*So Deutsch hat auch drei verschiedene [Artikel] mit ›der, die, das‹. Is ja auch schwierig. Also ich find's auch gar nich so leicht. Deswegen kann ich gut verstehen, dass er da auch Hilfe braucht.*« »*Manchmal*« würden sie es »*in der Stunde so*« machen: »*Dann fragt er uns halt die verschiedenen Wortarten, also immer drei Wörter. Das erste Substantive, Nomen und Namenwörter. (...) Dann Verben, Tunwörter, Tätigkeitswörter. Dann Adjektive, Wiewörter und Eigenschaftswörter und dann fragt er uns halt zum Beispiel manche Adjektive, manche Verben und manche Substantive.*«

Ina, Leonie, Lena und Marie haben sich an Hilfsaktionen beteiligt, die von ihren Schulen organisiert wurden. So ist Ina an ihrer Schule »*für Flüchtlinge*« einen »*Lauf gelaufen*«, bei dem, so schätzt sie, »*136 Euro vielleicht*« gespendet wurden. Maries Schule scheint gesellschaftspolitisch sehr aktiv zu sein: »*Wir machen halt Spendenaktionen für arme Länder und so. Oder an Karneval, da spenden wir auch ähm für arme Länder oder auch zum Beispiel für Flüchtlingsheime.*« An den Schulen von Leonie und Lena wurden Sammelaktionen für Bekleidung organisiert, an denen sich auch beide Kinder beteiligt haben. Sie konnten »*Sachen abgeben für die Flüchtlingskinder*«, so schildert Lena; sie selbst hat »*Turnschuhe oder noch ähm Anziehklamotten*« mitgebracht.

Markus engagiert sich in seinem Wohnort für geflüchtete Menschen und sieht sich dabei selbst als Teil des politischen Gemeinwesens, wenn er herausstellt: »*Also* *__wir__* *tun hier sehr viel dafür.*« Seine Großmutter, »*tut helfen, dass die Kinder Deutsch lernen*« und er selbst hat schon zweimal mit seiner Großmutter »*ganz viele Klamotten von [sich] und [s]einer Schwester*« zu einer Sammelstelle gebracht.

Mit Blick auf die Berichte der Kinder scheinen institutionell organisierte Spendenaktionen und insbesondere auch die Abgabe von (Kleider-)Spenden Unterstützungsformen für geflüchtete Menschen zu sein, die nicht nur recht weit verbreitet sind, sondern auch Kindern eher ›niedrigschwellig‹ eine aktive Beteiligung ermöglichen.

Dass Kinder eine hohe Spendenbereitschaft für geflüchtete Menschen zeigen, verdeutlichen auch die Befunde der quantitativen Teilstudie eindrücklich (vgl. Kap. 8). Wie sich die in der qualitativen Studie befragten Kinder grundsätzlich zum Thema ›Spenden‹ positionieren – unabhängig davon, ob sie dies bereits konkret getan haben – haben wir über die Fallvignette ›Spendenaktion‹ erhoben.

Spenden – für die meisten Kinder eine Selbstverständlichkeit

In der Fallvignette ›Spendenaktion‹ haben sich zwei Kinder der Klasse, Meral und Jonas, nicht an der schulischen Spendenaktion für geflüchtete Kinder beteiligt und haben nichts von ihrem Spielzeug von zu Hause mitgebracht. Alle zwölf befragten Kinder sind einhellig der Meinung, dass sie es nicht gut finden, sich nicht an der Aktion zu beteiligen. Diese eindeutige Unterstützung von Spendenaktionen teilen auch Jannis und Lisa. Beide Kinder äußern sich zwar eher skeptisch zur Aufnahme geflüchteter Menschen in Deutschland, aber sie finden es wichtig, zu helfen: Jannis findet es »*nicht so gut, dass die Zwei nichts spenden*«, denn »*wenn sie da aus Syrien wären, die möchten ja auch, dass sie was gespendet bekommen*«, wenn sie dann »*ohne gar nichts da stehen*« würden. Auch Lisa findet es »*schlecht*«, »*weil das ist halt blöd, weil die andern Kinder geben was ab, und die zwei dann halt nicht*«. In ihrer Schule wurde noch keine Spendenaktion organisiert, aber Lisa plädiert ausdrücklich dafür: »*Also ich finde, dass man das also machen könnte. Weil die Kinder möchten ja auch was zum Spielen haben. Und möchten sich nicht nur ((lacht leicht)) langweilen.*« Lena verweist in einer vergleichenden Perspektive darauf, wie viel nicht geflüchtete Kinder und wie wenig geflüchtete Kinder haben und leitet daraus die moralische Verpflichtung zu spenden ab: »*Doof, dass die nichts spenden. Weil es gibt bestimmt was zu Hause, was man auch mal was geben kann, weil man hat ja so viel zu Hause. Und diese ähm Flüchtlingskinder, die haben ja GAR nichts mehr. Also die haben ja nur ihren Papa oder ihre Geschwister. Mehr haben die ja nicht. Und deswegen. Also ich würde auf jeden Fall was abgeben.*«

Dass Meral und Jonas nichts von ihren Spielsachen zur Spendenaktion mitgebracht haben, können die Kinder mehrheitlich nur schwer nachvollziehen. Sie gehen zumeist davon aus, dass die Kinder nichts abgeben *möchten*. Lena und Ronja können sich dabei vorstellen, dass dies in diskrimierender Absicht passiert (Ronja: »*vielleicht mögen die nicht den ähm Kindern ihre Spielzeuge geben, weil die sie fremd finden*«). Für Johann und Ina ist es denkbar, dass die Eltern es den beiden Kindern verboten hätten, etwas von ihren eigenen Sachen zur Aktion beizusteuern (Johann: »*weil sie es nicht dürfen*«). Nichts von den eigenen Sachen abgeben zu wollen, ist für Lilli dann legitim, wenn es sich dabei selbst um bedürftige Kinder handelt: »*Aber wenn die selber schon geflüchtet wären und gar nicht so viel haben und das selber erst vor kurzem gespendet gekriegt haben, finde ich das eigentlich okay.*« Sie stellt sich vor, dass der Rest der Klasse, »*also wenn die jetzt denken, dass die [beiden Kinder] nicht geflüchtet sind, dann denke ich, dass die jetzt sauer auf die sein würden*«. Lilli selbst würde allerdings keine Spendenaktion starten wollen. Sie findet: »*Man muss ja auch nicht für immer spenden. Also man kann ja auch leihen.*«

Fast alle Kinder gehen davon aus, dass man üblicher Weise Sachen spendet, die man selbst nicht mehr gebrauchen kann, die einem nicht mehr passen, die man nicht mehr oder seltener benutzt oder die einen nicht mehr interessieren. So argumentiert beispielsweise Marie: »*Also von den andern Kindern finde ich es gut, dass die halt auch gesagt haben, da, ›mit dem spiele ich nicht mehr und dann spende ich das einfach an andere‹. Aber von den beiden [Kindern] finde ich das doof, weil ich meine, die haben wahrscheinlich auch irgendwas zu Hause, womit sie nicht mehr spielen. Und ich denke jetzt mal, dass die das wahrscheinlich nur gemacht haben, weil die keine Lust haben irgendwie, irgendwie so Spielsachen an andere abzugeben.*« Leonie macht eine solche Auffassung von Spenden ganz explizit zum Thema: »*Spenden heißt ja, (…) dass man nicht jetzt alle neuen Sachen weggeben muss sondern eigentlich nur die alten, (…), die einen auch gar nicht mehr interessieren, weil man halt dann rausgewachsen ist.*« Nicht nur für die Kommentierung und Bewertung des Verhaltens von Jonas und Meral bei der Spendenaktion, sondern auch für die eigene Spendenbereitschaft ist die Auffassung, dass man vor allem nicht mehr gebrauchte Dinge abgibt, bedeutsam. Als Mia von der Interviewerin gefragt wird: »Kannst oder würdest du denn was spenden?«, fragt sie nach: »*Pfh, ja. Was ich es gar nicht mehr brauche?*« und nennt dann zwei ihrer Spiele, die sie abgeben würde.

Ganz anders argumentiert Hendrik, der ausdrücklich auch neue Dinge spenden würde, »*weil ähm die Flüchtlinge haben ja gar nichts mehr, außer ihrer eigenen Kleidung und deswegen find ich's nicht sehr nett, also ich hätte auf jeden Fall was gespendet, auch wenn's irgendwas von meinen neuen Sachen wäre*«. Die artikulierte Spendenbereitschaft der Kinder – die bei allen grundsätzlich gegeben ist – geht bei den Kindern unterschiedlich weit.

Gegen Einsamkeit eintreten

Das Verhalten Sofians, der in der Fallvignette auf dem Schulhof abseits steht und der im Unterricht manchmal weint, interpretieren die Kinder mehrheitlich als Einsamkeit und Traurigkeit. Sie thematisieren, wie schwierig es ist, die alten Freunde zu vermissen und noch keine Freunde am neuen Ort zu haben. Wie man Sofian am besten helfen könnte, ist für alle Kinder klar – man sollte Kontakt mit ihm aufnehmen. Lilli kann sich sowohl vorstellen, dass Sofian selbst den Kontakt zu den anderen Kindern meidet (»*Weil er aus einem anderen Land ist. Und er deswegen nicht mit dem aus dem Land reden will. Weil er ist ja geflüchtet.*«) als auch, dass dieser von der Klasse ausgegrenzt wird (»*Oder weil die Kinder halt nichts mit dem zu tun haben wollen, weil die denken, der ist irgendwie komisch oder blöd und anders, weil der halt aus dem anderen Land halt ist.*«).

I: Was denkst du, was man machen könnte, oder würdest du was machen?

Lilli: Also ich würde, ich würde hingehen und mit dem reden.

I: Mhm.

Lilli: Und dann mal gucken, wie der eigentlich ist.

I: Genau. Ob ihr euch überhaupt versteht.

Lilli: Weil, vielleicht ist der ja ganz nett. Und dann haben die anderen nicht den als Freund, weil die den gar nicht gefragt haben. (…)

Auch Markus geht von Ausgrenzungsprozessen der Klasse aus und bezieht die Fallgeschichte auf seine eigene Schulsituation: »*Es gibt bei uns auch ein paar, leider ein paar Kinder, die ausgeschlossen werden. Und der Sofian ist halt jetzt einer davon, leider.*« Markus würde Sofian »*fragen, ob er mitspielen darf, damit er auch mal das Gefühl/also damit er ein Gefühl kriegt, dass er auch mal wie/also dass er Freunde irgendwann mal kriegt. Weil Freunde sind wichtig fürs Leben.*« Hier zeigt sich vielleicht wieder die Suche nach den Gemeinsamkeiten – alle Kinder, so scheint die Position unserer Interviewpartnerinnen und -partner zu sein, wollen und brauchen Freundinnen und Freunde. Hier wird demnach das Verbindende und nicht das Trennende relevant gemacht und darin sind sich die Kinder einig und ihre Deutung scheint sicher. Lenas Überlegungen machen dies sichtbar: »*Ich würde mit dem spielen. Und ich würde halt vieles mit ihm machen.*« Und auch Ina hat einen ganz konkreten Plan, was zu tun wäre: »*Ich würde einfach sagen, ›komm, lass' uns spielen; ich hab'/ich hab' richtige viele Freunde; ich kann ja mal ein Freund kennenlernen, und zwar einen Jungen; der wird dir bestimmt gefallen‹. Und dann führe ich ihn einfach zum Beispiel zu Bastian [ein Freund von Ina].*«

Im Unterricht helfen – auch wenn die eigenen Interessen beeinträchtigt sind?

Zwei weitere Fallvignetten beziehen sich auf die Frage der Unterstützung geflüchteter Kinder im Schulunterricht. Beide Vignetten sind jeweils so konstruiert, dass sie ein gewisses Spannungsfeld zwischen dem Hilfe- und Unterstützungsbedarf der geflüchteten Kinder und den Interessen und schulischen Belangen der nicht geflüchteten Kinder aufmachen.

Darüber, dass der Lehrer in der Fallvignette ›Helfen im Unterricht‹ Mayla zwischen zwei beste Freundinnen gesetzt hat, sind die Kinder geteilter Meinung. Die überwiegende Mehrheit der Kinder, wie hier Lisa, befürworten es ausdrücklich: »*Also ich finde es eigentlich gut, weil die andern zwei können Deutsch. Und die können der Mayla vielleicht ein bisschen helfen, dabei. Und sie unterstützen.*« Marie und Ronja sorgen sich darum, dass Mayla von den beiden Freundinnen, zwischen die sie gesetzt wurde, möglicherweise ausgegrenzt werden könnte. So befürchtet Ronja: »*Vielleicht sind die dann böse zu ihr, weil sie auch nebeneinander sitzen wollen. Weil sie dann denken, dass ist IHRE Schuld. Und nicht die vom Lehrer.*«

Lena und Leonie positionieren sich nicht eindeutig, verhandeln den ambivalenten Charakter dieser Situation und wägen ihre Einschätzung nach dem Für und Wider ab. Lena findet »*es auch okay*«, aber »*im Grunde genommen (…) nicht schön, (…) wenn einfach zwischen mir und meiner besten Freundin so ein Kind gesetzt wird, was total fremd ist und wir die halt überhaupt nicht kennen*«. Gleichzeitig, so streicht Lena das Potenzial der Situation heraus, könne man »*sich auch mit dem Kind anfreunden*« und kommt zu dem Schluss, dass das »*jetzt nicht so schlimm*« sei. Auch Johann argumentiert stärker aus der Perspektive der beiden Freundinnen, bezieht aber eindeutiger Position: Er findet es »*nicht so gut*«, »*weil sie dann nicht mal mehr erzählen können oder etwas*«.

Einig sind sich alle der befragten Kinder demgegenüber darin, dass sie es nicht gerecht finden, wenn die helfenden Kinder schulische Nachteile durch das Helfen haben und schlechtere Noten schreiben. Jannis etwa findet es »*ungerecht*«, dass Jasmin eine schlechtere Note bekommt, »*weil es ist ja eigentlich der Mayla ihre Schuld*«. Andere Kinder weisen eher dem Lehrer die Verantwortung für die ihrer Ansicht nach ungerechte Bewertung Jasmins zu, wenn deren Hilfeleistung für Mayla unberücksichtigt bleibt. Lena würde, wenn sie Lehrerin wäre, »*halt ›okay‹ sagen, die hilft dem; das ist ja nicht so/nicht schlimm. Und würde trotzdem halt die Note geben, die sie verdient hat.*«

Weitaus weniger einig sind sich die Kinder aber in der Frage, ob Jasmin Mayla dennoch helfen *sollte* – auch wenn sie eine schlechtere Note geschrieben hat. Für fünf der Kinder wären schlechtere Noten kein Grund, Mayla nicht mehr zu helfen. Markus findet es »*zwar nicht*« gerecht, dass Jasmin eine schlechtere Note geschrieben hat, meint dann aber pragmatisch, »*aber (2), hm, so ist das Leben halt leider. (2) Nur, deswegen. (2) (…) Das Leben ist nämlich nicht immer ein Wunschkonzert.*« Diese fünf Kinder suchen dann nach Möglichkeiten, wie die Hilfe so gestaltet werden kann, dass Jasmin dennoch auch dem Unterricht folgen kann: Ronja schlägt vor, dass Jasmin Mayla ja auch mal sagen könnte, »*›ich erklär's dir gleich; ich schreib' noch den Satz zu Ende.‹ Dann schreibt sie es zu Ende, sa/erklärt es ihr kurz. Und hört dann wieder zu.*« Hendrik und Markus plädieren dafür, dass sich Sabrina und Jasmin mit der Hilfe für Mayla abwechseln und Markus darüber hinaus dafür, dass man Mayla neben die beste Schülerin setzen könnte.

Die restlichen Kinder sind der Meinung, dass Jasmin Mayla im Fall der schlechteren Noten entweder eher nicht mehr oder zumindest eingeschränkter helfen oder dass Mayla umgesetzt werden sollte. Lisa beispielsweise meint – bezogen auf sich selbst und Jasmin: »*Also dann will ich lieber aufpassen. Und ihr vielleicht jetzt grad mal bei dem einen nicht so gut helfen. Weil sie muss das auch mal dann allein hinbekommen. Und die Eltern möchten ja nicht, wenn sie zum Beispiel eine Fünf oder so heimbekommt.*« Innerhalb des Klassenzimmers und im Unterrichtsgeschehen sehen Jannis und Lisa den Lehrer und nicht die anderen Kinder in der Verantwortung, Mayla zu unterstützen. Marie fände es eine gute Lösung, wenn »*irgendwie ein Helfer*« für Mayla in die Klasse kommen würde und »*man dann nicht die Kinder halt darum bittet, dass die helfen sollen*«. Johann und Lisa plädieren darüber hinaus für eine zusätzliche Deutschförderung außerhalb des Unterrichts.

In der Vignette ›Stoff wiederholen‹ kommen fünf geflüchtete Kinder neu in die Klasse. Deshalb muss die Klasse einigen Lernstoff wiederholen, was für die anderen Kinder aber langweilig ist.

Drei sehr unterschiedliche Möglichkeiten schlagen die Kinder dafür vor, wie man mit dem hier aufgerufenen Spannungsfeld zwischen den Unterstützungsbedürfnissen der fünf neu hinzugekommenen Kinder und den Interessen der restlichen Schülerinnen und Schüler der Klasse umgehen könnte. In zwei inkludierenden Strategien plädieren die Kinder für einen binnendifferenzierten Unterricht und die Unterstützung der fünf Kinder durch externe Kräfte im Unterricht. In der exkludierenden Strategie schlagen die Kinder vor, dass die fünf neuen Kinder in einer anderen Klasse oder zu einem späteren Zeitpunkt beschult werden sollten.

Für eine Binnendifferenzierung im Unterricht sprechen sich etwa Lilli, Lena und Marie aus, die alle drei mit dieser Form des individualisierten schulischen Unterrichts bereits Erfahrungen gesammelt haben. Lilli kann das Gefühl der Langeweile zwar nachvollziehen, hält aber unterschiedliche Lerntempi oder Kenntnisstände in einem binnendifferenzierten Unterricht grundsätzlich für kein Problem. Denn »*in der freien Arbeit*« hat »*fast jeder unterschiedliche Aufgaben*« und für sie war »*das Gute daran*«, dass sie dann »*die Aufgaben machen konnte*« die sie »*noch nicht gemacht*« hatte. Mit Lena und Marie sind bereits geflüchtete Kinder in die Klasse gegangen. Beide sehen die gemeinsame Beschulung von geflüchteten und nicht geflüchteten Kindern in Form eines individualisierten Unterrichts entsprechend unaufgeregt. Das geflüchtete Mädchen bei Lena in der Klasse hat »*halt andere Blätter als wir bekommen (...). Aber sie war trotzdem in unserer Klasse. Das war überhaupt nicht blöd für uns. Wir haben unseren Stoff weiter gelernt. Und sie hat dann das, was sie lernen soll, gemacht.*«

Dass die fünf neuen Kinder der Klasse von einer zusätzlichen Person im Unterricht begleitet werden sollten, finden Ronja und Lisa richtig. Lisa plädiert dafür, »*dass mal jemand vorbeikommt und mit denen was anderes macht. Und die anderen Kinder dann einfach weitermachen.*« Leonie hält einen zusätzlichen Förderunterricht für eine sinnvolle Lösungsmöglichkeit. Sie würde für die neuen Kinder »*eine Extra-Stunde machen. Dass die dort lernen können.*«

Für einen Ausschluss der fünf Kinder aus dieser Schulklasse sprechen sich zwei Kinder aus. Für Johann ist denkbar, dass die fünf neuen Kinder »*in eine andere Klasse*« gehen oder zu einem anderen Zeitpunkt beschult werden sollten (»*irgendwann anders in die Schule wieder gehen*«). Lena spricht sich für eine Rückstufung der Kinder in eine niedrigere Klasse aus. Sie würde »*die Flüchtlingskinder (...) nicht sofort (...) in die dritte Klasse tun*«, sondern »*in die zweite Klasse wieder tun und nicht halt sofort in die dritte rein. Oder halt in die erste.*«

Blickt man auf alle fluchtbezogenen Fallvignetten, so fällt es auf, dass die Kinder bei der ›Spendenaktion‹ und im Falle Sofians (›Traurig und einsam sein‹) durchweg eine weitestgehend uneingeschränkte Hilfs- und Unterstützungsbereitschaft formulieren und dass sich diese dann aber bei einer ganzen Reihe von Kindern im Sprechen über die Vignetten ›Helfen im Unterricht‹ und ›Stoff wiederholen‹ abschwächt. Wie könnte sich dieser Befund erklären lassen? Sehr allgemein formuliert wäre es denkbar, dass Hilfe sicherlich dann einfacher von der Hand – oder hier sprichwörtlich: ›über die Lippen‹ – geht, wenn die helfenden Personen selbst keine oder nur sehr geringe Nachteile von ihrem Engagement für andere haben. Wir gehen aber davon aus, dass es kein Zufall ist, dass einige Kinder gerade dann ihre Unterstützungsbereitschaft für geflüchtete Kinder einschränken, wenn die schulischen Belange der nicht geflüchteten Kinder beeinträchtigt werden. Dies könnte darauf verweisen, dass das Erfüllen schulischer Leistungsanforderungen für viele Kinder gerade in einem mehrgliedrigen Schulsystem, das nach erbrachter Leistung differenziert und selektiert, von einer enorm hohen Bedeutung ist. So argumentiert Jannis: »*Weil äh, weil sonst schreiben die ja schlechte Noten. Und wenn sie jetzt in der vierten Klasse sind, und die brauchen ja auch die guten Noten für das Übertrittszeugnis.*«

9.6 Porträts

Hendrik, 8 Jahre, 2. Klasse

»Und des find ich halt nicht fair, dass die nicht rein gelassen werden.«

Dilan Çınar

Hendrik ist ein aufmerksamer 8-jähriger Junge, der seine Umwelt auf empathische Weise wahrnimmt. Er lebt mit einem Teil seiner großen Familie in einer ländlichen Region in Thüringen. Das große Einfamilienhaus bewohnen Hendrik, seine Mutter, der 16-jährige Bruder Ferris und seine zwei Jahre ältere Schwester Chiara sowie die Großeltern in der zweiten Etage. Mila und Leonie, seine beiden ältesten Schwestern, sind ausgezogen und leben in einer anderen Stadt. Sie besuchen die Familie regelmäßig. Sonntags wird öfters mit den Großeltern ein Familienausflug oder ein gemeinsames Essen geplant. Der Vater der Kinder kommt aus Kamerun und lebt getrennt von der Familie. Das Interview wird im Wohnzimmer des Erdgeschosses durchgeführt. Hendrik macht während des Interviews einen entspannten und aufgeschlossenen Eindruck und scheint höchst zufrieden mit seinem Leben zu sein.

Wohlbefinden und zugängliche Orte und Räume

Das geräumige Haus mit großem Garten bietet Hendrik ein eigenes Kinderzimmer, welches er schätzt, da er sich in der vorherigen Wohnung ein Zimmer mit Chiara teilen musste. In seinem Kinderzimmer hat er sehr viel Lego-Spielzeug. Beides, also ein eigenes Zimmer und Sachen zum Spielen zu haben, erklärt er als wichtig für sein Wohlbefinden.

I: Und Spielzeug ist wichtig, ne?
H: Für mich zumindest schon.

Nach der Schule geht Hendrik täglich in den Hort, *»außer ich hab mal keine Lust, weil der Hort ist halt gleich bei der Schule«*. Demnach kann Hendrik aufgrund der kurzen Distanz zur Schule selbst entscheiden, ob er in den Hort möchte. Möglichkeiten zur Bewegung bieten ihm eine Kleinsportanlage für Fußball und mehrere Spielplätze, *»oder wir spielen aufm Schulhof«*. Hendrik erzählt, dass seine Freunde und er den Hortbereich mit weiteren Räumen einschließlich des Spielzeugs nutzen können.

Institutionalisierung des Alltags

Hendrik treibt gerne und viel Sport. Montags geht er schwimmen, mittwochs hat er Basketballtraining und donnerstags trainiert er im Hort Leichtathletik für das bevorstehende Sportfest der Schule. Vor allem im Weitwurf ist er *»sehr, sehr gut«*. Dennoch scheinen die geregelten Freizeitaktivitäten neben der Schule und dem Hort Hendrik nicht zu überfordern. Er nimmt sich weiterhin Zeit für andere Dinge, die ihm ebenfalls wichtig sind. Wenn er kein Training hat, *»bummel[t]«* er gerne nach der Schule bzw. dem Hort auf dem Weg nach Hause. Schmunzelnd erzählt er, dass er durch das gemütliche Schlendern und Erkunden seiner Umgebung doppelt so viel Zeit für den Heimweg braucht als sonst.

Hohe alltägliche Selbstbestimmung

Das »Bummeln« auf dem Schul- oder Heimweg ist Hendriks Mutter bekannt und für sie nicht weiter schlimm. Sie vertraut ihm und gewährt ihm diese Freiheit. Generell kann sich Hendrik zwischen seinen relevanten Lebensorten – wie der Schule, seinem Zuhause oder Lieblingsgeschäft, dem »*Groschenmarkt*«, – zu Fuß, mit dem Cityroller oder seinem Fahrrad frei bewegen. Selbstbestimmung erfährt Hendrik zusätzlich durch die Möglichkeit, selbst zu entscheiden, wie lange er im Hort bleiben möchte. Er hat die »*Erlaubnis*«, ab einer bestimmten Uhrzeit nach Hause gehen zu dürfen. Gelegentlich holt ihn seine Mutter ab, aber er »*geh[t] meistens allein nach Hause*«. Hendrik kann ebenso entscheiden, ob er seine Hausaufgaben vor dem Sporttraining im Hort erledigt oder erst danach. Von erlebten Restriktion zu Hause berichtet Hendrik nicht.

Umsicht im Umgang mit Geld

In gleicher Weise darf Hendrik autonom über sein eigenes Geld verfügen. Verantwortungsvoll und bedacht spart er Geld, das er bekommt, an und wägt im Vornherein sorgfältig ab, wofür er es ausgeben möchte.

H: Ich spare immer. (…) Oder zum Beispiel: Ich geh einmal zum Groschenmarkt hin und dann seh ich halt irgendwas kleines, was toll is und dann seh ich aber doch noch was anderes, was schön is und dann spar ich einfach auf das andere, was auch schön war, weil ich muss mir ja nicht eine Sache zweimal kaufen.

Mit Gutscheinen verfährt er ähnlich. Hendrik schätzt den Wert seiner eigenen Sachen und wählt neue Besitztümer sorgfältig aus.

Empathie bezüglich Krieg

Hendriks erste Reaktion zur Fluchtthematik besteht aus einem Moment des Nachdenkens und einem deutlich hörbaren Einatmen. Er findet es schade, dass in den Ländern, aus denen die Menschen fliehen, Krieg herrscht und dass sie gezwungen sind, ihre Heimat zu verlassen. Seine empathische Art ermöglicht ihm, sich einfühlsam in die emotionalen Belastungen der flüchtenden Menschen hineinzuversetzen.

H: Es wär halt schön, wenn sie wieder hinziehen könnten, also nicht weil ich die halt hier nicht mag, sondern es wär einfach schön für die. Dass die halt wieder hinziehen könnten.
I: Warum wäre das schön für sie?
H: Äh, zum Beispiel wenn ich jetzt von hier weggehen würde, ähm, also nicht wegziehen, sondern weil hier zum Beispiel Krieg wäre, dann wär ich auch ganz schön traurig.

Nach der Trennung der Eltern musste Hendrik bereits zweimal umziehen. Deshalb ist ihm bekannt, dass sich räumliche Mobilität nicht immer leicht gestalten lässt. Er stellt aber klar, dass sich eine Flucht von seinen Erfahrungen unterscheidet, und zeigt ein hohes Verständnis dafür, dass aus einer Zwangsmigration Gefühle von Traurigkeit resultieren können. Aus seiner Klasse kennt er einen

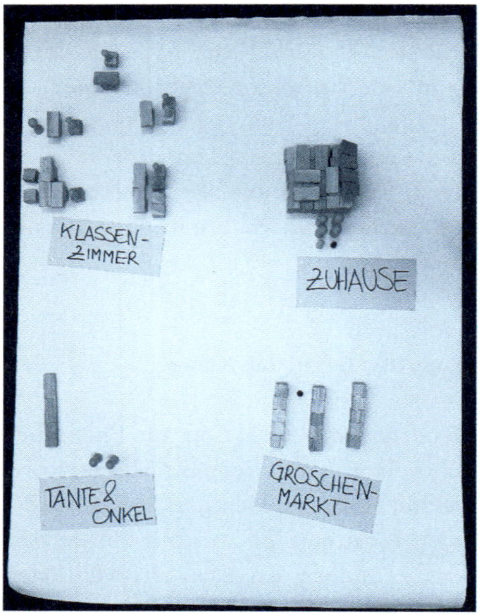

Jungen namens Sherip, der aus Tschetschenien nach Deutschland geflüchtet ist. Hendrik weist auf die Folgen einer solchen Migration, wie das nicht ganz sorglose Einleben in Deutschland, hin.

H: Ich hab jetzt eigentlich den Eindruck, dass er [Sherip] nicht mehr so traurig ist, dass er von seinem Zuhause weg musste, weil hier hat er sich auch schon relativ gut eingelebt.

I: Ok. Das heißt, du hast mitbekommen, dass er traurig war, auf jeden Fall.

H: So an Anfang, da wars halt so: Er kannte uns nicht, da hat ich auch ganz schön das Gefühl, hmm, dass es ihm halt nicht so gut ging. Aber das ist ja schon ungefähr ein halbes Jahr vielleicht her, ich weiß nicht mehr so genau, wann er in unsere Klasse gekommen ist. Und da hat ich halt den Eindruck, dass er an Anfang doch schon noch n bisschen traurig war, weil er kannte uns nicht.

Als konkrete Sorgen nennt Hendrik, dass man als Neuling weder das Land noch die Menschen kennt. Demnach »*is halt alles neu*«. Hendrik nimmt wahr, dass sich Sherips emotionaler Zustand bessert, als er Hendrik und andere Kinder kennenlernt.

Verschiedene Kommunikationsmöglickeiten

Problematisch scheint Hendrik auch die potenziell schwierige Verständigung zwischen den hier aufgewachsenen und geflüchteten Menschen, falls diese keine der in Deutschland gesprochenen Sprachen nutzen können.

H: Weil wenn sie keine von den Sprachen können, können sich ja erstmal auch nicht verständigen.

I: Ja, das ist dann schwierig, ne?

H: Ja.

I: Weil dann weiß man nicht, was der andere sagen will und so und was halt die sagen.

H: Also die sprechen den halt in ihrer Sprache an, aber der sagt des dann halt in Deutsch zurück, dann ist man halt schon irritiert.

Zu den für eine leichtere Verständigung zählenden Sprachen zählt Hendrik aber nicht nur Deutsch und Englisch. Er berücksichtigt auch die Herkunftssprachen migrierter Menschen. Es gibt beispielsweise Personen, die mit Sherip Tschetschenisch sprechen konnten, als er noch kein Deutsch verstand. Beim Deutsch lernen unterstützen ihn nun Hendrik und sein Freund Lukas.

Wissen über die Fluchtthematik

Generell lässt sich sagen, dass Hendrik über ein breites und differenziertes Wissen über Fluchtbedingungen und die

Lebenssituation geflüchteter Menschen verfügt, da er auch des Öfteren gemeinsam mit seiner Mutter die Nachrichten sieht. Räume für Geflüchtete sind für ihn Erstaufnahmeeinrichtungen und Lager. Diese bewertet er als notwendig, »*dass sie erst mal überhaupt irgendwo wohnen können*«. Des Weiteren ist ihm das Vorhandensein von geschlossenen Grenzen bewusst. Hendrik verurteilt dies als Unrecht, da man geflüchteten Menschen Einlass gewähren sollte:

I: Und wieso findest du das nicht toll, dass die Grenze überwacht wird?
H: Ich find's halt auch doof, also ähm weil meistens sind's halt Flüchtlinge. Und des find ich halt nicht fair, dass die nicht rein gelassen werden.

Familien gehören zusammen

Einfühlsam beschreibt Hendrik, dass geflüchtete Menschen ihr Zuhause und Familienmitglieder vermissen, insbesondere wenn man als Minderjähriger unbegleitet flieht: »*Zum Beispiel, weil sie flüchten ja meistens alleine, also ohne die Großeltern oder so was.*« Zu einem der von ihm ausgesuchten Bilder beschreibt Hendrik die Gedanken, die dem abgebildeten Jungen möglicherweise durch den Kopf gehen könnten: »*Zum Beispiel einmal: Schön, dass du da bist oder sowas. Also, dass die sich halt freuen, dass der Bruder mitgekommen ist.*« Hendrik weiß, dass es unter den prekären Fluchtbedingungen nicht selbstverständlich ist, dass Familien gemeinsam im Zielland ankommen. Er appelliert daher an den Zusammenhalt aller Menschen in Deutschland und befürwortet eine gute Behandlung und das Anbieten von Hilfe, um den Menschen den Übergang in die deutsche Gesellschaft zu erleichtern:

I: Was glaubst du denn ist nötig, dass sich Menschen, die geflüchtet sind, in Deutschland gut einleben können?
H: Ähm, gut[e] Behandlung. Also dass ihn manche auch richtig beachten. Also zum Beispiel, er is hingefallen, dann, dass da halt auch manche zu ihm gehen und ihm halt hoch helfen oder so was. (...) Oder irgendwie Hilfe leisten.

Dankbarkeit

Hendrik betont die Beachtung von Geflüchteten, das aktive Hinsehen und die Hilfeleistung; denn es sei falsch, wegzusehen. Er schlüpft in die Perspektive von geflüchteten Menschen und spricht folgende Gedanken der Dankbarkeit laut aus:

H: Also ich stell mir jetzt grad so vor, es wär beim Einschlafen. ›Schön, dass wir es geschafft haben, dass wir endlich in Deutschland sind und dass wir drei rüber gekommen sind und nett, dass sie uns halt extra nochmal Liegen hingestellt haben.‹ Also dass sie halt froh sind, dass was für sie gemacht wird.

An dieser Stelle stellt Hendrik einerseits die Dankbarkeit geflüchteter Menschen gegenüber einer Willkommenskultur in Deutschland heraus und hält andererseits das Gelingen einer Flucht für eine große menschliche Leistung.

Spenden als Handlung für Andere

Meral und Jonas haben zur Spendenaktion in der Schule nichts mitgebracht, was Hendrik nicht gefällt. Er hätte »*auf jeden Fall was gespendet, auch wenn's irgendwas von meinen neuen Sachen wäre*«. Folglich ist der altruistische Grundgedanke des Spendens, nämlich das Abgeben für die,

die weniger haben, höher gewichtet als der eigene, sogar neue Besitz. Daher hat Hendrik auch keine Idee, warum die Kinder nicht bei der Spendenaktion der Klasse mitmachen.

Helfen trotz eigener Nachteile

Zur Geschichte vom geflüchteten Kind Mayla stellt sich Hendrik vor, dass sie nicht aufgrund ihrer Fluchterfahrung oder ihrer Bedürftigkeit zwischen die besten Freundinnen platziert wird. Der Lehrer setzt das Mädchen aus strategischen Gründen dort hin, weil sich Sabrina und Jasmin zu viel unterhalten. Er kommentiert zur negativen Auswirkung der von Jasmin geleisteten Hilfe: »*Ich find's nett, dass sie ihr trotzdem hilft, obwohl sie schlechtere Noten schreibt*«. Demnach ist eine Hilfeleistung trotz eigener Nachteile in der Verbesserung anderer begründet.

Soziales Engagement im Alltag

In einer weiteren Geschichte geht es um Sofian, der neu in der Klasse ist und manchmal im Unterricht weint. Seine Situation kann Hendrik sehr gut nachvollziehen und deutet sie folgendermaßen: »*Er hat irgendwie Heimweh und ja, geht mir auch manchmal so. Ich bin traurig, wenn ich irgendwen neu kennenlerne, also wenn ich wo neu hin geh, dann bin ich halt 'n bisschen traurig, weil da also ich vermiss halt n paar andere, die halt, die ich halt schon sehr gut kenne*«. Hendrik fühlt mit Sofian mit. Er versteht, dass man als Neuling Schwierigkeiten haben kann, soziale Beziehungen aufzubauen und die Menschen um sich herum kennenzulernen. Gleichzeitig fehlen einem die bekannten und lieb gewonnenen Menschen. Demnach sind für Hendrik enge Beziehungen und eine vertraute Umwelt von immenser Bedeutung für das Wohlbefinden. Er würde aus diesem Grund auf Sofian zugehen und sich erkundigen, was bei ihm los ist. Hendrik fügt hinzu, dass er Verständnis dafür hätte, wenn Sofian nicht darüber reden möchte, und würde ihn stattdessen zum Spielen einladen. Er wünscht sich außerdem, »*dass irgendwer sich mal einsetzt für ihn und fragt, ob Sofian halt mitspielen kann. Oder für wen anders nachfragen kann, ob Sofian bei ihnen mitspielen kann*«. Der aktive Einbezug ins gemeinsame Spiel kann nach Hendriks Einschätzung demzufolge für das allgemeine Wohlbefinden Sofians förderlich sein.

Ina, 8 Jahre, 2. Klasse

»Weil es gibt jetzt immer solche neuen Menschen, von den ich Angst habe.«

Dilan Çınar

Ina ist ein 8-jähriges Mädchen, das mit ihren Eltern in einer Großstadt in Sachsen wohnt. Die Altbauwohnung im Jugendstil liegt relativ zentral, gegenüber eines Parks. Ina hat ein eigenes Kinderzimmer und besitzt eine junge Katze, mit der sie gerne spielt. Ihre Eltern kommen aus der Ukraine. Da der Vater ihre ältere Halbschwester dort öfter besucht, bestehen transnationale Familienbeziehungen zum Herkunftsland ihrer Eltern. Aufgrund der großen Distanz skypen Ina und ihre Schwester manchmal. Wenn Ina ihre Familie mütterlicherseits besucht, fahren sie auf die Krim und übernachten bei Inas Oma. Das gespannte Verhältnis zwischen der Ukraine und Russland bekommt Ina partiell mit *(»Weil Putin das aufgeteilt hat. Er hat die Krim zu einer Halbinsel gemacht.«)* und sie macht sich Sorgen über die Rolle und den Einfluss von Putin.

Schule als Lebensort

Als erstes baut Ina in ihrem Netzwerk ihre Schule auf, da sie laut eigener Aussage sehr viel Spaß dort hat und ihre vielen Freundinnen und Freunde dort trifft. Ina schließt Menschen in ihr Herz, die lustig sind und gute Laune verbreiten. Auch der »*Klassenclown*« Peter gehört zu Inas Freundeskreis, weil er immer Witze macht und sie vom Unterricht ablenkt. Das macht ihr aber nicht viel aus, denn durch ihn hat sie viel Spaß in der Schule.

Partizipation in der Schule

An ihrer Klassenlehrerin schätzt Ina, dass sie ihrer Klasse die Freiheit gewährt, sich umzusetzen. Auch dass sie jetzt in der zweiten Klasse mehrere Schulausflüge planen und Spielzeugtage vor den Ferien eingeführt haben, macht sie aus Inas Sicht sympathisch. Dazu kommt, dass sie nicht so streng ist; die meisten Lehrerinnen »*sind wirklich richtig nett*«. Weiterhin spielt die Mathelehrerin eine bedeutsame Rolle, schließlich kommt sie auch zu den Elternabenden und pflegt direkten Kontakt zu Inas Eltern. Überdies erzählt Ina, dass den Schülerinnen und Schülern eine spezielle Kommunikation mit ihren Lehrerinnen und Lehrern ermöglicht wird. Sie dürfen ihnen Briefe mit Anregungen, Verbesserungsvorschlägen oder Lob schreiben und es hat den Anschein, dass die Ideen aus den Briefen der Kinder ernst genommen und auch realisiert werden. Diese Faktoren spielen für Inas Wohlbefinden innerhalb des schulischen Kontexts eine große Rolle.

Sicherheit, Unsicherheit und die Weitergabe von Angst

Sicherheit bzw. das Gefühl von Unsicherheit spielt eine bedeutsame Rolle in Inas Leben und Familie. Ina darf nicht alleine zur nahegelegenen Schule gehen, weil sie dafür durch den Park muss, was der Mutter Angst bereiten würde. Daher wird sie jeden Tag von ihrer Mutter in die Schule begleitet. Ina ist es also nicht erlaubt, alleine in den Park zu gehen. Dies möchte sie sowieso nicht, da sie Angst davor hat. Es hat den Anschein, dass sich das hohe Sicherheitsbedürfnis der Mutter auf Ina überträgt. Sie erzählt zuerst, dass ihre Mutter in bestimmten Situationen Angst um ihre Tochter hat, anschließend bezeichnet sich Ina selbst ebenfalls als ängstlich. Dies sei ihren Freundinnen und Freunden auch schon aufgefallen und sie wird aus diesem Grund manchmal von ihren Peers aufgezogen. Es sind aber nicht nur Orte, die ihr Angst machen. Auch vor »*neuen*« Menschen, die »*anders*« aussehen und aus »*anderen Ländern*« kommen, erschrickt sie sich:

I: Mhm. Und was sind das für Leute?
Ina: Also andere, von den andern Ländern. Die sehen nämlich anders aus. Und das erschreckt mich immer. Die sind nicht nur so, wie wir sind. Und meine Eltern besprechen das immer. Ich höre nur so manchmal Schlimmes. Und deswegen kriege ich immer dort davor Angst.

Sie begründet ihre Ängste damit, dass ihre Eltern Schlimmes besprechen, zum Beispiel dass Putin die Welt erobern und teilen möchte. Eine große Hilfe, um mit dem Gefühl der Unsicherheit umzugehen, bietet Ina das Kollektiv ihrer Peers:

I: Mhm. Fühlst du dich dort sicher?
Ina: Also manchmal schon, manchmal nicht, weil da auch andere Leute sind. Aber meistens fühle ich mich sicher, weil da auch andere Mädchen sind. Und wenn ich mit meinen Freunden bin und anderen Kindern, dann fühle ich mich einfach richtig stark.

Somit lässt Ina ihre Angst nicht auf sich beruhen, sie sucht stattdessen nach Strategien, sich ihrer Ängstlichkeit zu stellen. Beispielsweise spielt sie trotzdem gerne im Park, wenn ihre Freunde dabei sind. Zudem übt sie derzeit Karate. Die Fertigkeit, sich im Notfall zu verteidigen, kommt ihrem Bedürfnis nach Sicherheit entgegen.

Schwimmen geht jetzt nur im Sommer

Ein weiterer Ort, der von Inas Familie gemieden wird, ist die Therme. Ina beschreibt die Therme enthusiastisch und baut sie in ihrem sozialräumlichen Netzwerk auf. Sie erzählt, dass sie da schon oft war und immer viel Spaß dort hat. Nun möchte ihr Vater aber nicht mehr dahin gehen. Als Grund führt Ina an: »*Aber jetzt gehe ich da nicht mehr oft hin, weil da andere Leute sind. Weil, mein Papa will nicht mehr zu diesem Ort gehen. (…) Weil da gehen auch andere Menschen hin. Das sind zu viel[e]. Der will warten bis zum See. Bis es Sommer ist, wenn wir an den See gehen. Aber ich will SO gerne JETZT schwimmen! Und zeigen, wie ich schwimmen kann!*«

Dass die Therme nun auch von »*anderen*« Menschen in zu hoher Anzahl besucht wird, stellt aus Inas Sicht die Ursache dar, warum sie dort nicht mehr schwimmen gehen kann. Weil die Therme »*eigentlich GANZ weit weg*« ist, steht ein Besuch in Abhängigkeit von ihren Eltern, weshalb Ina auf den Sommer warten muss.

Fremde Gesichter bleiben fremd

Auf die Frage hin, ob Ina geflüchtete Menschen getroffen hat, antwortet sie: »*Ich glaube schon. (...) Oder ich glaube nicht. Ich weiß es eigentlich nicht.*« Als Indiz der Fremdheit gilt für Ina neben »*anderen Gesichter[n]*« auch die weibliche Verschleierung. Beispielsweise gibt es ein Mädchen in Inas Schule: »*[Sie] hat ein anderes Gesicht. Und ihre Mutter ist, hat schwarze Sachen. Nur schwarze Sachen. Und zeigt nur ihre Augen und nicht ihr Gesicht. Und deswegen denke ich, dass sie geflüchtet sind. Ich weiß es aber nicht.*« Kontakt hat sie zu diesem Mädchen nicht: »*Also ich spiele mit meinen Freunden. Und dieses Mädchen hat mit andern Freunden gespielt. Und ich wollte sie nicht unterbrechen und so.*« Ina scheint Hemmungen zu haben, mit diesem Mädchen in Kontakt zu treten. Als Konsequenz bleiben die Gesichter der ›Anderen‹ weiterhin »*anders*«. Diese Konstruktionen von ›Anderssein‹ lassen Ina zwar auf Distanz gehen, sie hindern Ina aber nicht daran, sich empathisch in geflüchtete Menschen einzufühlen: »*Und dann können sie auch den Vater vermissen. (...) Und sie konnten ihn nicht retten. (...) Aber das ist eine traurige Geschichte.*« Ebenso stellt sich Ina vor, wie es »*fremden*« Neuankömmlingen in Deutschland ergeht und dass sie sich wahrscheinlich auch fremd fühlen, weil sie beispielsweise die Regeln in Deutschland nicht kennen: »*Ähm, das ist nicht so, hm, normal für sie. Für uns auch manchmal nicht. Und deswegen. Wir haben nämlich andere Regel als sie. Und sie wollen das anders machen. Und sicher haben die Heimweh.*«

Hilfe für fremde Gesichter

Auf die Frage, ob Ina mitbekommen hätte, dass viele Menschen nach Deutschland gekommen sind, antwortet sie, dass es »*ja einige Gesichter gab. Und nicht nur solche hautfarbigen, sondern auch dunkle Gesichter.*« Demnach verbindet Ina Gesichter, die ihr neu und dunkel erscheinen, mit geflüchteten und in dieser Logik auch fremden Menschen, die sich von Personen in Deutschland unterscheiden. Als Migrationsursachen nennt sie Krieg, Knappheit an Nahrung und Mangel an sauberem Wasser. Obwohl Ina »*fremde Gesichter*« Angst einjagen, befürwortet sie das Unternehmen einer Flucht und Eintreffen von flüchtenden Menschen in Deutschland. Ferner ficht sie die Schließung der europäischen Grenzen an. Stattdessen sollte man die Ursachen in den Heimatländern durch gezielte Hilfestrategien im Sinne einer Hilfe zur Selbsthilfe bekämpfen.

Als Bestimmerin von Deutschland träumt Ina davon, jeder Familie ein Haus mit einem Garten bereitzustellen. Die Gärten sollten an einen See grenzen. Das käme vielleicht auch Inas Wunsch nach – unabhängig von »*anderen*« Besuchern – schwimmen gehen zu können.

Jannis, 9 Jahre, 4. Klasse

»Man merkt halt, dass er nicht von uns da ist.«

Dilan Çınar

In einem Zweifamilienhaus in einer ländlichen Ortschaft in Bayern lebt der 9-jährige Jannis mit seiner Familie. Er und seine Eltern bewohnen das Erdgeschoss, im Keller ist der große Bruder untergebracht und die obere Etage gehört seiner Schwester und ihrem Freund mit deren Säugling. Jannis ist also mit seinen jungen Jahren schon Onkel. Der Wohnort ist ziemlich abgelegen; der nächste Bahnhof ist zehn Kilometer entfernt. Bei der Ankunft ruft ihn seine Schwester ins Haus, er war nämlich draußen *»im Lager«* spielen. Zu Beginn des Interviews wirkt Jannis noch schüchtern und es scheint so, als wäre er vorab über die Studie wenig aufgeklärt worden. Nachdem die Interviewerin Jannis alles erklärt, scheint er das Prozedere zu verstehen und wirkt beeindruckt, als die Interviewerin ihm das Buch der letzten Studie zeigt.

Ein Lager für Kinder

Jannis ist sehr naturverbunden und gerne und viel draußen. Das zeigt sich auch an Jannis' sozial-räumlichem Netzwerk: Er beginnt mit dem Aufbau des *»Lagers«*. Das von ihn und seinen Freunden selbstinitiierte und -organisierte Lager befindet sich auf dem großen Wiesenstück hinter dem Haus. Die Kinder hatten zuvor ein anderes Lager, sodass Jannis viel vom *»neuen«*, aber auch vom *»alten Lager«* erzählt. Das Lager beschreibt Jannis so: *»Das ist so ein wie ein Ort immer für uns (...) und da treffen wir uns immer zusammen und bauen dann und spielen. (...) Wir bauen auch ähm jedes Mal was Neues manchmal. Manchmal fällt uns halt auch nichts ein. Danach spielen wir halt einfach nur.«* Das Lager lässt sich am besten als ein eigenes soziales System skizzieren. Jedes Kind in dieser sozialen Gruppe erhält eine Aufgabe und Zuständigkeit. Zudem gibt es verschiedene Orte: Die Kinder im Lager haben zum Beispiel einen *»Wutraum«* und einen *»Problemeraum«* gebaut. Im Problemeraum werden Konflikte der Kinder angesprochen und geklärt. Für den Wutraum, der zum Abreagieren genutzt wird, ist Jannis zuständig. Das Lager nimmt während des gesamten Interviews – wie in seinem Leben – eine bedeutende Rolle ein. Jannis findet am Lager *»eigentlich alles gut«* und möchte so viel Zeit wie möglich dort mit seinen Freunden verbringen.

Wir und die Anderen

Bei dem Thema Flucht fängt er direkt damit an, dass er es nicht gut findet, wenn Menschen aus anderen Ländern nach Deutschland kommen, weil er gehört hat, dass in einem Wohnort in der Nähe, geflüchtete Männer deutsche Männer bedroht hätten: *»Also die Flüchtlinge [haben] welche von uns [bedroht].«* Wenngleich im Interview der Eindruck erweckt wird,

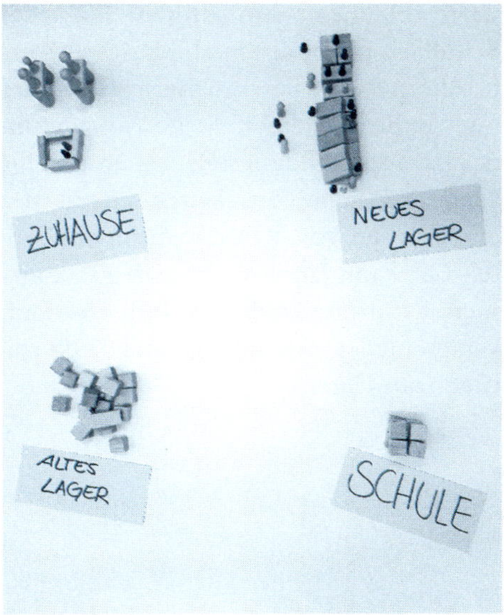

dass Jannis zwischen Migrantinnen und Migranten mit und ohne Fluchterfahrung nicht zu differenzieren scheint, wird eine Unterscheidung ganz deutlich gezogen: Er unterscheidet zwischen einheimischen Menschen, die zu »*uns*« zugezählt werden, und Menschen mit Migrationshintergrund, von denen er annimmt: »*die tun ja dann auch immer so kämpfen hier*«. Im alten Lager hatten die Kinder und Jannis auch einen »*mittleren Flüchtling*«, der aus der Sicht von Jannis nicht gut mitgearbeitet hatte – deswegen haben sie ihm noch nicht verraten, wo das neue Lager ist. Zwar kann dieses Kind nach Einschätzung von Jannis schon einigermaßen Deutsch, aber »*man merkt halt, dass er nicht von uns da ist*«. In Jannis' Schule gibt es einige Kinder, die geflüchtet sind, mit denen hat er jedoch nichts zu tun.

Deutschlands Rolle in der Fluchtthematik

Jannis weiß, dass in den Herkunftsländern der geflüchteten Menschen Krieg und Bombenanschläge herrschen und diese Migrationsursachen darstellen. Aus seiner Sicht wollen die Flüchtlinge aber auch wissen, wie es ist, in Deutschland und Frankreich zu leben. Des Weiteren weist er den USA eine Schutzfunktion gegenüber Deutschland als Partner gegen den Terrorismus (»*Bombenanschläge*«) zu. Aus Jannis' Sicht hat Deutschland schon genug geleistet, um für Geflüchtete ein Zuhause sein. Ihnen könne durch materielle Grundversorgung und durch »*gute Nachrichten*« über eine Beendigung der Kriege geholfen werden.

Eine Flucht macht traurig

Das von ihm angenommene problematische Verhalten von Menschen mit Fluchterfahrung führt Jannis darauf zurück, dass diese aufgrund ihrer Flucht traurig sein können. Die Bilder zu Flucht kann er einordnen, da er mit seinen Eltern die Nachrichten guckt, wenn er lange aufbleiben darf. Daher weiß er auch, dass einige mit unsicheren Schiffen »*übers Wasser*« kommen. Alternativ stellt er sich vor, dass man ihnen ein Taxi rufen kann, »*wenn sie denn zahlen*«. Zu Sofians Situation bedenkt Jannis, dass er ohne seine Freunde geflüchtet ist und sie vermisst. Sogar wenn sie ebenfalls geflüchtet sind, ist nicht immer klar, ob sie an den gleichen Ort kommen können oder »*eine, vielleicht nach Berlin*«. Da ihm seine Freunde fehlen, schlägt Jannis vor, mit ihm zu spielen oder ihn zu trösten.

Aushandlung von Gerechtigkeit

Dass der Lehrer Mayla zwischen die Freundinnen setzt, sieht Jannis als Chance für Mayla, sich schnell mit den Mädchen anzufreunden. Jannis findet es ungerecht, wenn Jasmin wegen ihrer Hilfsleistung für

Mayla eine schlechtere Note bekommt, »*weil es ist ja eigentlich Mayla ihre Schuld*«. Er findet, dass Mayla die Hilfe des Lehrers einfordern sollte.

Abschaffung der Schule, Schaffung von Bildungsalternativen

Wäre er Bundeskanzler, würde er Schulen bzw. das bestehende institutionalisierte Bildungssystem auflösen. Für jedes Schulfach findet er eine bildungsrelevante Alternative, wie zum Beispiel Bücher oder digitale Medien. Seine Konzeption des Lagers als bildungsrelevantem Ort für alltagspraktische Fertigkeiten scheint hier einzufließen. Von diesem selbstorganisierten Ort kann Jannis nicht genug bekommen: Er springt nach dem Interview auf, verabschiedet sich schnell und läuft zurück zum Lager.

Johann, 8 Jahre, 2. Klasse

»Die sind alle halt vorm Krieg geflüchtet.«

Melanie Kuhn

Johann lebt mit seiner Mutter in einem Mehrfamilienhaus in einer ländlichen Region in Rheinland-Pfalz. Johann macht einen interessierten und unaufgeregten Eindruck. Das Interview findet auf dem Wohnzimmerfußboden statt, während die Mutter am Esstisch sitzt, den Elternfragebogen ausfüllt und in der World Vision Studie von 2013 liest. Immer wieder mal schaut Johann während des Interviews zu seiner Mutter, die ihn aufmunternd anlächelt. Johann baut alle für ihn relevanten Orte äußerst detailgetreu nach, beispielsweise das großelterliche Haus mit Stall, Garage und einem Lichtstrahler, den sie den Großeltern geschenkt hätten. Beharrlich und ungemein frustrationstolerant baut er immer wieder neu auf, wenn zum Beispiel das Dach eines seiner Bauwerke eingestürzt ist.

Transnationale Familienbeziehungen und elterliche Diskriminierungserfahrungen

Das Haus seiner Großeltern in Polen baut Johann als ersten und für ihn wichtigsten Ort auf. Johann spricht Deutsch und Polnisch, was der Mutter, wie sie nach dem Interview erzählt, sehr wichtig ist, weil sich Johann ansonsten nicht mit seinen polnischen Großeltern verständigen könnte. Sein Onkel, der Bruder der Mutter, lebt in Großbritannien. Zu seinem Vater, den Johann selbst im Interview nicht erwähnt, hat Johann keinen Kontakt. Seine Großeltern besucht er regelmäßig mit seiner Mutter für jeweils längere Zeit in den Ferien. »*Weil die Mama Höhenangst hat*«, würden sie nicht fliegen, sondern mit dem Auto fahren. Am liebsten spielt Johann bei seinen Großeltern mit den Hunden Jack und Tekmex, wobei er auch die Hühner und Gänse der Großeltern *»mal fütter[t]«*. In den letzten Sommerferien ist er aber nicht in Polen gewesen, sondern hat mit seiner Mutter beim *»Bauer Matthias«* Ferien gemacht. Zu Hause spielt Johann am liebsten mit seinen Autos, von denen er eine *»ganze Kiste«* hat und auch immer wieder welche von seiner *»Oma geschenkt«* bekommt. Mit seinem familiären Leben zeigt sich Johann sehr zufrieden. Bei seinen Großeltern gäbe es nichts, so sagt er nach längerem Überlegen, was ihm nicht so gut gefalle, zu Hause würde er nur nicht so gerne seine Kleider aufräumen.

Obwohl sie alleinerziehend ist und ihre Eltern in Polen leben, erzählt die Mutter, habe sie für Johann in ihrem Wohnort keinen Hortplatz bekommen. Deshalb besucht dieser nun in der Nachbargemeinde die Grundschule und den Hort. Die Mutter erlebt ihre Nicht-Berücksichtigung bei der Vergabe von Hortplätzen in der Wohngemeinde als Diskriminierung (»*weil ich Ausländerin bin*«). In X-Dorf, wo man eben »*Beziehungen haben*« müsse, habe sie daraufhin *»alle Kontakte abgebrochen«*. Sie betont: »*Wir*

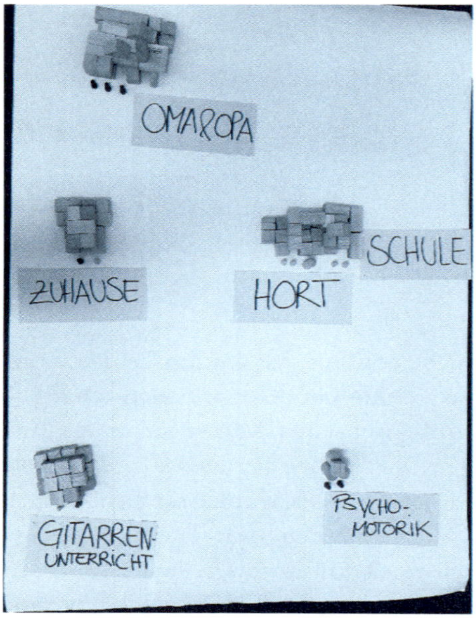

wohnen hier nur.« Johann sei mit dem Ortswechsel nach der Kindergartenzeit »*ins kalte Wasser geworfen*« worden. Weil die nun von ihm besuchte Grundschule der Nachbargemeinde aber einen besseren Ruf habe als die im Wohnort, ist die Mutter mit der momentanen Schul- und Betreuungssituation Johanns sehr zufrieden.

Kindheit in Institutionen

Weil Johanns Grundschule und Hort im Nachbarort liegen, bringt und holt seine Mutter ihn mit dem Auto. Die Schule nennt Johann nach dem Haus der Großeltern in Polen und nach der Familienwohnung an dritter Stelle und fügt prompt hinzu: »*Aber in der Schule bin ich nicht so gerne.*« Das liege daran, »*dass wir so viele Hausaufgaben haben*«. In der Schule ist Johann am liebsten in der »*Pause*«, wo er mit seinem Freund Joris »*manchmal Kämpfen spielt*« oder »*Mützenklauen*«, ein Spiel, das er mir ausführlich beschreibt. Joris, der in dem Nachbarort wohnt, in dem auch die Schule ist, trifft er eigentlich »*nur in der Schule*«; »*im Sommer*« war er aber auch schon bei Joris zu Hause beim Geburtstag und Joris ist auch schon »*mal*« zu Johann »*nach Hause gekommen*«.

Johanns Peer-Beziehungen sind in erster Linie institutionell gerahmt; mit Kindern aus seinem Wohnort, so erzählt er mir auf Nachfrage, würde er sich nicht treffen.

Neben Schule und Hort nimmt Johann Gitarrenunterricht und besucht eine Psychomotorikgruppe, von der er ausführlich erzählt: »*Irgendwie baue ich Sachen auf. Und dann dürfen wir darauf spielen.*« Er baut zwar nicht so gerne auf, aber das Spielen auf den Sachen und das Ausprobieren machen ihm großen Spaß.

J: Zum Beispiel jetzt hatten wir die Gletscherspalte. Da lagen zwei Matten und hinten was dran. Und dann, dann ist man da rein und dann wieder neben dran raus. (…) Das war aber auch eng. (…) Und da hatten wir auch eine Himmelsleiter.

I: Was ist eine Himmelsleiter?

J: Da waren so zwei Ringe, wo man sich auch schwingen könnte. Da waren zwei Seile und eine Bank festgemacht. Danach ist man hier drauf gegangen. Und danach durfte man auf eine Weichbodenmatte, oder wie das heißt, runter springen.

Auslosen und nicht belohnen: Johanns Vorstellungen von Gerechtigkeit

Als es in der Vignette ›Mehrheit und Minderheit‹ um die Abstimmungen der Schulklasse über den nächsten Klassenausflug geht, spricht sich Johann eindeutig dagegen aus, immer dem Mehrheitsvotum zu folgen. Er denkt, »*dass die auch mal wieder in den Zoo gehen sollten*«, obwohl mehr Kinder für das Schwimmbad gestimmt haben, »*weil es sonst dann ungerecht ist*«. Auch in das Museum sollten sie mal gehen, obwohl dies nur eines der Kinder möchte, »*ja weil sie da, glaube ich, noch nie waren*«. Als ich ihn frage, was man in der Schule tun könne, um auch den Wunsch einzelner Kinder zu beachten, schlägt Johann vor: »*Also Lose machen und da draufschreiben, was man machen will. Und dann in eine Kiste rein. Und das, was gezogen wird, da geht man dann hin.*«

Johann selbst hat noch keine Erfahrungen mit Noten, weil er erst in seinem nächsten Schuljahr, der dritten Klasse, welche erhalten wird. Dass die Eltern in der Fallvignette ein monetäres Belohnungssystem eingeführt haben und einer der beiden Jungen immer bessere Noten hat und mehr Geld bekommt als sein Bruder, obwohl dieser Bruder sich viel mehr anstrengt, findet Johann nicht gut, »*weil es nicht gerecht ist, dass der Philip sich dann was kaufen kann und der und der ähm [I: »Der Lukas nicht?«] Ja.*« Wenn Johann selbst der Papa wäre, dann würde er sagen, »*ja, einfach dass keiner was kriegt*«.

Empathie für geflüchtete Menschen

Das Thema Flucht scheint für Johann eher wenig subjektive Relevanz zu haben. Er wirkt nach etwa 45 Minuten mittlerweile vom Interview etwas ermüdet und antwortet auf die Fragen immer wieder mit »*weiß ich nicht*«. Er verfügt über keine Kontakte zu geflüchteten Menschen. Er erzählt mir, dass keine geflüchteten Kinder seine Schule oder den Hort besuchen würden und dass auch in der Gegend keine geflüchteten Menschen leben würden. Nichts destotrotz kann er sich gut in die Lage von geflüchteten Menschen versetzen. Als Fluchtursache führt er mehrfach Krieg an: »*die sind alle halt vorm Krieg geflüchtet*«, »*in den Ländern, wo die hergekommen sind, da gibt es Krieg.*« Vor dem Hintergrund der von ihm wahrgenommenen Notlage von geflüchteten Menschen plädiert er dafür, dass man geflüchteten Menschen, damit es ihnen in Deutschland gut geht, »*Essen und Trinken*« und »*Kleider noch geben*« müsste, wichtig sei aber auch, ihnen »*Deutsch bei[zu]bringen*«. Obwohl geflüchtete Menschen »*ihr Zuhause*« vermissen würden, geht Johann grundsätzlich davon aus, dass es geflüchteten Menschen in Deutschland nun »*gut geht*«. Nach kurzem Überlegen schränkt er dann aber ein: »*Aber als sie geflüchtet sind und das erste Mal jetzt da waren, dann haben sie sich, glaube ich, noch nicht so gut gefühlt.*« Gerade den Fluchtprozess selbst interpretiert er als eine für Menschen äußerst bedrohliche Situation. Als er über die Bildkarte spricht, auf der viele Menschen gedrängt auf einem Schiff zu sehen sind, führt er an, dass die »*ja sogar rausfallen*« könnten, es ihnen auf dem Boot entsprechend »*nicht gut*« gehe und dass sie »*traurig*« wären, »*weil sie von zu Hause wegmüssen*«.

Auch in Sofian, das in der vierten Fallvignette vorgestellte Kind, das in der Schule sehr traurig wirkt, kann sich Johann sensibel einfühlen, wenngleich er ratlos ist, was er selbst tun könnte, um Sofians Situation zu verbessern.

I: Was glaubst du denn, was los ist mit dem Sofian?
J: Er hat keine Freunde. Und er ist traurig sehr.
I: Hm. Was glaubst du, warum der traurig ist?
J: Weil er keine Freunde hat.
I: Weil er keine Freunde hat.
J: Und niemand mit ihm spielen will.
I: Und was würdest du denn machen? Wenn du den Sofian kennenlernen würdest. Wenn der bei dir in der

Schule wäre? Was würdest du denn machen?

J: *Ich weiß es nicht.*

Hilfsbereitschaft und ihre Grenzen

Johann spricht sich in den weiteren Fallvignetten deutlich dafür aus, dass geflüchteten Kindern geholfen werden soll, findet es aber ungerecht, wenn die schulischen Belange der Helfenden davon zu stark beeinträchtigt sind. Dass sich zwei Kinder einer Klasse nicht an einer Spendenaktion für geflüchtete Kinder beteiligen, findet Johann ausdrücklich »*nicht gut von den Zwei*«. Er kann sich vorstellen, dass die beiden »*alles bei ihnen gut finden und es nicht verschenken wollen*« oder dass »*sie es nicht dürfen*«. Wenn sie aber nichts hergeben möchten, dann findet Johann das »*nicht okay*«. Auf die Frage, was er denn denkt, was die anderen Kinder der Klasse dazu sagen würden, meint er, »*hm, dass sie keine netten Leute sind*« und dass sie »*alles für sich haben wollen*«. Er plädiert bezogen auf die Spendenaktion ganz klar dafür, dass die Klasse dies den beiden Kindern gegenüber auch ansprechen solle.

Johann scheint von einem grundsätzlichen Hilfe- und Unterstützungsbedarf für geflüchtete Kinder auszugehen, sieht diesen aber weniger in der Schul- und Unterrichtssituation realisierbar. Er spricht sich dann deutlich gegen eine Unterstützung geflüchteter Kinder aus, wenn andere Kinder der Klasse dadurch Nachteile haben, und schlägt externalisierende Lösungen vor, wie den Besuch der »*Deutschschule*« oder »*eine[r] andere[n] Klasse*«. Jenseits schulischer Belange und Interessen der Schulklasse – etwa bei der Spendenaktion, bei der Spielzeug für geflüchtete Kinder gesammelt werden soll – plädiert er hingegen nachdrücklich für eine Beteiligung aller Kinder und missbilligt eine Nichtbeteiligung ganz explizit.

Das Faszinosum Fliegen

Lange überlegt Johann, bevor er auf die abschließende Frage, was er in Deutschland anders machen würde, wenn er, wie Angela Merkel, Bundeskanzlerin wäre, antwortet. Dann blitzen seine Augen für einen Augenblick auf und er sagt: »*Dass sie Autos fliegen machen kann. Dass dann die Räder so einklappen und dann hochfliegen können*«, und führt das Einklappen der Räder und das Abheben der Autos mit seinen Händen eindrücklich vor Augen.

Das Fliegen und Flugobjekte bleiben auch noch nach Abschluss des Interviews ein Thema, als Johann ausführlich den Quadrokopter vorführt, den er von seinem Onkel geschenkt bekommen hat. Als Abschiedsgeschenk klebt er zudem einen Sticker mit einem Planeten, einen mit einer Eule und einen mit dem Cockpit eines Flugzeugs auf die Publikation der World Vision Kinderstudie von 2013.

Lena, 9 Jahre, 3. Klasse

»Für mich ist das was ganz Normales.«

Dilan Çınar

Die lebenslustige 9-jährige Lena wohnt mit ihrer Schwester und ihren Eltern in einer dörflichen bayerischen Kleinstadt. Ihre Oma lebt in Portugal und wird von ihnen jährlich für mehrere Wochen besucht. Zu Lenas Verwandtschaft zählen auch ihr Onkel, die Tante und der etwas ältere Cousin. Die Familie ist Lena sehr wichtig. Sie hebt hervor, dass sie ihre Familie zum Wohlfühlen braucht.

Freies Bewegen und Restriktionen im Alltag

Lena geht meistens alleine oder in Begleitung ihrer Freundin zur Schule und anschließend wieder nach Hause. Bei schlechtem Wetter wird ihre Freundin oft abgeholt, Lena dagegen sehr selten, sodass sie dann alleine nach Hause geht.

Wenn sie ihre Freundin nach Erledigung der Hausaufgaben besuchen möchte, fragt sie ihre Eltern um Erlaubnis. Auch zu ihrer Freundin bewegt sich Lena eigenständig – mit dem Roller, Fahrrad oder Skateboard – da sie nur wenige Minuten entfernt wohnt. Dort ist sie sehr gerne, weil sie viel Spaß zusammen haben. Manchmal kommt auch ein weiterer Freund dazu und zu dritt spielen sie Fußball, schaukeln oder sie springen auf dem Trampolin. Lena betont, dass diese Besuche regelmäßig im gegenseitigen Wechsel stattfinden. Meistens treffen sie sich am Donnerstag. Da Lena nicht mehr an der Pfadfindergruppe teilnimmt, hat sie einen Tag unter der Woche Zeit, sich mit ihrer Freundin zu treffen. Lena wäre gerne häufiger bei ihrer Freundin, aber sie »*darf halt auch nicht immer*«. Dies hängt unter anderem davon ab, ob sie ihr Zimmer aufgeräumt hat. Damit dies schneller geschieht, hilft ihr ihre Freundin. An diese Regel und auch an das Prinzip, vorher um Erlaubnis zu fragen, hält sich Lena pflichtbewusst.

Geflüchtete sind Menschen wie wir

Durch ihre sozialen Beziehungen eignet sich Lena ihr Wissen über die Situation von Menschen mit Fluchterfahrung an. Sie berichtet, dass diese vor dem Krieg fliehen und sich freuen, dass ihnen Deutschland als »*offenes Land*« Zuflucht bietet. Lena hat dies durch ein geflüchtetes Mädchen namens Memduha, das in ihre Klasse gekommen ist, mitbekommen. Sie war das erste Kind mit Fluchterfahrung, welches Lena als Freundin kennengelernt hat. Ihre Empfindungen über Memduha und das Ankommen weiterer geflüchteter Menschen in Deutschland beschreibt Lena so:

L: *Also ich finde das eigentlich nicht schlimm, weil ich habe mich halt auch mit diesem Mädchen angefreundet ((lacht leicht)). Also ich würde sie nicht anders behandeln. Ich würde sie so behandeln wie andere normale Deutsche auch. Das ist für mich ist das was ganz Normales.*

Die Freundschaft zwischen Lena und Memduha entstand anfänglich dadurch, dass Memduha Lenas Namen »*so komisch ausgesprochen*« hat und Lena es witzig fand. Aufgrund Memduhas geringen Deutschkenntnissen war die Interaktion zwischen den beiden Mädchen zunächst auf das gegenseitige Begrüßen und Verabschieden in der Schule beschränkt. Diese gegenseitige Beachtung scheint die Beziehung zwischen den Mädchen initiiert zu haben, denn dadurch »*[haben wir] auch mal was in den Pausen zusammen unternommen. (...) ja also ich und meine Freundin haben ihr halt so ein bisschen beigebracht, deutsch zu reden. Und, da hat die auch unsere Namen sich merken können*«. Demnach hat die Offenheit aller drei Mädchen nicht nur die Tore für eine Freundschaft geöffnet, sondern resultierte zusätzlich in einer (informellen) Deutschförderung für Memduha. Obwohl Memduha die Klasse wiederholen musste und sie sich so weniger sehen, berichtet Lena: »*Also, also, wir haben jetzt nicht mehr so einen Kontakt wie halt früher, als wir halt so da in der Zweiten waren. Aber wir verstehen uns schon immer noch gut mit der.*«

Was Menschen mit Fluchterfahrung brauchen

Ein weiterer Berührungspunkt mit geflüchteten Menschen stellt für Lena eine nahe gelegene provisorische Unterkunft dar, an welcher sie meistens mit ihrem Vater vorbeiläuft, wenn sie mit dem Familienhund Gassi gehen. Obwohl dies »*keine richtigen Häuser, (...) also ungefähr so was ähnliches wie Zelte*« sind, vermutet Lena: »*Ich glaube, das ist halt, also ich glaube, das ist halt äh schön für die, dass die halt noch was ähm Schöneres gefunden haben, als da im Krieg zu leben. (...) Und die Flüchtlinge sind halt auch nicht BÖSE oder so. Die sind halt total nett. Und ich glaube, die freuen sich auch, dass äh die hier eine Unterkunft gefunden haben.*«

Sie erkennt deutlich, dass die Menschen auf Dauer mehr Raum benötigen und die Wohnverhältnisse der nach Deutschland Geflüchteten sehr beengt sind. Die Transportmittel der Flucht, wie Schlauchboote, böten ebenfalls wenig Platz. Daraus schlussfolgert Lena, »*dass sie sich bestimmt jetzt nicht so wohlfühlen, in so einer engen Masse*«. Aus diesem Grund schlägt sie nicht nur größere, sondern auch schnellere Schiffe zur Verbesserung der Situation vor.

Wenn geflüchtete Menschen in Deutschland ankommen

Lena nimmt an, dass einige Familienmitglieder der nach Deutschland Geflohenen noch im Herkunftsland sind und dort Krieg herrscht. Sie ist sich der möglichen Traumatisierung durch Verlust von Angehörigen bewusst. Ein weiteres geflüchtetes Kind aus einer anderen Klasse hat nur noch seinen Vater: »*und ihre Mutter ist dann halt im Krieg gestorben*«. Durch die vielen Personen mit Fluchterfahrung in ihrer Umwelt weiß Lena, dass einige Geflüchtete traurig sein können. Um der möglichen Traurigkeit entgegenzuwirken, wäre es hilfreich, Freunde zu finden, die einen »*fröhlicher machen*«, »*aufmuntern*« und die mit einem spielen. Mögliche Spielkameraden wären – wenn auch nicht ganz ohne Konfliktpotenzial – insbesondere leichter unter den Geflüchteten zu finden:

L: *Und wahrscheinlich, wenn das so viele Massen von Menschen sind, haben sich bestimmt auch viele angefreundet oder haben sich dann gut verstanden. Da gab es bestimmt auch mal Streit, weil jemand dachte, dass er ein gemütlicheres Bett oder so was.*

Auseinandersetzungen unter geflüchteten Menschen und auch zwischen ihnen und Einheimischen bekommt Lena mit. In ihrer direkten Umgebung hat sie das allerdings noch nie erlebt, aber »*so im Fernsehen habe ich das mal gehört*«. Lena befürwortet, Zuflucht suchende Menschen aufzunehmen. Ihre Bedingung, welche die Ängste der Einheimischen beschreibt, formuliert sie folgendermaßen:

L: *Nur so viel, wie hier halt reinpassen. Und es sind halt auch Deutsche hier. Und die sollen ja wegen diesen, wegen den Flüchtlingen ähm nicht irgendwie anders, halt nicht schlechter behandelt werden. Ja.*

Trotz der Tatsache, dass geflüchtete Menschen nicht immer »*willkommen sind*«, weil Einheimische sie »*vielleicht nicht mögen*«, begründet Lena die Akzeptanz von (nicht zu vielen) flüchtenden Menschen anhand der allgemein gültigen Menschenrechte: »*Halt, ich glaube, die haben halt das gleiche Recht wie wir, weil das sind ja auch Menschen. Und die kommen halt nur aus einem anderen Land.* Lena folgt mit ihrer Lebenseinstellung dem Ratschlag ihrer Lehrerin, die ihr hinsichtlich von unbekannten Situationen empfohlen hat, »*immer was Neues aus[zu]probieren*«.

Leonie, 8 Jahre, 2. Klasse

»Und ich fand es irgendwie ganz anders. Und NEU. Also halt nicht mehr so wie früher.«

Dilan Çınar

Leonie wohnt mit ihrer Familie in der Innenstadt einer sächsischen Großstadt. Sie ist das zweitälteste von insgesamt fünf Kindern. Neben der um ein Jahr älteren Schwester Denise gibt es noch ihre jüngeren Geschwister Brigitte, Felix und Robert. Robert ist erst drei Monate alt. Leonie ist ein verantwortungsbewusstes und zuverlässiges Mädchen, dessen Leben viel Potenzial bietet, ihre Lebenszufriedenheit zu steigern. Sie ist sehr selbständig und ihr wird viel Verantwortung übertragen, welcher sie gewissenhaft versucht gerecht zu werden. Die Interviewerin trifft an der Tür auf Leonies Mutter, die in der Politik tätig ist und auch gerade nach Hause kommt. Nachdem sie klingeln, öffnet ihnen Leonie mit ihrem kleinen Brüderchen Robert auf dem Arm die Wohnungstür.

Medienkonsum

In Leonies Zuhause ist die Mediennutzung alltäglich präsent. Der Fernseher wird morgens nach dem Aufstehen und vor dem Anziehen angeschaltet. Er ist für die Kinder jederzeit frei verfügbar, die freie Nutzung ist für Leonie nur dadurch eingeschränkt, dass die Geschwister mitunter unterschiedliche Programmwünsche haben. Als eine Restriktion erklärt Leonie die folgende Regel: Wenn sie aus der Schule nach Hause kommt, erledigt sie erst ihre Hausaufgaben, denn sie darf *»DANN erst an den Computer«*. Leonie hält sich eigenverantwortlich und pflichtbewusst an diesen Grundsatz.

Zugängliche (Frei-)Räume

Sie besucht gemeinsam mit ihren Geschwistern Denise und Brigitte eine Ganztagsschule und nutzt einige Angebote wie ›Deutsch-Fördern-Plus‹. Dort hat sie Zugang zu verschiedenen Räumen. Die Schule bietet ihr einen Sportplatz zum Fußball- und Basketballspielen, einen Schulgarten sowie den Hof zum Longboardfahren während der Pause. Das Beste zu Hause ist für Leonie die schöne Wohnung mit großen Zimmern. Sie ist sich des hohen Preises für das zentrale Appartement bewusst und dankbar, dass ihr Vater einer gut bezahlten Arbeit nachgeht, auch wenn sie ihn unter der Woche, da er selten zu Hause ist, vermisst. Sie teilt sich das Kinderzimmer inklusive eines Fernsehers mit ihren vier Geschwistern. Allerdings wünschen Denise und sie sich ein *»Einzelzimmer«*. Wegen des unterschiedlichen Alters und Platzmangels gibt es öfters Streit und manche Habseligkeiten der Kinder gehen zu Bruch. Dies führt dazu, dass ein anderer, vom Vater als *»Schulzimmer«* deklarierter Raum, zu Auseinandersetzungen zwischen den beiden ältesten Schwestern führt:

L: *Und Denise hat, das ist jetzt eben doof, weil Denise, die sagt, dass ihr jetzt das Büro gehört, weil ähm sie bald fünfte [Klasse] ist und sie dann da halt schlafen will. Und wir sind erst noch vierte [Klasse]. Und das finde ich eben auch doof und gemein. Und sie hat so einen Zettel geschrieben, ähm ›wer hier rein will, muss fragen‹. Das finde ich eben doof. (…) Und Papa hat gesagt, das ist das Schulzimmer für die, die in der Schule sind. Und Denise will das aber IMMER noch nicht verstehen! Das gehört nämlich Brigitte und Denise und mir. Weil wir drei in der Schule sind. Und bald gehört das auch Felix. Und BALD gehört es auch ROBERT. Und Denise sagt, sie braucht ein bisschen PRIVATsphäre. Und das ist unfair.*

Leonies 10-jährige Schwester Denise legitimiert ihr Streben nach Privatsphäre durch den baldigen Besuch der fünften Jahrgangsstufe. Leonie macht sich Gedanken darüber, wie sie mit ihrer Schwester Denise, die älter und (körperlich) größer als sie sei, mithalten kann. Sie findet den Anspruch auf das eigene Zimmer, den ihre Schwester aus ihrem höheren Alter ableitet, nicht gerechtfertigt. Obwohl Leonie ebenso gerne ein eigenes Zimmer haben möchte, orientiert sie sich am Gemeinwohl der Familie. Es wird deutlich, dass das Alter der Kinder eine bedeutungsvolle Rolle für die gewährten Freiheiten zu Hause spielt.

Schule als sozialer Raum

Äquivalent zum Kindesalter zu Hause ist für Leonie die eigene Körpergröße relevant für die soziale Anerkennung in der Schulklasse.

L: *Und das bin ich! Ich bin ein Riesenkind. Ich bin größer als meine Freundinnen und ich bin die Größte in meiner Klasse.*

I: Echt?

L: *Aber EINER, der ist jetzt, der ist eigentlich Dritte, der musste wiederholen. Der ähm ist größer als ich. Das finde ich doof. Sonst war ich immer der Star.*

I: Und bist du auch größer als alle Jungen?

L: *Hm, ja. Aber außer als Ardan.*

Leonie geht sehr gerne in die Ganztagsschule. Hausaufgaben und Tests machen ihr nicht viel aus und es stört sie, wenn sie etwa aufgrund von Krankheit die Ganztagsangebote der Schule, wie zum Beispiel Musik, verpasst. Leonie fühlt sich an ihrer Schule mit den vielfältigen Angeboten wohl, da die meisten Kinder nett sind und die Erzieherinnen und Erzieher freundlich mit ihr umgehen. Sie nennt ihre Lehrerinnen als wichtigste Personen im schulischen Kontext. Dies hängt nicht nur mit dem angenehmen Miteinander zusammen, sondern auch mit ihrem Gefühl, dass sie durch diese viel lernen kann. Es gibt aber auch Kinder, wie Nathan und Louis, die gemein sein können. Sie ärgern ein weiteres Mädchen, Chantal. Dieses Verhalten kritisiert Leonie.

L: *Und jetzt ist sie, und die Jungs sind auch zu ihr [Chantal] gemein. In der ersten Klasse, da war sie ja immer Erster im Klassenzimmer. Und das fanden die Jungens doof, weil [die] dann angegeben hat. Und ähm die kann nichts dafür. Außerdem ihre Mutter hat nicht so viel Zeit für sie! ähm und Stefan [Erzieher] hat uns mal ausgesucht, Clara, mich, Lisa, Ardan, (…), weil wir uns so gut mit den in der Klasse verstehen. Und ähm da hat der uns ausgesucht, um über Chantal zu reden. Dass wir öfter mit der spielen sollen, damit sie sich [erholt]. Sie hat sich jetzt schon wieder erholt. Und spielt auch nicht mehr mit Louis und Nathan. Weil wir es ihr gesagt haben, dass sie nicht mehr [soll]. Und das war eben GEHEIM. Das darf ich niemanden aus der Schule verraten. Und ich darf es aber den Eltern oder so, also keiner aus der Schule darf ich es verraten. Und das war eben doof, weil meine Geschwister sind ja überall. Und die sind ja in meiner Schule. Und wenn ich es Mama erzählen will, dann hören die das.*

Sie hat für das Verhalten der beiden Jungen wenig übrig. Da Leonie in einem stabilen sozialen Netzwerk verankert ist, hat der Erzieher Stefan sie und ihre Freunde angeregt, das gehänselte Mädchen Chantal bei Spielen miteinzubeziehen. Dieser sozialen Aufgabe geht sie zwar nach, die Verantwortung belastet sie jedoch auch hinsichtlich der auferlegten Geheimhaltung.

Verantwortung und Kompetenz

Weitere Verpflichtungen werden Leonie insbesondere zu Hause aufgetragen. Morgens klappt das eigenständige Aufstehen jedoch nicht immer und sie verschläft oft. Dies ist auch darauf zurückzuführen, dass Leonie und ihre Geschwister zwar gesagt bekommen, dass sie um acht Uhr schlafen gehen sollen, sie aber selten vor zehn Uhr einschlafen. Einmal ist Leonie durch das Schreien von Robert mitten in der Nacht aufgewacht. Eine enorm hohe Verantwortung tragen die drei älteren Geschwister für den kleinen Robert. Sie beruhigen den Säugling, wenn er schreit, kümmern sich um ihn und spielen mit ihm. Es wird sich erst ausgeruht, wenn die Mutter ihn gestillt hat oder er eingeschlafen ist. Auch wenn sie krank von der Schule zu Hause bleiben, passen sie auf ihn auf. Leonie weiß genau, was Robert Spaß macht, und versucht zudem, ihm das Laufen beizubringen.

L: *Oder ich nehme ihn auf den Arm. (...) da lege ich ihn auf die Matte und ich mache so. Und dann kriege ich den vor und dann lacht der auch immer. Und dann lege ich ihn wieder hin. Und das findet er auch ganz lustig, wenn das, wenn ich das immer hin- und hermache. Oder manchmal stelle ich den auch so hin, damit er laufen lernt.*

An ihren Erzählungen wird deutlich, dass Leonie angesichts der sich summierenden sozialen Verpflichtungen im schulischen und familiären Kontext hohe Kompetenzen auszubilden scheint und eine enorme Reife entwickelt hat.

Flüchtlinge, DaZ-Kinder oder Ausländer?

Zur Fluchtthematik erzählt Leonie, dass sie vier geflüchtete Kinder an ihrer Schule gesehen hat, und subsumiert Kinder, die den Kurs ›Deutsch als Zweitsprache‹ besuchen, als »*DaZ-Kinder*« und »*Flüchtlinge*«. Leonie ist nicht ganz klar, wie man zwischen geflüchteten Kindern, »*ausländischen Kindern*« und »*DaZ-Kindern*« differenziert.

L: *Ähm und deswegen glaube ich, dass die nach [X-Stadt] gekommen sind. Aber ich glaube, Ersans Mutter kommt zwar aus dem, aber die hat Ersan hier bekommen. Also alle Kinder sind aus HIER. Aber die waren schon mal in den anderen Ländern. Wo sie herkommen. Aber sie sind in [X-Stadt] geboren. Aus oder in Deutschland.*

An der Schule nimmt sie eine Selbstausgrenzung von geflüchteten Kindern wahr:

L: *Äh, die spielen ja meistens mit den. Weil aber die Flüchtlinge, die spielen auch nicht sehr oft. Die spielen eigentlich nur mit den anderen. Äh Flüchtlingen. Aber die sind jetzt auch nicht mehr so richtig Flüchtling. Die können schon richtig gut Deutsch.*

Demnach spielen die geflüchteten oder ausländischen Kinder und einheimischen Kinder jeweils voneinander getrennt. Die Grenzen des Status »*richtig Flüchtling*« sind Leonies Ansicht nach abhängig von Deutschkenntnissen und verschwimmen mit Lebensbiografien von Kindern mit Migrationshintergrund. Die DaZ-Klassen werden regelmäßig aufgelöst und in den regulären Schulbetrieb integriert. In die Parallelklasse sei nun ein Kind gekommen, das »*macht sich gut in der Schule*«.

Konstruktion von Andersheit

Mit Flucht verbindet Leonie einen hohen Zustrom an Menschen. Von dem Tag, als neue Kinder in ihre Klasse kamen, berichtete Leonie folgendes:

L: *Dann waren da auch noch so neue Kinder, die ich gar nicht gekannt habe. Und ich wusste das ja auch gar nicht, dass die Flüchtlinge sind. Und dann kamen auch neue Eltern. (...) ich fand es irgendwie ganz anders. Und NEU. Also halt nicht mehr so wie früher.*

Durch die Anwesenheit der neuen Mitschülerinnen und Mitschüler verändert sich die Schulsituation für Leonie deutlich. Doch sie kann sich auch in deren

Perspektive hineinversetzen und nimmt an, dass sich die neuen Kinder möglicherweise nicht wohl fühlen, da sie jetzt in »*einer anderen Welt*« sind und »*nicht alle kennen*« würden. Somit sei »*das alles hier ganz fremd*« für sie. Zudem herrscht in deren Heimat Krieg, was Leonie als belastend empfindet.

L: *Und ähm also ich glaube, die sind nicht sehr glücklich, dass Krieg ist. Und ich bin auch nicht froh, dass Krieg ist. Ja, ich habe sogar Angst, dass Weltkrieg ist. (...) Trump kann einen Weltkrieg auslösen. (...) Ich finde das nicht schön, weil jetzt müssen die sich wieder neu einfinden. Und sind nicht zu Hause. Und in den anderen Ländern, zum Beispiel in Syrien, hatten die ja mehr Freiraum. Und waren da besser zu Hause.*

Das Leben von geflüchteten Menschen

Leonie stimmt die Lebenssituation von Menschen mit Fluchterfahrung traurig, weil die Kinder beengt leben müssen und sie ein »*besseres Zuhause*« benötigen. Sie brauchen ebenso Geld, um sich »*was Besseres kaufen [zu] können*« und ausreichend Nahrung sowie gute Kleidung. Wenn die geflüchteten Menschen sich draußen bewegen, könnte es Leonies Meinung nach sein, dass sie orientierungslos sind, sich verlaufen und dabei ihre Familienangehörigen verlieren.

Das Interview neigt sich dem Ende, aber Leonie könnte noch viel mehr erzählen. Sie scheint die besondere Zeit mit der Interviewerin und die Inanspruchnahme des ganzen Zimmers zu genießen. Anschließend gesellt sich Leonie zu ihren Geschwistern auf die Couch, um dort mit ihnen fernzusehen, und winkt der Interviewerin zum Abschied zu.

Lilli, 8 Jahre, 2. Klasse

»Also wenn ich mal über traurige Sachen nachdenken muss, dann denke ich drüber nach, aber dann vermische ich sie halt mit fröhlichen Sachen.«

Dilan Çinar

Im Herzen einer hessischen Großstadt lebt Lilli mit ihren Eltern und der jüngeren Schwester. Am modernisierten Hauseingang befindet sich die Klingel mit einer Sicherheitskamera, welche der Mutter erlaubt, die klingelnde Person zu erkennen. Im dritten Stock angekommen, warten bereits die Mutter, Lilli und ihre Schwester.

Lilli ist ein aufgewecktes und unbeschwertes Mädchen und guckt mich neugierig an. Sie hopst sitzend leicht auf dem Sofa hin und her. Ihre Mutter ist in Hörweite. Lilli nutzt dies für Nachfragen, wenn ihr Namen oder Orte nicht einfallen.

Lillis Welt

Im Allgemeinen ist Lilli mit ihrem Leben sehr zufrieden. In der geräumigen Wohnung teilt sich Lilli ein gemeinsames Zimmer mit ihrer jüngeren Schwester. Nachdem sie ihr Zuhause gebaut hat, erweitert sie das Netzwerk um den Hort und das bei den Kindern beliebte Baumhaus auf dem Gelände, um die Schule, die Häuser ihrer Freunde sowie um einen Spielplatz und noch einen Abenteuerspielplatz. Es fällt auf, dass Lilli ihr Netzwerk sehr kindorientiert arrangiert und außer den Eltern und ihrem Lieblingserzieher im Hort, Peyman, keinen weiteren relevanten Erwachsenen aufstellt. Nachdem Lilli morgens begleitet von Kuscheln mit der Mutter und ohne Zeitdruck geweckt wird, zieht sie sich an und frühstückt mit ihrer Schwester. Im Anschluss an das gemeinsame Zähneputzen und Haarekämmen geht es zur Schule. Gelegentlich fährt ihr Vater sie zur Schule. Gerne macht sich Lilli auch mit dem Nachbarsjungen Valentin oder mit Freunden, die sie zufällig auf ihrer Route trifft, auf den Weg. Manchmal darf sie auf Valentins Fahrrad mitfahren. Ansonsten macht es Lilli nichts aus, alleine zur Schule zu gehen. Diese variablen Optionen des Schulwegs stehen ihr offen und sie kommt selbstbewusst mit allen Möglichkeiten zurecht. In der Schule ist Sport ihr Lieblingsfach und Mathematik mag sie ebenfalls, gäbe es nicht die Textaufgaben. Überraschenderweise liegt der kritische Punkt nicht in der Lösung der mathematischen Aufgaben, sondern darin, die Fragen, Rechnungen und Antworten in der geforderten Druckschrift zu verfassen.

I: Ja. Ich finde auch, Textaufgaben waren manchmal echt schwierig.

L: Finde ich gar nicht. Bei uns sind, also, da bin ich eigentlich die Erste, die fertig ist in Mathe. Und eigentlich finde ich Textaufgaben ganz einfach.

I: Okay. Dass heißt, dass du richtig gut bist einfach. Wenn du die Erste bist oder oft die Erste.

L: Ja, oft.

I: Richtig gut.
L: *Also ich mag kein Druckschrift schreiben. Und das müssen wir halt, in Mathe müssen wir immer Druckschrift schreiben. Na ja, immer, also bei Textaufgaben immer, aber auf der Arbeit, dann schreibe ich immer auf Schreibschrift in Mathe.*

Dass Lilli nur ungerne Textaufgaben in Druckschrift löst, wurde mit der Lehrerin besprochen. Daher gilt für sie eine Sonderregelung und Lilli darf in jeder Klassenarbeit den von ihr präferierten Schreibstil verwenden. Zudem fördert die Lehrerin die Partizipation der Kinder bei der Sitzordnung der Klasse. Die Schülerinnen und Schüler dürfen diese in einem zweiwöchigen Rhythmus mitgestalten.

Selbstwirksamkeit in der Familie

Weitere Selbstbestimmung erfährt Lilli zu Hause im Umgang mit Geld. Sie kann eigenständig bestimmen, wofür sie ihr Geld ausgibt:

L: *Ich habe ihn [einen Stressball] heute selber gekauft.*
I: AH, cool. Hast du dir ausgesucht?
L: *Ja. Also ich habe ihn von meinen eigenen Geld gekauft. Wir waren im Media Markt und haben ein Geschenk für meine Freundin gekauft. Und dann wollte ich den. Hat meine Mama den gekauft. Und dann habe ich ihr das Geld dafür gegeben.*

Was macht eine Freundschaft für Lilli aus?

Lillis Peerbeziehungen sind mehrheitlich von ihrem Nahraum beeinflusst. Lillis Freunde wohnen größtenteils in ihrer Nähe, gehen mit ihr zur Schule und in den Hort. Dies bedeutet, dass sie ihre Freunde an mehreren Orten treffen kann. Dazu gehört Valentin, ihr Nachbar, der auf die gleiche Schule sowie in den gleichen Hort wie Lilli geht. Die besondere Beziehung zu Valentin zeichnet sich durch die direkte Wohnnähe aus, welche es den Kindern ermöglicht, sich häufig gegenseitig zu besuchen und auch zwischendurch per Funkgerät Kontakt zu halten. Als ich sie frage, was sie am liebsten macht, erzählt mir Lilli prompt, dass sie gerne andere Leute mit ihrer besten Freundin, Yasemin, ärgert. In der Schule bekommen sie deswegen des Öfteren »*Ärger*«, aber das stört sie nicht, denn sie und Yasemin werden immerhin gemeinsam getadelt. Lilli bedauert, Yasemin nicht oft besuchen zu können, da sie weit voneinander entfernt wohnen. Daher nutzt Lilli die gemeinsamen Räume, die beiden zur selben Zeit zugänglich sind. Die Schule und der Hort dienen somit als Ersatz für den als für die Freundschaft wichtig genannten gegenseitigen Besuch. Im Gegensatz zu dem Tadel, welchen Lilli und Yasemin zusammen in der Schule erhalten, wird im Hort anders reagiert. Dort ermuntere sie ihr Lieblingserzieher Peyman mit den Worten »*gut gemacht*«, auch dann, wenn sie andere Kinder ärgere. Lilli schätzt den humorvollen Umgang und ihre ungezwungene Beziehung zum Erzieher sehr, daher ist er eine wichtige erwachsene Bezugsperson.

Flucht und Migration haben wenig Relevanz in Lillis Welt

Sobald ich in die Fluchtthematik der Studie einleite, verbindet Lilli diese mit einer großen Traurigkeit. Sie teilt mir mit, dass sie nicht an traurige Dinge denken möchte und deswegen solche Gedanken mit positiven ersetzt. Daher blockt Lilli diesen Teil der Studie autonom ab. Zudem kennt sie keine geflüchteten Kinder, zumindest weiß sie *»nicht ob sie geflüchtet sind, da kann ich sie aber mal fragen«*. Lilli hat viele Freunde mit Migrationshintergrund, ob sie aber explizit geflüchtet sind, ist ihr nicht bekannt – sie wägt dies aber als Möglichkeit ab. Somit sind ihr Migration und Flucht bekannte Begriffe, besitzen in ihrem Leben aber kaum Relevanz. Als Sorgen und Bedürfnisse von Geflüchteten führt Lilli heran, dass sie ihr Zuhause, ihre Familie und Freunde als auch ihre Schule vermissen. Als Hilfestellungen für Geflüchtete benennt sie neben den nötigen Deutschkenntnissen auch die Weitergabe von Strategien und Verhaltensweisen, *»wie man ähm so Sachen [in Deutschland] macht«*, um das eigene Leben in Deutschland reibungsloser zu gestalten. Zusätzlich sieht sie einen Bedarf an freizeitpädagogischen Angeboten für geflüchtete Kinder zur Steigerung ihres Wohlbefindens.

Hilfen und Spenden ohne eigene Entbehrung

Zur Fallvignette, in der es um Spenden geht, kommentiert Lilli, dass die Freiwilligkeit des Spendens auf jeden Fall gewahrt bleiben sollte, da man nicht immer weiß, welche Familien sich dies leisten können. Als bessere Alternative zum Spenden schlägt sie vor, Sachen an Kinder zu verleihen. Auf diese Weise muss sich kein Kind von seinen eigenen Sachen für immer trennen, sondern teilt sie mit anderen, die dann auch Freude daran haben können.

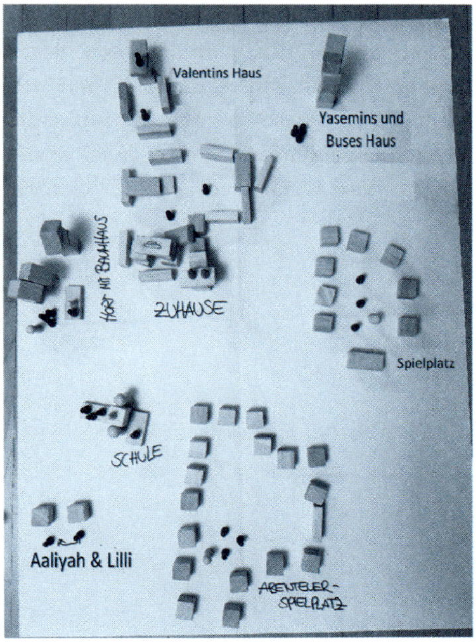

Es lohnt sich, offen für Neues zu sein!

Das Weinen, die Traurigkeit und das Abseitsstehen Sofians in der nächsten Geschichte erklärt sich Lilli mit einer Selbstausgrenzung des Kindes sowie mit Ausgrenzung durch andere Kinder. Sie verweist dabei auf den Vollzug von negativen Fremdheitskonstruktionen, wenn sie sich vorstellt, dass die anderen Kinder Sofian wegen seiner Herkunft ausgrenzen würden.

L: Weil er aus einem anderen Land ist. Und er deswegen nicht mit dem aus dem Land reden will.
I: Okay.
L: Weil er ist ja geflüchtet. Oder weil die Kinder halt nichts mit dem zu tun haben wollen, weil die denken, der ist irgendwie komisch oder blöd. Und anders, weil der halt aus dem anderen Land halt ist.

Hierbei stellt sie klar, dass man aufgrund solcher Ausschlussmechanismen Gefahr läuft, sich die interessanten Persönlichkeiten und potenziellen Freundschaften entgehen zu lassen. Lilli stellt sich vor, wenn sie auf Sofian zugeht und ihn näher kennenlernt, würde eventuell den anderen Kindern die Augen geöffnet werden. Schließlich könnten sie Sofian dadurch als einen *»super gute[n] Freund«* gewinnen und so wie man die kontaktfreudige und offene Lilli einschätzt, würden die beiden schnell auf unkomplizierte Weise Kontakt schließen.

Lisa, 9 Jahre, 3. Klasse

»Und das finde ich halt blöd, weil die halt immer mehr in den Tod reinziehen.«

Melanie Kuhn

Lisa lebt gemeinsam mit ihrer Mutter im Obergeschoss eines Zweifamilienhauses in einer Gemeinde mit 8.000 Einwohnern in Rheinland- Pfalz. Das Haus liegt an einer der Durchgangsstraßen des Ortes und ist gut zu finden. In derselben Straße, im Elternhaus ihrer Mutter, lebt Lisas Großmutter in fußläufiger Nähe, bei der sie regelmäßig viel Zeit verbringt.

Lisa öffnet die Eingangstüre des Hauses. Sie macht einen offenen, interessierten, selbstbewussten und auch etwas aufgeregten Eindruck auf mich. Lisas Mutter bleibt während des Interviews in der angrenzenden Küche; die Türe zu Lisas Zimmer bleibt offenstehen.

Lisas Lebenssituation

Lisa zeigt sich mit ihrer Lebenssituation insgesamt sehr zufrieden; auf Nachfrage thematisiert sie in ihrem familialen, schulischen und sozialen Umfeld nur wenige Dinge, die sie nicht so gut findet.

Auf meine Frage hin, was sie »*denn zu Hause [eigentlich] am liebsten*« mache, überlegt Lisa zunächst: »*Ähm man, also es ist unterschiedlich. Auf was ich grad Lust habe.*« Dann konkretisiert sie »*Manchmal male ich. Oder spiele mit den Sachen*« und deutet dabei in die Hälfte ihres Zimmers, in der ihre Spielsachen stehen. »*Und, ja. Manchmal schläft auch meine Freundin hier. Und dann spielen, also dann gucken wir manchmal Filme. Und, oder malen was.*«

Lisas Eltern leben getrennt, sie besucht ihren Vater aber regelmäßig. Auf meine Frage hin, was sie denn gerne machen würde, wenn sie am Wochenende bei ihrem Papa sei, nennt sie eine weitere Freundin, die sie regelmäßig besuche: »*Hm, also neben dran wohnt eine Freundin von mir. (…) Also, eigentlich besuche ich sie immer. Und, ja, dann spielen wir meistens. Manchmal kommt Finja auch zu mir.*«

Schule – under construction

Lisa besucht die 3. Klasse der Grundschule im Ort, die sie zu Fuß erreichen kann. Sie nennt die Schule – nach ihrem Zuhause – als wichtigen Ort in ihrem Leben. Auf die Frage hin, was sie denn den ganzen Tag in der Schule mache, nennt sie prompt »*lernen*«. Ihr fällt nichts ein, was ihr an der Schule gut gefällt – was ihr nicht gefällt, kann sie aber klar benennen: »*Also, was mich nervt ist, also unser Schuldach wird grad renoviert. Also wir sind halt im Moment in den Containern. Und das nervt.*« Lisa nennt über die bauliche Schulsituation hinaus keine weiteren Dinge, die sie an Schule nicht gut findet. Auch auf die explizite Nachfrage hin, wie es mit den Lehrerinnen und Lehrern sei, thematisiert sie keinerlei negative Schulerfahrungen.

Tanzen und Nähen

Lisa erzählt, dass sie am Nachmittag nach der Schule oft Tanzen gehe. Sie besucht zusammen mit ihren beiden Schulfreundinnen Lena und Emma einen örtlichen Verein, der in der direkt an die Schule angebauten Turnhalle trainiert. Lisa baut die Turnhalle mit den Bauklötzen an die Schule an und erklärt: »*Ähm, also was mir am besten gefällt ist, wenn wir diese Auftritte haben.*« Wie die Mutter hinterher erklärt, stellt die bald anstehende Faschingszeit die Hochphase dar, während der die Kinder viele Auftritte haben und im Vorfeld häufig trainieren.

Als weiteren wichtigen Ort nennt Lisa ihr Nähzimmer im Haus der Oma. Sie baut das Haus der Oma auf und erklärt, dass der Opa verstorben sei, es aber noch eine Katze dort gebe. Am liebsten näht sie bei der Oma, zum Beispiel Weihnachtsgeschenke: »*Also an Weihnachten habe ich für jeden so einen Kirschkern-Handtäschchen gemacht.*« Nähen ist für Lisa eine Freizeitbeschäftigung, bei der sie nicht nur häufig etwas für andere macht, sondern auch etwas, das sie mit ihrer Schul- und Tanzfreundin Lena teilt. Auf die Nachfrage, wie sie denn Nähen gelernt hat, erzählt sie: »*Also angefangen habe ich, die Mama kennt da jemand. Und ihre Tochter macht immer Nähkurse. Und meine Freundin Lena, die näht nämlich auch. Und wir sind dann immer zusammen in einem Nähkurs.*« Zum Nähkurs wird sie von ihrer Mutter in den Nachbarort gefahren. Im Nähkurs kann sie aus Vorschlägen selbst auswählen, was sie nähen möchte. Beim Nähkurs und bei der Oma sei »*eigentlich alles toll*«.

Zwischen Terrorangst und Hilfsbereitschaft – Lisas Perspektiven auf Flucht

Lisa hat bislang keine persönlichen Kontakte zu geflüchteten Menschen gehabt. Sie hat zwar »*ein paar Stück schon*« in ihrer Schule gesehen, diese würden aber nicht mit ihr in die Klasse gehen: »*Also meistens sind sie jünger als ich.*« Sie glaubt, dass diese bei ihr im Ort wohnen würden, weiß aber nicht wo.

Skepsis und Ängste

Lisas Auseinandersetzungen mit dem Themenbereich ›Flucht‹ scheinen unter dem starken Eindruck des Terroranschlags auf einen Berliner Weihnachtsmarkt im Dezember 2016 zu stehen. Nach dem Interview erzählt ihre Mutter, dass sie Freunde in Berlin hätten, mit denen sie in den Tagen nach dem Anschlag in engem Austausch gestanden hätten.

I: Jetzt wollte ich dich mal fragen, vielleicht hast du das mitbekommen, dass zurzeit oder vor allem im letzten Jahr viele Menschen aus anderen Ländern nach Deutschland gekommen sind. Was denkst du denn darüber?

L: *Also, hm ((lacht leicht auf)), ja, ich finde es halt ein bisschen blöd, weil halt jetzt mehr passiert, zum Beispiel da wo der Weihnachtsmarkt war. Und dann ist da so ein LKW reingefahren. Und das passiert halt jetzt öfters, als wie sie halt noch nicht da waren. Und das finde ich halt blöd, weil die halt immer mehr in den Tod reinziehen.*

Auch ganz am Ende des Interviews, auf die Frage, was Lisa tun würde, wenn sie »*die Bestimmerin von Deutschland*« wäre, ob sie »*irgendwas ändern*« würde oder ob sie »*alles gut so*« finde, kommt sie erneut auf den Terroranschlag von Berlin zu sprechen.

L: *Also, das, was ich anders machen würde, ist, halt die nicht reinlassen, wo halt zum Beispiel böse sind. Und ähm also ((räuspert sich)) mit dem Flugzeug zum Beispiel, dass die dann Bomben fallen lassen oder so. Und die würde ich halt nicht reinlassen, weil wenn es die nicht geben würde, würden auch jetzt noch die leben, wo halt ähm auf dem Weihnachtsmarkt tot waren.«*

Deutlich hieran wird, dass Lisa Flucht nach Deutschland eng mit einer gesteigerten Terrorgefahr in Deutschland verknüpft. Allerdings spricht sie sich nicht grundsätzlich gegen die Aufnahme von geflüchteten Menschen in Deutschland aus, sondern würde nur diejenigen Menschen »*nicht reinlassen*«, die sie als (terror-)gefährlich empfindet. Die zahlreichen Pausen und Stockungen (ähm, Räuspern) lassen vermuten, dass es Lisa nicht leicht zu fallen scheint, über dieses Thema zu sprechen.

Materielles – Fluchtursache und Bedingung für das Wohlergehen

Während Lisa unter dem Eindruck des Berliner Attentats Terror als Resultat der Fluchtbewegungen nach Deutschland begreift, scheint für sie die Betroffenheit von Terror und Krieg in den Herkunftsländern keine Ursache für die Fluchtbewegungen zu sein. Sie erklärt sich die Fluchtursachen in erster Linie mit einer materiellen, zugleich aber ebenfalls existenziellen Notlage:

L: *Weil ähm also in ihrem Land vielleicht ähm ((lacht leicht)) also, dass in den Ländern, wo die leben, halt ((räuspert sich)) dass die kein Essen haben oder so. Und, ja. ((räuspert sich))*

I: Hm, kein Essen haben. Und kannst du dir vorstellen, was noch?

L: *Also, sie könnten ja keine Wohnung haben.*

Sieht Lisa in erster Linie eine materielle Unterversorgung geflüchteter Menschen in ihren Herkunftsländern als Fluchtursache, stellt für sie auch eine Sicherstellung der materiellen Grundversorgung die Ausgangsbedingung für ein gutes Einleben in Deutschland dar. Vor dem Hintergrund dessen, dass Lisa die materielle Versorgungssituation in Deutschland als gut einschätzt, nimmt sie an, dass es auch geflüchteten Menschen in Deutschland »*eigentlich gut*« gehe, weil hier kein materieller Mangel herrsche:

I: Was glaubst du denn, die Menschen, die jetzt gekommen sind, wie geht es denen eigentlich in Deutschland?

L: *Also, eigentlich gut, weil es hier Essen gibt. Hier gibt es Häuser und Geschäfte, wo man sich Klamotten kaufen kann oder so.*

Lisa geht aber auch davon aus, dass geflüchtete Menschen in Deutschland zwar materiell gut versorgt sind, dennoch aber etwas vermissen können; etwa wenn Familien durch die Fluchtsituation getrennt voneinander leben: »*Also, es kann sein, dass sie ihre Eltern vermissen. Oder ihre Familie halt, weil das kann ja sein, dass nicht alle mitgekommen sind.*«

Skepsis und Ängsten zum Trotz: Grundsätzliche Hilfsbereitschaft

Dass in der Fallgeschichte zwei Kinder sich nicht an einer Sammelaktion der Schule für geflüchtete Kinder beteiligen, findet Lisa *»ein bisschen schlecht, weil zum Beispiel die möchten ja auch nicht, dass die keine Spielsachen haben«*. Sich selbst positioniert sie ganz eindeutig als helfende Person: *»Und also ich hätte schon was mitgebracht.«* Wenngleich sich Lisa deutlich für eine Beteiligung aller Kinder an einer Sammelaktion ausspricht und es nicht gut findet, dass sich zwei Kinder daran nicht beteiligt haben, ist für sie Spenden grundsätzlich eine freiwillige Angelegenheit.

Das Weinen und Abseitsstehen des geflüchteten Jungen Sofian interpretiert Lisa als Heimweh und geht davon aus, dass er wieder in sein Herkunftsland zurückkehren wolle: *»Ähm, der hat bestimmt, also der hat bestimmt Heimweh. Und möchte wieder in sein anderes Land zurück. Weil das ist ja so, wenn man in eine neue Klasse kommt, dann hat man ja erstmal gar keine Freunde. Und dann muss man ganz alleine sein.«* Keine Freunde zu haben und alleine zu sein scheint für Lisa dabei kein fluchtspezifisches Phänomen zu sein, sondern eher ein grundsätzliches Problem, das mit dem Einstieg in eine neue Klasse verbunden ist.

Von den Grenzen des Helfens – »Weil irgendwann wird es ja auch zu viel«

Dass der Lehrer das geflüchtete Kind Mayla zwischen zwei beste Freundinnen setzt, findet Lisa *»eigentlich gut, weil die andern zwei können Deutsch. Und die können der Mayla vielleicht ein bisschen helfen dabei. Und sie unterstützen.«* Das findet Lisa ausdrücklich auch dann gut, wenn deshalb die beiden besten Freundinnen nicht mehr nebeneinandersitzen können. Die Grenzen der Hilfe, die sich die Kinder untereinander bieten können, liegen für Lisa dort, wo die Schulleistungen der helfenden Kinder beeinträchtigt sind.

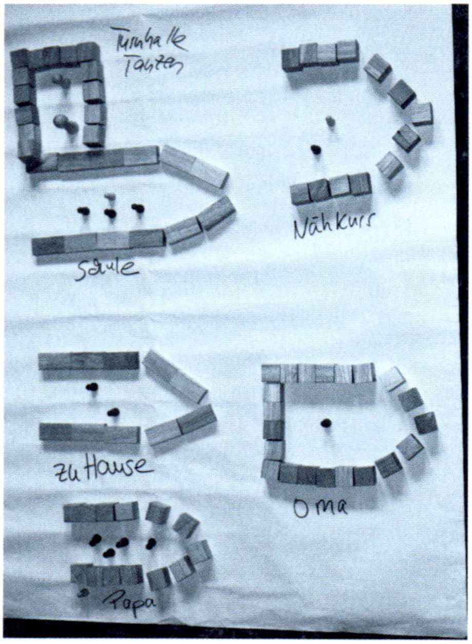

Sie formuliert klar, dass sie selbst lieber aufpassen möchte; denn das Sinken der Schulnoten der helfenden Kinder empfindet Lisa als ungerecht. Bezüglich des daraus resultierenden Dilemmas spricht sich Lisa für eine Unterstützungsleistung aus, die die Nebensitzerinnen nicht beeinträchtigt, wie zum Beispiel Deutschförderunterricht für Mayla. Auch sieht Lisa den Lehrer in der Verantwortung *»sie ein bisschen«* zu unterstützen *»und nicht nur die zwei Kinder. Weil irgendwann wird es ja auch zu viel.«*

Ein sehr ausgefüllter Tag

Nach dem Interview, so erzählt Lisa ganz aufgeregt, würde sie von der Freundin ihrer Mutter zum Shoppen abgeholt, worauf sich Lisa schon sehr freut. Je nachdem, wann sie von der gemeinsamen Einkaufstour zurückkommen, würde sie am Abend dann noch mit ihrer Mutter zum Schlittschuhlaufen gehen.

Marie, 9 Jahre, 4. Klasse

»Man muss halt auch mal daran denken, dass es uns total gut geht.«

Melanie Kuhn

Marie lebt mit ihren Eltern und mit ihrem jüngeren Bruder Jonas in einer Wohnsiedlung eines kleineren Dorfes mit etwa 2.500 Einwohnern in Südwestfalen. Marie und ihre Mutter öffnen der Interviewerin gemeinsam die Tür und begrüßen sie sehr herzlich. Zu Beginn des Interviews gibt Marie noch recht kurze Antworten und tastet sich eher zögerlich vor. Später dann, insbesondere beim Thema ›Flucht‹, das ihr sehr am Herzen liegt, spricht sie dann eigenaktiver und ausführlicher.

Die Bedeutsamkeit der Familie – »Weil meine Familie mir halt auch wichtig ist«

Ihre Familie ist für Marie von enormer Bedeutung. Das für sie relevante familiäre Netzwerk geht dabei nicht nur über ihre Kleinfamilie, sondern auch über ihre regionale Lebenswelt hinaus. Nicht nur ihre zahlreichen im Wohnort lebenden Verwandten, sondern auch der Patenonkel und ihr Cousin und ihre Cousinen, die in München leben, finden Platz auf Maries Netzwerkkarte. »*Oh ja, das sind ja noch eine ganze Menge*«, kommentiert Marie, als die Interviewerin Marie nach wichtigen Personen in ihrem Leben fragt.

Zuerst baut Marie aber das Haus ihres Opas in ihrem Wohnort auf; einen Ort, so sagt sie mit Nachdruck, der ihr »*wichtig*« ist, »*weil Opa jetzt alleine ist, weil Oma halt gestorben ist*«. Am liebsten spielt sie dort mit ihrem Opa; gerade »*hilft*« sie ihm bei einem Puzzle, auf dem seine Enkel in einer Aufnahme im Freien abgebildet sind, weshalb auch »*Gras auf dem Foto*« und das Puzzle so »*schwierig für ihn [ist], weil er so eine Rot-Grün-Schwäche hat*«.

Die Großeltern gegenüber übernehmen auch die Betreuung Maries und ihres Bruders, wenn Maries Eltern »*in den Ferien arbeiten müssen*« oder auch mal nach der Schule. Als dritten Ort baut Marie dann ihr eigenes Wohnhaus auf, das direkt gegenüber des Hauses der Großeltern liegt. Sie betont: »*Weil es mir wichtig ist, weil ich hier wohne. Und ja, weil meine Familie mir halt auch wichtig ist.*«

»Oh Mann, hab' ich Glück« – Eigenständig und sehr zufrieden mit ihrem Leben

Nicht nur zu ihren Verwandten direkt gegenüber, auch zur Schule und zu ihrem alleinlebenden Opa kann Marie alleine gehen. Sie muss »*nur die Straße da hochgehen. Und dann gehe ich da einmal bisschen den Berg runter und dann ist das schon das erste Haus.*« Ihr eigener Haustürschlüssel ermöglicht ihr es dabei, auch unabhängig von ihren Eltern nach Hause zu kommen. Diese Freiheit schätzt Marie sehr. An ihrem Zuhause gefällt ihr ihr eigenes Zimmer am besten, weil sie darin »*einfach das machen kann, was [sie] möch-*

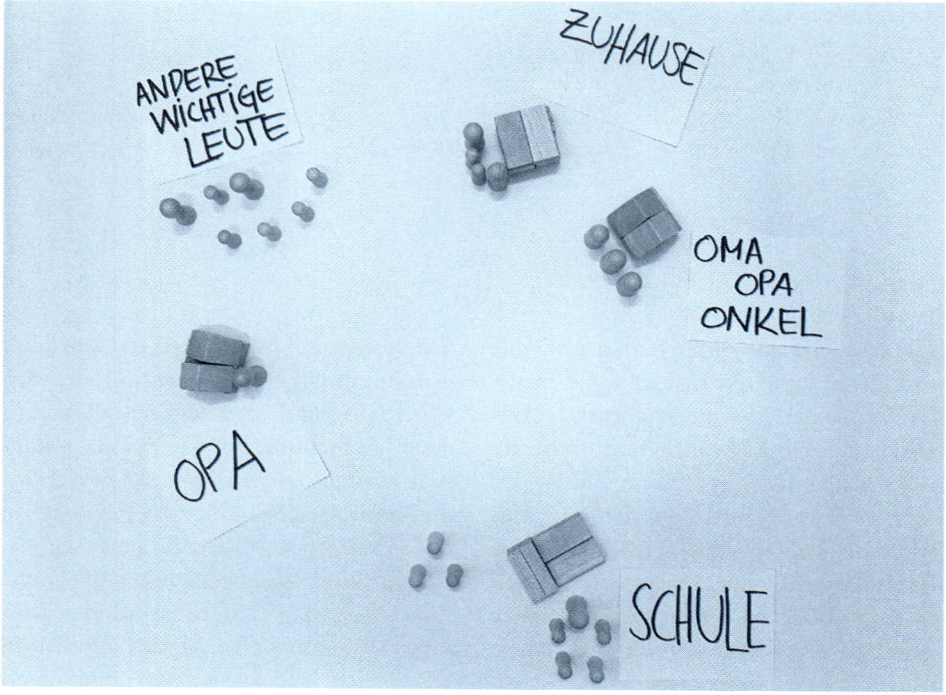

te«. Das Besondere an ihrem Zimmer, so erzählt Maria, ist ihr Schreibtisch, der »*ein Erbstück*« ist, das ihre Mama und Tante vor ihr hatten. Wie zufrieden Marie mit ihrem Leben ist, wird im Interview insbesondere an den Stellen deutlich, an denen sie ihr eigenes Leben mit den Lebensverhältnissen geflüchteter Menschen vergleicht: »*Dann denke ich mir eigentlich immer, oh Mann, hab' ich Glück.*«

Schule – ein Ort mit wichtigen und mit nervenden Menschen

Nur zwei Straßen weiter befindet sich Maries Grundschule. Nach der Schule besucht Marie noch bis etwa 15 Uhr die Nachmittagsbetreuung und macht sich danach auf den Nachhauseweg. Wichtig an der Schule sind Marie neben ihrer Klassenlehrerin insbesondere ihre fünf Freundinnen.

Für drei Jungen aus ihrer Klasse, die sie in der Schule nicht so gerne mag, stellt sie drei Kegel auf. »*Also, die nerven eigentlich alle*«, sagt Marie mit Nachdruck, weil diese »*ständig um einen rum*« laufen, »*spionieren einen sozusagen aus. Oder laufen einem hinterher. Und das nervt dann halt auch.*« Und auch »*manche Lehrer*« findet Marie »*manchmal ein bisschen doof*«, wenn diese »*total viele Hausaufgaben*« aufgeben oder »*Überraschungstests*« schreiben lassen.

Sehr persönliche Bezüge zum Thema Flucht

›Flucht‹ ist für Marie ein Thema, das sie sehr bewegt und zu dem sie Vieles auf eine sehr differenzierte Weise zu erzählen hat. Insbesondere die Schule ist für Marie der Ort, an dem sie in direkten Kontakt mit geflüchteten Kindern kommt. Insgesamt fünf Kinder mit Fluchterfahrungen gingen bzw. gehen mit ihr in die Schule, eines davon besuchte ihre Klasse. Marie erzählt, dass sie »*schon mal*« mit geflüchteten Kindern spielt; im Interview macht sie aber mehr noch die Gespräche mit geflüchteten Kindern zum Verlauf der Flucht und die mitunter dramatischen individuellen Lebensgeschichten der einzelnen Kinder zum Thema. »*Also die haben mir auch viel erzählt*«, erklärt Marie der etwas erstaunten Interviewerin auf deren Frage hin, woher sie das eigentlich alles wisse, was sie zum Thema Flucht erzählen könne. Einen sehr persönlichen Bezug zum Thema Flucht stellt Marie aber nicht nur über ihre konkreten Kontakte zu geflüchteten Kindern her, sondern darüber hinaus auch, in dem sie im Interview immer wieder hoch sensibel für soziale Ungleichheitslagen ihre eigene Lebenssituation ins Verhältnis zu den Lebensbedingungen geflüchteter Menschen setzt.

»Wegen Geldproblemen« – die Ursachen von Flucht in Maries Perspektive

Marie thematisiert auch Kriege in den Herkunftsländern, stellt aber materielle Fluchtursachen in den Vordergrund.

M: *Also viele von denen sind wegen Geldproblemen und so hier hergekommen, weil die hatten halt kein richtiges Zuhause. Die haben halt alle zusammen auf einer einzigen Matratze gelegen. Und also drei von denen waren halt Geschwister. Und die haben dann halt mit den Eltern, also die waren halt zu fünft, und haben dann halt auf einer Matratze gelegen. Und, ja. Also eine andere, die ist auch wegen Geld mit ihrer Oma hierhergekommen. Aber die mussten dann halt bald, also die mussten dann halt wieder zurück. Und einer ist hier halt hingekommen, weil in seinem Land halt Krieg war.*

Von einem prominenten öffentlichen Diskursmuster, das insbesondere materielle Fluchtursachen delegitimiert und juristisch illegalisiert, grenzt sich Marie allerdings deutlich ab, in dem sie auf die sehr privilegierten Lebensverhältnisse in Deutschland verweist. Sie meint: »*Also manche finden das ja irgendwie schlimm oder so. Aber ich finde das irgendwie nicht schlimm, weil man muss halt auch mal dran denken, dass es uns total gut geht. Und die schlafen halt alle zusammen auf einer einzigen Matratze. Haben irgendwie gar kein Geld. Und dafür geht es uns dann halt gut, weil wir haben unser eigenes Bett, wir haben genug Geld und so.*«

»Und die wussten halt gar nicht, was los war« – Die drohenden Abschiebungen

Dass geflüchtete Menschen in Deutschland von Abschiebung bedroht sind, bewegt Marie sehr. Hoch betroffen erzählt sie aus ihrer Perspektive von einer Abschiebung, die auch in der lokalen Presse viel diskutiert worden war. Eine Familie, deren Kinder mit Marie zur Schule gingen, wurde nachts nach Serbien abgeschoben:

M: *Also ich war halt traurig, weil die haben halt schon sehr viel Deutsch gelernt. Und, ja, es ist halt auch schade, die haben sich halt grade eingelebt und so. Und die waren halt grade so richtig ähm, sage ich einfach mal, verbunden. Und dann waren sie einfach am nächsten Tag gar nicht mehr da. Dann waren die nicht in der Schule. Wir haben irgendwie gesagt, ›ja, okay, die sind krank, kommen wahrscheinlich wieder‹. Dann haben wir halt gefragt, wo die sind. Und dann hat unsere Lehrerin halt gesagt, dass die weg sind. Weil die wurden halt mitten in der Nacht, wurden die halt geweckt (...). Die mussten ihre Taschen packen. Und dann wurden sie alle einzeln in einen Bus gepackt, mitten in der Nacht, und dann, ja, mussten sie halt wieder zurück.*

Marie nimmt dabei aber nicht nur die Perspektive einer Mitschülerin ein, die sich fragt, ob die in der Klasse fehlenden Kinder nur krank sind, sondern fühlt sich auch sensibel in die Situation der von der Abschiebung betroffenen Familie ein: »*Und die wussten halt gar nicht, was los war.*« Auch Emilia, eine weitere Mitschülerin Maries, die »*nur mit ihrer Oma da war*«, wurde mittlerweile abgeschoben. Marie macht sich viele Gedanken darüber, was eine Abschiebung für die betroffenen Kinder bedeutet. Sie glaubt, dass Emilia »*auch irgendwie ihre Mama vermisst*« hat und »*deshalb auch ein bisschen glücklich*« war, »*dass sie halt wieder nach Hause konnte, aber halt auch gleichzeitig traurig, weil sie dann halt ja ihre Freunde verloren hat sozusagen*«.

Marie geht davon aus, dass »*die Stadt*« Menschen in erster Linie aus wirtschaftlichen Gründen abschiebt, denn die müsse »*dafür sorgen, dass die was zu essen kriegen und zu trinken und dass sie dann auch was Anständiges zum Anziehen kriegen. Und das kostet dann halt auch Geld.*« Aber das findet Marie »*halt einfach schade, weil jetzt sind sie grade in Deutschland, jetzt wissen die, dass die jetzt auch irgendwo ein Zuhause finden, und dann sagt irgendwie jetzt zum Beispiel die Stadt, ›Ihr müsst jetzt wieder zurück in Euer Land‹*«.

»Die sind dann halt nicht so glücklich wie andere« – Maries Empfinden von Gleichheit und Verschiedenheit

Bedrückt erzählt Marie von den Kindern der abgeschobenen Familie. Zwar habe sich eines der Kinder »*sozusagen zum Außenseiter gemacht, weil er sich halt mit anderen geprügelt hat*«, die anderen Geschwister hätten aber »*sehr viele Freunde*« in der Schule gehabt. Sie schildert ihr Empfinden, dass man zwar »*ein bisschen gemerkt*« hat, »*dass die halt anders waren*«, fügt aber sofort hinzu: »*Aber ich meine, jeder aus unserer Schule ist halt anders. Von daher sind die jetzt auch nicht so aufgefallen. Weil die haben halt auch gespielt, wie jeder andere auch.*« Unterschiede zwischen geflüchteten und nicht geflüchteten Kindern nimmt Marie weniger im Verhalten und den Alltagspraktiken wahr, als vielmehr im Wohlbefinden, wenn sie ihren Eindruck schildert, dass man »*halt irgendwie auch beim Spielen*« merkt, »*dass die dann halt nicht so glücklich wie andere sind. Die sind zwar glücklich, aber jetzt nicht so zu hundert Prozent, weil man merkt dann halt auch, dass die irgendwas vermissen.*«

Für Marie sind es in erster Linie die materiellen Lebensbedingungen und insbesondere die Wohnverhältnisse von geflüchteten und nicht geflüchteten Menschen, die einen Unterschied machen. Marie schildert die Gedanken, die sie sich macht, wenn sie im Auto an der Sammelunterkunft für geflüchtete Menschen in ihrem Wohnort vorbeifährt: »*Also ich denke mir dann eigentlich immer, oh Mann, hab' ich Glück. Weil die haben halt so eine mini-kleine Wohnung. Und haben dann irgendwie nur einen Raum zum Schlafen, Essen und so. Und wir haben dann ja schon sehr viel für die. Also ich glaube, die würden sich wie im Paradies finden, wenn die hier mal reinkommen würden.*«

Entsprechend ist es insbesondere die prekäre Wohnsituation geflüchteter Menschen, die Marie umtreibt. Das Verfügen über angemessenen Wohnraum spielt für Marie eine zentrale Rolle für das Wohlbefinden von Menschen. Sie findet es »*irgendwie schade, dass die dann halt irgendwie in so alten Häusern, also jetzt zum Beispiel halt einfach in alten Hütten wohnen dann. In so alten riesigen Hütten, die keiner mehr braucht. Und dass die Stadt dann zu Beispiel sagt: ›Machen wir jetzt einfach ein Flüchtlingslager draus‹.*« Marie appelliert an Wohnungsbesitzer und -besitzerinnen, geflüchteten Menschen Wohnraum zur Verfügung zu stellen: »*Wenn einer ganz alleine in so einem Riesenhaus ist mit irgendwie, sage ich einfach mal, fünf Wohnungen, und er besetzt halt nur eine Wohnung, dann kann man dann auch einfach sagen: ›Habt ihr irgendwie Flüchtlingsfamilien, die nehme ich dann auf‹.*«

Hilfe und Unterstützung im schulischen Kontext

Dass der Lehrer in der nächsten Fallgeschichte das geflüchtete Kind Mayla zwischen zwei beste Freudinnen setzt, findet Marie »*gut, aber gleichzeitig auch nicht so gut*«. Sie fürchtet, dass die beiden Freundinnen vielleicht »*so lange rumzicken, bis der Lehrer Mayla dann woanders hinsetzt*« und sich Mayla, die ja »*noch kein Deutsch versteht*«, dann »*ein bisschen doofer fühlt*« und sie dann »*halt auch nicht weiß, ›reden die über mich oder reden die über wen anderen‹*«. Marie fände es am besten, wenn ein erwachsener »*Helfer*« in die Klasse kommen würde und man »*nicht die Kinder halt darum bittet, dass die helfen sollen. Weil die Kinder müssen ja selber noch lernen. Und die Erwachsenen haben halt schon gelernt.*«

Marie – auch als Bundeskanzlerin mit der Wohnsituation geflüchteter Menschen beschäftigt

Die Themen Flucht und vor allen Dingen die Wohnsituation geflüchteter Menschen sind für Marie von einer so hervorgehobenen Bedeutung, dass sie diese in der Abschlussfrage des Interviews, was sie denn ändern würde in Deutschland, wenn sie Bundeskanzlerin wäre, erneut aufgreift. Sie findet es notwendig, »*dass man mehr Flüchtlingslager*« baut, plädiert aber auch dafür, dass »*die, die halt ganz alleine in einem riesigen Haus wohnen und dann irgendwie noch drei oder zwei Wohnungen haben, dass man dann auch andere Leute aufnimmt, die irgendwie kein Zuhause haben*«. So könnten diejenigen, »*die kein Zuhause haben, dann entweder ins Flüchtlingslager*« oder aber, »*wenn sie richtig Glück haben, halt auch eine kleine Wohnung bekommen*«.

Markus, 9 Jahre, 3. Klasse

»Man fährt um sein Leben grade mit dem Schiff.«

Dilan Çınar

In einer kleinen ländlichen Gemeinde in Hessen lebt der 9-jährige Markus. Er bewohnt mit seinen Eltern und seiner jüngeren Schwester eine Doppelhaushälfte in einer Neubausiedlung in einer Spielstraße. Nebenan teilt sich Markus' Familie mit dem Urgroßvater einen großen Garten. Im gleichen Ort wohnen auch seine Großeltern mütterlicherseits. Markus' leiblicher Vater stammt aus Eritrea und beide haben regelmäßigen Kontakt. Zu seiner Familie zählt Markus aber auch seinen sozialen Vater, der einen ruandischen Migrationshintergrund hat. Als Haustiere besitzt Markus neben Meerschweinchen auch einen jungen Hund. Markus wirkt auf das Interview gespannt, aber auch leicht verunsichert. Er entscheidet selbständig, nicht auf seine Mutter für das Ausfüllen des Elternfragebogens zu warten, sondern in seinem Kinderzimmer mit dem Interview zu beginnen, während sein Vater mit seiner jüngeren Schwester das Essen vorbereitet. Nach einer Einführung in das Interview, schwindet Markus' scheinbare Unsicherheit und er schließt seine Zimmertür, damit die Interviewerin und er ungestört sprechen können.

Markus' Lebensalltag

Während Markus über seinen Alltag erzählt, wird deutlich, dass er das Weltgeschehen und seine Lebenswelt umfassend reflektiert. Hinzu kommt, dass er über ein breites Wissen verfügt und insgesamt einen klugen Eindruck macht. Er ist sehr zufrieden mit seiner Lebenssituation. Markus spielt leidenschaftlich gerne und schon lange Fußball und dieses Hobby beherrscht er außerordentlich gut. Er wird deshalb sogar bei Mannschaftsspielen von Talentscouts beobachtet. Seit einiger Zeit begeistert ihn eine weitere Ballsportart: Radball. Die Freizeitaktivitäten nehmen allgemein einen großen Teil seines Lebens ein. Die restliche Familie ist ebenso sportlich: der soziale Vater spielt Basketball und seine Schwester übt regelmäßig Gardetanz. Die besondere Rolle der Hobbys spiegelt sich im Aufbau seines Netzwerks wider. Er platziert den Sportplatz für Fußball und die Turnhalle für Radball neben seinem Zuhause. Zu diesen Orten bewegt sich Markus frei. Die kurzläufigen Strecken empfindet er als *»Katzensprung«*. Generell macht Markus den Eindruck, seinen Lebensalltag selbst gestalten zu können. Lediglich die zeitlichen Rahmenbedingungen werden von seinen Bildungs- oder Freizeitinstitutionen vorgegebenen:

M: Bei mir, das ist, das ist so, ich stehe wie fast alle gewöhnlichen Kinder immer so um sieben Uhr fünfundzwanzig auf. Ziehe mich um, gehe nach unten. Frühstücke, gehe in die Schule. Mache dort, was man alles in der ((lacht leicht auf)) Schule macht. Und dann,

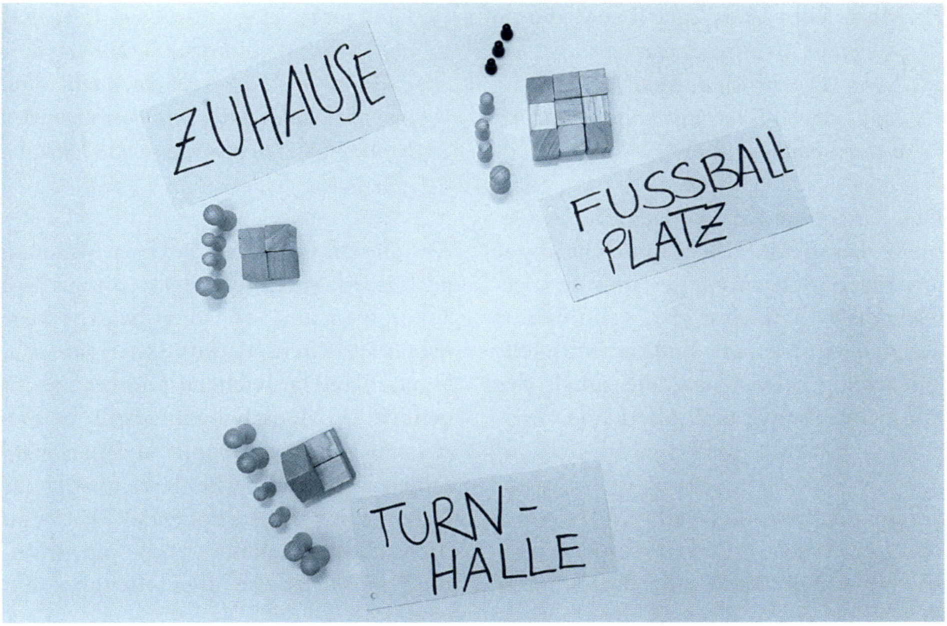

nach der Schule, mache ich schnell die Hausaufgaben. Und dann gehe ich mit meinen Freunden raus. Und wir spielen auf der Straße ein bisschen. Und machen draußen irgendwelche Dinge. Weiß man nie so genau, was wir machen. Mal fahren wir bei der alten Schule rum. Oder, und dort ähm tun wir ein bisschen Fußball spielen oder so. ((räuspert sich)) Ja, und dann komme ich nach Hause. Und muss dann entweder zum Radball oder zum Fußball. Dann komme ich vom Radball oder vom Fußball wieder nach Hause und dort, dann esse ich schnell. Gehe ins Bett. Und, ja, und dann, das war es eigentlich.

Neben dem Sportunterricht hat er zweimal die Woche Radball- sowie Fußballtraining. Zudem spielt er auch nach der Schule mit seinen »*Jungs*« Fußball. Demnach ist Sport in seinem Leben allgegenwärtig.

Teamkollegen sind Freunde fürs Leben

Der Einfluss seiner Sportlichkeit auf Markus' Freundeskreis lässt sich anhand seines Personennetzwerks erkennen. Dazu gehören nicht nur seine Familie und Freunde, sondern auch seine Mitspieler sowie seine Trainer vom Fuß- und Radball. Soziale Kontakte spielen eine wichtige Rolle für sein Wohlbefinden. Die meisten Mitschüler kennt Markus aus dem Kindergarten. Dieses gemeinsame Aufwachsen in denselben Institutionen war für das Schließen von Freundschaften bedeutsam: »*Also bei mir ist es so, ich habe halt viele Freunde. Und ich kenne halt auch alle Jungs, die bei uns in der Klasse sind, weil wir auch zusammen im Kindergarten waren und alle.*« Markus' Hobbys und die Gemeinsamkeiten mit den befreundeten Jungen sowie seine freie Freizeitgestaltung bieten ihm eine Lebenswelt, in welcher er sich wohlfühlt. Er nennt nichts, was ihn zu Hause stört. Auf die Frage, ob es Kinder gäbe, mit denen er sich nicht so gut verstehe, antwortet er bestimmt:

I: Mhm. Gibt es da auch Leute, die du vielleicht nicht so gerne hast?

M: *Nein. Also wir sind, beim Fußballplatz sind wir ein Team und halten auch immer zusammen.*

Der Zusammenhalt wird durch das Gemeinschaftsgefühl der Mannschaft in den jeweiligen Sportarten gestärkt und gefestigt. Für Markus ist klar, wenn man in einem Team trainiert, sind die Mitspieler gleichzeitig Kameraden, die durch den Sport miteinander verbrüdert sind.

Flucht vor Krieg und Tod

Markus erhält durch seine Großmutter, die geflüchteten Kindern die deutsche Sprache vermittelt, einen aufschlussreichen Blick auf die Lebenssituationen geflüchteter Menschen. Jenen wird in seinem Wohnort Schutz und Unterkunft geboten. Empathisch versetzt er sich in die Lebensumstände der Menschen, die in Deutschland Zuflucht suchen, hinein. Beängstigend sind für Markus plötzliche Kriegsausbrüche; er empfindet auch die Verluste und Gefahren einer Flucht als verheerend:

M: *Ich finde das schlimm, dass die hierherkommen müssen, also weil die Leute dort Krieg haben. Das finde ich schlimm, dass die Leute Krieg haben dort. Weil auch so schon viele Leben gefallen deswegen sind. (...) es [ist] schlimm (...), dass die meisten Flüchtlinge übers Schiff reisen. Und dort halt ähm, weil die Schiffe, die den Leuten, sozusagen abkaufen, immer kaputt sind und irgendeinen Defekt haben. Und dass sie dort halt immer auf hoher See sterben.*

I: Ja. Was glaubst du, wie ist das, wenn man auf so einem Schiff fährt?

M: *Hm, sehr, also es ist sehr schlimm. Man hat halt nicht so viel Essen an Bord. Und auch nichts zu trinken. Und man muss halt die nächsten, da ein Tag lang durch ins, ins Nichts fahren, damit dann irgendwo rauskommt und dort überleben kann. Und man also man, man fährt um sein Leben grade mit dem Schiff.*

Aus diesem Grund ist es seiner Meinung nach unerlässlich, denjenigen, die aus Not ankommen und ihr Leben dafür riskiert haben, zu helfen. Markus findet, dass es in Deutschland ausreichend Ressourcen für geflüchtete Menschen gibt, damit sie sich ein neues Leben aufbauen und sich wohl fühlen können. Dies schließt sowohl die Umorganisation leerstehender Häuser als auch die Vermeidung von Stigmatisierung beispielsweise über Kleidung mit ein:

I: Mhm. Hast du so eine Situation schon mal gesehen?

M: *Ja. Das war, da bin ich mal mit meiner Oma, also haben wir ganz viele Klamotten von mir und meiner Schwester und so, haben wir dann ganz viele Klamotten, ganz alte und die uns nicht mehr passen, haben wir dann dahin gebracht. Und haben die dann dort halt den andern Leuten, Menschen gegeben. Und das haben wir halt schon zwei Mal gemacht.*

I: Oh, wow!

M: *Mhm.*

I: Hast du das dann direkt den Geflüchteten gegeben?

M: *Nein. Wir haben das ein paar Leuten gegeben. Und die haben das dann alles nach Farben und so allem sortiert, damit das auch, damit die das halt eine große Auswahl haben. Und nach Größen.*

I: Ah! Mhm. Hm.

M: *Damit die halt denken, sie wären sozusagen wie im H&M ((I lacht leicht)) grade einkaufen.*

Markus erfasst gespendete bzw. Altkleidung als potenzielles Stigmatisierungsmerkmal. Sie stellt einen Faktor dar, von welchem Geflüchtete abhängig sind, und auf diese Weise wird ihre eigene Bedürftigkeit demonstriert. Aus diesem Grund hebt er hervor, dass das Verfügen über Auswahlmöglichkeiten und die Vorstellung, »*wie im H&M (...) ein[zu]kaufen*«, das subjektive Wohlbefinden (durch die Teilhabe am Konsum) fördert.

Geflüchtete in Deutschland

Aus Markus' Perspektive werden die materiellen Bedürfnisse von nach Deutschland Geflüchteten weitgehend erfüllt, um »*ein neues Leben hier anzufangen*«. Er benennt hierfür eine Unterkunft, ausreichendes Essen und Trinken sowie gute Kleidung. Dennoch begreift er den Wunsch nach sozialem Anschluss und Verbundenheit als substanziell für ein gutes Leben. Dafür sind für ihn gute Deutschkenntnisse unerlässlich. Beispielsweise erzählt er von einem Jungen beim Fußball, dessen Eltern geflüchtet sind.

I: Mhm. Und wie verständigt ihr euch da beim, beim Fußball?
M: Also beim Fußball, also er kann jetzt schon Deutsch. Er ist in Deutschland zwar geboren, aber seine Herkunft ist zwar äh woanders her. Und er kann halt Deutsch. Und wir sprechen ganz normal Deutsch halt.
I: Ah ja. Hat er schon viel gelernt dann? Seit er hier [im Ort] ist.
M: Er war davor schon in einem andern Ort und in einer andern Schule.

Einen Beitrag dazu leisten, dass geflüchtete Menschen Deutsch lernen, können auch Ehrenamtliche, wie es seine engagierten Großeltern versuchen. Deutsch sprechen zu können, reicht jedoch nicht immer aus, um akzeptiert und aufgenommen zu werden. Markus wird auch Zeuge von Ausschlussszenarien. Kinder, die nicht in Deutschland aufgewachsen sind, werden von manchen Einheimischen ignoriert oder abgelehnt.

I: Und warum wird er ausgeschlossen? Weißt du das?
M: Hm, na ja, weil er, also es gibt bei uns ein paar Kinder, die wollen halt, hm, die Größten sein. Und sagen, ›nee, der, lass' den, der soll mal alleine spielen‹ halt. Das ist halt sehr schlimm.

Markus findet den sozialen Ausschluss überaus bedenklich. Unter den Kindern im Ort hat sich eine soziale Dynamik entwickelt, in welcher einigen eine spezielle Rolle zufällt. Ausdrücklich diese ›höhergestellte‹ Position wird genutzt, um Kinder aus anderen Ländern auszuschließen. Markus jedoch nimmt eine solche Rangordnung als Ressource wahr, Neuankömmlingen den sozialen Anschluss zu erleichtern: »*Hm, es war so, also, ((räuspert sich)) hm, bei uns gibt es ein paar Jungs, die sind so halt so angesehen. Und dann, wenn die halt den Jungen mitspielen lassen, dann findet er auch Freunde und dann kann er sich hier auch wohlfühlen.*«

Vertrauen in den Staat und die Gesellschaft

Auf die Frage, welche Ideen er hat, die Situation von flüchtenden Menschen zu verbessern, erklärt er, dass die Bekämpfung der Fluchtursachen das oberste Ziel sein solle. Krieg und Kriegsfolgen sind grundsätzlich verheerend und es ist deshalb niemanden zuzumuten, trotz Krieg in seiner Heimat zu bleiben. Kann dies nicht realisiert werden, erweitert Markus den Blick auf die desolaten Fluchtbedingungen. Diese sind bezüglich der Sicherheit zu optimieren, um die vom Krieg vertriebenen Menschen aus der Abhängigkeit von Schleusern oder anderen, die Profit aus dieser Not schlagen, zu befreien:

M: Und dort halt ähm, weil die Schiffe, die, den Leuten da abkaufen, immer kaputt sind, irgendwas, und irgendeinen Defekt haben. Und dass sie dort halt immer auf hoher See sterben. Die meisten. Und, also sie haben nicht immer Glück, dass sie ein normales, richtiges Schiff bekommen. ((räuspert sich)) Wenn sie auf der Flucht sind.

Die Referenz »*Glück*« demonstriert das Risiko, mit welchem man auf dem Fluchtweg konfrontiert ist, ein funktionierendes Boot zu erwischen. Ist eine Flucht unumgänglich, befürwortet Markus staatliche Strukturen, die Menschen helfen, sie aus dem Kriegsgebiet zu transportieren, und ihnen einen sicheren Weg mit geeigneten Transportmitteln wie seetauglichen Schiffen in ein anderes Land ermöglichen und »*dass die Leute halt wieder in ein neues Leben in einem andern Land starten können. Und damit sie ein schönes Leben weiterhin haben.*«

Nicht nur diese Faktoren vor und während der Flucht empfindet Markus als wichtig. Zudem spricht er sich dafür aus, dass in der Fallvignette von Mayla, die neu in die Klasse kommt, dem Lehrer als Vertreter des staatlichen Bildungswesens beim Unterrichten und dem Vermitteln der deutschen Sprache Verantwortung zufällt. Zusätzlich schlägt er vor, dass sich sehr gute Mitschülerinnen und Mitschüler abwechselnd um Mayla kümmern können. Diesen Kindern fällt es leichter, den Unterrichtsstoff zu verstehen und ihn Mayla zu erklären. Der soziale Anschluss auf der Peer-Ebene birgt für die neue Schülerin nach Markus' Ansicht ein großes Potenzial, schneller Deutsch zu lernen und dem Unterricht unabhängig folgen zu können.

Individuelle Gerechtigkeit und Umweltschutz

Bei der Fallvignette zum Schulausflug ist Markus auf der Seite derjenigen Kinder, die überstimmt werden. Er vertritt die Ansicht, dass die Kinder, die eigentlich für ein anderes Ziel sind, sich für die Minderheit einsetzen sollen: »*Und die zwölf andern, zwölf Kinder können auch mal sagen, ›nein, heute gehe ich mal ins äh in den Zoo‹, anstatt immer ins Schwimmbad zu gehen.*« Schließlich erwartet man von einer Gemeinschaft, dass das Individuum ernst genommen und dessen Stimme gehört wird: »*weil das ist ja ihr Wunsch. Und den muss müssen halt auch die andern [der Klasse] respektieren.*« Dieser Leitgedanke ist auch beim Abschluss des Interviews wiederzufinden, als Markus auf die Frage antwortet, was er als Bundeskanzler verändern würde. Er möchte sich dafür stark machen, allen Sporttalenten durchgehend gleiche Chancen in ländlichen als auch städtischen Gebieten zu garantieren. Ebenso soll dies unabhängig von der Größe und dem »*Alter*« ihres Vereins geschehen. Darüber hinaus besteht der Anspruch auch neue, nicht traditionelle Sportarten zu unterstützen. Markus betont außerdem die Bedeutung, die Umwelt zu schonen und zu schützen, denn ansonsten »*wird die ähm Erdatmosphäre ja kaputt sein sozusagen. Und dann flüchten wir ja anscheinend auf den Mars.*«

Man kann nur hoffen, dass uns dann als flüchtende Menschen der Erde in demselben Maße wohlgesinnte Anteilnahme, weises Verständnis und Menschlichkeit auf dem Mars entgegengebracht wird, wie Markus an den Tag legt.

Mia, 9 Jahre, 2. Klasse

»Ich hätte gesagt, dass er sich eigentlich nicht so viel Sorgen machen muss. Wegen er hat ja jetzt Deutschland.«

Dilan Çınar

Die quirlige und redefreudige Mia begrüßt die Interviewerin sehr herzlich. Die Familie bewohnt ein Dreiparteienhaus in einer wohlhabenden, urbanen hessischen Gegend. Mias Familie kommt aus Bangladesch. Mia lädt die Interviewerin in ihr Kinderzimmer ein, die Mutter bringt bengalisches Gebäck und Tee für das Gespräch herein. Als die Interviewerin das Vorgehen erklärt, möchte Mia direkt beginnen.

Deutschland ist Mias Zuhause, Bangladesch ihre Herkunft

Mia macht einen aufgeweckten Eindruck. Sie erzählt mit Freude und Unbefangenheit von ihrem Leben, mit welchem sie zufrieden zu sein scheint. Ihre Familie spielt eine bedeutende Rolle in ihrem Leben. Auch Verwandte in Bangladesch sind ihr wichtig. Generell ist Mia mit der Kultur des Heimatlandes ihrer Eltern verbunden und sie weiß über die politische Geschichte Bangladeschs und die elterliche Migrationsgeschichte Bescheid. Sie betont, dass ihre gesamte Familie aus Bangladesch sei: »*Wir kommen ja alle da aus Bangladesch. (...) Und kein anderer, keine einzige kommt aus einem anderen Land. Aus meiner Familie*«. Sie besitzt auch Bücher auf Bangla, der bengalischen Sprache, die sie lesen kann. Zu ihren relevanten Orten in ihrem Leben zählt Mia die Schule, ihr Zuhause, den Hort und ihr Hobby, den Showdance. Letzteres und die verschiedenen zusätzlichen Unterrichtsstunden strukturieren Mias Woche, beispielsweise hat sie montags Förderunterricht, dienstags geht sie zum Tanzen, an einem anderen Tag besucht sie einen Zusatzkurs in Englisch. Obwohl Mia ein eigenes Zimmer besitzt, verbringt sie gerne Zeit im Wohnzimmer. Es bietet viel Platz und ist der Ort für ein geselliges Miteinander, wenn die Familie von Freunden und Bekannten besucht wird.

Die kindliche Selbstbestimmung unter elterlichen Vorgaben

Die Grenzen der Selbstbestimmung Mias werden anhand des Englischunterrichts, dem selbständigen Bewegen zu ihrem Hobby, dem Showdance, sowie beim Üben der Lernwörter ersichtlich.

Eine Sache, die Mia ungern erledigt, ist das Üben ihrer Lernwörter. Dies geschieht meist zu Hause und ihre Mutter ist oftmals gezwungen, sie dafür zu motivieren und an die Erledigung zu erinnern. Obwohl es Mia manchmal an Lust fehlt, sich die Lernwörter einzuprägen, nimmt sie dies ernst: »*Aber das Wichtigste sind eigentlich immer die Lernwörter.*« Trotzdem lassen die elterlichen Vorgaben Spielraum für Mias eigenen Willen und persönliche

Ideen. Diese finden beispielweise in der Ordnung ihres Kinderzimmers Ausdruck. Mia sortiert ihre Bücher und Spiele eigenständig und neckt ihre Mutter damit, wenn sie etwas verlegt oder an einem anderen Ort ablegt.

Auch die Teilnahme am Englischunterricht und der Weg zum Showdance sind stark von elterlichen Vorgaben und deren Auffassung von Erziehungsverantwortung geprägt. Mia durfte beispielsweise früher alleine mit anderen Mädchen zum Showdance und nach Hause gehen. Zum Zeitpunkt des Interviews erklärt Mia, dass sie momentan von ihrer Mutter abgeholt wird: »*Mhm. Also da hinten. (...) Und da gegenüber ist so ein Show-Dance. Und da gehe ich da auch hin. Manchmal war ich allein hingegangen und bin zurückgekommen. Ganz alleine. Aber jetzt muss mich meine Mutter leider wieder abholen.*« Am freien, unbegleiteten Bewegen findet Mia großen Gefallen und sie bedauert, dass sie dies nicht mehr darf. Auch die elterlichen Bildungsvorstellungen haben nachhaltigen Einfluss auf Mias Selbstbestimmung: Mit dem nicht verpflichtenden Zusatzkurs in Englisch musste sich Mia nach Zureden ihrer Mutter gegen ihr eigenes Interesse arrangieren. Aber im Laufe der Zeit konnte sich Mia für den Englischunterricht begeistern: »*Weil, wegen meine Mutter wollte unbedingt, dass ich zu Englisch gehe. Erst mal wollte ich es nicht, aber dann hat es mir auf einmal so viel Spaß gemacht. Ich finde beim, wenn wir Englisch üben, da SPIELEN wir ja nur! Wir machen ja nichts Schriftliches. Wir lesen, wir machen solche Lesespiele oder spielen einfach. Solche Spiele.*« Die Tatsachen, dass die Englischstunden anders als institutionalisierter Unterricht im schulischen Kontext konzipiert sind und es keine schriftlichen Arbeiten gibt, sind Gründe, weshalb er Mia doch Vergnügen bereitet.

Die Schulbücherei

Als einen relevanten Lebensort gewichtet Mia die Schule. Sie baut diese daher als Erstes innerhalb ihres sozialräumlichen Netzwerks auf. Zum aufgebauten Schulgelände gehören auch die Bücherei, der Pausenhof, die Turnhalle und der Hort. Sie kennt das Schulgebäude sehr gut, wie zum Beispiel die verschiedenen Eingänge oder den Parkplatz für Fahrräder und Roller. Mia kommt mit vielen ihrer Klassenkameraden gut zurecht, sie gibt aber an, dass es in der Klasse wenig Kinder gibt, mit denen sie spielt: »*In der Schule bin ich doch alleine. Leider. Und deshalb gehe ich in die (...) Bücherei (...), so eine Schulbücherei*«. Die Pause verbringt Mia dort oft. Ein weiterer Grund, warum Mia lieber Zeit in der Schulbücherei verbringt, anstatt mit den anderen Kindern auf dem Pausenhof zu sein, ist, dass viele ihrer Klassenkameraden ein nicht ganz gewaltfreies »*Klassenspiel*« veranstalten:

> M: *Und ich mag halt [mein] Klassenspiel halt nicht. Wo, wo er gefesselt wird oder so. Auch wenn es gleich losgelassen wird. (...) Das ist halt doof. (...) Ich mag mein Klassenspiel nicht. Ich, ich möchte halt jeden in Ruhe lassen. Äh weil wenn ich da mich daran [an das Klassenspiel] gewöhnt hätte, dann hätte ich gleich, in der Schule spielen [können].*

Mia möchte nicht zur Belustigung anderer, ein Kind, wenn auch nur für eine minimale Zeit, fesseln. Somit hat sie am Klassenspiel, das auf dem Pausenhof stattfindet, im Gegensatz zu ihren Mitschülerinnen und Mitschülern keinen Spaß. Sie meidet den Schulhof. Mit ihrer Strategie, anderen den gleichen Abstand zu gewähren wie sie ihn selbst für sich einfordert, geht sie insbesondere einigen Jungen aus ihrer Klasse aus dem Weg. Sie beschreibt diese Jungs als »*zu hart*«, da »*manche (...) sich eben gegenseitig [schlagen], und das mag ich eben auch nicht*«. Demnach ist die Gewaltbereitschaft vorwiegend bei ihren Mitschülern vorzufinden, welche Mia dazu bringt, sich während ihrer Pausen in der Bücherei aufzuhalten. Die Konflikte beschränken sich aber nicht nur auf die Jungen der Klasse. Mia kann es nicht leiden, wenn andere Mädchen »*zickig*« sind, da sie so die Beziehung nicht gut einschätzen kann.

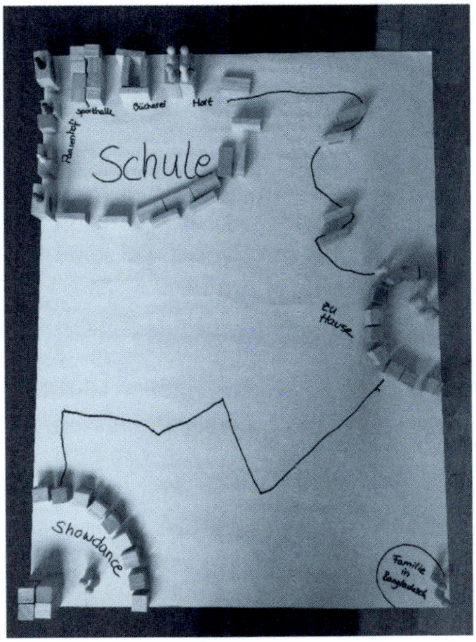

Der Trick beim Förderunterricht

Mia beschreibt sich im schulischen Kontext als Einzelgängerin. Im Förderunterricht und im Hort hat sie dennoch viele Freunde, die mit ihr spielen. Daher ist Mia froh, dass eine der Freundinnen demselben Förderunterricht zugeteilt wurde. Damit Mia neben ihr sitzen kann, hat sie einen »*Trick*« entwickelt. Die Förderlehrkraft arbeitet mit einem Belohnungssystem für das Lesen der Schülerinnen und Schüler. Zehn Minuten soll gelesen werden. Lesen die Schülerinnen und Schüler das Doppelte, dann haben sie einen von drei Wünschen frei. Die erste Option ist die Auswahl eines Spiels, die zweite besteht darin, keine Hausaufgaben zu bekommen, und die dritte ermöglicht es, die Sitznachbarin oder den Sitznachbar behalten zu dürfen und nicht wechseln zu müssen. Damit Mia immer neben ihrer Freundin sitzen kann, wendet sie ihren »*Trick*« an und bringt jedes Mal 20 Minuten Lesezeit für ihre Freundin auf.

Freundschaften sind nicht immer von Dauer

Nicht nur im Unterricht, sondern generell sind Freunde für Mia ein großes Thema. Sie hat bereits erfahren, dass nicht alle Freundschaften für immer bestehen. Sie ist mit einem Mädchen nicht mehr befreundet, weil Mia findet, dass dieses ab und zu lügt. Für Mia ist Ehrlichkeit essentiell für eine Freundschaft und sie akzeptiert keine Lügen.

Das Schließen einer Freundschaft wird durch Gemeinsamkeiten vereinfacht. In Mias Fall bedeutet dies, dass sie viele Musliminnen als Freundinnen hat. Des Weiteren sind Freundschaften an eine weitere Bedingung geknüpft: Man muss, wenn man sich auch außerhalb der Bildungsinstitutionen Schule und Hort sehen möchte, simultan Zeit haben. Dies stellt sich manchmal als schwierig für Mia heraus, da sie von den zeitlichen Ressourcen ihrer Eltern abhängig ist. Außerschulische Freundschaften möchte sie durch gegenseitige Besuche aufrechterhalten, aber: »*Wir haben nicht immer so Zeit ((lacht leicht))*«. Dementsprechend freut sich Mia darauf, bald ein Handy zu bekommen, das ihr einen intensiveren und direkten Kontakt zu ihren Peers ermöglicht.

Flucht und (Un-)Sicherheit

Bei der Einführung in die Fluchtthematik, ruft Mia sofort: »*Ach so, ja, genau. Also jetzt reden [wir] über da über Flüchtlinge. Wusste ich es doch.*« Generell findet es Mia gerecht und moralisch geboten, dass Geflüchtete nach Deutschland kommen. Sie bedenkt aber wiederum, dass »*also nicht zu viele Flüchtlinge*« kommen sollten. Durch Kinder-Fernsehsendungen, wie die LOGO-Nachrichten, erfährt Mia einiges über die Lebenssituation von geflüchteten Menschen: »*[Ich weiß], dass es denen schlecht geht.*« Sie nennt Krieg und Unsicherheit als Fluchtursache und betont, dass sie es gutheißt, wenn Menschen nach Deutschland fliehen. Mia problematisiert insbesondere die Unsicherheit durch Krieg und die beengte Flucht mit Booten: »*Und da ist, sterben auch manche Menschen. Das ist halt blöd. Können sie nicht sicher zu Deutschland. Nur ein, sehr wenige können sicher hin. Die restlichen sterben (...), in diesem kleinen Bereich da, da ist, da sieht es ja echt eng aus.*«

Aufgrund der hohen Sicherheitsbedingungen stellt Deutschland einen passenden Schutzort dar, was vielen Menschen bewusst sei. Die Rolle als aufnehmendes Land führt zu Erwartung, nach »*Deutschland kommen [zu] dürfen*«. Dass dies nicht immer der Fall ist, wie etwa bei innereuropäischen Grenzsperrungen, findet Mia schade. Ferner führt sie an, dass nicht nur Deutschland als europäisches Ankunftsziel ausgesucht wird: »*Ja. Da darf Mensch, sind halt Menschen immer eingesperrt. Und wollen versuchen, da Richtung (...) Deutschland oder andere Länder zu kommen. Nicht nur Richtung Deutschland! Sondern Österreich. Großbritannien oder so. Und noch sehr viele Länder.*«

Ungewissheit in Deutschland

Mia kennt keine geflüchteten Menschen und ist sich nicht sicher, ob diese an ihrer Schule unterrichtet werden. Sie erzählt aber von einem Mädchen namens Manuela, die zurück in das Heimatland ihrer Eltern abgeschoben wurde, und sie »*kommt, glaube ich, nicht wieder*«. Grund hierfür seien ihrer Ansicht nach ungenügende Deutschkenntnisse gewesen. In dieser Logik ist das Bleiberecht in Deutschland gebunden an die Fähigkeit, »*gutes Deutsch*« sprechen zu können. Als Mia von dieser traurigen Geschichte erzählt, vergleicht sie Manuelas Situation mit ihrer eigenen und stellt fest, dass ihre Familie nach Deutschland kommen und hierbleiben durfte.

Wohlbefinden von Geflüchteten

Neben dem Sicherheitsbedürfnis brauchen Geflüchtete für ein gutes Leben aus Mias Sicht Nahrung, ein eigenes Zuhause und Frieden. Sie impliziert, dass Deutschland als wohlhabender Schutzort flüchtenden Menschen ein gutes Leben bieten kann. Viele Geflüchtete haben ihrer Meinung nach im Krieg traumatische Erfahrungen gesammelt und können dies hoffentlich in Deutschland verarbeiten. Dazu gehöre aber, dass Geflüchtete nicht zusammen mit anderen Familien in Flüchtlingslagern verweilen müssen, sondern ein eigenes Zuhause erhalten. Schließlich haben sie ihr altes Zuhause verloren und vermissen dies sehr, wie etwa Sofian aus der Fallgeschichte:

M: Ich glaube, der denkt darüber, wegen er ist halt allei[n], also sein Haus ist zerstört. (...) Also er hat sehr viel Heimweh und ist halt traurig, weil er sein Haus verlassen muss, also seine Wohnung oder Haus verlassen musste. (...) Ich hätte gesagt, dass er sich eigentlich nicht so viel Sorgen machen muss. Wegen er hat ja jetzt Deutschland. (...) Und [er] müsste nicht immer weinen. Müsste nicht immer daran [an den Krieg] denken.

Empathisch bedenkt Mia die möglichen Emotionen der unbegleiteten geflüchteten Kinder: »*Alleine, ohne Mama und Papa? Da fühlt man, da fühlt man sich halt ein bisschen alleine (...) und manchmal bekommt man auch Heimweh*« Mia plädiert deshalb für eine Zusammenführung der geflüchteten Familien, da man auf oder vor der Flucht auseinandergerissen werden kann. Das Trennen von Familien ist für Mia besonders schlimm. Sie berücksichtigt die möglichen belastenden und problematischen Entscheidungsprozesse, vor die flüchtende Menschen gestellt werden.

Stigma vs. Skills

Trotz des Mitgefühls und der eigentlich positiven Einstellung gegenüber flüchtenden Menschen scheinen bei einigen Aussagen Mias Stigmatisierungstendenzen durch. Sie bemängelt beispielsweise, dass es vielen Geflüchteten unter anderem aufgrund des Krieges unmöglich gewesen sei, zur Schule zu gehen und ausreichend (aus-)gebildet zu werden. Ein weiterer Grund für die fehlende schulische Bildung der geflüchteten Kinder sei, dass die Eltern darauf angewiesen wären, dass auch ihre Kinder arbeiten. Eine weitere stigmatisierende Vorstellung wird transparent, wenn es um die finanziellen Ressourcen von Menschen geht, die flüchten mussten: »*Also ich will damit erklären, dass halt Flüchtlinge nicht arm sein sollen.*« An dieser Stelle pflichtet Mia eigentlich bei, dass der Wohlstand in Deutschland gerecht, auch auf Neuankömmlinge, verteilt werden solle. Einerseits verdeutlicht dies Mias Gerechtigkeitsempfinden hinsichtlich der Verteilung von Ressourcen, auf der anderen Seite steht hier die Annahme, dass flüchtende Menschen arm seien und ihnen finanzielle Mittel fehlen. Diese Darstellung von Geflüchteten negiert die Tatsache, dass eine Flucht immense finanzielle Ressourcen erfordert und die in Europa ankommenden Menschen zu denjenigen gehören, die sich dies leisten können. Den Darlegungen, die Tendenzen der Stigmatisierung aufweisen, stehen Mias Ausführungen gegenüber, die auf die besonderen Fähigkeiten und Fertigkeiten von geflohenen Menschen hinweisen. Dazu gehört erstens die Planung und Realisierung der Flucht und zweitens sich in einer anderen Sprache, meistens Englisch, in den Durchreiseländern verständigen zu können.

Kanzlerin Mia

Zum Abschluss des Interviews wird Mia gefragt, was sie als Bundeskanzlerin ändern würde. Sie macht sich Gedanken zur Verbesserung der Situation von geflüchteten Menschen. Im Allgemeinen sieht sie Verbesserungspotenzial in einem vermehrten Willkommenheißen von geflüchteten Menschen und der Kriegsvermeidung anhand eines Waffenverbots unter Androhung von Gefängnisstrafen.

M: Okay, wenn ich es selbst wäre, dann wäre ich netter. Wegen auch wenn vielleicht wenn ich groß werde, bin ich es vielleicht ja auch. Ich hätte gesagt, es sollten auch ein bisschen mehr Flüchtlinge hier in Deutschland kommen (...). Die Waffen müssen abgegeben werden. Und es wird niemals mehr damit geschossen. So hätte ich es gemacht. (...) Und die immer die-

se Waffen immer so schießen, für DEN gibt es mal eine kleine Strafe. Wegen das war ja genau ihre Idee! Für den gibt es mal eine Gefängnisstrafe, habe ich gedacht.

Ronja, 8 Jahre, 3. Klasse

»Und das ist doch egal, wem man es gibt. Einem Flüchtling, dem es ganz schlecht geht, oder einfach einer Freundin, die trotzdem viel Spielzeug hat.«

Dilan Çınar

Ronja ist ein empathisches und aufgewecktes 8-jähriges Mädchen, das mit ihrer insgesamt sechsköpfigen Familie und mit drei Hasen in einem dörflich gebliebenen Stadtteil einer Großstadt in Hessen lebt. Ronja ist die Älteste der vier Töchter (neben einer jüngeren Schwester sowie zwei jüngeren Zwillingen) und lebt mit ihren Eltern in einem frei stehenden Familienhaus in einer idyllischen Fußgängerzone. Die Interviewerin klingelt an der kleinen Zauntür des Vorgartens. Die Mutter öffnet sogleich die moderne Haustür und begrüßt sie herzlich. Um ausreichend Platz zu haben, legen Ronjas Mutter und die Interviewerin fest, dass das mit Tageslicht durchflutete Wohnzimmer für das Interview genutzt wird. Ronjas Mutter geht zurück in die Küche, um sich um die jüngeren Geschwister zu kümmern, und ist somit nicht in direkter Hörweite. Dann kommt Ronja und begrüßt mich. Sie wirkt gelassen und an der Studie interessiert.

Ronjas Familie

Ronja ist über die Woche hinweg an vielen verschiedenen Orten unterwegs. Sie ist ein sehr aktives Mädchen, daher erstreckt sich ihr Netzwerk über viele Orte, beginnend mit dem eigenen Zuhause, über die Schule, den Hort, die Ballettschule, das Zirkuszelt, in welchem sie Kugellaufen übt, bis hin zur Schauspielschule. Letztere besucht sie sogar samstags. Und an allen diesen Orten trifft sie auf viele Kinder, von denen der Großteil ihre Freunde sind. Ihre Freundschaften werden aber nicht nur nahraumbezogen geschlossen und aufrechterhalten: *»(...) meine beste Freundin wohnt an der Ostsee.«* Durch ihren bunten Lebensalltag bleibt Ronja wenig Raum für Langweile – und das gefällt ihr sehr gut. Für Ronja steht Langeweile im Gegensatz zu ihrem Wohlbefinden. Sie selbst betont, dass sie über genügend Räume verfügt. Sei es zu Hause mit ihrem selbst dekorierten Kinderzimmer oder der Leseecke, in welcher sie sehr gerne und häufig liest, oder im Kinderhort mit seinem Ruhe- und/oder Discoraum; Ronja fühlt sich an diesen Orten wohl. Als wichtigen Ort baut sie auch das Familienauto auf, denn damit wird nicht nur in den Urlaub gefahren, es dient ebenfalls zur Fahrgemeinschaft, wenn sie und ihre Schwester in die Schule bzw. Betreuung gefahren werden und weitere Freunde mitnehmen. Daher spielt Ronjas Familienbus eine außerordentliche Rolle, nicht zuletzt weil der Familienbus so geräumig ist, dass sechs Personen ausreichend Platz haben und sie auch das gesamte Gepäck mitnehmen können.

Abwechslung und Selbstbestimmung stehen im Lebensmittelpunkt

Das morgendliche Aufstehen gestaltet sich so abwechslungsreich wie Ronjas Lebensalltag; mal wird sie von ihrer Mama, mal von ihrem Papa geweckt. Manchmal hat sie keine Lust aufzustehen und manchmal steht sie gerne auf. Was ihr zu Hause besonders gut gefällt, ist die gewährte Selbstbestimmung. Zudem darf sie ihr eigenes Zimmer so gestalten, wie sie es möchte: *»Mein Zimmer ist sehr schön (…). Ich habe es mit sehr vielen Sternen [geschmückt] und grau-blau-türkis und so weiter.«* Ronja kann sich innerhalb der Familie als Individuum gut abgrenzen und ihre eigenen Wünsche durchsetzen. Als Lieblingstätigkeit nennt sie das Spielen mit ihren Geschwistern und ihren Haustieren, den drei Hasen. Ebenso liest sie sehr gerne Bücher und unter anderem das GEOLINO-Heft.

Hohe Selbstbestimmung mit Grenzen

Ronja nimmt ihre Aufgaben als Älteste verantwortungsbewusst wahr und kümmert sich um die jüngeren Geschwister, wenn sie zum Beispiel Hilfe während der Autofahrt benötigen. Die gewährte Selbstbestimmung kommt aber auch an ihre Grenzen und man merkt, dass Ronja (allmählich) um Privatsphäre in der Familie ringt. Sie teilt mir mit, dass sie sich das alleinige Recht vorbehalten möchte, dass ihre Schwestern sie fragen sollen, wenn sie in Ronjas Zimmer möchten.

R: Weil ich habe es meiner Schwester schon tausend Mal gesagt (…). Ich mag es nicht so gerne, wenn jemand ohne mich, ohne meine Erlaubnis einfach in mein Zimmer geht.

Einen potenziellen Lösungsansatz für derartige Konflikte unter den Schwestern sieht Ronja darin, einen eigenen Schlüssel für ihr Zimmer zu bekommen. Denn Ronja mag es gar nicht, wenn sie und ihre Schwester streiten: *»Ja. Und deswegen wünsche ich mir einen Zimmerschlüssel, aber Mama sagt, ich darf keinen haben.«*

Ronja in der Schule und im Hort

Ronja ist mit ihrer schulischen Situation zufrieden. Neben ihren Freundinnen in der Schule nennt Ronja als weitere wichtige Person ihre Klassenlehrerin. Sie verdient neben ihren Schulfreundinnen den dritten Platz auf dem Podest, welches wir auf ihr Netzwerk malen. Ronja rechnet ihrer Klassenlehrerin hoch an, dass sie ein gutes Maß an Strenge im Schulalltag zeigt und trotzdem eine angenehme und freundliche Art hat.

R: Die mag ich gerne.
I: Ja. Warum denn?
R: Sie ist streng, aber auch sehr nett.
I: Streng und nett?
R: Ja, SEHR nett. Aber manchmal ist sie streng, wenn jemand zu viel babbelt oder so.

Ronja findet wenig an ihrer Schule auszusetzen. Nach der Schule geht Ronja mit ihren Schulfreundinnen zu Fuß in den Hort. Der Hort offeriert Ronja mit seinen verschiedenen Räumlichkeiten einen Ort, um ihre Freundschaften zu pflegen und mit ihren Peers zu spielen, zu basteln oder zu tanzen. Aber er eröffnet ihr auch in Form des Ruheraums einen Rückzugsort, welchen sie sehr wertschätzt.

Ronjas Freizeit

Samstags geht Ronja motiviert in die Schauspielschule. Dort genießt sie es, wenn die Kinder kreativ sein dürfen und die Chance bekommen, sich ein Schauspielstück auszudenken. Oder ein Kind darf einen Schauplatz vorgeben und alle Kinder schlüpfen in die Rolle der vorgegebenen Kulisse. Dies macht ihr außerordentlichen Spaß. Demgegenüber gibt es Situationen beim Ballettunterricht, die Ronja nicht gefallen. Als solche thematisiert sie beispielsweise, wenn sie die institutionellen Leistungsanforderungen nicht so erfüllen kann, wie sie es sich wünscht, und sie sieht sich selbst dafür verantwortlich.

R: *Ähm ich kann kein Spagat. ((lacht leicht)) Wir lernen grade Spagat.*
I: Spagat ist auch MEGA schwierig.
R: *Das heißt, und ich kapiere manche Sachen beim Ballett nicht.*

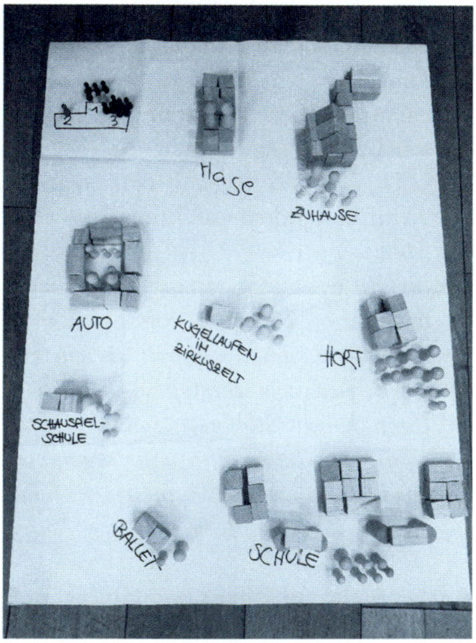

R: *Ja! Und ich mag nicht so gerne, von Gesa oder von dem Rico ähm angeschrien zu werden.*
I: (...) Warum schreien die denn? Oder wegen was?
R: *Gesa ist manchmal ein bisschen unfreundlich und Rico, keine Ahnung. Den mag ich nicht so gerne.*

Ronjas ambivalente Beziehungen zu Fachkräften

In der Schule stehen Ronja und ihre Lehrerin trotz der Strenge in einer guten Beziehung zueinander. Ronja akzeptiert diese resolute Art als nötig, um den Unterricht zu ordnen und voran zu kommen. Daher empfindet Ronja Striktsein im institutionellen Kontext nicht als hinderlich, stattdessen wertet dies die Funktion der Lehrkraft hinsichtlich ihres Bildungsauftrags auf. An der Schnittstelle von Bildung und freizeitorientierter Kinderbetreuung wird deutlich, wie bedeutsam der Umgang der Erwachsenen mit den Kindern für Ronja ist. Sie benennt als relevante Personen im Hort jeden ihrer Erzieherinnen und Erzieher. Sie kommt mit ihnen gut aus, findet aber, dass sie manchmal unfreundlich zu ihr sind.

Trotzdem stellt sie ihn mit als wichtige Person in ihrem Netzwerk auf. Demnach verlieren die erwachsenen Erzieher nicht an Relevanz, wenn Ronja sie unsympathisch findet. Die ambivalente Beziehung zu Fachkräften bildet sich nicht nur im Hortalltag ab, sondern auch in der Ballettschule. Dort versucht Ronja den künstlerisch-sportlichen Ansprüchen gerecht zu werden und duldet vor dem Hintergrund der Expertise der Ballettlehrerin eine Kommunikation, die ihr eigentlich widerstrebt.

R: *Und manchmal ähm, ich kann den einen Schritt, den wir beim Schlittschuh machen, nicht so. Da sollen wir irgend-*

wie schleifen und dann springen. Aber und manchmal geht [es] nicht. Also Frau Clark ist sehr nett. Aber manchmal ((lacht leicht)) ist sie ein bisschen genervt. Und dann schreit [sie].

I: Okay. Und du magst es einfach nicht, wenn Leute dich anschreien, oder?

R: Mhm.

I: Ja. Das geht mir genauso, du? ((lacht leicht))

R: Also dann, dann schimpft sie ein bisschen. Aber sie schimpft auch nicht so ((mit hoher Stimme)) ›ähähäh‹, nur ähm so, ((mit affektierter Stimme)) ›kannst du bitte mal aufhören, Ronja‹.

Ronjas Sicht auf Flucht und Migration

Ronjas erste Reaktion auf die Einführung der Fluchtthematik bekräftigt ihre Empathie gegenüber Geflüchteten: *»Ähm die ARMEN Menschen.«* Ronja kennt zwar keine geflüchteten Kinder oder Erwachsene, aber sie hat sich mithilfe des Kindermagazins GEOLINO Wissen über Flucht und Migration angeeignet. Ihr ist die Fluchtursache Krieg bekannt und sie findet das Schicksal von geflüchteten Menschen schlimm, *»weil sie aus ihrer Heimat mussten und hierher kommen mussten.«* Sie geht davon aus, dass Geflüchtete dem Zwang ausgesetzt sind, zu migrieren bzw. nach Deutschland zu flüchten. Dementsprechend bewertet Ronja die Aufnahme von Geflüchteten in Deutschland als gut und findet es moralisch richtig, dass Deutschland denjenigen, die vom Krieg betroffen sind, nicht nur Zuflucht, sondern auch ein neues Zuhause bietet. So müssen Betroffene nicht in den gefährlichen Kriegsgebieten bleiben. Dennoch sieht sie die unsichere und eingeengte Wohnsituation von Geflüchteten in Deutschland kritisch:

R: Und dann auch, wir [in Deutschland] haben nicht so viel Platz. Und dann müssen sie da hin, wo sie ähm Platz finden.

I: Okay. Und wo ist das zum Beispiel?

R: In irgendwelchen Lagern? (…)

I: Was denkst du denn, wie lange die dort leben, im Zelt?

R: Keine Ahnung. Drei Monate? Fünf Monate? Acht Monate?

Ronja führt mir die räumlichen Bedürfnisse von Menschen vor Augen. Denn es sind nicht nur die Wohnverhältnisse, die den Geflüchteten zu wenig Raum bieten. Zu einem der Fluchtbilder kommentiert sie: *»Das sind Kinder, die lernen grade in der Schule. Und ähm es ist sehr eng für die.«*

Besonders ein sicheres und eigenes Zuhause bezeichnet Ronja als zentrales Element von Wohlbefinden. Sie führt weiter aus, dass die emotionalen Bedürfnisse von Geflüchteten besonders berücksichtigt werden müssen, denn Geflüchtete leben ihrer Ansicht nach sehr isoliert und können sich schnell einsam in einem unbekannten Land fühlen. Für Ronja sind des Weiteren die Verlusterfahrungen, die Geflüchtete seit ihrer Flucht sammeln mussten, gravierend. Einfühlsam formuliert sie, dass Geflüchtete ihr Haus und Zuhause, ihr Land, ihre Familie, Freunde und Freude verlieren. Ronja scheint von einer Traumatisierung der Geflüchteten auszugehen, wenn sie von einer erzwungenen und Traurigkeit auslösenden Migration, die mit Verlusterfahrungen einhergeht, ausgeht. Darüber hinaus vergegenwärtigt sie mir die Sorgen von Menschen, die geflüchtet sind. Die Abwesenheit von Familienmitgliedern und die damit verbundene Ungewissheit über deren gesundheitliches Wohlergehen sind wesentliche Ängste, die von Ronja angeführt werden. Zur Fallvignette des geflüchteten Kindes Sofian stellt Ronja fest: *»Ja, der [Sofian] ist traurig.*

Vielleicht hat der irgendein Elternteil oder irgendjemanden verloren.« Die Ängste um das familiale Überleben sind eng verbunden mit der situationsbedingten Verunsicherung, Ungewissheit und Einsamkeit:

I: Was denkst du denn, denken sich die Kinder grade?
R: *Die denken, ›was ist denn das für eine Sprache?‹. Oder ›ich wäre jetzt so gerne zu Hause‹. Oder ›welche Lehrerin kriegen wir?‹ (...) Oder ›ob ich hier Freunde finde?‹. Oder ›wo ist meine Mama und mein Papa grade?‹. (...) Oder, ›wie geht's meinen Freunden?‹, ›wo sind meine Freunde?‹. Ähm, ›geht's meinen Freunden gut; sind die noch im Land?‹.*

Sensibilität für mögliche Diskriminierungsszenarien

Weiterhin problematisiert Ronja die soziale Situation von Geflüchteten in Deutschland. Sie urteilt, dass geflüchtete Menschen es nicht *»verdient haben, dass die angemacht werden«*, da sie schon zu viel auf der *»wochenlang[en]!«*, zum Teil im Fußmarsch zurückgelegten Flucht aufgeopfert haben. Sie appelliert, dass *»alle es okay finden sollen, dass sie [die Geflüchteten in Deutschland] geblieben sind«*. Schließlich ist das *»besser, als wie, dass die da [im Krieg] bleiben«*. Ronja nimmt feinfühlig wahr, dass Geflüchtete mitunter als ›Fremde‹ oder ›Andere‹ konstruiert werden. Diese Fremdheitskonstruktionen erkennt Ronja als oft genutzte Legitimation, um den Geflüchteten ihren Platz in der neuen Gesellschaft zu verwehren. Dazu gehört auch ein soziales Miteinander:

R: *Und ich fänd das auch gut, wenn die andern Kinder mit dem [geflüchteten Kind] spielen.*
I: Ja. Fändest du gut. Also wäre das ganz gut, wenn die anderen Kinder auf ihn zukommen und mit ihm spielen?
R: *Ja. Und sagen, ›hey, willst du mal mitspielen; wir spielen grade Fangen; kennst du Fangen?‹. Und dann sagt der ›nein‹. Und dann erklärt man ihm Fangen. Und dann sagt der ›ja‹. Und dann sagt der, ›nee, ich will nicht spielen‹. Dann, ›wollen wir vielleicht was ((lacht leicht)) anderes spielen‹. (...). ›Was könnten wir denn für ein Spiel, wir würden mal gerne Spiele von dir spielen‹. Vielleicht wird er dann wieder fröhlicher.*

Ronja sieht die soziale Verantwortung für die Verbesserung der Situation von Geflüchteten als eine wesentliche Aufgabe von professionellen Fachkräften und anderen Erwachsenen. Eine lohnenswerte Investition für sie ist eine freizeitpädagogische Betreuung der Kinder, die flüchten mussten.

Hilfe im Schulalltag

Zur Fallvignette von dem geflüchteten Mädchen Mayla, das vom Lehrer zwischen die zwei besten Freundinnen Jasmin und Sabrina gesetzt wird, findet Ronja, dass es die Aufgabe des Lehrers ist, eine optimalere Lösung zu finden:

R: *Vielleicht ähm sind die dann böse zu ihr, weil ähm weil sie auch nebeneinander sitzen wollen. Weil sie dann denken, dass ist IHRE Schuld.*
I: Ah, okay.
R: *Und nicht die vom Lehrer. (...) Und der Lehrer sollte auch aufpassen, dass sie [Jasmin] (...) ihr [Mayla] hilft.*
I: Ah. Okay, er sollte das berücksichtigen quasi?
R: *Ja. Ja. Und ähm ich finde es dann besser,*

dass sie es ihr hilft anstatt ihr nicht zu helfen (…).

I: Ja. Denkst du, der Lehrer hätte was anders machen können?

R: Ja, er hätte ähm aufpassen können, dass sie ihr nur hilft.

Zudem ist Ronja dafür, dass geleistete Hilfe nicht bestraft oder nachteilig sanktioniert werden sollte. Stattdessen gebührt denjenigen, die Geflüchteten Hilfestellungen bieten, besondere Anerkennung. Außerdem plädiert Ronja für eine bedarfsorientierte Hilfe, damit die Betroffenen davon besser profitieren können und dadurch weniger Konfliktpotenzial zwischen Geflüchteten und Einheimischen entsteht.

Zur Geschichte in der die Zwillingsbrüder Geld für gute Noten bekommen, empfindet Ronja es als ungerecht, dass der Junge, der weniger übt, nach dieser Regelung mehr Geld bekommt, als sein Bruder der *»viel mehr«* lernt. Daher findet sie, dass *»er eigentlich mehr Belohnung kriegen sollte«*. Wenn ich sie aber nach einem Ausweg frage, antwortet sie schlicht und zusammenfassend: *»Ich hätte einfach kein Geld genommen.«* Es wird ersichtlich, dass Ronja die vermeintliche Motivationssteigerung, den dadurch entstehenden Wettbewerbsgedanken und die semantische Verschiebung, worum es eigentlich gehen sollte, kritisch hinterfragt:

R: Ich finde es ähm eh blöd, was wenn man es mit Geld macht (…). Eh, weil ähm ((atmet tief aus)) Ja, meine Freundin, die sind auch Zwillinge. Die kriegen einen Euro, wenn sie eine Eins haben und fünfzig Cent, wenn sie eine Zwei haben (…) Und die Eine, die kriegt ganz oft Zweien und weint dann immer. Weil sie eine ZWEI hat! Zwei sind super Noten! (…)Und die andere kriegt fast immer eine Eins. Und ich finde das überflüssig, dass man Geld hat. Weil sonst weint die andere. Und weinen muss man nicht wegen einer Zwei, nur weil man dann weniger Geld kriegt als die andere. (…) Mhm. Aber die ist dann halt nicht zufrieden, weil sie nicht so viel Geld kriegt wie die andere. Deswegen ist das auch nicht sehr gut (…)Und ein bisschen, hm, weil ähm ich meine, um Geld geht es ja eigentlich gar nicht. Geld braucht man ja eigentlich gar nicht.

Zum Abschluss erkundige ich mich darüber, was Ronja machen würde, wenn sie Bundeskanzlerin wäre. Ronja würde sich für Kinder in Notlagen einsetzen, wie zum Beispiel für Kinder, die keine Familie mehr haben und ins Kinderheim kommen. Ebenso sieht sie das Vorgehen gegen rechte Gewalt und Rassismus als verbesserungswürdig und nimmt abschließend Stellung zur sozialen Auseinandersetzung um Zugehörigkeit und Fremdheit: *»Hm, oder sagt, ›du bist blöd; du musst hier raus, weil du zum Beispiel nicht die gleiche Hautfarbe wie die hast‹ oder ›weil du nicht hier hingehörst, weil du ein Flüchtling bist, du musst weg‹, das finde ich blöd.«*

Sascha Neumann/Sabine Andresen/Ulrich Schneekloth

10 Herausforderungen an eine Politik für Kinder

Eine eigenständige Politik *für* Kinder gibt es in Deutschland nicht. Vielmehr sind politisch relevante Verantwortlichkeiten, die das Leben und die Bedingungen des Aufwachsens von Kindern betreffen, auf unterschiedliche Ressorts verteilt. Dazu gehören neben der Bildungspolitik vor allem auch die Familienpolitik, die Kinder- und Jugendhilfepolitik sowie Gesundheitspolitik, Verkehrs- und Wohnungsbaupolitik oder die Armuts- und Wohlfahrtspolitik. Wenn es im Folgenden darum geht, die Ergebnisse der 4. World Vision Kinderstudie im Hinblick auf den daraus resultierenden politischen Handlungsbedarf zu sondieren, so geschieht dies im Bewusstsein, dass politische Entscheidungen, die Kinder adressieren und betreffen, in einem hochgradig segregierten Politikfeld gefällt werden, das selbst durch unterschiedliche und wechselnde Rationalitäten und Interessen bestimmt ist (Mierendorff 2016; Mierendorff/Olk 2003). Dies führt notwendigerweise zu einer perspektivischen Zersplitterung des Blicks auf die Lebensverhältnisse von Kindern. Sie steht dem multidimensionalen Konzept von Well-Being entgegen, das für die World Vision Kinderstudien grundlegend ist und sie gerade von der Bildungs- und Sozialberichterstattung unterscheidet.

Die Verteilung kinderpolitisch relevanter Angelegenheiten auf unterschiedliche Politikbereiche macht es auch schwer, im Horizont der Ergebnisse dieser Studie konkrete *Anforderungen* an eine Politik für Kinder zu benennen und dabei bestimmte, jeweils verantwortliche oder gestaltungsfähige Akteurinnen und Akteure direkt zu adressieren. Man müsste dabei gewissermaßen etwas voraussetzen können, was in dieser Form nicht existiert. Wir konzentrieren uns daher in diesem Kapitel primär darauf, *Herausforderungen* zu identifizieren, welche diverse Politikbereiche betreffen, und verweisen auf durchaus bestehende politische Handlungsspielräume. Was wir kritisch sehen, ist, dass die Spielräume für eine Politik im Interesse von Kindern und ihrer Rechte zu wenig genutzt werden. Daraus lässt sich letztlich ein Desinteresse an den Ansprüchen von Heranwachsenden ableiten. Dieser Eindruck verschärft sich, wenn es um die strukturell bedingten Formen der Benachteiligung von Kindern geht. Unsere Befunde zur Kinderarmut und deren Tragweite sind nicht neu. Wir können im Trendvergleich – wie andere Untersuchungen auch (Der Paritätische Gesamtverband 2017) – zeigen: Kinderarmut ist nicht zurückgegangen. Kinderarmut und Armutsgefährdungen sind nicht wirksam bekämpft worden und es scheint an politischer Entschlossenheit zu fehlen. Dies muss sich endlich ändern.

Bei der folgenden Darstellung der im Anschluss an die Ergebnisse der 4. World Vision Kinderstudie relevanten Herausforderungen knüpfen wir an Themen und Aspekte an, die bereits in den vorhergehenden Studien als relevant mit Blick auf eine Politik für Kinder eingestuft worden sind. Zudem wollen wir im

Rahmen dieses Kapitels unseren Fokus insbesondere auf die Frage richten, welche Folgerungen sich aus den Ergebnissen für die Situation geflüchteter Kinder und ihr Ankommen in Deutschland ableiten lassen.

10.1 Rechte und Ansprüche von Kindern im Verhältnis zu denen von Erwachsenen

Eine zentrale politische Herausforderung liegt wie bereits angedeutet darin, überhaupt erst einmal eine eigenständige und kohärente Politik für Kinder in Deutschland zu etablieren (bereits Kaufmann/Lüscher 1979). Da diese nicht existiert, müssten die Ergebnisse dieser Studie im Grunde so diskutiert und gedeutet werden, dass daraus bereichsspezifisch bildungspolitische, familienpolitische oder gesundheitspolitische Herausforderungen etc. abgeleitet werden können. Vor diesem Hintergrund kann eine Politik für Kinder zum gegenwärtigen Zeitpunkt höchstens als eine Querschnittspolitik begriffen werden (Honig 2001). Querschnittspolitik bedeutet, dass kinderpolitische Belange *quer* zu den gängigen politischen Ressortorientierungen liegen. Das heißt, sie werden von den einzelnen Politikbereichen zwar berührt, aber nicht ausdrücklich im Sinne einer Politik für Kinder aufgegriffen. Als Querschnittspolitik betrifft eine Politik für Kinder jedoch nicht nur unterschiedliche Ressorts, sondern verpflichtet auch generell zu verantwortlichem politischen Handeln gegenüber Kindern (in diesem Sinne auch World Vision 2013). Daher haben wir uns mit Blick auf die folgenden Überlegungen zu den Herausforderungen einer Politik für Kinder dazu entschlossen, weniger von einer Systematik einzelner Politikbereiche, sondern von zentralen Rechten und Interessen der Kinder auszugehen.

Die Möglichkeiten für Kinder, sich in Deutschland selbst am politischen Prozess zu beteiligen, sind nach wie vor äußerst begrenzt und – wenn überhaupt – dann nur auf der kommunalen Ebene rechtlich verbindlich verankert. Weder können Kinder derzeit selbst Forderungen an die Politik formulieren, die ihre eigene Lebenslage und ihren spezifischen gesellschaftlichen Status als Kind betreffen, noch sind sie dazu berechtigt, sich an der Wahl von Personen zu beteiligen, die ihre Interessen vertreten könnten. Entsprechend finden die Perspektiven der Kinder und ihre eigenen Erfahrungen mit ihrer Lebenslage auch nicht unmittelbar Eingang in die derzeitige Politikgestaltung. Gerade in dieser Hinsicht bietet die vorliegende Studie die Chance, bestehende politische Herausforderungen und aktuelle gesellschaftspolitische Fragen vom Standpunkt der Kinder aus zu thematisieren, denn sie liefert Informationen, die den politischen Entscheidungsträgerinnen und -trägern so nicht ohne weiteres zur Verfügung stehen.

Vor diesem Hintergrund sind die seit einigen Jahren vermehrt artikulierten Forderungen nach einem Wahlrecht für Kinder als eine wichtige gesellschaftspolitische Intervention anzusehen. Sie werden derzeit noch weitgehend kontrovers diskutiert (etwa Hurrelmann/Schultz 2014), machen aber auf einen grundlegenden Missstand aufmerksam, und zwar einerseits im Hinblick auf die Verwirklichung demokratischer Ansprüche in Deutschland überhaupt sowie andererseits bzgl. der Wahrung der in der

UN-Kinderrechtskonvention verankerten Rechte auf Partizipation dieser Bevölkerungsgruppe.

Eine etwas andere Akzentuierung wird mit der Forderung nach der Festschreibung von Kinderrechten ins Grundgesetz vorgenommen. Seit Jahren wird dies kontrovers diskutiert, wobei die Kritikerinnen und Kritiker an einer solchen Grundgesetzänderung vor allem das Recht der Eltern auf Erziehung minimiert sehen sowie darauf hinweisen, dass auch Kinder in Artikel 1 des Grundgesetzes mit der Würde des Menschen erfasst seien. Für die Aufnahme der Kinderrechte ins Grundgesetz spricht die grundlegende Anerkennung der Rechte von Kindern und Jugendlichen unabhängig von ihrem Status als Kinder von Müttern und Vätern. Diese Diskussion über die Rechte, Ansprüche und materiellen Ressourcen von Kindern unabhängig vom Status der Familie und ihrer Eltern stellt aus unserer Sicht die generationale Ordnung und die damit verbundenen, historisch tradierten Maßstäbe von Recht und Gerechtigkeit zwischen den Generationen infrage. Sie ist daher im Interesse an einer aktiv betriebenen gesellschaftlichen Modernisierung – auch über eine Grundgesetzänderung hinaus bzw. unabhängig davon – weiterzuführen.

Die zentrale Herausforderung im politischen Umgang mit Kinderrechten besteht darin, dass eine Gesellschaft und darin verantwortliche Menschen darauf zielen, die Beziehungen zwischen Kindern und Erwachsenen zu verändern. Hier wirken die Kinderrechte allerdings primär indirekt, denn sie verpflichten uns eben nicht unmittelbar und unmissverständlich dazu, das Wohl des Kindes überall im Blick zu haben (Lohmann 2017). Dies ist auch im Kontext von Familien relevant, denn die Kinderrechte können auch Eltern nicht direkt verpflichten, sie umzusetzen. Damit wird deutlich, wie wichtig eine Etablierung der Kultur der Kinderrechte in allen gesellschaftlichen Bereichen ist. Geklärt werden muss, wie Eltern in Familien und Fachkräfte in pädagogischen Einrichtungen befähigt werden, Kinderrechte zu achten und zu konkretisieren. Ersteres ist u.a. durch das Bundeskinderschutzgesetz (BKiSchG) in den Blick gekommen. Das Gesetz sieht vor, dass Eltern dabei unterstützt werden sollen, Kinder gewaltfrei zu erziehen. Hier erfolgt eine vermittelte Umsetzung der prinzipiellen Idee der Kinderrechte über die Befähigung von Müttern und Vätern und der Stärkung ihrer Erziehungskompetenz. Gleichwohl handelt es sich um offene Vorstellungen, welche die Qualität von Beziehungen adressieren, denn auch das Konzept des Kindeswohls ist ein »unbestimmter Rechtsbegriff« (Scheiwe 2012). Er ist als Maßstab von Kinderschutzkonzepten und Kinderrechten nicht eindeutig und abschließend definiert, sondern stets auslegungsbedürftig und auf eine wertende Stellungnahme der rechtsprechenden Instanz angewiesen.

Die Kinderrechtskonvention umfasst vier Rechtsbereiche, nämlich Überlebensrechte, Entwicklungsrechte, Schutzrechte und Partizipationsrechte, woraus die Grundprinzipien der Kinderrechte jeweils resultieren. Erstens besteht ein Diskriminierungsverbot, weshalb immer wieder die Frage zu stellen ist, ob Kinder, *weil sie Kinder sind*, diskriminiert werden. Bestimmte Formen von Diskriminierung können pädagogisch begründet sein, also Teil von Erziehung werden oder aber auf dem Schutz eines Kindes beruhen. Diese Spannung zeigt, wie wichtig es im Interesse der Kinder ist, dieses Verhältnis zwischen Rechten und Erziehung zu benennen und zu beleuchten.

Ein weiteres Grundprinzip ist die Aufforderung, bei allen Maßnahmen, die

Kinder betreffen, das Wohl des Kindes zu berücksichtigen. Das Recht auf Leben, Überleben und die Gewährleistung von Entwicklung markieren deutlich, dass hier alle erwachsenen Akteure und alle Verantwortungsbereiche angesprochen sind. Dies gilt für die biologischen und/oder sozialen Eltern in Familien ebenso wie für Akteure im staatlichen Kontext. Zu wenig berücksichtigt ist hingegen die Rolle der Wirtschaft, die Kinder vorwiegend als Konsumentinnen und Konsumenten adressiert, ohne sich jedoch bislang einer darüber hinausreichenden Verantwortung für das Kindeswohl zu stellen. Hier besteht aus unserer Sicht Klärungsbedarf. Schließlich zielt das vierte Grundprinzip darauf, dass Kinder *gemäß ihres Alters* gehört und beteiligt werden sollen. Die UN-Kinderrechtskonvention selbst nimmt folglich eine Einschränkung bezogen auf das Alter vor. Dass diese auch im Alltag der Kinder relevant ist, zeigen unsere Ergebnisse. Gleichwohl ist die Formulierung vor dem Hintergrund empirischer Befunde der Kindheitsforschung kritisch zu prüfen. Denn wenn Mitbestimmung bereits in der Konvention an Altersvorstellungen und -definitionen gebunden ist, bleiben Erwachsenen zahlreiche Möglichkeiten, die Verweigerung von Mitbestimmung zu legitimieren (Behrends 2017). Hier sehen wir die Notwendigkeit einer sowohl theoretischen als auch politischen Diskussion. Deutlich wird, dass auch mit einer Etablierung der Kinderrechte im Grundgesetz die Herausforderungen der Umsetzung der Kinderrechte und der Etablierung einer Kultur orientiert an Rechten und Ansprüchen der Heranwachsenden noch nicht gelöst sein werden. Gleichwohl wäre dies ein wichtiger und unverzichtbarer nächster Schritt.

10.2 Teilhabe- und Mitbestimmungsmöglichkeiten von Kindern breit und tief verankern

Ein zentraler Aspekt der Debatte über eine Herabsenkung des Wahlalters, aber vor allem über Kinderrechte ist die Umsetzung von Rechtsansprüchen im alltäglichen Leben von Kindern. Dies betrifft nicht nur ihre Einflussmöglichkeiten in Familien, sondern auch ihr Teilhabemöglichkeiten in den Institutionen des Schulsystems oder der Kinder- und Jugendhilfe. Dieser Aspekt deckt sich mit den Befunden der Well-Being-Forschung und auch mit den Ergebnissen der World Vision Kinderstudien, die – sowohl konzeptionell als auch empirisch – immer wieder auf die Bedeutung von Mitbestimmungsmöglichkeiten für das Wohlbefinden von Kindern aufmerksam gemacht haben (vgl. Kap. 6).

Politische Forderungen zu formulieren und für die Interessen von Kindern einzutreten, war schon immer eine Domäne der Erwachsenen. Das ist auch im Rahmen dieser Studie nicht anders. Soweit sie sich bei der Formulierung von politischen Herausforderungen der Form des advokatorischen Sprechens bedient (vgl. Kap. 1), kann sie sich empirisch auch auf die Sichtweisen, Erlebnisse und Erfahrungen von Kindern stützen. Das unterscheidet die World Vision Kinderstudien von anderen Formen der Forschung über Kinder, die darauf verzichten, der Sichtweise von Kindern einen eigenen epistemologischen Stellenwert einzuräumen. Unser Verständnis vom advokatorischen Sprechen für Kinder basiert auf dem

Ziel, möglichst nah an den empirischen Befunden so über die Erfahrungen von Kindern, ihre Sichtweisen, Überzeugungen und Wünsche zu sprechen, dass sie sich sowohl heute als auch zu einem späteren Zeitpunkt möglichst gut vertreten sehen (Brumlik 1992).

Bedeuten soll dieses Vorgehen nicht, dass Kindheitsforschung nur dann ernst zu nehmen ist, wenn sie von der Sichtweise der Kinder ausgeht. Die Befragung von Kindern, der damit einhergehende Versuch, ihrer Stimme zu mehr Aufmerksamkeit zu verhelfen, hat viel Potenzial, aber dieser Forschungszugang hat auch methodologische Grenzen. Ungeachtet dessen wird aus unserer Sicht das Erkenntnispotenzial einer Forschung, welche die Sichtweisen von Kindern einbezieht, bislang noch zu selten genutzt. Dies gilt vor allem mit Blick auf die Sozial- und Bildungsberichterstattung über Kinder, die zu den zentralen Informationsquellen für politische Entscheidungsträgerinnen und -träger gehört.

Unabhängig davon, dass die Teilhabe- und Mitbestimmungsmöglichkeiten von Kindern in Deutschland faktisch wie rechtlich gegenüber Erwachsenen in der Regel eingeschränkt sind, verteilen sich auch die Chancen darauf unter den Kindern in unterschiedlicher Weise. Dies wiederum verweist auf vorliegende Forschungsergebnisse und Bemühungen, welche die Ungleichheit der Lebenslagen von Kindern – auch über die Ungleichheit von Bildungschancen hinaus – thematisieren (Betz 2008; Neumann 2013). Außerdem führen die Befunde unserer Studie vor Augen, dass die Teilhabe und Mitbestimmungsmöglichkeiten – je nach Lebensbereich (Schule, Familie etc.) – unterschiedlich stark ausgeprägt sind. Vor diesem Hintergrund ergibt sich im Sinne einer Politik für Kinder, die an deren Wohlbefinden interessiert ist, die Herausforderung, Teilhabe- und Mitbestimmungsmöglichkeiten sowohl in der *Breite,* also für alle Kinder, als auch in der *Tiefe*, d.h. bezogen auf alle Lebensbereiche, stärker zu verankern. Es geht also nicht lediglich um *mehr* Gerechtigkeit zwischen den Generationen, sondern auch um Gerechtigkeit innerhalb der heranwachsenden Generation – und zwar über die verschiedenen Lebenslagen und Lebensbereiche hinweg. In die Tiefe zu gehen, bedeutet aus unserer Sicht auch zu klären, welche besonderen Hürden für die Teilhabe von Kindern zum Beispiel in Armutslagen vorliegen.

Der spezifische Handlungsbedarf, genauer die Unterschiede innerhalb der heutigen Kindergeneration zu erfassen, lässt sich anhand der folgenden Gesichtspunkte konkretisieren:

- Eingeschränkte Teilhabemöglichkeiten sind eine zentrale Dimension von konkretem Armutserleben bei Kindern. Materielle Einschränkungen hängen eng mit begrenzten Teilhabemöglichkeiten in nahezu allen Lebensbereichen zusammen. Dies zeigt sich etwa daran, dass gerade Kinder, die unter materieller Armut leiden, mit negativen Schulerfahrungen und weniger zufriedenstellenden Freundschaftsbeziehungen konfrontiert sind. Materielle Armut ist also mit einer *sozialen Dimension* des Mangels unmittelbar verbunden. Verstärkt wird ein solcher Mangel noch, wenn Kinder auch ein Zuwendungsdefizit der Eltern wahrnehmen. Dieses kann zum Beispiel mit zeitlichen Einschränkungen zusammenhängen. Wir haben in Deutschland immer mehr Familien, die trotz Erwerbstätigkeit arm sind (Andresen/Galic 2015). Das heißt, der zeitliche und soziale Aufwand, den diese Eltern betreiben müssen, um ihre Familie zu versorgen, schränkt ihre psychosozialen Spielräume für ihre Kinder ein. Hinzu können gesundheitliche Belastungen kommen, die zu einem Zuwendungsdefizit beitragen (Lampert/Rosenbrock 2017).

- Eine weitere Einschränkung der Teilhabemöglichkeit ergibt sich vor dem Hintergrund der Altersunterschiede. Die Mitbestimmungsmöglichkeiten sowie die Wertschätzung der eigenen Meinung der Kinder, das zeigen unsere Studien seit 2007, sind stark *altersabhängig*. Hier werden innerhalb der Kindergruppe Unterschiede sichtbar, die sich nicht allein durch Schicht- oder Geschlechtszugehörigkeit erklären lassen. Vielmehr ist das Alter als ein weiterer zentraler Faktor für ungleiche Teilhabemöglichkeiten in Rechnung zu stellen (Hunner-Kreisel/März 2018 i.E.). Man könnte in diesem Zusammenhang – neben einer gesellschaftlichen Ordnung der Generationen – von einer Altersordnung sprechen, zumal gerade die Kindheitsphase jene Phase darstellt, die am stärksten einer Altersnormierung unterliegt (Honig 2012; Neumann 2018). Blicken wir beispielsweise auf Mitbestimmungsmöglichkeiten in der Schule, so ist zu prüfen, wie pädagogische Angebote für jüngere Kinder so gestaltet werden können, dass sie die Erfahrung von Teilhabe und Mitbestimmung machen. Versuche über Kinderkonferenzen könnten ein Anknüpfungspunkt sein. Nachdenklich stimmt seit 2007, und so auch in der neuen Studie wieder, der Befund, dass Kinder vergleichsweise unabhängig vom Alter in der Schule das Gefühl vermittelt bekommen, ihre Meinung würde wenig wertgeschätzt. Hier liegt eine andere Dimension der Relevanz von Alter vor. Eine Deutung dieses Befundes könnte darin bestehen, dass die Schule als Institution den Lehrkräften zu wenig Handlungsspielraum lässt, eine Kultur der Wertschätzung und Mitbestimmung im Klassenzimmer zu realisieren.
  Bei den Müttern und Vätern verhält es sich so, dass die konkret zum Ausdruck gebrachte Wertschätzung gegenüber den Sichtweisen und Meinungen von Kindern stark altersabhängig ist. Das heißt, je älter die Kinder in unserer Studie sind, desto eher haben sie das Gefühl der Wertschätzung durch Mutter und Vater. Auch hier ließe sich über eine genauere Betrachtung von Handlungsspielräumen in der familialen Erziehung diskutieren. Was führt dazu, dass Eltern vielleicht häufiger über Positionen jüngerer Kinder hinweggehen? Wir sehen also, dass nicht nur über eine Gerechtigkeit zwischen den Generationen zu reden wäre, sondern auch über Fragen der Gerechtigkeit zwischen verschiedenen Altersgruppen unter Kindern.
- Im Vergleich zu anderen Lebensbereichen sind Mitbestimmungsmöglichkeiten in der Schule am geringsten ausgeprägt. Dies wird in der 4. World Vision Kinderstudie zum wiederholten Male bestätigt. In der dritten Studie (World Vision 2013) haben wir dafür plädiert, in der Aus- und Weiterbildung von Lehrkräften und Pädagoginnen und Pädagogen stärker auf diese Herausforderung einzugehen. Welches Wissen und welche Handlungskompetenzen Lehrkräfte benötigen, um Kinder adäquat einzubinden, ist allerdings auch ein Thema der Hochschul- und Bildungsforschung. Darüber hinaus, das haben wir im vorherigen Abschnitt bereits angedeutet, benötigen Lehrerinnen und Lehrer auch Handlungsspielräume, denn Mitbestimmungs- und Aus-

handlungsprozesse mit einer heterogenen Gruppe von Kindern brauchen Zeit und Raum und auch die Ermutigung seitens der Schulleitung. Auf jeden Fall läuft der Appell, Kinder zu beteiligen, ins Leere, wenn die entsprechenden Rahmenbedingungen für einen gegenseitig wertschätzenden Umgang nicht vorhanden sind. In der internationalen Children's Worlds Studie (Rees/Main 2015) zeigt sich im Vergleich sehr deutlich, dass 8- bis 12-jährige Kinder in Deutschland den Eindruck haben, Erwachsene würden die Rechte von Kindern nicht respektieren.[49] Eine gesonderte Auswertung der Daten auf Einzelschulebene hat jedoch verdeutlicht, dass die jeweilige Schule und ihre Kultur den Unterschied machen (Wilmes/Andresen 2016). Schulentwicklung findet vor Ort statt, zusammen mit dem Kollegium, hoffentlich auch mit anderen Akteuren wie Eltern und Schülerinnen und Schülern. Manchen Schulen gelingt es offenbar sehr gut, Kinderrechte zu etablieren bzw. den Schülerinnen und Schülern zu vermitteln, dass sie wertgeschätzt und einbezogen werden.

- Auch die Befunde zum Freizeitverhalten der Kinder (vgl. Kap. 4) sowie zum Freundeskreis (vgl. Kap. 5) sind für die Frage der Teilhabemöglichkeiten und für die Unterschiede innerhalb der Kindergruppe äußerst aufschlussreich. Unterschiede zeigen sich hier etwa entlang der Differenzkategorie Geschlecht, vor allem aber auch vor dem Hintergrund der jeweiligen sozioökonomischen Lage. Kinder aus benachteiligten Elternhäusern partizipieren weit weniger an einer vielseitigen Freizeitgestaltung und haben auch einen weit weniger großen Freundeskreis. Diese Unterschiede verweisen nicht lediglich auf eine Pluralität der Lebenswelten, sondern auch auf unterschiedlich ausgeprägte Chancen, innerhalb der jeweiligen Lebenswelt sozial eingebunden zu sein und Einfluss nehmen zu können. Da das Freizeitverhalten – im Sinne non-fomalen und informellen Lernens – Konsequenzen für die Bildungschancen von Kindern hat, sind diese Befunde auch in diesem Lichte zu betrachten. Darüber hinaus ist – wie an die Schulen – auch an Freizeiteinrichtungen im Sinne fachlicher Entwicklungsprozesse die Frage zu stellen, wie die Zugänge zur Teilhabe für Kinder aus unterschiedlichen Herkunftskontexten gestaltet sind, ob die Angebote prinzipiell und konkret Mitbestimmungsmöglichkeiten beinhalten und ob das Personal, im Hauptamt und Ehrenamt, entsprechend darin geschult ist, Kinder unterschiedlichen Alters in Entscheidungen und Abläufe einzubinden. Zudem ist zu prüfen, welche strukturell bedingten Handlungsspielräume Freizeiteinrichtungen haben. Hier gilt es auch zu klären, auf welcher finanziellen Basis Einrichtungen stehen und in welcher Trägerschaft. Am Beispiel der kulturellen Kinder- und Jugendbildung etwa lässt sich zeigen, dass diese zahlreiche

49 Die seit 2013 durchgeführte international vergleichende Studie »Children's Worlds. International survey of children's well-being«, gefördert von der Jacobs Foundation, Zürich, befragt Kinder zwischen 8 und 12 Jahren in 44 Ländern und beruht ebenfalls auf einem multidimensionalen Konzept von Well-Being, das innerhalb der Projektgruppe ständig weiterentwickelt wird (www.isciweb.org). Als Principal Investigators (PI) sind verantwortlich: Sabine Andresen (Frankfurt), Asher Ben-Arieh (Jerusalem), Jonathan Bradshaw (York), Ferran Casas (Girona), Gwyther Rees (York), Bong Jo Lee (Seoul). Die nächste Erhebung findet 2017 und 2018 statt.

Herausforderungen zu bewältigen hat. Die Einrichtung von Ganztagsschulen hat auf kommunaler Ebene nicht flächendeckend dazu geführt, dass es zu Kooperationen zwischen Schule und kultureller Bildung kommt. Ähnliches gilt auch für Sportvereine. In der Studie von 2007 (World Vision 2007) haben wir darauf hingewiesen, dass Sportvereine insbesondere von Kindern aus sozioökonomisch starken Elternhäusern besucht werden. Die Vorstellung, dass der Vereins- und Breitensport faktisch zur Chancengerechtigkeit beitrage, erweist sich folglich als idealisiertes Bild. Dies lässt sich nicht allein auf Zugangsmöglichkeiten zu Vereinen, auf Einzugsgebiete, Leistungserwartungen oder Mitgliedschaftskosten zurückführen, sondern hat auch mit kulturellen Momenten des Vereinslebens zu tun. Der Sport hat sich zu einer Branche ausgebaut, in der die Zugehörigkeit auch über »richtige« Markenkleidung, Sportschuhe, Trikots etc. erzeugt wird. Hier geraten wiederum Kinder in Armutslagen, aber auch Kinder, die per Definition nicht mehr zu der Gruppe der Armutsgefährdeten gehören, unter Druck. Insofern wäre zu überlegen, was Vereine in ihrer Kultur ändern könnten, um bessere Teilhabe zu gewährleisten. Dies schließt an einen weiteren Aspekt an: Seit einigen Jahren sind Einrichtungen und Vereine der Kinder- und Jugendarbeit und -hilfe dazu aufgefordert, zusammen mit allen Akteuren Schutzkonzepte zu entwickeln. Auch diese Dimension des Wohlbefindens wird also zunehmend zu einem wichtigen Thema in Freizeitorganisationen für Kinder.

10.3 Benachteiligungen von Kindern abbauen

Bildung

Gleiche Bildungschancen für alle Kinder zu ermöglichen, ist nicht lediglich aus einer humankapitaltheoretischen und volkswirtschaftlichen Perspektive von Interesse, wie sie insbesondere die international vergleichende Bildungsberichterstattung von supranationalen Organisationen (OECD, EU, IWF etc.) verfolgt, sondern auch mit Blick auf das Wohlbefinden von Kindern. Denn Bildungschancen verweisen letztendlich auf Lebenschancen, die sich wiederum auch im gegenwärtigen Erleben von Kindern, so zum Beispiel in je nach sozialer Herkunft unterschiedlichen Bildungsaspirationen, niederschlagen.

Vor diesem Hintergrund lassen sich den Befunden unserer Studie vielfältige Hinweise auf ungleich verteilte Bildungschancen und die sozial segregierende Wirkung des Schulsystems entnehmen. Das sind alles andere als neue Einsichten, denn damit werden im Grunde nur die Befunde der Bildungsberichterstattung für Deutschland in den vergangenen Jahren bestätigt (Autorengruppe Bildungsberichterstattung 2016). Sie verwundern heute – anders als noch bei Erscheinen der ersten PISA-Studie im Jahr 2001 – kaum mehr. Verwunderlich ist allenfalls ihre Persistenz – trotz anhaltender politischer Reformbemühungen. Mit Blick auf die von uns befragte Altersgruppe der 6- bis 11-Jährigen ist daher davon auszugehen, dass die Frage nach den Chancen im Bildungssystem unabhängig von der sozialen Herkunft auch für die kommenden Jahre zu den großen politischen Herausforderungen gehören wird. Auffallend sind in diesem Zusammenhang auch die Unterscheide zwischen Jungen und Mädchen, die der in den letzten Jahren immer wieder bemühten Behauptung, Jungen seien potenzielle »Bildungsverlierer«, zumindest nicht zu widersprechen scheinen. So besuchen Jungen nicht nur doppelt so häufig eine Haupt- oder Mittelschule wie Mädchen (4 % vs. 2 %), sie geben auch weniger häufig an, dass ihnen der Unterricht gefällt oder sie mit der Lehrperson zufrieden sind (vgl. Kap. 3). Zudem nimmt ihre Selbsteinschätzung, ein guter Schüler zu sein, mit zunehmendem Alter deutlicher ab als bei Mädchen. Unterschiede zeigen sich auch bei der Bildungsaspiration: Mädchen streben eher das Abitur an als Jungen. Sieht man einmal von den im engeren Sinne schul- und leistungsbezogenen Aspekten ab, ist insbesondere der Befund von Tragweite, dass die Antworten über alle erfragten Dimensionen des Wohlbefindens in der Schule bei Mädchen positiver ausfallen.

Kinder im Alter zwischen 6 und 11 Jahren verbringen sehr viel, wenn nicht gar die meiste Zeit des Tages in der Schule. Anzunehmen ist daher, dass die Schule ihre allgemeine Lebenszufriedenheit stark beeinflusst. Jedoch erleben Kinder den Kontext Schule unterschiedlich und diese Unterschiedlichkeit lässt sich systematisch entlang der Kategorie des Geschlechts aufzeigen. Aus einer an Gleichheit von Bildungschancen und Lebenslagen interessierten Politik für Kinder können solche systematischen Differenzen kaum hinnehmbar sein. Vielmehr müssen sie als Herausforderung für die Initiierung eines Wandels im Bildungssystem begriffen werden, der nicht lediglich Abschlüsse und erfolgreiche Bildungsbiografien, sondern auch das Wohlbefinden in der Schule und die dabei auftretenden Unterschiede zwischen Jungen und Mädchen fest im Blick hat.

Seit der ersten World Vision Kinderstudie (2007) ist der Anteil an Kindern, die eine Ganztagsschule besuchen, stetig gestiegen. Inzwischen liegt dieser Anteil bei unserer Stichprobe um 26 %, umfasst also mehr als ein Viertel der Kinder (2007: 13 %). Allerdings ist das Konzept der Ganztagsschule im Hinblick auf die mit ihm verfolgten bildungspolitischen Zielsetzungen kritisch zu diskutieren. Folgt man den Befunden unserer 4. World Vision Kinderstudie, dann scheint klar zu sein, dass sich Kinder nicht noch mehr Schule bzw. Unterricht wünschen und in diesem Fall die Ganztagsschule eher als Einschränkung für ihre eigene Lebensgestaltung empfinden (würden). Dies deckt sich teilweise auch mit Befunden aus der vom Bundesministerium für Bildung und Forschung geförderten »Studie zur Entwicklung der Ganztagsschule« (StEG). Die StEG-Studie (StEG-Konsortium 2016) hat darauf hingewiesen, dass Schülerinnen und Schülern in Ganztagsschulen nur zu einem Drittel fach- und förderorientierte Angebote nachfragen. In diesem Zusammenhang wurde ebenso festgestellt, dass Ganztagsangebote von den Kindern vor allem dann positiv eingeschätzt werden, wenn die zusätzliche Zeit nicht mit unterrichtsähnlichen Veranstaltungen gefüllt wird und Möglichkeiten zur Mitbestimmung eingeräumt werden. Lesen lassen sich diese Befunde als ein deutlicher Hinweis, dass die Ganztagsschule nur dann als ein Beitrag zum Wohlbefinden von Kindern betrachtet werden kann, wenn sie mehr darstellt als eine Ausdehnung von Unterrichtszeit. Darüber hinaus ist damit zu rechnen, dass – je nach sozioökonomischer Lage – Kinder die Ganztagsschule durchaus unterschiedlich erleben. So haben wir bereits 2013 darauf aufmerksam gemacht, dass gerade Kinder in Armutslagen häufig unzufrieden waren mit dem Angebot ihrer Ganztagsschule (World Vision 2013). Vor diesem Hintergrund stellt sich mit Blick auf die Politik zur Ganztagsschule die Herausforderung, sowohl die Sichtweise der Kinder als auch deren soziale Lage stärker bei Fragen der Gestaltung der Angebote in Rechnung zu stellen. Insbesondere ist darauf hinzuwirken, dass sich Ganztagsschulangebote konzeptionell deutlich von Ganztagsunterricht unterscheiden und bei der Planung die Vorlieben, Interessen und Mitbestimmungsmöglichkeiten der Kinder in den Mittelpunkt rücken.

Ein weiterer bildungspolitisch relevanter Befund der 4. World Vision Kinderstudie besteht darin, dass offenbar der Anteil an Kindern, die zu Hause die Herkunftssprache ihrer Eltern sprechen, in den vergangenen Jahren erheblich zugenommen hat. Ein solcher Befund hat vor dem Hintergrund der aktuellen Schulwirklichkeit weitreichende bildungspolitische Implikationen, denn die Schule setzt mit ihren Leistungserwartungen nach wie vor voraus, dass der Erwerb der deutschen Sprache bereits im familiären Kontext erfolgt ist. Dass dies nicht mehr zwingend angenommen werden kann und – wie Beispiele aus anderen stark durch Zuwanderung geprägten Ländern zeigen (Neumann 2015) – in Zukunft wohl immer weniger der Fall sein wird, stellt die Schule vor erhebliche Herausforderungen. Vor diesem Hintergrund ergeben sich einschneidende Fragen. Zum einen stellt sich die Frage, ob der zunehmenden sprachlichen Diversität unter den Heranwachsenden wie in der Vergangenheit einfach dadurch begegnet werden kann, dass die Schule sich auf die Mehrheitssprache Deutsch als allgemeingültige Umgangssprache beruft. Zum anderen geht es mit Blick auf das Wohlbefinden und die soziale Teilhabe von Kindern unterschiedlicher Herkunft auch um die Frage, ob Sprache lediglich als ein Gegenstand des Lernens (im Sinne einer Förderung von Einsprachigkeit im Deutschen) betrachtet werden soll oder als ein Mittel der gegenseitigen Verständigung. Das würde wiederum bedeuten, dass man zwischen dem Verstehen einer Sprache und dem Sprechen einer Sprache in der Alltagskommunikation unterscheidet. Insgesamt sieht sich die Schule – ob sie will oder nicht – schon heute mit einem mehrsprachigen Alltag konfrontiert und die Antwort darauf, wie zukünftig damit umzugehen ist, liegt womöglich eher in den Ergebnissen der Mehrsprachigkeitsforschung als in der Deutschdidaktik. Konkret geht es dabei um die Herausforderung, Sprache nicht lediglich als Voraussetzung, sondern das Sprechen selbst als eine Form sozialer Teilhabemöglichkeiten im schulischen Setting zu begreifen. Dabei ist auch die Akzeptanz der von Kindern bereits gesprochenen und gelernten Sprachen als wichtiger Faktor für deren Wohlbefinden anzusehen. Sprache ist also mehr als nur ein *Bildungsziel*.Vor diesem Hintergrund sollten Bildungspolitik und Schulpraxis in einen intensiven Dialog mit der Kindheitsforschung sowie der interdisziplinären Forschung zur Mehrsprachigkeit treten, um neue Potenziale für die Vermittlung von Sprache in einem prinzipiell linguistisch vielfältigen Umfeld zu erkunden.

Armut

Die Notwendigkeit, die Umsetzung der Kinderrechte weiterzuentwickeln, zeigt sich insbesondere bei der Versorgung von Kindern in Armutslagen. Der Maßstab für Bedarfe und Ansprüche von Kindern basiert auf dem Erwerbsarbeitsstatus von Erwachsenen. Diese normative Setzung könnte durch eine Orientierung an dem Kind als Grundrechtsträger neu überdacht und reformuliert werden. Dabei geht es nicht darum, Kinder generell unabhängig von ihrer Familie zu sehen, ihre Rechte gar in einen Gegensatz zu den Rechten der Eltern zu positionieren. Wir haben hier durchaus ein Spannungsverhältnis vorliegen, das zu benennen und zu gestalten ist. Kinder sind meist Teil einer Familie, aber sie sind auch als prinzipiell eigenständige Subjekte ihrer jeweiligen Gegenwart wie ihrer Zukunft zu betrachten.

Etwa ein Fünftel der Kinder (19 %) berichtet über konkrete Armutserfahrungen im Alltag (vgl. Kap. 7). Wir können also deutlich machen, dass Maßnahmen der Kinderarmutsbekämpfung noch nicht genügend gegriffen haben. Ebenso wollen wir hier die Frage artikulieren, ob das Wohl des Kindes in Armut bei den sozialpolitischen Maßnahmen hinreichend im Blick ist. Nach wie vor scheint es sich eher so zu verhalten, dass die Ideen zur Bekämpfung von Armut sich auf Beteiligung am Erwerbsleben konzentrieren. Dies ist ein wichtiger Zugang, denn Kinder in Armut wachsen mit Eltern in Armut auf. Eine Ursache für Armut war und ist Erwerbslosigkeit. Doch wir haben eine wachsende Zahl von erwerbstätigen Elternteilen, die zusätzlich Hartz IV beantragen müssen. Eltern sind also arm trotz Arbeit und daher auch ihre Kinder. Damit stellt sich – sowohl mit Blick auf die Zukunft von Kindern als auch unabhängig davon – die grundsätzliche Frage, welche gesellschaftliche Integrationswirkung der Erwerbsarbeit, zumal wenn sie atypisch und damit jenseits des Normalarbeitsverhältnisses ist, überhaupt zugetraut werden kann.

Einen weiteren Aspekt möchten wir hier betonen: Kinder erleben ihre Armutslage auch deshalb als beeinträchtigend, weil die Berechnungen der Hartz IV Sätze für Kinder nicht angemessen sind. Aus guten und historisch nachvollziehbaren Gründen sollen Kinder nicht erwerbstätig sein in unserer Gesellschaft. Vor mehr als 100 Jahren haben nicht zuletzt Pädagoginnen und Pädagogen für Kinderarbeitsschutzgesetze und -verbote gekämpft. Doch wenn Kinder in ihrer Kindheit nicht für den Unterhalt selbst aufkommen, sondern die Zeit für Bildung, Entwicklung, Spiel und Spaß zur Verfügung stehen soll, so ist dafür zu sorgen, dass dies auch möglich ist. Unsere Befunde zeigen, dass in allen Bildungs- und Freizeitbereichen das Wohlbefinden von Kindern mit konkretem Armutserleben eingeschränkt ist. Ihre Mangelerfahrungen beziehen sich auf Möglichkeiten der Bildung und Persönlichkeitsentwicklung und – wie internationale Studien zeigen – sie erleben ihre Wohnumgebung als wenig kinderfreundlich und sicher. Wohnraum hat sich indes in den letzten Jahren – vor allem in Ballungsräumen – extrem verteuert und viele Familien geben mehr als 60 % ihres Haushaltseinkommens für Wohnen aus. Dieser Anteil schlägt besonders dort zu Buche, wo das Einkommen insgesamt gering ist. Das heißt, aus der Sicht der Gewährleistung von Kinderrechten steht eine Wohnungsbaupolitik dringend an, die Wohnen finanzierbar und Wohnumgebungen sicher macht.

Familie

Kinder wachsen heute in ganz unterschiedlichen Familienkonstellationen auf. Insbesondere hat sich seit 2007 die Zahl der Kinder in nicht-ehelichen Lebensgemeinschaften verdoppelt (vgl. Kap. 2). Zugleich fühlen sich Kinder nicht selten aufgrund der Familienkonstellation, in der sie leben, benachteiligt. Man kann dies als ein Signal an die Familienpolitik deuten, die Vervielfältigung von Familienkonstellationen stärker in das öffentliche Bewusstsein zu rücken und auf die Normalitätsmaßstäbe für heutiges Familienleben Einfluss zu nehmen. Diese Normalitätsmaßstäbe orientieren sich häufig immer noch an Vorstellungen, welche die Familie als eine Konstellation verheirateter Eltern unterschiedlichen Geschlechts voraussetzen und nicht zuletzt im Steuer-, Familien- oder Sozialrecht tief verankert sind.

Die Befunde zu Familien machen überdies deutlich, dass die Unterscheidung zwischen zugewanderten Familien und einheimisch deutschen Familien empirisch noch weiter aufgefächert werden kann. Auch wenn wir in konzeptioneller Hinsicht selbst an dieser Unterscheidung angesetzt haben, so muss im Lichte der Ergebnisse konstatiert werden, dass die Annahme einer Differenz zwischen Familien und Kindern mit und ohne Migrationshintergrund, die sowohl in der Sozialstatistik als auch in der politischen Programmatik immer wieder bemüht wird, in ihrer schlichten Dichotomisierung zunehmend fragwürdig ist. Gleichwohl ist diese Unterscheidung häufig eine zentrale Grundlage für die Entwicklung von Bildungsprogrammen, die den Ausgleich von herkunftsbedingter Benachteiligung im Blick haben. In zunehmendem Maße stellt sich heute die Frage, welche Lebenslagen eigentlich durch das Etikett »Migrationshintergrund« genau abgebildet werden sollen. Anders gefragt: Welche Informationen gewinnt man, wenn man dieses Etikett nutzt und inwieweit trägt es zu einer symbolisch wirkmächtigen Überblendung vorhandener Unterschiede innerhalb der in sich vielfältigen Gruppe von Kindern mit Migrationshintergrund bei? Im Sinne einer gesellschaftspolitisch relevanten Herausforderung wäre demnach die klassifizierende Wirkung solcher Zuschreibungen breit zu thematisieren, gerade auch mit Blick auf die ambivalente Wirkung, die eine solche Klassifizierung für den weiteren Lebensweg der Heranwachsenden haben kann.

Ein weiterer Aspekt, der zum Nachdenken Anlass bietet, liegt darin, dass Erfahrungen mit Benachteiligung, Mobbing und Ausgrenzung in hohem Maße mit der sozialen Herkunft der Kinder korrelieren. Auch hier ist wiederum zu fragen, wie betroffene Kinder in der Schule und in anderen Einrichtungen geschützt und unterstützt werden können.

10.4 Kontakte und Begegnungen mit geflüchteten Kindern ermöglichen

Fluchtbewegungen der vergangenen Jahre und die individuellen, gesellschaftlichen und politischen Folgen stellen aufnehmende Gesellschaften auch auf institutioneller Ebene vor neue Herausforderungen. Doch nicht nur die Institutionen und die dort Tätigen, sondern auch Kinder ohne Fluchthintergrund selbst, werden unter Umständen mit neuen Perspektiven konfrontiert. Vor diesem Hintergrund haben uns die Sicht der 6- bis 11-Jährigen in Deutschland auf das Thema »Flucht« und auf geflüchtete Kinder sowie ihre Erfahrungen mit geflüchteten Menschen interessiert (vgl. Kap. 8).

Bisher gibt es wenig gesichertes Wissen darüber, wie das Bildungssystem und die Einrichtungen und Träger der Kinder- und Jugendhilfe mit geflüchteten Familien und Kindern gearbeitet haben und arbeiten (Peucker/Seckinger 2014). Die Sichtung der Fachliteratur und der Forschung zeigt, dass auch die institutionellen Erfahrungen im Zuge der Versorgung von Geflüchteten aus dem Jugoslawienkrieg nicht gesammelt und aufbereitet wurden (Gerarts/Andresen 2016). Dieser Krieg war der erste militärische Krieg innerhalb Europas seit dem Zweiten Weltkrieg, gleichzeitig löste er durch die vermeintlich ethnisch-religiös motivierte innerstaatliche Gewalt den klassischen Staatenkrieg ab (Calic 2005). Die seitherige Zunahme innerstaatlicher anstelle zwischenstaatlicher Kriege mit der Folge von »Flüchtlingskatastrophen« großen Ausmaßes bedeutet eine Herausforderung und notwendige Umstrukturierung der Sozialarbeit mit geflüchteten Menschen sowie entsprechender Leistungen der Kinder- und Jugendhilfe in Deutschland und Europa. Deutlich wird insgesamt, wie wichtig es ist, Kindern so schnell wie möglich Zugang zu Bildungs- und Betreuungseinrichtungen zu gewähren (Riedel/Lüders 2016). Darüber hinaus weisen erste reflektierte Praxiserfahrungen darauf hin, dass geflüchtete Mütter und Väter auf Erziehungsberatungsangebote und -erwartungen unterschiedlich reagieren (Meyer 2016).

Wie in Kapitel 1 ausgeführt, ist auch die Situation von Familien mit jungen Kinder und deren Versorgung im Ankunftsland kaum Gegenstand der Forschung gewesen. Unter Berücksichtigung des bislang vorliegenden Wissens zeigen sich Handlungsperspektiven zur besseren Versorgung von Kindern nach der Flucht. Diese decken sich mit den Prinzipien der Kinderrechte, den damit verbundenen Herausforderungen bei der Umsetzung sowie den Erkenntnissen über Benachteiligung von Kindern.

Wir möchten hier jedoch auch aus einer kindheitstheoretisch fundierten Perspektive dafür plädieren, geflüchtete Kinder so schnell wie möglich in bestehende pädagogische Institutionen aufzunehmen und geflüchtete Familien in Kommunen und Stadtteilen angemessen und menschenwürdig unterzubringen. Erst wenn geflüchtete Kinder nicht lange in den Aufnahmezentren verweilen, sondern schnell den Kommunen zugwiesen werden, ergeben sich angemessenere Formen des Zusammenlebens. Dies ist ebenfalls ein Ergebnis unserer Befragung: Wenn Kinder Gelegenheiten haben, mit geflüchteten Menschen in Kontakt zu kommen und Peer-Beziehungen zu ihnen zu entwickeln, nutzen sie diese für Erfahrungsaustausch, gemeinsame Aktivitäten und Unterstützung. Auch hier stellt sich die Frage nach Begegnungsmöglichkeiten und Austausch als eine wichtige Herausforderung für den politischen Umgang mit schutzsuchenden Menschen in Deutschland.

Unsere Ergebnisse zeigen, Kinder benötigen vielfältige Kontaktmöglichkeiten, dies nicht zuletzt, um auch Freundschaften zu schließen. Hier kommt vor allem den Schulen und den kommunalen Kinder- und Jugendhilfeeinrichtungen eine Schlüsselrolle zu, und zwar im Sinne von Orten, an denen Kontakte und Begegnungen möglich und wahrscheinlich sind. Gleichzeitig werfen unsere Ergebnisse aber vor allen auch ein Schlaglicht auf die Rolle, welche die bereits in Deutschland lebenden Kinder in diesem Kontext spielen. Sie nehmen geflüchtete Kinder und Familien nicht nur vielfach in ihrer Umgebung wahr, sondern leisten im Sinne von Kontakten, Interaktionen und eingegangenen Beziehungen auch einen wichtigen Beitrag dazu, dass die schutzsuchenden Menschen in Deutschland »ankommen«. Zudem geben die Ergebnisse der qualitativen Studie (vgl. Kap. 9) Anlass zu der Vermutung, dass geflüchtete Kinder im Umgang mit anderen Kindern sich offenbar rasch im Deutschen zu verständigen lernen, was wiederum auf die Bildungsbedeutsamkeit des Kontakts zu bereits hierzulande lebenden Kindern sowie die damit verbundenen Teilhabemöglichkeiten hinweist. Ein großer Teil der befragten Kinder gibt darüber hinaus an, etwas gemeinsam mit geflüchteten Kindern zu machen und zählt sie auch zum Freundeskreis.

Die Erfahrungen sind indes nicht für alle Kinder gleich; vielmehr zeigen sich auch hier Unterschiede, die sich systematisch entlang signifikanter Differenzlinien abbilden lassen. Besonders auffällig ist, dass insbesondere Kinder mit Migrationshintergrund weitaus häufiger von Kontakten, Interaktionen und Freundschaften berichten als Kinder ohne Migrationshintergrund. Das kann – wie in Kapitel 8 bereits diskutiert – unterschiedliche Gründe haben: Zurückzuführen ist dies womöglich auf ein gemeinsames Wohnumfeld, auf bessere sprachliche Verständigungsmöglichkeiten oder auch auf eine empfundene soziale Nähe aufgrund geteilter Migrations- und Minderheitserfahrungen. Unabhängig von den möglichen Gründen ist dieser Befund jedoch insbesondere deswegen aufschlussreich, weil er darauf aufmerksam macht, dass Kinder mit Migrationshintergrund offenbar wichtige Türöffner für den Zugang zu sozialen Netzwerken für die geflüchteten Kinder sind. Diese Gruppe der Kinder trägt also in bedeutender Weise zur sozialen Integration und zur Teilhabe der geflüchteten Kinder am Alltagsleben bei. Dies sollte jedoch nicht zu dem politischen Schluss führen, dass die Integration von geflüchteten Kindern vor allem den Kindern und Familien mit Migrationshintergrund überlassen oder ihnen gar als Aufgabe aufgebürdet wird. Vielmehr sollte der Befund Anlass geben, diese Leistung anzuerkennen und zwar als Leistung einer Gruppe von Bevölkerungsmitgliedern, denen die Politik in der Regel selbst mit Integrationserwartungen begegnet. Dies wäre auch ein Beitrag dazu, den gesellschaftlichen Status dieser Gruppe politisch noch einmal anders zu bewerten als dies bislang weitgehend der Fall gewesen ist.

Ein zweiter hervorstechender Befund, der auf systematische Unterschiede hinsichtlich der Kontakt- und Beziehungsintensität zu geflüchteten Kindern hinweist, zeigt sich in den offensichtlichen Unterschieden zwischen Ost- und Westdeutschland. Freundschaften, Kontakte und Besuche, aber auch die Spendenbereitschaft fallen im Osten deutlich geringer aus als dies für Westdeutschland der Fall ist. Das Gleiche gilt mit Blick auf eine positive Bewertung der Kontakte und Begegnungen mit geflüchteten Kindern. Frappierend daran sind jedoch nicht allein die einzelnen Unterschiede zwischen Ost und West, sondern der Umstand, dass sich hier ein Differenzmuster wiederholt, wie es seit Jahren hinsichtlich der Einstellungen gegenüber Zuwanderung etc. auch unter Jugendlichen und Erwachsenen im Ost-West-Vergleich zu beobachten ist. Allerdings sind die von uns befragten Kinder viel jünger. Dies lässt wiederum befürchten, dass das nach wie vor gegenüber zugewanderten Menschen distanzierte Alltagsklima im Osten womöglich bereits früh in der individuellen Sozialisationsgeschichte auch skeptische oder gar fremdenfeindliche Einstellungen befördert. Es besteht daher Anlass zur Sorge, dass in dieser Hinsicht auch in Zukunft eine deutliche Kluft zwischen Ost- und Westdeutschland bestehen bleiben könnte. Die damit verbundene gesellschaftspolitische Herausforderung ist gerade deswegen nicht zu unterschätzen, da bislang nicht abzusehen ist, wie diese Kluft und die damit möglicherweise verbundenen Konsequenzen für die Zukunft der Demokratie in Deutschland je bewältigt werden sollen.

Insgesamt zeigt unsere Untersuchung, dass Kinder mit der Thematik »Flucht« sowie dem öffentlichen Diskurs darüber sehr wohl vertraut sind und auch über artikulierbare Erfahrungen mit geflüchteten Menschen verfügen. Ähnliches gilt aber ebenso mit Blick auf die Ängste, die Kinder bezogen auf andere große welt- und gesellschaftspolitische Themen der Gegenwart äußern. Dabei entfallen auf die Angst vor Krieg, Terror und zunehmender Ausländerfeindlichkeit steigende bzw. die höchsten Werte. Diese Ängste rangieren auch vor der in der 3. World Vision Kinderstudie noch am häufigsten genannten Angst vor Armut (World Vision 2013). Die Umbrüche unserer Zeit sind also Themen, die nicht nur das Erleben und Empfinden von Erwachsenen beeinflussen. Sie machen auch vor den Kindern und den von ihnen erlebten Kindheiten nicht halt. Aus Kindersicht scheint es daher – genauso wie aus der Perspektive Erwachsener – notwendig, einen verantwortungsvollen Umgang mit diesen Fragen zu finden, denn weltumspannende Probleme sind immer auch kinderpolitische Herausforderungen. Dabei ist es ganz gleich, ob es um die Gegenwart der Kinder geht oder um ihre Zukunft.

II Anhang

Monika Pupeter/Sabine Wolfert/Ulrich Schneekloth

A 1: Die Methodik der 4. World Vision Kinderstudie

Tab. A 1.1 **Methodensteckbrief Kinderstudie 2018**

Grundgesamtheit	In Deutschland wohnende Kinder im Alter zwischen 6 und 11 Jahren (2007: 8 bis 11 Jahre), die zur Schule gehen
Stichprobe	Haushaltsbefragung. Quota-Sample, kontrolliert nach: – Alter und Geschlecht – Schulform (Grundschule, Hauptschule, Realschule, Gymnasium, sonstige Schulen, Förder-/Sonderschule) – Migrationshintergrund – Bundesland und Siedlungsstrukturtyp (BIK-Typ)
Fallzahl	n = 2.550 Kinderinterviews (disproportionaler Ansatz), n = 1.811 in den alten Bundesländern (inkl. Berlin) und n = 739 in den neuen Bundesländern
Erhebungsmethode	– Persönlich-mündliche Kinder-Befragung (CAPI: Computer Assisted Personal Interviews) Durchschnittliche Dauer: 34 Minuten – Schriftlicher Elternfragebogen (Selbstausfüller). Deutsche und türkische Sprachvariante
Zeitraum	Ende Januar bis Ende März 2017
Gewichtung	Amtliche Statistik (Bevölkerungsfortschreibung 2015 und Mikrozensus 2015)

Die 4. World Vision Kinderstudie 2018 orientiert sich in Design und Methodik an den drei vorherigen Kinderstudien von 2007, 2010 und 2013 (Tab. A 1.1). Durchgeführt wurde auch diesmal wieder eine quantitative Erhebung bei einer repräsentativen Auswahl von Kindern im Alter von 6 bis 11 Jahren (2007: 8 bis 11 Jahre). Ergänzt wurde diese standardisierte Befragung durch eine qualitative Erhebung mit zwölf Porträts von Kindern, die nach systematischen Gesichtspunkten ausgewählt wurden. Die quantitative Erhebung hat im Rahmen des Studiendesigns die Funktion, die Lebenslagen und Lebenswelten der Kinder in ihrer Breite darzustellen. Die qualitative Erhebung porträtiert ausgewählte Kinder und gibt auf diese Weise einen vertiefenden und lebendigen Eindruck von Kindern in ihren Lebenswelten. Die methodischen Erläuterungen zum qualitativen Teil finden sich in Kapitel 9.

Grundgesamtheit der quantitativen Erhebung sind Kinder in Deutschland im Alter von 6 bis 11 Jahren, befragt wurden n = 2.550 Kinder. Um in den neuen Bundesländern genügend Fälle für Auswertungen zur Verfügung zu haben, wurde die Stichprobe disproportional angelegt. Auf die alten Bundesländer (inklusive Berlin) entfielen 1.811 und auf die neuen Bundesländer 739 Interviews. Diese bewusste Überrepräsentierung der Kinder aus den neuen Bundesländern wurde selbstverständlich bei der Datenauswertung berücksichtigt. Zu diesem Zweck wurde anhand der amtlichen Statistik ein Gewichtungsrahmen erstellt, mit dem die Stichprobe auf die Wohnbevölkerung im Alter von 6 bis 11 Jahren in ihrem tatsächlichen Ost-West-Verhältnis, differenziert nach Geschlecht, hochgerechnet wurde. Dabei wurde berücksichtigt, dass nicht alle 6-Jährigen zur Schule gehen. Die auf dieser Grundlage gewichtete Stichprobe entspricht in ihrer Struktur der tatsächlichen Verteilung der Schulkinder im Alter von 6 bis 11 Jahren, so wie sie im Rahmen der amtlichen Statistik ausgewiesen wird.

Erhebungsinstrumente

Die quantitative Erhebung stützt sich auf zwei unterschiedliche Instrumente. Das Interview mit den Kindern wurde als persönlich-mündliche Befragung von gut geschulten Interviewerinnen und Interviewern auf Basis eines fest vorgegebenen, standardisierten Erhebungsinstruments durchgeführt. Die Befragung selbst erfolgte computergestützt (Computer Assisted Personal Interviews, CAPI). Hierbei werden die Antworten der Befragten direkt in einen vom Interviewer mitgeführten Laptop eingegeben. Hinzu kam als zweites Instrument ein kurzer schriftlicher Elternfragebogen, den ein Elternteil möglichst parallel zur Befragung des Kindes ausfüllen sollte. In diesem Elternbogen wurden soziodemografische Basisinformationen zum Familienhintergrund des Kindes erhoben.

Bei der Entwicklung des Kinderfragebogens wurde einerseits auf die Vergleichbarkeit der Instrumente mit den Befragungen von 2007, 2010 und 2013 geachtet, andererseits wurden in jeder Kinderstudie Themenschwerpunkte neu aufgenommen, diesmal: Wie nehmen Kinder den Zuzug von geflüchteten Menschen nach Deutschland wahr? Die Fragen zur Zufriedenheit bzw. zum Wohlbefinden wurden mit Hilfe der erprobten fünfstufigen »Smiley-Skala« erhoben. Auch bei anderen Antwortvorgaben wurden qualitative Einstufungen der Kinder durch Visualisierungen unterstützt (vgl. dazu Anhang 4: Kinderfragebogen).

Der Pretest

In der Vorbereitungsphase wurde das quantitative Erhebungsinstrument im Rahmen eines Feld-Pretests auf seine Eignung hin überprüft. Im Oktober und November 2016 führten 35 Interviewerinnen und Interviewer insgesamt 100 persönlich-mündliche CAPI-Interviews mit Kindern der Zielgruppe unter den gleichen Bedingungen wie bei der anschließenden Befragung durch.

Neben der Überprüfung der grundsätzlichen Befragungstauglichkeit des Erhebungsinstruments und der Interviewdauer war es zentrales Ziel, abzuschätzen, wie gut das Thema »Geflüchtete Menschen« bei 6- bis 11-jährigen Kindern »funktioniert«: Ist den Kindern diese Thematik bekannt? Was wissen sie, wie denken sie über geflüchtete Menschen? Können und möchten sie sich dazu äußern? Hatten sie selbst bereits

Abb. A I.1 **Der im Pretest verwendete Smiley-Klickregler und die in der Hauptstudie eingesetzte Smiley-Skala**

Smiley-Klickregler (Pretest)

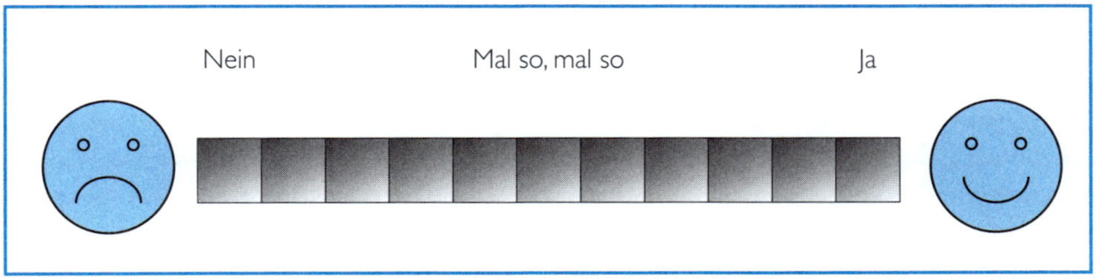

Smiley-Skala (Hauptstudie)

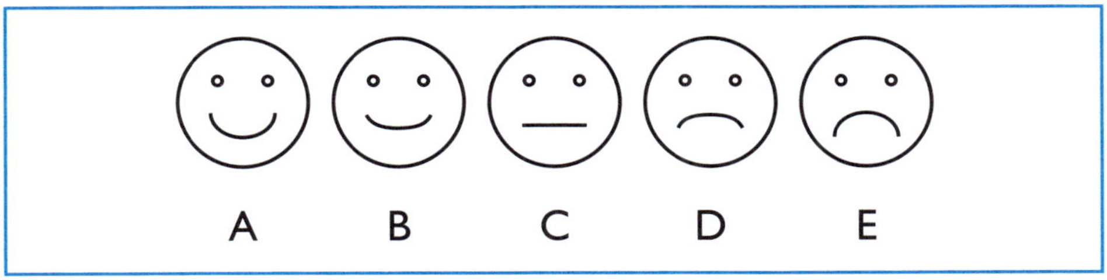

Kontakt zu Geflüchteten? Daher wurden im Pretest – anders als im Fragebogen der Haupterhebung – einige offene Fragen zu diesem Themenkomplex gestellt. Zu Beginn wurden die Kinder aufgefordert, (ungestützt) alles zu sagen, was ihnen zum Thema »Geflüchtete Menschen« in den Sinn käme. 73 der 100 Kinder konnten Aussagen machen, nur 7 von ihnen benötigten eine Nachfrage, um antworten zu können. Diese Ergebnisse zeigten uns, dass Fragen zu geflüchteten Menschen von den 6- bis 11-Jährigen durchaus beantwortet werden können. Die allermeisten der Kinder verfügen über Wissen zu dem Thema und viele können auch eine Meinung äußern.

Experiment im Pretest »Smiley-Klickregler«

Im Sinne eines technischen Experiments wurden im Pretest die fünfstufigen Smiley-Skalen, die bei den Zufriedenheitsabfragen in den Vorgängererhebungen als Antwortunterstützung dienten (und im Listenheft abgedruckt waren), durch einen elfstufigen »Smiley-Klickregler« auf dem CAPI-Bildschirm ersetzt: Mit einem verschiebbaren Regler konnten die Kinder nun bei diesen Fragen selbst am Bildschirm eine Position zwischen zwei extremen Smileys frei wählen. Hintergrund war die Überlegung, die Angaben der Kinder differenzierter abzubilden, um idealerweise mehr Varianz in den Ergebnissen zu erhalten. Das selbständige Antworten machte den Kindern viel Spaß, brachte aber nicht den erhofften Effekt eines ausdifferenzierteren Antwortverhaltens: Fast die Hälfte der Kinder gab eine maximal positive Antwort, die Verteilungen unterschieden sich also kaum von denen der Vorgängerstudien. Daher wurde beschlossen, für die Hauptstudie wieder zur »bewährten« fünfstufigen Smiley-Skala zurückzukehren – nicht zuletzt, um die Vergleichbarkeit mit den Ergebnissen der Vorgängererhebungen zu gewährleisten. Da die Pretest-Interviewer allerdings betonten, dass die Kinder das selbständige Antworten am Bildschirm abwechslungsreich und motivierend fanden, entschieden wir, in der Hauptstudie die Smileys-Skala nicht nur im Listenheft abzudrucken, sondern zusätzlich am Bildschirm anzuzeigen, so dass die Kinder mit dem Pen am Laptop den passenden Smiley auswählen konnten. Aufgabe des Interviewers war es sicherzustellen, dass das Kind damit zurechtkam (Abb. A 1.1).

Interviewsituation

Nach Einschätzung der Interviewer kann auch für die 4. World Vision Kinderstudie festgehalten werden, dass die Befragung die Kinder angesprochen hat. So schätzten die Interviewer die Bereitschaft der Kinder, die Fragen zu beantworten, in der Haupterhebung bei 85 % der Fälle als »gut« und bei 15 % als »mittelmäßig« oder »mal so, mal so« ein. Nur bei 14 Kindern (<1 %) wurde die Antwortbereitschaft als »schlecht« eingestuft. Doch auch bei diesen Fällen bestand nach einer Einzelfallprüfung kein Anlass, diese aus dem Datensatz zu nehmen. Sowohl der Kinderfragebogen als auch der Elternbogen sind im Anhang dokumentiert.

Stichprobe

Die Erhebung wurde analog zu den vorherigen beiden Kinderstudien auf Grundlage einer Quotenstichprobe (Quota-Sample) realisiert. Im Rahmen einer Quotenstudie wird den eingesetzten Interviewern vorgegeben, eine exakt definierte Anzahl von Schulkindern ab 6 Jahren aus bestimmten Untergruppen zu befragen. Vorgegeben wurden die folgenden Quotierungsmerkmale:

- Altersgruppen: 6 bis 7 Jahre, 8 bis 9 Jahre, 10 bis 11 Jahre, differenziert nach dem Geschlecht
- Bundesländer und regionale Siedlungsstrukturtypen (9 BIK-Siedlungsstrukturtypen)
- Migrationshintergrund: ja, nein

Bei der Quotenvorgabe wurde die Sollstruktur der 6- und 7-Jährigen um den Anteil der 6-Jährigen, welche noch keine Schule besuchen, reduziert. Dazu wurde (wie in den letzten Kinderstudien) ein Anteil der 6-Jährigen, die eine Schule besuchen, vorgegeben: 66 %.

Bei der Realisierung der Quotenstichprobe wurde auf das bewährte zweistufige Verfahren zurückgegriffen: In einer ersten Phase wurden die Interviewer gebeten, anhand der Quotierungsmerkmale zu melden, in welchen Quotenzellen ihnen Zielpersonen zur Verfügung stehen. Diese Meldungen der Interviewer wurden in der Einsatzleitung von Kantar gesammelt.

Im Rahmen der 4. World Vision Kinderstudie übertraf die Zahl der Meldungen die Zahl der benötigten Interviews deutlich, so dass es möglich war, anhand der Soll-Vorgaben aus der amtlichen Statistik eine Stichprobe aus den Interviewermeldungen zu ziehen, die somit den Soll-Vorgaben weitestgehend entsprach. Da die Stichprobe, wie bereits dargestellt, disproportional zwischen alten und neuen Bundesländern angelegt war, wurden mögliche Abweichungen in der Realisierung der Interviews bezüglich der Altersgruppen und des Geschlechts im Übrigen auch anhand der durchgeführten Gewichtung (Proportionalisierung) ausgeglichen.

In die Gewichtung sind folgende Randverteilungen der amtlichen Statistik des statistischen Bundesamtes eingegangen:

- Altersgruppen (6 bis 7 Jahre, 8 bis 9 Jahre, 10 bis 11 Jahre: 6-Jährige reduziert um den geschätzten Anteil an Kindern, die noch keine Schule besuchen) und Geschlecht,
- Bundesland und BIK-Siedlungsstrukturtypen,
- Schulform mit den Ausprägungen Grundschule, Gymnasium, sonstige Schulform und Förderschule,
- Familientyp (Alleinerziehend: ja/nein),
- Staatsangehörigkeit.

Quellen hierbei waren die Bevölkerungsfortschreibung (Stand Ende 2015), die Statistik Allgemeinbildende Schulen (Stand Ende 2015) sowie Sonderauswertungen aus dem Mikrozensus 2015. Bei allen Gewichtungsfaktoren wurden unterschiedliche West-Ost-Verteilungen berücksichtigt.

Tab. A 1.2 **Grundauszählung der Stichprobe: Geschlecht, Alter und Region**
Basis: Kinder im Alter von 6 bis 11 Jahren in Deutschland

Fallzahlen	Ist		Soll	
	Mädchen	Jungen	Mädchen	Jungen
Alte Bundesländer (inkl. Berlin)*				
6 Jahre	76	84	98	103
7 Jahre	141	157	145	154
8 Jahre	163	166	145	154
9 Jahre	183	164	143	151
10 Jahre	161	160	145	154
11 Jahre	174	182	150	158
Summe	898	913	826	874
Neue Bundesländer*				
6 Jahre	39	33	37	39
7 Jahre	65	61	74	78
8 Jahre	59	63	72	76
9 Jahre	56	66	67	74
10 Jahre	67	81	69	72
11 Jahre	73	76	69	74
Summe	359	380	388	413

* Disproportionaler Ansatz: West inklusive Berlin, Ost ohne Berlin

Tab. A 1.3 **Grundauszählung der Stichprobe: Migrationshintergrund**
Basis: Kinder im Alter von 6 bis 11 Jahren in Deutschland

Fallzahlen und Spalten in %	Ist		Soll	
	absolut	in %	absolut	in %
Kinder ohne Migrationshintergrund	1.756	69	1.634	64
Kinder mit Migrationshintergrund und deutscher Staatsangehörigkeit	613	24	717	28
Kinder ohne deutsche Staatsangehörigkeit	181	7	199	8
Summe	**2.550**	**100**	**2.550**	**100**

Die Grundverteilungen der realisierten Stichprobe zur 4. World Vision Kinderstudie sind in den Tabelle A 1.1 und A 1.2 dargestellt. Die Abweichungen sind vergleichsweise geringfügig und tolerabel.

Bezüglich der realisierten Altersstruktur muss angemerkt werden, dass die Abgrenzung anhand der Altersangabe der Kinder gemacht wurde. Entgegen der in der empirischen Sozialforschung sonst üblichen Abfrage des Geburtsjahrgangs erwies sich die Frage nach dem Alter als die für Kinder einfacher zu beantwortende.

Die Verteilung der Stichprobe nach Bundesländern entspricht, genauso wie übrigens auch die Verteilung nach den BIK-Siedlungsstrukturtypen, ebenfalls relativ gut den Soll-Vorgaben. Aufgetretene Abweichungen wurden ebenfalls zusätzlich ex post per Gewichtung korrigiert.

Der Anteil von Kindern ohne deutsche Staatsbürgerschaft in der Stichprobe beträgt 7 %. Im Rahmen der Gewichtung wird auch dieser Anteil auf den Soll-Wert von etwa 8 % korrigiert. Weitere 24 % der Kinder in der Kinderstudie haben Eltern oder Elternteile, die nicht in Deutschland geboren wurden. Im Zuge der durchgeführten Gewichtung steigt auch dieser Anteil auf 28 % an, obgleich das Merkmal Migrationshintergrund nicht gesondert in die Gewichtung mit einbezogen wurde. Der Anteil der Kinder mit Migrationshintergrund beträgt demnach zusammengenommen vor Gewichtung 31 % und nach Gewichtung 36 %.

Feldarbeit

Die Erhebung zur 4. World Vision Kinderstudie wurde im Zeitraum von Ende Januar bis Ende März 2017 durchgeführt. Damit fand die Befragung (wie die letzten beiden World Vision Kinderstudien) gegen Ende des ersten Schulhalbjahres statt. Zum Einsatz kamen 374 gut geschulte Kantar-Interviewerinnen und -Interviewer. Im Schnitt führte jeder Interviewer und jede Interviewerin knapp 7 Befragungen durch. Bei 74 % der Befragungen war noch mindestens eine weitere Person anwesend. In 59 % aller Fälle war dies die Mutter, in 19 % aller Fälle der Vater (in wenigen Fällen beide oder noch andere Personen).

Die konkrete Auswahl der nach den genannten Kriterien per Quotenvorgabe zu befragenden Zielpersonen wurde den Interviewerinnen und Interviewern überlassen. Sie konnten diese in ihrem persönlichen Bekanntenkreis, im Rahmen von Institutionen oder innerhalb von typischen Orten, an denen Kinder angetroffen werden, anwerben und dann zu Hause befragen. Bei dieser Altersgruppe muss hierbei vorab das Einverständnis der Eltern eingeholt werden.

Die durchschnittliche Dauer der durchgeführten Interviews betrug 34 Minuten. Dabei gab es kaum Unterschiede zwischen den Altersgruppen: Die Interviews mit den 6- bis 7-jährigen Zielpersonen dauerten durchschnittlich 34 Minuten, mit den 8- bis 9-Jährigen 35 Minuten und mit den 10- bis 11-jährigen Kindern 33 Minuten.

Im Rahmen der Kantar-Interviewerkontrolle werden standardmäßig 10 % der befragten Zielpersonen, deren Adressen vom Interviewer notiert werden mussten, stichprobenartig überprüft. Hier wurde direkt bei den Eltern der Kinder entweder telefonisch oder mit Hilfe einer Postkarte nachgefragt, ob mit den Kindern tatsächlich ein Interview in entsprechender Länge und zur Thematik durchgeführt wurde. Weitere Qualitätskontrollen bezogen sich auf die realisierten Fragebögen, die auf interne Konsistenz und Widerspruchsfreiheit überprüft wurden. Hierbei wurden nur geringfügige nachträgliche Korrekturen vorgenommen. Offensichtliche fehlerhafte Angaben wurden ggf. auf »Keine Angabe« gesetzt.

Nach Abschluss der Feldarbeit und der Qualitätskontrolle stand ein analysefähiger Datensatz zur Verfügung, der mit Hilfe des statistischen Software-Pakets IBM SPSS 22 differenziert ausgewertet wurde. Die Ergebnisse sind in diesem Buch detailliert dargestellt.

A2: Dokumentation des Herkunftsschicht-Index

Der Herkunftsschicht-Index der World Vision Kinderstudie ist eine Kombination aus dem Bildungshintergrund der Eltern und den materiellen Ressourcen im Haushalt. Beide Angaben stammen aus der Elternbefragung. Ergänzt wird dies durch die bei den Kindern erhobene Einschätzung zur Zahl der Bücher im Haushalt sowie durch die Wohnform (Elternbefragung). Die einzelnen Variablen erhalten jeweils je nach Ausprägung einen anderen Punktwert.

Tab. A2.1 **Grundauszählung der Stichprobe: Migrationshintergrund**

(Höchster) Schulabschluss von Mutter oder Vater	
Hauptschule (8.–9. Klasse)	2
Realschule/Mittlere Reife (10. Klasse)	4
Fachhochschulreife	6
Abitur	6
Habe keinen Abschluss	2
Wie viel Bücher gibt es ungefähr bei Euch zu Hause?	
Nur sehr wenige (bis 10 Bücher)	0
Etwa ein Bücherbrett (11–24 Bücher)	1
Etwa ein Regal (25–100 Bücher)	2
Etwa zwei Regale (101–200 Bücher)	2
Drei oder mehr Regale (mehr als 200 Bücher)	3
Wohnform	
Miete	1
Eigentum	2
Wie kommen Sie in Ihrem Haushalt mit dem Geld zurecht, dass Ihnen und Ihrer Familie monatlich zur Verfügung steht?	
Sehr gut	3
Gut	2
Mittelmäßig	2
Eher schlecht	1
Sehr schlecht	0

Die Punktwerte der Variablen werden zu einem Summenindex addiert. Bei der Variable »Bildungshintergrund« wird, wenn Angaben zu beiden Elternteilen vorliegen, der höhere Schulabschluss einbezogen. Der Summenindex kann Ausprägungen von 3 bis 14 Punkten erreichen.

Zur Bildung des Herkunftsschicht-Index wird der Summenindex in 5 Gruppen eingeteilt. Jede Gruppe entspricht einer Ausprägung des Herkunftsschichtindex. Dabei wird folgende Zuordnung vorgenommen:

Tab. A2.2 **Herkunftsschicht-Index: Einteilung des Summenindex**

Untere Schicht	3 bis 6 Punkte
Untere Mittelschicht	7 bis 8 Punkte
Mittelschicht	9 bis 10 Punkte
Obere Mittelschicht	11 bis 12 Punkte
Oberschicht	13 bis 14 Punkte

A3: Dokumentation: »Einstellungen zu geflüchteten Kindern: Faktorenlösung«

Einstellungen zu geflüchteten Kindern: Faktorenanalyse mit 2-Faktorenlösung

Tab. A3.1 **Hauptkomponentenanalyse mit Varimax-Rotation**

»Welchen der folgenden Aussagen stimmst du eher zu und welchen davon eher nicht zu?«

Basis: Kinder im Alter von 6 bis 11 Jahren in Deutschland (Angaben in %)

	Empathie/ Offenheit	Indifferenz/ Vorbehalt
Mir tun geflüchtete Kinder leid.	+++	
Ich finde es richtig, dass jeder von uns etwas abgibt, damit auch geflüchtete Kinder in Deutschland zur Schule gehen und gut leben können.	++	
Es macht Spaß, Kinder, die geflüchtet sind, kennenzulernen.	++	–
Ich finde, dass geflüchtete Kinder hier eigentlich nicht hingehören.	––	+
Mit geflüchteten Kindern ist das auch nicht anders, als mit anderen Kindern. Wenn man sich erst mal kennengelernt hat, dann macht man entweder was zusammen oder man lässt es.	++	
Geflüchtete Kinder sind gar nicht so anders.	+	–
Es gibt häufig Streit zwischen den geflüchteten Kindern und den anderen Kindern.		++
Schwierig ist, dass geflüchtete Kinder nicht so gut Deutsch sprechen.		++
Die geflüchteten Kinder wollen eigentlich keinen Kontakt zu uns.		++

+ = Ladung 0,3 bis unter 0,5 ++ = Ladung 0,5 bis unter 0,7 +++ = Ladung 0,7 oder größer
– = Ladung –0,3 bis über –0,5 –– = Ladung –0,5 bis über –0,7 ––– = Ladung –0,7 oder kleiner

A 4: Erhebungsinstrument: Kinderfragebogen (CAPI)

Vielen Dank für Deine Bereitschaft, bei unserer Umfrage mitzumachen. Ich werde Dir jetzt einige Fragen stellen, die sich auf Dich beziehen oder zu denen Du mir Deine persönliche Meinung sagen kannst.

Int.: Bitte eintragen

Fr. 01a Du bist die/der

Vornamen des Kindes ______________

Fr. 01b Kind ist

☐ Männlich
☐ Weiblich

Soziodemografie und Familie

Fr. 02 Zuerst einmal würde ich gerne wissen, wie alt Du bist

Int.: Falls »Weiß nicht«, klicken Sie auf den Button »WN«.
Int.: Falls »Keine Angabe«, klicken Sie auf den Button »KA«.

______ Alter des Kindes *(2017: 6–11 Jahre)*

☐ Weiß nicht[1]
☐ Keine Angabe

Fr. 03 Wenn Du einmal alle zusammenzählst, wie viele Personen wohnen dann bei Euch zu Hause? Zähle dich bitte selbst mit.

Int.: Bitte sicherstellen, dass das Kind sich auch selbst mitzählt
Int.: Falls »Trifft nicht zu, ich wohne im Heim«, klicken Sie auf den Button »TnziwiH«.
Int.: Falls »Weiß nicht«, klicken Sie auf den Button »WN«.
Int.: Falls »Keine Angabe«, klicken Sie auf den Button »KA«.

Haushaltsgröße ______

☐ Trifft nicht zu, ich wohne im Heim *(falsche Zielgruppe, Ende)*
☐ Weiß nicht
☐ Keine Angabe

Fr. 04 Und wer ist das? Bitte sage mir anhand dieser Liste, welche Personen bei Dir zu Hause wohnen. *(Fragentext für 6-/7-/8-Jährige)* Und wer ist das? Ich lese Dir jetzt diese Liste vor und du sagst, welche Personen bei Dir zu Hause wohnen.

Int.: Liste 4 vorlegen, vorlesen und mit dem Kind durchgehen

☐ Ich selber
☐ Vater
☐ Mutter
☐ Stiefvater/Lebenspartner oder -partnerin meiner Mutter
☐ Stiefmutter/Lebenspartnerin oder -partner meines Vaters
☐ Bruder oder Brüder *(Int.: Auch Stiefgeschwister!)*
☐ Schwester oder Schwestern

1 Die Optionen »Weiß nicht« oder »Keine Angabe« werden von den Interviewern und Interviewerinnen nicht vorgelesen.

☐ Opa
☐ Oma
☐ Andere Verwandte (Onkel oder Tante, Cousin oder Cousine …)
☐ Sonstige Bekannte meiner Eltern

☐ Weiß nicht
☐ Keine Angabe

Fr. 05 *Bei keiner Nennung von Geschwistern, laut Fr. 04*
Hast Du Geschwister, auch solche die vielleicht nicht mit dir zusammen wohnen?

☐ Ja
☐ Nein, ich habe keine Geschwister

☐ Weiß nicht
☐ Keine Angabe

Fr. 06 Sind Deine Eltern in Deutschland geboren oder kommt einer von ihnen oder beide aus einem anderen Land?

☐ Eltern sind in Deutschland geboren
☐ Ein Elternteil kommt aus einem anderen Land
☐ Beide kommen aus einem anderen Land

☐ Weiß nicht
☐ Keine Angabe

Fr. 07 *Falls ein Elternteil oder beide im Ausland geboren sind, sonst Fr. 08*
In welcher Sprache redet Ihr hauptsächlich zu Hause?

☐ Eher Deutsch
☐ oder eher in der Muttersprache Deiner Eltern (Deines nicht deutschen Elternteils)?

☐ Weiß nicht
☐ Keine Angabe

Fr. 08 Findest Du, dass Deine *(falls Lebenspartnerin laut Fr. 04, Text: leibliche)* Mutter ausreichend Zeit für Dich hat?

☐ Ja
☐ Mal so, mal so
☐ Nein

☐ Trifft nicht zu, Mutter nicht vorhanden
☐ Weiß nicht
☐ Keine Angabe

Fr. 09 *(Falls Stiefmutter/neue Lebenspartnerin, laut Fr. 04)*
Und findest Du, dass Deine Stiefmutter bzw. die Lebenspartnerin/der Lebenspartner Deines Vaters ausreichend Zeit für Dich hat?

☐ Ja
☐ Mal so, mal so
☐ Nein

☐ Weiß nicht
☐ Keine Angabe

Fr. 10 Wie ist das bei Deinem *(falls Lebenspartner laut Fr. 04, Text: leiblichen)* Vater, hat der ausreichend Zeit für Dich?

☐ Ja
☐ Mal so, mal so
☐ Nein

☐ Trifft nicht zu, Vater nicht vorhanden
☐ Weiß nicht
☐ Keine Angabe

Fr. 11 *(Falls Stiefvater/Lebenspartner laut Fr. 04)*
Und dein Stiefvater bzw. der Lebenspartner/die Lebenspartnerin Deiner Mutter, hat der/die ausreichend Zeit für Dich?

☐ Ja
☐ Mal so, mal so
☐ Nein

☐ Weiß nicht
☐ Keine Angabe

Fr. 12 Nun zu einem anderen Thema. Betet Ihr zu Hause?

☐ Nein
☐ Fast nie
☐ Manchmal
☐ Sehr oft

☐ Weiß nicht
☐ Keine Angabe

Fr. 13 Gehst Du regelmäßig in die Kirche oder eine Moschee?

Int.: Auch Gebetsraum oder andere Gotteshäuser z. B. Synagoge sind gemeint – unabhängig von der Religion.

☐ Ja, jede Woche
☐ Ja, ab und an im Monat
☐ Seltener
☐ Nie oder so gut wie nie

☐ Weiß nicht
☐ Keine Angabe

Fr. 14 Wie viele Bücher gibt es ungefähr bei Euch zu Hause? Du kannst Deine Antwort anhand der folgenden Vorgaben abstufen.
(Für 6-/7-/8-Jährige zusätzlich) Ich lese sie Dir vor.
(alle) Nenn mir einfach die zutreffende Zahl oder zeige mit dem Finger drauf.

Int.: Liste 14 vorlegen und die Antwortmöglichkeiten vorlesen und mit dem Finger mit zeigen, um welche Antwort es sich gerade handelt. Ev. auch zweimal durchgehen.
Int.: Gemeint sind die Bücher im Haushalt nicht nur die eigenen Bücher des Kindes.

Liste 14

1	2	3	4	5
Nur sehr wenige (bis 10 Bücher)	Etwa ein Bücherbrett (11–24 Bücher)	Etwa ein Regal (25–100 Bücher)	Etwa zwei Regale (101–200 Bücher)	Drei oder mehr Regale (mehr als 200 Bücher)

☐ Weiß nicht
☐ Keine Angabe

Fr. 15 Hast Du ein eigenes Kinderzimmer?

Int.: Wenn ein Kind sich mit anderen Kindern ein Zimmer teilt (z.B. Bruder, Schwester, Cousin), bei 2 – »mit Geschwistern zusammen« einordnen.

☐ Ja, für mich allein
☐ Ja, mit meinem(n) Geschwister(n) zusammen
☐ Nein, ich habe kein eigenes Zimmer

☐ Keine Angabe

Fr. 16 Und hast Du zu Hause einen geeigneten Platz, wo Du ungestört Deine Hausaufgaben machen kannst?

☐ Ja
☐ Nein

☐ Keine Angabe

Fr. 17 Welche der folgenden Aussagen, die ich dir jetzt vorlese, treffen bei euch zu Hause eher zu und welche davon treffen eher nicht zu?

(Itembatterie mit jeweils den folgenden Antwortmöglichkeiten)

☐ Eher ja
☐ Eher nein

☐ Weiß nicht
☐ Keine Angabe

- In der Regel esse ich mindestens eine warme Mahlzeit pro Tag. (eher ja oder eher nein?)
- In meiner Familie ist das Geld öfter knapp. (eher ja oder eher nein?)
- Wir machen pro Jahr mindestens eine Woche Urlaub woanders als zu Hause. (eher ja oder eher nein?)
- Wir haben genügend Geld für alles was wir brauchen. (eher ja oder eher nein?)

(Weitere Fragen nur dann stellen wenn Fr. 17.2 »eher ja« oder Fr. 17.4 »eher nein«)

- Weil in meiner Familie das Geld nicht reicht, kann ich so gut wie nie ins Kino oder ins Freibad gehen. (eher ja oder eher nein?)
- Manchmal können wir es uns nicht leisten Sachen für die Schule zu kaufen, zum Beispiel Hefte oder Stifte.
- Ich kann keine Freundinnen oder Freunde zu mir nach Hause zum Spielen oder zum Essen einladen.
- Mitmachen in einem Verein oder ein Instrument lernen geht nicht, weil meine Familie das nicht bezahlen kann.
- Meinen Geburtstag können wir aus Geldgründen zu Hause nur selten feiern.
- Ich konnte bei einer Klassenfahrt nicht mitfahren, weil meine Familie das Geld nicht hatte.
- Ab und zu bekommen wir Lebensmittel für umsonst, zum Beispiel von der »Tafel« (einem Stand, an dem man für umsonst Lebensmittel holen kann).
- Im Winter friere ich manchmal, weil ich keine warme Kleidung habe.

Thema »geflüchtete Menschen«

(Einleitung zum Thema)

In den letzten zwei Jahren haben viele Menschen ihre Heimat verlassen und sind nach Deutschland geflüchtet, um hier Schutz zu suchen. Darüber ist ja bei uns sehr viel gesprochen worden.

Fr. 18 Wie ist das bei euch: Wohnen in Deiner Gegend geflüchtete Menschen?

Int.: Vorgaben bitte vorlesen. Mehrfachnennung möglich.

☐ Ja, in einer Gemeinschaftsunterkunft, also einem »Flüchtlingsheim«
☐ Ja, in sonstigen Wohnungen
☐ Nein

☐ Weiß nicht
☐ Keine Angabe

Fr. 19 Hast Du schon mal irgendwo geflüchtete Kinder oder Erwachsene getroffen? Wo war das?

Int.: Vorgaben bitte vorlesen.

(Matrixfrage mit jeweils den folgenden Antwortmöglichkeiten)

Ja	Nein	Trifft nicht zu	Weiß nicht	Keine Angabe

- In meiner Klasse
- In der Schule/auf dem Schulhof/auf dem Schulgelände
- *(Falls Hort, Mittagsbetreuung)* Im Hort oder in der Mittagsbetreuung
- Auf dem Spielplatz, im Kinder- und Jugendzentrum
- Im Verein oder in einer Gruppe, bei der ich regelmäßig mitmache
- Bei uns in der Familie oder bei Verwandten (z.B. bei Oma oder Opa)
- In der Nachbarschaft, da wo ich wohne
- In der Stadt/im Bus (oder Ähnliches)
- Beim Einkaufen
- Sonstwo

Fr. 20 *(Wenn in Fr. 19 mindestens einmal »Ja«)*
Wie waren da Deine Erfahrungen?
Bitte schau Dir die Gesichter an und zeige mir, welches am besten passt.
Du kannst hier den Stift nehmen.

Int.: Kind an den Laptop und mit Pen den Smiley antippen lassen.
Ggf. bitte helfen.

A B C D E

☐ Weiß nicht
☐ Keine Angabe

Fr. 21 *(Wenn in Fr. 19 mindestens einmal »Ja«)*
Machst Du ab und an etwas zusammen mit den geflüchteten Kindern?

☐ Ja
☐ Nein

☐ Weiß nicht
☐ Keine Angabe

Fr. 22 *(Falls Fr. 21 »Ja«)*
Wie verständigt ihr euch?

Int.: Mehrfachnennung möglich!

☐ In Deutsch
☐ In einer anderen Sprache
☐ Einfach so, ohne Worte

☐ Weiß nicht
☐ Keine Angabe

Fr. 23 *(Falls Fr. 21 »Ja«)*
Würdest Du sagen, dass geflüchtete Kinder zu Deinem Freundeskreis gehören?

☐ Ja
☐ Nein

☐ Weiß nicht
☐ Keine Angabe

Fr. 24 *(Falls Fr. 21 »Ja«)*
Habt ihr euch schon mal gegenseitig besucht?

Int.: Mehrfachnennungen möglich.

☐ Ja, wir waren bei mir zu Hause
☐ Ja, ich war bei der Familie des geflüchteten Kinds zu Hause
☐ Nein

☐ Weiß nicht
☐ Keine Angabe

Fr. 25 *(Keine Filterbedingung)*
Hast Du selber zum Beispiel in der Schule oder mit Deiner Familie oder anderswo etwas für geflüchtete Kinder oder Erwachsene gemacht?

(Matrixfrage mit jeweils den folgenden Antwortmöglichkeiten)

Ja	Nein	Weiß nicht	Keine Angabe

- Schulranzen und Federmäppchen oder andere Schulsachen für geflüchtete Kinder gesammelt/verschenkt
- Spielsachen, Kleidung oder sonstige Dinge für geflüchtete Kinder gesammelt/verschenkt
- Spielenachmittag mit geflüchteten Kindern veranstaltet
- Gemeinsamer Ausflug oder andere Unternehmungen mit geflüchteten Kindern
- Sonstige Spendengelder für geflüchtete Kinder gesammelt (z.B. Basar, Spendenlauf)

Fr. 26 Welchen der folgenden Aussagen, die ich Dir jetzt vorlese, stimmst Du eher zu und welchen davon eher nicht?

(Itembatterie mit jeweils den folgenden Antwortmöglichkeiten)

☐ Stimme eher zu
☐ Stimme eher nicht zu

☐ Weiß nicht
☐ Keine Angabe

- Geflüchtete Kinder sind gar nicht so anders.
- Schwierig ist, dass geflüchtete Kinder nicht so gut Deutsch sprechen.
- Es macht Spaß, Kinder, die geflüchtet sind, kennenzulernen.
- Es gibt häufig Streit zwischen den geflüchteten Kindern und den anderen Kindern.
- Die geflüchteten Kinder wollen eigentlich keinen Kontakt zu uns.
- Ich finde es richtig, dass jeder von uns etwas abgibt, damit auch geflüchtete Kinder in Deutschland zur Schule gehen und gut leben können.
- Ich finde, dass geflüchtete Kinder hier eigentlich nicht hingehören.
- Mit geflüchteten Kindern ist das auch nicht anders als mit anderen Kindern. Wenn man sich erst mal kennengelernt hat, dann macht man entweder was zusammen oder man lässt es.
- Mir tun geflüchtete Kinder leid.

Thema »Gerechtigkeit«

Fr. 27 Was denkst Du: Wie gerecht oder ungerecht wird in Deutschland insgesamt mit geflüchteten Menschen umgegangen? Ist das sehr gerecht, eher gerecht, eher ungerecht oder sehr ungerecht? Bitte schau Dir die Gesichter an und zeige mir, welches am besten passt.
Du kannst hier den Stift nehmen.

Int.: Kind an den Laptop und mit Pen den Smiley antippen lassen.
Ggf. bitte helfen.
Int.: Antwortkategorien einmal vorlesen, dann bei Bedarf.

(Itembatterie mit jeweils den Antwortmöglichkeiten)

Liste 27

sehr gerecht	eher gerecht	eher ungerecht	sehr ungerecht

☐ Weiß nicht
☐ Keine Angabe

Und was meinst du, wie ist das mit anderen Gruppen? Wie ist das mit …

- … Kindern und Jugendlichen …
- … alten Menschen …
- … Menschen mit Behinderung …
- … armen Menschen …

… Ist das sehr gerecht, eher gerecht, eher ungerecht oder sehr ungerecht?

Fr. 28 Und wie ist es bei Dir selber? Fühlst Du Dich aufgrund der folgenden Dinge benachteiligt?

Int.: Liste 28 vorlegen! Antwortkategorien einmal vorlesen, dann bei Bedarf!

(Itembatterie mit jeweils den folgenden Antwortmöglichkeiten)

Liste 28

Nein/So gut wie nie	Ab und zu	Oft

☐ Trifft nicht zu
☐ Weiß nicht
☐ Keine Angabe

- wegen Deines Alters
- weil Du ein »Junge/Mädchen« bist *(Text gemäß Fr. 01b)*
- wegen Deines Äußeren (also so wie Du aussiehst)
- weil Deine Eltern nicht so viel Geld haben
- weil Deine Mutter oder Dein Vater nicht aus Deutschland kommen *(wenn laut Fr. 06 ein Elternteil oder beide nicht in Deutschland geboren; Fr. 06 = 2,3)*
- weil Deine Eltern nicht zusammenleben *(wenn laut Fr. 04 nur Vater oder Mutter im HH, unabhängig von Stiefeltern bzw. Lebenspartner/in)*

Fr. 29 Wirst Du ausgegrenzt? Fühlst Du Dich gemobbt?

Int.: Liste 28 liegt vor! Antwortkategorien vorlesen!

☐ Nie/So gut wie nie
☐ Ab und zu
☐ Oft

☐ Keine Angabe

Fr. 30 *(Falls in Fr. 29 »Oft« oder »Ab und zu«)*
Und wo passiert das?

Int.: Mehrfachnennungen möglich.

☐ In der Schule
☐ Im Freundeskreis
☐ Über das Internet
☐ Anderswo, und zwar: ______________

☐ Keine Angabe

Schule/Institutionen

Fr. 31 Nun geht es um die Schule. In welche Klasse gehst Du?

Int.: Falls »Ich gehe noch nicht zur Schule«, klicken Sie auf den Button »IGNNZS«.
Int.: Falls »Weiß nicht«, klicken Sie auf den Button »WN«.
Int.: Falls »Keine Angabe«, klicken Sie auf den Button »KA«.

__ Klasse (Klasse 1–7)

☐ Ich gehe noch nicht zur Schule → *AUSFALL der Schulbesuch ist Stichprobenkriterium*
☐ Weiß nicht → *AUSFALL der Schulbesuch ist Stichprobenkriterium*
☐ Keine Angabe → *AUSFALL der Schulbesuch ist Stichprobenkriterium*

Fr. 32 Wenn Du an die Schule denkst, wie gefällt Dir der **Unterricht**?
Bitte zeige mir wieder den passenden Smiley.

Int.: Kind an den Laptop und mit Pen den Smiley antippen lassen. Ggf. bitte helfen.

A B C D E

☐ Weiß nicht
☐ Keine Angabe

Fr. 33 Und wie zufrieden bist Du mit den **Lehrerinnen und Lehrern**?
Bitte zeige mir wieder den passenden Smiley.

Int.: Kind an den Laptop und mit Pen den Smiley antippen lassen. Ggf. bitte helfen.

A B C D E

☐ Weiß nicht
☐ Keine Angabe

Fr. 34 Zeig mir noch: Wie wohl fühlst Du Dich mit den **anderen Kindern in Deiner Klasse**?
Bitte zeige mir wieder den passenden Smiley.

Int.: Kind an den Laptop und mit Pen den Smiley antippen lassen. Ggf. bitte helfen.

☐ Weiß nicht
☐ Keine Angabe

Fr. 35 Was würdest Du sagen, bist Du

Split: Jungen (Fr. 35m)
☐ ein überhaupt nicht guter Schüler
☐ ein nicht so guter
☐ ein mittelguter
☐ ein guter
☐ oder ein sehr guter Schüler?

Split: Mädchen (Fr. 35w)
☐ eine überhaupt nicht gute Schülerin
☐ eine nicht so gute
☐ eine mittelgute
☐ eine gute
☐ oder eine sehr gute Schülerin?

☐ Weiß nicht
☐ Keine Angabe

Fr. 36 Gehst Du auf eine Halbtagsschule, die **normalerweise** mittags zu Ende ist, oder besuchst Du eine Ganztagsschule oder -klasse mit regelmäßigem Unterricht und sonstigen Angeboten am Nachmittag?

Int.: Ein Hort, Mittagsbetreuung (MIB) oder sonstige nicht schulische Betreuungseinrichtungen sind nicht gemeint!

☐ Halbtagsschule *(weiter mit Fr. 37)*
☐ Ganztagsschule/Ganztagsklasse *(weiter mit Fr. 38)*

☐ Weiß nicht *(weiter mit Fr. 37)*
☐ Keine Angabe *(weiter mit Fr. 37)*

Fr. 37 *(Falls Fr. 36 = Halbtagsschule, WN oder KA)*
Fändest Du es gut oder nicht so gut, wenn in der Schule künftig auch am Nachmittag folgende Dinge stattfinden würden?

(Itembatterie mit jeweils den folgenden Antwortmöglichkeiten)

☐ Fände ich gut
☐ Fände ich nicht so gut
☐ Unentschieden

☐ Weiß nicht
☐ Keine Angabe

- Hausaufgabenbetreuung
- Sportangebote
- Kunst, Theater-AG
- Projekte, Projektunterricht
- normaler Unterricht

Fr. 38 *(Falls Fr. 36 = Ganztagsschule, WN oder KA)*
Wärst Du lieber auf einer Schule oder in einer Klasse, die mittags zu Ende ist?

☐ Ja
☐ Nein

☐ Weiß nicht
☐ Keine Angabe

Fr. 39 Wird bei euch ein Klassensprecher gewählt? So dass Kinder in der Schule mitreden können?

☐ Ja
☐ Nein

☐ Weiß nicht
☐ Keine Angabe

Fr. 40 Dürft Ihr in Eurer Schule – …

Int.: Liste 40 vorlegen und Antwortkategorien vorlesen!

(Itembatterie mit jeweils den folgenden Antwortmöglichkeiten)

Liste 40

Fast nie	Manchmal	Oft

☐ Weiß nicht
☐ Keine Angabe

- Mitbestimmen, wie Euer Klassenzimmer gestaltet ist?
- Mitreden, neben wem ihr sitzen dürft?
- Und mitbestimmen wie die Tische aufgestellt werden?
- Mitreden, wie die Klassenregeln gestaltet werden, also wie ihr in der Klasse miteinander umgeht?
- *(Filter: 1. Klasse überspringen)* Mitreden, wohin die Schulausflüge gehen sollen (indem zum Beispiel verschiedene Ziele zur Auswahl gestellt werden)?
- *(Filter: 1. Klasse überspringen)* Vorschläge machen, wie die Schulfeste gestaltet werden (was zum Beispiel an Programm stattfinden soll)?

Fr. 41 Darfst Du Dir in der Mathe- oder Deutschstunde manchmal aussuchen, welche Aufgaben du bearbeitest?

Int.: Liste 40 liegt vor!

Liste 40

Fast nie	Manchmal	Oft

☐ Weiß nicht
☐ Keine Angabe

Fr. 42 *(Sofern Fr. 36 = Halbtagsschule)*
Besuchst Du nach der Schule regelmäßig eine der folgenden Betreuungseinrichtungen?

Int.: Min. 2-mal pro Woche. Mehrfachnennungen möglich!

☐ Eine Mittagsbetreuung an der Schule
☐ Einen Hort
☐ Eine sonstige Einrichtung oder Gruppe zur Nachmittagsbetreuung
☐ Nein, nichts davon/ich gehe in keine Einrichtung

☐ Weiß nicht
☐ Keine Angabe

Fr. 43 Erhältst Du privaten Nachhilfeunterricht?

☐ Nein
☐ Ja, einmal in der Woche
☐ Ja, mehrmals in der Woche

☐ Weiß nicht
☐ Keine Angabe

Fr. 44 *(Falls laut Fr. 31 bis einschließlich 4. Klasse)*
Auf welche weiterführende Schule möchtest Du später gerne gehen?

Int.: Bei Unklarheiten zur Schulform (bsp. Gesamtschule/Gemeinschaftsschule/Regionalschule) bitte anhand des jeweiligen Abschlusses zuordnen!

☐ auf die Mittelschule/Hauptschule (Hauptschulabschluss/»Quali«/Berufsreife/Berufsbildungsreife),
☐ auf die Realschule (Realschulabschluss/Mittlere Reife) oder
☐ auf das Gymnasium (Abitur)?

☐ Weiß nicht/egal
☐ Keine Angabe

Fr. 45 *(Falls laut Fr. 31 ab einschließlich 5. Klasse)*
Welchen Schulabschluss möchtest Du später erreichen?

Int.: Vorgaben bitte vorlesen!

☐ den Hauptschulabschluss/»Quali«/Berufsreife/Berufsbildungsreife (9. Klasse),
☐ den Realschulabschluss/Mittlere Reife (10. Klasse) oder
☐ das Abitur?

☐ Weiß nicht/egal
☐ Keine Angabe

Freizeit, Mediennutzung und Freundschaften

Fr. 46 Nun zum Thema Freizeit und Freunde
Welche von den Dingen, die ich Dir jetzt gleich vorlese, machst Du in Deiner Freizeit nie oder fast nie, welche manchmal und welche sehr oft?

Int.: Liste 46 vorlegen und Antwortkategorien vorlesen!

(Itembatterie mit jeweils den folgenden Antwortmöglichkeiten)

Liste 46

Fast nie	Manchmal	Sehr oft

☐ Weiß nicht
☐ Keine Angabe

- Sport treiben (Schwimmen, Fußballspielen usw.)
- Radfahren, Inlineskaten oder Skateboard fahren
- Theatergruppe, Tanzen oder Ballett
- Fernsehen, YouTube, Filme schauen
- Mich mit Freundinnen oder Freunden treffen
- Zu Hause mit meinem Spielzeug spielen
- Ein Instrument spielen, Musik machen
- Computerspiele, Playstation, Wii, X-Box, Nintendo, Gameboy oder Spiele am Tablet oder Smartphone
- Bücher oder Zeitschriften lesen *(Text für 6- bis 7-Jährige: »anschauen«)*
- Basteln, Malen oder Zeichnen
- Etwas mit Werkzeug bauen
- Mit Lego bauen oder Playmobil spielen
- Etwas mit der Familie unternehmen (Ausflüge machen)
- Mich mit der Natur oder Tieren beschäftigen
- Draußen auf der Straße spielen
- Hörspiele und Geschichten hören

Fr. 47 Wie zufrieden bist Du ganz allgemein mit Deiner Freizeit?
Bitte zeige mir wieder den passenden Smiley.

Int.: Kind an den Laptop und mit Pen den Smiley antippen lassen.
Ggf. bitte helfen.

- ☐ Weiß nicht
- ☐ Keine Angabe

Fr. 48 *(Text: 8- bis 11-Jährige, laut Fr. 02)*
Wie häufig liest Du zu Hause länger in einem Buch (ohne Hausaufgaben)?

(Text: 6- bis 7-Jährige laut Fr. 02)
Wie häufig schaust Du Dir zu Hause länger ein Buch an (ohne Hausaufgaben)?

Int.: Gemeint ist mindestens eine Viertelstunde.
Int.: Gemeint sind auch E-Books (z. B. Kindle, Tolino)

- ☐ So gut wie nie
- ☐ Eher selten
- ☐ Einmal pro Woche
- ☐ Mehrfach wöchentlich
- ☐ Täglich

- ☐ Weiß nicht
- ☐ Keine Angabe

Fr. 49 Hast Du ein eigenes Handy?

- ☐ Ja
- ☐ Nein, ich habe kein eigenes Handy

- ☐ Weiß nicht
- ☐ Keine Angabe

Fr. 50 *(Falls laut Fr. 49 Handy vorhanden)*
Ist das ein Smartphone?

☐ Ja
☐ Nein

☐ Weiß nicht
☐ Keine Angabe

Fr. 51 Bist Du selber regelmäßig in der Woche im Internet, egal ob über Computer, Tablet oder Smartphone?

☐ Ja
☐ Nein, nur unregelmäßig oder nie *(weiter mit Fr. 54)*

☐ Weiß nicht *(weiter mit Fr. 54)*
☐ Keine Angabe *(weiter mit Fr. 54)*

Fr. 52 *(Falls Fr. 51 = Ja)*
Und wie lange bist Du ungefähr **pro Tag** im Internet? Denk an einen durchschnittlichen Schultag von Montag bis Freitag.

☐ nicht mehr als eine halbe Stunde
☐ bis 1 Stunde
☐ bis 1,5 Stunden
☐ bis 2 Stunden
☐ bis 2,5 Stunden
☐ bis 3 Stunden
☐ mehr als 3 Stunden

☐ Bin nicht jeden Tag im Internet (→ *Fr. 52 Nachfrage)*
☐ Bin nur am Wochenende im Internet

☐ Weiß nicht
☐ Keine Angabe

Fr. 52 Nachfrage *(Falls laut Fr. 52 nicht jeden Tag im Internet, nachfragen)*
Und wie oft in der Woche ist das? ___________ mal
Wenn Du mal an eine normale Schulwoche denkst, wie viele Stunden bist Du an diesen Tagen ungefähr im Internet?

Int.: Bitte Punkt statt Komma schreiben

☐ ____________ *(Int.: auf halbe Std. genau z.B. 2.5)*

☐ Weiß nicht
☐ Keine Angabe

Fr. 53 *(Falls Fr. 51 = Ja)*
Was machst Du hauptsächlich, wenn Du im Internet bist?

Int.: Liste 53 vorlegen!
Int.: Bei der Abfrage die Antwortmöglichkeiten noch einmal benennen.
Int.: Bei jüngeren Kindern bitte die Antwortmöglichkeiten vorlesen und mit dem Finger mit zeigen, um welche Antwort es sich gerade handelt.

(Itembatterie mit jeweils den folgenden Antwortmöglichkeiten)

Liste 53

Fast nie	Manchmal	Sehr oft

☐ Weiß nicht
☐ Keine Angabe

- Gezielt nach etwas suchen
- Auf Facebook oder Instagram sein (oder andere soziale Netze nutzen)
- Whatsapp oder Snapchat
- Das Internet für die Schule nutzen
- Chatten (also mich im Internet mit anderen unterhalten)
- Einfach drauflos surfen
- Computerspiele oder Tabletspiele
- YouTube, Filme schauen
- Musik hören oder herunterladen

Fr. 54 Jetzt mal grob geschätzt: Wie viele Freundinnen oder Freunde hast Du in etwa?

- ☐ Einen
- ☐ 2 bis 3
- ☐ 4 bis 5
- ☐ 6 bis 9
- ☐ 10 oder mehr
- ☐ Gar keine *(→ Fr. 56)*

- ☐ Weiß nicht
- ☐ Keine Angabe

Fr. 55 *(Überspringen wenn in Fr. 54 »Gar keine« angegeben, bei KA und WN wird die Fr. gestellt)*
Und wie viele richtig gute Freunde hast Du?

- ☐ 1
- ☐ 2
- ☐ 3
- ☐ 4
- ☐ 5
- ☐ 6 bis 9
- ☐ 10 oder mehr
- ☐ Gar keine

- ☐ Weiß nicht
- ☐ Keine Angabe

Fr. 56 Findest Du es eher leicht oder eher schwer, Freundschaften zu schließen?

- ☐ Eher leicht
- ☐ Eher schwer

- ☐ Weiß nicht
- ☐ Keine Angabe

Fr. 57 *(Wenn 1 bis 10 und mehr in Fr. 54* ***oder*** *1 bis 10 und mehr in Fr. 55 falls in Fr. 54 KA/WN)*
Wie häufig triffst Du Dich mit Deinen Freunden *(Falls in Fr. 54 = 1 oder Fr. 55 = 1 & Fr. 54 = KA/WN, Text: Deinem Freund) …*

(Itembatterie mit jeweils den folgenden Antwortmöglichkeiten)

☐ Selten, nie
☐ Mehrmals die Woche
☐ Nahezu täglich

☐ Weiß nicht
☐ Keine Angabe

- In der Schule? (nahezu täglich/mehrmals die Woche/selten, nie)
- In der Mittagsbetreuung oder im Hort? *(nur falls laut Fr. 42 angegeben)*
- Draußen? (auf der Straße, oder dem Spielplatz, … Hof)
- Bei Dir zuhause?
- Bei Deinen Freunden/Deinem Freund zuhause?
- Im Verein?
- *(Falls Fr. 51 = Ja)* Online?

Fr. 58 Und wie zufrieden bist Du mit Deinem Freundeskreis?
Bitte zeige mir wieder den passenden Smiley.

Int.: Kind an den Laptop und mit Pen den Smiley antippen lassen. Ggf. bitte helfen.

A B C D E

☐ Weiß nicht
☐ Keine Angabe

Fr. 59 Man kann sich in der Gegend, in der man wohnt, ja unterschiedlich wohl fühlen. Welche der folgenden Aussagen treffen bei Dir eher zu und welche eher nicht zu?

(Itembatterie mit jeweils den folgenden Antwortmöglichkeiten)

☐ Trifft (eher) zu
☐ Trifft (eher) nicht zu

☐ Weiß nicht
☐ Keine Angabe

- In meiner Gegend gibt es nur wenige öffentliche Verkehrsmittel wie Bus und Straßenbahn.
- Unsere Nachbarn schimpfen ständig, weil sie uns zu laut finden.
- In meiner Nachbarschaft wohnen genügend Spielfreundinnen oder -freunde.
- In meiner Straße gibt es zu viel Autoverkehr.
- Ich fürchte mich vor aggressiven Jugendlichen und Erwachsenen aus der Nachbarschaft.
- Einen Spielplatz oder eine freie Wiese zum Spielen kann ich jederzeit zu Fuß erreichen.

Fr. 60 Kommt es vor, dass Du Kopfweh oder Bauchweh hast?

☐ so gut wie nie
☐ nur selten
☐ öfter, oder
☐ sehr oft

☐ Weiß nicht
☐ Keine Angabe

Einstellung und Mitwirkung im Alltag

Fr. 61 Wenn Du jetzt noch mal an Deinen Alltag denkst, wo ist da Deine Meinung gefragt: Darfst Du selbst entscheiden …

(Itembatterie mit jeweils den folgenden Antwortmöglichkeiten)

☐ Eher ja
☐ Eher nein

☐ Weiß nicht
☐ Keine Angabe

- mit welchen Freunden Du Dich triffst?
- welche Kleidung Du anziehst?
- wofür Du Dein Taschengeld ausgibst?
- wie viel Freundinnen oder Freunde Du nach Hause mitbringst?
- was Du in Deiner Freizeit machst?
- wann Du Deine Hausaufgaben machst?
- ob Du ohne Erwachsene draußen spielst?
- ob Du ohne Erwachsene zur Schule gehst?

Fr. 62 Und darfst Du mitbestimmen, was Ihr als Familie in der Freizeit (zum Beispiel am Wochenende) macht?

☐ Eher ja
☐ Eher nein

☐ Nur spontan: wir unternehmen nichts
☐ Weiß nicht
☐ Keine Angabe

Fr. 63 Und darfst Du mitbestimmen, was es daheim zu essen gibt?

☐ Eher ja
☐ Eher nein

☐ Weiß nicht
☐ Keine Angabe

Fr. 64 Was glaubst Du, welche von den folgenden Personen legen eher viel und welche eher wenig Wert auf Deine eigene Meinung?

Int.: »Mal so, mal so« bitte nicht vorlesen. Wenn Kind zögerlich ist als Antwortkategorie anbieten!

(Itembatterie mit jeweils den folgenden Antwortmöglichkeiten)

☐ Eher viel
☐ Eher wenig
☐ Mal so, mal so

☐ Weiß nicht
☐ Keine Angabe

- Deine Mutter (legt die eher viel oder eher wenig Wert auf Deine eigene Meinung?)
- Dein Vater (legt der eher viel oder eher wenig Wert auf Deine eigene Meinung?)
- Deine beste Freundin oder Dein bester Freund (legt der/die eher viel oder eher wenig Wert auf Deine eigene Meinung?)
- Deine Klassenlehrerin/Dein Klassenlehrer (legt der/die eher viel oder eher wenig Wert auf Deine eigene Meinung?)
- *(sofern in einer Einrichtung laut Fr. 40)* Die Betreuerinnen und Betreuer der Einrichtung, in der Du nach der Schule bist (legen die eher viel oder eher wenig Wert auf Deine eigene Meinung?)

Fr. 65 Machen Dir folgende Dinge Angst?

Int.: Liste 65 vorlegen.
Int.: Bei der Abfrage die Antwortmöglichkeiten noch einmal benennen.
Int.: Bei jüngeren Kindern die Antwortmöglichkeiten vorlesen und mit dem Finger mit zeigen um welche Antwort es sich gerade handelt.

(Itembatterie mit jeweils den folgenden Antwortmöglichkeiten)

Liste 65

Fast nie	Manchmal	Sehr oft

☐ Fast nie
☐ Manchmal
☐ Sehr oft

☐ Weiß nicht
☐ Keine Angabe

- schlechte Noten und dass ich in der Schule nicht mehr mitkomme
- dass meine Eltern arbeitslos werden oder keine Arbeit finden
- dass ich bedroht oder geschlagen werden könnte
- dass ich von anderen Kindern ausgegrenzt werde
- die wachsende Umweltverschmutzung
- Terroranschläge
- dass es bei uns immer mehr arme Menschen gibt
- dass immer mehr Menschen gegen Ausländer sind
- dass bei uns plötzlich ein Krieg ausbricht
- dass immer mehr Ausländer nach Deutschland kommen

Fr. 66 Interessierst Du Dich für Politik? Würdest Du sagen, Du bist

---

Int.: Wenn Kind mit Politik nichts anfangen kann, bitte erst mal erläutern: »Gemeint ist, was Politiker (z. B. Frau Merkel) machen oder was Parteien tun«

☐ gar nicht interessiert
☐ wenig interessiert
☐ interessiert
☐ stark interessiert

☐ Kind weiß nichts zu antworten, kann nichts mit dem Begriff Politik anfangen *(→ Fr. 68)*
☐ Weiß nicht
☐ Keine Angabe

Fr. 67 *(Überspringen wenn Fr. 66 = 5)*
Glaubst Du, dass Politiker auch viel an Kinder denken, also daran, was sie tun müssen, damit es Kindern gut geht, oder glaubst Du das eher nicht?

☐ Glaube ich
☐ Glaube ich eher nicht
☐ Unentschieden, kann ich nicht sagen

☐ Weiß nicht
☐ Keine Angabe

Fr. 68 Und zum Abschluss: Wie zufrieden bist Du insgesamt mit Deinem Leben?
Bitte zeige mir wieder den passenden Smiley.

*Int.: Kind an den Laptop und mit Pen den Smiley antippen lassen.
Ggf. bitte helfen.*

A B C D E

☐ Weiß nicht
☐ Keine Angabe

Vielen Dank für Deine Mitarbeit!

Hinweise zur Interviewsituation: Vom Interviewer auszufüllen

Int.: Liebe Interviewer!
Nun möchten wir noch Ihre Meinung zu diesem Interview wissen:

Fr. 69 Wie war die Bereitschaft des Kindes, die Fragen zu beantworten?

- ☐ Gut
- ☐ Mittelmäßig
- ☐ Schlecht
- ☐ Mal so, mal so

Fr. 70 Wurde das Interview im Beisein weiterer Personen durchgeführt?

- ☐ Ja
- ☐ Nein

Fr. 71 *(Falls Fr. 70 = Ja)*
Welche Personen waren anwesend?

Int.: Mehrfachnennungen möglich!

- ☐ Die Mutter
- ☐ Der Vater
- ☐ Stiefmutter/Lebenspartner(in) des Vaters
- ☐ Stiefvater/Lebenspartner(in) der Mutter
- ☐ Großeltern
- ☐ Geschwister
- ☐ Sonstige Verwandte
- ☐ Andere Kinder
- ☐ Andere Erwachsene

Fr. 72 *(Falls Fr. 70 = Ja)*
Haben irgendwelche Personen in den Interviewverlauf eingegriffen (zum Beispiel Fragen umformuliert, Hinweise gegeben oder die Antwortrichtung beeinflusst)?

- ☐ Ja, sehr häufig
- ☐ Ja, ab und an
- ☐ Nein eher nicht
- ☐ Nein, überhaupt nicht

Fr. 73 Haben Sie sonst noch eine Anmerkung (z.B. zur Interviewsituation oder zur Familie des Kindes)? Offen

Vielen herzlichen Dank für Ihre Mitarbeit!

A 5: Erhebungsinstrument: Elternfragebogen

Liebe Eltern,
vielen Dank für Ihre Zustimmung, dass sich Ihr Kind an der 4. World-Vision Kinderstudie beteiligt und von uns befragt werden darf. Wir möchten Sie mit dem folgenden Fragebogen noch um einige wenige Hintergrundinformationen zu Ihnen und zu Ihrer Familie bitten. Selbstverständlich werden auch diese Angaben ausschließlich anonym ausgewertet und an keine sonstigen Dritten weitergegeben.

Achtung Interviewer: Bitte vorab eintragen!

Vorname des befragten Kindes: ______________________________

Was trifft auf Sie zu?

E01 Ich bin

- ☐ die Mutter des Kindes
- ☐ der Vater des Kindes
- ☐ Stief-/Pflege-/Adoptivmutter des Kindes/Lebenspartner(in) des Vaters
- ☐ Stief-/Pflege-/Adoptivvater des Kindes/Lebenspartner(in) der Mutter

E02 Ich bin

- ☐ verheiratet
- ☐ nicht verheiratet, betreue das Kind aber zusammen mit meinem Partner/meiner Partnerin
- ☐ alleinerziehend

E03a Ich bin

____ Jahre

- ☐ männlich
- ☐ weiblich

E03b *Sofern verheiratet oder mit Partner(in) lebend*
Mein Partner/meine Partnerin ist

____ Jahre

- ☐ männlich
- ☐ weiblich

E04a Mein (höchster) Schulabschluss

- ☐ Hauptschulabschluss/»Quali« (8.–9. Klasse)
- ☐ Realschulabschluss/Mittlere Reife/Mittlerer Bildungsabschluss (10. Klasse)
- ☐ Fachhochschulreife/Fachgebundene Hochschulreife
- ☐ Abitur
- ☐ Habe keinen Abschluss
- ☐ Gehe noch zur Schule

E04b *Sofern verheiratet oder mit Partner(in) lebend*
Der (höchste) Schulabschluss meines Partners/meiner Partnerin

- ☐ Hauptschulabschluss/»Quali« (8.–9. Klasse)
- ☐ Realschulabschluss/Mittlere Reife/Mittlerer Bildungsabschluss (10. Klasse)
- ☐ Fachhochschulreife/Fachgebundene Hochschulreife
- ☐ Abitur
- ☐ Hat keinen Abschluss
- ☐ Geht noch zur Schule

E05a Ich bin derzeit

- ☐ Vollzeit erwerbstätig (35 Stunden und mehr)
- ☐ Teilzeit erwerbstätig (15 bis unter 35 Stunden)
- ☐ geringfügig beschäftigt (unter 15 Stunden)
- ☐ arbeitslos
- ☐ in Erziehungsurlaub oder in sonstiger Beurlaubung
- ☐ in Ausbildung
- ☐ Schüler(in) oder Student(in)
- ☐ Hausfrau oder Hausmann oder aus sonstigen Gründen nicht erwerbstätig

E05b *Sofern verheiratet oder mit Partner(in) lebend*
Mein Partner/Meine Partnerin ist derzeit

- ☐ Vollzeit erwerbstätig (35 Stunden und mehr)
- ☐ Teilzeit erwerbstätig (15 bis unter 35 Stunden)
- ☐ geringfügig beschäftigt (unter 15 Stunden)
- ☐ arbeitslos
- ☐ in Erziehungsurlaub oder in sonstiger Beurlaubung
- ☐ in Ausbildung
- ☐ Schüler(in) oder Student(in)
- ☐ Hausfrau oder Hausmann oder aus sonstigen Gründen nicht erwerbstätig

E06a *Sofern erwerbstätig*
Ich bin beschäftigt als

- ☐ Arbeiter(in)
- ☐ Angestellte(r)
- ☐ Beamter/Beamtin
- ☐ freiberufliche(r) Akademiker(in), z.B. Rechtsanwalt, Arzt …
- ☐ Selbständige(r)

E06b *Sofern erwerbstätig*
Mein Partner/meine Partnerin ist beschäftigt als

☐ Arbeiter(in)
☐ Angestellte(r)
☐ Beamter/Beamtin
☐ freiberufliche(r) Akademiker(in), z.B. Rechtsanwalt, Arzt …
☐ Selbständige(r)

E07a *Sofern erwerbstätig*
Sind Sie in den letzten zwei Jahren für 3 Monate oder länger arbeitslos gewesen?

☐ Ja
☐ Nein
☐ Trifft nicht zu, bin nicht erwerbstätig und habe keine Arbeit gesucht

E07b *Sofern erwerbstätig*
Ist Ihr Partner/Ihre Partnerin in den letzten zwei Jahren für 3 Monate oder länger arbeitslos gewesen?

☐ Ja
☐ Nein
☐ Trifft nicht zu, er/sie ist nicht erwerbstätig und hat keine Arbeit gesucht

E07c *Sofern Sie erwerbstätig sind:*
Würden Sie gerne mehr arbeiten oder weniger arbeiten?

☐ Mehr arbeiten
☐ Weniger arbeiten
☐ Es ist gut so, wie es ist

E07d *Sofern Sie NICHT erwerbstätig sind:*
Würden Sie gerne arbeiten?

☐ Ja, Vollzeit
☐ Ja, Teilzeit
☐ Nein, es ist gut so wie es ist

E08a Ich bin geboren

- ☐ in Deutschland
- ☐ in der Türkei
- ☐ in Griechenland
- ☐ in Italien
- ☐ im ehemaligen Jugoslawien
- ☐ in der ehemaligen Sowjetunion
- ☐ in sonstigem westeuropäischen Land
- ☐ in sonstigem osteuropäischen Land
- ☐ in einem arabischen Land
- ☐ in Afrika
- ☐ in einem sonstigen Land

E08b *Sofern verheiratet oder mit Partner(in) lebend*
Mein Partner/meine Partnerin ist geboren

- ☐ in Deutschland
- ☐ in der Türkei
- ☐ in Griechenland
- ☐ in Italien
- ☐ im ehemaligen Jugoslawien
- ☐ in der ehemaligen Sowjetunion
- ☐ in sonstigem westeuropäischen Land
- ☐ in sonstigem osteuropäischen Land
- ☐ in einem arabischen Land
- ☐ in Afrika
- ☐ in einem sonstigen Land

E09a *Sofern nicht in Deutschland geboren*
Was war der Grund dafür, dass Sie nach Deutschland gekommen sind?

- ☐ Ich bin geflohen, z.B. wegen Krieg, Hungersnöten, Verfolgung
- ☐ Ich bin aus anderen Gründen nach Deutschland gekommen

E09b *Sofern verheiratet oder mit Partner(in) lebend und Partner(in) nicht in Deutschland geboren*
Was war der Grund dafür, dass Ihr(e) Partner(in) nach Deutschland gekommen ist?

- ☐ Er/sie ist geflohen, z.B. wegen Krieg, Hungersnöten, Verfolgung
- ☐ Er/sie ist aus anderen Gründen nach Deutschland gekommen

E10a Meine gegenwärtige Staatsangehörigkeit

- ☐ Deutsch
- ☐ Türkisch
- ☐ Griechisch
- ☐ Italienisch
- ☐ Ehemaliges Jugoslawien
- ☐ Ehemalige Sowjetunion
- ☐ Sonstiges westeuropäisches Land
- ☐ Sonstiges osteuropäisches Land
- ☐ Arabisches Land
- ☐ Afrikanisches Land
- ☐ Sonstiges Land

E10b *Sofern verheiratet oder mit Partner(in) lebend*
Gegenwärtige Staatsangehörigkeit meines Partners/meiner Partnerin

- ☐ Deutsch
- ☐ Türkisch
- ☐ Griechisch
- ☐ Italienisch
- ☐ Ehemaliges Jugoslawien
- ☐ Ehemalige Sowjetunion
- ☐ Sonstiges westeuropäisches Land
- ☐ Sonstiges osteuropäisches Land
- ☐ Arabisches Land
- ☐ Afrikanisches Land
- ☐ Sonstiges Land

E11a Meine Religionsgemeinschaft

- ☐ Katholisch
- ☐ Evangelisch
- ☐ Andere christliche Religion
- ☐ Islam
- ☐ Andere nicht christliche Religion
- ☐ Keine Kirche oder Religionsgemeinschaft

E11b *Sofern verheiratet oder mit Partner(in) lebend*
Religionsgemeinschaft meines Partners/meiner Partnerin

- ☐ Katholisch
- ☐ Evangelisch
- ☐ Andere christliche Religion
- ☐ Islam
- ☐ Andere nicht christliche Religion
- ☐ Keine Kirche oder Religionsgemeinschaft

E12 Welche Staatsangehörigkeit hat Ihr Kind?

- ☐ Deutsch
- ☐ Nicht Deutsch
- ☐ Doppelte Staatsangehörigkeit

E13 Welche Schulform besucht Ihr Kind gegenwärtig?

- ☐ Grundschule
- ☐ Hauptschule/Mittelschule
- ☐ Realschule
- ☐ Gymnasium
- ☐ Schule mit mehreren Bildungsgängen (Orientierungsstufe, Gesamtschule)
- ☐ Förderschule (Sonderschule)

E14 Macht Ihr Kind außerhalb von Familie oder Schule irgendwo mit, in einem Verein, z.B. einem Sportverein, in einer Kindergruppe, in einer Musikgruppe, in der Kirche, beim Natur- oder Tierschutz oder Ähnlichem?

– Mehrere Angaben möglich –

- ☐ Sportverein (Fußball, Schwimmverein, Reitverein, Tennis …)
- ☐ Musikgruppe/Musikschule
- ☐ Tanzclub/Ballett
- ☐ Malgruppe/Zeichnen
- ☐ Theater- oder Kinogruppe
- ☐ Kirchengruppe
- ☐ Pfadfinder
- ☐ Natur- oder Tierschutz
- ☐ Feste Gruppe in einem Kinder- oder Jugendtreff
- ☐ Trachtenverein/Brauchtumspflege

☐ Sonstige Gruppe oder Verein – bitte eintragen –

____

____

☐ Nein, mein Kind ist in keiner festen Gruppe und in keinem Verein

E15 Wie kommen Sie in Ihrem Haushalt mit dem Geld zurecht, das Ihnen und Ihrer Familie monatlich zur Verfügung steht?

☐ Sehr gut
☐ Gut
☐ Mittelmäßig
☐ Eher schlecht
☐ Sehr schlecht

E16 Welche Aussagen treffen auf alle Kinder zwischen 1 und einschließlich 15 Jahren in Ihrem Haushalt zu?

(Itembatterie mit jeweils den folgenden Antwortmöglichkeiten)

☐ Ja
☐ Nein, aus finanziellen Gründen
☐ Nein, aus anderen Gründen

- Alle Kinder besitzen einige neue (nicht gebrauchte) Kleidungsstücke.
- Alle Kinder besitzen mindestens zwei Paar passende Schuhe (einschließlich eines Allwetterpaares).
- Alle Kinder essen täglich frisches Obst und Gemüse.
- Alle Kinder essen täglich eine Mahlzeit mit Fleisch, Geflügel oder Fisch oder eine hochwertige vegetarische Mahlzeit.
- Für alle Kinder gibt es altersgerechte Bücher im Haushalt.
- Für alle Kinder gibt es Spielzeug für draußen (z.B. Fahrräder, Roller, Inline-Skates).
- Für alle Kinder gibt es Spielzeug für drinnen (z.B. Bauklötze, Brettspiele, Computerspiele).
- Alle Kinder gehen einer regelmäßigen Freizeitbeschäftigung nach (z.B. Kinderturnen, Sportveranstaltungen, Musikunterricht, Jugendgruppen, Kino)
- Mit allen Kindern werden besondere Anlässe, wie Geburtstage, Namenstage oder religiöse Feste, gefeiert.
- Alle Kinder laden gelegentlich Freunde zum Spielen oder zum Essen ein.
- Alle Kinder fahren mindestens eine Woche pro Jahr in den Urlaub.
- Alle Schulkinder nehmen an Schulausflügen oder Schulveranstaltungen teil – auch wenn dies Geld kostet.

- Alle Schulkinder haben zu Hause einen geeigneten Platz zum Lernen oder für Hausaufgaben.

E17 Erhalten Sie oder ein anderes Haushaltsmitglied derzeit eine oder mehrere der folgenden staatlichen Leistungen?

– Mehrere Angaben möglich –

☐ Kindergeld
☐ Kinderzuschlag (für Geringverdiener zusätzlich zum Kindergeld)
☐ Reguläres Arbeitslosengeld (Arbeitslosengeld I)
☐ Arbeitslosengeld II (Hartz IV) einschließlich Sozialgeld und Unterkunftskosten
☐ Leistungen der Pflegeversicherung
☐ Laufende Hilfe zum Lebensunterhalt/Hilfe in besonderen Lebenslagen
☐ Grundsicherung im Alter und bei Erwerbsminderung
☐ Wohngeld (Miet- und Lastenzuschuss)

E18 Wir wohnen

☐ in einem Einfamilienhaus (Reihenhaus oder freistehend)
☐ in einem kleineren Haus mit mehreren Wohnungen (bis zu 12 Wohnungen)
☐ in einem größeren Haus oder einem Wohnblock (mehr als 12 Wohnungen)

E19 Wohnform

☐ Miete
☐ Eigentum

E20 Es wird ja heute viel über Vereinbarkeit von Familie und Beruf geredet. Wie ist das bei Ihnen?
Wie bekommen Sie »Familie und Erwerbstätigkeit« in Ihrer Familie unter einen Hut?

☐ Sehr gut
☐ Gut
☐ Mittelmäßig
☐ Eher schlecht
☐ Sehr schlecht

Vielen Dank für Ihre Mitarbeit!

A 6: Literatur

Alderson, P. (1995): Listening to Children. Children, Ethics and Social Research. Barkingside: Barnado's.

Alt, C. (2005): Das Kinderpanel. Einführung. In: Alt, C. (Hrsg.): Kinderleben – Aufwachsen zwischen Familie, Freunden und Institutionen. Band 1: Aufwachsen in Familien. Wiesbaden: VS Verlag für Sozialwissenschaften, S. 7–22.

Alt, C. (2008): Kinderleben. Individuelle Entwicklung in sozialen Kontexten. Band 5: Persönlichkeitsstrukturen und ihre Folgen. Schriften des Deutschen Jugendinstituts. Kinderpanel Band 5. Wiesbaden: VS Verlag für Sozialwissenschaften.

Alt, C./Schneider, S./Steinhübl, D. (2004): Das DJI-Kinderpanel – Theorie, Design und inhaltliche Schwerpunkte. In: Zeitschrift für Familienforschung 15, H. 2, S. 101–110.

Alt, C./Hüsken, K./Lange, J. (2016): Ganztagsschulen in der Primarstufe. Betreuungswünsche zwischen Vielfalt und Knappheit. Expertise für den Zweiten Gleichstellungsbericht der Bundesregierung. Berlin: Institut für Sozialarbeit und Sozialpädagogik.

Andresen, S. (2015): Armut in der Kindheit. Wie kann man den Erfahrungen gerecht werden? Pädagogik 7, H. 8, S. 42–45.

Andresen, S. (2018 i.E.): Child Well-Being im Kontext der sozialwissenschaftlichen Kindheitsforschung. Eine kritische Sichtung. In: Betz, T./Bollig, S./Joos, M./Neumann, S. (Hrsg.): Gute Kindheit. Wohlbefinden, Kindeswohl und Ungleichheit. Weinheim/Basel: Beltz Juventa.

Andresen, S./Galic, D. (2015): Kinder. Armut. Familie. Alltagsbewältigung und Wege zu wirksamer Unterstützung. 2. Auflage. Gütersloh: Verlag Bertelsmann Stiftung.

Andresen, S./Gerarts, K. (2016): Kindheitsforschung und ihre Zugangsmöglichkeiten zu geflüchteten Kindern. In: Fischer, J./Graßhoff, G. (Hrsg.): Unbegleitete minderjährige Flüchtlinge. »In erster Linie Kinder und Jugendliche!« 1. Sonderband Sozialmagazin 2016. Weinheim: Beltz Juventa.

Andresen, S./Hurrelmann, K./Fegter, S. (2010): Wie geht es unseren Kindern? Wohlbefinden und Lebensbedingungen der Kinder in Deutschland. In: Word Vision Deutschland (Hrsg.): Kinder in Deutschland 2010. 2. World Vision Kinderstudie. Frankfurt am Main: Fischer, S. 35–60.

Andresen, S./Künstler, S. (2015): Vulnerabilität und sexuelle Gewalt in der Kindheit. Herausforderungen der Kindheitsforschung. In: Zeitschrift für Sexualforschung 28, H. 4, S. 318–334.

Andresen, S./Schneekloth, U. (2014): Wohlbefinden und Gerechtigkeit. Konzeptionelle Perspektiven und empirische Befunde der Kindheitsforschung am Beispiel der World Vision Kinderstudie 2013. In: Zeitschrift für Pädagogik 60, H. 4, S. 535–551.

Andresen, S./Wilmes, J. (2015): What does ›Good Childhood‹ in a comparative Perspective mean? An explorative Comparison of Child Well-Being in

Nepal and Germany. In: Child Indicators Research 8, H. 1, S. 33–48.
Arnoldt, B./Furthmüller, P./Kielblock, S./Gaiser, J.M. (2018): Aktuelle Entwicklungen der ganztagsschulischen Angebote in Deutschland. In: Schüpbach, M./Frei, L./Niuewenboom, W. (Hrsg.): Tagesschulen. Ein Überblick. Wiesbaden: Springer VS, S. 249–266.
Autorengruppe Bildungsberichterstattung (Hrsg.) (2016): Bildung in Deutschland 2016. Ein indikatorengestützter Bericht mit einer Analyse zu Bildung und Migration. Bielefeld: Bertelsmann. (auch online unter: www.bildungsbericht.de/de/bildungsberichte-seit-2006/bildungsbericht-2016/pdf-bildungsbericht-2016/bildungsbericht-2016, Abfrage: 02.09.2017).
Baumert, J./Stanat, P./Watermann, R. (Hrsg.) (2006): Herkunftsbedingte Disparitäten im Bildungswesen. Vertiefende Analysen im Rahmen von PISA 2000. Wiesbaden: VS Verlag für Sozialwissenschaften.
Behrends, T. (2017): Das Kind als (Menschen-)Rechtssubjekt. Zur Form der Kinderrechte. In: Fangmeyer, A./Mierendorff, J. (Hrsg.): Kindheit und Erwachsenheit in sozialwissenschaftlicher Forschung und Theoriebildung. Weinheim/Basel: Beltz Juventa, S. 22–35.
Ben-Arieh, A. (2008): The Child Indicators Movement: Past, Present, and Future. In: Child Indicators Research 1, H. 1, S. 3–16.
Ben-Arieh, A. (2010): Measuring and Monitoring Children's Well-Being: The policy process. In: Ben-Arieh, A./Goerge, R. (Hrsg.): Indicators of Children's Well-Being: Understanding their Role, Usage and Policy Influence. Social Indicators Research Series 27. Dordrecht: Springer, S. 21–32.
Bertelsmann-Stiftung (Hrsg.) (2010): Mehr Partizipation wagen. Argumente für eine verstärkte Beteiligung von Kindern und Jugendlichen. Gütersloh: Bertelsmann-Stiftung.
Betz, T. (2008): Ungleiche Kindheiten. Theoretische und empirische Analysen zur Sozialberichterstattung über Kinder. Weinheim/München: Juventa.
Betz, T./Bollig, S./Joos, M./Neumann, S. (Hrsg.) (2018): Institutionalisierungen von Kindheit. Childhood Studies zwischen Soziologie und Erziehungswissenschaft. Weinheim/Basel: Beltz Juventa.
Betz, T./Gaiser, W./Pluto, L. (2010): Partizipation von Kindern und Jugendlichen. Schwalbach: Wochenschau Verlag.
Blumer, H. (1969): Symbolic Interactionism. Perspective and Method. Englewood Cliffs: Prentice-Hall.
Bos, W./Hornberg, S./Arnold, K.-H./Faust, G./Fried, L./Lankes, E.-M./Schwippert, K./Valtin, R. (Hrsg.) (2007): IGLU 2006. Lesekompetenzen von Grundschulkindern in Deutschand im internationalen Vergleich. Münster: Waxmann.
Bradshaw, J./Martorano, B./Natali, L./de Neubourg, C. (2013): Children's Subjective Well-being in Rich Countries, Working Paper, UNICEF Office of Research. Florence, Italy.
Brumlik, M. (1992): Advokatorische Ethik. Zur Legitimation pädagogischer Eingriffe. Bielefeld: KT-Verlag.
Büchner, P. (1994): (Schul-)Kindsein heute zwischen Familie, Schule und außerschulischen Freizeiteinrichtungen. In: Büchner, P./Grundmann, M./Huinink, J./Krappmann, L./Nauck, B./Meyer, D./Rothe, S. (Hrsg.): Kindliche Lebenswelten, Bildung und innerfamiliale Beziehungen. Materialien zum 5. Familienbericht, Band 4. München: Verlag Deutsches Jugendinstitut, S. 9–39.
Bühler-Niederberger, D. (2007): The power of innocence. Social politics for

children between separation and participation. Institute of Childhood and Urban World. Wellchi Working Paper Series, Nr. 4.

Bühler-Niederberger, D. (2011): Lebensphase Kindheit. Theoretische Ansätze, Akteure und Handlungsräume. Weinheim/München: Juventa.

Bühler-Niederberger, D. (2016): Generationales Ordnen. In: Abels, H./König, A. (Hrsg.): Sozialisation. Studientexte zur Soziologie. Wiesbaden: Springer VS, S. 259–269.

Bundesamt für Migration und Flüchtlinge (BAMF) (2017a): Aktuelle Zahlen zu Asyl. Tabellen, Diagramme, Erläuterungen. Ausgabe: Dezember 2016. www.bamf.de/SharedDocs/Anlagen/DE/Downloads/Infothek/Statistik/Asyl/aktuelle-zahlen-zu-asyl-dezember-2016.html?nn=7952222 (Abruf 2.6.2017).

Bundesamt für Migration und Flüchtlinge (BAMF) (2017b): Erstverteilung der Asylsuchenden (EASY): www.bamf.de/DE/Fluechtlingsschutz/AblaufAsylv/Erstverteilung/erstverteilung-node.html (Abruf 4.7.2017).

Bundesamt für Migration und Flüchtlinge (BAMF) (2017c): Aktuelle Zahlen zu Asyl. Tabellen, Diagramme, Erläuterungen. Ausgabe: Juli 2017. www.bamf.de/SharedDocs/Anlagen/DE/Downloads/Infothek/Statistik/Asyl/aktuelle-zahlen-zu-asyl-juli-2017.pdf?__blob=publicationFile (Abruf 17.8.2017).

Bundesinstitut für Bevölkerungsforschung (2013): Familienleitbilder – Vorstellungen. Meinungen. Erwartungen. Wiesbaden.

Bundesministerium des Inneren (BMI) (2017): Pressemitteilung vom 11.01.2017. www.bmi.bund.de/SharedDocs/Pressemitteilungen/DE/2017/01/asylantraege-2016.html (Abruf 2.6.2017).

Bundesministerium für Arbeit und Soziales (BMAS) (2017a): Lebenslagen in Deutschland. Der Fünfte Armuts- und Reichtumsbericht der Bundesregierung. Berlin: BMAS.

Bundesministerium für Arbeit und Soziales (BMAS) (2017b): Armuts- und Reichtumsbericht. Alle Indikatoren Excel. Datum 12.04.2017. www.armuts-und-reichtumsbericht.de/SharedDocs/Downloads/Alle-Indikatoren/Alle-Indikatoren-Excel.html (Abruf 10.5.2017).

Bundesministerium für Familie, Senioren, Frauen und Jugend (BMFSFJ) (2016): Kindheit mit Zuwanderungshintergrund. Gutachten des Wissenschaftlichen Beirats für Familienfragen beim Bundesministerium für Familie, Senioren, Frauen und Jugend. Berlin: BMFSFJ.

Bundesministerium für Familie, Senioren, Frauen und Jugend (BMFSFJ) (2013): 14. Kinder und Jugendbericht. Bericht über die Lebenssituation junger Menschen und die Leistungen der Kinder- und Jugendhilfe in Deutschland. www.bmfsfj.de/blob/112224/7376e6055bbcaf822ec30fc6ff72b287/12-kinder-und-jugendbericht-data.pdf (Abfrage 15.9.2006).

Bundesministerium für Familie, Senioren, Frauen und Jugend (BMFSFJ) (2005): 12. Kinder- und Jugendbericht. Bericht über die Lebenssituation junger Menschen und die Leistungen der Kinder- und Jugendhilfe in Deutschland. www.dip21.bundestag.de/dip21/btd/17/122/1712200.pdf (Abfrage 14.7.2013).

Bundesministerium für wirtschaftliche Zusammenarbeit und Entwicklung (BMZ) (2017): Definition Flüchtlinge. www.bmz.de/de/themen/Sonderinitiative-Fluchtursachen-bekaempfen-Fluechtlinge-reintegrieren/

hintergrund/definition_fluechtling/index.jsp (Abruf 2.6.2017).
Bundeszentrale für politische Bildung (bpb) (2016): Das Asylverfahren in Deutschland: Schema des Ablaufs. www.bpb.de/gesellschaft/migration/kurzdossiers/227451/das-asylverfahren-in-deutschland?p=all (Abruf 2.6.2017).
Bünning, M. (2016): Sozialstruktur und soziale Lagen. In: Statistisches Bundesamt (Destatis)/Wissenschaftszentrum Berlin für Sozialforschung (WZB) (Hrsg.): Datenreport 2016. Ein Sozialbericht für die Bundesrepublik Deutschland. Bonn: Bundeszentrale für politische Bildung, S. 201–243.
Calic, M.-J. (2005): Der erste ›neue‹ Krieg. Staatszerfall und Radikalisierung der Gewalt im ehemaligen Jugoslawien. In: Zeitschrift für interkulturellen Fremdsprachenunterricht 10, H. 1, S. 71–87.
Christensen, P. (2004): Children's participation in ethnographic research: Issues of power and representation. In: Children & Society 18, H. 2, S. 165–176.
Coleman, J. (1988): Social capital and the creating of human capital. In: American Journal of Sociology, 94, S. 95–120.
Copeland, W.E./Wolke, D./Angold, A./Costello, E.J. (2013): Adult Psychiatric Outcomes of Bullying and Being. Bullied by Peers in Childhood and Adolescence. In: JAMA Psychiatry 70, H. 4, S. 419–426.
Corsaro, W.A. (1996): Transitions in Early Childhood. The Promise of Comparative Longitudinal Ethnography. In: Jessor, R./Colby, A./Shweder, R. (Hrsg.): Ethnography and Human Development. Chicago: University of Chicago Press, S. 419–458.
Der Paritätische Gesamtverband (2017): Menschenwürde ist Menschenrecht. Bericht zur Armutsentwicklung in Deutschland. Berlin.
Deutscher Kinderschutzbund e.V. (2016): Bilanz des Paritätischen Gesamtverbandes und des Deutschen Kinderschutzbund Bundesverbandes anlässlich 5 Jahre Bildungs- und Teilhabepaket. Hintergrundpapier zum Pressegespräch am 7.4.2016 in Berlin. www.dksb.de/images/web/2016-DKSB_Paritaet_Bilanz-BuT.pdf (Abruf 4.9.2017).
Diehm, I./Kuhn, M. (2006): »Doing Race/Doing Ethnicity« in der frühen Kindheit. In: Otto, H.U./Schrödter, M. (Hrsg.): Soziale Arbeit in der Migrationsgesellschaft. Neue Praxis. Sonderheft 8, S. 140–151.
Diehm, I./Kuhn, M./Machold, C. (2010): Die Schwierigkeit, ethnische Differenz durch Forschung nicht zu reifizieren – Ethnographie im Kindergarten. In: Heinzel, F./Panagiotopoulou, A. (Hrsg.): Qualitative Bildungsforschung im Elementar- und Primarbereich. Bedingungen und Kontexte kindlicher Lern- und Entwicklungsprozesse. Hohengehren: Schneider, S. 78–92.
Diekmann, F. (2017): Kinderarmut im Regierungsbericht: Das verharmloste Problem. In: Spiegel Online. www.spiegel.de/wirtschaft/soziales/kinderarmut-im-regierungsbericht-das-verharmloste-problem-a-1141672.html (Abruf 4.9.2017).
Eisenhuth, F. (2015): Strukturelle Diskriminierung von Kindern mit unsicheren Aufenthaltsstatus. Subjekte der Gerechtigkeit zwischen Fremd- und Selbstpositionierungen. Wiesbaden: Springer VS.
Eßer, F. (2014): »Das Glück das nie wiederkehrt«. Well-being in historisch-systematischer Perspektive. In: Zeitschrift für Pädagogik 60, H. 4, S. 505–519.
Fegert J.M. (2005): Kinderängste. (Sozial-) Psychologie der Angst. Vortragsfolien. www.uniklinik-ulm.de/fileadmin/Kliniken/Kinder_Jugendpsychiatrie/

Praesentationen/fe_kinderaengste.pdf (Abruf 4.9.2017).
Fegert, J.M./Eggers, C./Resch, F. (Hrsg.) (2012): Psychiatrie und Psychotherapie des Kindes- und Jugendalters. 2. Auflage. Berlin: Springer VS.
Fegter, S./Richter, M. (2013): The Capability Approach as a Framework for Research on Children's Well-Being. In: Ben-Arieh, A./Korbin, J./Frønes, I./ Casas, F. (Hrsg.): Handbook of Child Well-Being. Dordrecht: Springer VS, S. 739–758.
Fehr, B./Bernhard, H./Rockenbach, B. (2008): Egalitarianism in young children. In: Nature 454, S. 1079–1083.
Frevert, U. (2013): Vergängliche Gefühle. Göttingen: Wallstein.
Fuhrer, U./Uslucan, H.-H., (Hrsg.) (2005): Familie, Akkulturation und Erziehung: Migration zwischen Eigen- und Fremdkultur. Stuttgart: Kohlhammer.
Fuhs, B. (1999): Die Generationenproblematik in der Kindheitsforschung. Zur methodischen Relevanz von Erwachsenen-Kind-Verhältnissen. In: Honig, M.-S./Lange, A./Leu, H.R. (Hrsg.): Aus der Perspektive von Kindern? Zur Methodologie der Kindheitsforschung. Weinheim/München: Juventa, S. 153–162.
Genesis Online (2017): Datenportal des Statistischen Bundesamtes. www.genesis.destatis.de/genesis/online/data;jsessionid=BF9024FBBD86F73DBD7E38C4FB43A63A.tomcat_GO_1_3?Menu=Willkommen (Abruf 2.7.2017)
Gerarts, K./Andresen, S. (2016): Was uns geflüchtete Kinder berichten. Eindrücke aus einer qualitativen Studie. In: Kinderschutz in Wissenschaft und Praxis 3, S. 83–87.
Hollstein, B. (2001): Grenzen sozialer Integration. Zur Konzeption informeller Beziehungen und Netzwerke. Wiesbaden: Springer Fachmedien.
Honig, M.-S. (1999): Forschung »vom Kinde aus«? Perspektivität in der Kindheitsforschung. In: Honig, M.-S./Lange, A./ Leu, H.R. (Hrsg.): Aus der Perspektive von Kindern? Zur Methodologie der Kindheitsforschung. Weinheim: Juventa, S. 33–50.
Honig, M.-S. (2001): Kinderpolitik. In: Otto, H.-U./Thiersch, H. (Hrsg.): Handbuch der Sozialarbeit/Sozialpädagogik. Neuwied: Luchterhand, S. 936–948.
Honig, M.-S. (2009): Das Kind der Kindheitsforschung. Gegenstandskonstitution in den Childhood Studies. In: Honig, M.-S. (Hrsg.): Ordnungen der Kindheit. Problemstellungen und Perspektiven der Kindheitsforschung. Weinheim/ München: Juventa, S. 25–51.
Honig, M.-S. (2012): Frühpädagogische Einrichtungen. In: Fried, L./Dippelhofer-Stiem, B./Honig, M.-S./Liegle, L. (Hrsg.): Pädagogik der frühen Kindheit. Bachelor/Master. Weinheim/Basel: Beltz, S. 91–128.
Honig, M.-S./Lange, A./Leu, H.R. (Hrsg.) (1999a): Aus der Perspektive von Kindern? Zur Methodologie der Kindheitsforschung. Weinheim/München: Juventa.
Honig, M.-S./Lange, A./Leu, H.R. (1999b): Eigenart und Fremdheit. Kindheitsforschung und das Problem der Differenz von Kindern und Erwachsenen. In: Honig, M.-S./Lange, A./ Leu, H.R. (Hrsg.): Aus der Perspektive von Kindern? Zur Methodologie der Kindheitsforschung. Weinheim: Juventa, S. 9–32.
Honig, M.-S./Ostner, I. (2014): Die »familialisierte« Kindheit. In: Baader, M. S./ Eßer, F./Schröer, W. (Hrsg.): Kindheiten in der Moderne. Eine Geschichte der Sorge. Frankfurt am Main/New York: Campus, S. 360–390.

Hunner-Kreisel, C./März, S. (2018 i.E.): Ungleiche Kindheiten: Methodologische Überlegungen zur Kategorie Generation in intersektionaler Analyse. In: Betz, T./Bollig, S./Joos, M./Neumann, S. (Hrsg.): Gute Kindheit. Wohlbefinden, Kindeswohl und Ungleichheit. Weinheim/Basel: Beltz Juventa.

Hurrelmann, K./Quenzel, G. (2012): Lebensphase Jugend. Eine Einführung in die sozialwissenschaftliche Jugendforschung. 12., korrigierte Auflage. Weinheim/Basel: Beltz Juventa.

Hurrelmann, K./Schultz, T. (Hrsg.) (2014): Wahlrecht für Kinder? Politische Bildung und die Mobilisierung der Jugend. Weinheim/Basel: Beltz Juventa.

Inchley, J./Currie, D./Young, T./Samdal, O./Torsheim, T./Angustson, L./Mathison, F./Aleman-Diaz, A./Molcho, M./Weber, M./Barkenow V. (Hrsg.) (2016): Growing up unequal. Gender and Socioeconomic Differences in Young People's Health and Well-Being. Health Behaviour in School-Aged Children (HBSC) Study. International Report From the 2013/2014 Survey. Copenhagen: WHO Regional Office for Europe.

James, A. (2007): Giving Voice to Children's Voices. Practices and Problems, Pitfalls and Potentials. In: American Anthropologist 109, H. 2, S. 261–272.

James, A./Prout, A. (1997): Constructing and Reconstructing Childhood: Contemporary Issues in the Sociological Study of Childhood. 2nd Edition. London: Routledge Falmer.

Jansen, P./Richter, S. (2016): Macht Bewegung wirklich schlau? Zum Verhältnis von Bewegung und Kognition. Göttingen: Hogrefe.

Joas, H. (Hrsg.) (2007): Lehrbuch der Soziologie. Frankfurt/New York: Campus.

Jugendhilfereport (2016): Kinder und Jugendliche mit Fluchthintergrund. Jugendhilfereport 01.16. Köln: Landschaftsverband Rheinland.

Karakayali, S./Kleist, J. O. (2016): EFA-Studie 2: Strukturen und Motive der ehrenamtlichen Flüchtlingsarbeit in Deutschland, 2. Forschungsbericht: Ergebnisse einer explorativen Umfrage vom November/Dezember 2015. Berlin: Berliner Institut für empirische Integrations- und Migrationsforschung (BIM), Humboldt-Universität zu Berlin.

Kaufmann, F.-X./Lüscher, K. (1979): Wir brauchen eine Politik für Kinder. In: Neue Sammlung 19, H. 2, S. 222–233.

Kirchner, M./Andresen, S./Schierbaum, K. (2018): Janusz Korczaks ›schöpferisches Nichtwissen‹ vom Kind. Beiträge zur Kindheitsforschung. Wiesbaden: VS Verlag für Sozialwissenschaften.

Klöckner, C./Stecher, L./Zinnecker, J. (2001): Kinder und ihre Wohnumgebung. In: LBS-Initiative Junge Familie (Hrsg.): Kindheit 2001. Das LBS-Kinderbarometer. Was Kinder wünschen, hoffen und befürchten. Opladen: Leske + Budrich, S. 275–297.

Knop, K./Hefner, D./Schmitt, S./Vorderer, P. (2015): Mediatisierung mobil. Handy- und mobile Internetnutzung von Kindern und Jugendlichen. Schriftenreihe der Medienforschung der Landesanstalt für Medien Nordrhein-Westfalen (LfM), Band 77. Leipzig: Vistas.

Krappmann, L. (2001): Kinder und ihre Freunde. In: LBS-Initiative Junge Familie (Hrsg.): Kindheit 2001. Das LBS-Kinderbarometer. Was Kinder wünschen, hoffen und befürchten. Opladen: Leske + Budrich, S. 257–274.

Krüger, H. H./Marotzki, W. (Hrsg.) (1994): Pädagogik und Erziehungsalltag in der DDR. Zwischen Systemvorgaben und Pluralität. Wiesbaden: Springer VS.

Kultusministerkonferenz (KMK) (2009): Bewegung, Spiel und Sport als Chance nutzen. Erklärung der Kultusministerkonferenz der Länder in der Bundesrepublik Deutschland (KMK) zur Qualitätssicherung des Sportunterrichts im Primarbereich. Beschluss vom 16.04.2009. www.kmk.org/fileadmin/Dateien/veroeffentlichungen_beschlu esse/2009/2009_04_16-Bewegung-Spiel-Sport.pdf (Abruf 17.9.2017).

Lampert, T./Rosenbrock, R. (2017): Armut und Gesundheit. In: Der Paritätische Gesamtverband (2017): Menschenwürde ist Menschenrecht. Bericht zur Armutsentwicklung in Deutschland. Berlin, S. 98–109.

Lange, J. (2015): »Da war doch noch was?« – Der Hort als wenig beachtete Betreuungsalternative zur Ganztagsschule im Grundschulalter. In: KomDat 18, Nr. 3, S. 9–11.

LBS Kinderbarometer (2016): So sehen wir das! Stimmungen, Meinungen und Trends von Kindern und Jugendlichen. Recklinghausen: RDN Verlag.

Lee, B.J./Yoo, M. S. (2017): What accounts for the variations in children's subjective well-being across nations? A decomposition method study. In: Children and Youth Services Review 80: 10, S. 15–21.

Lenz, K./Schlinzig, T. (Hrsg.) (2013): Dritte Dresdner Kinderstudie 2012. Lebenslagen Dresdner Mädchen und Jungen. Unter Mitarbeit von Christina Stephan, Stefan Fehser, Matthias Lehmann, Karl Lenz und Tino Schlinzig. Dresden: Sächsische Landesbibliothek – Staats- und Universitaetsbibliothek Dresden; Technische Universität Dresden.

Lereya, S. T/Copeland, W.E./Costello, E.J./Wolke, D. (2015): Adult Mental Health Consequences of Peer Bullying and Maltreatment in Childhood: Two Cohorts in Two Countries. In: Lancet Psychiatry 2, H. 6, S. 524–531.

Leven, I./Schneekloth, U. (2007): Die Freizeit: Anregen lassen oder fernsehen. In: World Vision Deutschland (Hrsg.): Kinder in Deutschland 2007. 1. World Vision Kinderstudie. Frankfurt am Main: Fischer, S. 165–200.

Leven, I./Schneekloth, U. (2010): Die Freizeit: Sozial getrennte Kinderwelten. In: World Vision Deutschland (Hrsg.): Kinder in Deutschland 2010. 2. World Vision Kinderstudie. Frankfurt am Main: Fischer, S. 95–140.

Lipski, J. (2000): Kindern eine Stimme geben. Erfahrungen mit sozialwissenschaftlichen Kinderbefragungen. Giving children a voice. In: Zeitschrift für Soziologie der Erziehung und Sozialisation (ZSE) 18, H. 4, S. 403–422.

Lohmann, G. (2017): Wohl und Würde. Zum antiautoritären Charakter der Bestimmung des Kindes in der Kinderrechtskonvention. In: Berliner Debatte Initial 2, S. 1–9.

Magyar-Haas, V. (2017): Ausgesetzter Körper, verletzbarer Leib. Zur Regulierbarkeit von Emotionen. In: Zeitschrift für Soziologie der Erziehung und Sozialisation (ZSE) 37, H. 1, S. 39–54.

Medienpädagogischer Forschungsverbund Südwest (Hrsg.) (2017): KIM-Studie 2016. Kindheit, Internet, Medien. Basisstudie zum Medienumgang 6- bis 13-Jähriger in Deutschland. Stuttgart. www.mpfs.de/fileadmin/files/Studien/KIM/2016/KIM_2016_Web-PDF.pdf (Abruf 17.9.2017).

Mercator-Institut für Sprachförderung und Deutsch als Zweitsprache, Zentrum für Lehrerinnenausbildung der Universität zu Köln (Mercator Institut) (2015): Neu zugewanderte Kinder und Jugendliche im deutschen Schulsystem. Bestandsaufnahme und Empfehlungen. www.mercator-institut-sprachfoerderung.de/fileadmin/Redaktion/PDF/Publikationen/MI_ZfL_Studie_Zugewanderte_im_deutschen_Schulsystem_final_screen.pdf (Abruf 2.6.2017).

Mey, G. (2001): Den Kindern eine Stimme geben! Aber können wir sie hören? Zu den methodologischen Ansprüchen der neueren Kindheitsforschung. Forum Qualitative Sozialforschung. In: Qualitative Social Research 2, H. 2.

Meyer, M. (2016): Elterntalk mit Flüchtlingsfamilien. »Egal ob auf der Flucht oder hier, wir müssen unsere Kinder erziehen!«. In: Kinder- und Jugendschutz in Wissenschaft und Praxis. Minderjährige Flüchtlinge in der Kinder- und Jugendhilfe 4/2016, S. 150.

Mierendorff, J. (2016): Kinderpolitik und die Interessenorganisation im Namen von Kindern. In: Helm, J./Schwertfeger, A. (Hrsg.): Arbeitsfelder der Kindheitspädagogik. Eine Einführung. Weinheim/Basel: Beltz Juventa, S. 328–340.

Mierendorff, J./Olk, T. (2003): Kinderwohlfahrtspolitik in Deutschland: In: Kränzl-Nagl, R./Mierendorff, J./Olk, T. (Hrsg.): Kindheit im Wohlfahrtsstaat. Gesellschaftliche und politische Herausforderungen. Frankfurt am Main/New York: Campus, S. 419–464.

Minkkinen, J. (2013): The structural model of child well-being. In: Child Indicators Research 6, H. 3, S. 547–558.

Neumann, S. (2011): Was ist Kindheit(-sforschung) und wie viele gibt es? Tagungsbericht. In: Zeitschrift für Soziologie der Erziehung und Sozialisation 31, H. 4, S. 440–442.

Neumann, S. (2013): Kindheit und soziale Ungleichheit. Perspektiven einer erziehungswissenschaftlichen Kindheitsforschung. In: Siebholz, S./Schneider, E./Schippling, A./Busse, S./Sandring, S. (Hrsg.): Prozesse sozialer Ungleichheit. Studien zur Schul- und Bildungsforschung. Wiesbaden: Springer VS, S. 141–151.

Neumann, S. (2015): Lost in Translanguaging? Practices of Language Promotion in Luxembourgish Early Childhood Education. In: Global Education Review 2, H. 1, S. 23–39.

Neumann, S. (2018): Krippenkindheit. Eine feldtheoretische Annäherung. In: Betz, T./Bollig, S./Joos, M./Neumann, S. (Hrsg.): Institutionalisierungen von Kindheit. Childhood Studies zwischen Soziologie und Erziehungswissenschaft. Weinheim/Basel: Beltz Juventa, S. 163–180.

O'Hare, W.P./Gutierrez, F. (2012): The use of domains in constructing a comprehensive composite index of child wellbeing. In: Child Indicators Research 5, H. 4, S. 609–629.

OECD (2017): PISA 2015 Results. Students' Well-Being. PISA, OECD Publishing, Paris.

Peucker, C./Seckinger, M. (2014): Flüchtlingskinder: eine vergessene Zielgruppe der Kinder- und Jugendhilfe. In: DJI Impulse 105, H. 1, S. 12–14.

Picot, S./Schroeder, D. (2007): Kinderpersönlichkeiten: Portraits von 12 Mädchen und Jungen. In: World Vision Deutschland (Hrsg.): Kinder in Deutschland 2007. 1. World Vision Kinderstudie. Frankfurt am Main: Fischer, S. 227–360.

Priller, E./Schupp, J. (2011): Soziale und ökonomische Merkmale von Geld- und Blutspendern in Deutschland. In: DIW Wochenbericht Nr. 29, S. 3–10.

PROKIDS (2016): LBS-Kinderbarometer. So sehen wir das! Stimmungen, Meinungen, Trends von Kindern und Jugendlichen. www.prosoz.de/fileadmin/dokumente/service-downloads/LBS-Kinderbarometer_Deutschland_2016.pdf (Abruf 26.8.2017).

Pupeter, M./Hurrelmann, K. (2013): Die Schule: Als Erfahrungsraum immer wichtiger. In: World Vision Deutschland (Hrsg.): Kinder in Deutschland 2013. 3. World Vision Kinderstudie. Weinheim: Beltz, S. 111–134.

Pupeter, M./Schneekloth, U. (2013): Mitbestimmung und die eigene Meinung. In: Word Vision Deutschland e.V. (Hrsg.): Kinder in Deutschland 2013. 3. World Vision Kinderstudie. Weinheim/Basel: Beltz. S. 182–203.

Qvortrup, J./Corsaro, W.A./Honig, M.-S. (Hrsg.) (2009): The Palgrave Handbook of Childhood Studies. Basingstoke: Palgrave Macmillan.

Rees, G./Main, G. (2015): Children's views on their lives and well-being in 15 countries: A report from the Children's Worlds survey, 2013–2014. York: Children's Worlds Project (ISCWeB). www.isciweb.org/_Uploads/dbsAttachedFiles/ChildrensWorlds2015-FullReport-Final.pdf (Abruf 17.8.2015).

Rees, G./Main, G. (2015): Children's views on their lives and well-being in 15 countries: A report om the Children's Worlds survey, 2013–2014. York: Children's Worlds Project (ISCWeB). www.isciweb.org/_Uploads/dbsAttachedFiles/ChildrensWorlds2015-FullReport-Final.pdf (Abruf 17.8.2015).

Reinders, H. (2015): Sozialisation in der Gleichaltrigengruppe. In: Hurrelmann, K./Bauer, U./Grundmann, M./Walper, S. (Hrsg.): Handbuch Sozialisationsforschung, 8. Auflage. Weinheim/Basel: Beltz, S. 393–413.

Riedel, B./Lüders, K. (2016): Flüchtlingskinder in der Kita – Zugänge gestalten, Kooperation stützen! In: Kinder- und Jugendschutz in Wissenschaft und Praxis (KJug) 61, H. 4, S. 138–142.

Riegel, C. (2016): Bildung – Intersektionalität – Othering. Pädagogisches Handeln in widersprüchlichen Verhältnissen. Bielefeld: transcript.

Scheiwe, K. (2012): Das Kindeswohl als Grenzobjekt – die wechselhafte Karriere eines unbestimmten Rechtsbegriffs. In: Hörster, R./Köngeter, S./Müller, B. (Hrsg.): Grenzobjekte. Soziale Welten und ihre Übergänge. Wiesbaden: Springer VS, S. 209–231.

Scheuer, A. (2008): Gesellschaftliche Integration und Partizipation. In: Statistisches Bundesamt (Destatis)/Gesellschaft Sozialwissenschaftlicher Infrastruktureinrichtungen/Wissenschaftszentrum Berlin für Sozialforschung (Hrsg.): Datenreport 2008. Ein Sozialbericht für die Bundesrepublik Deutschland. Bonn: Bundeszentrale für politische Bildung, S. 376–382.

Schneekloth, U. (2015): Jugend und Politik. Zwischen positivem Gesellschaftsbild und anhaltender Politikverdrossenheit. In: Shell Deutschland Holding (Hrsg.): Jugend 2015. 17. Shell Jugendstudie. Frankfurt am Main: Fischer, S. 163–200.

Schneekloth, U./Andresen, S. (2013): Was fair und was unfair ist: die verschiedenen Gesichter von Gerechtigkeit. In: Word Vision Deutschland (Hrsg.): Kinder in Deutschland 2013. 3. World Vision Kinderstudie. Weinheim/Basel: Beltz, S. 48–78.

Schneekloth, U./Pupeter, M. (2010a): Familie als Zentrum: Bunt und vielfältig, aber nicht für alle Kinder gleich verlässlich. In: World Vision Deutschland (Hrsg.): Kinder in Deutschland 2010. 2. World Vision Kinderstudie. Frankfurt am Main: Fischer, S. 61–94.

Schneekloth, U./Pupeter, M. (2010b): Wohlbefinden, Wertschätzung, Selbstwirksamkeit: Was Kinder für ein gutes Leben brauchen. In: Word Vision Deutschland (Hrsg.): Kinder in Deutschland 2010. 2. World Vision Kinderstudie. Frankfurt am Main: Fischer, S. 187–222.

Schneekloth, U./Pupeter, M. (2013): Familiäre Hintergründe: bunte Vielfalt, aber auch deutliche Unterschiede in den Lebenslagen. In: World Vision Deutschland (Hrsg.): Kinder in Deutschland 2013. 3.

World Vision Kinderstudie. Weinheim: Beltz, S. 79–110.
Schneewind, K.A. (2008): Sozialisation in der Familie. In: Hurrelmann, K./Grundmann, M./Walper, S. (Hrsg.): Handbuch Sozialisationsforschung. 7. vollst. überarbeitete Auflage. Weinheim: Beltz, S. 256–273.
Schroeder, D./Fegter, S./Andresen, S./Gerarts, K. (2013): Die Qualitative Studie: Soziale Netzwerke und Gerechtigkeit – 12 Portraits von Kinderpersönlichkeiten: In: World Vision Deutschland (Hrsg.): Kinder in Deutschland 2013. 3. World Vision Kinderstudie. Weinheim/Basel: Beltz, S. 204–293.
Schroeder, D./Picot, S./Andresen, S. (2010): Die qualitative Studie: 12 Portraits von Kinderpersönlichkeiten. In: World Vision Deutschland (Hrsg.): Kinder in Deutschland 2010. 2. World Vision Kinderstudie. Frankfurt am Main: Fischer, S. 223–348.
Sekretariat der Ständigen Konferenz der Kultusminister der Länder in der Bundesrepublik Deutschland (KMK) (2015): Allgemein bildende Schulen in Ganztagsform in den Ländern in der Bundesrepublik Deutschland. Statistik 2009 bis 2013. Berlin.
Sekretariat der Ständigen Konferenz der Kultusminister der Länder in der Bundesrepublik Deutschland (KMK) (2016): Allgemein bildende Schulen in Ganztagsform in den Ländern in der Bundesrepublik Deutschland. Statistik 2010 bis 2014. Berlin.
Siegler, R./DeLoache, J./Eisenberg, N. (2005): Beziehungen zu Gleichaltrigen. In (ders.) (Hrsg.): Entwicklungspsychologie im Kindes- und Jugendalter. München: Elsevier, S. 701–754.
Sozialwissenschaftliches Institut der Evangelischen Kirche in Deutschland (SI-EKD) (2017): Wie blickt Deutschland auf Flüchtlinge? Erwartungen der Bevölkerung zur Aufnahme von Flüchtlingen zwischen November 2015 und April 2017. Vortrag von Petra-Angela Ahrens vom 12. Mai 2017 in Bonn. www.ekd.de/ekd_de/ds_doc/Skepsis%20und%20Zuversicht%20Die%20F%c3%bcnfte-gek%c3%bcrzt-neu.pdf (Abruf 1.8.2017).
Soziologisches Forschungsinstitut (SOFI)/Institut für Arbeitsmarkt und Berufsforschung (IAB) (2016): Evaluation der bundesweiten Inanspruchnahme und Umsetzung der Leistungen für Bildung und Teilhabe. Kurzfassung mit Empfehlungen. Göttingen/Nürnberg. www.bmas.de/SharedDocs/Downloads/DE/PDF-Meldungen/2016/evaluation-des-bildungspaketes-kurzbericht.pdf?__blob=publicationFile&v=1 (Abruf 4.6.2017).
Spyrou, S. (2011): The Limits of Children's Voices. From Authenticity to Critical, Reflexive Representation. In: Childood 18, H. 2, S. 151–165.
Statistik der Bundesagentur für Arbeit (2017): Tabellen – Kinder in Bedarfsgemeinschaften. Berichtsmonat: Dezember 2016. Nürnberg. statistik.arbeitsagentur.de/nn_1021944/SiteGlobals/Forms/Rubrikensuche/Rubrikensuche_Form.html?view=processForm&resourceId=210368&input_=&pageLocale=de&topicId=1023392&year_month=201612&year_month.GROUP=1&search=Suchen (Abruf 4.9.2017).
Statistisches Bundesamt (Destatis) (2017a): Bevölkerung und Erwerbstätigkeit, Haushalte und Familien – Ergebnisse des Mikrozensus 2016. Fachserie 1 Reihe 3. Wiesbaden.
Statistisches Bundesamt (Destatis) (2017b): Bevölkerung und Erwerbstätigkeit, Bevölkerung mit Migrationshintergrund – Ergebnisse des Mikrozensus 2015. Fachserie 1 Reihe 2.2. Wiesbaden.

Statistisches Bundesamt (Destatis) (2017c): Bildung und Kultur, Allgemeinbildende Schulen, Schuljahr 2015/2016. Fachserie 11 Reihe 1. Wiesbaden.
Statistisches Bundesamt (Destatis) (2017d): Wirtschaftsrechnungen LEBEN IN EUROPA (EU-SILC): Einkommen und Lebensbedingungen in Deutschland und der Europäischen Union 2015. Wiesbaden.
Statistisches Bundesamt (Destatis)/Wissenschaftszentrum Berlin für Sozialforschung (WZB) (Hrsg.) (2016): Datenreport 2016. Ein Sozialbericht für die Bundesrepublik Deutschland. Bonn: Bundeszentrale für politische Bildung.
StEG-Konsortium (Hrsg.) (2010): Ganztagsschule: Entwicklung und Wirkungen. Ergebnisse der Studie zur Entwicklung von Ganztagsschulen 2005–2010. Frankfurt am Main.
StEG-Konsortium (Hrsg.) (2013): Ganztagsschule 2012/2013. Deskriptive Befunde einer bundesweiten Befragung. Frankfurt am Main/Dortmund/Gießen/München.
StEG-Konsortium (Hrsg.) (2015): Ganztagsschule 2014/2015. Deskriptive Befunde einer bundesweiten Befragung. Frankfurt am Main.
StEG-Konsortium (Hrsg.) (2016): Ganztagsschule: Bildungsqualität und Wirkungen außerunterrichtlicher Angebote. Ergebnisse der Studie zur Entwicklung von Ganztagsschulen 2012–2015. Frankfurt am Main.
Stiftung Lesen/Deutsche Bahn/Die ZEIT (Hrsg.) (2011): Vorlese-Studie 2011. Die Bedeutung des Vorlesens für die Entwicklung von Kindern. Mainz: Stiftung Lesen. www.stiftunglesen.de/download.php?type=documentpdf&id=504 (Abruf 19.9.2017).
The Children's Society (2016): The Good Childhood Report. www.childrenssociety.org.uk/sites/default/files/pcr090_mainreport_web.pdf (Abruf 25.9.2017).
UNICEF (2016): The State of the World's Children: A fair Chance for every Child. www.unicef.org/publications/files/UNICEF_SOWC_2016.pdf (Abruf 31.5.2017).
UNICEF (2014): In erster Linie Kinder. Flüchtlingskinder in Deutschland. Köln: deutsches Komitee für UNICEF e.V. www.unicef.de/blob/56282/fa13c2eefcd41dfca5d89d44c72e72e3/fluechtlingskinder-in-deutschland-unicef-studie-2014-data.pdf (Abruf 30.6.2017).
UNICEF (2013): The State of the World's Children 2013: Children with Disabilities. www.unicef.org/sowc2013/files/SWCR2013_ENG_Lo_res_24_Apr_2013.pdf (Abruf 14.7.2013).
UNICEF (2007): Child Poverty in Perspective. An Overview of Child Well-Being in Rich Countries. Innocenti Report Card 7. UNICEF Innocenti Research Centre.
UNICEF Deutschland (o.J.): Konvention über die Rechte des Kindes vom 20. November 1989. Köln. www.unicef.de/blob/9364/a1bbed70474053cc61d1c64d4f82d604/d0006-kinderkonvention-pdf-data.pdf (Abruf 27.9.2017).
Uslucan, H.-H. (2008): Männlichkeitsbilder, Familie und Erziehung in den Communities von Zuwanderern. In: Berliner Forum Gewaltprävention 34, S. 43–55.
Walper, S./Bien, W./Rauschenbach, T. (Hrsg.) (2015): Aufwachsen in Deutschland heute. Erste Befunde aus dem DJI-Survey AID:A 2015. München: DJI (auch online unter: www.dji.de/fileadmin/user_upload/bibs2015/DJI_AIDA_gesamt_v03.pdf)
Watters, C. (2008): Refugee Children: Towards the Next Horizon. London/New York: Routledge.

Lea 29,95€

Watters, C. (2014): Well-being of asylum-seeking and refugee children. In: Ben-Arieh, A./Casas, F./Frønes, I./Korbin, J.E. (Hrsg.): Handbook of Child Well-being. Theorie, Methods and Policies in Global Perspectives, Volume 5. Dordrecht: Springer VS, pp. 3143–3158.

Wilmes, J./Andresen, S. (2016): Kinder einbeziehen: Teilhabe und Gerechtigkeit in der Kindheitsforschung. In: Hartwig, L./Mennen, G./Schrapper, C. (Hrsg.): Kinderrechte als Fixstern moderner Pädagogik? Grundlagen, Praxis, Perspektiven. Weinheim/Basel: Beltz Juventa, S. 64–80.

Wirtschafts- und Sozialwissenschaftliches Institut (WSI) (2017): WSI-Verteilungsmonitor. www.boeckler.de/wsi_110240.htm (Abruf 10.9.2017).

Wissenschaftliche Dienste Deutscher Bundestag (WD) (2016a): Sachstand. Die Verwendung des relativen und absoluten Armutsbegriffs. Deutscher Bundestag. WD 6 – 3000 – 131/16.

Wissenschaftliche Dienste Deutscher Bundestag (WD) (2016b): Sachstand. Überblick über familienpolitische Leistungen in Deutschland. Deutscher Bundestag. WD 9 – 3000 – 041/16.

Wissenschaftlicher Beirat für Familienfragen (2002): Die bildungspolitische Bedeutung der Familie – Folgerungen aus der PISA-Studie. Band 224 – Schriftenreihe des Bundesministeriums für Familie, Senioren, Frauen und Jugend. Stuttgart: Kohlhammer.

World Vision Deutschland. (Hrsg.) (2007): Kinder in Deutschland 2007. 1. World Vision Kinderstudie. Frankfurt am Main: Fischer.

World Vision Deutschland (Hrsg.) (2010): Kinder in Deutschland 2010. 2. World Vision Kinderstudie. Frankfurt am Main: Fischer Taschenbuch Verlag.

World Vision Deutschland (Hrsg.) (2013): Kinder in Deutschland 2013. 3. World Vision Kinderstudie. Weinheim/Basel: Beltz.

World Vision Deutschland, Hoffnungsträger Stiftung (2016): Angekommen in Deutschland. Wenn geflüchtete Kinder erzählen. Eine Studie von World Vision Deutschland und der Hoffnungsträger Stiftung. Friedrichsdorf: World Vision.

Wyness, Michael (2011): Childhood and Society. An Introduction to the Sociology of Childhood. 2. Auflage. Basingstoke: Palgrave Macmillan.

Youniss, J. (1994): Soziale Konstruktion und psychische Entwicklung. Herausgegeben von Lothar Krappmann und Hans Oswald, 1. Auflage. Frankfurt am Main: Suhrkamp.

Zick, A./Preuß, M. (2016): Einstellungen zur Integration in der Bevölkerung. Kurzbericht zum Projekt Zugleich – Zugehörigkeit und Gleichwertigkeit. www.stiftung-mercator.de/media/downloads/3_Publikationen/Zugleich_Kurzbericht_2016.PDF (Abruf 1.8.2017).